네슬 - 알란트 28판

헬라어 분해대조
로고스성경 5
신 약

편찬책임 유복곤 송창섭

원문직역

스트롱코드 · 헬라어 · 어근 · 음역 · 영어 · 한글분해 · 개역개정성경

님께

년 월 일

드림

로고스

Published by Logos Publishing Company,
98–9(3rd floor), Shinseol–dong,
Dongdaemun–gu, Seoul, Korea.
Printed in Korea.

새로 개정되어 출판된 네슬-알란트 헬라어 신약성경 28판
- Nestle-Aland Novum Testamentum Graece 28 -

하나님께서는 하나님의 말씀을 인간의 언어로 우리에게 주셨다. '하나님의 말씀'은 신약의 경우 헬라어로 기록되었다. 헬라어로 기록된 원본은 5,800개 가량의 사본들과 수많은 번역본들과 초기 교부들과 당대의 문헌들 속의 인용문들을 통하여 우리에게 전해져오고 있다. 이렇게 엄청나게 방대한 자료들을 한 권의 책 속에 담은 것이 '네슬-알란트 헬라어 신약성경'이다. 네슬-알란트 헬라어 신약성경은 한국어뿐만 아니라 전 세계 각국의 언어로 번역되어 사용되고 있다.

모든 번역 성경의 원본이 되는 네슬-알란트 헬라어 신약성경이 올해 개정판으로 나왔다. 30년이 넘는 기간 동안 수많은 작업을 통해서 본문에 상당한 개정 작업을 하여 헬라어 원본 (the original text in Greek)에 보다 더 가까운 헬라어 성경이 출판된 것이다. 하나님께서 우리에게 주신 '그 말씀'에 보다 더 가까운 본문을 우리는 가지게 되었다. 본 글에서는 네슬-알란트판에 대한 간략한 약사(略史)와 네슬-알란트 28판의 특징과 개정된 부분들과 개정된 부분의 예로 벧후3:10을 간단히 살펴보고자 한다.

1. 네슬-알란트 편집본의 약사

1898년에 에버하르트 네슬(Eberhard Nestle)은 대학교나 교회에서 한 권으로 편하게 들고 다니면서 사용할 수 있도록 하기 위하여 당대에 가장 권위가 있었던 티센도르프, 웨스트코트/호트, 웨이머쓰(나중에는 바이스)를 기초로 하여 헬라어 신약성경(Novum Testamentum Graece) 1판을 출판했다. 본문이 서로 차이가 날 때에는 본문에 들어가지 못한 사본은 본문 하단부에 기록했다. 이것을 본문비평장치(critical apparatus)라고 한다. 사본들, 초기 번역본들, 교부들의 인용이 본문비평장치에 추가되었고, 그의 아들이었던 어윈 네슬에 의해 13판까지 출판되었다.

1950년대에 들어와서 쿠르트 알란트는 본문비평장치에 나오는 목록을 헬라어 사본들과 초기 교부들의 자료들과 비교하여 추가하는 작업을 시작했다. 그의 이러한 노력들로 인해 1963년에 25판이 나왔을 때, 그 헬라어 성경은 네슬-알란트(Nestle-Aland)판으로 표기되기 시작했다.

그동안 여러 저명한 학자들이 편집 위원회에 참가하게 되었고, 그 사이에 발견된 사본들과 초기 파피루스들을 포함함으로써 네슬-알란트 26판은 상당한 변화를 가지고 1979년에 출판되었다. 한편, 1966년부터 UBS에서 편집하여 출판한 헬라어 성경(GNT) 1판과 2판은 네슬 25판까지는 서로가 많이 달랐으나, 쿠르트 알란트의 도움과 편집 위원회가 겹치게 되면서 1975년에 출판된 UBS 3판은 외적인 형식은 다르지만 네슬-알란트 26판과 동일한 텍스트를 가지게 되었다. 1981년에 출판된 네슬-알란트 27판의 경우 텍스트는 26판 그대로지만 본문비평장치는 광범위한 개정을 거쳤다.

2. 네슬-알란트 28판의 목적

네슬-알란트 28판은 두 가지 다른 목적을 가지고 만들었다. 첫째, 본문비평장치를 보다 명료하게 그리고 사용하기 쉽도록 하기 위하여 전체적인 개정작업을 시도했다. 둘째, 주요비평본(ECM; Editio Critica Maior)을 신약성경 헬라어에 통합시켜야 했다. 세계 본문비평학계는 현존하는 모든 헬라어 사본들, 초기 번역본들, 고대 문헌들 내의 인용들을 포괄하는 주요비평본을 편찬하고 있는데 뮌스터 대학의 신약 본문연구 연구소(INTF)에서는 공동서신에 대한 보충적인 작업을 1997년에 끝냈고, 공동서신이 네슬-알란트 28판에 통합되었다.[1] 그 결과, 28판에서 공동서신은 그 전의 헬라어 본문과는 많이 달라졌다.

뿐만 아니라, 네슬-알란트 28판은 프린트된 책뿐만 아니라 디지털화된 형태로도 출판했다. 네슬-알란트 28판 전체 본문은 홈 페이지(http://www.nestle-aland.com)에서 볼 수 있다.

3. 네슬-알란트 28판의 특징

네슬-알란트 28판에서 개정되거나 교정된 부분들은 다음과 같다. (1) 새롭게 발견된 파피루스들 117-127을 본문비평장치에 추가했다. (2) 지속적으로 인용되던 증거들을 기록할 때 첫 번째 순서와 두 번째 순서를 구분하는 것을 폐기했다. (3) 신약 사본들 프로젝트와 주요비평본에 맞추어서 본문비평장치를 체계적으로 대조하여 표

1) 이 작업은 여러 대학의 연구소에서 진행되고 있다. 예를 들면, 요한복음의 경우, 버밍엄 대학의 본문연구와 전산판을 위한 연구소(ITSEE; Institute for Textual Scholarship and Electronic Editing)에서 데이빗 파커 교수가 중심이 되어 진행하고 있다.

시했다. (4) 뚜렷한 증거가 아니어서 '약간있는 사본들(pc)'이나 '다른 증거사본들(al)'로 표기하던 것들을 폐기했다. pc나 al이 어떤 구절에 없을 경우, 그것들이 없어서 기록하지 않은 것이 아닌데 마치 그런 것처럼 잘못된 결론들을 도출해낼 수 있는 오해를 불러일으킬 수 있었기 때문이다. (5) '그리고(et)'나 '그러나(sed)'와 같은 표기로 연결하던 것을 분리시켰다. 그리고 '참조(cf)'는 유용한 힌트를 줄 수 있을 경우 이문들 사이의 있음직한 관계를 지시하는 것으로 사용한다. (6) 라틴어 약어들과 텍스트들은 가능한 한 축소시키고 번역했다. (7) 여백에 있던 참고자료들을 전면적으로 개정하고 보충했다.

4. 네슬-알란트 28판의 개정된 예: 공동서신

네슬-알란트 28판에서는 주요비평본을 27판에 통합시켰기 때문에 공동서신에서 많은 개정이 있었다. 결국, 27판과 28판은 공동서신에서만 34구절이나 본문에서 차이가 난다. 한 구절에서 두 군데 차이가 나는 구절도 있는데 그 차이나는 구절들은 다음과 같다:

약1:20, 2:3, 4, 15, 4:10, 벧전1:6, 16, 2:5, 25, 4:16, 5:1, 9, 10, 벧후2:6, 11, 15, 18, 20, 3:6, 10, 16, 18, 요일1:7, 3:7, 5:10, 18, 요이5, 12, 요삼4, 유5, 18

예를 들어, 벧후3:10의 경우를 보자.

"그러나 주의 날이 도둑 같이 오리니 그 날에는 하늘이 큰 소리로 떠나가고 물질이 뜨거운 불에 풀어지고 땅과 그 중에 있는 모든 일이 드러나리로다" (개역개정)
Ἥξει δὲ ἡμέρα κυρίου ὡς κλέπτης, ἐν ᾗ οἱ οὐρανοὶ ῥοιζηδὸν παρελεύσονται στοιχεῖα δὲ καυσούμενα λυθήσεται καὶ γῆ καὶ τὰ ἐν αὐτῇ ἔργα εὑρεθήσεται.

27판에서는 이 구절의 마지막 단어인 '휴레테세타이 (εὑρεθήσεται)'가 오랫동안 논란을 불러일으켰다. 휴레테세타이는 휴리스코(εὑρίσκω)의 미래 수동태 직설법 3인칭 단수이다. 그 의미는 '찾다' '발견하다' '존재하는 것을 증명하다' 등이 있다. 문제는 11절에서 '이 모든 것이 이렇게 풀어지리니'라고 이어지는데 10절에서 '이 모든 것이 드러난다'고 하니 해석상의 어려움이 있었다.

이 문제에 대해서 여러 가지 복잡한 해석들이 있었다. 본문비평과 관련하여 이문을 다룸에 있어서 세 가지 입장들이 있었다. (1) '휴리스코(발견될 것이다, 드러날 것이다)' 대신에 '태워질 것이다(κατακαήσεται)'로 취해서 AV, RV, RSV, JB와 같은 영어 성경에서는 번역하기도 한다. (2) GNB의 경우는 '사라질 것이다(ἀφανισθήσονται)'로 번역했다. (3) 앞에 부정어 οὐχ 가 첨가되어 οὐχ εὑρεθήσεται를 취하여 '드러나지 않을 것이다' 또는 '있는 것이 증명되지 않을 것이다'라는 의미로 해석하기도 한다. 이렇게 세 가지 입장을 견지할 경우, 11절에서 '이 모든 것이 이렇게 풀어지리니'와 조화를 이룰 수 있다.

네슬-알란트 28판에서는 더 많은 자료들에 대한 사본학적인 검토를 거쳐서 최종적으로 εὑρεθήσεται에 부정어 οὐχ 를 첨가하여 οὐχ εὑρεθήσεται 로 바뀌었다. 세 번째 입장이 반영되었다. 그래서 '땅과 그 중에 있는 모든 일이 존재하지 않을 것이다'로 번역할 수 있다.

5. 나가며

하나님께서 인간에게 주신 '그 말씀'은 수많은 자료들로 전해져내려왔다. 수많은 학자들이 오랫동안 원본에 더 가까운 말씀을 찾아 편집해왔고, 특별히, 에버하르트 네슬과 쿠르트 알란트는 그 많은 자료들을 단 한권의 책 속에 담아내었다. 네슬-알란트 헬라어 성경은 오늘날 우리가 보고 있는 여러 번역성경들의 원본으로 사용되고 있다.

올해 네슬-알란트 28판이 삼십년 넘는 기간 동안 많은 학자들의 엄청난 노력을 통해 드디어 출판되었다. 하나님께서 우리에게 주신 '그 말씀'에 보다 더 가까운 헬라어 성경을 우리는 갖게 된 것이다. 참으로 기쁜 일이 아닐 수 없다. 게다가, 기대하는 것은 현재 진행되고 있는 국제 신약성경 프로젝트나 주요비평본 작업들을 통해서 보다 더 가까운 하나님의 '그 말씀'을 찾는 노력은 계속 되고 있다.

모쪼록 금번 NA28판의 출간이 독자 제위가 이러한 기쁨과 기대에 동참하는 일에 조금이나마 자극이 되기를 기대한다.

총신대 이상일 교수

* 이상일 고신대학교(B.A)와 총신대학교(M.Div.)를 나와 서울대학교(언어학과, M.A.)와 영국 Durham대학교(Ph.D.)에서 공부했다. 현재 총신대학교 등에서 강의하고 있다.

알파벳(Alphabet)

신약성서 헬라어 알파벳은 다음과 같다

대문자	소문자	이 름		발음 영어	발음 한글	수치
Α	α	ἄλφα	알파(Alpha)	a	아	1
Β	β	βῆτα	베타(Beta)	b	ㅂ	2
Γ	γ	γάμμα	감마(Gamma)	g	ㄱ	3
Δ	δ	δέλτα	델타(Delta)	d	ㄷ	4
Ε	ϵ	ἔψιλόν	엡실론(Epsilon)	e	에(단)	5
Ζ	ζ	ζῆτα	제타(Zeta)	z	ㅈ	7
Η	η	ἦτα	에타(Eta)	e	에(장)	8
Θ	θ	θῆτα	데타(Theta)	th	°ㄷ	9
Ι	ι	ἰῶτα	이오타(Iota)	i	이	10
Κ	κ	κάππα	캎파(Kappa)	k	ㅋ	20
Λ	λ	λάμδα	람다(Lambda)	l	ㄹ	30
Μ	μ	μῦ	뮈-(Mu)	m	ㅁ	40
Ν	ν	νῦ	뉘-(Nu)	n	ㄴ	50
Ξ	ξ	ξί	크시(xi)	ks	ㅋㅅ	60
Ο	υ	ὄμικρόν	오미크론(Omikron)	o	오(단)	70
Π	π	πί	피-(pi)	p	ㅍ	80
Ρ	ρ	ρῶ	로-(Rho)	r	ㄹ	100
Σ	σ(ς)	σίγμα	시그마(Sigma)	s	ㅅ	200
Τ	τ	ταῦ	타우(Tau)	t	ㅌ	300
Υ	υ	ὖψιλόν	윕실론((Upsilon)	ü(독어)	위	400
Φ	φ	φί	피-(Phi)	ph	°ㅍ	500
Χ	χ	χί	키-(Chi)	ch(독어)	°ㅋ	600
Ψ	ψ	ψί	프시-(Psi)	ps	ㅍㅅ	700
Ω	ω	ὧμέγα	오메가(Omega)	o	오(장)	800

※ 헬라어는 24개의 문자 이외에 고어 3개 문자가 더 있다 ※ 단(단음), 장(장음)

1. F (S) 바우(Vau), 디감마(Digamma) 6.
2. Ϙ 콥파(Koppa) 90,
3. ϡ 삼피(Samppi) 900.

일러두기

1. 한글성경본문으로 성경전서 개역개정판은 성서공회 발행 2005년 11월 제4판을 성서공회의 허락을 받아 사용하였다.
2. 영어성경본문으로 KJV를 채택하였다.(King James Version, 1611/1769)
3. Strong's Exhaustive Concordance of the Bible을 주 참고서로 사용하여 각 단어에 스트롱 코드를 붙였다.
   1) 한 단어에 2개의 스트롱코드는 세계적인 프로그램 Bible works를 참조 하였다.
   2) 일부 스트롱코드와 다른 어근은 제임스 스트롱 이후의 학자들의 견해인 어근을 삽입하였다.(Bible works 참조)
4. 원전은 The Greek New Testament(NA28판)를 사용하였다.
5. 우리말 음독은 되도록 원어 발음에 근접한 발음이 되도록 표기하여 헬라어를 처음 접하는 독자라 할지라도 정확한 발음의 음독이 가능하도록 하였다.
6. 각 단어와 문자의 해석은 개역개정판의 본문을 크게 벗어나지 않았으며, 전체 단락과 문장간의 상호관계를 중요시 하였고, 각 단어의 자세한 품사분해와 원뜻에 준하는 직역을 고수하였으되, 원활한 이해를 돕고자 필요한 의역도 마다하지 않았다.
7. 낱말분해는 Barbar Griberg와 Thimothy Friberg의 저서 Analytical Greek New Testmaent를 사용하였으되, 독자의 이해를 돕고자, 한글로 분해를 덧붙였다.
8. 관용어나 관용구가 사용될 수밖에 없는 헬라어 어구들도 단어별로 번역하고자 하였다.
9. 단어의 해석은 헬라어 문법에 따라 동사는 시상과 법과 태를 번역하였고, 명사를 비롯한 모든 단어는 격, 성, 수에 따라 번역되었다.
10. 한글의 발음표기는 헬라어 알파벳표의 한글음가를 채택하였다.
    1) (ㅋ시)와 (ㅍ시)는 크시와 프시로 발음하였다.

문법 요약

◂◂**명　사** : 사물의 이름을 나타내는 품사
헬라어 명사는 성(남성, 여성, 중성), 수(단수, 복수),
격(주격, 소유격, 여격, 목적격, 호격)을 갖고 있다.
명사변화는 1. 2. 3. 변화가 있다. 그 어미변화를 보면
격변화에서 격의 뜻은

주격(주어)	. . 은, 는, 이, 가,
소유격(소유의 뜻)	. . 의,
여격(간접목적어)	. . 에게,
목적격(직접목적어)	. . 을, . . 를,
호격(호칭)	. . 아, . . 야,

◂◂**대명사** : 명사 대신에 쓰는 품사의 하나(사람, 사물, 처소 등을 나타냄)
1. 지시대명사　　2. 인칭대명사
3. 재귀대명사　　4. 소유대명사

◂◂**관　사** : 부정관사는 없고 정관사만 있다.

◂◂**형용사** : 사물의 상태, 성질이 어떠함을 설명하는 품사

◂◂**부　사** : 그것이 어떠하게 어떻다거나 또는 어찌 움직인다는 뜻을 한정하는 품사

◂◂**전치사** : 명사나 대명사 앞에 놓여 그 명사와 그 문장의 다른 부분과의 관계를 나타내는 품사로서, 전치사는 한 개 혹은 두 세 개의 격을 지배한다.
ἀπό(+소) ..에서, ..로부터, διά(+소)..통하여, (+목) .. 때문에
※( )안은 지배하는 격을 의미함.

◂◂**동　사** : 사물의 동작이나 작용을 나타내는 품사
헬라어 동사는 법(法mood), 시상(時相tense), 태(態voice)를 가지고 있다.

법 : 직설법(Indicative mood), 가정법(Subjunctive mood)
명령법(Imperative mood), 희구법(Optative mood),
분사(Participle), 부정사(Infinitive)

시상 : 제1시상=현재(Present), 현재완료(Present present),
미래(Future)
제2시상=미완료(Imperfect=과거진행, 반복,
부정과거(Aorist), 과거완료(Pluperfect)

태 : 능동태(能動態Active voice), 수동태(受動態Passive voice),
중간태(中間態Middle voice=동작의 주인공을 강조)

법(法mood)

직설법 : 서술상 판단의 주체가 사실이라고 인정하는 문법상의 표현법

가정법 : 사실인지 아닌지 아직 분명하지 않은 것을 사실인 것처럼 인정하는 표현법, 가능성을 나타내는 형식, 가설(假設)

명령법 : 명령이나 요구의 뜻을 나타내는 화법(話法)

희구법 : 소원, 바람을 나타내는 표현법으로써 이는 가정법보다 더욱 비실제적인 가능성을 나타내는 형식으로써 간곡한 소원을 의미한다.

분 사 : 동사의 형용사적 형태로서 형용사와 동사의 역할을 동시에 한다.

부정사 : 인칭, 수, 격변화를 하지 않는 동사로서 명사와 동사로서의 역할을 하는데 명사로서의 역할이 더 크다.

시상(時相time)

헬라어동사의 시상은 동작의 시간(time of action)과 동작의 종류(kind of action), 이 두가지를 나타내는 역할을 한다. 그것이 주로 동작의 종류를 나타내며 동작의 시간은 오히려 제2차적이라 하겠다. 시상이라는 말에 시(時)자가 있기 때문에 주로 시간에 관계된 것으로 생각하기 쉬우나 헬라어에서는 동작의 종류를 주로 보여준다는 것에 유의해야 한다.

1. 계속적 동작을 나타내는 현재시상
2. 완료된 동작을 나타내는 완료시상
3. 정함이 없는 동작을 나타내는 부정과거

태(態)

능동태 : 문장의 주어가 어떤 동작을 하는 관계를 나타내는 동작의 형태

수동태 : 주어가 어떤 동작의 대상이 되어, 그 작용을 받을 때의 관계를 나타내는 동사의 형태

중간태 : 헬라어만 가지고 있는 특수한 형태로 동작의 주인공을 강조하고 동작과 주격을 보다 밀접하게 관계 지어준다. 다른말로 하면 주어에 대한 언급을 위해 쓰이는 일종의 재귀적 용법이다.

디포넌트(중디, 수디, 중수디) : 동사중에 형식상으로는 중간태나 수동태이면서 능동적인 뜻을 나타내는 것을 말한다.

동사의 기본형 : 동사의 기본적인 시상줄기만 알면 거기에서, 태(voice), 법(mood), 인칭(person), 수(number)를 나타내는 개개형태로 변화하는 것은 매우 규칙적으로 된다. 그래서 기본적인 시상을 아는 것이 중요하다. 기본적인 시상줄기가 6개가 있다.

※ 동사의 6개 기본형 = 현재능동태, 미래능동태, 부정과거능동태, 현재완료능동태, 현재완료수동태, 부정과거수동태.

본문 설명

개역개정성경 / 영어성경(KJV) / 스트롱코드번호

1 아브라함과 다윗의 자손 예수 그리스도의 계보라
The book of the generation of Jesus Christ, the son of David, the son of Abraham.

976	1078	2424	5547	5207	1138	5207	11
Βίβλος	γενέσεως	Ἰησοῦ	Χριστοῦ	υἱοῦ	Δαυὶδ	υἱοῦ	Ἀβραάμ.
βίβλος	γένεσις	Ἰησοῦς	Χριστός	υἱός	Δαυ(β)ίδ	υἱός	Ἀβραάμ
비블로스	게네세오스	예수	크리스투	휘우	다윋	휘우	아브라암
(그)책	계보의(세대의)	예수	그리스도의	자손	다윗의	자손	아브라함의
명.주.여.단.	명.소.여.단.	명.소.남.단.	명.소.남.단.	명.소.남.단.	명.소.남.단.	명.소.남.단.	명.소.남.단.

문법분해 / 직 역 / 음 역 / 어 근 / NA28판

약어 및 기호표 (ABBREVIATIONS AND SYMBOLS)

명(명사) noun

대(대명사) pronoun
대. 인(인칭대명사) personal pronoun

주(주격) nominative
소(소유격) genitive
여격(여격) dative
목(목적격) accusative
호(호격) vocative

남(남성) masculine
여(여성) feninine
중(중성) neuter

1(1인칭) first person
2(2인칭) second person
3(3인칭) third person

단(단수) singular
복(복수) plural

동(동사) verb

직(직설법) indicative
가(가정법) subjunctive
희(희구법) optative
명(명령법) imperative
부(부정사) infinitive
분(분사) participle
분명(분사명령적 의미) imperative sense

현(현재) present
미완(미완료) imperfect
미(미래) future
1과(제1부정과거) 1st aorist
2과(제2부정과거) 2nd aorist
1완(제1완료) 1st perfect
2완(제2완료) 2nd perfect
과완(과거완료) pluperfect

능(능동태) active
중(중간태) middle
수(수동태) passive
중수(중간태. 수동태 다가능) either middle or passive
중디(중간태디포넌트) middle deponent
수디(수동태디포넌트) passive deponent
중수디(중간태나 수동태 디포넌트) middle or passive deponent

주(주격) nominative
소(소유격) genitive
여격(여격) dative
목(목적격) accusative
호(호격) vocative

남(남성) masculine
여(여성) feninine
중(중성) neuter

1(1인칭) first person
2(2인칭) second person
3(3인칭) third person

단(단수) singular
복(복수) plural

형(형용사) adjective

대(대명사적) pronominal
부(부사) adverb

기(기수) cardinal
서(서수) ordinal
관(관계사) relative
부(부정不貞) indefinite
의(의문사) interrogative
지(지시사) demonstrative
비(비교급) comparative
최(최상급) superlative

주(주격) nominative
소(소유격) genitive
여격(여격) dative
목(목적격) accusative
호(호격) vocative

남(남성) masculine
여(여성) feninine
중(중성) neuter

1(1인칭) first person
2(2인칭) second person

단(단수) singula
복(복수) plural

관(정관사) the definite article

주(주격) nominative
소(소유격) genitive
여격(여격) dative
목(목적격) accusative
호(호격) vocative

남(남성) masculine
여(여성) feninine
중(중성) neuter

단(단수) singula
복(복수) plural

& (그리고, …와) “and”, crasis

☆ (…같이 사용) function, "used as"

/ (또는) “or”

† (또는) “or” (order is significant)

전(전치사) preposition

소(소유격) genitive
여격(여격) dative
목(목적격) accusative

접(접속사) conjunction

종(종속접속사) subordinating
등(등위접속사) coordinating
우(우위접속사) superordinating (hyperordinating)

불(불변사) particle

문(문장불변사) sentential
의(의문불변사) interrogative
동(동사불변사) verbal

한글약어표에 대한 예문

▣ 명 사

명.소.남.1.단 (명사.소유격.남성.1인칭.단수)

명.주.남.1.복 (명사.주격.남성.1인칭.복수)

명.여격.여.2.단 (명사.여격.여성.2인칭.단수)

명.목.남.2.단 (명사.목적격.남성.2인칭.단수)

▣ 대 명 사

대.인.여격.남.3.단 (인칭대명사.여격.남성.3인칭.단수)

대.주.남.1.단 (대명사.주격.남성.1인칭.단수)

대.지.목.중.복 (대명사.지시사.목적격.중성.복수)

대.관.주.중.단 (대명사.관계사.주격.중성.단수)

대.지.여격.여.단 (대명사.지시사.여격.여성.단수)

대.기.목.중.단 (대명사.기수.목적격.중성.단수)

대.부.목.중.단 (대명사.부정.목적격.중성.단수)

대.호.남.단 (대명사.호격.남성.단수)

▣ 형 용 사

형.대.비.목.중.단 (형용사.대명사.비교급.목적격.중성.단수)

형.대.서.목.중.단 (형용사.대명사.서수.목적격.중성.단수)

형.대.기.주.중.단 (형용사.대명사.기수.주격.중성.단수)

형.의.목.남.단 (형용사.의문사.목적격.남성.단수)

형.대.여격.남.복 (형용사.대명사.여격.남성.복수)

형.대.주.남.단 (형용사.대명사.주격.남성.단수)

형.대.목.남.단 (형용사.대명사.목적격.남성.단수)

형.대.호.남.단 (형용사.대명사.호격.남성.단수)

▣ 동 사

동.직.현.능.주.남.1.단 (동사.직설법.현재.능동태.주격.남성.1인칭.단수)

동.직.미완.능.주.남.2.복 (동사.직설법.미완료.능동태.주격.남성.2인칭.복수)

동. 직. 미. 수. 소. 여. 2. 복 (동사. 직설법. 미래. 수동태. 소유격. 여성. 2인칭. 복수)
동. 직. 미. 중디. 3단 (동사. 직설법. 미래. 중간태 디포넌트. 3인칭. 단수)
동. 직. 1과. 소. 남. 3단 (동사. 직설법. 1부정과거. 소유격. 남성. 3인칭. 단수)
동. 직. 2과. 소. 남. 3단 (동사. 직설법. 2부정과거. 소유격. 남성. 3인칭. 단수)
동. 직. 2과. 수디. 3단 (동사. 직설법. 2부정과거. 수동태 디포넌트. 3인칭. 단수)
동. 가. 2과. 중디. 2복 (동사. 가정법. 2부정과거. 중간태 디포넌트. 2인칭. 복수)
동. 직. 현. 중수디. 3단 (동사. 직설법. 현재. 중간태, 수동태 디포넌트. 3인칭. 단수)
동. 분. 현. 능. 주. 여. 단 (동사. 분사. 현재. 능동태. 주격. 여성. 단수)
동. 분. 1과. 수. 소. 여. 단 (동사. 분사. 1부정과거. 수동태. 소유격. 여성. 단수)
동. 가. 1과. 능. 1단 (동사. 가정법. 1부정과거. 능동태. 1인칭. 단수)
동. 명. 1과. 능. 2복 (동사. 명령법. 1부정과거. 능동태. 2인칭. 복수)
동. 명. 현. 능. 2복 (동사. 명령법. 현재. 능동태. 2인칭. 복수)
동. 부. 1과. 수 (동사. 부정사. 1부정과거. 수동태)

▣ 관 사 (헬라어에는 영어의 정관사로 볼 수 있는 관사 밖에 없다)

관. 주. 남. 단 (관사. 주격. 남성. 단수) / 관. 목. 중. 단 (관사. 목적격. 중성. 단수) / 관. 호 (관사. 호격)

▣ 부 사

부. 비 (부사. 비교급) / 부. 의 (부사. 의문사) / 부. 부 (부사. 부정)

▣ 전 치 사

전. 소 (전치사. 소유격) / 전. 목 (전치사. 목적격) / 전. 여격 (전치사. 여격)

▣ 접 속 사

접. 등 (등위접속사) / 접. 종 (종속접속사) / 접. 우 (우위접속사)

▣ 불 변 사

불. 문 (문장불변사) / 불. 의 (의문불변사) / 불. 동 (동사불변사)

마 가 복 음

KATA MARKON 카타 마르콘

1 하나님의 아들 예수 그리스도의 복음의 시작이라
The beginning of the gospel of Jesus Christ, the Son of God;

746	3588	2098	2424	5547	5207	2316
Ἀρχὴ	τοῦ	εὐαγγελίου	Ἰησοῦ	Χριστοῦ	υἱοῦ	θεοῦ
ἀρχή	τό	εὐαγγέλιον	Ἰησοῦς	Χριστός	υἱός	θεός
아르케	투	유앙겔리우	예수	크리스투	휘우	데우
(그) 시작은	그	복음의	예수	그리스도의	(아들	하나님의)
명.주.여.단.	관.소.중.단.	명.소.중.단.	명.소.남.단.	명.소.남.단.	명.소.남.단.	명.소.남.단.

2 선지자 이사야의 글에 보라 내가 내 사자를 네 앞에 보내노니 그가 네 길을 준비하리라
As it is written in the prophets, Behold, I send my messenger before thy face, which shall prepare thy way before thee.

2531	1125	1722	3588	2268	3588	4396	2400	649
Καθὼς	γέγραπται	ἐν	τῷ	Ἠσαΐᾳ	τῷ	προφήτῃ,	Ἰδοὺ	ἀποστέλλω
καθώς	γράφω	ἐν	ὁ	Ἡσαΐας	ὁ	προφήτης	ἰδού	ἀποστέλλω
카도스	게그랍타이	엔	토	에사이아	토	프로페테	이두	아포스텔로
같이	기록되었다	의하여	그	이사야에	그	선지자	보라	내가 보낸다
접.종.	동.직.1완.수.3단.	전.여격.	관.여격.남.단.	명.여격.남.단.	관.여격.남.단.	명.여격.남.단.	불.문.	동.직.현.능.1단.

3588	32	1473	4253	4383	4771	3739	2680
τὸν	ἄγγελόν	μου	πρὸ	προσώπου	σου,	ὃς	κατασκευάσει
ὁ	ἄγγελος	ἐγώ	πρό	πρόσωπον	σύ	ὅς	κατασκευάζω
톤	앙겔론	무	프로	프로소푸	수	호스	카타스큐아세이
그	천사를	내	앞에	얼굴의	네	그가	예비할 것이라
관.목.남.단.	명.목.남.단.	대.인.소.1단.	전.소.	명.소.중.단.	대.인.소.2단.	대.관.주.남.단.	동.직.미.능.3단.

3588	3598	4771
τὴν	ὁδόν	σου·
ὁ	ὁδός	σύ
텐	호돈	수
그	길을	너의
관.목.여.단.	명.목.여.단.	대.인.소.2단.

3 광야에 외치는 자의 소리가 있어 이르되 너희는 주의 길을 준비하라 그의 오실 길을
곧게 하라 기록된 것과 같이
The voice of one crying in the wilderness, Prepare ye the way of the Lord, make his paths straight.

5456	994	1722	3588	2048	2090	3588	3598	2962
φωνὴ	βοῶντος	ἐν	τῇ	ἐρήμῳ·	ἑτοιμάσατε	τὴν	ὁδὸν	κυρίου,
φωνή	βοάω	ἐν	ἡ	ἔρημος	ἑτοιμάζω	ἡ	ὁδός	κύριος
포네	보온토스	엔	테	에레모	헤토이마사테	텐	호돈	퀴리우
소리가 있어	외치는 (이의)	안에서	그	광야에	너희는 준비하라	그	길을	주님의
명.주.여.단.	동.분.현.능.소.남.단.	전.여격.	관.여격.여.단.	형.대.여격.단.	동.명.1과.능.2복.	관.목.여.단.	명.목.여.단.	명.소.남.단.

2117	4160	3588	5147	846
εὐθείας	ποιεῖτε	τὰς	τρίβους	αὐτοῦ,
εὐθύς	ποιέω	ἡ	τρίβος	αὐτός
유데이아스	포이에이테	타스	트리부스	아우투
곧게	만들라	그	행로들을	그의
형.목.여.복.	동.명.현.능.2복.	관.목.여.복.	명.목.여.복.	대.인.소.남.3단.

4 세례 요한이 광야에 이르러 죄 사함을 받게 하는 회개의 세례를 전파하니
John did baptize in the wilderness, and preach the baptism of repentance for the remission of sins.

1096	2491	3588	907	1722	3588	2048	2532	2784
ἐγένετο	Ἰωάννης	ὁ	βαπτίζων	ἐν	τῇ	ἐρήμῳ	καὶ	κηρύσσων
γίνομαι	Ἰωάννης	ὁ	βαπτίζω	ἐν	ἡ	ἔρημος	καί	κηρύσσω
에게네토	요안네스	호	밮티존	엔	테	에레모	카이	케뤼쏜
나타났다	요한이	그	세례를 베푸는	안에서	그	광야	그리하여	전파하면서
동.직.2과.중디.3단.	명.주.남.단.	관.주.남.단	동.분.현.능.주.남.단.	전.여격.	관.여격.여.단.	형.대.여격.여.단.	접.등.	동.분.현.능.주.남.단.

908	3341	1519	859	266
βάπτισμα	μετανοίας	εἰς	ἄφεσιν	ἁμαρτιῶν.
βάπτισμα	μετάνοια	εἰς	ἄφεσις	ἁμαρτία
밮티스마	메타노이아스	에이스	아페신	하마르티온
사례를	회개의	위하여	용서를	죄들의
명.목.중.단.	명.소.여.단.	전.목.	명.목.여.단.	명.소.여.복.

5 온 유대 지방과 예루살렘 사람이 다 나아가 자기 죄를 자복하고 요단 강에서 그에게
세례를 받더라
And there went out unto him all the land of Judaea, and they of Jerusalem, and were all baptized of him in the river of Jordan, confessing their sins.

2532	1607	4314	846	3956	3588	2449	5561
καὶ	ἐξεπορεύετο	πρὸς	αὐτὸν	πᾶσα	ἡ	Ἰουδαία	χώρα
καί	ἐκπορεύομαι	πρός	αὐτός	πᾶς	ἡ	Ἰουδαία	χώρα
카이	엨세포류에토	프로스	아우톤	파사	헤	유다이아	코라
그러자	나아가고 있었다	에게로	그(를)	온(모든)	그	유대	지방
접.등.	동.직.미완.중수디.3단.	전.목.	대.인.목.남.3단.	형.주.여.단.	관.주.여.단.	명.주.여.단.	명.주.여.단.

2532	3588	2415	3956	2532	907	5259	846
καὶ	οἱ	Ἱεροσολυμῖται	πάντες,	καὶ	ἐβαπτίζοντο	ὑπ’	αὐτοῦ
καί	ὁ	Ἱεροσολυμίτης	πᾶς	καί	βαπτίζω	ὑπό	αὐτός
카이	호이	히에로솔뤼미타이	판테스	카이	에밮티존토	휲	아우투
과	그	예루살렘 사람들이	모두	그리고	세례를 받고 있었다	에 의해서	그
접.등.	관.주.남.복.	명.주.남.복.	형.주.남.복.	접.등.	동.직.미완.수.3복.	전.소.	대.인.소.남.3단.

1722	3588	2446	4215	1843	3588	266	846
ἐν	τῷ	Ἰορδάνῃ	ποταμῷ	ἐξομολογούμενοι	τὰς	ἁμαρτίας	αὐτῶν.
ἐν	ὁ	Ἰορδάνης	ποταμός	ἐξομολογέω	ἡ	ἁμαρτία	αὐτός
엔	토	요르다네	포타모	엨소몰로구메노이	타스	하마르티아스	아우톤
에서	그	요단	강에	철저히 고백하며	그	죄들을	그들이
전.여격.	관.여격.남.단.	명.여격.남.단.	명.여격.남.단.	동.분.현.중.주.남.복.	관.목.여.복.	명.목.여.복.	대.인.소.남.3복.

6 요한은 낙타털 옷을 입고 허리에 가죽 띠를 띠고 메뚜기와 석청을 먹더라
And John was clothed with camel's hair, and with a girdle of a skin about his loins; and he did eat locusts and wild honey;

2532	1510	3588	2491	1746	2359	2574	2532
καὶ	ἦν	ὁ	Ἰωάννης	ἐνδεδυμένος	τρίχας	καμήλου	καὶ
καί	εἰμί	ὁ	Ἰωάννης	ἐνδύω	θρίξ	κάμηλος	καί
카이	엔	호	요안네스	엔데뒤메노스	트리카스	카멜루	카이
그리고	있었다	그	요한은	옷을 입고	털들로	약대의	그리고
접.등.	동.직.미완.능.3단.+	관.주.남.단.	명.주.남.단.	+동.분.1완.중.주.남.단.	명.목.여.복.	명.소.여.단.	접.등.

2223	1193	4012	3588	3751	846	2532	2068	200
ζώνην	δερματίνην	περὶ	τὴν	ὀσφὺν	αὐτοῦ,	καὶ	ἐσθίων	ἀκρίδας
ζώνη	δερμάτινος	περί	ἡ	ὀσφύς	αὐτός	καί	ἐσθίω	ἀκρίς
조넨	데르마티넨	페리	텐	오스퓐	아우투	카이	에스디온	아크리다스
띠를(띠고)	가죽	에	그	허리	그의	그리고	먹으며	메뚜기들
명.목.여.단.	형.목.여.단.	전.목.	관.목.여.단.	명.목.여.단.	대.인.소.남.3단.	접.등.	동.분.현.능.주.남.단.	명.목.여.복.

2532	3192	66
καὶ	μέλι	ἄγριον.
καί	μέλι	ἄγριος
카이	멜리	아그리온
과	꿀을	야생의
접.등.	명.목.중.단.	형.목.중.단.

7 그가 전파하여 이르되 나보다 능력 많으신 이가 내 뒤에 오시나니 나는 굽혀 그의
신발끈을 풀기도 감당하지 못하겠노라
And preached, saying, There cometh one mightier than I after me, the latchet of whose shoes I am not worthy to stoop down and unloose.

2532	2784	3004	2064	3588	2478	1473	3694
καὶ	ἐκήρυσσεν	λέγων,	ἔρχεται	ὁ	ἰσχυρότερός	μου	ὀπίσω
καί	κηρύσσω	λέγω	ἔρχομαι	ὁ	ἰσχυρός	ἐγώ	ὄπίσω
카이	에케뤼쎈	레곤	에르케타이	호	이스퀴로테로스	무	오피소
그리고	그가 선포하고 있었다	말하기를	오신다	그	더 능력있는 분이	나보다	뒤에
접.등.	동.직.미완.능.3단.	동.분.현.능.주.남.단.	동.직.현.중수디.3단.	관.주.남.단.	형.대비.주.남.단.	대.인소.1단.	전소.

1473	3739	3756	1510	2425	2955	3089	3588	2438
μου,	οὗ	οὐκ	εἰμὶ	ἱκανὸς	κύψας	λῦσαι	τὸν	ἱμάντα
ἐγώ	ὅς	οὐ	εἰμί	ἱκανός	κύπτω	λύω	ὁ	ἱμάς
무	후	우크	에이미	히카노스	큅사스	뤼사이	톤	히만타
나의	그분의	없다	나는 할수	자격이	굽혀서	푸는 것을	그	신발끈을
대.인소.1단.	대.관소.남.단.	부.	동.직.현.능.1단.	형.주.남.단.	동.분.1과.능.주.남.단.	동.부.1과.능.	관.목.남.단.	명.목.남.단

3588	5266	846
τῶν	ὑποδημάτων	αὐτοῦ.
τό	ὑπόδημα	αὐτός
톤	휘포데마톤	아우투
그	샌들들의	그의
관.소.중.복.	명.소.중.복.	대.인소.남.3단.

8 나는 너희에게 물로 세례를 베풀었거니와 그는 너희에게 성령으로 세례를 베푸시리라
I indeed have baptized you with water: but he shall baptize you with the Holy Ghost.

1473	907	4771	5204	846	1161	907	4771	1722
ἐγὼ	ἐβάπτισα	ὑμᾶς	ὕδατι,	αὐτὸς	δὲ	βαπτίσει	ὑμᾶς	ἐν
ἐγώ	βαπτίζω	σύ	ὕδωρ	αὐτός	δέ	βαπτίζω	σύ	ἐν
에고	에밮티사	휘마스	휘다티	아우토스	데	밮티세이	휘마스	엔
나는	세례를 주었다	너희에게	물로	그분은	그러나	세례를 주실 것이다	너희를	안에서
대.인.주.1단.	동.직.1과.능.1단.	대.인.목.2복.	명.여격.중.단.	대.인.주.남.3단.	접.우.	동.직.미.능.3단.	대.인.목.2복.	전.여격.

4151	40
πνεύματι	ἁγίῳ.
πνευμα	ἅγιος
프뉴마티	하기오
령	성
명.여격.중.단.	형.여격.중.단.

9 그 때에 예수께서 갈릴리 나사렛으로부터 와서 요단 강에서 요한에게 세례를 받으시고
And it came to pass in those days, that Jesus came from Nazareth of Galilee, and was baptized of John in Jordan.

2532	1096	1722	1565	3588	2250	2064	2424
Καὶ	ἐγένετο	ἐν	ἐκείναις	ταῖς	ἡμέραις	ἦλθεν	Ἰησοῦς
καί	γίνομαι	ἐν	ἐκεῖνος	ἡ	ἡμέρα	ἔρχομαι	Ἰησοῦς
카이	에게네토	엔	에케이나이스	타이스	헤메라이스	엘텐	예수스
그리고	일어났다	안에	그	그	날들	오셨다	예수께서
접.등.	동.직.2과.중디.3단.	전.여격.	대.지.여격.여.복.	관.여격.여.복.	명.여격.여.복.	동.직.2과.능.3단.	명.주.남.단.

575	3478	3588	1056	2532	907	1519	3588	2446
ἀπὸ	Ναζαρὲτ	τῆς	Γαλιλαίας	καὶ	ἐβαπτίσθη	εἰς	τὸν	Ἰορδάνην
ἀπό	Ναζαρέθ	ἡ	Γαλιλαία	καί	βαπτίζω	εἰς	ὁ	Ἰορδάνης
아포	나자렡	테스	갈릴라이아스	카이	에밮티스데	에이스	톤	요르다넨
부터	나사렛으로	그	갈릴리의	그리고	세례를 받으셨다	에서	그	요단강
전소.	명.소.여.단.	관.소.여.단.	명.소.여.단.	접.등.	동.직.1과.수.3단.	전목.	관.목.남.단.	명.목.남.단.

5259	2491
ὑπὸ	Ἰωάννου.
ὑπό	᾿Ἰωάννης
휘포	요안누
의하여	요한에
전소.	명.소.남.단.

10 곧 물에서 올라오실새 하늘이 갈라짐과 성령이 비둘기 같이 자기에게 내려오심을 보시더니
And straightway coming up out of the water, he saw the heavens opened, and the Spirit like a dove descending upon him:

2532	2117	305	1537	3588	5204	1492	4977
καὶ	εὐθὺς	ἀναβαίνων	ἐκ	τοῦ	ὕδατος	εἶδεν	σχιζομένους
καί	εὐθύς	ἀναβαίνω	ἐκ	τό	ὕδωρ	εἴδω	σχίζω
카이	유뒤스	아나바이논	에크	투	휘다토스	에이덴	스키조메누스
그런데	곧	올라오실 때	부터	그	물로	그가 보았다	갈라지는 것
접.등.	형.대.주.남.단	동.분.현.능.주.남.단.	전소.	관.소.중.단.	명.소.중.단.	동.직.2과.능.3단.	동.분.현.수.목.남.복.

3588	3772	2532	3588	4151	5613	4058	2597
τοὺς	οὐρανοὺς	καὶ	τὸ	πνεῦμα	ὡς	περιστερὰν	καταβαῖνον
ὁ	οὐρανός	καί	τό	πνεῦμα	ὡς	περιστερά	καταβαίνω
투스	우라누스	카이	토	프뉴마	호스	페리스테란	카타바이논
그	하늘들을	과	그	(성)령을	같이	비둘기와	내려오는 것을
관.목.남.복.	명.목.남.복.	접.등.	관.목.중.단.	명.목.중.단.	접.종.	명.목.여.단.	동.분.현.능.목.중.단.

1519	846
εἰς	αὐτόν·
εἰς	αὐτός
에이스	아우톤
향하여	그를
전.목.	대.인.목.남.3단.

11 하늘로부터 소리가 나기를 너는 내 사랑하는 아들이라 내가 너를 기뻐하노라 하시니라
And there came a voice from heaven, saying, Thou art my beloved Son, in whom I am well pleased.

2532	5456	1096	1537	3588	3772	4771	1510	3588	5207
καὶ	φωνὴ	ἐγένετο	ἐκ	τῶν	οὐρανῶν,	σὺ	εἶ	ὁ	υἱός
καί	φωνή	γίνομαι	ἐκ	ὁ	οὐρανός	σύ	εἰμί	ὁ	υἱός
카이	포네	에게네토	에크	톤	우라논	쉬	에이	호	휘오스
그리고	소리가	났다	부터	그	하늘들로	너는	이다	그	아들
접.등.	명.주.여.단.	동.직.2과.중디.3단.	전소.	관.소.남.복.	명.소.남.복.	대.인.주.2단.	동.직.현.능.2단.	관.주.남.단.	명.주.남.단.

1473	3588	27	1722	4771	2106
μου	ὁ	ἀγαπητός,	ἐν	σοὶ	εὐδόκησα.
ἐγώ	ὁ	ἀγαπητός	ἐν	σύ	εὐδοκέω
무	호	아가페토스	엔	소이	유도케사
나의	그	사랑하는	의하여	너(에)	내가 기뻐하였다
대.인.소.1단.	관.주.남.단.	형.주.남.단.	전.여격.	대.여격.여.2단.	동.직.1과.능.1단.

12 성령이 곧 예수를 광야로 몰아내신지라
And immediately the Spirit driveth him into the wilderness.

2532	2117	3588	4151	846	1544	1519	3588	2048
Καὶ	εὐθὺς	τὸ	πνεῦμα	αὐτὸν	ἐκβάλλει	εἰς	τὴν	ἔρημον.
καί	εὐθύς	τό	πνεῦμα	αὐτός	ἐκβάλλω	εἰς	ἡ	ἔρημος
카이	유뒤스	토	프뉴마	아우톤	에크발레이	에이스	텐	에레몬
그리고	곧	그	성령이	그를	내보내신다	속으로	그	광야
접.등.	형.대.주.남.단	관.주.중.단.	명.주.중.단.	대.인.목.남.3단.	동.직.현.능.3단.	전.목.	관.목.여.단.	형.대.목.여.단.

13 광야에서 사십 일을 계시면서 사탄에게 시험을 받으시며 들짐승과 함께 계시니 천사들이
수종들더라
And he was there in the wilderness forty days, tempted of Satan; and was with the wild beasts;
and the angels ministered unto him.

2532	1510	1722	3588	2048	5062	2250	3985
καὶ	ἦν	ἐν	τῇ	ἐρήμῳ	τεσσεράκοντα	ἡμέρας	πειραζόμενος
καί	εἰμί	ἐν	ἡ	ἔρημος	τεσσαράκοντα	ἡμέρα	πειράζω
카이	엔	엔	테	에레모	테쎄라콘타	헤메라스	페이라조메노스
그리고	계시고 있었다	안에	그	광야에	사십	일을	유혹을 받으시면서
접.등.	동.직.미완.능.3단.+	전.여격.	관.여격.여.단.	형.대.여격.여.단.	형.기.목.여.복.	명.목.여.복.	+동.분.현.수.주.남.단.

5259	3588	4567	2532	1510	3326	3588	2342	2532	3588
ὑπὸ	τοῦ	σατανᾶ,	καὶ	ἦν	μετὰ	τῶν	θηρίων,	καὶ	οἱ
ὑπό	ὁ	Σατανᾶς	καί	εἰμί	μετά	τό	θηρίον	καί	ὁ
휘포	투	사타나	카이	엔	메타	톤	데리온	카이	호이
에 의해	그	사탄	그리고	계시니	함께	그	들짐승들과	그런데	그
전소	관.소.남.단.	명.소.남.단.	접.등.	동.직.미완.능.3단.	전소	관.소.중.복.	명.소.중.복.	접.등.	관.주.남.복.

32	1247	846
ἄγγελοι	διηκόνουν	αὐτῷ.
ἄγγελος	διακονέω	αὐτός
앙겔로이	디에코눈	아우토
천사들이	시중들고 있었다	그에게
명.주.남.복.	동.직.미완.능.3복.	대.인.여격.남.3단.

14 요한이 잡힌 후 예수께서 갈릴리에 오셔서 하나님의 복음을 전파하여
Now after that John was put in prison, Jesus came into Galilee, preaching the gospel of the kingdom
of God,

3326	1161	3588	3860	3588	2491	2064	3588	2424
Μετὰ	δὲ	τὸ	παραδοθῆναι	τὸν	Ἰωάννην	ἦλθεν	ὁ	Ἰησοῦς
μετά	δέ	τό	παραδίδωμι	ὁ	Ἰωάννης	ἔρχομαι	ὁ	Ἰησοῦς
메타	데	토	파라도데나이	톤	요안넨	엘덴	호	예수스
후에	그러나	그	넘겨진	그	요한이(을)	오셨다	그	예수께서
전목.	접등.	관.목.중.단.	동.부.1과.수.목	관.목.남.단.	멍.목.남.단.	동.직.2과.능.3단.	관.주.남.단.	명.주.남.단.

1519	3588	1056	2784	3588	2098	3588	2316
εἰς	τὴν	Ι'αλιλαίαν	κηρύσσων	τὸ	εὐαγγέλιον	τοῦ	θεοῦ
εἰς	ἡ	Γαλιλαία	κηρύσσω	τό	εὐαγγέλιον	ὁ	θεός
에이스	텐	갈릴라이안	케뤼쏜	토	유앙겔리온	투	데우
안으로	그	갈릴리를	전파하여	그	복음을	그	하나님의
전목.	관.목.여.단.	명.목.여.단.	동.분.현.능.주.남.단.	관.목.중.단.	명.목.중.단.	관.소.남.단.	명.소.남.단.

15 이르시되 때가 찼고 하나님의 나라가 가까이 왔으니 회개하고 복음을 믿으라 하시더라
And saying, The time is fulfilled, and the kingdom of God is at hand: repent ye, and believe
the gospel.

2532	3004	3754	4137	3588	2540	2532	1448	3588
καὶ	λέγων	ὅτι	πεπλήρωται	ὁ	καιρὸς	καὶ	ἤγγικεν	ἡ
καί	λέγω	ὅτι	πληρόω	ὁ	καιρός	καί	ἐγγίζω	ἡ
카이	레곤	호티	페플레로타이	호	카이로스	카이	엥기켄	헤
그리고	말씀하시기를	때문에	채워져 있고	그	때가	그리고	다가와 있다	그
접.등.	동.분.현.능.주.남.단.	접.우.	동.직.1완.수.3단.	관.주.남.단.	명.주.남.단.	접.등.	동.직.1완.능.3단.	관.주.여.단.

932	3588	2316	3340	2532	4100	1722	3588	2098
βασιλεία	τοῦ	θεοῦ·	μετανοεῖτε	καὶ	πιστεύετε	ἐν	τῷ	εὐαγγελίῳ.
βασιλεία	ὁ	θεός	μετανοέω	καί	πιστεύω	ἐν	τό	εὐαγγέλιον
바실레이아	투	데우	메타노에이테	카이	피스튜에테	엔	토	유앙겔리오
나라가	그	하나님의	회개하라	그리고	믿으라	을(안에서)	그	복음(에)
명.주.여.단.	관.소.남.단.	명.소.남.단.	동.명.현.능.2복.	접.등.	동.명.현.능.2복.	전.여격.	관.여격.중.단.	명.여격.중.단.

16 갈릴리 해변으로 지나가시다가 시몬과 그 형제 안드레가 바다에 그물 던지는 것을
보시니 그들은 어부라

Now as he walked by the sea of Galilee, he saw Simon and Andrew his brother casting a net into the sea: for they were fishers.

2532	3855	3844	3588	2281	3588	1056	3708(1492)	4613
Καὶ	παράγων	παρὰ	τὴν	θάλασσαν	τῆς	Γαλιλαίας	εἶδεν	Σίμωνα
καί	παράγω	παρά	ἡ	θάλασσα	ἡ	Γαλιλαία	ὁράω.εἴδω	Σίμων
카이	파라곤	파라	텐	달라싼	테스	갈릴라이아스	에이덴	시모나
그리고	지나가시다가	변으로(가로)	그	해(바다)	그	갈릴리의	보시니	시몬
접등.	동.분.현.능.주.남.단.	전목.	관.목.여.단.	명.목.여.단.	관.소.여.단.	명.소.여.단.	동.직2과.능.3단.	명.목.남.단.

2532	406	3588	80	4613	906	1722	3588
καὶ	Ἀνδρέαν	τὸν	ἀδελφὸν	Σίμωνος	ἀμφιβάλλοντας	ἐν	τῇ
καί	Ἀνδρέας	ὁ	ἀδελφός	Σίμων	ἀμφιβάλλω	ἐν	ἡ
카이	안드레안	톤	아델폰	시모노스	암피발론타스	엔	테
과	안드레가	그	형제	시몬의	(그물을)던지고 있는 것을	안에서	그
접등.	명.목.남.단.	관.목.남.단.	명.목.남.단.	명.소.남.단.	동.분.현.능.목.남.복.	전.여격.	관.여격.여.단.

2281	1510	1063	231
θαλάσσῃ·	ἦσαν	γὰρ	ἁλιεῖς.
θάλασσα	εἰμί	γάρ	ἁλιεύς
달라쎄	에산	가르	할리에이스
바다	(그들은) 있었다	왜냐하면	어부들이
명.여격.여.단.	동.직.미완.능.3복.	접종.	명.주.남.복.

17 예수께서 이르시되 나를 따라오라 내가 너희로 사람을 낚는 어부가 되게 하리라 하시니

And Jesus said unto them, Come ye after me, and I will make you to become fishers of men.

2532	3004(2036)	846	3588	2424	1205	3694	1473	2532
καὶ	εἶπεν	αὐτοῖς	ὁ	Ἰησοῦς,	δεῦτε	ὀπίσω	μου,	καὶ
καί	λέγω.ἔπω	αὐτός	ὁ	Ἰησοῦς,	δεῦτε	ὀπίσω	ἐγώ	καί
카이	에이펜	아우토이스	호	예수스	듀테	오피소	무	카이
그래서	말씀하셨다	그들에게	그	예수님께서	오라	뒤를 따라	나의	그리고
접등.	동.직2과.능.3단.	대.인.여격.남.3복.	관.주.남.단.	명.주.남.단.	부	전소	대.인.소.1단.	접등.

4160	4771	1096	231	444
ποιήσω	ὑμᾶς	γενέσθαι	ἁλιεῖς	ἀνθρώπων.
ποιέω	σύ	γίνομαι	ἁλιεύς	ἄνθρωπος
포이에소	휘마스	게네스다이	할리에이스	안드로폰
내가 만들 것이다	너희를	되도록	어부들이	사람들의
동.직.미.능.1단.	대.인.목.2복.	동.부.2과.중디.	명.목.남.복.	명.소.남.복.

18 곧 그물을 버려 두고 따르니라

And straightway they forsook their nets, and followed him.

2532	2117	863	3588	1350	190	846
καὶ	εὐθὺς	ἀφέντες	τὰ	δίκτυα	ἠκολούθησαν	αὐτῷ.
καί	εὐθύς	ἀφίημι	τό	δίκτυον	ἀκολουθέω	αὐτός
카이	유뒤스	아펜테스	타	튀아	에콜루데산	아우토
그러자	곧(즉시)	버린 후에	그	그물들을	그들이 따랐다	그에게
접등.	형.대.주.남.단.	동.분.2과.능.주.남.복.	관.목.중.복.	명.목.중.복.	동.직.1과.능.3복.	대.인.여격.남.3단.

19 조금 더 가시다가 세베대의 아들 야고보와 그 형제 요한을 보시니 그들도 배에 있어
그물을 깁는데

And when he had gone a little farther thence, he saw James the son of Zebedee, and John his brother, who also were in the ship mending their nets.

2532	4260	3641	3708(1492)	2385	3588	3588	2199	2532
Καὶ	προβὰς	ὀλίγον	εἶδεν	Ἰάκωβον	τὸν	τοῦ	Ζεβεδαίου	καὶ
καί	προβαίνω	ὀλίγος	ὁράω.εἴδω	Ἰάκωβος	ὁ	ὁ	Ζεβεδαῖος	καί
카이	프로바스	올리곤	에이덴	야코본	톤	투	제베다이우	카이
그리고	나아가신 후에	조금 더	보셨다	야고보	아들	그	세배대의	와
접등.	동.분.2과.능.주.남.단.	형.대.목.중.단.	동.직.2과.능.3단.	명.목.남.단.	관.목.남.단	관.소.남.단.	명.소.남.단.	접등.

2491	3588	80	848	2532	846	1722	3588	4143
Ἰωάννην	τὸν	ἀδελφὸν	αὐτοῦ	καὶ	αὐτοὺς	ἐν	τῷ	πλοίῳ
Ἰωάννης	ὁ	ἀδελφός	αὐτός	καί	αὐτός	ἐν	ὁ	πλοῖον
요안넨	톤	아델폰	아우투	카이	아우투스	엔	토	플로이오
요한을	그	형제	그의	도	그들	안에서	그	배
명.목.남.단.	관.목.남.단.	명.목.남.단.	대.인.소.남.3단.	부.	대.인.목.남.3복.	전.여격.	관.여격.중.단.	명.여격.중.단.

2675	3588	1350
καταρτίζοντας	τὰ	δίκτυα,
καταρτίζω	τό	δίκτυον
카타르티존타스	타	딕튀아
깁는데(수선하는데)	그	그물들을
동.분.현.능.목.남.복.	관.목.중.복.	명.목.중.복.

20 곧 부르시니 그 아버지 세베대를 품꾼들과 함께 배에 버려 두고 예수를 따라가니라
And straightway he called them: and they left their father Zebedee in the ship with the hired servants, and went after him.

2532	2117	2564	846	2532	863	3588	3962
καὶ	εὐθὺς	ἐκάλεσεν	αὐτούς.	καὶ	ἀφέντες	τὸν	πατέρα
καί	εὐθύς	καλέω	αὐτός	καί	ἀφίημι	ὁ	πατήρ
카이	유뒤스	에칼레센	아우투스	카이	아펜테스	톤	파테라
그리고	곧(즉시)	부르셨다	그들을	그러자	버려둔 후에	그	아버지
접.등.	형.대.주.남.단	동.직.1과.능.3단.	대.인.목.남.3복.	접.등.	동.분.2과.능.주.남.복.	관.목.남.복.	명.목.남.복.

846	2199	1722	3588	4143	3326	3588	3411
αὐτῶν	Ζεβεδαῖον	ἐν	τῷ	πλοίῳ	μετὰ	τῶν	μισθωτῶν
αὐτός	Ζεβεδαῖος	ἐν	τό	πλοῖον	μετά	ὁ	μισθωτός
아우톤	제베다이온	엔	토	플로이오	메타	톤	미스도톤
그들의	세베대를	안에	그	배	함께	그	삯꾼들과
대.인.소.남.3복.	명.목.남.단.	전.여격.	관.여격.중.단.	명.여격.중.단.	전.소.	관.소.남.복.	형.대.소.남.복.

565	3694	846
ἀπῆλθον	ὀπίσω	αὐτοῦ.
ἀπέρχομαι	ὄπίσω	αὐτός
아펠돈	오피소	아우투
따라갔다	(뒤를)따라	그(예수)의
동.직.2과.능.3복.	전.소.	대.인.소.남.3단.

21 그들이 가버나움에 들어가니라 예수께서 곧 안식일에 회당에 들어가 가르치시매
And they went into Capernaum; and straightway on the sabbath day he entered into the synagogue, and taught.

2532	1531	1519	2584	2532	2117	3588	4521
Καὶ	εἰσπορεύονται	εἰς	Καφαρναούμ·	καὶ	εὐθὺς	τοῖς	σάββασιν
καί	εἰσπορεύομαι	εἰς	Καπερναούμ	καί	εὐθύς	τό	σάββατον
카이	에이스포류온타이	에이스	카파르나움	카이	유뒤스	토이스	삽바신
그리고	그들이 들어간다	안으로	가버나움	그리고	곧	그	안식일에
접.등.	동.직.현.중수디.3복.	전.목.	명.목.여.단.	접.등.	형.대.주.남.단.	관.여격.중.복.	명.여격.중.복.

1525	1519	3588	4864	1321
εἰσελθὼν	εἰς	τὴν	συναγωγὴν	ἐδίδασκεν.
εἰσέρχομαι	εἰς	ἡ	συναγωγή	διδάσκω
에이셀돈	에이스	텐	쉬나고겐	에디다스켄
들어가서	안으로	그	회당	예수님께서 가르치고 있었다
동.분.2과.능.주.남.단.	전.목.	관.목.여.단.	명.목.여.단.	동.직.미완.능.3단.

22 뭇 사람이 그의 교훈에 놀라니 이는 그가 가르치시는 것이 권위 있는 자와 같고
서기관들과 같지 아니함일러라
And they were astonished at his doctrine: for he taught them as one that had authority, and not as the scribes.

2532	1605	1909	3588	1322	848	1510	1063
καὶ	ἐξεπλήσσοντο	ἐπὶ	τῇ	διδαχῇ	αὐτοῦ·	ἦν	γὰρ
καί	ἐκπλήσσω	ἐπί	ἡ	διδαχή	αὐτός	εἰμί	γάρ
카이	엨세플레쏜토	에피	테	디다케	아우투	엔	가르
그리고	그들은 심히 놀라고 있었다	대하여	그	교훈	그의	그가 계셨었다	왜냐하면
접.등.	동.직.미완.수.3복.	전.여격.	관.여격.여.단.	명.여격.여.단.	대.인소.남.3단.	동.직.미완.능.3단.+	접.종.

1321	846	5613	1849	2192	2532	3756	5613	3588
διδάσκων	αὐτοὺς	ὡς	ἐξουσίαν	ἔχων	καὶ	οὐχ	ὡς	οἱ
διδάσκω	αὐτός	ὡς	ἐξουσία	ἔχω	καί	οὐ	ὡς	ὁ
디다스콘	아우투스	호스	엨수시안	에콘	카이	우크	호스	호이
가르치시며	그들을	같고	권세를	가진(사람과)	그리고	아니함이다	같지	그
+동.분.현.능.주.남.단	대.인.목.남.3복.	접.종.	명.목.여.단.	동.분.현.능.주.남.단.	접.등.	부.	접.종.	관.주.남.복.

1122
γραμματεῖς.
γραμματεύς
그람마테이스
서기관들과
명.주.남.복.

23 마침 그들의 회당에 더러운 귀신 들린 사람이 있어 소리 질러 이르되
And there was in their synagogue a man with an unclean spirit; and he cried out,

2532	2117	1510	1722	3588	4864	846	444	1722
καὶ	εὐθὺς	ἦν	ἐν	τῇ	συναγωγῇ	αὐτῶν	ἄνθρωπος	ἐν
καί	εὐθύς	εἰμί	ἐν	ἡ	συναγωγή	αὐτός	ἄνθρωπος	ἐν
카이	유뒤스	엔	엔	테	쉬나고게	아우톤	안드로포스	엔
그리고	마침(바로)	있었다	안에	그	회당에	그들의	한사람이	으로 들린
접.등.	형.대.주.남.단.	동.직.미완.능.3단.	전.여격.	관.여격.여.단.	명.여격.여.단.	대.인소.남.3복.	명.주.남.단.	전.여격.

4151	169	2532	349
πνεύματι	ἀκαθάρτῳ	καὶ	ἀνέκραξεν
πνεῦμα	ἀκάθαρτος	καί	ἀνακράζω
프뉴마티	아카다르토	카이	아네크랔센
영(귀신)	더러운	그리고	그가 소리질렀다
명.여격.중.단.	형.여격.중.단.	접.등.	동.직.1과.능.3단.

24 나사렛 예수여 우리가 당신과 무슨 상관이 있나이까 우리를 멸하러 왔나이까 나는
당신이 누구인 줄 아노니 하나님의 거룩한 자니이다
Saying, Let us alone; what have we to do with thee, thou Jesus of Nazareth? art thou come to destroy us? I know thee who thou art, the Holy One of God.

3004	5101	1473	2532	4771	2424	3479
λέγων,	Τι	ἡμῖν	καὶ	σοί,	Ἰησοῦ	Ναζαρηνέ;
λέγω	τίς	ἐγώ	καί	σύ	Ἰησοῦς	Ναζαρηνός
레곤	티	헤민	카이	소이	예수	나자레네
말하기를	무슨 상관이 있나이까?	우리	와	당신에게	예수여	나사렛사람
동.분.현.능.주.남.단.	대.의.주.중.단.	대.인.여격.1복.	접.등.	대.인.여격.2단.	명.호.남.단.	형.호.남.단.

2064	622	1473	1492	4771	5101	1510	3588
ἦλθες	ἀπολέσαι	ἡμᾶς;	οἶδά	σε	τίς	εἶ,	ὁ
ἔρχομαι	ἀπόλλυμι	ἐγώ	οἶδα.εἴδω	σύ	τίς	εἰμί	ὁ
엘데스	아폴레사이	헤마스	오이다	세	티스	에이	호
왔나이까?	멸하러	우리를	알고 있습니다	당신을	누구신지	당신이	그
동.직.2과.능.2단.	동.부.1과.능.	대.인.목.1복.	동.직.1완.능.1단.	대.인.목.2단.	대.의.주.남.단.	동.직.현.능.2단.	관.주.남.단.

40	3588	2316
ἅγιος	τοῦ	θεοῦ.
ἅγιος	ὁ	θεός
하기오스	투	데우
거룩한 분이다	그	하나님의
형.대.주.남.단.	관.소.남.단.	명.소.남.단.

25 예수께서 꾸짖어 이르시되 잠잠하고 그 사람에게서 나오라 하시니
And Jesus rebuked him, saying, Hold thy peace, and come out of him.

2532	2008	846	3588	2424	3004	5392	2532
καὶ	ἐπετίμησεν	αὐτῷ	ὁ	Ἰησοῦς	λέγων,	φιμώθητι	καὶ
καί	ἐπιτιμάω	αὐτός	ὁ	Ἰησοῦς	λέγω	φιμόω	καί
카이	에페티메센	아우토	호	예수스	레곤	피모데티	카이
그러자	엄히 꾸짖으셨다	그에게	그	예수님께서	말씀하시기를	잠잠하여져라	그리고
접등.	동.직.1과.능.3단.	대.인.여격.남.3단.	관.주.남.단.	명.주.남.단.	동.분.현.능.주.남.단.	동.명.1과.수.2단.	접등.

1831	1537	846
ἔξελθε	ἐξ	αὐτοῦ.
ἐξέρχομαι	ἐκ	αὐτός
엑셀데	엑스	아우투
나오라	에게서	그
동.명.2과.능.2단.	전소	대.인.소.남.3단.

26 더러운 귀신이 그 사람에게 경련을 일으키고 큰 소리를 지르며 나오는지라
And when the unclean spirit had torn him, and cried with a loud voice, he came out of him.

2532	4682	846	3588	4151	3588	169	2532	5455
καὶ	σπαράξαν	αὐτὸν	τὸ	πνεῦμα	τὸ	ἀκάθαρτον	καὶ	φωνῆσαν
καί	σπαράσσω	αὐτός	τό	πνεῦμα	τό	ἀκάθαρτος	καί	φωνέω
카이	스파락산	아우톤	토	프뉴마	토	아카다르톤	카이	포네산
그러자	경련을 일으키고	그를	그	영이	그	더러운	그리고	소리지르고
접등.	동.분.1과.능.주.중.단.	대.인.목.남.3단.	관.주.중.단.	명.주.중.단.	관.주.중.단.	형.주.중.단.	접등.	동.분.1과.능.주.중.단.

5456	3173	1831	1537	846
φωνῇ	μεγάλῃ	ἐξῆλθεν	ἐξ	αὐτοῦ.
φωνή	μέγας	ἐξέρχομαι	ἐκ	αὐτός
포네	메갈레	엑셀덴	엑스	아우투
소리	큰	나왔다	로부터	그 사람
명.여격.여.단.	형.여격.여.단.	동.직.2과.능.3단.	전소.	대.인.소.남.3단.

27 다 놀라 서로 물어 이르되 이는 어찜이냐 권위 있는 새 교훈이로다 더러운 귀신들에게
명한즉 순종하는도다 하더라
And they were all amazed, insomuch that they questioned among themselves, saying, What thing is this? what new doctrine is this? for with authority commandeth he even the unclean spirits, and they do obey him.

2532	2284	3956	5620	4802	4314	1438	3004
καὶ	ἐθαμβήθησαν	ἅπαντες	ὥστε	συζητεῖν	πρὸς	ἑαυτοὺς	λέγοντας,
καί	θαμβέω	ἅπας	ὥστε	συζητέω	πρός	ἑαυτοῦ	λέγω
카이	에담베데산	하판테스	호스테	쉬제테인	프로스	헤아우투스	레곤타스
그리고	몹시 놀라게 되었다	모두가	그래서	물으며	향하여	자신들	말하기를
접등.	동.직.1과.수.3복.	형.대.주.남.복.	접.우.	동.부.현.능.	전목.	대.인.목.남.3복.	동.분.현.능.목.남.복.

5101	1510	3778	1322	2537	2596	1849	2532	3588
τί	ἐστιν	τοῦτο;	διδαχὴ	καινὴ	κατ'	ἐξουσίαν·	καὶ	τοῖς
τίς	εἰμί	οὗτος	διδαχή	καινός	κατά	ἐξουσία	καί	τό
티	에스틴	투토	디다케	카이네	캍	엑수시안	카이	토이스
무엇	이냐	이것이	가르침이다	새	의한	권세에	또한	그
대.의.주.중.단.	동.직.현.능.3단.	대.지.주.중.단.	명.주.여.단.	형.주.여.단.	전목.	명.목.여.단.	부.	관.여격.중.복.

4151	3588	169	2004	2532	5219	846
πνεύμασιν	τοῖς	ἀκαθάρτοις	ἐπιτάσσει,	καὶ	ὑπακούουσιν	αὐτῷ.
πνεῦμα	τό	ἀκάθαρτος	ἐπιτάσσω	καί	ὑπακούω	αὐτός
프뉴마신	토이스	아카다르토이스	에피타쎄이	카이	휘파쿠우신	아우토
영들에게	그	더러운	명한즉	그러자	그것들이 순종한다	그에게
명.여격.중.복.	관.여격.중.복.	형.여격.중.복.	동.직.현.능.3단.	접등.	동.직.현.능.3복.	대.인.여격.남.3단.

28 예수의 소문이 곧 온 갈릴리 사방에 퍼지더라
And immediately his fame spread abroad throughout all the region round about Galilee.

2532	1831	3588	189	848	2117	3837	1519	3650
καὶ	ἐξῆλθεν	ἡ	ἀκοὴ	αὐτοῦ	εὐθὺς	πανταχοῦ	εἰς	ὅλην
καί	ἐξέρχομαι	ἡ	ἀκοή	αὐτός	εὐθύς	πανταχοῦ	εἰς	ὅλος
카이	엑셀텐	헤	아코에	아우투	유뒤스	판타쿠	에이스	홀렌
그리고	퍼졌다	그	소문이	그의	즉시	어디든지	안으로	온
접.등.	동.직.2과.능.3단.	관.주.여.단.	명.주.여.단.	대.인.소.남.3단.	형.대.주.남.단.	부.	전.목.	형.목.여.단.

3588	4066	3588	1056
τὴν	περίχωρον	τῆς	Γαλιλαίας.
ἡ	περίχωρος	ἡ	Γαλιλαία
텐	페리코론	테스	갈릴라이아스
그	인근지방	그	갈릴리
관.목.여.단.	형.대.목.여.단.	관.소.여.단.	명.소.여.단.

29 회당에서 나와 곧 야고보와 요한과 함께 시몬과 안드레의 집에 들어가시니
And forthwith, when they were come out of the synagogue, they entered into the house of Simon
and Andrew, with James and John.

2532	2117	1537	3588	4864	1831	2064	1519	3588
Καὶ	εὐθὺς	ἐκ	τῆς	συναγωγῆς	ἐξελθόντες	ἦλθον	εἰς	τὴν
καί	εὐθύς	ἐκ	ἡ	συναγωγή	ἐξέρχομαι	ἔρχομαι	εἰς	ἡ
카이	유뒤스	에크	테스	쉬나고게스	엑셀돈테스	엘돈	에이스	텐
그리고	곧	에서	그	회당	나온 후에	들어갔다	안으로	그
접.등.	형.대.주.남.단.	전.소.	관.소.여.단.	명.소.여.단.	동.분.2과.능.주.남.복.	동.직.2과.능.3복.	전.목.	관.목.여.단.

3614	4613	2532	406	3326	2385	2532	2491
οἰκίαν	Σίμωνος	καὶ	Ἀνδρέου	μετὰ	Ἰακώβου	καὶ	Ἰωάννου.
οἰκία	Σίμων	καί	Ἀνδρέας	μετά	Ἰάκωβος	καί	Ἰωάννης
오이키안	시모노스	카이	안드레우	메타	야코부	카이	요안누
집	시몬	과	안드레의	함께	야고보	와	요한과
명.목.여.단.	명.소.남.단.	접.등.	명.소.남.단.	전.소.	명.소.남.단.	접.등.	명.소.남.단.

30 시몬의 장모가 열병으로 누워 있는지라 사람들이 곧 그 여자에 대하여 예수께 여짜온대
But Simon's wife's mother lay sick of a fever, and anon they tell him of her.

3588	1161	3994	4613	2621	4445	2532	2117
ἡ	δὲ	πενθερὰ	Σίμωνος	κατέκειτο	πυρέσσουσα,	καὶ	εὐθὺς
ἡ	δέ	πενθερά	Σίμων	κατάκειμαι	πυρέσσω	καί	εὐθύς
헤	데	펜데라	시모노스	카테케이토	퓌레쑤사	카이	유뒤스
그	때에	장모가	시몬의	누워 있었다	열병으로	그래서	곧
관.주.여.단.	접.등.	명.주.여.단.	명.소.남.단.	동.직.미완.중.3단.	동.분.현.능.주.여.단.	접.등.	형.대.주.남.단.

3004	846	4012	846
λέγουσιν	αὐτῷ	περὶ	αὐτῆς.
λέγω	αὐτός	περί	αὐτός
레구신	아우토	페리	아우테스
그들이 말한다	그에게	관해서	그녀에
동.직.현.능.3복.	대.인.여격.남.3단.	전.소.	대.인.소.여.3단.

31 나아가사 그 손을 잡아 일으키시니 열병이 떠나고 여자가 그들에게 수종드니라
And he came and took her by the hand, and lifted her up; and immediately the fever left her,
and she ministered unto them.

2532	4334	1453	846	2902	3588	5495	2532
καὶ	προσελθὼν	ἤγειρεν	αὐτὴν	κρατήσας	τῆς	χειρός·	καὶ
καί	προσέρχομαι	ἐγείρω	αὐτός	κρατέω	ἡ	χείρ	καί
카이	프로셀돈	에게이렌	아우텐	크라테사스	테스	케이로스	카이
이에	가까이 오신후	일으키셨다	그녀를	붙잡아	그(여자의)	손을	그러자
접.등.	동.분.2과.능.주.남.단.	동.직.1과.능.3단.	대.인.목.여.3단.	동.분.1과.능.주.남.단.	관.소.여.단.	명.소.여.단.	접.등.

863	846	3588	4446	2532	1247	846
ἀφῆκεν	αὐτὴν	ὁ	πυρετός,	καὶ	διηκόνει	αὐτοῖς.
ἀφίημι	αὐτός	ὁ	πυρετός	καί	διακονέω	αὐτός
아페켄	아우텐	호	퓌레토스	카이	디에코네이	아우토이스
떠났다	그녀를	그	열병이	그리고	그녀가 시중들고 있었다	그들에게
동.직.1과.능.3단.	대.인.목.여.3단.	관.주.남.단.	명.주.남.단.	접.등.	동.직.미완.능.3단.	대.인.여격.남.3복.

32 저물어 해 질 때에 모든 병자와 귀신 들린 자를 예수께 데려오니

And at even, when the sun did set, they brought unto him all that were diseased, and them that were possessed with devils.

3798	1161	1096	3753	1416	3588	2246	5342	4314
Ὀψίας	δὲ	γενομένης,	ὅτε	ἔδυ	ὁ	ἥλιος,	ἔφερον	πρὸς
ὀψίος	δέ	γίνομαι	ὅτε	δύνω	ὁ	ἥλιος,	φέρω	πρός
옾시아스	데	게노메네스	호테	에뒤	호	헬리오스	에페론	프로스
저물(저녁)	그리고	된 후에	때에	저물었을	그	해가	데려오고 있었다	에게로
형.소.여.단.	접.등.	동.분.2과.중디.소.여.단.	부.관.	동.직.2과.능.3단.	관.주.남.단.	명.주.남.단.	동.직.미완.능.3복.	전.목.

846	3956	3588	2560	2192	2532	3588	1139
αὐτὸν	πάντας	τοὺς	κακῶς	ἔχοντας	καὶ	τοὺς	δαιμονιζομένους·
αὐτός	πᾶς	ὁ	κακῶς	ἔχω	καί	ὁ	δαιμονίζομαι
아우톤	판타스	투스	카코스	에콘타스	카이	투스	다이모니조메누스
그(를)	모두를	그(사람들)	병을	가지고 있는	과	그(사람들)	귀신들린
대.인.목.남.3단.	형.대.목.남.복.	관.목.남.복.	부.	동.분.현.능.목.남.복.	접.등.	관.목.남.복.	동.분.현.중수디.목.남.복.

33 온 동네가 그 문 앞에 모였더라

And all the city was gathered together at the door.

2532	1510	3650	3588	4172	1996	4314	3588	2374
καὶ	ἦν	ὅλη	ἡ	πόλις	ἐπισυνηγμένη	πρὸς	τὴν	θύραν.
καί	εἰμί	ὅλος	ἡ	πόλις	ἐπισυνάγω	πρός	ἡ	θύρα
카이	엔	홀레	헤	폴리스	에피쉬네그메네	프로스	텐	뒤란
이에	있었다	온	그	도시가	열심히 모여	앞으로	그	문을
접.등.	동.직.미완.능.3단.+	형.주.여.단.	관.주.여.단.	명.주.여.단.	+동.분.1완.수.주.여.단.	전.목.	관.목.여.단.	명.목.여.단.

34 예수께서 각종 병이 든 많은 사람을 고치시며 많은 귀신을 내쫓으시되 귀신이 자기를
알므로 그 말하는 것을 허락하지 아니하시니라

And he healed many that were sick of divers diseases, and cast out many devils; and suffered not the devils to speak, because they knew him.

2532	2323	4183	2560	2192	4164	3554	2532
καὶ	ἐθεράπευσεν	πολλοὺς	κακῶς	ἔχοντας	ποικίλαις	νόσοις	καὶ
καί	θεραπεύω	πολύς	κακῶς	ἔχω	ποικίλος	νόσος	καί
카이	에데라퓨센	폴루스	카코스	에콘타스	포이킬라이스	노소이스	카이
이에	예수님께서 고치셨다	많은 사람을	병을	가진	각색	질병들에	그리고
접.등.	동.직.1과.능.3단.	형.대.목.남.복.	부.	동.분.현.능.목.남.복.	형.부.여.복.	명.여격.여.복.	접.등.

1140	4183	1544	2532	3756	863	2980	3588	1140
δαιμόνια	πολλὰ	ἐξέβαλεν	καὶ	οὐκ	ἤφιεν	λαλεῖν	τὰ	δαιμόνια,
δαιμόνιον	πολύς	ἐκβάλλω	καί	οὐ	ἀφίημι	λαλέω	τό	δαιμόνιον
다이모니아	폴라	엑세발렌	카이	우크	에피엔	랄레인	타	다이모니아
귀신들을	많은	내어 쫓아내셨다	그리고	아니하셨다	허락하지	말하는 것을	그	귀신들을
명.목.중.복.	형.목.중.복.	동.직.2과.능.3단.	접.등.	부.	동.직.미완.능.3단.	동.부.현.능.	관.목.중.복.	명.목.중.복.

3754	1492	846
ὅτι	ᾔδεισαν	αὐτόν.
ὅτι	οἶδα.εἴδω	αὐτός
호티	에데이산	아우톤
므로	알았으	자기를
접.종.	동.직.과완.능.3복.	대.인.목.남.3단.

35 새벽 아직도 밝기 전에 예수께서 일어나 나가 한적한 곳으로 가사 거기서 기도하시더니
And in the morning, rising up a great while before day, he went out, and departed into a solitary place, and there prayed.

2532	4404	1773	3029	450	1831	2532	565	1519
Καὶ	πρωῒ	ἔννυχα	λίαν	ἀναστὰς	ἐξῆλθεν	καὶ	ἀπῆλθεν	εἰς
καί	πρωΐ	ἔννυχον	λίαν	ἀνίστημι	ἐξέρχομαι	καί	ἀπέρχομαι	εἰς
카이	프로이	엔뉘카	리안	아나스타스	엑셀덴	카이	아펠덴	에이스
그리고	이른 새벽	어두울 때	매우	일어나서	예수님께서 나갔다	그리고	떠나가셨다	속으로
접등.	부.	형.대.목.중.복.	부.	동.분.2과.능.주.남.단.	동.직.2과.능.3단.	접등.	동.직.2과.능.3단.	전목.

2048	5117	2546	4336
ἔρημον	τόπον	κἀκεῖ	προσηύχετο.
ἔρημος	τόπος	κἀκεῖ	προσεύχομαι
에레몬	토폰	카케이	프로세위케토
광야	한 곳	거기서	기도하고 계셨다
형.목.남.단.	명.목.남.단.	부&접.등.	동.직.미완.중.3단.

36 시몬과 및 그와 함께 있는 자들이 예수의 뒤를 따라가
And Simon and they that were with him followed after him.

2532	2614	846	4613	2532	3588	3326	846
καὶ	κατεδίωξεν	αὐτὸν	Σίμων	καὶ	οἱ	μετʼ	αὐτοῦ,
καί	καταδιώκω	αὐτός	Σίμων	καί	ὁ	μετά	αὐτός
카이	카테디옥센	아우톤	시몬	카이	호이	멧	아우투
그런데	뒤를 따라갔다	그를	시몬	과	그(사람들이)	함께(있는)	그와
접등.	동.직.1과.능.3단.	대.인.목.남.3단.	명.주.남.단.	접등.	관.주.남.복.	전소.	대.인.소.남.3단.

37 만나서 이르되 모든 사람이 주를 찾나이다
And when they had found him, they said unto him, All men seek for thee.

2532	2147	846	2532	3004	846	3754	3956
καὶ	εὗρον	αὐτὸν	καὶ	λέγουσιν	αὐτῷ	ὅτι	Πάντες
καί	εὑρίσκω	αὐτός	καί	λέγω	αὐτός	ὅτι	πᾶς
카이	휴론	아우톤	카이	레구신	아우토	호티	판테스
그리하여	발견하였다	그를	그리고	그들이 말하기를	그에게	것을	모든 사람들이
접등.	동.직.2과.능.3복.	대.인.목.남.3단.	접등.	동.직.현.능.3복.	대.인.여격.남.3단.	접.우.	형.대.주.남.복.

2212	4771
ζητοῦσίν	σε.
ζητέω	σύ
제투신	세
찾나이다	당신을
동.직.현.능.3복.	대.인.목.2단

38 이르시되 우리가 다른 가까운 마을들로 가자 거기서도 전도하리니 내가 이를 위하여
왔노라 하시고
And he said unto them, Let us go into the next towns, that I may preach there also: for therefore came I forth.

2532	3004	846	71	237	1519	3588	2192
καὶ	λέγει	αὐτοῖς,	ἄγωμεν	ἀλλαχοῦ	εἰς	τὰς	ἐχομένας
καί	λέγω	αὐτός	ἄγω	ἀλλαχοῦ	εἰς	ἡ	ἔχω
카이	레게이	아우토이스	아고멘	알라쿠	에이스	타스	에코메나스
이에	그가 말씀하신다	그들에게	우리는 가자	다른 곳으로	안으로	그	가까운 이웃
접등.	동.직.현.능.3단.	대.인.여격.남.3복.	동.가.현.능.1복.	부.	전목.	관.목.여.복.	동.분.현.중.여.복.

2969	2443	2532	1563	2784	1519	3778	1063	1831
κωμοπόλεις,	ἵνα	καὶ	ἐκεῖ	κηρύξω·	εἰς	τοῦτο	γὰρ	ἐξῆλθον.
κωμόπολις	ἵνα	καί	ἐκεῖ	κηρύσσω	εἰς	οὗτος	γάρ	ἐξέρχομαι
코모폴레이스	히나	카이	에케이	케뤽소	에이스	투토	가르	엑셀돈
마을들을	위함이니	역시	거기서	내가 전파하기	위하여	이것을	왜냐하면	내가 왔다
명.목.여.복.	접.종.	부.	부.	동.가.1과.능.1단.	전목.	대.지.목.중.단.	접.종.	동.직.2과.능.1단.

39 이에 온 갈릴리에 다니시며 그들의 여러 회당에서 전도하시고 또 귀신들을 내쫓으시더라
And he preached in their synagogues throughout all Galilee, and cast out devils.

2532	2064	2784	1519	3588	4864	846	1519	3650
καὶ	ἦλθεν	κηρύσσων	εἰς	τὰς	συναγωγὰς	αὐτῶν	εἰς	ὅλην
καί	ἔρχομαι	κηρύσσω	εἰς	ἡ	συναγωγή	αὐτός	εἰς	ὅλος
카이	엘덴	케뤼쏜	에이스	타스	쉬나고가스	아우톤	에이스	홀렌
이에	그는 오셨다	전파하시며	으로	그	여러 회당	그들의	안으로	온
접등.	동.직.2과.능.3단.	동.분.현.능.주.남.단.	전목.	관.목.여.복.	명.목.여.복.	대.인.소.남.3복.	전목.	형.목.여.단.

3588	1056	2532	3588	1140	1544
τὴν	Γαλιλαίαν	καὶ	τὰ	δαιμόνια	ἐκβάλλων.
ἡ	Γαλιλαία	καί	τό	δαιμόνιον	ἐκβάλλω
텐	갈릴라이안	카이	타	다이모니아	에크발론
그	갈릴리를	또	그	귀신들을	내어 쫓으시며
관.목.여.단.	명.목.여.단.	접등.	관.목.중.복.	명.목.중.복.	동.분.현.능.주.남.단.

40 한 나병환자가 예수께 와서 꿇어 엎드려 간구하여 이르되 원하시면 저를 깨끗하게 하실
수 있나이다
And there came a leper to him, beseeching him, and kneeling down to him, and saying unto him, If thou wilt, thou canst make me clean.

2532	2064	4314	846	3015	3870	846	2532
Καὶ	ἔρχεται	πρὸς	αὐτὸν	λεπρὸς	παρακαλῶν	αὐτὸν	καὶ
καί	ἔρχομαι	πρός	αὐτός	λεπρός	παρακαλέω	αὐτός	καί
카이	에르케타이	프로스	아우톤	레프로스	파라칼론	아우톤	카이
그리고	온다	에게로	그	한 문둥병자가	간구하여	그에게	그리고
접등.	동.직.현.중수디.3단.	전목.	대.인.목.남.3단.	형.대.주.남.단.	동.분.현.능.주.남.단.	대.인.목.남.3단.	접등.

1120	2532	3004	846	3754	1437	2309	1410
γονυπετῶν	καὶ	λέγων	αὐτῷ	ὅτι	ἐὰν	θέλῃς	δύνασαί
γονυπετέω	καί	λέγω	αὐτός	ὅτι	ἐάν	θέλω	δύναμαι
고뉘페톤	카이	레곤	아우토	호티	에안	델레스	뒤나사이
꿇어 엎드리어	그리고	말하기를	그에게	왜냐하면	만일	주님께서 원하시면	하실 수 있나이다
동.분.현.능.주.남.단.	접등.	동.분.현.능.주.남.단.	대.인.여.격.남.3단.	접.우.	접.종.	동.가.현.능.2단.	동.직.현.중수디.2단.

1473	2511
με	καθαρίσαι.
ἐγώ	καθαρίζω
메	카다리사이
나를	깨끗하게 하는 것을
대.인.목.1단.	동.부.1과.능.

41 예수께서 불쌍히 여기사 손을 내밀어 그에게 대시며 이르시되 내가 원하노니 깨끗함을
받으라 하시니
And Jesus, moved with compassion, put forth his hand, and touched him, and saith unto him, I will; be thou clean.

2532	4697	1614	3588	5495	846	680	2532
καὶ	σπλαγχνισθεὶς	ἐκτείνας	τὴν	χεῖρα	αὐτοῦ	ἥψατο	καὶ
καί	σπλαγχνίζομαι	ἐκτείνω	ἡ	χείρ	αὐτός	ἅπτομαι	καί
카이	스플랑크니스데이스	엑테이나스	텐	케이라	아우투	헾사토	카이
이에	불쌍히 여기신 후에	내밀고	그	손을	그의	예수님께서 만지셨다	그리고
접등.	동.분.1과.수디.주.남.단.	동.분.1과.능.주.남.단.	관.목.여.단.	명.목.여.단.	대.인.소.남.3단.	동.직.1과.중.3단.	접등.

3004	846	2309	2511
λέγει	αὐτῷ,	θέλω,	καθαρίσθητι·
λέγω	αὐτός	θέλω	καθαρίζω
레게이	아우토	델로	카다리스데티
말씀하신다	그에게	내가 원한다	너는 깨끗함을 받으라
동.직.현.능.3단.	대.인.여.격.남.3단.	동.직.현.능.1단.	동.명.1과.수.2단.

42 곧 나병이 그 사람에게서 떠나가고 깨끗하여진지라
And as soon as he had spoken, immediately the leprosy departed from him, and he was cleansed.

2532	2117	565	575	846	3588	3014	2532	2511
καὶ	εὐθὺς	ἀπῆλθεν	ἀπ'	αὐτοῦ	ἡ	λέπρα,	καὶ	ἐκαθαρίσθη.
καί	εὐθύς	ἀπέρχομαι	ἀπό	αὐτός	ἡ	λέπρα	καί	καθαρίζω
카이	유뒤스	아펠덴	압	아우투	헤	레프라	카이	에카다리스데
그러자	곧	떠나갔다	부터	그로	그	나병이	그리고	그가 깨끗하게 되었다
접등.	형.대.주.남.단.	동.직.2과.능.3단.	전소.	대.인.소.남.3단.	관.주.여.단.	명.주.여.단.	접등.	동.직.1과.수.3단.

43 곧 보내시며 엄히 경고하사
And he straitly charged him, and forthwith sent him away;

2532	1690	846	2112	1544	846
καὶ	ἐμβριμησάμενος	αὐτῷ	εὐθὺς	ἐξέβαλεν	αὐτόν,
καί	ἐμβριμάομαι	αὐτός	εὐθύς	ἐκβάλλω	αὐτός
카이	엠브리메사메노스	아우토	유뒤스	엑세발렌	아우톤
그리고	엄히 경고하시고	그에게	곧	예수님께서 보내셨다	그를
접등.	동.분.1과.중디.주.남.단.	대.인.여격.남.3단.	형.대.주.남.단	동.직.1과.능.3단.	대.인.목.남.3단.

44 이르시되 삼가 아무에게 아무 말도 하지 말고 가서 네 몸을 제사장에게 보이고 네가
깨끗하게 되었으니 모세가 명한 것을 드려 그들에게 입증하라 하셨더라
And saith unto him, See thou say nothing to any man: but go thy way, show thyself to the priest, and offer for thy cleansing those things which Moses commanded, for a testimony unto them.

2532	3004	846	3708	3367	3367	3004(2036)	235
καὶ	λέγει	αὐτῷ,	ὅρα	μηδενὶ	μηδὲν	εἴπῃς,	ἀλλ'
καί	λέγω	αὐτός	ὁράω	μηδείς	μηδείς	λέγω.ἔπω	ἀλλά
카이	레게이	아우토	호라	메데니	메덴	에이페스	알
그리고	말씀하신다	그에게	삼가라	아무에게	아무것도 말라	너는 말도 하지	그러나
접등.	동.직.현.능.3단.	대.인.여격.남.3단.	동.명.현.능.2단.	형.대.기.여격.남.단.	형.대.기.목.중.단.	동.가.2과.능.2단.	접우.

5217	4572	1166	3588	2409	2532	4374	4012
ὕπαγε	σεαυτὸν	δεῖξον	τῷ	ἱερεῖ	καὶ	προσένεγκε	περὶ
ὑπάγω	σεαυτοῦ	δεικνύω	ὁ	ἱερεύς	καί	προσφέρω	περί
휘파게	세아우톤	데익손	토	히에레이	카이	프로세넹케	페리
가서	네 자신을	보여라	그	제사장에게	그리고	드려라	대하여
동.명.현.능.2단.	대.인.목.남.2단.	동.명.1과.능.2단.	관.여격.남.단.	명.여격.남.단.	접등.	동.명.2과.능.2단.	전소.

3588	2512	4771	3739	4367	3475	1519	3142
τοῦ	καθαρισμοῦ	σου	ἃ	προσέταξεν	Μωϋσῆς,	εἰς	μαρτύριον
ὁ	καθαρισμός	σύ	ὅς	προστάσσω	Μωϋσῆς	εἰς	μαρτύριον
투	카다리스무	수	하	프로세탁센	모위세스	에이스	마르튀리온
그	깨끗함에	너의	것들을	명령하였던	모세가	위하여	증거를
관.소.남.단.	명.소.남.단.	대.인.소.2단.	대.관.목.중.복.	동.직.1과.능.3단.	명.주.남.단.	전목.	명.목.중.단.

846
αὐτοῖς.
αὐτός
아우토이스
그들에게
대.인.여격.남.3복.

45 그러나 그 사람이 나가서 이 일을 많이 전파하여 널리 퍼지게 하니 그러므로 예수께서
다시는 드러나게 동네에 들어가지 못하시고 오직 바깥 한적한 곳에 계셨으나 사방에서
사람들이 그에게로 나아오더라
But he went out, and began to publish it much, and to blaze abroad the matter, insomuch that Jesus could no more openly enter into the city, but was without in desert places: and they came to him from every quarter.

3588	1161	1831	756	2784	4183	2532	1310
ὁ	δὲ	ἐξελθὼν	ἤρξατο	κηρύσσειν	πολλὰ	καὶ	διαφημίζειν
ὁ	δέ	ἐξέρχομαι	ἄρχομαι	κηρύσσω	πολύς	καί	διαφημίζω
호	데	엑셀돈	에륵사토	케뤼쎄인	폴라	카이	디아페미제인
그가	그러나	나간 후에	시작하였다	전파하는 것	많은 일들	과	널리 퍼뜨리는 것을
관.주.남.단.	접.우.	동.분.2과.능.주.남.단.	동.직.1과.중.3단.	동.부.현.능.	형.대.목.중.복.	접.등.	동.부.현.능.

3588	3056	5620	3371	846	1410	5320	1519
τὸν	λόγον,	ὥστε	μηκέτι	αὐτὸν	δύνασθαι	φανερῶς	εἰς
ὁ	λόγος	ὥστε	μηκέτι	αὐτός	δύναμαι	φανερῶς	εἰς
톤	로곤	호스테	메케티	아우톤	뒤나스다이	파네로스	에이스
그	일을	그래서	더 이상 없게 된 지라	그가	할 수	공개적으로	안에
관.목.남.단.	명.목.남.단.	접.우.	부.	대.인.목.남.3단.	동.부.현.중수디	부.	전.목.

4172	1525	235	1854	1909	2048	5117	1510	2532
πόλιν	εἰσελθεῖν,	ἀλλ’	ἔξω	ἐπ’	ἐρήμοις	τόποις	ἦν·	καὶ
πόλις	εἰσέρχομαι	ἀλλά	ἔξω	ἐπί	ἔρημος	τόπος	εἰμί	καί
폴린	에이셀데인	알	엑소	엪	에레모이스	토포이스	엔	카이
(그)도시	들어가는 것을	다만	밖에서	위에	광야	여러 곳에	그가 계셨다	그래도
명.목.여.단.	동.부.2과.능.	접.우.	부.	전.여격.	형.여격.남.복.	명.여격.남.복.	동.직.미완.능.3단.	접.등.

2064	4314	846	3836
ἤρχοντο	πρὸς	αὐτὸν	πάντοθεν.
ἔρχομαι	πρός	αὐτός	παντόθεν
에르콘토	프로스	아우톤	판토덴
사람들이 오고 있었다	향하여	그를	사방으로부터
동.직.미완.중수디.3복.	전목	대.인목.남.3단.	부.

2 수 일 후에 예수께서 다시 가버나움에 들어가시니 집에 계시다는 소문이 들린지라
And again he entered into Capernaum after some days; and it was noised that he was in the house.

2532	1525	3825	1519	2584	1223	2250	191	3754
Καὶ	εἰσελθὼν	πάλιν	εἰς	Καφαρναοὺμ	δι’	ἡμερῶν	ἠκούσθη	ὅτι
καί	εἰσέρχομαι	πάλιν	εἰς	Καφαρναούμ	διά	ἡμέρα	ἀκούω	ὅτι
카이	에이셀돈	팔린	에이스	카파르나움	디	헤메론	에쿠스데	호티
그리고	들어가시니	다시	안으로	가버나움을	지나서	날들의	(소문이)들리게 되었다	것을
접.등.	동.분.2과.능.주.남.단.	부.	전.목.	명.목.여.단.	전.소.	명.소.여.복.	동.직.1과.수.3단.	접.등.

1722	3624	1510
ἐν	οἴκῳ	ἐστίν.
ἐν	οἶκος	εἰμί
엔	오이코	에스틴
안에	집에	예수님께서 계시다는
전.여격.	명.여격.남.단.	동.직.현.능.3단.

2 많은 사람이 모여서 문 앞까지도 들어설 자리가 없게 되었는데 예수께서 그들에게 도를 말씀하시더니
And straightway many were gathered together, insomuch that there was no room to receive them, no, not so much as about the door: and he preached the word unto them.

2532	4863	4183	5620	3371	5562	3366	3588
καὶ	συνήχθησαν	πολλοὶ	ὥστε	μηκέτι	χωρεῖν	μηδὲ	τὰ
καί	συνάγω	πολύς	ὥστε	μηκέτι	χωρέω	μηδέ	τό
카이	쉬네크데산	폴로이	호스테	메케티	코레인	메데	타
그러자	함께 모이게 되었다	많은 사람이	그래서	더 이상 없으며	들어설 곳도	도 없도록	도
접.등.	동.직.1과.수.3복.	형.대.주.남.복.	접.우.	부.	동.부.현.능.	부.	관.목.중.복.

4314	3588	2374	2532	2980	846	3588	3056
πρὸς	τὴν	θύραν,	καὶ	ἐλάλει	αὐτοῖς	τὸν	λόγον.
πρός	ἡ	θύρα	καί	λαλέω	αὐτός	ὁ	λόγος
프로스	텐	뒤란	카이	엘랄레이	아우토이스	톤	로곤
근처에	그	문	그러나	그가 말씀하고 계셨다	그들에게	그	도를(말씀을)
전목.	관.목.여.단.	명.목.여.단.	접.등.	동.직.미완.능.3단.	대.인.여격.남.3복.	관.목.남.단.	명.목.남.단.

3 사람들이 한 중풍병자를 네 사람에게 메워 가지고 예수께로 올새
And they come unto him, bringing one sick of the palsy, which was borne of four.

2532	2064	5342	4314	846	3885	142
καὶ	ἔρχονται	φέροντες	πρὸς	αὐτὸν	παραλυτικὸν	αἰρόμενον
καί	ἔρχομαι	φέρω	πρός	αὐτός	παραλυτικός	αἴρω
카이	에르콘타이	페론테스	프로스	아우톤	파랄뤼티콘	아이로메논
그런데	사람들이 온다	데리고서	에게로	그	한 중풍병자를	메워진
접.등.	동.직.현.중수디.3복.	동.분.현.능.주.남.복.	전목.	대.인.목.남.3단.	형.대.목.남.단.	동.분.현.수.목.남.단.

5259	5064
ὑπο	τεσσάρων.
ὑπο	τέσσαρες
휘포	테싸론
의해서	네 사람(들)에게
전소.	형.대.기.소.남.복.

4 무리들 때문에 예수께 데려갈 수 없으므로 그 계신 곳의 지붕을 뜯어 구멍을 내고
중풍병자가 누운 상을 달아 내리니
And when they could not come nigh unto him for the press, they uncovered the roof where he was: and when they had broken it up, they let down the bed wherein the sick of the palsy lay.

2532	3361	1410	4374	846	1223	3588	3793
καὶ	μὴ	δυνάμενοι	προσενέγκαι	αὐτῷ	διὰ	τὸν	ὄχλον
καί	μή	δύναμαι	προσφέρω	αὐτός	διά	ὁ	ὄχλος
카이	메	뒤나메노이	프로세넹카이	아우토	디아	톤	오클론
그러나	없으므로	할 수	데리고 가는 것을	그에게	때문에	그	무리를
접.등.	부.	동.분.현.중수디.주.남.복.	동.부.1과.능.	대.인.여격.남.3단.	전목.	관.목.남.단.	명.목.남.단.

648	3588	4721	3699	1510	2532	1846
ἀπεστέγασαν	τὴν	στέγην	ὅπου	ἦν,	καὶ	ἐξορύξαντες
ἀποστεγάζω	ἡ	στέγη	ὅπου	εἰμί	καί	ἐξορύσσω
아페스테가산	텐	스테겐	호푸	엔	카이	엑소뤽산테스
그들은 뜯었다	그	지붕을	바 곳의	그(계신)	그래서	뜯어낸 후
동.직.1과.능.3복.	관.목.여.단.	명.목.여.단.	부.관.	동.직.미완.능.3단.	접.등.	동.분.1과.능.주.남.복.

5465	3588	2895	3699	3588	3885	2621
χαλῶσιν	τὸν	κράβαττον	ὅπου	ὁ	παραλυτικὸς	κατέκειτο.
χαλάω	ὁ	κράβαττος	ὅπου	ὁ	παραλυτικός	κατάκειμαι
칼로신	톤	크라밭톤	호푸	호	파랄뤼티코스	카테케이토
그들이 내려보내다	그	침상을	바 곳에서	그	중풍병자가	눕혀있었던
동.직.현.능.3복.	관.목.남.단.	명.목.남.단.	부.관.	관.주.남.단.	형.대.주.남.단.	동.직.미완.중수디.3단.

5 예수께서 그들의 믿음을 보시고 중풍병자에게 이르시되 작은 자야 네 죄 사함을
받았느니라 하시니
When Jesus saw their faith, he said unto the sick of the palsy, Son, thy sins be forgiven thee.

2532	3708(1492)	3588	2424	3588	4102	846	3004	3588
καὶ	ἰδὼν	ὁ	Ἰησοῦς	τὴν	πίστιν	αὐτῶν	λέγει	τῷ
καί	ὁράω.εἴδω	ὁ	Ἰησοῦς	ἡ	πίστις	αὐτός	λέγω	ὁ
카이	이돈	호	예수스	텐	피스틴	아우톤	레게이	토
이에	보신 후에	그	예수께서	그	믿음을	그들의	그가 말씀하신다	그
접.등.	동.분.2과.능.주.남.단.	관.주.남.단.	명.주.남.단.	관.목.여.단.	명.목.여.단.	대.인.소.남.3복.	동.직.현.능.3단.	관.여격.남.단.

3885	5043	863	4771	3588	266
παραλυτικῷ,	Τέκνον,	ἀφίενταί	σου	αἱ	ἁμαρτίαι.
παραλυτικός	τέκνον	ἀφίημι	σύ	ἡ	ἁμαρτία
파랄뤼티코	테크논	아피엔타이	수	하이	하마르티아이
중풍병자에게	아이야	용서를 받는다	너의	그	죄들이
형.대.여격.남.단.	명.호.중.단.	동.직.현.수.3복.	대.인.소.2단.	관.주.여.복.	명.주.여.복.

6 어떤 서기관들이 거기 앉아서 마음에 생각하기를
But there were certain of the scribes sitting there, and reasoning in their hearts,

1510	1161	5100	3588	1122	1563	2521	2532
ἦσαν	δέ	τινες	τῶν	γραμματέων	ἐκεῖ	καθήμενοι	καὶ
εἰμί	δέ	τις	ὁ	γραμματεύς	ἐκεῖ	κάθημαι	καί
에산	데	티네스	톤	그람마테온	에케이	카데메노이	카이
있었다	때에	어떤 사람들이	그	서기관들 중의	거기	앉아서	그런데
동.직.미완.능.3복.+	접.등.	대.부.주.남.복.	관.소.남.복.	명.소.남.복.	부.	+동.분.현.중수디.주.남.복.	접.등.

1260	1722	3588	2588	846
διαλογιζόμενοι	ἐν	ταῖς	καρδίαις	αὐτῶν,
διαλογίζομαι	ἐν	ἡ	καρδία	αὐτός
디알로기조메노이	엔	타이스	카르디아이스	아우톤
따져 생각하며	속에	그	마음들	그들의
+동.분.현.중수디.주.남.복.	전.여격.	관.여격.여.복.	명.여격.여.복.	대.인.소.남.3복.

7 이 사람이 어찌 이렇게 말하는가 신성 모독이로다 오직 하나님 한 분 외에는 누가 능히
죄를 사하겠느냐
Why doth this man thus speak blasphemies? who can forgive sins but God only?

5101	3778	3779	2980	988	5101	1410
Τί	οὗτος	οὕτως	λαλεῖ;	βλασφημεῖ·	τίς	δύναται
τίς	οὗτος	οὕτως	λαλέω	βλασφημέω	τίς	δύναμαι
티	후토스	후토스	랄레이	블라스페메이	티스	뒤나타이
어찌하여	이 사람이	이렇게	말하는가	그가 하나님을 모독한다	누가	할 수 있는가
대.의.목.중.단.	대.지.주.남.단.	부.	동.직.현.능.3단.	동.직.현.능.3단.	대.의.주.남.단.	동.직.현.중수디.3단.

863	266	1487	3361	1520	3588	2316
ἀφιέναι	ἁμαρτίας	εἰ	μὴ	εἷς	ὁ	θεός;
ἀφίημι	ἁμαρτία	εἰ	μή	εἷς	ὁ	θεός
아피에나이	하마르티아스	에이	메	헤이스	호	데오스
용서하는 것을	죄들을		외에	한 분	그	하나님
동.부.현.능	명.목.여.복.	접.종.	부.	형.대.기.주.남.단.	관.주.남.단.	명.주.남.단.

8 그들이 속으로 이렇게 생각하는 줄을 예수께서 곧 중심에 아시고 이르시되 어찌하여
이것을 마음에 생각하느냐
And immediately when Jesus perceived in his spirit that they so reasoned within themselves, he said unto them, Why reason ye these things in your hearts?

2532	2117	1921	3588	2424	3588	4151	848	3754
καὶ	εὐθὺς	ἐπιγνοὺς	ὁ	Ἰησοῦς	τῷ	πνεύματι	αὐτοῦ	ὅτι
καί	εὐθύς	ἐπιγινώσκω	ὁ	Ἰησοῦς	τό	πνεῦμα	αὐτός	ὅτι
카이	유뒤스	에피그누스	호	예수스	토	프뉴마티	아우투	호티
그런데	곧	잘 아신 후에	그	예수께서	그	영으로	그의	것을
접.등.	형.대.주.남.단.	동.분.2과.능.주.남.단.	관.주.남.단.	명.주.남.단.	관.여격.중.단.	명.여격.중.단.	대.인.소.남.3단.	접.등.

3779	1260	1722	1438	3004	846	5101
οὕτως	διαλογίζονται	ἐν	ἑαυτοῖς	λέγει	αὐτοῖς,	τί
οὕτως	διαλογίζομαι	ἐν	ἑαυτοῦ	λέγω	αὐτός	τίς
후토스	디알로기존타이	엔	헤아우토이스	레게이	아우토이스	티
이렇게	그들이 따져 생각한다는	속에	그들 자신들	그가 말씀하신다	그들에게	어찌하여
부.	동.직.현.중수디.3복.	전.여격.	대.인.여격.남.3복.	동.직.현.능.3단.	대.인.여격.남.3복.	대.의.목.중.단.

3778	1260	1722	3588	2588	4771
ταῦτα	διαλογίζεσθε	ἐν	ταῖς	καρδίαις	ὑμῶν;
οὗτος	διαλογίζομαι	ἐν	ὁ	καρδία	σύ
타우타	디알로기제스데	엔	타이스	카르디아이스	휘몬
이것들을	너희가 따져 생각하느냐	속에	그	마음들	너희의
대.지.목.중.복.	**동.직.현.중수디.2복.**	**전.여격.**	**관.여격.여.복.**	**명.여격.여.복.**	**대.인.소.2복.**

9 중풍병자에게 네 죄 사함을 받았느니라 하는 말과 일어나 네 상을 가지고 걸어가라 하는
말 중에서 어느 것이 쉽겠느냐

Whether is it easier to say to the sick of the palsy, Thy sins be forgiven thee; or to say, Arise, and take up thy bed, and walk?

5101	1510	2123	3004(2036)	3588	3885	863
τί	ἐστιν	εὐκοπώτερον,	εἰπεῖν	τῷ	παραλυτικῷ,	ἀφίενταί
τίς	εἰμί	εὐκοπώτερος	λέγω.ἔπω	ὁ	παραλυτικός	ἀφίημι
티	에스틴	유코포테론	에이페인	토	파랄뤼티코	아피엔타이
무엇이	이냐	더 쉬운 것	말하는 것	그	중풍병자에게	용서를 받는다
대.의.주.중.단.	**동.직.현.능.3단.**	**형.비.주.중.단.**	**동.부 2과.능.**	**관.여격.남.단.**	**형.대.여격.남.단.**	**동.직.현.수.3복.**

4771	3588	266	2228	3004(2036)	1453	2532	142	3588
σου	αἱ	ἁμαρτίαι,	ἢ	εἰπεῖν,	ἔγειρε	καὶ	ἆρον	τὸν
σύ	ἡ	ἁμαρτία	ἤ	λέγω.ἔπω	ἐγείρω	καί	αἴρω	ὁ
수	하이	하마르티아이	에	에이페인	에게이레	카이	아론	톤
너의	그	죄들이	그렇지 않으면	말하는 것이	일어나라	그리고	들라	그
대.인.소.2단.	**관.주.여.복.**	**명.주.여.복.**	**접.등.**	**동.부.2과.능.**	**동.명.현.능.2단.**	**접.등.**	**동.명.1과.능.2단.**	**관.목.남.단.**

2895	4771	2532	4043
κράβαττόν	σου	καὶ	περιπάτει;
κράβαττος	σύ	καί	περιπατέω
크라밧톤	수	카이	페리파테이
침상을	너의	또	걸어가라(하는 말이)
명.목.남.단.	**대.인.소.2단.**	**접.등.**	**동.명.현.능.2단.**

10 그러나 인자가 땅에서 죄를 사하는 권세가 있는 줄을 너희로 알게 하려 하노라 하시고
중풍병자에게 말씀하시되

But that ye may know that the Son of man hath power on earth to forgive sins, (he saith to the sick of the palsy,)

2443	1161	1492	3754	1849	2192	3588	5207	3588	444
ἵνα	δὲ	εἰδῆτε	ὅτι	ἐξουσίαν	ἔχει	ὁ	υἱὸς	τοῦ	ἀνθρώπου
ἵνα	δέ	οἶδα.εἴδω	ὅτι	ἐξουσία	ἔχω	ὁ	υἱός	ὁ	ἄνθρωπος
히나	데	에이데테	호티	엑수시안	에케이	호	휘오스	투	안드로푸
위함이라	그러나	너희가 알게	것을	권세를	가지다는	그	아들이	그	사람의
접.종.	**접.등.**	**동.가.1완.능.2복.**	**접.등.**	**명.목.여.단.**	**동.직.현.능.3단.**	**관.주.남.단.**	**명.주.남.단.**	**관.소.남.단.**	**명.소.남.단.**

863	266	1909	3588	1093	3004	3588	3885
ἀφιέναι	ἁμαρτίας	ἐπὶ	τῆς	γῆς	λέγει	τῷ	παραλυτικῷ,
ἀφίημι	ἁμαρτία	ἐπὶ	ἡ	γῆ	λέγω	ὁ	παραλυτικός
아피에나이	하마르티아스	에피	테스	게스	레게이	토	파랄뤼티코
용서하도록	죄들을	위에서	이	땅의	그가 말씀하시날	그	중풍병자에게
동.부.현.능.	**명.목.여.복.**	**전.소**	**관.소.여.단.**	**명.소.여.단.**	**동.직.현.능.3단.**	**관.여격.남.단.**	**형.대.여격.남.단.**

11 내가 네게 이르노니 일어나 네 상을 가지고 집으로 가라 하시니

I say unto thee, Arise, and take up thy bed, and go thy way into thine house.

4771	3004	1453	142	3588	2895	4771	2532	5217
Σοὶ	λέγω,	ἔγειρε	ἆρον	τὸν	κράβαττόν	σου	καὶ	ὕπαγε
σύ	λέγω	ἐγείρω	αἴρω	ὁ	κράβαττος	σύ	καί	ὑπάγω
소이	레고	에게이레	아론	톤	크라밧톤	수	카이	휘파게
너에게	말한다	일어나라	들라	그	침상을	너의	그리고	가라
대.인.여격.2단.	**동.직.현.능.1단.**	**동.명.현.능.2단.**	**동.명.1과.능.2단.**	**관.목.남.단.**	**명.목.남.단.**	**대.인.소.2단.**	**접.등.**	**동.명.현.능.2단.**

1519	3588	3624	4771
εἰς	τὸν	οἶκόν	σου.
εἰς	ὁ	οἶκος	σύ
에이스	톤	오이콘	수
으로	그	집	너의
전목.	관.목.남.단.	명.목.남.단.	대.인.소.2단.

12 그가 일어나 곧 상을 가지고 모든 사람 앞에서 나가거늘 그들이 다 놀라 하나님께
영광을 돌리며 이르되 우리가 이런 일을 도무지 보지 못하였다 하더라

And immediately he arose, took up the bed, and went forth before them all; insomuch that they were all amazed, and glorified God, saying, We never saw it on this fashion.

2532	1453	2532	2117	142	3588	2895	1831
καὶ	ἠγέρθη	καὶ	εὐθὺς	ἄρας	τὸν	κράβαττον	ἐξῆλθεν
καί	ἐγείρω	καί	εὐθύς	αἴρω	ὁ	κράβαττος	ἐξέρχομαι
카이	에게르데	카이	유뒤스	아라스	톤	크라밧톤	엑셀덴
그러자	그가 일으켰고	그리고	즉시	들고	그	침상을	그가 나갔다
접.등.	동.직.1과.수.3단.	접.등.	형.대.주.남.단.	동.분.1과.능.주.남.단.	관.목.남.단.	명.목.남.단.	동.직.2과.능.3단.

1715	3956	5620	1839	3956	2532	1392
ἔμπροσθεν	πάντων,	ὥστε	ἐξίστασθαι	πάντας	καὶ	δοξάζειν
ἔμπροσθεν	πᾶς	ὥστε	ἐξίστημι	πᾶς	καί	δοξάζω
엠프로스덴	판톤	호스테	엑시스타스다이	판타스	카이	독사제인
앞에서	모든 사람의	그러므로	몹시 놀라	모든 사람(들)이	그리하여	영광스럽게 하며
전소.	형.대.소.남.복.	접.우.	동.부.현.중.	형.대.목.남.복.	접.등.	동.부.현.능.

3588	2316	3004	3754	3779	3762	3708(1492)
τὸν	θεὸν	λέγοντας	ὅτι	οὕτως	οὐδέποτε	εἴδομεν.
ὁ	θεός	λέγω	ὅτι	οὕτως	οὐδείς	ὁράω.εἴδω
톤	데온	레곤타스	호티	후토스	우데포테	에이도멘
그	하나님을	말하기를	일(것)을	이런 일을	도무지 못하였다	우리가 보지
관.목.남.단.	명.목.남.단.	동.분.현.능.목.남.복.	접.우.	부.	부.	동.직.2과.능.1복.

13 예수께서 다시 바닷가에 나가시매 큰 무리가 나왔거늘 예수께서 그들을 가르치시니라

And he went forth again by the sea side; and all the multitude resorted unto him, and he taught them.

2532	1831	3825	3844	3588	2281	2532	3956	3588	3793
Καὶ	ἐξῆλθεν	πάλιν	παρὰ	τὴν	θάλασσαν·	καὶ	πᾶς	ὁ	ὄχλος
καί	ἐξέρχομαι	πάλιν	παρά	ἡ	θάλασσα	καί	πᾶς	ὁ	ὄχλος
카이	엑셀덴	팔린	파라	텐	달라싼	카이	파스	호	오클로스
그리고	예수께서 나가셨다	다시	가로	그	바닷	그러자	다	그	무리가
접.등.	동.직.2과.능.3단.	부.	전목.	관.목.여.단.	명.목.여.단.	접.등.	형.주.남.단.	관.주.남.단.	명.주.남.단.

2064	4314	846	2532	1321	846
ἤρχετο	πρὸς	αὐτόν,	καὶ	ἐδίδασκεν	αὐτούς.
ἔρχομαι	πρός	αὐτός	καί	διδάσκω	αὐτός
에르케토	프로스	아우톤	카이	에디다스켄	아우투스
오고 있었다	향하여	그를	이에	그가 가르치고 계셨다	그들을
동.직.미완.중수디.3단.	전목.	대.인.목.남.3단.	접.등.	동.직.미완.능.3단.	대.인.목.남.3복.

14 또 지나가시다가 알패오의 아들 레위가 세관에 앉아 있는 것을 보시고 그에게 이르시되
나를 따르라 하시니 일어나 따르니라

And as he passed by, he saw Levi the son of Alphaeus sitting at the receipt of custom, and said unto him, Follow me. And he arose and followed him.

2532	3855	3708(1492)	3018	3588	3588	256	2521
καὶ	παράγων	εἶδεν	Λευὶν	τὸν	τοῦ	Ἁλφαίου	καθήμενον
καί	παράγω	ὁράω.εἴδω	Λευΐς	ὁ	ὁ	Ἀλφαῖος	κάθημαι
카이	파라곤	에이덴	류인	톤	투	알파이우	카데메논
또(그리고)	지나가시면서	그가 보셨다	레위를	그(아들)	그	알패오의	앉은
접.등.	동.분.현.능.주.남.단.	동.직.2과.능.3단.	명.목.남.단.	관.목.남.단.	관.소.남.단.	명.소.남.단.	동.분.현.중수디.목.남.단.

1909	3588	5058	2532	3004	846	190	1473	2532
ἐπὶ	τὸ	τελώνιον,	καὶ	λέγει	αὐτῷ,	ἀκολούθει	μοι.	καὶ
ἐπί	τό	τελώνιον	καί	λέγω	αὐτός	ἀκολουθέω	ἐγώ	καί
에피	토	텔로니온	카이	레게이	아우토	아콜루데이	모이	카이
위에	그	세관을	이에	말씀하신다	그에게	따르라	나를	그러자
전.목.	관.목.중.단.	명.목.중.단.	접.등.	동.직.현.능.3단.	대.인.여격.남.3단.	동.명.현.능.2단.	대.인.여격.1단.	접.등.

450	190	846
ἀναστὰς	ἠκολούθησεν	αὐτῷ.
ἀνίστημι	ἀκολουθέω	αὐτός
아나스타스	에콜루데센	아우토
일어난 후	그가 따랐다	그에게
동.분.2과.능.주.남.단.	동.직.1과.능.3단.	대.인.여격.남.3단.

15 그의 집에 앉아 잡수실 때에 많은 세리와 죄인들이 예수와 그의 제자들과 함께 앉았으니
이는 그러한 사람들이 많이 있어서 예수를 따름이러라
And it came to pass, that, as Jesus sat at meat in his house, many publicans and sinners sat also together with Jesus and his disciples: for there were many, and they followed him.

2532	1096	2621	846	1722	3588	3614	846	2532
Καὶ	γίνεται	κατακεῖσθαι	αὐτὸν	ἐν	τῇ	οἰκίᾳ	αὐτοῦ,	καὶ
καί	γίνομαι	κατάκειμαι	αὐτός	ἐν	ἡ	οἰκία	αὐτός	καί
카이	기네타이	카타케이스다이	아우톤	엔	테	오이키아	아우투	카이
그리고	일어난다	(식탁에) 앉게	그가	안에	그	집에	그의	그런데
접.등	동.직.현.중수디.3단.	동.부.현.중수디.여.	대.인.목.남.3단.	전.여격.	관.여격.여.단.	명.여격.여.단.	대.인.소.남.3단.	접.등.

4183	5057	2532	268	4873	3588	2424	2532
πολλοὶ	τελῶναι	καὶ	ἁμαρτωλοὶ	συνανέκειντο	τῷ	Ἰησοῦ	καὶ
πολύς	τελώνης	καί	ἁμαρτωλός	συνανάκειμαι	ὁ	Ἰησοῦς	καί
폴로이	텔로나이	카이	하마르톨로이	쉬나네케인토	토	예수	카이
많은	세리들	과	죄인들이	함께 기대어 앉아 있었다	그	예수님	과
형.주.남.복.	명.주.남.복.	접.등.	형.대.주.남.복.	동.직.미완.중수디.3복.	관.여격.남.단.	명.여격.남.단.	접.등.

3588	3101	846	1510	1063	4183	2532	190
τοῖς	μαθηταῖς	αὐτοῦ·	ἦσαν	γὰρ	πολλοὶ	καὶ	ἠκολούθουν
ὁ	μαθητής	αὐτός	εἰμί	γάρ	πολύς	καί	ἀκολουθέω
토이스	마데타이스	아우투	에산	가르	폴로이	카이	에콜루둔
그	제자들과	그의	그들이 있었고	왜냐하면	많은 사람이	그래서	그들이 따르고 있었다
관.여격.남.복.	명.여격.남.복	대.인.소.남.3단.	동.직.미완.능.3복.	접.종.	형.대.주.남.복.	접.등.	동.직.미완.능.3복.

846
αὐτῷ.
αὐτός
아우토
그에게
대.인.여격.남.3단.

16 바리새인의 서기관들이 예수께서 죄인 및 세리들과 함께 잡수시는 것을 보고 그의
제자들에게 이르되 어찌하여 세리 및 죄인들과 함께 먹는가
And when the scribes and Pharisees saw him eat with publicans and sinners, they said unto his disciples, How is it that he eateth and drinketh with publicans and sinners?

2532	3588	1122	3588	5330	3708(1492)	3754	2068	3326
καὶ	οἱ	γραμματεῖς	τῶν	Φαρισαίων	ἰδόντες	ὅτι	ἐσθίει	μετὰ
καί	ὁ	γραμματεύς	ὁ	Φαρισαῖος	ὁράω.εἴδω	ὅτι	ἐσθίω	μετά
카이	호이	그람마테이스	톤	파리사이온	이돈테스	호티	에스디에이	메타
그런데	그	서기관들이	그	바리새인들의	본 후에	것을	예수께서 잡수시는	함께
접.등.	관.주.남.복.	명.주.남.복.	관.소.남.복.	명.소.남.복.	동.분.2과.능.주.남.복.	접.우.	동.직.현.능.3단.	전소.

3588	268	2532	5057	3004	3588	3101	848
τῶν	ἁμαρτωλῶν	καὶ	τελωνῶν	ἔλεγον	τοῖς	μαθηταῖς	αὐτοῦ,
ὁ	ἁμαρτωλός	καί	τελώνης	λέγω	ὁ	μαθητής	αὐτός
톤	하마르톨론	카이	텔로논	엘레곤	토이스	마데타이스	아우투
그	죄인들	과	세리들과	말하고 있었다	그	제자들에게	그의
관.소.남.복.	형.대.소.남.복.	접.등.	명.소.남.복.	동.직.미완.능.3복.	관.여격.남.복.	명.여격.남.복.	대.인.소.남.3단.

3754	3326	3588	5057	2532	268	2068
ὅτι	μετὰ	τῶν	τελωνῶν	καὶ	ἁμαρτωλῶν	ἐσθίει;
ὅτι	μετά	ὁ	τελώνης	καί	ἁμαρτωλός	ἐσθίω
호티	메타	톤	텔로논	카이	하마르톨론	에스디에이
왜냐하면	함께	그	세리들	과	죄인들과	그는 먹는가
접.등.	전.소.	관.소.남.복.	명.소.남.복.	접.등.	형.대.소.남.복.	동.직.현.능.3단.

17 예수께서 들으시고 그들에게 이르시되 건강한 자에게는 의사가 쓸 데 없고 병든
자에게라야 쓸 데 있느니라 나는 의인을 부르러 온 것이 아니요 죄인을 부르러 왔노라
하시니라

When Jesus heard it, he saith unto them, They that are whole have no need of the physician, but they that are sick: I came not to call the righteous, but sinners to repentance.

2532	191	3588	2424	3004	846	3754	3756	5532
καὶ	ἀκούσας	ὁ	Ἰησοῦς	λέγει	αὐτοῖς	ὅτι	Οὐ	χρείαν
καί	ἀκούω	ὁ	Ἰησοῦς	λέγω	αὐτός	ὅτι	οὐ	χρεία
카이	아쿠사스	호	예수스	레게이	아우토이스	호티	우	크레이안
이에	들으신 후에	그	예수께서	말씀하신다	그들에게	고	않	필요를
접.등.	동.분.1과.능.주.남.단.	관.주.남.단.	명.주.남.단.	동.직.현.능.3단.	대.인.여격.남.3복.	접.등.	부.	명.목.여.단.

2192	3588	2480	2395	235	3588	2560	2192
ἔχουσιν	οἱ	ἰσχύοντες	ἰατροῦ	ἀλλ’	οἱ	κακῶς	ἔχοντες·
ἔχω	ὁ	ἰσχύω	ἰατρός	ἀλλά	ὁ	κακῶς	ἔχω
에쿠신	호이	이스퀴온테스	이아트루	알	호이	카코스	에콘테스
가지지	그(사람들은)	강건한	의사의	다만	그(사람들이)	병을	가지는
동.직.현.능.3복.	관.주.남.복.	동.분.현.능.주.남.복.	명.소.남.단.	접.우.	관.주.남.복.	부.	동.분.현.능.주.남.복.

3756	2064	2564	1342	235	268
οὐκ	ἦλθον	καλέσαι	δικαίους	ἀλλὰ	ἁμαρτωλούς.
οὐ	ἔρχομαι	καλέω	δίκαιος	ἀλλά	ἁμαρτωλός
우크	엘돈	칼레사이	디카이우스	알라	하마르톨루스
아니하였다	내가 오지	부르려고	의인들을	다만	죄인들을
부.	동.직.2과.능.1단.	동.부.1과.능.	형.대.목.남.복.	접.우.	형.대.목.남.복.

18 요한의 제자들과 바리새인들이 금식하고 있는지라 사람들이 예수께 와서 말하되 요한의
제자들과 바리새인의 제자들은 금식하는데 어찌하여 당신의 제자들은 금식하지
아니하나이까

And the disciples of John and of the Pharisees used to fast: and they come and say unto him, Why do the disciples of John and of the Pharisees fast, but thy disciples fast not?

2532	1510	3588	3101	2491	2532	3588	5330	3522
Καὶ	ἦσαν	οἱ	μαθηταὶ	Ἰωάννου	καὶ	οἱ	Φαρισαῖοι	νηστεύοντες.
καί	εἰμί	ὁ	μαθητής	Ἰωάννης	καί	ὁ	Φαρισαῖος	νηστεύω
카이	에산	호이	마데타이	요안누	카이	호이	파리사이오이	네스튜온테스
그리고	있었다	그	제자들	요한의	과	그	바리새인들이	금식하고
접.등	동.직.미완.능.3복.+	관.주.남.복.	명.주.남.복.	명.소.남.단.	접.등.	관.주.남.복.	명.주.남.복.	+동.분.현.능.주.남.복.

2532	2064	2532	3004	846	1223	5101	3588	3101
καὶ	ἔρχονται	καὶ	λέγουσιν	αὐτῷ,	διὰ	τί	οἱ	μαθηταὶ
καί	ἔρχομαι	καί	λέγω	αὐτός	διά	τίς	ὁ	μαθητής
카이	에르콘타이	카이	레구신	아우토	디아	티	호이	마데타이
이에	사람들이 온다	그리고	말한다	그에게	어찌하여		그	제자들
접.등.	동.직.현.중수디.3복.	접.등.	동.직.현.능.3복.	대.인.여격.남.3단.	전.목.	대.의.목.중.단.	관.주.남.복.	명.주.남.복.

2491	2532	3588	3101	3588	5330	3522	3588	1161
Ἰωάννου	καὶ	οἱ	μαθηταὶ	τῶν	Φαρισαίων	νηστεύουσιν,	οἱ	δὲ
Ἰωάννης	καί	ὁ	μαθητής	ὁ	Φαρισαῖος	νηστεύω	ὁ	δέ
요안누	카이	호이	마데타이	톤	파리사이온	네스튜우신	호이	데
]요한의	과	그	제자들은	그	바리새인들의	금식합니다	그	그러나
명.소.남.단.	접.등.	관.주.남.복.	명.주.남.복.	관.소.남.복.	명.소.남.복.	동.직.현.능.3복.	관.주.남.복.	접.우.

4674	3101	3756	3522
σοὶ	μαθηταὶ	οὐ	νηστεύουσιν;
σός	μαθητής	οὐ	νηστεύω
소이	마데타이	우	네스튜우신
당신	제자들은	아니하나이까	금식하지
형.주.남.2복.	명.주.남.복.	부.	동.직.현.능.3복.

19 예수께서 그들에게 이르시되 혼인 집 손님들이 신랑과 함께 있을 때에 금식할 수 있느냐
신랑과 함께 있을 동안에는 금식할 수 없느니라

And Jesus said unto them, Can the children of the bridechamber fast, while the bridegroom is with them? as long as they have the bridegroom with them, they cannot fast.

2532	3004(2036)	846	3588	2424	3361	1410	3588
καὶ	εἶπεν	αὐτοῖς	ὁ	Ἰησοῦς,	μὴ	δύνανται	οἱ
καί	λέγω.ἔπω	αὐτός	ὁ	Ἰησοῦς	μή	δύναμαι	ὁ
카이	에이펜	아우토이스	호	예수스	메	뒤난타이	호이
그러자	말씀하셨다	그들에게	그	예수께서	아니라	할 수 있느냐	그
접.등.	동.직.2과.능.3단.	대.인.여격.남.3복.	관.주.남.단.	명.주.남.단.	불.의.	동.직.현.중수디.3복.	관.주.남.복.

5207	3588	3567	1722	3739	3588	3566	3326	846
υἱοὶ	τοῦ	νυμφῶνος	ἐν	ᾧ	ὁ	νυμφίος	μετ’	αὐτῶν
υἱός	ὁ	νυμφών	ἐν	ὅς	ὁ	νυμφίος	μετά	αὐτός
휘오이	투	님포노스	엔	호	호	님피오스	멧	아우톤
아들들이	그	신부방의	에는	때	그	신랑이	함께	그들과
명.주.남.복.	관.소.남.단.	명.소.남.단.	전.여격.	대.관.여격.남.단.	관.주.남.단.	명.주.남.단.	전.소.	대.인.소.남.3복.

1510	3522	3745	5550	2192	3588	3566	3326
ἐστιν	νηστεύειν;	ὅσον	χρόνον	ἔχουσιν	τὸν	νυμφίον	μετ’
εἰμί	νηστεύω	ὅσος	χρόνος	ἔχω	ὁ	νυμφίος	μετά
에스틴	네스튜에인	호손	크로논	에쿠신	톤	님피온	멧
있는	금식하는 것을	만큼	오래	그들이 가지는	그	신랑을	함께
동.직.현.능.3단.	동.부.현.능.	대.관.목.남.단.	명.목.남.단.	동.직.현.능.3복.	관.목.남.단.	명.목.남.단.	전.소.

846	3756	1410	3522
αὐτῶν	οὐ	δύνανται	νηστεύειν.
αὐτός	οὐ	δύναμαι	νηστεύω
아우톤	우	뒤난타이	네스튜에인
그들과	그들이	할 수 없나니	금식하는 것을
대.인.소.남.3복.	부.	동.직.현.중수디.3복.	동.부.현.능.

20 그러나 신랑을 빼앗길 날이 이르리니 그 날에는 금식할 것이니라

But the days will come, when the bridegroom shall be taken away from them, and then shall they fast in those days.

2064	1161	2250	3752	522	575	846	3588	3566
ἐλεύσονται	δὲ	ἡμέραι	ὅταν	ἀπαρθῇ	ἀπ’	αὐτῶν	ὁ	νυμφίος,
ἔρχομαι	δέ	ἡμέρα	ὅταν	ἀπαίρω	ἀπό	αὐτός	ὁ	νυμφίος
엘류손타이	데	헤메라이	호탄	아파르데	압	아우톤	호	님피오스
올 것이다	그러나	날이	될	제거	로부터	그들	그	신랑이
동.직.미.중디.3복.	접.등.	명.주.여.복.	부.관.	동.가.1과.수.3단.	전.소.	대.인.소.남.3복.	관.주.남.단.	명.주.남.단.

2532	5119	3522	1722	1565	3588	2250
καὶ	τότε	νηστεύσουσιν	ἐν	ἐκείνῃ	τῇ	ἡμέρᾳ.
καί	τότε	νηστεύω	ἐν	ἐκεῖνος	ἡ	ἡμέρα
카이	토테	네스튜수신	엔	에케이네	테	헤메라
그래서	그 때	금식할 것이니라	에는	그	그	날
접.등.	부.	동.직.미.능.3복.	전.여격.	대.지.여격.여.단.	관.여격.여.단.	명.여격.여.단.

21 생베 조각을 낡은 옷에 붙이는 자가 없나니 만일 그렇게 하면 기운 새 것이 낡은 그것을
당기어 해어짐이 더하게 되느니라
No man also seweth a piece of new cloth on an old garment: else the new piece that filled it up taketh away from the old, and the rent is made worse.

3762	1915	4470	46	1976	1909	2440
οὐδεὶς	ἐπίβλημα	ῥάκους	ἀγνάφου	ἐπιράπτει	ἐπὶ	ἱμάτιον
οὐδείς	ἐπίβλημα	ῥάκος	ἄγναφος	ἐπιρράπτω	ἐπί	ἱμάτιον
우데이스	에피블레마	흐라쿠스	아그나푸	에피랖테이	에피	히마티온
아무도 아니하나니	한 조각을	천의	새	깁지	위로	옷을
형.대.기.주.남.단.	명.목.중.단.	명.소.중.단.	형.소.중.단.	동.직.현.능.3단.	전.목.	명.목.중.단.

3820	1487	1161	3361	142	3588	4138	575	846
παλαιόν·	εἰ	δὲ	μή,	αἴρει	τὸ	πλήρωμα	ἀπ'	αὐτοῦ
παλαιός	εἰ	δέ	μή	αἴρω	τό	πλήρωμα	ἀπό	αὐτός
팔라이온	에이	데	메	아이레이	토	플레로마	앞	아우투
낡은	만일	그렇지	않으면	당기어	그	댄 것을	부터	그것으로
형.목.중.단.	접.종.	접.종.	부.	동.직.현.능.3단.	관.목.중.단.	명.목.중.단.	전.소.	대.인.소.중.3단.

3588	2537	3588	3820	2532	5501	4978	1096
τὸ	καινὸν	τοῦ	παλαιοῦ	καὶ	χεῖρον	σχίσμα	γίνεται.
τό	καινός	τό	παλαιός	καί	χείρων	σχίσμα	γίνομαι
토	카이논	투	팔라이우	카이	케이론	스키스마	기네타이
그	새 것이	그	낡은 데를	그래서	더 심하게	헤어(찢어)짐이	된다
관.주.중.단.	형.대.주.중.단.	관.소.중.단.	형.대.소.중.단.	접.등.	형.비.주.중.단.	명.주.중.단.	동.직.현.중수디.3단.

22 새 포도주를 낡은 가죽 부대에 넣는 자가 없나니 만일 그렇게 하면 새 포도주가 부대를
터뜨려 포도주와 부대를 버리게 되리라 오직 새 포도주는 새 부대에 넣느니라 하시니라
And no man putteth new wine into old bottles: else the new wine doth burst the bottles, and the wine is spilled, and the bottles will be marred: but new wine must be put into new bottles.

2532	3762	906	3631	3501	1519	779	3820	1487	1161
καὶ	οὐδεὶς	βάλλει	οἶνον	νέον	εἰς	ἀσκοὺς	παλαιούς·	εἰ	δὲ
καί	οὐδείς	βάλλω	οἶνος	νέος	εἰς	ἀσκός	παλαιός	εἰ	δέ
카이	우데이스	발레이	오이논	네온	에이스	아스쿠스	팔라이우스	에이	데
그리고	아무도 아니하느니라	넣지	포도주를	새	속으로	가죽부대들을	낡은	만일	그렇지
접.등.	형.대.기.주.남.단.	동.직.현.능.3단.	명.목.남.단.	형.목.남.단.	전.목.	명.목.남.복.	형.목.남.복.	접.종.	접.종.

3361	4486	3588	3631	3588	779	2532	3588	3631
μή,	ῥήξει	ὁ	οἶνος	τοὺς	ἀσκούς	καὶ	ὁ	οἶνος
μή	ῥήγνυμι	ὁ	οἶνος	ὁ	ἀσκός	καί	ὁ	οἶνος
메	흐렉세이	호	오이노스	투스	아스쿠스	카이	호	오이노스
않으면	터뜨려질 것이다	그	포도주가	그	가죽부대들을	그래서	그	포도주
부.	동.직.미.능.3단.	관.주.남.단.	명.주.남.단.	관.목.남.복.	명.목.남.복.	접.등.	관.주.남.단.	명.주.남.단.

622	2532	3588	779	235	3631	3501	1519	779	2537
ἀπόλλυται	καὶ	οἱ	ἀσκοί·	ἀλλ'	οἶνον	νέον	εἰς	ἀσκοὺς	καινούς.
ἀπόλλυμι	καί	ὁ	ἀσκός	ἀλλά	οἶνος	νέος	εἰς	ἀσκός	καινός
아폴뤼타이	카이	호이	아스코이	알	오이논	네온	에이스	아스쿠스	카이누스
망치게 된다	와	그	가죽부대들은	다만	포도주를	새	속으로	가죽부대들을	새
동.직.현.수.3단.	접.등.	관.주.남.복.	명.주.남.복.	접.우.	명.목.남.단.	형.목.남.단.	전.목.	명.목.남.복.	형.목.남.복.

23 안식일에 예수께서 밀밭 사이로 지나가실새 그의 제자들이 길을 열며 이삭을 자르니
And it came to pass, that he went through the corn fields on the sabbath day; and his disciples began, as they went, to pluck the ears of corn.

2532	1096	846	1722	3588	4521	3899	1223
Καὶ	ἐγένετο	αὐτὸν	ἐν	τοῖς	σάββασιν	παραπορεύεσθαι	διὰ
καί	γίνομαι	αὐτός	ἐν	τό	σάββατον	παραπορεύομαι	διά
카이	에게네토	아우톤	엔	토이스	삽바신	파라포류에스다이	디아
그리고	되었다	그가	중에	그	안식일	지나가도록	통해서
접.등.	동.직.2과.중디.3단.	대.인.목.남.3단.	전.여격.	관.여격.중.복.	명.여격.중.복.	동.부.현.중.	전.소.

3588	4702	2532	3588	3101	848	756	3598
τῶν	σπορίμων,	καὶ	οἱ	μαθηταὶ	αὐτοῦ	ἤρξαντο	ὁδὸν
τό	σπόριμος	καί	ὁ	μαθητής	αὐτός	ἄρχομαι	ὁδός
톤	스포리몬	카이	호이	마데타이	아우투	에륵산토	호돈
그	곡식밭들을	그런데	그	제자들이	그의	그들이 그들을 위하여 시작하였다	길을
관.소.중.복.	형.대.소.중.복.	접.등.	관.주.남.복.	명.주.남.복.	대.인.소.남.3단.	동.직.1과.중.3복.	명.목.여.단.

4160	5089	3588	4719
ποιεῖν	τίλλοντες	τοὺς	στάχυας.
ποιέω	τίλλω	ὁ	στάχυς
포이에인	틸론테스	투스	스타퀴아스
열(만들)기를	따면서	그	이삭들을
동.부.현.능.	동.분.현.능.주.남.복.	관.목.남.복.	명.목.남.복.

24 바리새인들이 예수께 말하되 보시오 저들이 어찌하여 안식일에 하지 못할 일을
하나이까

And the Pharisees said unto him, Behold, why do they on the sabbath day that which is not lawful?

2532	3588	5330	3004	846	2396	5101	4160	3588
καὶ	οἱ	Φαρισαῖοι	ἔλεγον	αὐτῷ,	ἴδε	τί	ποιοῦσιν	τοῖς
καί	ὁ	Φαρισαῖος	λέγω	αὐτός	ἴδε	τίς	ποιέω	τό
카이	호이	파리사이오이	엘레곤	아우토	이데	티	포이우신	토이스
그러자	그	바리새인들이	말하였다	그에게	보시오	어찌하여	그들이 하나이까	그
접.등.	관.주.남.복.	명.주.남.복.	동.직.미완.능.3복.	대.인.여격.남.3단.	불.문.	대.의.목.중.단.	동.직.현.능.3복.	관.여격.중.복.

4521	3739	3756	1832
σάββασιν	ὃ	οὐκ	ἔξεστιν;
σάββατον	ὅς	οὐ	ἔξεστι
삽바신	호	우크	엑세스틴
안식일에	바 그 일이	아니한	합당하지
명.여격.중.복.	대.관.주.중.단.	부.	동.직.현.능.3단.

25 예수께서 이르시되 다윗이 자기와 및 함께 한 자들이 먹을 것이 없어 시장할 때에 한
일을 읽지 못하였느냐

And he said unto them, Have ye never read what David did, when he had need, and was an hungred, he, and they that were with him?

2532	3004	846	3763	314	5101	4160
καὶ	λέγει	αὐτοῖς,	οὐδέποτε	ἀνέγνωτε	τί	ἐποίησεν
καί	λέγω	αὐτός	οὐδέποτε	ἀναγινώσκω	τίς	ποιέω
카이	레게이	아우토이스	우데포테	아네그노테	티	에포이에센
이에	예수께서 말씀하신다	그들에게	도무지 못하였느냐	너희는 읽지	무엇을	하였는지
접.등.	동.직.현.능.3단.	대.인.여격.남.3복.	부.	동.직.2과.능.2복.	대.의.목.중.단.	동.직.1과.능.3단.

1138	3753	5532	2192	2532	3983	846	2532	3588
Δαυίδ	ὅτε	χρείαν	ἔσχεν	καὶ	ἐπείνασεν	αὐτὸς	καὶ	οἱ
Δαυίδ	ὅτε	χρεία	ἔχω	καί	πεινάω	αὐτός	καί	ὁ
다윋	호테	크레이안	에스켄	카이	에페이나센	아우토스	카이	호이
다윗이	때에	(먹을 것이)필요를	그가 가졌으며	또한	굶주렸을	자기	와	그(사람들이)
명.주.남.단.	접.종.	명.목.여.단.	동.직.2과.능.3단.	접.등.	동.직.1과.능.3단.	대.인.주.남.3단.	접.등.	관.주.남.복.

3326	846
μετ᾽	αὐτοῦ,
μετά	αὐτός
멭	아우투
함께 있는	그와
전.소	대.인.소.남.3단.

26 그가 아비아달 대제사장 때에 하나님의 전에 들어가서 제사장 외에는 먹어서는 안 되는
진설병을 먹고 함께 한 자들에게도 주지 아니하였느냐
How he went into the house of God in the days of Abiathar the high priest, and did eat the showbread, which is not lawful to eat but for the priests, and gave also to them which were with him?

4459	1525	1519	3588	3624	3588	2316	1909	8
πῶς	εἰσῆλθεν	εἰς	τὸν	οἶκον	τοῦ	θεοῦ	ἐπὶ	Ἀβιαθὰρ
πῶς	εἰσέρχομαι	εἰς	ὁ	οἶκος	ὁ	θεός	ἐπί	Ἀβιάθαρ
포스	에이셀덴	에이스	톤	오이콘	투	데우	에피	아비아다르
어떻게	그가 들어갔다	안으로	그	집을	그	하나님의	때에	아비아달의
접.등.	동.직.2과.능.3단.	전목.	관.목.남.단.	명.목.남.단.	관.소.남.단.	명.소.남.단.	전소.	명.소.남.단.

749	2532	3588	740	3588	4286	5315	3739
ἀρχιερέως	καὶ	τοὺς	ἄρτους	τῆς	προθέσεως	ἔφαγεν,	οὓς
ἀρχιερεύς	καί	ὁ	ἄρτος	ἡ	πρόθεσις	φάγω	ὅς
아르키에레오스	카이	투스	아르투스	테스	프로데세오스	에파겐	후스
대제사장	그리고	그	떡들을	그	진설의	먹었다	그것들을
명.소.남.단.	접.등.	관.목.남.복.	명.목.남.복.	관.소.여.단.	명.소.여.단.	동.직.2과.능.3단.	대.관.목.남.복.

3756	1832	5315	1487	3361	3588	2409	2532	1325
οὐκ	ἔξεστιν	φαγεῖν	εἰ	μὴ	τοὺς	ἱερεῖς,	καὶ	ἔδωκεν
οὐ	ἔξεστι	φάγω	εἰ	μή	ὁ	ἱερεύς	καί	δίδωμι
우크	엑세스틴	파게인	에이	메	투스	히에레이스	카이	에도켄
아니하다	합당하지	먹는 것이	외에		그	제사장들을	그런데	(어떻게)주었느냐
부.	동.직.현.능.3단.	동.부.2과.능.	접.종.	부.	관.목.남.복.	명.목.남.복.	접.등.	동.직.1과.능.3단.

2532	3588	4862	846	1510
καὶ	τοῖς	σὺν	αὐτῷ	οὖσιν;
καί	ὁ	σύν	αὐτός	εἰμί
카이	토이스	쉰	아우토	우신
역시	그(사람들에게)	함께	그와	있는
부.	관.여격.남.복.	전.여격.	대.인.여격.남.3단.	동.분.현.능.여격.남.복.

27 또 이르시되 안식일이 사람을 위하여 있는 것이요 사람이 안식일을 위하여 있는 것이 아니니
And he said unto them, The sabbath was made for man, and not man for the sabbath:

2532	3004	846	3588	4521	1223	3588	444	1096
καὶ	ἔλεγεν	αὐτοῖς,	τὸ	σάββατον	διὰ	τὸν	ἄνθρωπον	ἐγένετο
καί	λέγω	αὐτός	τό	σάββατον	διά	ὁ	ἄνθρωπος	γίνομαι
카이	엘레겐	아우토이스	토	삽바톤	디아	톤	안드로폰	에게네토
또	말씀하셨다	그들에게	그	안식일은	때문에	그	사람	되었다
접.등.	동.직.미완.능.3단.	대.인.여격.남.3복.	관.주.중.단.	명.주.중.단.	전목.	관.목.남.단.	명.목.남.단.	동.직.2과.중디.3단.

2532	3756	3588	444	1223	3588	4521
καὶ	οὐχ	ὁ	ἄνθρωπος	διὰ	τὸ	σάββατον·
καί	οὐ	ὁ	ἄνθρωπος	διὰ	τό	σάββατον
카이	우크	호	안드로포스	디아	토	삽바톤
그러나	아니니	하는	사람이	때문에	그	안식일
접.등.	부.	관.주.남.단.	명.주.남.단.	전목.	관.목.중.단.	명.목.중.단.

28 이러므로 인자는 안식일에도 주인이니라
Therefore the Son of man is Lord also of the sabbath.

5620	2962	1510	3588	5207	3588	444	2532	3588	4521
ὥστε	κύριός	ἐστιν	ὁ	υἱὸς	τοῦ	ἀνθρώπου	καὶ	τοῦ	σαββάτου.
ὥστε	κύριός	εἰμί	ὁ	υἱός	ὁ	ἄνθρωπος	καί	τό	σάββατον
호스테	퀴리오스	에스틴	호	휘오스	투	안드로푸	카이	투	삽바투
그러므로	주인	이니라	그	아들이	그	사람의	또한	그	안식일의
접.우.	명.주.남.단.	동.직.현.능.3단.	관.주.남.단.	명.주.남.단.	관.소.남.단.	명.소.남.단.	부.	관.소.중.단.	명.소.중.단.

3 예수께서 다시 회당에 들어가시니 한쪽 손 마른 사람이 거기 있는지라
And he entered again into the synagogue; and there was a man there which had a withered hand.

2532	1525	3825	1519	3588	4864	2532	1510	1563
Καὶ	εἰσῆλθεν	πάλιν	εἰς	τὴν	συναγωγήν.	καὶ	ἦν	ἐκεῖ
καί	εἰσέρχομαι	πάλιν	εἰς	ἡ	συναγωγή	καί	εἰμί	ἐκεῖ
카이	에이셀덴	팔린	에이스	텐	쉬나고겐	카이	엔	에케이
그리고	들어가셨다	다시	안으로	그	회당을	그런데	있었다	거기에
접.등.	동.직2과.능.3단.	부.	전목.	관.목.여.단.	명.목.여.단.	접.등.	동.직.미완.능.3단.	부.

444	3583	2192	3588	5495
ἄνθρωπος	ἐξηραμμένην	ἔχων	τὴν	χεῖρα.
ἄνθρωπος	ξηραίνω	ἔχω	ἡ	χείρ
안드로포스	엑세람메넨	에콘	텐	케이라
한 사람이	말라져있는	가진	그	한편 손을
명.주.남.단.	동.분.1완.수.목.여.단.	동.분.현.능.주.남.단.	관.목.여.단.	명.목.여.단.

2 사람들이 예수를 고발하려 하여 안식일에 그 사람을 고치시는가 주시하고 있거늘
And they watched him, whether he would heal him on the sabbath day; that they might accuse him.

2532	3906	846	1487	3588	4521	2323
καὶ	παρετήρουν	αὐτὸν	εἰ	τοῖς	σάββασιν	θεραπεύσει
καί	παρατηρέω	αὐτός	εἰ	τό	σάββατον	θεραπεύω
카이	파레테룬	아우톤	에이	토이스	삽바신	데라퓨세이
그리하여	사람들이 신중히 지켜보고 있었다	그를	인지 아닌지	그	안식일에	그가 고쳐줄 것
접.등.	동.직.미완.능.3복.	대.인.목.남.3단.	불.의	관.여격.중.복.	명.여격.중.복.	동.직.미.능.3단.

846	2443	2723	846
αὐτόν,	ἵνα	κατηγορήσωσιν	αὐτοῦ.
αὐτός	ἵνα	κατηγορέω	αὐτός
아우톤	히나	카테고레소신	아우투
그를	위함이라	그들이 고발하기	그를
대.인.목.남.3단.	접.종.	동.가.1과.능.3복.	대.인.소.남.3단.

3 예수께서 손 마른 사람에게 이르시되 한 가운데에 일어서라 하시고
And he saith unto the man which had the withered hand, Stand forth.

2532	3004	3588	444	3588	3588	3584	5495
καὶ	λέγει	τῷ	ἀνθρώπῳ	τῷ	τὴν	ξηρὰν	χεῖρα
καί	λέγω	ὁ	ἄνθρωπος	ὁ	ἡ	ξηρός	χείρ
카이	레게이	토	안드로포	토	텐	크세란	케이라
이에	예수께서 말씀하신다	그	사람에게	그	그	마른	손을
접.등.	동.직.현.능.3단.	관.여격.남.단.	명.여격.남.단.	관.여격.남.단.	관.목.여.단.	형.목.여.단.	명.목.여.단.

2192	1453	1519	3588	3319
ἔχοντι,	Ἔγειρε	εἰς	τὸ	μέσον.
ἔχω	ἐγείρω	εἰς	τό	μέσος
에콘티	에게이레	에이스	토	메손
가진	일어서라	안으로	그	가운데를
동.분.현.능.여격.남.단.	동.명.현.능.2단.	전목.	관.목.중.단.	형.대.목.중.단.

4 그들에게 이르시되 안식일에 선을 행하는 것과 악을 행하는 것, 생명을 구하는 것과
죽이는 것, 어느 것이 옳으냐 하시니 그들이 잠잠하거늘
And he saith unto them, Is it lawful to do good on the sabbath days, or to do evil? to save life, or to kill? But they held their peace.

2532	3004	846	1832	3588	4521	18	4160
καὶ	λέγει	αὐτοῖς,	ἔξεστιν	τοῖς	σάββασιν	ἀγαθὸν	ποιῆσαι
καί	λέγω	αὐτός	ἔξεστι	τό	σάββατον	ἀγαθός	ποιέω
카이	레게이	아우토이스	엑세스틴	토이스	삽바신	아가돈	포이에사이
그리고	그가 말씀하신다	그들에게	(어느 것이)합당하냐	그	안식일들에	선한 일을	행하는 것
접.등.	동.직.현.능.3단.	대.인.여격.남.3복.	동.직.현.능.3단.	관.여격.중.복.	명.여격.중.복.	형.대.목.중.단.	동.부.1과.능.

2228	2554	5590	4982	2228	615	3588	1161	4623
ἢ	κακοποιῆσαι,	ψυχὴν	σῶσαι	ἢ	ἀποκτεῖναι;	οἱ	δὲ	ἐσιώπων.
ἤ	κακοποιέω	ψυχή	σώζω	ἤ	ἀποκτείνω	ὁ	δέ	σιωπάω
에	카코포이에사이	프쉬켄	소사이	에	아포크테이나이	호이	데	에시오폰
또는	악을 행하는 것	목숨을	구하는 것	아니면	죽이는 것	그들이	그러나	잠잠하고 있었다
접.등.	동.부.1과.능.	명.목.여.단.	동.부.1과.능.	접.등.	동.부.1과.능.	관.주.남.복.	접.우.	동.직.미완.능.3복.

5 그들의 마음이 완악함을 탄식하사 노하심으로 그들을 둘러 보시고 그 사람에게 이르시되
네 손을 내밀라 하시니 내밀매 그 손이 회복되었더라

And when he had looked round about on them with anger, being grieved for the hardness of their hearts, he saith unto the man, Stretch forth thine hand. And he stretched it out: and his hand was restored whole as the other.

2532	4017	846	3326	3709	4818	1909
καὶ	περιβλεψάμενος	αὐτοὺς	μετ᾽	ὀργῆς,	συλλυπούμενος	ἐπὶ
καί	περιβλέπω	αὐτός	μετά	ὀργή	συλλυπέω	ἐπί
카이	페리블렙사메노스	아우투스	멧	오르게스	쉴뤼푸메노스	에피
그러자	둘러보신 후에	그들을	으로	분노하심	크게 슬퍼하시며	대하여
접.등.	동.분.1과.중.주.남.단.	대.인.목.남.3복.	전.소.	명.소.여.단.	동.분.현.중수디.주.남.단.	전.여격.

3588	4457	3588	2588	846	3004	3588	444
τῇ	πωρώσει	τῆς	καρδίας	αὐτῶν	λέγει	τῷ	ἀνθρώπῳ,
ἡ	πώρωσις	ἡ	καρδία	αὐτός	λέγω	ὁ	ἄνθρωπος
테	포로세이	테스	카르디아스	아우톤	레게이	토	안드로포
그	완악함	그	마음의	그들의	예수께서 말씀하신다	그	사람에게
관.여격.여.단.	명.여격.여.단.	관.소.여.단.	명.소.여.단.	대.인.소.남.3복.	동.직.현.능.3단.	관.여격.남.단.	명.여격.남.단.

1614	3588	5495	2532	1614	2532	600	3588
ἔκτεινον	τὴν	χεῖρα.	καὶ	ἐξέτεινεν	καὶ	ἀπεκατεστάθη	ἡ
ἐκτείνω	ἡ	χείρ	καί	ἐκτείνω	καί	ἀποκαθίστημι	ἡ
에크테이논	텐	케이라	카이	엑세테이넨	카이	아페카테스타데	헤
내밀라	그	손을	이에	그가 내밀었다	그랬더니	회복되었다	그
동.명.1과.능.2단.	관.목.여.단.	명.목.여.단.	접.등.	동.직.1과.능.3단.	접.등.	동.직.1과.수.3단.	관.주.여.단.

5495	846
χεὶρ	αὐτοῦ.
χείρ	αὐτός
케이르	아우투
손이	그의
명.주.여.단.	대.인.소.남.3단.

6 바리새인들이 나가서 곧 헤롯당과 함께 어떻게 하여 예수를 죽일까 의논하니라

And the Pharisees went forth, and straightway took counsel with the Herodians against him, how they might destroy him.

2532	1831	3588	5330	2117	3326	3588	2265
καὶ	ἐξελθόντες	οἱ	Φαρισαῖοι	εὐθὺς	μετὰ	τῶν	Ἡρῳδιανῶν
καί	ἐξέρχομαι	ὁ	Φαρισαῖος	εὐθύς	μετά	ὁ	Ἡρῳδιανοί
카이	엑셀돈테스	호이	파리사이오이	유튀스	메타	톤	헤로디아논
그러자	나간 후에	그	바리새인들이	곧(바로)	함께	그	헤롯당과
접.등.	동.분.2과.능.주.남.복.	관.주.남.복.	명.주.남.복.	형.대.주.남.단.	전.소.	관.소.남.복.	명.소.남.복.

4824	4160	2596	848	3704	846	622
συμβούλιον	ἐδίδουν	κατ᾽	αὐτοῦ	ὅπως	αὐτὸν	ἀπολέσωσιν.
συμβούλιον	δίδωμι	κατά	αὐτός	ὅπως	αὐτός	ἀπόλλυμι
쉼불리온	에디둔	캇	아우투	호포스	아우톤	아폴레소신
함께 의논을	하고 있었다	대적하여	그를	위하여	그를	그들이 죽이기
명.목.중.단.	동.직.미완.능.3복.	전.소.	대.인.소.남.3단.	접.종.	대.인.목.남.3단.	동.가.1과.능.3복.

7 예수께서 제자들과 함께 바다로 물러가시니 갈릴리에서 큰 무리가 따르며

But Jesus withdrew himself with his disciples to the sea: and a great multitude from Galilee followed him, and from Judaea,

2532	3588	2424	3326	3588	3101	848	402	4314
Καὶ	ὁ	Ἰησοῦς	μετὰ	τῶν	μαθητῶν	αὐτοῦ	ἀνεχώρησεν	πρὸς
καί	ὁ	Ἰησοῦς	μετά	ὁ	μαθητής	αὐτός	ἀναχωρέω	πρός
카이	호	예수스	메타	톤	마데톤	아우투	아네코레센	프로스
또	그	예수께서	함께	그	제자들과	그의	물러가셨다	가로
접등.	관.주.남.단.	명.주.남.단.	전소	관.소.남.복.	명.소.남.복.	대.인.소.남.3단.	동.직.1과.남.3단.	전.목.

3588	2281	2532	4183	4128	575	3588	1056	190
τὴν	θάλασσαν,	καὶ	πολὺ	πλῆθος	ἀπὸ	τῆς	Γαλιλαίας	ἠκολούθησεν·
ἡ	θάλασσα	καί	πολύς	πλῆθος	ἀπό	ἡ	Γαλιλαία	ἀκολουθέω
텐	달라싼	카이	폴뤼	플레도스	아포	테스	갈릴라이아스	아콜루데센
그	바닷	그러자	많은	한 무리가	부터	그	갈릴리로	따랐다
관.목.여.단.	명.목.여.단.	접등.	형.주.중.단.	명.주.중.단.	전소	관.소.여.단.	명.소.여.단.	동.직.1과.능.3단.

2532	575	3588	2449
καὶ	ἀπὸ	τῆς	Ἰουδαίας
καί	ἀπό	ἡ	Ἰουδαία
카이	아포	테스	유다이아스
또	부터	그	유대로
접등.	전소	관.소.여.단.	명.소.여.단.

8 유대와 예루살렘과 이두매와 요단 강 건너편과 또 두로와 시돈 근처에서 많은 무리가
그가 하신 큰 일을 듣고 나아오는지라

And from Jerusalem, and from Idumaea, and from beyond Jordan; and they about Tyre and Sidon, a great multitude, when they had heard what great things he did, came unto him.

2532	575	2414	2532	575	3588	2401	2532	4008	3588
καὶ	ἀπὸ	Ἱεροσολύμων	καὶ	ἀπὸ	τῆς	Ἰδουμαίας	καὶ	πέραν	τοῦ
καί	ἀπό	Ἱεροσόλυμα	καί	ἀπό	ἡ	Ἰδουμαία	καί	πέραν	ὁ
카이	아포	히에로솔뤼몬	카이	아포	테스	이두마이아스	카이	페란	투
그리고	부터	예루살렘	와	부터	그	이두메로	그리고	건너편	그
접등.	전소	명.소.여.단.	접등.	전소	관.소.여.단.	명.소.여.단.	접등.	전소	관.소.남.단.

2446	2532	4012	5184	2532	4605	4128	4183	191
Ἰορδάνου	καὶ	περὶ	Τύρον	καὶ	Σιδῶνα,	πλῆθος	πολύ	ἀκούοντες
Ἰορδάνης	καί	περί	Τύρος	καί	Σιδών	πλῆθος	πολύς	ἀκούω
요르다누	카이	페리	튀론	카이	시도나	플레도스	폴뤼	아쿠온테스
요단의	과	곁에서	두로	와	시돈	무리(군중)가	많은	듣고
명.소.남.단.	접등.	전목.	명.목.여.단.	접등.	명.목.여.단.	명.주.중.단.	형.주.중.단.	동.분.현.능.주.남.복.

3745	4160	2064	4314	846
ὅσα	ἐποίει	ἦλθον	πρὸς	αὐτόν.
ὅσος	ποιέω	ἔρχομαι	πρός	αὐτός
호사	에포이에이	엘돈	프로스	아우톤
만큼 많은 일들을	그가 행하신	나아왔다	에게로	그
대.관.목.중.복.	동.직.미완.능.3단.	동.직.2과.능.3복.	전목.	대.인.목.남.3단.

9 예수께서 무리가 에워싸 미는 것을 피하기 위하여 작은 배를 대기하도록 제자들에게
명하셨으니

And he spake to his disciples, that a small ship should wait on him because of the multitude, lest they should throng him.

2532	3004(2036)	3588	3101	848	2443	4142	4342
καὶ	εἶπεν	τοῖς	μαθηταῖς	αὐτοῦ	ἵνα	πλοιάριον	προσκαρτερῇ
καί	λέγω.ἔπω	ὁ	μαθητής	αὐτός	ἵνα	πλοιάριον	προσκαρτερέω
카이	에이펜	토이스	마데타이스	아우투	히나	플로이아리온	프로스카르테레
그래서	예수가 말씀하셨다	그	제자들에게	그의	위하여	한 작은 배가	시중들기
접등.	동.직.2과.능.3단.	관.여격.남.복.	명.여격.남.복.	대.인.소.남.3복.	접등.	명.주.중.단.	동.가.현.능.3단.

846	1223	3588	3793	2443	3361	2346	846
αὐτῷ	διὰ	τὸν	ὄχλον	ἵνα	μὴ	θλίβωσιν	αὐτόν·
αὐτός	διά	ὁ	ὄχλος	ἵνα	μή	θλίβω	αὐτός
아우토	디아	톤	오클론	히나	메	들리보신	아우톤
그에게	때문에	그	무리	않기	위하여	그들이 에워싸이지	그를
대.인.여격.남.3단.	전.목.	관.목.남.단.	명.목.남.단.	접.종.	부.	동.가.현.능.3복.	대.인.목.남.3단.

10 이는 많은 사람을 고치셨으므로 병으로 고생하는 자들이 예수를 만지고자 하여
몰려왔음이더라
For he had healed many; insomuch that they pressed upon him for to touch him, as many as had plagues.

4183	1063	2323	5620	1968	846	2443	846
πολλοὺς	γὰρ	ἐθεράπευσεν,	ὥστε	ἐπιπίπτειν	αὐτῷ	ἵνα	αὐτοῦ
πολύς	γάρ	θεραπεύω	ὥστε	ἐπιπίπτω	αὐτός	ἵνα	αὐτός
폴루스	가르	에데라퓨센	호스테	에피핖테인	아우토	히나	아우투
많은 사람을	왜냐하면	그가 고치셨다	그러므로	핍근히함 이었더라	그에게	위하여	그에게
대.인.목.남.복.	접.종.	동.직.1과.능.3단.	접.우.	동.부.현.능.	대.인.여격.남.3단.	접.종.	대.인.소.남.3단.

680	3745	2192	3148
ἅψωνται	ὅσοι	εἶχον	μάστιγας.
ἅπτομαι	ὅσος	ἔχω	μάστιξ
핲손타	호소이	에이콘	마스티가스
그들이 그들을 위하여 손을 대기	만큼 많은 사람들이	가지고 있었던	질병들을
동.가.1과.중.3복.	대.관.주.남.복.	동.직.미완.능.3복.	명.목.여.복.

11 더러운 귀신들도 어느 때든지 예수를 보면 그 앞에 엎드려 부르짖어 이르되 당신은
하나님의 아들이니이다 하니
And unclean spirits, when they saw him, fell down before him, and cried, saying, Thou art the Son of God.

2532	3588	4151	3588	169	3752	846	2334
καὶ	τὰ	πνεύματα	τὰ	ἀκάθαρτα,	ὅταν	αὐτὸν	ἐθεώρουν,
καί	τό	πνεῦμα	τό	ἀκάθαρτος	ὅταν	αὐτός	θεωρέω
카이	타	프뉴마타	타	아카다르타	호탄	아우톤	에데오룬
그리고	그	영들로	그	더러운	때는 언제든지	그를	그것들이 보고 있었을
접.등.	관.주.중.복.	명.주.중.복.	관.주.중.복.	형.주.중.복.	접.종.	대.인.목.남.3단.	동.직.미완.능.3복.

4363	846	2532	2896	3004	3754	4771	1510
προσέπιπτον	αὐτῷ	καὶ	ἔκραζον	λέγοντες	ὅτι	Σὺ	εἶ
προσπίπτω	αὐτός	καί	κράζω	λέγω	ὅτι	σύ	εἰμί
프로세핖톤	아우토	카이	에크라존	레곤테스	호티	쉬	에이
앞에 엎드리고 있었다	그에게	그리고	부르짖고 있었다	말하기를	라고(하니)	당신은	이시니이다
동.직.미완.능.3복.	대.인.여격.남.3단.	접.등.	동.직.미완.능.3복.	동.분.현.능.주.남.복.	접.우.	대.인.주.2단.	동.직.현.능.2단.

3588	5207	3588	2316
ὁ	υἱὸς	τοῦ	θεοῦ.
ὁ	υἱός	ὁ	θεός
호	휘오스	투	데우
그	아들	그	하나님의
관.주.남.단.	명.주.남.단.	관.소.남.단.	명.소.남.단.

12 예수께서 자기를 나타내지 말라고 많이 경고하시니라
And he straitly charged them that they should not make him known.

2532	4183	2008	846	2443	3361	846	5318	4160
καὶ	πολλὰ	ἐπετίμα	αὐτοῖς	ἵνα	μὴ	αὐτὸν	φανερὸν	ποιήσωσιν.
καί	πολύς	ἐπιτιμάω	αὐτός	ἵνα	μή	αὐτός	φανερός	ποιέω
카이	폴라	에페티마	아우토이스	히나	메	아우톤	파네론	포이에소신
그런데	많은 것을	엄히 경고하셨다	그들에게	위하여	않기	자기를	나타냄을	그들이 하지
접.등.	형.대.목.중.복.	동.직.미완.능.3단.	대.인.여격.남.3복.	접.등.	부.	대.인.목.남.3단.	형.목.남.단.	동.가.1과.능.3복.

13 또 산에 오르사 자기가 원하는 자들을 부르시니 나아온지라
And he goeth up into a mountain, and calleth unto him whom he would: and they came unto him.

2532	305	1519	3588	3735	2532	4341	3739
Καὶ	ἀναβαίνει	εἰς	τὸ	ὄρος	καὶ	προσκαλεῖται	οὓς
καί	ἀναβαίνω	εἰς	τό	ὄρος	καί	προσκαλέομαι	ὅς
카이	아나바이네이	에이스	토	오로스	카이	프로스칼레이타이	후스
그리고	그는 올라가신다	속으로	그	산	그리고	가까이 부르신다	바 사람들을
접.등.	동.직.현.능.3단.	전.목.	관.목.중.단.	명.목.중.단.	접.등.	동.직.현.중수디.3단.	대.관.목.남.복.

2309	846	2532	565	4314	846
ἤθελεν	αὐτός,	καὶ	ἀπῆλθον	πρὸς	αὐτόν.
θέλω	αὐτός	καί	ἀπέρχομαι	πρός	αὐτός
에델렌	아우토스	카이	아펠돈	프로스	아우톤
그가 원하고 있었던	친히	이에	떠나갔다	에게로	그(를)
동.직.미완.능.3단.	대.인.주.남.3단.	접.등.	동.직.2과.능.3복.	전.목.	대.인.목.남.3단.

14 이에 열둘을 세우셨으니 이는 자기와 함께 있게 하시고 또 보내사 전도도 하며
And he ordained twelve, that they should be with him, and that he might send them forth to preach,

2532	4160	1427	3739	2532	652	3687	2443
καὶ	ἐποίησεν	δώδεκα'	οὓς	καὶ	ἀποστόλους	ὠνόμασεν	ἵνα
καί	ποιέω	δώδεκα	ὅς	καί	ἀπόστολος	ὀνομάζω	ἵνα
카이	에포이에센	도데카	후스	카이	아포스톨루스	오노마센	히나
이에	그는 삼으셨다	열둘을	그들을	역시	사도들로	이름을 부르셨다	위함이며
접.등.	동.직.1과.능.3단.	형.대.기.목.남.복.	대.관.목.남.복.	부.	명.목.남.복.	동.직.1과.능.3단.	접.종.

1510	3326	848	2532	2443	649	846	2784
ὦσιν	μετ'	αὐτοῦ	καὶ	ἵνα	ἀποστέλλῃ	αὐτοὺς	κηρύσσειν
εἰμί	μετά	αὐτός	καί	ἵνα	ἀποστέλλω	αὐτός	κηρύσσω
오신	멧	아우투	카이	히나	아포스텔레	아우투스	케뤼쎄인
그들은 있기	함께	자기와	또한	위함이라	그가 보내기	그들을	전파하도록
동.가.현.능.3복.	전.소	대.인.소.남.3단.	접.등.	접.종.	동.가.현.능.3단.	대.인.목.남.3복.	동.부.현.능.

15 귀신을 내쫓는 권능도 가지게 하려 하심이러라
And to have power to heal sicknesses, and to cast out devils:

2532	2192	1849	1544	3588	1140
καὶ	ἔχειν	ἐξουσίαν	ἐκβάλλειν	τὰ	δαιμόνια·
καί	ἔχω	ἐξουσία	ἐκβάλλω	τό	δαιμόνιον
카이	에케인	엑수시안	에크발레인	타	다이모니아
그리고	가지게(하려 함이라)	권세를	쫓아내기 위하여	그	귀신들을
접.등.	동.부.현.능.	명.목.여.단.	동.부.현.능.	관.목.중.복.	명.목.중.복.

16 이 열둘을 세우셨으니 시몬에게는 베드로란 이름을 더하셨고
And Simon he surnamed Peter;

2532	4160	3588	1427	2532	2007	3686	3588	4613
καὶ	ἐποίησεν	τοὺς	δώδεκα,	καὶ	ἐπέθηκεν	ὄνομα	τῷ	Σίμωνι
καί	ποιέω	ὁ	δώδεκα	καί	ἐπιτίθημι	ὄνομα	ὁ	Σίμων
카이	에포이에센	투스	도데카	카이	에페데켄	오노마	토	시모니
그래서	그가 삼으셨다	그	열둘들을	그런즉	그가 더하셨다	이름을	그	시몬에게
접.등.	동.직.1과.능.3단.	관.목.남.복.	형.대.기.목.남.복.	접.등.	동.직.1과.능.3단.	명.목.중.단.	관.여격.남.단.	명.여격.남.단.

4074
Πέτρον,
Πέτρος
페트론
베드로라는
명.목.남.단.

17 또 세베대의 아들 야고보와 야고보의 형제 요한이니 이 둘에게는 보아너게 곧 우레의
아들이란 이름을 더하셨으며

And James the son of Zebedee, and John the brother of James; and he surnamed them Boanerges, which is, The sons of thunder:

2532	2385	3588	3588	2199	2532	2491	3588	80
καὶ	Ἰάκωβον	τὸν	τοῦ	Ζεβεδαίου	καὶ	Ἰωάννην	τὸν	ἀδελφὸν
καί	Ἰάκωβος	ὁ	ὁ	Ζεβεδαῖος	καί	Ἰωάννης	ὁ	ἀδελφός
카이	야코본	톤	투	제베다이우	카이	요안넨	톤	아델폰
또	야고보	아들	그	세배대의	와	요한을	그	형제
접등.	명목남단.	관목남단.	관소남단.	명소남단.	접등.	명목남단.	관목남단.	명목남단.

3588	2385	2532	2007	846	3686	993	3588
τοῦ	Ἰακώβου	καὶ	ἐπέθηκεν	αὐτοῖς	ὀνόμα(τα)	Βοανηργές,	ὅ
ὁ	Ἰάκωβος	καί	ἐπιτίθημι	αὐτός	ὄνομα	Βοανηργές	ὅς
투	야코부	카이	에페데켄	아우토이스	오노마타	보아네르게스	호
그	야고보의	그런데	그가 더하셨다	그들에게는	이름들을	보아너게라	그 뜻은
관소남단.	명소남단.	접등.	동.직.1과.능.3단.	대.인.여격.남.3복.	명.목.중.복.	명.목.남.복.	대.관.주.중.단.

1510	5207	1027
ἐστιν	υἱοὶ	Βροντῆς·
εἰμί	υἱός	βροντή
에스틴	휘오이	브론테스
이라	아들들	우뢰의
동.직.현.능.3단.	명.주.남.복.	명.소.여.단.

18 또 안드레와 빌립과 바돌로매와 마태와 도마와 알패오의 아들 야고보와 및 다대오와
가나나인 시몬이며

And Andrew, and Philip, and Bartholomew, and Matthew, and Thomas, and James the son of Alphaeus, and Thaddaeus, and Simon the Canaanite,

2532	406	2532	5376	2532	918	2532	3156	2532
καὶ	Ἀνδρέαν	καὶ	Φίλιππον	καὶ	Βαρθολομαῖον	καὶ	Μαθθαῖον	καὶ
καί	Ἀνδρέας	καί	Φίλιππος	καί	Βαρθολομαῖος	καί	Ματθαιος	καί
카이	안드레안	카이	필립폰	카이	바르돌로마이온	카이	맏다이온	카이
또	안드레	와	빌립	과	바돌로매	와	마태	와
접등.	명목남단.	접등.	관목남단.	접등.	명목남단.	접등.	명목남단.	접등.

2381	2532	2385	3588	3588	256	2532	2280	2532	4613
Θωμᾶν	καὶ	Ἰάκωβον	τὸν	τοῦ	Ἁλφαίου	καὶ	Θαδδαῖον	καὶ	Σίμωνα
Θωμᾶς	καί	Ἰάκωβος	ὁ	ὁ	Ἁλφαῖος	καί	Θαδδαῖος	καί	Σίμων
도만	카이	야코본	톤	투	알파이우	카이	닫다이온	카이	시모나
도마	와	야고보	그(아들)	그	알패오의	과	다대오	와	시몬을
명목남단.	접등.	명목남단.	관목남단.	관소남단.	명소남단.	접등.	명목남단.	접등.	명목남단.

3588	2581
τὸν	Καναναῖον
ὁ	Καναναῖος
톤	카나나이온
그	가나안 사람
관목남단.	명목남단.

19 또 가룟 유다니 이는 예수를 판 자더라

And Judas Iscariot, which also betrayed him: and they went into an house.

2532	2455	2469	3739	2532	3860	846
καὶ	Ἰούδαν	Ἰσκαριώθ,	ὃς	καὶ	παρέδωκεν	αὐτόν.
καί	Ἰουδάς	Ἰσκαριώθ	ὅς	καί	παραδίδωμι	αὐτός
카이	유단	이스카리옫	호스	카이	파레도켄	아우톤
또	유다를	가룟 사람	그는	역시	그는 넘겼다	그를
접등.	명목남단.	명목남단.	대관주남단.	부.	동.직.1과.능.3단.	대.인.목.남.3단.

20 집에 들어가시니 무리가 다시 모이므로 식사할 겨를도 없는지라
And the multitude cometh together again, so that they could not so much as eat bread.

2532	2064	1519	3624	2532	4905	3825	3588	3793
Καὶ	ἔρχεται	εἰς	οἶκον·	καὶ	συνέρχεται	πάλιν	ὁ	ὄχλος,
καί	ἔρχομαι	εἰς	οἶκος	καί	συνέρχομαι	πάλιν	ὁ	ὄχλος,
카이	에르케타이	에이스	오이콘	카이	쉬네르케타이	팔린	호	오클로스
그리고	그가 오셨다	안으로	집	이에	함께 모였다	다시	(그)	무리가
접.등.	**동.직.현.중수디.3단.**	**전.목.**	**명.목.남.단.**	**접.등.**	**동.직.현.중수디.3단.**	**부.**	**관.주.남.단.**	**명.주.남.단.**

5620	3361	1410	846	3366	740	5315
ὥστε	μὴ	δύνασθαι	αὐτοὺς	μηδὲ	ἄρτον	φαγεῖν.
ὥστε	μή	δύναμαι	αὐτός	μηδέ	ἄρτος	φάγω
호스테	메	뒤나스다이	아우투스	메데	아르톤	파게인
그러므로	없게(하는지라)	할 수	그들이	도 못하니라	떡(빵)을	먹는 것
접.우.	**부.**	**동.부.현.중수디.**	**대.인.목.남.3복.**	**부.**	**명.목.남.단.**	**동.부.2과.능.**

21 예수의 친족들이 듣고 그를 붙들러 나오니 이는 그가 미쳤다 함일러라
And when his friends heard of it, they went out to lay hold on him: for they said, He is beside himself.

2532	191	3588	3844	846	1831	2902	846
καὶ	ἀκούσαντες	οἱ	παρ'	αὐτοῦ	ἐξῆλθον	κρατῆσαι	αὐτόν·
καί	ἀκούω	ὁ	παρά	αὐτός	ἐξέρχομαι	κρατέω	αὐτός
카이	아쿠산테스	호이	파르	아우투	엑셀돈	크라테사이	아우톤
그런데	들은 후에	친족들이	곁에	그의	나왔다	붙들려고	그를
접.등.	**동.분.1과.능.주.남.복.**	**관.주.남.복.**	**전.소.**	**대.인.소.남.3단.**	**동.직.2과.능.3복.**	**동.부.1과.능.**	**대.인.목.남.3단.**

3004	1063	3754	1839
ἔλεγον	γὰρ	ὅτι	ἐξέστη.
λέγω	γάρ	ὅτι	ἐξίστημι
엘레곤	가르	호티	엑세스테
그들이 말하고 있었다	왜냐하면	것을	그가 미쳤다는
동.직.미완.능.3복.	**접.종.**	**접.우.**	**동.직.2과.능.3단.**

22 예루살렘에서 내려온 서기관들은 그가 바알세불이 지폈다 하며 또 귀신의 왕을 힘입어
귀신을 쫓아낸다 하니
And the scribes which came down from Jerusalem said, He hath Beelzebub, and by the prince of the devils casteth he out devils.

2532	3588	1122	3588	575	2414	2597	3004
καὶ	οἱ	γραμματεῖς	οἱ	ἀπὸ	Ἱεροσολύμων	καταβάντες	ἔλεγον
καί	ὁ	γραμματεύς	ὁ	ἀπό	Ἱεροσόλυμα	καταβαίνω	λέγω
카이	호이	그람마테이스	호이	아포	히에로솔뤼몬	카타반테스	엘레곤
그리고	그	서기관들은	자들인	부터	예루살렘으로	내려온	말하고 있었다
접.등.	**관.주.남.복.**	**명.주.남.복.**	**관.주.남.복.**	**전.소.**	**명.소.여.단.**	**동.분.2과.능.주.남.복.**	**동.직.미완.능.3복.**

3754	954	2192	2532	3754	1722	3588	758	3588
ὅτι	Βεελζεβοὺλ	ἔχει	καὶ	ὅτι	ἐν	τῷ	ἄρχοντι	τῶν
ὅτι	Βεελζεβούλ	ἔχω	καί	ὅτι	ἐν	ὁ	ἄρχων	τό
호티	베엘제불	에케이	카이	호티	엔	토	아르콘티	톤
고	바알세불을	그가 가지고있다	또	고(하니)	의해	그	왕(우두머리)에	그
접.등.	**명.목.남.단.**	**동.직.현.능.3단.**	**접.등.**	**접.등.**	**전.여격.**	**관.여격.남.단.**	**명.여격.남.단.**	**관.소.중.복.**

1140	1544	3588	1140
δαιμονίων	ἐκβάλλει	τὰ	δαιμόνια.
δαιμόνιον	ἐκβάλλω	τό	δαιμόνιον
다이모니온	에크발레이	타	다이모니아
귀신의	쫓아낸다	그	귀신들을
명.소.중.복.	**동.직.현.능.3단.**	**관.목.중.복.**	**명.목.중.복.**

23 예수께서 그들을 불러다가 비유로 말씀하시되 사탄이 어찌 사탄을 쫓아낼 수 있느냐
And he called them unto him, and said unto them in parables, How can Satan cast out Satan?

2532	4341	846	1722	3850	3004
καὶ	προσκαλεσάμενος	αὐτοὺς	ἐν	παραβολαῖς	ἔλεγεν
καί	προσκαλέομαι	αὐτός	ἐν	παραβολή	λέγω
카이	프로스칼레사메노스	아우투스	엔	파라볼라이스	엘레겐
그래서	가까이 불러서	그들을	안에서(로)	비유들	그가 말씀하시고 계셨다
접.등.	동.분.1과.중디.주.남.단.	대.인.목.남.3복.	전.여격.	명.여격.여.복.	동.직.미완.능.3단.

846	4459	1410	4567	4567	1544
αὐτοῖς,	πῶς	δύναται	Σατανᾶς	Σατανᾶν	ἐκβάλλειν;
αὐτός	πῶς	δύναμαι	Σατανᾶς	Σατανᾶς	ἐκβάλλω
아우토이스	포스	뒤나타이	사타나스	사타난	에크발레인
그들에게	어떻게	할 수 있느냐	사탄이	사탄을	쫓아내는 것을
대.인.여격.남.3복.	부.의.	동.직.현.중수디.3단.	명.주.남.단.	명.목.남.단.	동.부.현.능.

24 또 만일 나라가 스스로 분쟁하면 그 나라가 설 수 없고
And if a kingdom be divided against itself, that kingdom cannot stand.

2532	1437	932	1909	1438	3307	3756	1410	2476
καὶ	ἐὰν	βασιλεία	ἐφ'	ἑαυτὴν	μερισθῇ,	οὐ	δύναται	σταθῆναι
καί	ἐάν	βασιλεία	ἐπί	ἑαυτοῦ	μερίζω	οὐ	δύναμαι	ἵστημι
카이	에안	바실레이아	엪	헤아우텐	메리스데	우	뒤나타이	스타데나이
또	만일	나라가	대적하여	그것 스스로를	갈라졌으면	없다	할 수	세워지는 것을
접.등.	접.종.	명.주.여.단.	전.목.	대.인.목.여.3단.	동.가.1과.수.3단.	부.	동.직.현.중수디.3단.	동.부.1과.수.

3588	932	1565
ἡ	βασιλεία	ἐκείνη·
ἡ	βασιλεία	ἐκεῖνος
헤	바실레이아	에케이네
그	나라가	그
관.주.여.단.	명.주.여.단.	대.지.주.여.단.

25 만일 집이 스스로 분쟁하면 그 집이 설 수 없고
And if a house be divided against itself, that house cannot stand.

2532	1437	3614	1909	1438	3307	3756	1410	3588
καὶ	ἐὰν	οἰκία	ἐφ'	ἑαυτὴν	μερισθῇ,	οὐ	δυνήσεται	ἡ
καί	ἐάν	οἰκία	ἐπί	ἑαυτοῦ	μερίζω	οὐ	δύναμαι	ἡ
카이	에안	오이키아	엪	헤아우텐	메리스데	우	뒤네세타이	헤
또	만일	한 집이	대적하여	그것 스스로를	갈라졌으면	없을 것이다	할 수	그
접.등.	접.종.	명.주.여.단.	전.목.	대.인.목.여.3단.	동.가.1과.수.3단.	부.	동.직.미.중디.3단.	관.주.여.단.

3614	1565	2476
οἰκία	ἐκείνη	σταθῆναι.
οἰκία	ἐκεῖνος	ἵστημι
오이키아	에케이네	스타데나이
집이	그	세워지는 것을
명.주.여.단.	형.부.주.여.단.	동.부.1과.수.

26 만일 사탄이 자기를 거슬러 일어나 분쟁하면 설 수 없고 망하느니라
And if Satan rise up against himself, and be divided, he cannot stand, but hath an end.

2532	1487	3588	4567	450	1909	1438	2532	3307
καὶ	εἰ	ὁ	σατανᾶς	ἀνέστη	ἐφ'	ἑαυτὸν	καὶ	ἐμερίσθη,
καί	εἰ	ὁ	Σατανᾶς	ἀνίστημι	ἐπί	ἑαυτοῦ	καί	μερίζω
카이	에이	호	사타나스	아네스테	엪	헤아우톤	카이	에메리스데
그리고	만일	그	사탄이	일어났고	대적하여	그 자신을	그리고	갈라졌으면
접.등.	접.종.	관.주.남.단.	명.주.남.단.	동.직.2과.능.3단.	전.목.	대.인.목.남.3단.	접.등.	동.직.1과.수.3단.

3756	1410	2476	235	5056	2192
οὐ	δύναται	στῆναι	ἀλλὰ	τέλος	ἔχει.
οὐ	δύναμαι	ἵστημι	ἀλλά	τέλος	ἔχω
우	뒤나타이	스테나이	알라	텔로스	에케이
없고	할 수	서는 것을	도리어	끝을	가지니라
부.	동.직.현.중수디.3단.	동.부.1과.능.	접.우.	명.목.중.단.	동.직.현.능.3단.

27 사람이 먼저 강한 자를 결박하지 않고는 그 강한 자의 집에 들어가 세간을 강탈하지
못하리니 결박한 후에야 그 집을 강탈하리라

No man can enter into a strong man's house, and spoil his goods, except he will first bind the strong man; and then he will spoil his house.

235	3756	1410	3762	3588	3588	3614	3588	2478
ἀλλ'	οὐ	δύναται	οὐδεὶς	εἰς	τὴν	οἰκίαν	τοῦ	ἰσχυροῦ
ἀλλά	οὐ	δύναμαι	οὐδείς	εἰς	ἡ	οἰκία	ὁ	ἰσχυρός
알	우	뒤나타이	우데이스	에이스	텐	오이키안	투	이스퀴루
다만	없다	할 수	아무도	안으로	그	집	그	힘센 자의
접.등.	부.	동.직.현.중수디.3단.	형.대.기.주.남.단.	전목.	관.목.여.단.	명.목.여.단.	관.소.남.단.	형.대.소.남.단.

1525	3588	4632	846	1283	1437	3361	4412
εἰσελθὼν	τὰ	σκεύη	αὐτοῦ	διαρπάσαι,	ἐὰν	μὴ	πρῶτον
εἰσέρχομαι	τό	σκεῦος	αὐτός	διαρπάζω	ἐάν	μή	πρῶτον
에이셀돈	타	스큐에	아우투	디아르파사이	에안	메	프로톤
들어가서	그	세간들을	그의	약탈하는 것을	만일	않으면	먼저
동.분.2과.능.주.남.단.	관.목.중.복.	명.목.중.복.	대.인.소.남.3단.	동.부.1과.능.	접.종.	부.	형.대.서.목.중.단.

3588	2478	1210	2532	5119	3588	3614	846	1283
τὸν	ἰσχυρὸν	δήσῃ,	καὶ	τότε	τὴν	οἰκίαν	αὐτοῦ	διαρπάσει.
ὁ	ἰσχυρός	δέω	καί	τότε	ἡ	οἰκία	αὐτός	διαρπάζω
톤	이스퀴론	데세	카이	토테	텐	오이키안	아우투	디아르파세이
그	힘센 자를	결박하지	그러나	그 때에는	그	집을	그의	약탈하리라
관.목.남.단.	형.대.목.남.단	동.가.1과.능.3단.	접.등.	부.	관.목.여.단.	명.목.여.단.	대.인.소.남.3단.	동.직.미.능.3단.

28 내가 진실로 너희에게 이르노니 사람의 모든 죄와 모든 모독하는 일은 사하심을 얻되

Verily I say unto you, All sins shall be forgiven unto the sons of men, and blasphemies wherewith soever they shall blaspheme:

281	3004	4771	3754	3956	863	3588	265	3588
Ἀμὴν	λέγω	ὑμῖν	ὅτι	πάντα	ἀφεθήσεται	τοῖς	υἱοῖς	τῶν
ἀμήν	λέγω	σύ	ὅτι	πᾶς	ἀφίημι	ὁ	υἱός	ὁ
아멘	레고	휘민	호티	판타	아페데세타이	토이스	휘오이스	톤
진실로	내가 말한다	너희에게	것을	모든 사람	용서를 받을 것이라는	그	아들들에 대한	그
불.문.	동.직.현.능.1단.	대.인.여격.2복.	접.등.	형.대.주.중.복.	동.직.미.수.3단.	관.여격.남.복.	명.여격.남.복.	관.소.남.복.

444	3588	265	2532	3588	988	3745	1437
ἀνθρώπων	τὰ	ἁμαρτήματα	καὶ	αἱ	βλασφημίαι	ὅσα	ἐὰν
ἄνθρωπος	τό	ἁμάρτημα	καί	ἡ	βλασφημία	ὅσος	ἐάν
안드로폰	타	하마르테마타	카이	하이	블라스페미아이	호사	에안
사람들의	그	죄들	과	그	신성모독은	무엇이	든지
명.소.남.복.	관.주.중.복.	명.주.중.복.	접.등.	관.주.여.복.	명.주.여.복.	대.관.목.중.복.	불.동.

987
βλασφημήσωσιν·
βλασφημέω
블라스페메소신
그들이 신성모독할 지라도
동.가.1과.능.3복.

29 누구든지 성령을 모독하는 자는 영원히 사하심을 얻지 못하고 영원한 죄가 되느니라 하시니

But he that shall blaspheme against the Holy Ghost hath never forgiveness, but is in danger of eternal damnation:

3739	1161	302	987	1519	3588	4151	3588	40	3756
ὃς	δ'	ἂν	βλασφημήσῃ	εἰς	τὸ	πνεῦμα	τὸ	ἅγιον,	οὐκ
ὅς	δέ	ἄν	βλασφημέω	εἰς	τό	πνεῦμα	τό	ἅγιος	οὐ
호스	드	안	블라스페메세	에이스	토	프뉴마	토	하기온	우크
누구	그러나	든지	신성모독하는 자는	거스려	그	령을	그	성(거룩한)	못하고
대.관.주.남.단.	접.우.	불.동.	동.가.1과.능.3단.	전.목.	관.목.중.단.	명.목.중.단.	관.목.중.단.	형.목.중.단.	부.

2192	859	1519	3588	165	235	1777	1510
ἔχει	ἄφεσιν	εἰς	τὸν	αἰῶνα,	ἀλλ'	ἔνοχός	ἐστιν
ἔχω	ἄφεσις	εἰς	ὁ	αἰών	ἀλλά	ἔνοχος	εἰμί
에케이	아페신	에이스	톤	아이오나	알	에노코스	에스틴
얻지	용서함을	토록	그	영원	다만	처하여	있다는
동.직.현.능.3단.	명.목.여.단.	전.목.	관.목.남.단.	명.목.남.단.	접.우.	형.주.남.단.	동.직.현.능.3단.

166	265
αἰωνίου	ἁμαρτήματος.
αἰώνιος	ἁμάρτημα
아이오니우	하마르테마토스
영원한	죄의
형.소.중.단.	명.소.중.단.

30 이는 그들이 말하기를 더러운 귀신이 들렸다 함이러라
Because they said, He hath an unclean spirit.

3754	3004	4151	169	2192
ὅτι	ἔλεγον,	πνεῦμα	ἀκάθαρτον	ἔχει.
ὅτι	λέγω	πνεῦμα	ἀκάθαρτος	ἔχω
호티	엘레곤	프뉴마	아카다르톤	에케이
때문이라	그들이 말하고 있었기	영(귀신)을	더러운	그가 가리고 있다고
접.종.	동.직.미완.능.3복.	명.목.중.단.	형.목.중.단.	동.직.현.능.3단.

31 그 때에 예수의 어머니와 동생들이 와서 밖에 서서 사람을 보내어 예수를 부르니
There came then his brethren and his mother, and, standing without, sent unto him, calling him.

2532	2064	3588	3384	848	2532	3588	80	848	2532
Καὶ	ἔρχεται	ἡ	μήτηρ	αὐτοῦ	καὶ	οἱ	ἀδελφοὶ	αὐτοῦ	καὶ
καί	ἔρχομαι	ἡ	μήτηρ	αὐτός	καί	ὁ	ἀδελφός	αὐτός	καί
카이	에르케타이	헤	메테르	아우투	카이	호이	아델포이	아우투	카이
그리고	온다	그	모친	그의	과	그	형제들이	그의	그리고
접.등.	동.직.현.중수디.3단.	관.주.여.단.	명.주.여.단.	대.인.소.남.3단.	접.등.	관.주.남.복.	명.주.남.복.	대.인.소.남.3단.	접.등.

1854	4739	649	4314	846	2564	846
ἔξω	στήκοντες	ἀπέστειλαν	πρὸς	αὐτὸν	καλοῦντες	αὐτόν.
ἔξω	στήκω	ἀποστέλλω	πρός	αὐτός	καλέω	αὐτός
엑소	스테콘테스	아페스테일란	프로스	아우톤	칼룬테스	아우톤
밖에	서서	(사람을)보내었다	에게로	그(를)	부르려고	그를
부.	동.분.현.능.주.남.복.	동.직.1과.능.3복.	전.목.	대.인.목.남.3단.	동.분.현.능.주.남.복.	대.인.목.남.3단.

32 무리가 예수를 둘러 앉았다가 여짜오되 보소서 당신의 어머니와 동생들과 누이들이
밖에서 찾나이다
And the multitude sat about him, and they said unto him, Behold, thy mother and thy brethren without seek for thee.

2532	2521	4012	846	3793	2532	3004	846	2400
καὶ	ἐκάθητο	περὶ	αὐτὸν	ὄχλος,	καὶ	λέγουσιν	αὐτῷ,	ἰδοὺ
καί	κάθημαι	περί	αὐτός	ὄχλος,	καί	λέγω	αὐτός	Ἰδου
카이	에카데토	페리	아우톤	오클로스	카이	레구신	아우토	이두
그리고	앉아 있었다	둘러	그를	한 무리가	이에	그들이 말씀드렸다	그에게	보소서
접.등.	동.직.미완.중수디.3단.	전.목.	대.인.목.남.3단.	명.주.남.단.	접.등.	동.직.현.능.3복.	대.인.여격.남.3단.	불.문.

3588	3384	4771	2532	3588	80	4771	2532	3588	79
ἡ	μήτηρ	σου	καὶ	οἱ	ἀδελφοί	σου	[καὶ	αἱ	ἀδελφαί
ἡ	μήτηρ	σύ	καί	ὁ	ἀδελφός	σύ	καί	ἡ	ἀδελφ
헤	메테르	수	카이	호이	아델포이	수	카이	하이	아델파이
그	어머니	당신의	와	그	형제들이	당신의	(과	그	누이들이
관.주.여.단.	명.주.여.단.	대.인.소.2단.	접.등.	관.주.남.복.	명.주.남.복.	대.인.소.2단.	접.등.	관.주.여.복.	명.주.여.복.

4771	1854	2212	4771
σου]	ἔξω	ζητοῦσίν	σε.
σύ	ἔξω	ζητέω	σύ
수	엑소	제투신	세
당신의)	밖에서	찾나이다	당신을
대.인.소.2단.	부.	동.직.현.능.3복.	대.인.목.2단.

33 대답하시되 누가 내 어머니이며 동생들이냐 하시고
And he answered them, saying, Who is my mother, or my brethren?

2532	611	846	3004	5101	1510	3588	3384
καὶ	ἀποκριθεὶς	αὐτοῖς	λέγει,	τίς	ἐστιν	ἡ	μήτηρ
καί	ἀποκρίνομαι	αὐτός	λέγω	τίς	εἰμί	ἡ	μήτηρ
카이	아포크리데이스	아우토이스	레게이	티스	에스틴	헤	메테르
이에	대답하여	그들에게	말씀하신다	누가	이냐	그	모친이며
접.등.	동.분.1과.수디.주.남.단.	대.인.여격.남.3복.	동.직.현.능.3단.	대.의.주.여.단.	동.직.현.능.3단.	관.주.여.단.	명.주.여.단.

1473	2532	3588	80	1473
μου	καὶ	οἱ	ἀδελφοί	[μου]
ἐγώ	καί	ὁ	ἀδελφός	ἐγώ
무	카이	호이	아델포이	무
나의	과	그	동생들이	(나의)
대.인.소.1단.	접.등.	관.주.남.복.	명.주.남.복.	대.인.소.1단.

34 둘러 앉은 자들을 보시며 이르시되 내 어머니와 내 동생들을 보라
And he looked round about on them which sat about him, and said, Behold my mother and my brethren!

2532	4017	3588	4012	846	2945	2521	3004
καὶ	περιβλεψάμενος	τοὺς	περὶ	αὐτὸν	κύκλῳ	καθημένους	λέγει,
καί	περιβλέπω	ὁ	περί	αὐτός	κυκλω	κάθημαι	λέγω
카이	페리블렙사메노스	투스	페리	아우톤	퀴클로	카데메누스	레게이
그리고	둘러보시고	그(사람들을)	둘러있는	자기를	주위에	앉은	말씀하신다
접.등.	동.분.1과.중.주.남.단.	관.목.남.복.	전.목.	대.인.목.남.3단.	부.	동.분.현.중.목.남.복.	동.직.현.능.3단.

2396	3588	3384	1473	2532	3588	80	1473
ἴδε	ἡ	μήτηρ	μου	καὶ	οἱ	ἀδελφοί	μου.
ἴδε	ἡ	μήτηρ	ἐγώ	καί	ὁ	ἀδελφός	ἐγώ
이데	헤	메테르	무	카이	호이	아델포이	무
보라	그	모친	나의	와	그	동생들을	나의
불.문.	관.주.여.단.	명.주.여.단.	대.인.소.1단.	접.등.	관.주.남.복.	명.주.남.복.	대.인.소.1단.

35 누구든지 하나님의 뜻대로 행하는 자가 내 형제요 자매요 어머니이니라
For whosoever shall do the will of God, the same is my brother, and my sister, and mother.

3739	1063	302	4160	3588	2307	3588	2316	3778
ὃς	γὰρ	ἂν	ποιήσῃ	τὸ	θέλημα	τοῦ	θεοῦ,	οὗτος
ὅς	γάρ	ἄν	ποιέω	τό	θέλημα	ὁ	θεός	οὗτος
호스	가르	안	포이에세	토	델레마	투	데우	후토스
누구	왜냐하면	든지	행하는 사람은	그	뜻을	그	하나님의	이 사람은
대.관.주.남.단.	접.종.	불.동.	동.가.1과.능.3단.	관.목.중.단.	명.목.중.단.	관.소.남.단.	명.소.남.단.	대.지.주.남.단.

80	1473	2532	79	2532	3384	1510
ἀδελφός	μου	καὶ	ἀδελφὴ	καὶ	μήτηρ	ἐστίν.
ἀδελφός	ἐγώ	καί	ἀδελφή	καί	μήτηρ	εἰμί
아델포스	무	카이	아델페	카이	메테르	에스틴
형제	나의	와	자매	와	모친	이다
명.주.남.단.	대.인소.1단.	접.등.	명.주.여.단.	접.등.	명.주.여.단.	동.직.현.능.3단.

4 예수께서 다시 바닷가에서 가르치시니 큰 무리가 모여들거늘 예수께서 바다에 떠 있는
배에 올라 앉으시고 온 무리는 바닷가 육지에 있더라

And he began again to teach by the sea side: and there was gathered unto him a great multitude, so that he entered into a ship, and sat in the sea; and the whole multitude was by the sea on the land.

2532	3825	756	1321	3844	3588	2281	2532	4863
Καὶ	πάλιν	ἤρξατο	διδάκειν	παρὰ	τὴν	θάλασσαν·	καὶ	συνάγεται
καί	πάλιν	ἄρχομαι	διδάσκω	παρά	ἡ	θάλασσα	καί	συνάγω
카이	팔린	에륵사토	디다스케인	파라	텐	달라싼	카이	쉬나게타이
그리고	다시	그가 시작하셨다	가르치는 것을	가에서	그	바닷	그리하여	모인다
접.등.	부.	동.직.1과.중.3단.	동.부.현.능.	전.목.	관.목.여.단.	명.목.여.단.	접.등.	동.직.현.수.3단.

4314	846	3793	4118	5620	846	1519	4143	1684
πρὸς	αὐτὸν	ὄχλος	πλεῖστος,	ὥστε	αὐτὸν	εἰς	πλοῖον	ἐμβάντα
πρός	αὐτός	ὄχλος	πλεῖστος	ὥστε	αὐτός	εἰς	πλοῖον	ἐμβαίνω
프로스	아우톤	오클로스	플레이스토스	호스테	아우톤	에이스	플로이온	엠반타
에게로	그(를)	한 무리가	너무나 많은	그러므로	그가	안으로	배	오르시고
전.목.	대.인목.남.3단.	명.주.남.단.	형.최.주.남.단.	접.우.	대.인목.남.3단.	전.목.	명.목.중.단.	동.분.2과.능.목.남.단.

2521	1722	3588	2281	2532	3956	3588	3793	4314
καθῆσθαι	ἐν	τῇ	θαλάσσῃ,	καὶ	πᾶς	ὁ	ὄχλος	πρὸς
κάθημαι	ἐν	ἡ	θάλασσα	καί	πᾶς	ὁ	ὄχλος	πρός
카데스다이	엔	테	달라쎄	카이	파스	호	오클로스	프로스
앉기 위하여	에	그	바다	그리고	모두	그	무리가	향하여
동.부.현.중.	전.여격.	관.여격.여.단.	명.여격.여.단.	접.등.	형.주.남.단.	관.주.남.단.	명.주.남.단.	전.목.

3588	2281	1909	3588	1093	1510
τὴν	θάλασσαν	ἐπὶ	τῆς	γῆς	ἦσαν.
ἡ	θάλασσα	ἐπί	ἡ	γῆ	εἰμί
텐	달라싼	에피	테스	게스	에산
그	바다를	위에	그	땅	있었다
관.목.여.단.	명.목.여.단.	전.소.	관.소.여.단.	명.소.여.단.	동.직.미완.능.3복.

2 이에 예수께서 여러 가지를 비유로 가르치시니 그 가르치시는 중에 그들에게 이르시되

And he taught them many things by parables, and said unto them in his doctrine,

2532	1321	846	1722	3850	4183	2532	3004
καὶ	ἐδίδασκεν	αὐτοὺς	ἐν	παραβολαῖς	πολλά	καὶ	ἔλεγεν
καί	διδάσκω	αὐτός	ἐν	παραβολή	πολύς	καί	λέγω
카이	에디다스켄	아우투스	엔	파라볼라이스	폴라	카이	엘레겐
이에	가르치고 계셨다	그들을	(으)로	비유들	많은 것을	그리고	말씀하시고 계셨다
접.등.	동.직.미완.능.3단.	대.인목.남.3복.	전.여격.	명.여격.여.복.	형.대.목.중.복.	접.등.	동.직.미완.능.3단.

846	1722	3588	1322	846
αὐτοῖς	ἐν	τῇ	διδαχῇ	αὐτοῦ,
αὐτός	ἐν	ἡ	διδαχή	αὐτός
아우토이스	엔	테	디다케	아우투
그들에게	중에	그	가르치심	그의
대.인.여격.남.3복.	전.여격.	관.여격.여.단.	명.여격.여.단.	대.인소.남.3단.

3 들으라 씨를 뿌리는 자가 뿌리러 나가서
Hearken; Behold, there went out a sower to sow:

191	2400	1831	3588	4687	4687
Ἀκούετε.	ἰδοὺ	ἐξῆλθεν	ὁ	σπείρων	σπεῖραι.
ἀκούω	ἰδου	ἐξέρχομαι	ὁ	σπείρω	σπείρω
아쿠에테	이두	엑셀덴	호	스페이론	스페이라이
너희는 들어라	보라	나갔다	그(사람이)	씨를 뿌리는	씨를 뿌리려고
동.명.현.능.2복.	불.문.	동.직.2과.능.3단.	관.주.남.단.	동.분.현.능.주.남.단.	동.부.1과.능.소.

4 뿌릴새 더러는 길 가에 떨어지매 새들이 와서 먹어 버렸고
And it came to pass, as he sowed, some fell by the way side, and the fowls of the air came and devoured it up.

2532	1096	1722	3588	4687	3739	3303	4098	3844	3588
καὶ	ἐγένετο	ἐν	τῷ	σπείρειν	ὃ	μὲν	ἔπεσεν	παρὰ	τὴν
καί	γίνομαι	ἐν	τό	σπείρω	ὅς	μέν	πίπτω	παρά	ἡ
카이	에게네토	엔	토	스페이레인	호	멘	에페센	파라	텐
그래서	되었다	동안에	그	씨를 뿌리는	더러는		떨어졌다	가로	그
접.등.	동.직.2과.중디.3단.	전.여격.	관.여격.중.단.	동.부.현.능.여격.	대.관.주.중.단.	접.등.	동.직.2과.능.3단.	전.목.	관.목.여.단.

3598	2532	2064	3588	4071	2532	2719	846
ὁδόν,	καὶ	ἦλθεν	τὰ	πετεινὰ	καὶ	κατέφαγεν	αὐτό.
ὁδός	καί	ἔρχομαι	τό	πετεινόν	καί	κατεσθίω	αὐτός
호돈	카이	엘덴	타	페테이나	카이	카테파겐	아우토
길을	그리하여	왔다	그	새들이	그리하여	먹어버렸다	그것을
명.목.여.단.	접.등.	동.직.2과.능.3단.	관.주.중.복.	형.대.주.중.복.	접.등.	동.직.2과.능.3단.	대.인.목.중.3단.

5 더러는 흙이 얕은 돌밭에 떨어지매 흙이 깊지 아니하므로 곧 싹이 나오나
And some fell on stony ground, where it had not much earth; and immediately it sprang up, because it had no depth of earth:

2532	243	4098	1909	3588	4075	3699	3756	2192	1093
καὶ	ἄλλο	ἔπεσεν	ἐπὶ	τὸ	πετρῶδες	ὅπου	οὐκ	εἶχεν	γῆν
καί	ἄλλος	πίπτω	ἐπί	τό	πετρώδης	ὅπου	οὐ	ἔχω	γῆ
카이	알로	에페센	에피	토	페트로데스	호푸	우크	에이켄	겐
또	다른 씨는	떨어졌다	위로	그	돌밭을	바 그곳	아니하였던	가지지	흙을
접.등.	형.대.주.중.단.	동.직.2과.능.3단.	전.목.	관.목.중.단.	형.대.목.중.단.	부.관.	부.	동.직.미완.능.3단.	명.목.여.단.

4183	2532	2117	1816	1223	3588	3361	2192	899	1093
πολλήν,	καὶ	εὐθὺς	ἐξανέτειλεν	διὰ	τὸ	μὴ	ἔχειν	βάθος	γῆς·
πολύς	καί	εὐθύς	ἐξανατέλλω	διά	τό	μή	ἔχω	βάθος	γῆ
폴렌	카이	유뒤스	엑사네테일렌	디아	토	메	에케인	바도스	게스
많은	그러자	곧	싹이 나왔다	때문에	그	못함	가지지	깊이를	흙의
형.목.여.단.	접.등.	형.대.주.남.단.	동.직.1과.능.3단.	전.목.	관.목.중.단.	부.	동.부.현.능.목.	명.목.중.단.	명.소.여.단.

6 해가 돋은 후에 타서 뿌리가 없으므로 말랐고
But when the sun was up, it was scorched; and because it had no root, it withered away.

2532	3753	393	3588	2246	2739	2532	1223	3588
καὶ	ὅτε	ἀνέτειλεν	ὁ	ἥλιος	ἐκαυματίσθη	καὶ	διὰ	τὸ
καί	ὅτε	ἀνατέλλω	ὁ	ἥλιος	καυματίζω	καί	διά	τό
카이	호테	아네테일렌	호	헬리오스	에카우마티스데	카이	디아	토
그래서	때에	돋았을	그	해가	그것이 타버렸다	그리하여	때문에	그
접.등.	접.종.	동.직.1과.능.3단.	관.주.남.단.	명.주.남.단.	동.직.1과.수.3단.	접.등.	전.목.	관.목.중.단.

3361	2192	4491	3583
μὴ	ἔχειν	ῥίζαν	ἐξηράνθη.
μή	ἔχω	ῥίζα	ξηραίνω
메	에케인	흐리잔	엑세란데
못함으로	가지지	뿌리를	말라버렸다
부.	동.부.현.능.목.	명.목.여.단.	동.직.1과.수.3단.

7 더러는 가시떨기에 떨어지매 가시가 자라 기운을 막으므로 결실하지 못하였고
And some fell among thorns, and the thorns grew up, and choked it, and it yielded no fruit.

2532	243	4098	1519	3588	173	2532	305	3588
καὶ	ἄλλο	ἔπεσεν	εἰς	τὰς	ἀκάνθας,	καὶ	ἀνέβησαν	αἱ
καί	ἄλλος	πίπτω	εἰς	ἡ	ἄκανθα	καί	ἀναβαίνω	ἡ
카이	알로	에페센	에이스	타스	아칸다스	카이	아네베산	하이
또	다른 씨는	떨어졌다	으로	그	가시떨기들	그러자	올라왔다	그
접.등.	형.대.주.중.단.	동.직.2과.능.3단.	전.목.	관.목.여.복.	명.목.여.복.	접.등.	동.직.2과.능.3복.	관.주.여.복.

173	2532	4846	846	2532	2590	3756	1325
ἄκανθαι	καὶ	συνέπνιξαν	αὐτό,	καὶ	καρπὸν	οὐκ	ἔδωκεν.
ἄκανθα	καί	συμπνίγω	αὐτός	καί	καρπός	οὐ	δίδωμι
아칸다이	카이	쉬네프닉산	아우토	카이	카르폰	우크	에도켄
가시들이	이에	완전히 질식시켰다	그것을	그래서	열매를	못하였다	맺지
명.주.여.복.	접.등.	동.직.1과.능.3복.	대.인.목.중.3단.	접.등.	명.목.남.단.	부.	동.직.1과.능.3단.

8 더러는 좋은 땅에 떨어지매 자라 무성하여 결실하였으니 삼십 배나 육십 배나 백 배가
되었느니라 하시고
And other fell on good ground, and did yield fruit that sprang up and increased; and brought forth, some thirty, and some sixty, and some an hundred.

2532	243	4098	1519	3588	1093	3588	2570	2532
καὶ	ἄλλα	ἔπεσεν	εἰς	τὴν	γῆν	τὴν	καλήν	καὶ
και	ἄλλος	πίπτω	εἰς	ἡ	γῆ	ἡ	καλός	καί
카이	알라	에페센	에이스	텐	겐	텐	칼렌	카이
그리고	다른 씨는	떨어졌다	으로	그	땅	그	좋은	그러자
접.등.	형.대.주.중.복.	동.직.2과.능.3단.	전.목.	관.목.여.단.	명.목.여.단.	관.목.여.단.	형.목.여.단.	접.등.

1325	2590	305	2532	837	2532	5342
ἐδίδου	καρπὸν	ἀναβαίνοντα	καὶ	αὐξανόμενα	καὶ	ἔφερεν
δίδωμι	καρπός	ἀναβαίνω	καί	αὐξάνω	καί	φέρω
에디두	카르폰	아나바이논타	카이	아욱사노메나	카이	에페렌
내고 있었다	열매를	자라나서	그리고	성장하여	그래서	맺고 있었다
동.직.미완.능.3단.	명.목.남.단.	동.분.현.능.목.남.단.	접.등.	동.분.현.수.주.중.복.	접.등.	동.직.미완.능.3단.

1520	5144	2532	1520	1835	2532	1520	1540
ἓν	τριάκοντα	καὶ	ἓν	ἑξήκοντα	καὶ	ἓν	ἑκατόν.
εἷς	τριάκοντα	καί	εἷς	ἑξήκοντα	καί	εἷς	ἑκατόν
헨	트리아콘타	카이	헨	헥세콘타	카이	헨	헤카톤
하나가	삼십 배를	그리고	하나가	육십 배를	그리고	하나는	백 배를
형.대.기.주.중.단.	형.대.기.목.중.복.	접.등.	형.대.기.주.중.단.	형.대.기.목.중.복.	접.등.	형.대.기.주.중.단.	형.대.기.목.중.복.

9 또 이르시되 들을 귀 있는 자는 들으라 하시니라
And he said unto them, He that hath ears to hear, let him hear.

2532	3004	3588	2192	3775	191	191
καὶ	ἔλεγεν,	ὃς	ἔχει	ὦτα	ἀκούειν	ἀκουέτω.
καί	λέγω	ὅς	ἔχω	οὖς	ἀκούω	ἀκούω
카이	엘레겐	호스	에케이	오타	아쿠에인	아쿠에토
또	말씀하시고 있었다	사람은	가진	두 귀를	듣기 위한	들어라
접.등.	동.직.미완.능.3단.	대.관.주.남.단.	동.직.현.능.3단.	명.목.중.복.	동.부.현.능.	동.명.현.능.3단.

10 예수께서 홀로 계실 때에 함께 한 사람들이 열두 제자와 더불어 그 비유들에 대하여 물으니
And when he was alone, they that were about him with the twelve asked of him the parable.

2532	3753	1096	2596	3441	2065	846	3588	4012
Καὶ	ὅτε	ἐγένετο	κατὰ	μόνας,	ἠρώτων	αὐτὸν	οἱ	περὶ
καί	ὅτε	γίνομαι	κατά	μόνος	ἐρωτάω	αὐτός	ὁ	περί
카이	호테	에게네토	카타	모나스	에로톤	아우톤	호이	페리
그리고	때에	예수께서 계셨을	(으)로	홀(혼자)	묻고 있었다	그를	그(사람들이)	곁에 있는
접.등.	접.종.	동.직.2과.중디.3단.	전.목.	형.대.목.여.복.	동.직.미완.능.3복.	대.인.목.남.3단.	관.주.남.복.	전.목.

846	4862	3588	1427	3588	3850
αὐτὸν	σὺν	τοῖς	δώδεκα	τὰς	παραβολάς.
αὐτός	σύν	ὁ	δώδεκα	ἡ	παραβολή
아우톤	쉰	토이스	도데카	타스	파라볼라스
그를	함께	그	열두(제자와)	그	비유들을
대.인.목.남.3단.	전.여격.	관.여격.남.복.	형.대.기.여격.남.복.	관.목.여.복.	명.목.여.복.

11 이르시되 하나님 나라의 비밀을 너희에게는 주었으나 외인에게는 모든 것을 비유로 하나니
And he said unto them, Unto you it is given to know the mystery of the kingdom of God: but unto them that are without, all these things are done in parables:

2532	3004	846	4771	3588	3466	1325	3588
καὶ	ἔλεγεν	αὐτοῖς,	ὑμῖν	τὸ	μυστήριον	δέδοται	τῆς
καί	λέγω	αὐτός	σύ	τό	μυστήριον	δίδωμι	ἡ
카이	엘레겐	아우토이스	휘민	토	뮈스테리온	데도타이	테스
그러자	말씀하시고 있었다	그들에게	너희에게	그	비밀이	주어졌다	그
접.등.	동.직.미완.능.3단.	대.인.여격.남.3복.	대.인.여격.2복.	관.주.중.단.	명.주.중.단.	동.직.1완.수.3단.	관.소.여.단.

932	3588	2316	1565	1161	3588	1854	1722	3850
βασιλείας	τοῦ	θεοῦ·	ἐκείνοις	δὲ	τοῖς	ἔξω	ἐν	παραβολαῖς
βασιλεία	ὁ	θεός	ἐκεῖνος	δέ	ὁ	ἔξω	ἐν	παραβολή
바실레이아스	투	데우	에케이노이스	데	토이스	엑소	엔	파라볼라이스
나라의	그	하나님의	저들에게는	그러나	그	외인(바깥)인	안에서	비유들
명.소.여.단.	관.소.남.단.	명.소.남.단.	대.지.여격.	접.등.	관.여격.남.복.	부.	전.여격.	명.여격.여.복.

3588	3956	1096
τὰ	πάντα	γίνεται,
τό	πᾶς	γίνομαι
타	판타	기네타이
그	모든 것들이	된다
관.주.중.복.	형.대.주.중.복.	동.직.현.중수디.3단.

12 이는 그들로 보기는 보아도 알지 못하며 듣기는 들어도 깨닫지 못하게 하여 돌이켜 죄
사함을 얻지 못하게 하려 함이라 하시고
That seeing they may see, and not perceive; and hearing they may hear, and not understand; lest at any time they should be converted, and their sins should be forgiven them.

2443	991	991	2532	3361	1492	2532	191
ἵνα	βλέποντες	βλέπωσιν	καὶ	μὴ	ἴδωσιν,	καὶ	ἀκούοντες
ἵνα	βλέπω	βλέπω	καί	μή	οἶδα.εἴδω	καί	ἀκούω
히나	블레폰테스	블레포신	카이	메	이도신	카이	아쿠온테스
위함이니	보기는	그들이 보아도	그러나	못하며	알지	그리고	듣기는
접.우./접.종.	동.분.현.능.주.남.복.	동.가.현.능.3복.	접.등.	부.	동.가.2과.능.3복.	접.등.	동.분.현.능.주.남.복.

191	2532	3361	4920	3379	1994	2532
ἀκούωσιν	καὶ	μὴ	συνιῶσιν,	μήποτε	ἐπιστρέψωσιν	καὶ
ἀκούω	καί	μή	συνίημι	μήποτε	ἐπιστρέφω	καί
아쿠오신	카이	메	쉬니오신	메포테	에피스트렢소신	카이
들어도	그러나	못하며	깨닫지	혹시 않을까 염려함이라	그들이 다시 돌이켜	그래서
동.가.현.능.3복.	접.등.	부.	동.가.현.능.3복.	접.종.	동.가.1과.능.3복.	접.등.

863	846
ἀφεθῇ	αὐτοῖς.
ἀφίημι	αὐτός
아페데	아우토이스
용서를 받지나	그들에게
동.가.1과.수.3단.	대.인.여격.남.3복.

13 또 이르시되 너희가 이 비유를 알지 못할진대 어떻게 모든 비유를 알겠느냐
And he said unto them, Know ye not this parable? and how then will ye know all parables?

2532	3004	846	3756	1492	3588	3850	3778	2532
Καὶ	λέγει	αὐτοῖς,	οὐκ	οἴδατε	τὴν	παραβολὴν	ταύτην,	καὶ
καί	λέγω	αὐτός	οὐ	οἶδα.εἴδω	ἡ	παραβολή	οὗτος	καί
카이	레게이	아우토이스	우크	오이다테	텐	파라볼렌	타우텐	카이
또	말씀하신다	그들에게	못했다	너희가 알지	그	비유를	이	그런데
접.등.	동.직.현.능.3단.	대.인.여격.남.3복.	부.	동.직.1완.능.2복.	관.목.여.단.	명.목.여.단.	대.지.여.단.	접.등.

4459	3956	3588	3850	1097
πῶς	πάσας	τὰς	παραβολὰς	γνώσεσθε;
πῶς	πᾶς	ἡ	παραβολή	γινώσκω
포스	파사스	타스	파라볼라스	그노세스데
어떻게	모두	그	비유들을	너희가 알 것인가
부.의.	형.목.여.복.	관.목.여.복.	명.목.여.복.	동.직.미.중디.2복.

14 뿌리는 자는 말씀을 뿌리는 것이라
The sower soweth the word.

3588	4687	3588	3056	4687
ὁ	σπείρων	τὸν	λόγον	σπείρει.
ὁ	σπείρω	ὁ	λόγος	σπείρω
호	스페이론	톤	로곤	스페이레이
그(사람은)	씨 뿌리는	그	말씀을	뿌린다
관.주.남.단.	동.분.현.능.주.남.단.	관.목.남.단.	명.목.남.단.	동.직.현.능.3단.

15 말씀이 길 가에 뿌려졌다는 것은 이들을 가리킴이니 곧 말씀을 들었을 때에 사탄이 즉시
와서 그들에게 뿌려진 말씀을 빼앗는 것이요
And these are they by the way side, where the word is sown; but when they have heard, Satan
cometh immediately, and taketh away the word that was sown in their hearts.

3778	1161	1510	3588	3844	3588	3598	3699	4687
οὗτοι	δέ	εἰσιν	οἱ	παρὰ	τὴν	ὁδὸν·	ὅπου	σπείρεται
οὗτος	δέ	εἰμί	ὁ	παρά	ἡ	ὁδός	ὅπου	σπείρω
후토이	데	에이신	호이	파라	텐	호돈	호푸	스페이레타이
이들은	그런데	이니	그(사람들은)	가에 있는	그	길	바 곳	뿌려진
대.지.주.남.복.	접.등.	동.직.현.능.3복.	관.주.남.복.	전목.	관.목.여.단.	명.목.여.단.	부.관.	동.직.현.수.3단.

3588	3056	2532	3752	191	2117	2064	3588	4567
ὁ	λόγος,	καὶ	ὅταν	ἀκούσωσιν,	εὐθὺς	ἔρχεται	ὁ	Σατανᾶς
ὁ	λόγος	καί	ὅταν	ἀκούω	εὐθύς	ἔρχομαι	ὁ	Σατανᾶς
호	로고스	카이	호탄	아쿠소신	유뒤스	에르케타이	호	사타나스
그	말씀이	곧	때에	그들이 말씀들을	즉시	온다	그	사탄이
관.주.남.단.	명.주.남.단.	접.등.	접.종.	동.가.1과.능.3복.	형.대.주.남.단.	동.직.현.중수디.3단.	관.주.남.단.	명.주.남.단.

2532	142	3588	3056	3588	4687	1519	846
καὶ	αἴρει	τὸν	λόγον	τὸν	ἐσπαρμένον	εἰς	αὐτούς.
καί	αἴρω	ὁ	λόγος	ὁ	σπείρω	εἰς	αὐτός
카이	아이레이	톤	로곤	톤	에스파르메논	에이스	아우투스
그래서	빼앗는 것이다	그	말씀을	그	뿌려져 있는	속으로	그들을
접.등.	동.직.현.능.3단.	관.목.남.단.	명.목.남.단.	관.목.남.단.	동.분.1완.수.목.남.단.	전목.	대.인.목.남.3복.

16 또 이와 같이 돌밭에 뿌려졌다는 것은 이들을 가리킴이니 곧 말씀을 들을 때에 즉시
기쁨으로 받으나
And these are they likewise which are sown on stony ground; who, when they have heard the
word, immediately receive it with gladness;

2532	3778	1510	3588	1909	3588	4075	4687	3739
καί	οὗτοί	εἰσιν	οἱ	ἐπὶ	τὰ	πετρώδη	σπειρόμενοι,	οἵ
καί	οὗτος	εἰμί	ὁ	ἐπί	τό	πετρώδης	σπείρω	ὅς
카이	후토이	에이신	호이	에피	타	페트로데	스페이로메노이	호이
또	이 사람들은	자들이다	그(사람들)	에	그	돌밭	뿌려진다는	그들이
접.등.	대.지.주.남.복.	동.직.현.능.3복.	관.주.남.복.	전목.	관.목.중.복.	형.대.목.중.복.	동.분.현.수.주.남.복.	대.관.주.남.복.

3752	191	3588	3056	2117	3326	5479	2983	846
ὅταν	ἀκούσωσιν	τὸν	λόγον	εὐθὺς	μετὰ	χαρᾶς	λαμβάνουσιν	αὐτόν,
ὅταν	ἀκούω	ὁ	λόγος	εὐθύς	μετά	χαρά	λαμβάνω	αὐτός
호탄	아쿠소신	톤	로곤	유뒤스	메타	카라스	람바누신	아우톤
때에	들을	그	말씀을	곧	으로	기쁨	받는다	그것을
접.종.	동.가.1과.능.3복.	관.목.남.단.	명.목.남.단.	형.대.주.남.단.	전.소.	명.소.여.단.	동.직.현.능.3복.	대.인.목.남.3단.

17 그 속에 뿌리가 없어 잠깐 견디다가 말씀으로 인하여 환난이나 박해가 일어나는 때에는 곧 넘어지는 자요

And have no root in themselves, and so endure but for a time: afterward, when affliction or persecution ariseth for the word's sake, immediately they are offended.

2532	3756	2192	4491	1722	1438	235	4340
καὶ	οὐκ	ἔχουσιν	ῥίζαν	ἐν	ἑαυτοῖς	ἀλλὰ	πρόσκαιροί
καί	οὐ	ἔχω	ῥίζα	ἐν	ἑαυτοῦ	ἀλλά	πρόσκαιρος
카이	우크	에쿠신	흐리잔	엔	헤아우토이스	알라	프로스카이로이
그러나	못하다	가지고 있지	뿌리를	속에	그 자체	다만	잠깐
접.등.	부.	동.직.현.능.3복.	명.목.여.단.	전.여격.	대.인.여격.남.3복.	접.우.	형.주.남.복.

1510	1534	1096	2347	2228	1375	1223	3588	3056
εἰσιν,	εἶτα	γενομένης	θλίψεως	ἢ	διωγμοῦ	διὰ	τὸν	λόγον
εἰμί	εἶτα	γίνομαι	θλῖψις	ἤ	διωγμός	διά	ὁ	λόγος
에이신	에이타	게노메네스	들립세오스	에	디오그무	디아	톤	로곤
있다	그러면	일어난 후에	환난	이나	핍박의	때문에	그	말씀
동.직.현.능.3복.	부.	동.분.2과.중디.소.여.단.	명.소.여.단.	접.등.	명.소.남.단.	전.목.	관.목.남.단.	명.목.남.단.

2117	4624
εὐθὺς	σκανδαλίζονται.
εὐθύς	σκανδαλίζω
유뒤스	스칸달리존타이
곧	그들이 실족하게 된다
형.대.주.남.단.	동.직.현.수.3복.

18 또 어떤 이는 가시떨기에 뿌려진 자니 이들은 말씀을 듣기는 하되

And these are they which are sown among thorns; such as hear the word,

2532	243	1510	3588	1519	3588	173	4687	3778
καὶ	ἄλλοι	εἰσὶν	οἱ	εἰς	τὰς	ἀκάνθας	σπειρόμενοι·	οὗτοί
καί	ἄλλος	εἰμί	ὁ	εἰς	ἡ	ἄκανθα	σπείρω	οὗτος
카이	알로이	에이신	호이	에이스	타스	아칸다스	스페이로메노이	후토이
또	어떤(다른)이들은	자들이다	그(사람들)	속으로	그	가시덤불들을	뿌려지는	이들은
접.등.	형.대.주.남.복.	동.직.현.능.3복.	관.주.남.복.	전.목.	관.목.여.복.	명.목.여.복.	동.분.현.수.주.남.복.	대.지.주.남.복.

1510	3588	3588	3056	191
εἰσιν	οἱ	τὸν	λόγον	ἀκούσαντες,
εἰμί	ὁ	ὁ	λόγος	ἀκούω
에이신	호이	톤	로곤	아쿠산테스
자들이다	그(사람들)	그	말씀을	들은
동.직.현.능.3복.	관.주.남.복.	관.목.남.단.	명.목.남.단.	동.분.1과.능.주.남.복.

19 세상의 염려와 재물의 유혹과 기타 욕심이 들어와 말씀을 막아 결실하지 못하게 되는 자요

And the cares of this world, and the deceitfulness of riches, and the lusts of other things entering in, choke the word, and it becometh unfruitful.

2532	3588	3308	3588	165	2532	3588	539	3588	4149
καὶ	αἱ	μέριμναι	τοῦ	αἰῶνος	καὶ	ἡ	ἀπάτη	τοῦ	πλούτου
καί	ἡ	μέριμνα	ὁ	αἰών	καί	ἡ	ἀπάτη	ὁ	πλοῦτος
카이	하이	메림나이	투	아이오노스	카이	헤	아파테	투	플루투
그러나	그	염려	이	세대의	와	그	속임	그	부의
접.등.	관.주.여.복.	명.주.여.복.	관.소.남.단.	명.소.남.단.	접.등.	관.주.여.단.	명.주.여.단.	관.소.남.단.	명.소.남.단.

2532	3588	4012	3588	3062	1939	1531	4846
καὶ	αἱ	περὶ	τὰ	λοιπὰ	ἐπιθυμίαι	εἰσπορευόμεναι	συμπνίγουσιν
καί	ἡ	περί	τό	λοιπος	ἐπιθυμία	εἰσπορεύομαι	συμπνίγω
카이	하이	페리	타	로이파	에피뒤미아이	에이스포류오메나이	쉼프니구신
과	그것들에	대하여	그	나머지	정욕들이	들어오며	완전히 질식시킨다
접.등.	관.주.여.복.	전.목.	관.목.중.복.	형.대.목.중.복.	명.주.여.복.	동.분.현.중수디.주.여.복.	동.직.현.능.3복.

3588	3056	2532	175	1096
τὸν	λόγον	καὶ	ἄκαρπος	γίνεται.
ὁ	λόγος	καί	ἄκαρπος	γίνομαι
톤	로곤	카이	아카르포스	기네타이
그	말씀을	그리고	열매맺지 못하게	그가 된다
관.목.남.단.	명.목.남.단.	접.등.	형.주.남.단.	동.직.현.중수디.3단.

20 좋은 땅에 뿌려졌다는 것은 곧 말씀을 듣고 받아 삼십 배나 육십 배나 백 배의 결실을 하는 자니라

And these are they which are sown on good ground; such as hear the word, and receive it, and bring forth fruit, some thirtyfold, some sixty, and some an hundred.

2532	1565	1510	3588	1909	3588	1093	3588	2570	4687
καὶ	ἐκεῖνοί	εἰσιν	οἱ	ἐπὶ	τὴν	γῆν	τὴν	καλὴν	σπαρέντες,
και	ἐκεῖνος	εἰμί	ὁ	ἐπί	ἡ	γῆ	ἡ	καλός	σπείρω
카이	에케이노이	에이신	호이	에피	텐	겐	텐	칼렌	스파렌테스
그리고	저 사람들은	이며	그(사람들)	위로	그	땅을	그	좋은	뿌려진
접.등.	대.지.주.남.복.	동.직.현.능.3복.	관.주.남.복.	전.목.	관.목.여.단.	명.목.여.단.	관.목.여.단.	형.목.여.단.	동.분.2과.수.주.남.복.

3748	191	3588	3056	2532	3858	2532	2592
οἵτινες	ἀκούουσιν	τὸν	λόγον	καὶ	παραδέχονται	καὶ	καρποφοροῦσιν
ὅστις	ἀκούω	ὁ	λόγος	καί	παραδέχομαι	καί	καρποφορέω
호이티네스	아쿠우신	톤	로곤	카이	파라데콘타이	카이	카르포포루신
그들은	듣고	그	말씀을	그리고서	그것을 받아들여	이에	열매를 맺는다
대.관.주.남.복.	동.직.현.능.3복.	관.목.남.단.	명.목.남.단.	접.등.	동.직.현.중수디.3복.	접.등.	동.직.현.능.3복.

1520	5144	2532	1520	1835	2532	1520	1540
ἓν	τριάκοντα	καὶ	ἓν	ἑξήκοντα	καὶ	ἓν	ἑκατόν.
εἷς	τριάκοντα	καί	εἷς	ἑξήκοντα	καί	εἷς	ἑκατόν
헨	트리아콘타	카이	헨	헥세콘타	카이	헨	헤카톤
하나가	삼십 배를	그리고	하나가	육십 배를	그리고	하나는	백배를
형.대.기.주.중.단.	형.대.기.목.중.복.	접.등.	형.대.기.주.중.단.	형.대.기.목.중.복.	접.등.	형.대.기.주.중.단.	형.대.기.목.중.복.

21 또 그들에게 이르시되 사람이 등불을 가져오는 것은 말 아래에나 평상 아래에 두려
함이냐 등경 위에 두려 함이 아니냐

And he said unto them, Is a candle brought to be put under a bushel, or under a bed? and not to be set on a candlestick?

2532	3004	846	3385	2064	3588	3088	2443	5259
Καὶ	ἔλεγεν	αὐτοῖς,	μήτι	ἔρχεται	ὁ	λύχνος	ἵνα	ὑπὸ
καί	λέγω	αὐτός	μήτι	ἔρχομαι	ὁ	λύχνος	ἵνα	ὑπό
카이	엘레겐	아우토이스	메티	에르케타이	호	뤼크노스	히나	휘포
또	그가 말씀하고 있었다	그들에게	혹시	사람이 가져오느냐	그	등불을	위하여	아래로
접.등.	동.직.미완.능.3단.	대.인.여격.남.3복.	불.의.	동.직.현.중수디.3단.	관.주.남.단.	명.주.남.단.	접.종.	전.목.

3588	3426	5087	2228	5259	3588	2825	3756	2443	1909	3588
τὸν	μόδιον	τεθῇ	ἢ	ὑπὸ	τὴν	κλίνην;	οὐχ	ἵνα	ἐπὶ	τὴν
ὁ	μόδιος	τίθημι	ἤ	ὑπό	ἡ	κλίνη	οὐ	ἵνα	ἐπί	ἡ
톤	모디온	테데	에	휘포	텐	클리넨	우크	히나	에피	텐
그	말을	그것을 놓여지기	또는	아래로	그	침상을	아니냐	위함이	위로	그
관.목.남.단	명.목.남.단	동.가.1과.수.3단.	접.등.	전.목.	관.목.여.단.	명.목.여.단.	불.의.	접.종.	전.목.	관.목.여.단

3087	5087
λυχνίαν	τεθῇ;
λυχνία	τίθημι
뤼크니안	테데
등경을	그것이 놓여지게
명.목.여.단.	동.가.1과.수.3단.

22 드러내려 하지 않고는 숨긴 것이 없고 나타내려 하지 않고는 감추인 것이 없느니라
For there is nothing hid, which shall not be manifested; neither was any thing kept secret, but that it should come abroad.

3756	1063	1510	2927	1437	3361	2443	5319	3761
οὐ	γάρ	ἐστιν	κρυπτὸν	ἐὰν	μὴ	ἵνα	φανερωθῇ,	οὐδὲ
οὐ	γάρ	εἰμί	κρυπτός	ἐάν	μή	ἵνα	φανερόω	οὐδέ
우	가르	에스틴	크뤕톤	에안	메	히나	파네로데	우데
아니한다	왜냐하면	있지	숨긴 것이	면	않으	고 하지	그것이 나타나게 되지	또 아니하였나니
부.	접종.	동.직.현.능.3단.	형.대.주.중.단.	접종.	부.	접종.	동.가.1과.수.3단.	접등.

1096	614	235	2443	2064	1519	5318
ἐγένετο	ἀπόκρυφον	ἀλλ’	ἵνα	ἔλθῃ	εἰς	φανερόν.
γίνομαι	ἀπόκρυφος	ἀλλά	ἵνα	ἔρχομαι	εἰς	φανερός
에게네토	아포크뤼폰	알	히나	엘데	에이스	파네론
있지	숨겨진 것이	다만	하려 함이라	그것이 이르게	으로	밝은 곳
동.직.2과.중디.3단.	형.대.주.중.단.	접등.	접종.	동.가.2과.능.3단.	전목.	형.대.목.중.단.

23 들을 귀 있는 자는 들으라
If any man have ears to hear, let him hear.

1487	5100	2192	3775	191	191
εἴ	τις	ἔχει	ὦτα	ἀκούειν	ἀκουέτω.
εἴ	τις	ἔχω	οὖς	ἀκούω	ἀκούω
에이	티스	에케이	오타	아쿠에인	아쿠에토
만일	누구든지	가지면	두 귀를	듣기 위한	그는 들어라
불.의.	대.부.주.남.단.	동.직.현.능.3단.	명.목.중.복.	동.부.현.능.	동.명.현.능.3단.

24 또 이르시되 너희가 무엇을 듣는가 스스로 삼가라 너희의 헤아리는 그 헤아림으로
너희가 헤아림을 받을 것이며 더 받으리니
And he said unto them, Take heed what ye hear: with what measure ye mete, it shall be measured to you: and unto you that hear shall more be given.

2532	3004	846	991	5101	191	1722	3739
Καὶ	ἔλεγεν	αὐτοῖς,	Βλέπετε	τί	ἀκούετε.	ἐν	ᾧ
καί	λέγω	αὐτός	βλέπω	τίς	ἀκούω	ἐν	ὅς
카이	엘레겐	아우토이스	블레페테	티	아쿠에테	엔	호
또	말씀하고 계셨다	그들에게	주의하라	무엇을	너희가 듣는가	의하여	그것에
접등.	동.직.미완.능.3단.	대.인.여격.남.3복.	동.명.현.능.2복.	대.의.목.중.단.	동.직.현.능.2복.	전.여격.	대.관.여격.중.단.

3358	3354	3354	4771	2532	4369	4771
μέτρῳ	μετρεῖτε	μετρηθήσεται	ὑμῖν	καὶ	προστεθήσεται	ὑμῖν.
μέτρον	μετρέω	μετρέω	σύ	καί	προστίθημι	σύ
메트로	메트레이테	메트레데세타이	휘민	카이	프로스테데세타이	휘민
헤아림으로	너희가 헤아린다	헤아림을 받을 것이라	너희에게	그런데	그것이 더 받으리라	너희에게
명.여격.중.단.	동.직.현.능.2복.	동.직.미.수.3단.	대.인.여격.2복.	접등.	동.직.미.수.3단.	대.인.여격.2복.

25 있는 자는 받을 것이요 없는 자는 그 있는 것까지도 빼앗기리라
For he that hath, to him shall be given: and he that hath not, from him shall be taken even that which he hath.

3739	1063	2192	1325	846	2532	3739	3756	2192
ὃς	γὰρ	ἔχει,	δοθήσεται	αὐτῷ·	καὶ	ὃς	οὐκ	ἔχει,
ὅς	γάρ	ἔχω	δίδωμι	αὐτός	καί	ὅς	οὐ	ἔχω
호스	가르	에케이	도데세타이	아우토	카이	호스	우크	에케이
사람이	왜냐하면	가지고 있는	그것이 주어질 것이다	그에게	그리고	바 사람은	않는	가지고 있지
대.관.주.남.단.	접종.	동.직.현.능.3단.	동.직.미.수.3단.	대.인.여격.남.3단.	접등.	대.관.주.남.단.	부.	동.직.현.능.3단.

2532	3739	2192	142	575	846
καὶ	ὃ	ἔχει	ἀρθήσεται	ἀπ’	αὐτοῦ.
καί	ὅς	ἔχω	αἴρω	ἀπό	αὐτός
카이	호	에케이	아르데세타이	압	아우투
까지도	것	그가 가진	빼앗길 것임이라	부터	그로
부.	대.관.목.중.단.	동.직.현.능.3단.	동.직.미.수.3단.	전소.	대.인.소.남.3단.

26 또 이르시되 하나님의 나라는 사람이 씨를 땅에 뿌림과 같으니
And he said, So is the kingdom of God, as if a man should cast seed into the ground;

2532	3004	3779	1510	3588	932	3588	2316	5613
Καὶ	ἔλεγεν,	Οὕτως	ἐστὶν	ἡ	βασιλεία	τοῦ	θεοῦ	ὡς
καί	λέγω	οὕτως	εἰμί	ὁ	βασιλεία	ἡ	θεός	ὡς
카이	엘레겐	후토스	에스틴	헤	바실레이아	투	데우	호스
또	그가 말씀하고 계셨다	이와 같음	이니	그	나라는	그	하나님의	같으니
접.등.	동.직.미완.능.3단.	부.	동.직.현.능.3단.	관.주.여.단.	명.주.여.단.	관.소.남.단.	명.소.남.단.	접.종.

444	906	3588	4703	1909	3588	1093
ἄνθρωπος	βάλῃ	τὸν	σπόρον	ἐπὶ	τῆς	γῆς
ἄνθρωπος	βάλλω	ὁ	σπόρος	ἐπί	ἡ	γῆ
안드로포스	발레	톤	스포론	에피	테스	게스
사람이	던지는 것	그	씨를	위에서	이	땅의
명.주.남.단.	동.가.2과.능.3단.	관.목.남.단.	명.목.남.단.	전.소.	관.소.여.단.	명.소.여.단.

27 그가 밤낮 자고 깨고 하는 중에 씨가 나서 자라되 어떻게 그리 되는지를 알지 못하느니라
And should sleep, and rise night and day, and the seed should spring and grow up, he knoweth not how.

2532	2518	2532	1453	3571	2532	2250	2532	3588	4703
καὶ	καθεύδῃ	καὶ	ἐγείρηται	νύκτα	καὶ	ἡμέραν,	καὶ	ὁ	σπόρος
καί	καθεύδω	καί	ἐγείρω	νύξ	καί	ἡμέρα	καί	ὁ	σπόρος
카이	카듀데	카이	에게이레타이	뉙타	카이	헤메란	카이	호	스포로스
그리고	그가 자고	그리고	일어나게 되고	밤	과	낮을	이에	그	씨가
접.등.	동.가.현.능.3단.	접.등.	동.가 현.수.3단.	명.목.여.단.	접.등.	명.목.여.단.	접.등.	관.주.남.단.	명.주.남.단.

985	2532	3373	5613	3756	1492	846
βλαστᾷ	καὶ	μηκύνηται	ὡς	οὐκ	οἶδεν	αὐτός.
βλαστάνω	καί	μηκύνω	ὡς	οὐ	οἶδα.εἴδω	αὐτός
블라스타	카이	메퀴네타이	호스	우크	오이덴	아우토스
싹이 트고	그리고	늘어나는 지	처럼	못하고 있던 것	알지	그가
동.가.현.능.3단.	접.등.	동.가.현.중.3단.	접.종.	부.	동.직.1완.능.3단.	대.인.주.남.3단.

28 땅이 스스로 열매를 맺되 처음에는 싹이요 다음에는 이삭이요 그 다음에는 이삭에
충실한 곡식이라
For the earth bringeth forth fruit of herself; first the blade, then the ear, after that the full corn in the ear.

844	3588	1093	2592	4412	5528	1534	4719
αὐτομάτη	ἡ	γῆ	καρποφορεῖ,	πρῶτον	χόρτον	εἶτα	στάχυν
αὐτόματος	ἡ	γῆ	καρποφορέω	πρῶτον	χόρτος	εἶτα	στάχυς
아우토마테	헤	게	카르포포레이	프로톤	코르톤	에이타	스타퀸
그것 스스로가	그	땅이	열매를 맺는다	처음에	잎을	다음에	이삭을
형.주.여.단.	관.주.여.단.	명.주.여.단.	동.직.현.능.3단.	형.대.서.목.중.단.	명.목.남.단.	부.	명.목.남.단.

1534	4134	4621	1722	3588	4719
εἶτα	πλήρῆ(ς)	σῖτον	ἐν	τῷ	στάχυϊ.
εἶτα	πλήρης	σῖτος	ἐν	ὁ	στάχυς
에이타	플레레(스)	시톤	엔	토	스타퀴이
그 다음에	충실한	곡식을	안에	그	이삭에
부.	형.주.남.단.	명.목.남.단.	전.여격.	관.여격.남.단.	명.여격.남.단.

29 열매가 익으면 곧 낫을 대나니 이는 추수 때가 이르렀음이라
But when the fruit is brought forth, immediately he putteth in the sickle, because the harvest is come.

3752	1161	3860	3588	2590	2117	649	3588	1407
ὅταν	δὲ	παραδοῖ	ὁ	καρπός,	εὐθὺς	ἀποστέλλει	τὸ	δρέπανον,
ὅταν	δέ	παραδίδωμι	ὁ	καρπός	εὐθύς	ἀποστέλλω	τό	δρέπανον
호탄	데	파라도이	호	카르포스	유뒤스	아포스텔레이	토	드레파논
때면	그러나	내어줄	그	열매가	곧	그가 보낸다	그	낫을
접.종.	접.우.	동.가.2과.능.3단.	관.주.남.단.	명.주.남.단.	형.대.주.남.단.	동.직.현.능.3단.	관.목.중.단.	명.목.중.단.

3754	3936	3588	2326
ὅτι	παρέστηκεν	ὁ	θερισμός.
ὅτι	παρίστημι	ὁ	θερισμός
호티	파레스테켄	호	데리스모스
때문이라	와있기	그	추수가
접종.	동.직.1완.능.3단.	관.주.남.단.	명.주.남.단.

30 또 이르시되 우리가 하나님의 나라를 어떻게 비교하며 또 무슨 비유로 나타낼까
And he said, Whereunto shall we liken the kingdom of God? or with what comparison shall we compare it?

2532	3004	5101	4459	3588	932	3588	2316	2228
Καὶ	ἔλεγεν,	Πῶς	ὁμοιώσωμεν	τὴν	βασιλείαν	τοῦ	θεου,	ἤ
καί	λέγω	πῶς	ὁμοιόω	ἡ	βασιλεία	ὁ	θεός	ἤ
카이	엘레겐	포스	호모이오소멘	텐	바실레이안	투	데우	에
또	그가 말씀하고 계셨다	어떻게	우리가 비교하며	그	나라를	그	하나님의	또는
접등.	동.직.미완.능.3단.	부.의.	동.가.1과.능.1복.	관.목.여.단.	명.목.여.단.	관.소.남.단.	명.소.남.단.	접등.

1722	5101	846	3850	5087
ἐν	τίνι	αὐτὴν	παραβολῇ	θῶμεν;
ἐν	τίς	αὐτός	παραβολή	τίθημι
엔	티니	아우텐	파라볼레	도멘
으로	무슨	그것을	비유	우리가 나타낼까
전.여격.	형.의.여격.여.단.	대.인.목.여.3단.	명.여격.여.단.	동.가.2과.능.1복.

31 겨자씨 한 알과 같으니 땅에 심길 때에는 땅 위의 모든 씨보다 작은 것이로되
It is like a grain of mustard seed, which, when it is sown in the earth, is less than all the seeds that be in the earth:

5613	2848	4615	3739	3752	4687	1909	3588	1093
ὡς	κόκκῳ	σινάπεως,	ὃς	ὅταν	σπαρῇ	ἐπὶ	τῆς	γῆς,
ὡς	κόκκος	σίναπι	ὅς	ὅταν	σπείρω	ἐπί	ἡ	γῆ
호스	콕코	시나페오스	호스	호탄	스파레	에피	테스	게스
같으니	한 알과	겨자씨의	그것이	때에	뿌려졌을	위에서	이	땅의
접종.	명.여격.남.단.	명.소.중.단.	대.관.주.남.단.	접종.	동.가.2과.수.3단.	전소.	관.소.여.단.	명.소.여.단.

3398	1510	3956	3588	4690	3588	1909	3588	1093
μικρότερον	ὂν	πάντων	τῶν	σπερμάτων	τῶν	ἐπὶ	τῆς	γῆς,
μικρός	εἰμί	πᾶς	τό	σπέρμα	τό	ἐπί	ἡ	γῆ
미크로테론	온	판톤	톤	스페르마톤	톤	에피	테스	게스
보다 작은 것	이로되	모든	그	씨들	그	위에서	이	땅의
형.비.주.중.단.	동.분.현.능.주.중.단.	형.소.중.복.	관.소.중.복.	명.소.중.복.	관.소.중.복.	전소.	관.소.여.단.	명.소.여.단.

32 심긴 후에는 자라서 모든 풀보다 커지며 큰 가지를 내나니 공중의 새들이 그 그늘에
깃들일 만큼 되느니라
But when it is sown, it groweth up, and becometh greater than all herbs, and shooteth out great branches; so that the fowls of the air may lodge under the shadow of it.

2532	3752	4687	305	2532	1096	3187	3956	3588
καὶ	ὅταν	σπαρῇ,	ἀναβαίνει	καὶ	γίνεται	μεῖζον	πάντων	τῶν
καί	ὅταν	σπείρω	ἀναβαίνω	καί	γίνομαι	μείζων	πᾶς	τό
카이	호탄	스파레	아나바이네이	카이	기네타이	메이존	판톤	톤
그러나	때에	그것이 뿌려질	자라나고	이에	된다	보다 더 크게	모든	그
접등.	접종.	동.가.2과.수.3단.	동.직.현.능.3단.	접등.	동.직.현.중수디.3단.	형.비.주.중.단.	형.소.중.복.	관.소.중.복.

3001	2532	4160	2798	3173	5620	1410	5259
λαχάνων	καὶ	ποιεῖ	κλάδους	μεγάλους,	ὥστε	δύνασθαι	ὑπὸ
λάχανον	καί	ποιέω	κλάδος	μέγας	ὥστε	δύναμαι	ὑπό
라카논	카이	포이에이	클라두스	메갈루스	호스테	뒤나스다이	휘포
나물들	그리고	낸다	가지들을	큰	그래서	할 수 있느니라	아래로
명.소.중.복.	접등.	동.직.현.능.3단.	명.목.남.복.	형.목.남.복.	접우.	동.부.현.중.	전목.

3588	4639	846	3588	4071	3588	3772	2681
τὴν	σκιὰν	αὐτοῦ	τὰ	πετεινὰ	τοῦ	οὐρανοῦ	κατασκηνοῦν.
ἡ	σκία	αὐτός	τό	πετεινόν	ὁ	οὐρανός	κατασκηνόω
텐	스키안	아우투	타	페테이나	투	우라누	카타스케눈
그	그늘을	그의	그	새들을	그	하늘의	깃들이는 것을
관.목.여.단.	명.목.여.단.	대.인소.중.3단.	관.목.중.복.	형.대.목.중.복.	관.소.남.단.	명.소.남.단.	동.부.현.능.

33 예수께서 이러한 많은 비유로 그들이 알아 들을 수 있는 대로 말씀을 가르치시되
And with many such parables spake he the word unto them, as they were able to hear it.

2532	5108	3850	4183	2980	846	3588
Καὶ	τοιαύταις	παραβολαῖς	πολλαῖς	ἐλάλει	αὐτοῖς	τὸν
καί	τοιοῦτος	παραβολή	πολύς	λαλέω	αὐτός	ὁ
카이	토이아우타이스	파라볼라이스	폴라이스	엘랄레이	아우토이스	톤
그리고	이러한	비유들로	많은	예수께서 말씀하고 계셨다	그들에게	그
접.등.	대.지.여.격.복.	명.여격.여.복.	형.여격.여.복.	동.직.미완.능.3단.	대.인.여격.남.3복.	관.목.남.단.

3056	2531	1410	191
λόγον	καθὼς	ἠδύναντο	ἀκούειν·
λόγος	καθώς	δύναμαι	ἀκούω
로곤	카도스	에뒤난토	아쿠에인
말씀을	대로	그들이 할 수 있는	듣는 것을
명.목.남.단.	접.종.	동.직.미완.중.3복.	동.부.현.능.

34 비유가 아니면 말씀하지 아니하시고 다만 혼자 계실 때에 그 제자들에게 모든 것을
해석하시더라
But without a parable spake he not unto them: and when they were alone, he expounded all things to his disciples.

5565	1161	3850	3756	2980	846	2596	2398	1161
χωρὶς	δὲ	παραβολῆς	οὐκ	ἐλάλει	αὐτοῖς,	κατ'	ἰδίαν	δὲ
χωρίς	δέ	παραβολή	οὐ	λαλέω	αὐτός	κατά	ἴδιος	δέ
코리스	데	파라볼레스	우크	엘랄레이	아우토이스	칼	이디안	데
없이	그리고	비유의	아니했다	말씀하지	그들에게	동안에는	홀로 계시는	그러나
전.소.	접.우.	명.소.여.단.	부.	동.직.미완.능.3단.	대.인.여격.남.3복.	전.목.	형.대.목.여.단.	접.우.

3588	2398	3101	1956	3956
τοῖς	ἰδίοις	μαθηταῖς	ἐπέλυεν	πάντα.
ὁ	ἴδιος	μαθητής	ἐπιλύω	πᾶς
토이스	이디오이스	마데타이스	에펠뤼엔	판타
그	자신의	제자들에게	그가 설명하곤 하셨다	모든 것을
관.여격.남.복.	형.대.여격.남.복.	명.여격.남.복.	동.직.미완.능.3단.	형.대.목.중.복.

35 그 날 저물 때에 제자들에게 이르시되 우리가 저편으로 건너가자 하시니
And the same day, when the even was come, he saith unto them, Let us pass over unto the other side.

2532	3004	846	1722	1565	3588	2250	3798
Καὶ	λέγει	αὐτοῖς	ἐν	ἐκείνῃ	τῇ	ἡμέρᾳ	ὀψίας
καί	λέγω	αὐτός	ἐν	ἐκεῖνος	ἡ	ἡμέρα	ὄψίος
카이	레게이	아우토이스	엔	에케이네	테	헤메라	옵시아스
또	그가 말씀하신다	그들에게	안에	그	그	날에	저녁의
접.등.	동.직.현.능.3단.	대.인.여격.남.3복.	전.여격.	대.지.여격.여.단.	관.여격.여.단.	명.여격.여.단.	형.소.여.단.

1096	1330	1519	3588	4008
γενομένης,	διέλθωμεν	εἰς	τὸ	πέραν.
γίνομαι	διέρχομαι	εἰς	τό	πέραν
게노메네스	디엘도멘	에이스	토	페란
된 후에	우리가 건너가자	으로	그	저편
동.분.2과.중디.소.여.단.	동.가.2과.능.1복.	전.목.	관.목.중.단.	부.

36 그들이 무리를 떠나 예수를 배에 계신 그대로 모시고 가매 다른 배들도 함께 하더니
And when they had sent away the multitude, they took him even as he was in the ship. And there were also with him other little ships.

2532	863	3588	3793	3880	846	5613	1510
καὶ	ἀφέντες	τὸν	ὄχλον	παραλαμβάνουσιν	αὐτὸν	ὡς	ἦν
καί	ἀφίημι	ὁ	ὄχλος	παραλαμβάνω	αὐτός	ὡς	εἰμί
카이	아펜테스	톤	오클론	파랄람바누신	아우톤	호스	엔
그리하여	돌려보내고	그	무리를	그들이 모시고 간다	그를	그대로	그가 계신
접.등.	동.분.2과.능.주.남.복.	관.목.남.단.	명.목.남.단.	동.직.현.능.3복.	대.인.목.남.3단.	접.종.	동.직.미완.능.3단.

1722	3588	4143	2532	243	4143	1510	3326	846
ἐν	τῷ	πλοίῳ,	καὶ	ἄλλα	πλοῖα	ἦν	μετ'	αὐτοῦ.
ἐν	τό	πλοῖον	καί	ἄλλος	πλοῖον	εἰμί	μετά	αὐτός
엔	토	플로이오	카이	알라	플로이아	엔	멧	아우투
안에	그	배에	그런데	다른	배들도	있었다	함께	그와
전.여격.	관.여격.중.단.	명.여격.중.단.	접.등.	형.주.중.복.	명.주.중.복.	동.직.미완.능.3단.	전.소.	대.인.소.남.3단.

37 큰 광풍이 일어나며 물결이 배에 부딪쳐 들어와 배에 가득하게 되었더라
And there arose a great storm of wind, and the waves beat into the ship, so that it was now full.

2532	1096	2978	3173	417	2532	3588	2949	1911
καὶ	γίνεται	λαῖλαψ	μεγάλη	ἀνέμου,	καὶ	τὰ	κύματα	ἐπέβαλλεν
καί	γίνομαι	λαῖλαψ	μέγας	ἄνεμος	καί	τό	κῦμα	ἐπιβάλλω
카이	기네타이	라일랍스	메갈레	아네무	카이	타	퀴마타	에페발렌
그런데	일어난다	광풍이	큰	바람의	그리고	그	파도들이	부딪히고 있었다
접.등.	동.직.현.중수디.3단.	명.주.여.단.	형.주.여.단.	명.소.남.단.	접.등.	관.주.중.복.	명.주.중.복.	동.직 미완.능.3단.

1519	3588	4143	5620	2235	1072	3588	4143
εἰς	τὸ	πλοῖον,	ὥστε	ἤδη	γεμίζεσθαι	τὸ	πλοῖον.
εἰς	τό	πλοῖον	ὥστε	ἤδη	γεμίζω	τό	πλοῖον
에이스	토	플로이온	호스테	에데	게미제스다이	토	플로이온
안으로	그	배를	그러므로	이미	가득하게 되었다	그	배를
전.목.	관.목.중.단.	명.목.중.단.	접.우.	부.	동.부.현.수.	관.목.중.단.	명.목.중.단.

38 예수께서는 고물에서 베개를 베고 주무시더니 제자들이 깨우며 이르되 선생님이여
우리가 죽게 된 것을 돌보지 아니하시나이까 하니
And he was in the hinder part of the ship, asleep on a pillow: and they awake him, and say unto him, Master, carest thou not that we perish?

2532	846	1510	1722	3588	4403	1909	3588	4344
καὶ	αὐτὸς	ἦν	ἐν	τῇ	πρύμνῃ	ἐπὶ	τὸ	προσκεφάλαιον
καί	αὐτός	εἰμί	ἐν	ἡ	πρύμνα	ἐπί	τό	προσκεφάλαιον
카이	아우토스	엔	엔	테	프륌네	에피	토	프로스케팔라이온
그런데	그가	계시고 있었다	안에	그	고물에	위로 베시고	그	베개를
접.등.	대.인.주.남.3단.	동.직.미완.능.3단.+	전.여격.	관.여격.여.단.	명.여격.여.단.	전.목.	관.목.중.단.	명.목.중.단.

2518	2532	1453	846	2532	3004	846	1320
καθεύδων.	καὶ	ἐγείρουσιν	αὐτὸν	καὶ	λέγουσιν	αὐτῷ,	Διδάσκαλε,
καθεύδω	καί	ἐγείρω	αὐτός	καί	λέγω	αὐτός	διδάσκαλος
카듀돈	카이	에게이루신	아우톤	카이	레구신	아우토	디다스칼레
주무시고	이에	그들이 깨운다	그를	그리고	말한다	그에게	선생님이여
+동.분.현.능.주.남.단.	접.등.	동.직.현.능.3복.	대.인.목.남.3단.	접.등.	동.직.현.능.3복.	대.인.여격.남.3단.	명.호.남.단.

3756	3199	4771	3754	622
οὐ	μέλει	σοι	ὅτι	ἀπολλύμεθα;
οὐ	μέλω	σύ	ὅτι	ἀπόλλυμι
우	멜레이	소이	호티	아폴뤼메다
아니 하시나이까?	돌보지	당신은	것을	우리가 죽게 된
불.의.	동.직.현.능.3단.	대.인.여격.2단.	접.등.	동.직.현.중.1복.

39 예수께서 깨어 바람을 꾸짖으시며 바다더러 이르시되 잠잠하라 고요하라 하시니 바람이
그치고 아주 잔잔하여지더라
And he arose, and rebuked the wind, and said unto the sea, Peace, be still. And the wind ceased, and there was a great calm.

2532	1326	2008	3588	417	2532	3004(2036)	3588
καὶ	διεγερθεὶς	ἐπετίμησεν	τῷ	ἀνέμῳ	καὶ	εἶπεν	τῇ
καί	διεγείρω	ἐπιτιμάω	ὁ	ἄνεμος	καί	λέγω.ἔπω	ἡ
카이	디에게르데이스	에페티메센	토	아네모	카이	에이펜	테
그러자	일으킨 후에	엄히 꾸짖으셨다	그	바람을	그리고	말씀하신다	그
접.등.	동.분.1과.수.주.남.단.	동.직.1과.능.3단.	관.여격.남.단.	명.여격.남.단.	접.등.	동.직.2과.능.3단.	관.여격.여.단.

2281	4623	5392	2532	2869	3588	417	2532
θαλάσσῃ,	σιώπα,	πεφίμωσο.	καὶ	ἐκόπασεν	ὁ	ἄνεμος	καὶ
θάλασσα	σιωπάω	φιμόω	καί	κοπάζω	ὁ	ἄνεμος	καί
달라쎄	시오파	페피모소	카이	에코파센	호	아네모스	카이
바다에게	고요하라	잠잠하게 되어라	그러자	멎었다	그	바람이	그리고
명.여격.여.단.	동.명.현.능.2단.	동.명.1완.수.2단.	접.등.	동.직.1과.능.3단.	관.주.남.단.	명.주.남.단.	접.등.

1096	1055	3173
ἐγένετο	γαλήνη	μεγάλη.
γίνομαι	γαλήνη	μέγας
에게네토	갈레네	메갈레
되었다	잔잔하게	아주(크게)
동.직.2과.중디.3단.	명.주.여.단.	형.주.여.단.

40 이에 제자들에게 이르시되 어찌하여 이렇게 무서워하느냐 너희가 어찌 믿음이 없느냐
하시니
And he said unto them, Why are ye so fearful? how is it that ye have no faith?

2532	3004(2036)	846	5101	1169	1510	3768	2192
καὶ	εἶπεν	αὐτοῖς,	τί	δειλοί	ἐστε;	οὔπω	ἔχετε
καί	λέγω.ἔπω	αὐτός	τίς	δειλός	εἰμί	οὔπω	ἔχω
카이	에이펜	아우토이스	티	데일로이	에스테	우포	에케테
그리고	말씀하셨다	그들에게	어찌하여	무서워하고	너희가 있느냐	아직도 못하느냐	너희가 가지지
접.등.	동.직.2과.능.3단.	대.인.여격.남.3복.	대.의.목.중.단.	형.주.남.복.	동.직.현.능.2복.	부.	동.직.현.능.2복

4102
πίστιν;
πίστις
피스틴
믿음을
명.목.여.단.

41 그들이 심히 두려워하여 서로 말하되 그가 누구이기에 바람과 바다도 순종하는가 하였더라
And they feared exceedingly, and said one to another, What manner of man is this, that even the wind and the sea obey him?

2532	5399	5401	3173	2532	3004	4314	240
καὶ	ἐφοβήθησαν	φόβον	μέγαν	καὶ	ἔλεγον	πρὸς	ἀλλήλους,
καί	φοβέω	φόβος	μέγας	καί	λέγω	πρὸς	ἀλλήλων
카이	에포베데산	포본	메간	카이	엘레곤	프로스	알렐루스
그런데	그들이 두려워하였다	두려움으로	큰	이에	말하고 있었다	향하여	서로를
접.등.	동.직.1과.수디.3복.	명.목.남.단.	형.목.남.단.	접.등.	동.직.미완.능.3복.	전목.	대.인.목.남.3복.

5101	686	3778	1510	3754	2532	3588	417	2532	3588
τίς	ἄρα	οὗτός	ἐστιν	ὅτι	καὶ	ὁ	ἄνεμος	καὶ	ἡ
τίς	ἄρα	οὗτος	εἰμί	ὅτι	καί	ὁ	ἄνεμος	καί	ἡ
티스	아라	후토스	에스틴	호티	카이	호	아네모스	카이	헤
누구	그때에	이분이	이기에		까지도	그	바람	과	그
대.의.주.남.단.	접.우.	대.지.주.남.단.	동.직.현.능.3단.	접.우./접.종.	접.등.	관.주.남.단.	명.주.남.단.	접.등.	관.주.여.단.

2281	5219	846
θάλασσα	ὑπακούει	αὐτῷ;
θάλασσα	ὑπακούω	αὐτός
달라싸	휘파쿠에이	아우토
바다	순종하는가	그에게
명.주.여.단.	동.직.현.능.3단.	대.인.여격.남.3단.

5 예수께서 바다 건너편 거라사인의 지방에 이르러
And they came over unto the other side of the sea, into the country of the Gadarenes.

2532	2064	1519	3588	4008	3588	2281	1519	3588	5561
Καὶ	ἦλθον	εἰς	τὸ	πέραν	τῆς	θαλάσσης	εἰς	τὴν	χώραν
καί	ἔρχομαι	εἰς	τό	πέραν	ἡ	θάλασσα	εἰς	ἡ	χώρα
카이	엘돈	에이스	토	페란	테스	달라쎄스	에이스	텐	코란
그리고	그들이 왔다	으로	그	건너편	그	바다의	향하여	그	지방을
접.등.	동.직.2과.능.3복.	전.목.	관.목.중.단.	부.	관.소.여.단.	명.소.여.단.	전.목.	관.목.여.단.	명.목.여.단

3588	1046
τῶν	Γερασηνῶν.
ὁ	Γαδαρηνός
톤	게라세논
그	거라사의
관.소.남.복.	형.대.소.남.복.

2 배에서 나오시매 곧 더러운 귀신 들린 사람이 무덤 사이에서 나와 예수를 만나니라
And when he was come out of the ship, immediately there met him out of the tombs a man with an unclean spirit,

2532	1831	846	1537	3588	4143	2117	5221	846
καὶ	ἐξελθόντος	αὐτοῦ	ἐκ	τοῦ	πλοίου	εὐθὺς	ὑπήντησεν	αὐτῷ
καί	ἐξέρχομαι	αὐτός	ἐκ	τό	πλοῖον	εὐθύς	ὑπαντάω	αὐτός
카이	엑셀돈토스	아우투	에크	투	플로이우	유뒤스	휘펜테센	아우토
그리하여	나온 후에	그(의)가	에서	그	배	곧	만났다	그에게
접.등.	동.분.2과.능.소.남.단.	대.인.소.남.3단.	전.소	관.소.중.단.	명.소.중.단.	형.대.주.남.단.	동.직.1과.능.3단.	대.인.여격.남.3단.

1537	3588	3419	444	1722	4151	169
ἐκ	τῶν	μνημείων	ἄνθρωπος	ἐν	πνεύματι	ἀκαθάρτῳ,
ἐκ	τό	μνημεῖον	ἄνθρωπος	ἐν	πνεῦμα	ἀκάθαρτος
에크	톤	므네메이온	안드로포스	엔	프뉴마티	아카다르토
에서	그	무덤들	한 사람이	안에 있는	영에	더러운
전.소	관.소.중.복.	명.소.중.복.	명.주.남.단.	전.여격.	명.여격.중.단.	형.여격.중.단.

3 그 사람은 무덤 사이에 거처하는데 이제는 아무도 그를 쇠사슬로도 맬 수 없게 되었으니
Who had his dwelling among the tombs; and no man could bind him, no, not with chains:

3739	3588	2731	2192	1722	3588	3418	2532
ὃς	τὴν	κατοίκησιν	εἶχεν	ἐν	τοῖς	μνήμασιν,	καὶ
ὅς	ἡ	κατοίκησις	ἔχω	ἐν	τό	μνῆμα	καί
호스	텐	카토이케신	에이켄	엔	토이스	므네마신	카이
그는	그(그의)	거처를	삼고 있었다	안에	그	무덤들에	그런데
대.관.주.남.단.	관.목.여.단.	명.목.여.단.	동.직.미완.능.3단.	전.여격.	관.여격.중.복.	명.여격.중.복.	접.등.

3761	254	3765	3762	1410	846	1210
οὐδὲ	ἁλύσει	οὐκέτι	οὐδεὶς	ἐδύνατο	αὐτὸν	δῆσαι
οὐδέ	ἅλυσις	οὐκέτι	οὐδείς	δύναμαι	αὐτός	δέω
우데	할뤼세이	우케티	우데이스	에뒤나토	아우톤	데사이
도 아니되고	쇠사슬로	더 이상	아무도 없었다	할 수	그를	매는 것을
부.	명.여격.여.단.	부.	형.대.기.주.남.단.	동.직.미완.중수디.3단.	대.인.목.남.3단.	동.부.1과.능.

4 이는 여러 번 고랑과 쇠사슬에 매였어도 쇠사슬을 끊고 고랑을 깨뜨렸음이러라 그리하여 아무도 그를 제어할 힘이 없는지라

Because that he had been often bound with fetters and chains, and the chains had been plucked asunder by him, and the fetters broken in pieces: neither could any man tame him.

1223	3588	846	4178	3976	2532	254	1210	2532
διὰ	τὸ	αὐτὸν	πολλάκις	πέδαις	καὶ	ἁλύσεσιν	δεδέσθαι	καὶ
διά	τό	αὐτός	πολλάκις	πέδη	καί	ἅλυσις	δέω	καί
디아	토	아우톤	폴라키스	페다이스	카이	할뤼세신	데데스다이	카이
때문에	그	그	여러번	고랑들	과	쇠사슬들에	매여있는 것	과
전목.	관목중단.	대인목남3단.	부.	명여격여복.	접등.	명여격여복.	동부1완수목.	접등.

1288	5259	846	3588	254	2532	3588	3976	4937
διεσπάσθαι	ὑπ᾽	αὐτοῦ	τὰς	ἁλύσεις	καὶ	τὰς	πέδας	συντετρῖφθαι,
διασπάω	ὑπό	αὐτός	ἡ	ἅλυσις	καί	ἡ	πέδη	συντρίβω
디에스파스다이	휘	아우투	타스	할뤼세이스	카이	타스	페다스	쉰테트리프다이
끊어지게 되는 것을	의하여	그에	그	쇠사슬들로	그래서	그	고랑들을	산산이 부서져 있는 것을
동부1완수목.	전소.	대인소남3단.	관목여복.	명목여복.	접등.	관목여복.	명목여복.	동부1완수목.

2532	3762	2480	846	1150
καὶ	οὐδεὶς	ἴσχυεν	αὐτὸν	δαμάσαι·
καί	οὐδείς	ἰσχύω	αὐτός	δαμάζω
카이	우데이스	이스퀴엔	아우톤	다마사이
그리하여	아무도 없었다	할 수	그를	억제하는 것을
접등.	형대기주남단.	동직미완능3단.	대인목남3단.	동부1과능.

5 밤낮 무덤 사이에서나 산에서나 늘 소리 지르며 돌로 자기의 몸을 해치고 있었더라

And always, night and day, he was in the mountains, and in the tombs, crying, and cutting himself with stones.

2532	1223	3956	3571	2532	2250	1722	3588	3418	2532	1722
καὶ	διὰ	παντὸς	νυκτὸς	καὶ	ἡμέρας	ἐν	τοῖς	μνήμασιν	καὶ	ἐν
καί	διά	πᾶς	νύξ	καί	ἡμέρα	ἐν	τό	μνῆμα	καί	ἐν
카이	디아	판토스	뉰토스	카이	헤메라스	엔	토이스	므네마신	카이	엔
그래서	상	항상	밤	과	낮	사이에서	그	무덤들에	또	속에
접등.	전소.	형대소남단.	명소여단.	접등.	명소여단.	전여격.	관여격중복.	명여격중복.	접등.	전여격.

3588	3735	1510	2896	2532	2629	1438	3037
τοῖς	ὄρεσιν	ἦν	κράζων	καὶ	κατακόπτων	ἑαυτὸν	λίθοις.
τό	ὄρος	εἰμί	κράζω	καί	κατακόπτω	ἑαυτοῦ	λίθος
토이스	오레신	엔	크라존	카이	카타콮톤	헤아우톤	리도이스
그	산들에	있었다	소리지르며	그리고	상처를 내며	제 자신을	돌들로
관여격중복.	명여격중복.	동직미완능3단.+	+동분현능주남단.	접등.	+동분현능주남단.	대인목남3단.	명여격남복.

6 그가 멀리서 예수를 보고 달려와 절하며

But when he saw Jesus afar off, he ran and worshipped him,

2532	3708(1492)	3588	2424	575	3113	5143	2532
καὶ	ἰδὼν	τὸν	Ἰησοῦν	ἀπὸ	μακρόθεν	ἔδραμεν	καὶ
καί	ὁράω.εἴδω	ὁ	Ἰησοῦς	ἀπό	μακρόθεν	τρέχω	καί
카이	이돈	톤	예순	아포	마크로덴	에드라멘	카이
그런데	그가 보고	그	예수를	부터	멀리서	그가 달려왔다	그리고
접등.	동분2과능주남단.	관목남단.	명목남단.	전소.	부.	동직2과능3단.	접등.

4352	846
προσεκύνησεν	αὐτῷ
προσκυνέω	αὐτός
프로세퀴네센	아우토
절하였다	그에게
동직1과능3단.	대인여격남3단.

7 큰 소리로 부르짖어 이르되 지극히 높으신 하나님의 아들 예수여 나와 당신이 무슨
상관이 있나이까 원하건대 하나님 앞에 맹세하고 나를 괴롭히지 마옵소서 하니
And cried with a loud voice, and said, What have I to do with thee, Jesus, thou Son of the most high God? I adjure thee by God, that thou torment me not.

2532	2896	5456	3173	3004	5101	1473	2532
καὶ	κράξας	φωνῇ	μεγάλῃ	λέγει,	τί	ἐμοὶ	καὶ
καί	κράζω	φωνή	μέγας	λέγω	τίς	ἐγώ	καί
카이	크락사스	포네	메갈레	레게이	티	에모이	카이
그리고	부르짖은 후에	소리로	큰	말하기를	무슨(상관이 있나이까)	나	와
접.등.	동.분.1과.능.주.남.단.	명.여격.여.단.	형.여격.여.단.	동.직.현.능.3단.	대.의.주.중.단.	대.인.여격.1단.	접.등.

4771	2424	5207	3588	2316	3588	5310	3726	4771
σοί,	Ἰησοῦ	υἱὲ	τοῦ	θεοῦ	τοῦ	ὑψίστου;	ὁρκίζω	σε
σύ	Ἰησοῦς	υἱός	ὁ	θεός	ὁ	ὕψιστος	ὁρκίζω	σύ
소이	예수	휘에	투	데우	투	휩시스투	호르키조	세
당신에게	예수여	아들	그	하나님의	그	가장 높으신	간절히 원하나이다	당신에게(원컨대)
대.인.여격.2단.	명.호.남.단.	명.호.남.단.	관.소.남.단.	명.소.남.단.	관.소.남.단.	형.최.소.남.단.	동.직.현.능.1단.	대.인.목.2단.

3588	2316	3361	1473	928
τὸν	θεόν,	μή	με	βασανίσῃς.
ὁ	θεός	μή	ἐγώ	βασανίζω
톤	데온	메	메	바사니세스
그	하나님 앞에서	마옵소서	나를	고통스럽게 하지
관.목.남.단.	명.목.남.단.	부.	대.인.목.1단.	동.가.1과.능.2단.

8 이는 예수께서 이미 그에게 이르시기를 더러운 귀신아 그 사람에게서 나오라 하셨음이라
For he said unto him, Come out of the man, thou unclean spirit.

3004	1063	846	1831	3588	4151	3588	169
ἔλεγεν	γὰρ	αὐτῷ,	ἔξελθε	τὸ	πνεῦμα	τὸ	ἀκάθαρτον
λέγω	γάρ	αὐτός	ἐξέρχομαι	τό	πνεῦμα	τό	ἀκάθαρτος
엘레겐	가르	아우토	엑셀데	토	프뉴마	토	아카다르톤
그가 말씀하고 있었다	왜냐하면	그에게	나오라	그	영아	그	더러운
동.직.미완.능.3단.	접.종.	대.여격.중.3단.	동.명.2과.능.2단.	관.호.중.단.	명.호.중.단.	관.호.중.단.	형.호.중.단.

1537	3588	444
ἐκ	τοῦ	ἀνθρώπου.
ἐκ	ὁ	ἄνθρωπος
에크	투	안드로푸
부터	그	사람
전.소	관.소.남.단.	명.소.남.단.

9 이에 물으시되 네 이름이 무엇이냐 이르되 내 이름은 군대니 우리가 많음이니이다 하고
And he asked him, What is thy name? And he answered, saying, My name is Legion: for we are many.

2532	1905	846	5101	3686	4771	2532	3004	846
καὶ	ἐπηρώτα	αὐτόν,	τί	ὄνομά	σοι;	καὶ	λέγει	αὐτῷ,
καί	ἐπερωτάω	αὐτός	τίς	ὄνομα	σύ	καί	λέγω	αὐτός
카이	에페로타	아우톤	티	오노마	소이	카이	레게이	아우토
그러자	물으셨다	그를	무엇이냐	이름이	너의	그런즉	그가 말한다	그에게
접.등.	동.직.미완.능.3단.	대.인.목.남.3단.	형.의.주.중.단.	명.주.중.단.	대.인.여격.2단.	접.등.	동.직.현.능.3단.	대.인.여격.남.3단.

3003	3686	1473	3754	4183	1510
λεγιὼν	ὄνομά	μοι,	ὅτι	πολλοί	ἐσμεν.
λεγιών	ὄνομα	ἐγώ	ὅτι	πολύς	εἰμί
레기온	오노마	모이	호티	폴로이	에스멘
군대이니	이름은	나에	때문이라	많은 것이	우리는 있기
명.주.여.단.	명.주.중.단.	대.인.여격.1단.	접.종.	형.대.주.남.복.	동.직.현.능.1복.

10 자기를 그 지방에서 내보내지 마시기를 간구하더니
And he besought him much that he would not send them away out of the country.

2532	3870	846	4183	2443	3361	846	649	1854
καὶ	παρεκάλει	αὐτὸν	πολλὰ	ἵνα	μὴ	αὐτὰ	ἀποστείλῃ	ἔξω
καί	παρακαλέω	αὐτός	πολύς	ἵνα	μή	αὐτός	ἀποστέλλω	ἔξω
카이	파레칼레이	아우톤	폴라	히나	메	아우타	아포스테일레	엑소
그리고	그가 간구하고 있었다	그를	많이(=여러번)	위하여	않기	자기들을	그가 보내지	밖으로
접등.	동.직.미완.능.3단.	대.인.목.남.3단.	형.대.목.중.복.	접등.	부.	대.인.목.중.3복.	동.가.1과.능.3단.	전소.

3588	5561
τῆς	χώρας.
ἡ	χώρα
테스	코라스
그	지방의
관.소.여.단.	명.소.여.단.

11 마침 거기 돼지의 큰 떼가 산 곁에서 먹고 있는지라
Now there was there nigh unto the mountains a great herd of swine feeding.

1510	1161	1563	4314	3588	3735	34	5519	3173
Ἦν	δὲ	ἐκεῖ	πρὸς	τῷ	ὄρει	ἀγέλη	χοίρων	μεγάλη
εἰμί	δέ	ἐκεῖ	πρός	τό	ὄρος	ἀγέλη	χοῖρος	μέγας
엔	데	에케이	프로스	토	오레이	아겔레	코이론	메갈레
있었다	마침	거기	가까이	그	산	한 떼가	돼지들의	큰
동.직.미완.능.3단.+	접등.	부.	전.여격.	관.여격.중.단.	명.여격.중.단.	명.주.여.단.	명.소.남.복.	형.주.여.단.

1006
βοσκομένη·
βόσκω
보스코메네
먹이는
+동.분.현.수.주.여.단.

12 이에 간구하여 이르되 우리를 돼지에게로 보내어 들어가게 하소서 하니
And all the devils besought him, saying, Send us into the swine, that we may enter into them.

2532	3870	846	3004	3992	1473	1519	3588
καὶ	παρεκάλεσαν	αὐτὸν	λέγοντες,	πέμψον	ἡμᾶς	εἰς	τοὺς
καί	παρακαλέω	αὐτός	λέγω	πέμπω	ἐγώ	εἰς	ὁ
카이	파레칼레산	아우톤	레곤테스	펨프손	헤마스	에이스	투스
이에	간구하였다	그를	말한다	보내소서	우리를	속으로	그
접등.	동.직.1과.능.3복.	대.인.목.남.3단.	동.분.현.능.주.남.복.	동.명.1과.능.2단.	대.인.목.1복.	전.목.	관.목.남.복.

5519	2443	1519	846	1525
χοίρους,	ἵνα	εἰς	αὐτοὺς	εἰσέλθωμεν.
χοῖρος	ἵνα	εἰς	αὐτός	εἰσέρχομαι
코이루스	히나	에이스	아우투스	에이셀도멘
돼지들	위함이라	속으로	그것들	우리가 들어가기
명.목.남.복.	접종.	전.목.	대.인.목.남.3복.	동.가.2과.능.1복.

13 허락하신대 더러운 귀신들이 나와서 돼지에게로 들어가매 거의 이천 마리 되는 떼가
바다를 향하여 비탈로 내리달아 바다에서 몰사하거늘
And forthwith Jesus gave them leave. And the unclean spirits went out, and entered into the swine: and the herd ran violently down a steep place into the sea, (they were about two thousand;) and were choked in the sea.

2532	2010	846	2532	1831	3588	4151	3588
καὶ	ἐπέτρεψεν	αὐτοῖς.	καὶ	ἐξελθόντα	τὰ	πνεύματα	τὰ
καί	ἐπιτρέπω	αὐτός	καί	ἐξέρχομαι	τό	πνεῦμα	τό
카이	에페트렢센	아우토이스	카이	엑셀돈타	타	프뉴마타	타
그러자	허락하셨다	그것들에게	그래서	나온 후에	그	영들이	그
접등.	동.직.1과.능.3단.	대.인.여격.중.3복.	접등.	동.분.2과.능.주.중.복.	관.주.중.복.	명.주.중.복.	관.주.중.복.

169	1525	1519	3588	5519	2532	3729	3588	34
ἀκάθαρτα	εἰσῆλθον	εἰς	τοὺς	χοίρους,	καὶ	ὥρμησεν	ἡ	ἀγέλη
ἀκάθαρτος	εἰσέρχομαι	εἰς	ὁ	χοῖρος	καί	ὁρμάω	ἡ	ἀγέλη
아카다르타	에이셀돈	에이스	투스	코이루스	카이	호르메센	헤	아겔레
더러운	들어갔다	속으로	그	돼지들을	그러자	돌진하였다	그	떼가
형.주.중.복.	**동.직.2과.능.3복.**	**전목.**	**관.목.남.복.**	**명.목.남.복.**	**접.등.**	**동.직.1과.능.3단.**	**관.주.여.단.**	**명.주.여.단.**

2596	3588	2911	1519	3588	2281	5613	1367	2532
κατὰ	τοῦ	κρημνοῦ	εἰς	τὴν	θάλασσαν,	ὡς	δισχίλιοι,	καὶ
κατά	ὁ	κρημνός	εἰς	ἡ	θάλασσα	ὡς	δισχίλιοι	καί
카타	투	크렘누	에이스	텐	달라싼	호스	디스킬리오이	카이
따라서	그	비탈을	향하여	그	바다를	거의	이 천 마리들이	그리하여
전소.	**관.소.남.단.**	**명.소.남.단.**	**전목.**	**관.목.여.단.**	**명.목.여.단.**	**부.**	**형.대.기.주.남.복.**	**접.등.**

4155	1722	3588	2281
ἐπνίγοντο	ἐν	τῇ	θαλάσσῃ.
πνίγω	ἐν	ἡ	θάλασσα
에프니곤토	엔	테	달라쎄
질식을 당하고 있었다	속에서	그	바다
동.직.미완.수.3복.	**전.여격.**	**관.여격.여.단.**	**명.여격.여.단.**

14 치던 자들이 도망하여 읍내와 여러 마을에 말하니 사람들이 어떻게 되었는지를 보러 와서
And they that fed the swine fled, and told it in the city, and in the country. And they went out to see what it was that was done.

2532	3588	1006	846	5343	2532	312	1519
καὶ	οἱ	βόσκοντες	αὐτοὺς	ἔφυγον	καὶ	ἀπήγγειλαν	εἰς
καί	ὁ	βόσκω	αὐτός	φεύγω	καί	ἀπαγγέλλω	εἰς
카이	호이	보스콘테스	아우투스	에퓌곤	카이	아펭게일란	에이스
그리하여	그(사람이)	치는	그것들을	도망하였다	그리하여	보고하였다	안으로
접.등.	**관.주.남.복.**	**동.분.현.능.주.남.복.**	**대.인.목.남.3복.**	**동.직.2과.능.3복.**	**접.등.**	**동.직.1과.능.3복.**	**전목.**

3588	4172	2532	1519	3588	68	2532	2064	3708(1492)
τὴν	πόλιν	καὶ	εἰς	τοὺς	ἀγρούς·	καὶ	ἦλθον	ἰδεῖν
ἡ	πόλις	καί	εἰς	ὁ	ἀγρός	καί	ἔρχομαι	ὁράω.εἴδω
텐	폴린	카이	에이스	투스	아그루스	카이	엘돈	이데인
그	도시를	그리고	(으)로	그	시골들	그러자	사람들이 왔다	보려고
관.목.여.단.	**명.목.여.단.**	**접.등.**	**전목.**	**관.목.남.복.**	**명.목.남.복.**	**접.등.**	**동.직.2과.능.3복.**	**동.부.2과.능.**

5101	1510	3588	1096
τί	ἐστιν	τὸ	γεγονός
τίς	εἰμί	τό	γίνομαι
티	에스틴	토	게고노스
어떤 일	인지	그(일이)	일어나있는
대.의.주.중.단.	**동.직.현.능.3단.**	**관.주.중.단.**	**동.분.2완.능.주.중.단.**

15 예수께 이르러 그 귀신 들렸던 자 곧 군대 귀신 지폈던 자가 옷을 입고 정신이 온전하여
앉은 것을 보고 두려워하더라
And they come to Jesus, and see him that was possessed with the devil, and had the legion, sitting, and clothed, and in his right mind: and they were afraid.

2532	2064	4314	3588	2424	2532	2334	3588	1139
καὶ	ἔρχονται	πρὸς	τὸν	Ἰησοῦν	καὶ	θεωροῦσιν	τὸν	δαιμονιζόμενον
καί	ἔρχομαι	πρός	ὁ	Ἰησοῦς	καί	θεωρέω	ὁ	δαιμονίζομαι
카이	에르콘타이	프로스	톤	예순	카이	데오루신	톤	다이모니조메논
그런데	그들이 온다	에게로	그	예수	이에	바라보니라	그(사람을)	그 귀신들린
접.등.	**동.직.현.중수디.3복.**	**전목.**	**관.목.남.단.**	**명.목.남.단.**	**접.등.**	**동.직.현.능.3복.**	**관.목.남.단.**	**동.분.현.중수디.목.남.단.**

2521	2439	2532	4993	3588	2192	3588
καθήμενον	ἱματισμένον	καὶ	σωφρονοῦντα,	τὸν	ἐσχηκότα	τὸν
κάθημαι	ἱματίζω	καί	σωφρονέω	ὁ	ἔχω	ὁ
카데메논	히마티스메논	카이	소프로눈타	톤	에스케코타	톤
앉은	옷이 입혀져있고	그리고	제정신이 들어	그(사람은)	들려있는	그
동.분.현.중수디.목.남.단.	**동.분.1완.수.목.남.단.**	**접.등.**	**동.분.현.능.목.남.단.**	**관.목.남.단.**	**동.분.1완.능.목.남.단.**	**관.목.남.단.**

3003	2532	5399
λεγιῶνα,	καὶ	ἐφοβήθησαν.
λεγιών	καί	φοβέω
레기오나	카이	에포베데산
군대를	이에	그들이 두려워하였더라
명.목.남.단.	접.등.	동.직.1과.수디.3복.

16 이에 귀신 들렸던 자가 당한 것과 돼지의 일을 본 자들이 그들에게 알리매
And they that saw it told them how it befell to him that was possessed with the devil, and also concerning the swine.

2532	1334	846	3588	3708(1492)	4459	1096	3588
καὶ	διηγήσαντο	αὐτοῖς	οἱ	ἰδόντες	πῶς	ἐγένετο	τῷ
καί	διηγέομαι	αὐτός	ὁ	ὁράω.εἴδω	πῶς	γίνομαι	ὁ
카이	디에게산토	아우토이스	호이	이돈테스	포스	에게네토	토
그리고	자세히 이야기하였다	그들에게	그(사람들이)	본	어떻게	그것이 일어났는지	그(사람에게)
접.등.	동.직.1과.중디.2복.	대.인.여격.남.3복.	관.주.남.복.	동.분.2과.능.주.남.복.	부.의.	동.직.2과.중디.3단.	관.여격.남.단.

1139	2532	4012	3588	5519
δαιμονιζομένῳ	καὶ	περὶ	τῶν	χοίρων.
δαιμονίζομαι	καί	περί	ὁ	χοῖρος
다이모니조메노	카이	페리	톤	코이론
귀신들린	과	관하여	그	돼지들에
동.분.현.중.여격.남.단.	접.등.	전.소	명.소.남.복.	관.소.남.복.

17 그들이 예수께 그 지방에서 떠나시기를 간구하더라
And they began to pray him to depart out of their coasts.

2532	756	3870	846	565	575	3588	3725	846
καὶ	ἤρξαντο	παρακαλεῖν	αὐτὸν	ἀπελθεῖν	ἀπὸ	τῶν	ὁρίων	αὐτῶν.
καί	ἄρχομαι	παρακαλέω	αὐτός	ἀπέρχομαι	ἀπό	τό	ὅριον	αὐτός
카이	에륵산토	파라칼레인	아우톤	아펠데인	아포	톤	호리온	아우톤
그러자	시작하였다	간청하기를	그를	떠나도록	부터	그	지역들로	그들의
접.등.	동.직.1과.중.3복.	동.부.현.능.	대.인.목.남.3단.	동.부.2과.능.	전.소	관.소.중.복.	명.소.중.복.	대.인.소.남.3복.

18 예수께서 배에 오르실 때에 귀신 들렸던 사람이 함께 있기를 간구하였으나
And when he was come into the ship, he that had been possessed with the devil prayed him that he might be with him.

2532	1684	846	1519	3588	4143	3870	846	3588
καὶ	ἐμβαίνοντος	αὐτοῦ	εἰς	τὸ	πλοῖον	παρεκάλει	αὐτὸν	ὁ
καί	ἐμβαίνω	αὐτός	εἰς	τό	πλοῖον	παρακαλέω	αὐτός	ὁ
카이	엠바이논토스	아우투	에이스	토	플로이온	파레칼레이	아우톤	호
그런데	오르실 때에	그(의)가	안으로	그	배를	간청하고 있었다	그를	그(사람이)
접.등.	동.분.현.능.소.남.단.	대.인.소.남.3단.	전.목.	관.목.중.단.	명.목.중.단.	동.직.미완.능.3단.	대.인.목.남.3단.	관.주.남.단.

1139	2443	3326	846	1510
δαιμονισθεὶς	ἵνα	μετ᾽	αὐτοῦ	ᾖ.
δαιμονίζομαι	ἵνα	μετά	αὐτός	εἰμί
다이모니스데이스	히나	멧	아우투	에
귀신들렸던 사람이	위하여	함께	그와	그가 있기
동.분.1과.수디.주.남.단.	접.등.	전.소.	대.인.소.남.3단.	동.가.현.능.3단.

19 허락하지 아니하시고 그에게 이르시되 집으로 돌아가 주께서 네게 어떻게 큰 일을 행하사
너를 불쌍히 여기신 것을 네 가족에게 알리라 하시니
Howbeit Jesus suffered him not, but saith unto him, Go home to thy friends, and tell them how great things the Lord hath done for thee, and hath had compassion on thee.

2532	3756	863	846	235	3004	846	5217	1519
καὶ	οὐκ	ἀφῆκεν	αὐτόν,	ἀλλὰ	λέγει	αὐτῷ,	ὕπαγε	εἰς
καί	οὐ	ἀφίημι	αὐτός	ἀλλά	λέγω	αὐτός	ὑπάγω	εἰς
카이	우크	아페켄	아우톤	알라	레게이	아우토	휘파게	에이스
그러나	아니하였다	허락하지	그를	다만	말씀하신다	그에게	돌아가라	으로
접.등.	부.	동.직.1과.능.3단.	대.인.목.남.3단.	접.우.	동.직.현.능.3단.	대.인.여격.남.3단.	동.명.현.능.2단.	전.목.

3588	3624	4771	4314	3588	4674	2532	312	846
τὸν	οἶκόν	σου	πρὸς	τοὺς	σούς	καὶ	ἀπάγγειλον	αὐτοῖς
ὁ	οἶκος	σύ	πρός	ὁ	σός	καί	ἀπαγγέλλω	αὐτός
톤	오이콘	수	프로스	투스	수스	카이	아팡게일론	아우토이스
그	집	너의	에게로	그	네 가족들	그리고	알려라	그들에게
관.목.남.단.	명.목.남.단.	대.인.소.2단.	전.목.	관.목.남.복.	형.대.목.남.2복.	접.등.	동.명.1과.능.2단.	대.인.여격.남.3복.

3745	3588	2962	4771	4160	2532	1653	4771
ὅσα	ὁ	κύριός	σοι	πεποίηκεν	καὶ	ἠλέησέν	σε.
ὅσος	ὁ	κύριός	σύ	ποιέω	καί	ἐλεέω	σύ
호사	호	퀴리오스	소이	페포이에켄	카이	엘레에센	세
만큼 많은 것을	그	주님께서	네게	행하시고 있던	과	불쌍히 여기셨다	너를
대.관.목.중.복.	관.주.남.단.	명.주.남.단.	대.인.여격.2단.	동.직.1완.능.3단.	접.등.	동.직.1과.능.3단.	대.인.목.2단.

20 그가 가서 예수께서 자기에게 어떻게 큰 일 행하셨는지를 데가볼리에 전파하니 모든
사람이 놀랍게 여기더라
And he departed, and began to publish in Decapolis how great things Jesus had done for him: and all men did marvel.

2532	565	2532	756	2784	1722	3588	1179	3745
καὶ	ἀπῆλθεν	καὶ	ἤρξατο	κηρύσσειν	ἐν	τῇ	Δεκαπόλει	ὅσα
καί	ἀπέρχομαι	καί	ἄρχομαι	κηρύσσω	ἐν	ἡ	Δεκάπολις	ὅσος
카이	아펠덴	카이	에릅사토	케뤼쎄인	엔	테	데카폴레이	호사
그리하여	그가 떠났으며	그리고	시작하였다	전파하기를	안에	그	데가볼리에	만큼 많은 것을
접.등.	동.직.2과.능.3단.	접.등.	동.직.1과.중.3단.	동.부.현.능.	전.여격.	관.여격.여.단.	명.여격.여.단.	대.관.목.중.복.

4160	846	3588	2424	2532	3956	2296
ἐποίησεν	αὐτῷ	ὁ	Ἰησοῦς,	καὶ	πάντες	ἐθαύμαζον.
ποιέω	αὐτός	ὁ	Ἰησοῦς	καί	πᾶς	θαυμάζω
에포이에센	아우토	호	예수스	카이	판테스	에다우마존
행하셨던	그에게	그	예수님께서	이에	모든(사람)들이	놀라서 있었다
동.직.1과.능.3단.	대.인.여격.남.3단.	관.주.남.단.	명.주.남.단.	접.등.	형.대.주.남.복.	동.직.미완.능.3복.

21 예수께서 배를 타시고 다시 맞은편으로 건너가시니 큰 무리가 그에게로 모이거늘 이에
바닷가에 계시더니
And when Jesus was passed over again by ship unto the other side, much people gathered unto him: and he was nigh unto the sea.

2532	1276	3588	2424	1722	3588	4143	3825	1519
Καὶ	διαπεράσαντος	τοῦ	Ἰησοῦ	ἐν	τῷ	πλοίῳ	πάλιν	εἰς
καί	διαπεράω	ὁ	Ἰησοῦς	ἐν	τό	πλοῖον	πάλιν	εἰς
카이	디아페라산토스	투	예수	엔	토	플로이오	팔린	에이스
그리고	건너가시매	그	예수께서	타시고	그	배에	다시	으로
접.등.	동.분.1과.능.소.남.단.	관.소.남.단.	명.소.남.단.	전.여격.	관.여격.중.단.	명.여격.중.단.	부.	전.목.

3588	4008	4863	3793	4183	1909	846	2532	1510
τὸ	πέραν	συνήχθη	ὄχλος	πολὺς	ἐπ’	αὐτόν,	καὶ	ἦν
τό	πέραν	συνάγω	ὄχλος	πολύς	ἐπί	αὐτός	καί	εἰμί
토	페란	쉬네크데	오클로스	폴뤼스	엪	아우톤	카이	엔
그	건너편	모이게 되었다	한 무리가	큰(많은)	에게로	그(를)	그래서	그가 계셨다
관.목.중.단.	부.	동.직.1과.수.3단.	명.주.남.단.	형.주.남.단.	전.목.	대.인.목.남.3단.	접.등.	동.직.미완.능.3단.

3844	3588	2281
παρὰ	τὴν	θάλασσαν.
παρά	ἡ	θάλασσα
파라	텐	달라싼
가로	그	바닷
전목.	관.목.여.단.	명.목.여.단.

22 회당장 중의 하나인 야이로라 하는 이가 와서 예수를 보고 발 아래 엎드리어
And, behold, there cometh one of the rulers of the synagogue, Jairus by name; and when he saw him, he fell at his feet,

2532	2064	1520	3588	752	3686	2383	2532
καὶ	ἔρχεται	εἷς	τῶν	ἀρχισυναγώγων,	ὀνόματι	Ἰάϊρος,	καὶ
καί	ἔρχομαι	εἷς	ὁ	ἀρχισυνάγωγος	ὄνομα	Ἰάιρος	καί
카이	에르케타이	헤이스	톤	아르키쉬나고곤	오노마티	야이로스	카이
그런데	온다	하나인	그	회당장들 중의	이름으로	야이로가	이에
접.등.	동.직.현.중수디.3단.	형.대.기.주.남.단.	관.소.남.복.	명.소.남.복.	명.여격.중.단.	명.주.남.단	접.등.

3708(1492)	846	4098	4314	3588	4228	848
ἰδὼν	αὐτὸν	πίπτει	πρὸς	τοὺς	πόδας	αὐτοῦ
ὁράω.εἴδω	αὐτός	πίπτω	πρός	ὁ	πούς	αὐτός
이돈	아우톤	핖테이	프로스	투스	포다스	아우투
뵙고	그를	엎드린다	앞으로	그	두 발	그의
동.분.2과.능.주.남.단.	대.인.목.남.3단.	동.직.현.능.3단.	전.목.	관.목.남.복.	명.목.남.복.	대.인.소.남.3단.

23 간곡히 구하여 이르되 내 어린 딸이 죽게 되었사오니 오셔서 그 위에 손을 얹으사 그로
구원을 받아 살게 하소서 하거늘
And besought him greatly, saying, My little daughter lieth at the point of death: I pray thee, come and lay thy hands on her, that she may be healed; and she shall live.

2532	3870	846	4183	3004	3754	3588	2365
καὶ	παρακαλεῖ	αὐτὸν	πολλὰ	λέγων	ὅτι	τὸ	θυγάτριόν
καί	παρακαλέω	αὐτός	πολύς	λέγω	ὅτι	τό	θυγάτριον
카이	파라칼레이	아우톤	폴라	레곤	호티	토	뒤가트리온
그리고	간청한다	그를	많이	말하기를		그	외동딸이
접.등.	동.직.현.능.3단.	대.인.목.남.3단.	형.대.목.중.복.	동.분.현.능.주.남.단.	접.우.	관.주.중.단.	명.주.중.단.

1473	2079	2192	2443	2064	2007	3588	5495
μου	ἐσχάτως	ἔχει,	ἵνα	ἐλθὼν	ἐπιθῇς	τὰς	χεῖρας
ἐγώ	ἐσχάτως	ἔχω	ἵνα	ἔρχομαι	ἐπιτίθημι	ἡ	χείρ
무	에스카토스	에케이	히나	엘돈	에피데스	타스	케이라스
나의	죽어가고	있나이다		오셔서	당신이 얹으소서	그	두 손을
대.인.소.1단.	부.	동.직.현.능.3단.	접.우.	동.분.2과.능.주.남.2단.	동.가.2과.능.2단.	관.목.여.복.	명.목.여.복.

846	2443	4982	2532	2198
αὐτῇ	ἵνα	σωθῇ	καὶ	ζήσῃ.
αὐτός	ἵνα	σῴζω	καί	ζάω
아우테	히나	소데	카이	제세
그 아이에게	위하여	그가 구원을 받고	그리고	살기
대.인.여격.여.3단.	접.종.	동.가.1과.수.3단.	접.등.	동.가.1과.능.3단.

24 이에 그와 함께 가실새 큰 무리가 따라가며 에워싸 밀더라
And Jesus went with him; and much people followed him, and thronged him.

2532	565	3326	846	2532	190	846	3793	4183
καὶ	ἀπῆλθεν	μετ᾽	αὐτοῦ.	καὶ	ἠκολούθει	αὐτῷ	ὄχλος	πολύς
καί	ἀπέρχομαι	μετά	αὐτός	καί	ἀκολουθέω	αὐτός	ὄχλος	πολύς
카이	아펠덴	멧	아우투	카이	에콜루데이	아우토	오클로스	폴뤼스
이에	갔다	함께	그와	그런데	따르고 있었다	그에게	한 무리가	큰(많은)
접등	동.직.2과.능.3단.	전소.	대.인.소.남.3단.	접.등.	동.직.미완.능.3단.	대.인.여격.남.3단.	명.주.남.단.	형.주.남.단.

2532	4918	846
καὶ	συνέθλιβον	αὐτόν.
καί	συνθλίβω	αὐτός
카이	쉬네들리본	아우톤
그리하여	에워싸 밀고 있었다	그를
접.등.	동.직.미완.능.3복.	대.인.목.남.3단.

25 열두 해를 혈루증으로 앓아 온 한 여자가 있어
And a certain woman, which had an issue of blood twelve years,

2532	1135	1510	1722	4511	129	1427	2094
καὶ	γυνὴ	οὖσα	ἐν	ῥύσει	αἵματος	δώδεκα	ἔτη
καί	γυνή	εἰμί	ἐν	ῥύσις	αἷμα	δώδεκα	ἔτος
카이	귀네	우사	엔	흐뤼세이	하이마토스	도데카	에테
그리고	한 여자가	있는	가운데	유출	피의	열 두	해들을
접.등.	명.주.여.단.	동.분.현.능.주.여.단.	전.여격.	명.여격.여.단.	명.소.중.단.	형.기.목.중.복.	명.목.중.복.

26 많은 의사에게 많은 괴로움을 받았고 가진 것도 다 허비하였으되 아무 효험이 없고
도리어 더 중하여졌던 차에
And had suffered many things of many physicians, and had spent all that she had, and was nothing bettered, but rather grew worse,

2532	4183	3958	5259	4183	2395	2532	1159
καὶ	πολλὰ	παθοῦσα	ὑπὸ	πολλῶν	ἰατρῶν	καὶ	δαπανήσασα
καί	πολύς	πάσχω	ὑπό	πολύς	ἰατρός	καί	δαπανάω
카이	폴라	파두사	휘포	폴론	야트론	카이	다파네사사
그런데	많은 것을	괴로움을 받았고	의하여	많은	의사들에	그리고	허비하였고
접.등.	형.대.목.중.복.	동.분.2과.능.주.여.단.	전.소.	형.소.남.복.	명.소.남.복.	접.등.	동.분.1과.능.주.여.단.

3588	3844	846	3956	2532	3367	5623	235	3123
τὰ	παρ᾽	αὐτῆς	πάντα	καὶ	μηδὲν	ὠφεληθεῖσα	ἀλλὰ	μᾶλλον
τό	παρά	αὐτός	πᾶς	καί	μηδείς	ὠφελέω	ἀλλά	μᾶλλον
타	파르	아우테스	판타	카이	메덴	오펠레데이사	알라	말론
그	부터(있는)	그 여자로	모든 것을	그러나	아무것도 없고	유익을 얻지	그러나	오히려
관.목.중.복.	전.소.	대.인.소.여.3단.	형.대.목.중.복.	접.등.	형.대.기.목.중.단.	동.분.1과.수.주.여.단.	접.우.	부.비.

1519	3588	5501	2064
εἰς	τὸ	χεῖρον	ἐλθοῦσα,
εἰς	τό	χείρων	ἔρχομαι
에이스	토	케이론	엘두사
으로	그	더 중함	이른 후에
전.목.	관.목.중.단.	형.대.비.목.중.단.	동.분.2과.능.주.여.단.

27 예수의 소문을 듣고 무리 가운데 끼어 뒤로 와서 그의 옷에 손을 대니
When she had heard of Jesus, came in the press behind, and touched his garment.

191	4012	3588	2424	2064	1722	3588	3793	3693
ἀκούσασα	περὶ	τοῦ	Ἰησοῦ,	ἐλθοῦσα	ἐν	τῷ	ὄχλῳ	ὄπισθεν
ἀκούω	περί	ὁ	Ἰησοῦς	ἔρχομαι	ἐν	ὁ	ὄχλος	ὄπισθεν
아쿠사사	페리	투	예수	엘두사	엔	토	오클로	오피스덴
들은 후에	대하여	그	예수의	와서	속에	그	무리	뒤에서
동.분.1과.능.주.여.단.	전.소.	관.소.남.단.	명.소.남.단.	동.분.2과.능.주.여.단.	전.여격.	관.여격.남.단.	명.여격.남.단.	부.

680	3588	2440	846
ἥψατο	τοῦ	ἱματίου	αὐτοῦ·
ἅπτομαι	τό	ἱμάτιον	αὐτός
헵사토	투	히마티우	아우투
손을 대었다	그	겉옷의	그의
동.직.2과.중.3단.	관.소.중.단.	명.소.중.단.	대.인.소.남.3단.

28 이는 내가 그의 옷에만 손을 대어도 구원을 받으리라 생각함일러라
For she said, If I may touch but his clothes, I shall be whole.

3004	1063	3754	1437	680	2579	3588	2440	848
ἔλεγεν	γὰρ	ὅτι	Ἐὰν	ἅψωμαι	κἂν	τῶν	ἱματίων	αὐτοῦ
λέγω	γάρ	ὅτι	ἐάν	ἅπτομαι	κἄν	τό	ἱμάτιον	αὐτός
엘레겐	가르	호티	에안	핲소마이	칸	톤	히마티온	아우투
말하고 있었다	왜냐하면	것을	만일	내가 손을 댄다면	그래서 만일	그	겉옷들만이라도	그의
동.직.미완.능.3단.	접.종.	접.우.	접.종.	동.가.1과.중.1단.	부.&불.동.	관.소.중.복.	명.소.중.복.	대.인.소.남.3단.

4982
σωθήσομαι.
σῴζω
소데소마이
구원을 받을 것이라는
동.직.미.수.1단.

29 이에 그의 혈루 근원이 곧 마르매 병이 나은 줄을 몸에 깨달으니라
And straightway the fountain of her blood was dried up; and she felt in her body that she was healed of that plague.

2532	2117	3583	3588	4077	3588	129	846	2532
καὶ	εὐθὺς	ἐξηράνθη	ἡ	πηγὴ	τοῦ	αἵματος	αὐτῆς	καὶ
καί	εὐθύς	ξηραίνω	ἡ	πηγή	τό	αἷμα	αὐτός	καί
카이	유뒤스	엑세란데	헤	페게	투	하이마토스	아우테스	카이
그러자	곧	마르게 되었다	그	루(흐름)가	그	혈(피)	그녀의	이에
접.등.	형.대.주.남.단.	동.직.1과.수.3단.	관.주.여.단.	명.주.여.단.	관.소.중.단.	명.소.중.단.	대.인.소.여.3단.	접.등.

1097	3588	4983	3754	2390	575	3588	3148
ἔγνω	τῷ	σώματι	ὅτι	ἴαται	ἀπὸ	τῆς	μάστιγος.
γινώσκω	τό	σῶμα	ὅτι	ἰάομαι	ἀπό	ἡ	μάστιξ
에그노	토	소마티	호티	야타이	아포	테스	마스티고스
그가 알았다	그(그의)	몸에	것을	낫게 된	부터	그	질병으로
동.직.2과.능.3단.	관.여격.중.단.	명.여격.중.단.	접.등.	동.직.1완.수.3단.	전.소	관.소.여.단.	명.소.여.단.

30 예수께서 그 능력이 자기에게서 나간 줄을 곧 스스로 아시고 무리 가운데서 돌이켜
말씀하시되 누가 내 옷에 손을 대었느냐 하시니
And Jesus, immediately knowing in himself that virtue had gone out of him, turned him about in the press, and said, Who touched my clothes?

2532	2117	3588	2424	1921	1722	1438	3588	1537
καὶ	εὐθὺς	ὁ	Ἰησοῦς	ἐπιγνοὺς	ἐν	ἑαυτῷ	τὴν	ἐξ
καί	εὐθύς	ὁ	Ἰησοῦς	ἐπιγινώσκω	ἐν	ἑαυτοῦ	ἡ	ἐκ
카이	유뒤스	호	예수스	에피그누스	엔	헤아우토	텐	엑스
그러자	곧	그	예수께서	잘 아시고	속에서	그 자신에	그	에게서
접.등.	형.대.주.남.단.	관.주.남.단.	명.주.남.단.	동.분.2과.능.주.남.단.	전.여격.	대.인.여격.남.3단.	관.목.여.단.	전.소

846	1411	1831	1994	1722	3588	3793
αὐτοῦ	δύναμιν	ἐξελθοῦσαν	ἐπιστραφεὶς	ἐν	τῷ	ὄχλῳ
αὐτός	δύναμις	ἐξέρχομαι	ἐπιστρέφω	ἐν	ὁ	ὄχλος
아우투	뒤나민	엑셀두산	에피스트라페이스	엔	토	오클로
자기	능력을	나간 줄을	돌이키신 후에	가운데	그	무리
대.인.소.남.3단.	명.목.여.단.	동.분.2과.능.목.여.단.	동.분.2과.수.주.남.단.	전.여격.	관.여격.남.단.	명.여격.남.단.

3004	5101	1473	680	3588	2440
ἔλεγεν,	τίς	μου	ἥψατο	τῶν	ἱματίων;
λέγω	τίς	ἐγώ	ἅπτομαι	τό	ἱμάτιον
엘레겐	티스	무	헾사토	톤	히마티온
말씀하신다	누가	나의	만졌느냐	이	겉옷들의
동.직.미완.능.3단.	대.의.주.남.단.	대.인.소.1단.	동.직.1과.중.3단.	관.소.중.복.	명.소.중.복.

31 제자들이 여짜오되 무리가 에워싸 미는 것을 보시며 누가 내게 손을 대었느냐
물으시나이까 하되
And his disciples said unto him, Thou seest the multitude thronging thee, and sayest thou, Who touched me?

2532	3004	846	3588	3101	848	991	3588	3793
καὶ	ἔλεγον	αὐτῷ	οἱ	μαθηταὶ	αὐτοῦ,	βλέπεις	τὸν	ὄχλον
καί	λέγω	αὐτός	ὁ	μαθητής	αὐτός	βλέπω	ὁ	ὄχλος
카이	엘레곤	아우토	호이	마데타이	아우투	블레페이스	톤	오클론
그러자	말하고 있었다	그에게	그	제자들이	그의	주님께서 보셨다	그	무리를
접.등.	동.직.미완.능.3복.	대.인.여격.남.3단.	관.주.남.복.	명.주.남.복.	대.인.소.남.3단.	동.직.현.능.2단.	관.목.남.단.	명.목.남.단.

4918	4771	2532	3004	5101	1473	680
συνθλίβοντά	σε,	καὶ	λέγεις,	τίς	μου	ἥψατο;
συνθλίβω	σύ	καί	λέγω	τίς	ἐγώ	ἅπτομαι
쉰들리본타	세	카이	레게이스	티스	무	헵사토
에워싸 미는	주님을	그런데	말씀하십니까	누가	나를	만졌느냐고
동.분.현.능.목.남.단.	대.인.목.2단.	접.등.	동.직.현.능.2단.	대.의.주.남.단.	대.인.소.1단.	동.직.1과.중.3단.

32 예수께서 이 일 행한 여자를 보려고 둘러 보시니
And he looked round about to see her that had done this thing.

2532	4017	3708(1492)	3588	3778	4160
καὶ	περιεβλέπετο	ἰδεῖν	τὴν	τοῦτο	ποιήσασαν.
καί	περιβλέπω	ὁράω.εἴδω	ὁ	οὗτος	ποιέω
카이	페리에블레페토	이데인	텐	투토	포이에사산
이에	예수께서 둘러보고 계셨다	보시려고	그녀를	이것을	행한
접.등.	동.직.미완.중.3단.	동.부.2과.능.	관.목.여.단.	대.지.목.중.단.	동.분.1과.능.목.여.단.

33 여자가 자기에게 이루어진 일을 알고 두려워하여 떨며 와서 그 앞에 엎드려 모든 사실을
여쭈니
But the woman fearing and trembling, knowing what was done in her, came and fell down before him, and told him all the truth.

3588	1161	1135	5399	2532	5141	1492	3739
ἡ	δὲ	γυνὴ	φοβηθεῖσα	καὶ	τρέμουσα,	εἰδυῖα	ὃ
ἡ	δέ	γυνή	φοβέω	καί	τρέμω	οἶδα.εἴδω	ὅς
헤	데	귀네	포베데이사	카이	트레무사	에이뒤아	호
그	그러자	여자가	두려워하여	그리하여	떨면서	알고 있으면서	바 일을
관.주.여.단.	접.우.	명.주.여.단.	동.분.1과.수디.주.여.단.	접.등.	동.분.현.능.주.여.단.	동.분.1완.능.주.여.단.	대.관.주.중.단.

1096	846	2064	2532	4363	846	2532	3004(2036)
γέγονεν	αὐτῇ,	ἦλθεν	καὶ	προσέπεσεν	αὐτῷ	καὶ	εἶπεν
γίνομαι	αὐτός	ἔρχομαι	καί	προσπίπτω	αὐτός	καί	λέγω.ἔπω
게고넨	아우테	엘덴	카이	프로세페센	아우토	카이	에이펜
이루어진	그 여자에게	왔다	그리고	엎드렸다	그에게	그리고	말씀드렸다
동.직.2완.능.3단.	형.대.여격.여.3단.	동.직.2과.능.3단.	접.등.	동.직.2과.능.3단.	대.인.여격.남.3단.	접.등.	동.직.2과.능.3단.

846	3956	3588	225
αὐτῷ	πᾶσαν	τὴν	ἀλήθειαν.
αὐτός	πᾶς	ἡ	ἀλήθεια
아우토	파산	텐	알레데이안
그에게	모두	그	진실을
대.인.여격.남.3단.	형.목.여.단.	관.목.여.단.	명.목.여.단.

34 예수께서 이르시되 딸아 네 믿음이 너를 구원하였으니 평안히 가라 네 병에서 놓여
건강할지어다
And he said unto her, Daughter, thy faith hath made thee whole; go in peace, and be whole of thy plague.

3588	1161	3004(2036)	846	2364	3588	4102	4771	4982
ὁ	δὲ	εἶπεν	αὐτῇ,	θυγάτηρ,	ἡ	πίστις	σου	σέσωκέν
ὁ	δέ	λέγω.ἔπω	αὐτός	θυγάτηρ	ἡ	πίστις	σύ	σώζω
호	데	에이펜	아우테	뒤가테르	헤	피스티스	수	세소켄
예수께서	그러자	말씀하셨다	그녀에게	딸아	그	믿음이	네	구원하였다
관.주.남.단.	접.우.	동.직.2과.능.3단.	대.인.여격.여.3단.	명.호.여.단.	관.주.여.단.	명.주.여.단.	대.인.소.2단.	동.직.1완.능.3단.

4771	5217	1519	1515	2532	1510	5199	575	3588
σε·	ὕπαγε	εἰς	εἰρήνην	καὶ	ἴσθι	ὑγιὴς	ἀπὸ	τῆς
σύ	ὑπάγω	εἰς	εἰρήνη	καί	εἰμί	ὑγιής	ἀπό	ἡ
세	휘파게	에이스	에이레넨	카이	이스디	휘기에스	아포	테스
너를	가라	으로	평안함	그리고	있어라	건강하게	부터	그
대.인.목.2단.	동.명.현.능.2단.	전.목.	명.목.여.단.	접.등.	동.명.현.능.2단.	형.주.여.단.	전.소.	관.소.여.단.

3148	4771
μάστιγός	σου.
μάστιξ	σύ
마스티고스	수
질병으로	너의
명.소.여.단.	대.인.소.2단.

35 아직 예수께서 말씀하실 때에 회당장의 집에서 사람들이 와서 회당장에게 이르되 당신의
딸이 죽었나이다 어찌하여 선생을 더 괴롭게 하나이까

While he yet spake, there came from the ruler of the synagogue's house certain which said, Thy daughter is dead: why troublest thou the Master any further?

2089	846	2980	2064	575	3588	752
Ἔτι	αὐτοῦ	λαλοῦντος	ἔρχονται	ἀπὸ	τοῦ	ἀρχισυναγώγου
ἔτι	αὐτός	λαλέω	ἔρχομαι	ἀπό	ὁ	ἀρχισυνάγωγος
에티	아우투	랄룬토스	에르콘타이	아포	투	아르키쉬나고구
아직	그(의)가	말씀하실 때에	그들이 와서	부터	그	회당장의 집으로
부.	대.인.소.남.3단.	동.분.현.능.소.남.단.	동.직.현.중수디.3복.	전.소.	관.소.남.단.	명.소.남.단.

3004	3754	3588	2364	4771	599	5101	2089
λέγοντες	ὅτι	ἡ	θυγάτηρ	σου	ἀπέθανεν·	τί	ἔτι
λέγω	ὅτι	ἡ	θυγάτηρ	σύ	ἀποθνήσκω	τίς	ἔτι
레곤테스	호티	헤	뒤가테르	수	아페다넨	디	에티
말하기를		그	뇌농딸이	당신의	죽었나이다	어찌하여	아직도
동.분.현.능.주.남.복.	접.우.	관.주.여.단.	명.주.여.단.	대.인.소.2단.	동.직.2과.능.3단.	대.의.목.중.단.	부.

4660	3588	1320
σκύλλεις	τὸν	διδάσκαλον;
σκύλλω	ὁ	διδάσκαλος
스퀼레이스	톤	디다스칼론
당신은 괴롭게 하나이까	그	선생님을
동.직.현.능.2단.	관.목.남.단	명.목.남.단.

36 예수께서 그 하는 말을 곁에서 들으시고 회당장에게 이르시되 두려워하지 말고 믿기만
하라 하시고

As soon as Jesus heard the word that was spoken, he saith unto the ruler of the synagogue, Be not afraid, only believe.

3588	1161	2424	3878	3588	3056	2980	3004
ὁ	δὲ	Ἰησοῦς	παρακούσας	τὸν	λόγον	λαλούμενον	λέγει
ὁ	δέ	Ἰησοῦς	παρακούω	ὁ	λόγος	λαλέω	λέγω
호	데	예수스	파라쿠사스	톤	로곤	랄루메논	레게이
그	그러나	예수님께서	곁에서 들으시고	그	말을	무시하시고	말씀하신다
관.주.남.단.	접.우.	명.주.남.단.	동.분.1과.능.주.남.단.	관.목.남.단.	명.목.남.단.	동.분.현.수.목.남.단.	동.직.현.능.3단.

3588	752	3361	5399	3440	4100
τῷ	ἀρχισυναγώγῳ,	μὴ	φοβοῦ,	μόνον	πίστευε.
ὁ	ἀρχισυνάγωγος	μή	φοβέω	μόνον	πιστεύω
토	아르키쉬나고고	메	포부	모논	피스튜에
그	회당장에게	말라	두려워	오직	너는 믿어라
관.여격.남.단.	명.여격.남.단.	부.	동.명.현.중수디.2단.	형.대.목.중.단.	동.명.현.능.2단.

37 베드로와 야고보와 야고보의 형제 요한 외에 아무도 따라옴을 허락하지 아니하시고
And he suffered no man to follow him, save Peter, and James, and John the brother of James.

2532	3756	863	3762	3326	846	4870	1487	3361
καὶ	οὐκ	ἀφῆκεν	οὐδένα	μετ'	αὐτοῦ	συνακολουθῆσαι	εἰ	μὴ
καί	οὐ	ἀφίημι	οὐδείς	μετά	αὐτός	συνακολουθέω	εἰ	μή
카이	우크	아페켄	우데나	멭	아우투	쉬나콜루데사이	에이	메
그리고	아니하였다	허락하지	아무도 말도록	함께	그와	함께 따라옴을	는	외에
접.등.	부.	동.직.1과.능.3단.	형.대.기.목.남.단.	전소.	대.인.소.남.3단.	동.부.1과.능.	접.종.	부.

3588	4074	2532	2385	2532	2491	3588	80	2385
τὸν	Πέτρον	καὶ	Ἰάκωβον	καὶ	Ἰωάννην	τὸν	ἀδελφὸν	Ἰακώβου.
ὁ	Πέτρος	καί	Ἰάκωβος	καί	Ἰωάννης	ὁ	ἀδελφός	Ἰάκωβος
톤	페트론	카이	야코본	카이	요안넨	톤	아델폰	야코부
그	베드로	와	야고보	그리고	요한	그	형제	야고보의
관.목.남.단.	명.목.남.단.	접.등.	명.목.남.단.	접.등.	명.목.남.단.	관.목.남.단.	명.목.남.단.	명.소.남.단.

38 회당장의 집에 함께 가사 떠드는 것과 사람들이 울며 심히 통곡함을 보시고
And he cometh to the house of the ruler of the synagogue, and seeth the tumult, and them that wept and wailed greatly.

2532	2064	1519	3588	3624	3588	752	2532	2334
καὶ	ἔρχονται	εἰς	τὸν	οἶκον	τοῦ	ἀρχισυναγώγου,	καὶ	θεωρεῖ
καί	ἔρχομαι	εἰς	ὁ	οἶκος	ὁ	ἀρχισυνάγωγος	καί	θεωρέω
카이	에르콘타이	에이스	톤	오이콘	투	아르키쉬나고구	카이	데오레이
그리고	그들이 간다	안으로	그	집을	그	회당장의	그리고	그가 바라보신다
접.등.	동.직.현.중수디.3복.	전목.	관.목.남.단.	명.목.남.단.	관.소.남.단.	명.소.남.단.	접.등.	동.직.현.능.3단.

2351	2532	2799	2532	214	4183
θόρυβον	καὶ	κλαίοντας	καὶ	ἀλαλάζοντας	πολλά,
θόρυβος	καί	κλαίω	καί	ἀλαλάζω	πολύς
도뤼본	카이	클라이온타스	카이	알랄라존타스	폴라
소란함을	과	울며	그리고	통곡하면서	크게(심히)
명.목.남.단.	접.등.	동.분.현.능.목.남.복.	접.등.	동.분.현.능.목.남.복.	형.대.목.중.복.

39 들어가서 그들에게 이르시되 너희가 어찌하여 떠들며 우느냐 이 아이가 죽은 것이
아니라 잔다 하시니
And when he was come in, he saith unto them, Why make ye this ado, and weep? the damsel is not dead, but sleepeth.

2532	1525	3004	846	5101	2350	2532	2799
καὶ	εἰσελθὼν	λέγει	αὐτοῖς,	τί	θορυβεῖσθε	καὶ	κλαίετε;
καί	εἰσέρχομαι	λέγω	αὐτός	τίς	θορυβέω	καί	κλαίω
카이	에이셀돈	레게이	아우토이스	티	도뤼베이스데	카이	클라이에테
그리고	들어가셔서	말씀하신다	그들에게	어찌하여	너희가 소란하며	또	우느냐
접.등.	동.분.2과.능.주.남.단.	동.직.현.능.3단.	대.인.여격.남.3복.	대.의.목.중.단.	동.직.현.수.2복.	접.등.	동.직.현.능.2복

3588	3813	3756	599	235	2518
τὸ	παιδίον	οὐκ	ἀπέθανεν	ἀλλὰ	καθεύδει.
τό	παιδίον	οὐ	ἀποθνήσκω	ἀλλά	καθεύδω
토	파이디온	우크	아페다넨	알라	카듀데이
그	어린 아이가	아니라	죽지 않았다	다만	잔다
관.주.중.단.	명.주.중.단.	부.	동.직.2과.능.3단.	접.우.	동.직.현.능.3단.

40 그들이 비웃더라 예수께서 그들을 다 내보내신 후에 아이의 부모와 또 자기와 함께 한 자들을 데리시고 아이 있는 곳에 들어가사

And they laughed him to scorn. But when he had put them all out, he taketh the father and the mother of the damsel, and them that were with him, and entereth in where the damsel was lying.

2532	2606	846	846	1161	1544	3956	3880
καὶ	κατεγέλων	αὐτοῦ.	αὐτὸς	δὲ	ἐκβαλὼν	πάντας	παραλαμβάνει
καί	καταγελάω	αὐτός	αὐτός	δέ	ἐκβάλλω	πᾶς	παραλαμβάνω
카이	카테겔론	아우투	아우토스	데	에크발론	판타스	파랄람바네이
그러자	그들이 비웃고 있었다	그를	그가	그러나	내어 보내신 후에	모두를	데리시고
접등.	동.직.미완.능.3복.	대.인.소.남.3단.	대.인.주.남.3단.	접등.	동.분.2과.능.주.남.단.	형.대.목.남.복.	동.직.현.능.3단.

3588	3962	3588	3813	2532	3588	3384	2532	3588	3326
τὸν	πατέρα	τοῦ	παιδίου	καὶ	τὴν	μητέρα	καὶ	τοὺς	μετ’
ὁ	πατήρ	τό	παιδίον	καί	ἡ	μήτηρ	καί	ὁ	μετά
톤	파테라	투	파이디우	카이	텐	메테라	카이	투스	멧
그	아버지	그	어린아이의	와	그	어머니	와	그 사람들을	함께 있는
관.목.남.단.	명.목.남.단.	관.소.중.단.	명.소.중.단.	접등.	관.목.여.단.	명.목.여.단.	접등.	관.목.남.복.	전소.

846	2532	1531	3699	1510	3588	3813
αὐτοῦ	καὶ	εἰσπορεύεται	ὅπου	ἦν	τὸ	παιδίον.
αὐτός	καί	εἰσπορεύομαι	ὅπου	εἰμί	τό	παιδίον
아우투	카이	에이스포류에타이	호푸	엔	토	파이디온
자기와	그리고	들어가신다	곳으로	있는	그	어린아이
대.인.소.남.3단.	접등.	동.직.현.중수디.3단.	접종.	동.직.미완.능.3단.	관.주.중.단.	명.주.중.단.

41 그 아이의 손을 잡고 이르시되 달리다굼 하시니 번역하면 곧 내가 네게 말하노니 소녀야 일어나라 하심이라

And he took the damsel by the hand, and said unto her, Talitha cumi; which is, being interpreted, Damsel, I say unto thee, arise.

2532	2902	3588	5495	3588	3813	3004	846	5008
καὶ	κρατήσας	τῆς	χειρὸς	τοῦ	παιδίου	λέγει	αὐτῇ,	ταλιθα
καί	κρατέω	ἡ	χείρ	τό	παιδίον	λέγω	αὐτός	ταλιθά
카이	크라테사스	테스	케이로스	투	파이디우	레게이	아우테	탈리다
그리고	붙잡으시고	그	손을	그	어린아이의	그가 말씀하신다	그 (소녀)에게	달리다
접등.	동.분.1과.능.주.남.단.	관.소.여.단.	명.소.여.단.	관.소.중.단.	명.소.중.단.	동.직.현.능.3단.	대.인.여격.여.3단.	명.호.여.단.

2891	3739	1510	3177	3588	2877	4771
κουμ,	ὅ	ἐστιν	μεθερμηνευόμενον	τὸ	κοράσιον,	σοὶ
κουμ,	ὅς	εἰμί	μεθερμηνεύω	τό	κοράσιον	σύ
쿰	호	에스틴	메데르메뉴오메논	토	코라시온	소이
쿰	이것은	이다	번역하게 될 때	그	소녀야	너에게
동.명.1과.능.2단.	대.관.주.중.단.	동.직.현.능.3단.+	+동.분.현.수.주.중.단.	관.호.중.단.	명.호.중.단.	대.인.여격.2단.

3004	1453
λέγω,	ἔγειρε.
λέγω	ἐγείρω
레고	에게이레
내가 말한다	일어나라
동.직.현.능.1단.	동.명.현.능.2단.

42 소녀가 곧 일어나서 걸으니 나이가 열두 살이라 사람들이 곧 크게 놀라고 놀라거늘

And straightway the damsel arose, and walked; for she was of the age of twelve years. And they were astonished with a great astonishment.

2532	2117	450	3588	2877	2532	4043	1510	1063
καὶ	εὐθὺς	ἀνέστη	τὸ	κοράσιον	καὶ	περιεπάτει·	ἦν	γὰρ
καί	εὐθύς	ἀνίστημι	τό	κοράσιον	καί	περιπατέω	εἰμί	γάρ
카이	유뒤스	아네스테	토	코라시온	카이	페리에파테이	엔	가르
그러자	즉시	일어났다	그	소녀가	그리고	걷고 있었다	이었다	실제로
접등.	형.대.주.남.단.	동.직.2과.능.3단.	관.주.중.단.	명.주.중.단.	접등.	동.직.미완.능.3단.	동.직.미완.능.3단.	접종.

2094	1427	2532	1839	2117	1611	3173
ἐτῶν	δώδεκα.	καὶ	ἐξέστησαν	εὐθὺς	ἐκστάσει	μεγάλῃ.
ἔτος	δώδεκα	καί	ἐξίστημι	εὐθύς	ἔκστασις	μέγας
에톤	도데카	카이	엑세스테산	유뒤스	엑스타세이	메갈레
살	열 두	그래서	몹시 놀랐다	즉시	놀라고	큰
명.소.중.복.	형.기.소.중.복.	접.등.	동.직.2과.능.3복.	형.대.주.남.단.	명.여격.여.단.	형.여격.여.단.

43 예수께서 이 일을 아무도 알지 못하게 하라고 그들을 많이 경계하시고 이에 소녀에게 먹을 것을 주라 하시니라

And he charged them straitly that no man should know it; and commanded that something should be given her to eat.

2532	1291	846	4183	2443	3367	1097	3778
καὶ	διεστείλατο	αὐτοῖς	πολλὰ	ἵνα	μηδεὶς	γνοῖ	τοῦτο,
καί	διαστέλλομαι	αὐτός	πολύς	ἵνα	μηδείς	γινώσκω	οὗτος
카이	디에스테일라토	아우토이스	폴라	히나	메데이스	그노이	투토
또	예수께서 명하셨다	그들에게	많은 것을	하도록	아무도 못하게	알지	이 일을
접.등.	동.직.1과.중.3단.	대.인.여격.남.3복.	형.대.목.중.복.	접.등.	형.대.기.주.남.단.	동.가.2과.능.3단.	대.지.목.중.단.

2532	3004(2036)	1325	846	5315
καὶ	εἶπεν	δοθῆναι	αὐτῇ	φαγεῖν.
καί	λέγω.ἔπω	δίδωμι	αὐτός	φάγω
카이	에이펜	도데나이	아우테	파게인
그리고	말씀하셨다	주어지도록	그에게	먹을 것을
접.등.	동.직.2과.능.3단.	동.부.1과.수.	대.인.여격.여.3단.	동.부.2과.능.

6 예수께서 거기를 떠나사 고향으로 가시니 제자들도 따르니라

And he went out from thence, and came into his own country; and his disciples follow him.

2532	1831	1564	2532	2064	1519	3588	3968	846
Καὶ	ἐξῆλθεν	ἐκεῖθεν	καὶ	ἔρχεται	εἰς	τὴν	πατρίδα	αὐτοῦ,
καί	ἐξέρχομαι	ἐκεῖθεν	καί	ἔρχομαι	εἰς	ἡ	πατρίς	αὐτός
카이	엑셀덴	에케이덴	카이	에르케타이	에이스	텐	파트리다	아우투
그리고	그가 나가셨다	거기서부터	그리고	오시니	안으로	그	고향을	그의
접.등.	동.직.2과.능.3단.	부.	접.등.	동.직.현.중수디.3단.	전.목.	관.목.여.단.	명.목.여.단.	대.인.소.남.3단.

2532	190	846	3588	3101	846
καὶ	ἀκολουθοῦσιν	αὐτῷ	οἱ	μαθηταὶ	αὐτοῦ.
καί	ἀκολουθέω	αὐτός	ὁ	μαθητής	αὐτός
카이	아콜루두신	아우토	호이	마데타이	아우투
그러자	따른다	그를	그	제자들이	그의
접.등.	동.직.현.능.3복.	대.인.여격.남.3단.	관.주.남.복.	명.주.남.복.	대.인.소.남.3단.

2 안식일이 되어 회당에서 가르치시니 많은 사람이 듣고 놀라 이르되 이 사람이 어디서 이런 것을 얻었느냐 이 사람이 받은 지혜와 그 손으로 이루어지는 이런 권능이 어찌됨이냐

And when the sabbath day was come, he began to teach in the synagogue: and many hearing him were astonished, saying, From whence hath this man these things? and what wisdom is this which is given unto him, that even such mighty works are wrought by his hands?

2532	1096	4521	756	1321	1722	3588	4864
καὶ	γενομένου	σαββάτου	ἤρξατο	διδάσκειν	ἐν	τῇ	συναγωγῇ,
καί	γίνομαι	σάββατον	ἄρχομαι	διδάσκω	ἐν	ἡ	συναγωγή
카이	게노메누	삽바투	에륵사토	디다스케인	엔	테	쉬나고게
그리고	된 후에	안식일이	예수께서 시작하셨다	가르치시기를	안에서	그	회당에
접.등.	동.분.2과.중디.소.중.단.	명.소.중.단.	동.직.1과.중.3단.	동.부.현.능.	전.여격.	관.여격.여.단.	명.여격.여.단.

2532	4183	191	1605	3004	4159	3778
καὶ	πολλοὶ	ἀκούοντες	ἐξεπλήσσοντο	λέγοντες,	πόθεν	τούτῳ
καί	πολύς	ἀκούω	ἐκπλήσσω	λέγω	πόθεν	οὗτος
카이	폴로이	아쿠온테스	엑세플레쏜토	레곤테스	포덴	투토
그러자	많은 사람이	듣고	몹시 놀라고 있었다	말하기를	어디서	이 사람에게
접등.	형.대.주.남.복.	동.분.현.능.주.남.복.	동.직.미완.수.3복.	동.분.현.능.주.남.복.	부.의.	대.지.여격.남.단.

3778	2532	5101	3588	4678	3588	1325	3778	2532
ταῦτα,	καὶ	τίς	ἡ	σοφία	ἡ	δοθεῖσα	τούτῳ,	καὶ
οὗτος	καί	τίς	ἡ	σοφία	ἡ	δίδωμι	οὗτος	καί
타우타	카이	티스	헤	소피아	헤	도데이사	투토	카이
이런 것들이	그리고	어떤 것이냐	그	지혜가	그	주어진	이 사람에게	그리고
대.지.주.중.복.	접.등.	대.의.주.여.단.	관.주.여.단.	명.주.여.단.	관.주.여.단.	동.분.1과.수.주.여.단.	대.지.여격.남.단.	접.등.

3588	1411	5108	1223	3588	5495	846	1096
αἱ	δυνάμεις	τοιαῦται	διὰ	τῶν	χειρῶν	αὐτοῦ	γινόμεναι;
ἡ	δύναμις	τοιοῦτος	διά	ἡ	χείρ	αὐτός	γίνομαι
하이	뒤나메이스	토이아우타이	디아	톤	케이론	아우투	기노메나이
그	능력들은	이런	통하여	그	두 손을	그의	이루어지는
관.주.여.복.	명.주.여.복.	형.지.주.여.복.	전.소.	관.소.여.복.	명.소.여.복.	대.인.소.남.3단.	동.분.현.중수디.주.여.복.

3 이 사람이 마리아의 아들 목수가 아니냐 야고보와 요셉과 유다와 시몬의 형제가 아니냐
그 누이들이 우리와 함께 여기 있지 아니하냐 하고 예수를 배척한지라

Is not this the carpenter, the son of Mary, the brother of James, and Joses, and of Juda, and Simon? and are not his sisters here with us? And they were offended at him.

3756	3778	1510	3588	5045	3588	5207	3588	3137
οὐχ	οὗτός	ἐστιν	ὁ	τέκτων,	ὁ	υἱὸς	τῆς	Μαρίας
οὐ	οὗτός	εἰμί	ὁ	τέκτων,	ὁ	υἱός	ἡ	Μαρία
우크	후토스	에스틴	호	테크톤	호	휘오스	테스	마리아스
아니	이 사람은	이냐	그	목수가	그	아들	그	마리아의
불.의.	대.지.주.남.단.	동.직.현.능.3단.	관.주.남.단.	명.주.남.단.	관.주.남.단.	명.주.남.단.	관.소.여.단.	명.소.여.단.

2532	80	2385	2532	2500	2532	2455	2532	4613
καὶ	ἀδελφὸς	Ἰακώβου	καὶ	Ἰωσῆτος	καὶ	Ἰούδα	καὶ	Σίμωνος;
καί	ἀδελφός	Ἰάκωβος	καί	Ἰωσῆς	καί	Ἰουδάς	καί	Σίμων
카이	아델포스	야코부	카이	요세토스	카이	유다	카이	시모노스
그리고	형제가	야고보	와	요셉	과	유다	그리고	시몬의
접.등.	명.주.남.단.	명.소.남.단.	접.등.	명.소.남.단.	접.등.	명.소.남.단.	접.등.	명.소.남.단.

2532	3756	1510	3588	79	848	5602	4314	1473	2532
καὶ	οὐκ	εἰσὶν	αἱ	ἀδελφαὶ	αὐτοῦ	ὧδε	πρὸς	ἡμᾶς;	καὶ
καί	οὐ	εἰμί	ὁ	ἀδελφή	αὐτός	ὧδε	πρός	ἐγώ	καί
카이	우크	에이신	하이	아델파이	아우투	호데	프로스	헤마스	카이
또	아니하냐	있지	그	누이들이	그의	여기에	함께	우리와	그래서
접.등.	불.의.	동.직.현.능.3복.	관.주.여.복.	명.주.여.복.	대.인.소.남.3단.	부.	전.목.	대.인.목.1복.	접.등.

4624	1722	846
ἐσκανδαλίζοντο	ἐν	αὐτῷ.
σκανδαλίζω	ἐν	αὐτός
에스칸달리존토	엔	아우토
그들이 배척하고 있었다	의하여	그(예수)
동.직.미완.수.3복.	전.여격.	대.인.여격.남.3단.

4 예수께서 그들에게 이르시되 선지자가 자기 고향과 자기 친척과 자기 집 외에서는 존경을
받지 못함이 없느니라 하시며

But Jesus said unto them, A prophet is not without honour, but in his own country, and among his own kin, and in his own house.

2532	3004	846	3588	2424	3754	3756	1510	4396
καὶ	ἔλεγεν	αὐτοῖς	ὁ	Ἰησοῦς	ὅτι	οὐκ	ἔστιν	προφήτης
καί	λέγω	αὐτός	ὁ	Ἰησοῦς	ὅτι	οὐ	εἰμί	προφήτης
카이	엘레겐	아우토이스	호	예수스	호티	우크	에스틴	프로페테스
그러나	말씀하셨다	그들에게	그	예수께서	왜냐하면	아니하였다	있지	한 선지자가
접.등.	동.직.미완.능.3단.	대.인.여격.남.3복.	관.주.남.단.	명.주.남.단.	접.등.	부.	동.직.현.능.3단.	명.주.남.단.

820	1487	3361	1722	3588	3968	846	2532	1722	3588
ἄτιμος	εἰ	μὴ	ἐν	τῇ	πατρίδι	αὐτοῦ	καὶ	ἐν	τοῖς
ἄτιμος	εἰ	μή	ἐν	ἡ	πατρίς	αὐτός	καί	ἐν	ὁ
아티모스	에이	메	엔	테	파트리디	아우투	카이	엔	토이스
존경을 받지 않음이	는	외에서	안에	그	고향이	자기의	그리고	중에서	그
형.주.남.단.	접.종.	부.	전.여격.	관.여격.여.단.	명.여격.여.단.	대.인소.남.3단.	접.등.	전.여격.	관.여격.남.복.

4773	848	2532	1722	3588	3614	846
συγγενεῦσιν	αὐτοῦ	καὶ	ἐν	τῇ	οἰκίᾳ	αὐτοῦ.
συγγενής	αὐτός	καί	ἐν	ἡ	οἰκία	αὐτός
쉉게뉴신	아우투	카이	엔	테	오이키아	아우투
친척들	그의	과	안에서	그	집에	그의
형.대.여격.남.복.	대.인소.남.3단.	접.등.	전.여격.	관.여격.여.단.	명.여격.여.단.	대.인소.남.3단.

5 거기서는 아무 권능도 행하실 수 없어 다만 소수의 병자에게 안수하여 고치실 뿐이었고
And he could there do no mighty work, save that he laid his hands upon a few sick folk, and healed them.

2532	3756	1410	1563	4160	3762	1411	1487	3361
καὶ	οὐκ	ἐδύνατο	ἐκεῖ	ποιῆσαι	οὐδεμίαν	δύναμιν,	εἰ	μὴ
καί	οὐ	δύναμαι	ἐκεῖ	ποιέω	οὐδείς	δύναμις	εἰ	μή
카이	우크	에뒤나토	에케이	포이에사이	우데미안	뒤나민	에이	메
그래서	없었다	그가 할 수	거기서	행하는 것을	아무런	능력	뿐	다만
접.등.	부.	동.직.미완.중수디.3단.	부.	동.부.1과.능.	형.기.목.여.단.	명.목.여.단.	접.종.	부.

3641	732	2007	3588	5495	2323
ὀλίγοις	ἀρρώστοις	ἐπιθεὶς	τὰς	χεῖρας	ἐθεράπευσεν.
ὀλίγος	ἄρρωστος	ἐπιτίθημι	ἡ	χείρ	θεραπεύω
올리고이스	아르로스토이스	에피데이스	타스	케이라스	에데라퓨센
약간의	병자들에게	얹고	그	두 손을	그가 고치셨다
형.부.비.복.	형.대.여격.남.복.	동.분.2과.능.주.남.단.	관.목.여.복.	명.목.여.복.	동.직.1과.능.3단.

6 그들이 믿지 않음을 이상히 여기셨더라 이에 모든 촌에 두루 다니시며 가르치시더라
And he marvelled because of their unbelief. And he went round about the villages, teaching.

2532	2296	1223	3588	570	846	2532	4013
καὶ	ἐθαύμαζεν	διὰ	τὴν	ἀπιστίαν	αὐτῶν.	Καὶ	περιῆγεν
καί	θαυμάζω	διά	ἡ	ἀπιστία	αὐτός	καί	περιάγω
카이	에다우마젠	디아	텐	아피스티안	아우톤	카이	페리에겐
그리고	그가 놀라고 있었다	인하여	그	믿지 않음을	그들의	그래서	그가 다니고 계셨다
접.등.	동.직.미완.능.3단.	전.목.	관.목.여.단.	명.목.여.단.	대.인소.남.3복.	접.등.	동.직.미완.능.3단.

3588	2968	2945	1321
τὰς	κώμας	κύκλῳ	διδάσκων.
ἡ	κώμη	κύκλῳ	διδάσκω
타스	코마스	퀴클로	디다스콘
그	마을들을	주위에 있는	가르치시며
관.목.여.복.	명.목.여.복.	부.	동.분.현.능.주.남.단.

7 열두 제자를 부르사 둘씩 둘씩 보내시며 더러운 귀신을 제어하는 권능을 주시고
And he called unto him the twelve, and began to send them forth by two and two; and gave them power over unclean spirits;

2532	4341	3588	1427	2532	756	846	649
καὶ	προσκαλεῖται	τοὺς	δώδεκα	καὶ	ἤρξατο	αὐτοὺς	ἀποστέλλειν
καί	προσκαλέομαι	ὁ	δώδεκα	καί	ἄρχομαι	αὐτός	ἀποστέλλω
카이	프로스칼레이타이	투스	도데카	카이	에륵사토	아우투스	아포스텔레인
그리고	그가 가까이 부르신다	그	열둘을	그리고	그가 시작하셨다	그들을	보내기를
접.등.	동.직.현.중수디.3단.	관.목.남.복.	형.대.기.목.남.복.	접.등.	동.직.1과.중.3단.	대.인.목.남.3복.	동.부.현.능.

1417	1417	2532	1325	846	1849	3588	4151
δύο	δύο	καὶ	ἐδίδου	αὐτοῖς	ἐξουσίαν	τῶν	πνευμάτων
δύο	δύο	καί	δίδωμι	αὐτός	ἐξουσία	τό	πνεῦμα
뒤오	뒤오	카이	에디두	아우토이스	엑수시안	톤	프뉴마톤
둘씩	둘씩을	또	주시고 있었다	그들에게	권세를	그	귀신(영)들을
형.대.기.목.남.복.	형.대.기.목.남.복.	접.등.	동.직.미완.능.3단.	대.인.여격.남.3복.	명.목.여.단.	관.소.중.복.	명.소.중.복.

3588	169
τῶν	ἀκαθάρτων,
τό	ἀκάθαρτος
톤	아카다르톤
그	더러운
관.소.중.복.	형.소.중.복.

8 명하시되 여행을 위하여 지팡이 외에는 양식이나 배낭이나 전대의 돈이나 아무 것도
가지지 말며

And commanded them that they should take nothing for their journey, save a staff only; no scrip, no bread, no money in their purse:

2532	3853	846	2443	3367	142	1519	3598
καὶ	παρήγγειλεν	αὐτοῖς	ἵνα	μηδὲν	αἴρωσιν	εἰς	ὁδὸν
καί	παραγγέλλω	αὐτός	ἵνα	μηδείς	αἴρω	εἰς	ὁδός
카이	파렝게일렌	아우토이스	히나	메덴	아이로신	에이스	호돈
그리고	명하셨다	그들에게	위하여	아무것도 않기	그들이 들지	위하여	길을
접.등.	동.직.1과.능.3단.	대.인.여격.남.3복.	접.등.	형.대.기.목.중.단.	동.가.현.능.3복.	전.목.	명.목.여.단.

1487	3361	4464	3440	3361	740	3361	4082	3361	1519	3588
εἰ	μὴ	ῥάβδον	μόνον,	μὴ	ἄρτον,	μὴ	πήραν,	μὴ	εἰς	τὴν
εἰ	μή	ῥάβδος	μόνον,	μή	ἄρτος	μή	πήρα	μή	εἰς	ἡ
에이	메	흐랍돈	모논	메	아르톤	메	페란	메	에이스	텐
는	외에	지팡이	오직	이나	양식도	말고	주머니도	말며	속으로	그
접.종.	부.	명.목.여.단.	형.대.목.중.단.	부.	명.목.남.단.	부.	명.목.여.단.	부.	전.목.	관.목.여.단.

2223	5475
ζώνην	χαλκόν,
ζώνη	χαλκός
조넨	칼콘
전대를	동전을
명.목.여.단.	명.목.남.단.

9 신만 신고 두 벌 옷도 입지 말라 하시고

But be shod with sandals; and not put on two coats.

235	5265	4547	2532	3361	1746	1417	5509
ἀλλ'	ὑποδεδεμένους	σανδάλια,	καὶ	μὴ	ἐνδύσησθε	δύο	χιτῶνας.
ἀλλά	ὑποδέω	σανδάλιον	καί	μή	ἐνδύω	δύο	χιτών
알	휘포데데메누스	산달리아	카이	메	엔뒤세스데	뒤오	키토나스
다만	신고	신들만을	그리고	말라	입지	두 벌	속옷들을
접.우.	동.분.1완.수.목.남.복.	명.목.중.복.	접.등.	부.	동.가.1과.중.2복.	형.기.목.남.복.	명.목.남.복.

10 또 이르시되 어디서든지 누구의 집에 들어가거든 그 곳을 떠나기까지 거기 유하라

And he said unto them, In what place soever ye enter into an house, there abide till ye depart from that place.

2532	3004	846	3699	1437	1525	1519	3614	1563
καὶ	ἔλεγεν	αὐτοῖς,	ὅπου	ἐὰν	εἰσέλθητε	εἰς	οἰκίαν,	ἐκεῖ
καί	λέγω	αὐτός	ὅπου	ἐάν	εἰσέρχομαι	εἰς	οἰκία	ἐκεῖ
카이	엘레겐	아우토이스	호푸	에안	에이셀데테	에이스	오이키안	에케이
또	그가 말씀하셨다	그들에게	어디서	든지	너희가 들어가거든	에	한 집	거기
접.등.	동.직.미완.능.3단.	대.인.여격.남.3복.	접.종.	불.동.	동.가.2과.능.2복.	전.목.	명.목.여.단.	부.

3306	2193	302	1831	1564
μένετε	ἕως	ἂν	ἐξέλθητε	ἐκεῖθεν.
μένω	ἕως	ἄν	ἐξέρχομαι	ἐκεῖθεν
메네테	헤오스	안	엑셀데테	에케이덴
머물러라	까지	때	너희가 나갈	거기서부터
동.명.현.능.2복.	접.종.	불.동.	동.가.2과.능.2복.	부.

11 어느 곳에서든지 너희를 영접하지 아니하고 너희 말을 듣지도 아니하거든 거기서 나갈
때에 발 아래 먼지를 떨어버려 그들에게 증거를 삼으라 하시니

And whosoever shall not receive you, nor hear you, when ye depart thence, shake off the dust under your feet for a testimony against them. Verily I say unto you, It shall be more tolerable for Sodom and Gomorrha in the day of judgment, than for that city.

2532	3739	302	5117	3361	1209	4771	3366	191
καὶ	ὃς	ἂν	τόπος	μὴ	δέξηται	ὑμᾶς	μηδὲ	ἀκούσωσιν
καί	ἕως	ἄν	τόπος	μή	δέχομαι	σύ	μηδέ	ἀκούω
카이	호스	안	토포스	메	데세타이	휘마스	메데	아쿠소신
그리고	누구	든지	그 곳에서	아니하고	영접하지	너희를	아니하거든	그들이 말을 듣지
접.등.	형.관.주.남.단.	불.동.	명.주.남.단.	부.	동.가.1과.중디.3단.	대.인.목.2복.	접.등.	동.가.1과.능.3복.

4771	1607	1564	1621	3588	5522	3588	5270
ὑμῶν,	ἐκπορευόμενοι	ἐκεῖθεν	ἐκτινάξατε	τὸν	χοῦν	τὸν	ὑποκάτω
σύ	ἐκπορεύομαι	ἐκεῖθεν	ἐκτινάσσω	ὁ	χόος	ὁ	ὑποκάτω
휘몬	에크포류오메노이	에케이덴	엑티낙사테	톤	쿤	톤	휘포카토
너희의	나가면서	거기서	떨어버려라	그	먼지를	그	아래
대.인.소.2복.	동.분.명.현.중.주.남.2복.	부.	동.명.1과.능.2복.	관.목.남.단.	명.목.남.단.	관.목.남.단.	전.소.

3588	4228	4771	1519	3142	846
τῶν	ποδῶν	ὑμῶν	εἰς	μαρτύριον	αὐτοῖς.
ὁ	πούς	σύ	εἰς	μαρτύριον	αὐτός
톤	포돈	휘몬	에이스	마르튀리온	아우토이스
그	발들의	너희의	위하여	증거를	그들에게
관.소.남.복.	명.소.남.복.	대.인.소.2복.	전.목.	명.목.중.단.	대.인.여격.남.3복.

12 제자들이 나가서 회개하라 전파하고

And they went out, and preached that men should repent.

2532	1831	2784	2443	3340
Καὶ	ἐξελθόντες	ἐκήρυξαν	ἵνα	μετανοῶσιν,
καί	ἐξέρχομαι	κηρύσσω	ἵνα	μετανοέω
카이	엑셀돈테스	에케뤽산	히나	메타노오신
그래서	그들이 나간 후에	제자들이 선포하였다	것을	사람들이 회개할
접.등.	동.분.2과.능.주.남.복.	동.직.1과.능.3복.	접.등.	동.가.현.능.3복.

13 많은 귀신을 쫓아내며 많은 병자에게 기름을 발라 고치더라

And they cast out many devils, and anointed with oil many that were sick, and healed them.

2532	1140	4183	1544	2532	218	1637	4183
καὶ	δαιμόνια	πολλὰ	ἐξέβαλλον,	καὶ	ἤλειφον	ἐλαίῳ	πολλοὺς
καί	δαιμόνιον	πολύς	ἐκβάλλω	καί	ἀλείφω	ἔλαιον	πολύς
카이	다이모니아	폴라	엑세발론	카이	엘레이폰	엘라이오	폴루스
그리고	귀신들을	많은	쫓아내고 있었다	또	바르고 있었다	기름을	많은
접.등.	명.목.중.복.	형.목.중.복.	동.직.미완.능.3복.	접.등.	동.직.미완.능.3복.	명.여격.중.단.	형.목.남.복.

732	2532	2323
ἀρρώστους	καὶ	ἐθεράπευον.
ἄῤῥωστος	καί	θεραπεύω
마르로스투스	카이	에데라퓨온
병자들을	그리고	고치고 있었다
형.대.목.남.복.	접.등.	동.직.미완.능.3복.

14 이에 예수의 이름이 드러난지라 헤롯 왕이 듣고 이르되 이는 세례 요한이 죽은 자
가운데서 살아났도다 그러므로 이런 능력이 그 속에서 일어나느니라 하고
And king Herod heard of him; (for his name was spread abroad:) and he said, That John the Baptist was risen from the dead, and therefore mighty works do shew forth themselves in him.

2532	191	3588	935	2264	5318	1063	1096
Καὶ	ἤκουσεν	ὁ	βασιλεὺς	Ἡρῴδης,	φανερὸν	γὰρ	ἐγένετο
καί	ἀκούω	ὁ	βασιλεύς	Ἡρῴδης,	φανερός	γάρ	γίνομαι
카이	에쿠센	호	바실류스	헤로데스	파네론	가르	에게네토
그래서	들었다	그	왕이	헤롯	드러나게	왜냐하면	되어
접.등.	동.직.1과.능.3단.	관.주.남.단.	명.주.남.단.	명.주.남.단.	형.주.중.단.	접.종.	동.직.2과.중디.3단.

3588	3686	848	2532	3004	3754	2491	3588	907
τὸ	ὄνομα	αὐτοῦ,	καὶ	ἔλεγον	ὅτι	Ἰωάννης	ὁ	βαπτίζων
τό	ὄνομα	αὐτός	καί	λέγω	ὅτι	Ἰωάννης	ὁ	βαπτίζω
토	오노마	아우투	카이	엘레곤	호티	요안네스	호	밥티존
그	이름이	그의	그래서	말하고 있었다	때문에	요한이	그	세례
관.주.중.단.	명.주.중.단.	대.인.소.남.3단.	접.등.	동.직.미완.능.3복.	접.우.	명.주.남.단.	관.주.남.단.	동.분.현.능.주.남.단.

1453	1537	3498	2532	1223	3778	1754	3588
ἐγήγερται	ἐκ	νεκρῶν	καὶ	διὰ	τοῦτο	ἐνεργοῦσιν	αἱ
ἐγείρω	ἐκ	νεκρός	καί	διά	οὗτος	ἐνεργέω	ἡ
에게게르타이	에크	네크론	카이	디아	투토	에네르구신	하이
일어났기	가운데서	죽은 자들	그래서	때문에	이	역사(활동)한다	그
동.직.1완.수.3단.	전.소.	형.대.소.남.복.	접.등.	전.목.	대.지.목.중.단.	동.직.현.능.3복.	관.주.여.복.

1411	1722	846
δυνάμεις	ἐν	αὐτῷ.
δύναμις	ἐν	αὐτός
뒤나메이스	엔	아우토
능력들이	속에서	그
명.주.여.복.	전.여격.	대.인.여격.남.3단.

15 어떤 이는 그가 엘리야라 하고 또 어떤 이는 그가 선지자니 옛 선지자 중의 하나와 같다
하되
Others said, That it is Elias. And others said, That it is a prophet, or as one of the prophets.

243	1161	3004	3754	2243	1510	243	1161	3004
ἄλλοι	δὲ	ἔλεγον	ὅτι	Ἠλίας	ἐστίν·	ἄλλοι	δὲ	ἔλεγον
ἄλλος	δέ	λέγω	ὅτι	Ἠλίας	εἰμί	ἄλλος	δέ	λέγω
알로이	데	엘레곤	호티	엘리아스	에스틴	알로이	데	엘레곤
다른 사람들은	그러나	말하고 있었다	것을	엘리야	그가~이라는	다른 이들은	또	말하고 있었다
형.대.주.남.복.	접.등.	동.직.미완.능.3복.	접.등.	명.주.남.단.	동.직.현.능.3단.	형.대.주.남.복.	접.등.	동.직.미완.능.3복.

3754	4396	5613	1520	3588	4396
ὅτι	προφήτης	ὡς	εἷς	τῶν	προφητῶν.
ὅτι	προφήτης	ὡς	εἷς	ὁ	προφήτης
호티	프로페테스	호스	헤이스	톤	프로페톤
것을	한 선지자	같은	하나와	그	선지자들 중의
접.등.	명.주.남.단.	접.종.	형.대.기.주.남.단.	관.소.남.복.	명.소.남.복.

16 헤롯은 듣고 이르되 내가 목 벤 요한 그가 살아났다 하더라
But when Herod heard thereof, he said, It is John, whom I beheaded: he is risen from the dead.

191	1161	3588	2264	3004	3739	1473	607
ἀκούσας	δὲ	ὁ	Ἡρῴδης	ἔλεγεν,	ὃν	ἐγὼ	ἀπεκεφάλισα
ἀκούω	δέ	ὁ	Ἡρῴδης	λέγω	ὅς	ἐγώ	ἀποκεφαλίζω
아쿠사스	데	호	헤로데스	엘레겐	혼	에고	아페케팔리사
들은 후에	그러나	그	헤롯은	말하고 계셨다	그 사람	나는	목을 베었던
동.분.1과.능.주.남.단.	접.우.	관.주.남.단.	명.주.남.단.	동.직.미완.능.3단.	대.관.목.남.단.+	대.인.주.1단.	동.직.1과.능.1단.

2491	3778	1453
Ἰωάννην,	οὗτος	ἠγέρθη.
Ἰωάννης	οὗτος	ἐγείρω
요안넨	후토스	에게르데
요한을	그가	일어나게 되었다고
명.목.남.단.	대.지.주.남.단.	동.직.1과.수.3단.

17 전에 헤롯이 자기가 동생 빌립의 아내 헤로디아에게 장가 든 고로 이 여자를 위하여
사람을 보내어 요한을 잡아 옥에 가두었으니
For Herod himself had sent forth and laid hold upon John, and bound him in prison for Herodias' sake, his brother Philip's wife: for he had married her.

846	1063	3588	2264	649	2902	3588	2491
Αὐτὸς	γὰρ	ὁ	Ἡρῴδης	ἀποστείλας	ἐκράτησεν	τὸν	Ἰωάννην
αὐτός	γάρ	ὁ	Ἡρῴδης	ἀποστέλλω	κρατέω	ὁ	Ἰωάννης
아우토스	가르	호	헤로데스	아포스테일라스	에크라테센	톤	요안넨
자기가	왜냐하면	그	헤롯이	사람을 보내어	붙잡아	그	요한을
대.인.주.남.3단.	접.종.	관.주.남.단.	명.주.남.단.	동.분.1과.능.주.남.단.	동.직.1과.능.3단.	관.목.남.단.	명.목.남.단.

2532	1210	846	1722	5438	1223	2266	3588	1135
καὶ	ἔδησεν	αὐτὸν	ἐν	φυλακῇ	διὰ	Ἡρῳδιάδα	τὴν	γυναῖκα
καί	δέω	αὐτός	ἐν	φυλακή	διά	Ἡρῳδιάς	ὁ	γυνή
카이	에데센	아우톤	엔	퓔라케	디아	헤로디아다	텐	귀나이카
그리고	결박하였다	그를	속에	감옥	위하여	헤로디아를	그	아내
접.등.	동.직.1과.능.3단.	대.인.목.남.3단.	전.여격.	명.여격.여.단.	전.목.	명.목.여.단.	관.목.여.단.	명.목.여.단.

5376	3588	80	848	3754	846	1060
Φιλίππου	τοῦ	ἀδελφοῦ	αὐτοῦ,	ὅτι	αὐτὴν	ἐγάμησεν·
Φίλιππος	ὁ	ἀδελφός	αὐτός	ὅτι	αὐτός	γαμέω
필맆푸	투	아델푸	아우투	호티	아우텐	에가메센
빌립의	그	동생	그의	때문이라	그녀에게	헤롯이 결혼하였기
명.소.남.단.	관.소.남.단.	명.소.남.단.	대.인.소.남.3단.	접.종.	대.인.목.여.3단.	동.직.1과.능.3단.

18 이는 요한이 헤롯에게 말하되 동생의 아내를 취한 것이 옳지 않다 하였음이라
For John had said unto Herod, It is not lawful for thee to have thy brother's wife.

3004	1063	3588	2491	3588	2264	3754	3756	1832
ἔλεγεν	γὰρ	ὁ	Ἰωάννης	τῷ	Ἡρῴδῃ	ὅτι	οὐκ	ἔξεστίν
λέγω	γάρ	ὁ	Ἰωάννης	ὁ	Ἡρῴδης	ὅτι	οὐ	ἔξεστι
엘레겐	가르	호	요안네스	토	헤로데	호티	우크	엑세스틴
말하고 있었다	왜냐하면	그	요한이	그	헤롯에게	것을	않다는	합당하지
동.직.미완.능.3단.	접.종.	관.주.남.단.	명.주.남.단.	관.여격.남.단.	명.여격.남.단.	접.등.	부.	동.직.현.능.3단.

4771	2192	3588	1135	3588	80	4771
σοι	ἔχειν	τὴν	γυναῖκα	τοῦ	ἀδελφοῦ	σου.
σύ	ἔχω	ὁ	γυνή	ὁ	ἀδελφός	σύ
소이	에케인	텐	귀나이카	투	아델푸	수
당신에게	차지한 것이	그	아내를	그	동생의	당신의
대.인.여격.2단.	동.부.현.능.	관.목.여.단.	명.목.여.단.	관.소.남.단.	명.소.남.단.	대.인.소.2단.

19 헤로디아가 요한을 원수로 여겨 죽이고자 하였으되 하지 못한 것은
Therefore Herodias had a quarrel against him, and would have killed him; but she could not:

3588	1161	2266	1758	846	2532	2309	846
ἡ	δὲ	Ἡρῳδιὰς	ἐνεῖχεν	αὐτῷ	καὶ	ἤθελεν	αὐτὸν
ὁ	δέ	Ἡρῳδιὰς	ἐνέχω	αὐτός	καί	θέλω	αὐτός
헤	데	헤로디아스	에네이켄	아우토	카이	에델렌	아우톤
그	때에	헤로디아가	원한을 품고 있었다	그에게	그리고	원하였다	그를
관.주.여.단.	접.등./접.우.	명.주.여.단.	동.직.미완.능.3단.	대.인.여격.남.3단.	접.등.	동.직.미완.능.3단.	대.인.목.남.3단.

615	2532	3756	1410
ἀποκτεῖναι,	καὶ	οὐκ	ἠδύνατο·
ἀποκτείνω	καί	οὐ	δύναμαι
아포크테이나이	카이	우크	에뒤나토
죽이는 것을	그러나	없었다	할 수
동.부.1과.능	접.등.	부.	동.직.미완.중수디.3단.

20 헤롯이 요한을 의롭고 거룩한 사람으로 알고 두려워하여 보호하며 또 그의 말을 들을
때에 크게 번민을 하면서도 달갑게 들음이러라

For Herod feared John, knowing that he was a just man and an holy, and observed him; and when he heard him, he did many things, and heard him gladly.

3588	1063	2264	5399	3588	2491	1492	846
ὁ	γὰρ	Ἡρῴδης	ἐφοβεῖτο	τὸν	Ἰωάννην,	εἰδὼς	αὐτὸν
ὁ	γάρ	Ἡρῴδης	φοβέω	ὁ	Ἰωάννης	οἶδα.εἴδω	αὐτός
호	가르	헤로데스	에포베이토	톤	요안넨	에이도스	아우톤
그	왜냐하면	헤롯이	두려워하여	그	요한을	알고 있으면서	그를
관.주.남.단.	접.종.	명.주.남.단.	동.직.미완.중수디.3단.	관.목.남.단.	명.목.남.단.	동.분.1완.능.주.남.단.	대.인.목.남.3단.

435	1342	2532	40	2532	4933	846	2532	191
ἄνδρα	δίκαιον	καὶ	ἅγιον,	καὶ	συνετήρει	αὐτόν,	καὶ	ἀκούσας
ἀνήρ	δίκαιος	καί	ἅγιος	καί	συντηρέω	αὐτός	καί	ἀκούω
안드라	디카이온	카이	하기온	카이	쉬네테레이	아우톤	카이	아쿠사스
사람으로	의롭고	또	거룩한	그래서	보호하고 있었다	그를	또	말을 들으며
명.목.남.단.	형.목.남.단.	접.등.	형.목.남.단.	접.등.	동.직.미완.능.3단.	대.인.목.남.3단.	접.등.	동.분.1과.능.주.남.단.

846	4183	639	2532	2234	846	191
αὐτοῦ	πολλὰ	ἠπόρει,	καὶ	ἡδέως	αὐτοῦ	ἤκουεν.
αὐτός	πολύς	ἀπορέω	καί	ἡδέως	αὐτός	ἀκούω
아우투	폴라	에포레이	카이	헤데오스	아우투	에쿠엔
그의	많은 것을	번민하고 있었다	그러나	기쁘게	그의	말을 듣고 있었다
대.인.소.남.3단.	형.대.목.중.복.	동.직.미완.능.3단.	접.등.	부.	대.인.소.남.3단.	동.직.미완.능.3단.

21 마침 기회가 좋은 날이 왔으니 곧 헤롯이 자기 생일에 대신들과 천부장들과 갈릴리의
귀인들로 더불어 잔치할새

And when a convenient day was come, that Herod on his birthday made a supper to his lords, high captains, and chief estates of Galilee;

2532	1096	2250	2121	3753	2264	3588	1077
Καὶ	γενομένης	ἡμέρας	εὐκαίρου	ὅτε	Ἡρῴδης	τοῖς	γενεσίοις
καί	γίνομαι	ἡμέρα	εὔκαιρος	ὅτε	Ἡρῴδης	τό	γενέσια
카이	게노메네스	헤메라스	유카이루	호테	헤로데스	토이스	게네시오이스
그런데	왔으니	날이	좋은 기회의	때에	헤롯이	그	생일에
접.등.	동.분.2과.중디.소.여.단.	명.소.여.단.	형.소.여.단.	부관.	명.주.남.단.	관.여격.중.복.	명.여격.중.복.

848	1173	4160	3588	3175	848	2532	3588
αὐτοῦ	δεῖπνον	ἐποίησεν	τοῖς	μεγιστᾶσιν	αὐτοῦ	καὶ	τοῖς
αὐτός	δεῖπνον	ποιέω	ὁ	μεγιστάν	αὐτός	καί	ὁ
아우투	데이프논	에포이에센	토이스	메기스타신	아우투	카이	토이스
자기의	잔치를	행하였다	그	대신들	그의	과	그
대.인.소.남.3단.	명.목.중.단.	동.직.1과.능.3단.	관.여격.남.복.	명.여격.남.복.	대.인.소.남.3단.	접.등.	관.여격.남.복.

5506	2532	3588	4413	3588	1056
χιλιάρχοις	καὶ	τοῖς	πρώτοις	τῆς	Γαλιλαίας,
χιλίαρχος	καί	ὁ	πρῶτος	ἡ	Γαλιλαία
킬리아르코이스	카이	토이스	프로토이스	테스	갈릴라이아스
천부장들	과	그	귀인들에게	그	갈릴리의
명.여격.남.복.	접.등.	관.여격.남.복.	형.대.서.여격.남.복.	관.소.여.단.	명.소.여.단.

22 헤로디아의 딸이 친히 들어와 춤을 추어 헤롯과 그와 함께 앉은 자들을 기쁘게 한지라
왕이 그 소녀에게 이르되 무엇이든지 네가 원하는 것을 내게 구하라 내가 주리라 하고

And when the daughter of the said Herodias came in, and danced, and pleased Herod and them that sat with him, the king said unto the damsel, Ask of me whatsoever thou wilt, and I will give it thee.

2532	1525	3588	2364	846	2266	2532	3738
καὶ	εἰσελθούσης	τῆς	θυγατρὸς	αὐτοῦ	Ἡρῳδιάδος	καὶ	ὀρχησαμένης
καί	εἰσέρχομαι	ἡ	θυγάτηρ	αὐτός	Ἡρῳδιάς	καί	ὀρχέομαι
카이	에이셀두세스	테스	뒤가트로스	아우투	헤로디아도스	카이	오르케사메네스
그런데	들어와서	그	딸이	자신의	헤로디아의	그리고	춤을 추어
접등.	동.분.2과.능.소.여.단.	관.소.여.단.	명.소.여.단.	대.인.소.남.3단.	명.소.여.단.	접등.	동.분.1과.중디.소.여.단.

700	3588	2264	2532	3588	4873	3004(2036)
ἤρεσεν	τῷ	Ἡρῴδῃ	καὶ	τοῖς	συνανακειμένοις.	εἶπεν
ἀρέσκω	ὁ	Ἡρῴδης	καί	ὁ	συνανάκειμαι	λέγω.ἔπω
에레센	토	헤로데	카이	토이스	쉬나나케이메노이스	에이펜
그녀가 기쁘게 하였다	그	헤롯	과	그	(식탁에)함께 앉은 자들을	말하였다
동.직.1과.능.3단.	관.여격.남.단.	명.여격.남.단.	접등.	관.여격.남.복.	동.분.현.중.여격.남.복.	동.직.2과.능.3단.

3588	935	3588	2877	154	1473	3739	1437	2309
ὁ	βασιλεὺς	τῷ	κορασίῳ,	αἴτησόν	με	ὃ	ἐὰν	θέλῃς,
ὁ	βασιλεύς	τό	κοράσιον	αἰτέω	ἐγώ	ὅς	ἐάν	θέλω
호	바실류스	토	코라시오	아이테손	메	호	에안	델레스
그	왕이	그	소녀에게	구하라	내게	무엇이	든지	네가 원하면
관.주.남.단.	명.주.남.단.	관.여격.중.단.	명.여격.중.단.	동.명.1과.능.2단.	대.인.목.1단.	대.관.목.중.단.	불통.	동.가.현.능.2단.

2532	1325	4771
καὶ	δώσω	σοι·
καί	δίδωμι	σύ
카이	도소	소이
그러면	내가 줄 것이다	너에게
접등.	동.직.미.능.1단.	대.인.여격.2단.

23 또 맹세하기를 무엇이든지 네가 내게 구하면 내 나라의 절반까지라도 주리라 하거늘

And he sware unto her, Whatsoever thou shalt ask of me, I will give it thee, unto the half of my kingdom.

2532	3660	846	4183	3739	5100	1437	1473
καὶ	ὤμοσεν	αὐτῇ	πολλά	ὅ	τι	ἐάν	με
καί	ὀμνύω	αὐτός	πολύς	ὅς	τις	ἐάν	ἐγώ
카이	오모센	아우테	폴라	호	티	에안	메
또	그가 맹세하였다	그 소녀에게	많은	것을	무엇이	든지	나에게
접등.	동.직.1과.능.3단.	대.인.여격.여.3단.	형.대.목.중.복.	대.관.목.중.단.	형.부.목.중.단	접등.	대.인.목.1단.

154	1325	4771	2193	2255	3588	932	1473
αἰτήσῃς	δώσω	σοι	ἕως	ἡμίσους	τῆς	βασιλείας	μου.
αἰτέω	δίδωμι	σύ	ἕως	ἥμισυς	ἡ	βασιλείας	ἐγώ
아이테세스	도소	소이	헤오스	헤미수스	테스	바실레이아스	무
내가 구하는	내가 줄 것이다	너에게	까지라도	절반	그	나라의	나의
동.가.1과.능.2단.	동.직.미.능.1단.	대.인.여격.2단.	전소.	형.대.소.남.단./형.대.소.중.단.	관.소.여.단.	명.소.여.단.	대.인.소.1단.

24 그가 나가서 그 어머니에게 말하되 내가 무엇을 구하리이까 그 어머니가 이르되 세례
요한의 머리를 구하라 하니

And she went forth, and said unto her mother, What shall I ask? And she said, The head of John the Baptist.

3588	1831	3004(2036)	3588	3384	846	5101	154
καὶ	ἐξελθοῦσα	εἶπεν	τῇ	μητρὶ	αὐτῆς,	τί	αἰτήσωμαι;
καί	ἐξέρχομαι	λέγω.ἔπω	ὁ	μήτηρ	αὐτός	τίς	αἰτέω
카이	엑셀두사	에이펜	테	메트리	아우테스	티	아이테소마이
그러자	나간 후에	그녀가 말하였다	그	어미에게	자기의	무엇을	내가 나를 위하여 구하리까
접등.	동.분.2과.능.주.여.단.	동.직.2과.능.3단.	관.여격.여.단.	명.여격.여.단.	대.인.소.여.3단.	대.의.목.중.단.	동.가.1과.중.1단.

3588	1161	3004(2036)	3588	2776	2491	3588	907
ἡ	δὲ	εἶπεν,	τὴν	κεφαλὴν	Ἰωάννου	τοῦ	βαπτίζοντος.
ἡ	δέ	λέγω.ἔπω	ὁ	κεφαλή	Ἰωάννης	ὁ	βαπτίζω
헤	데	에이펜	텐	케팔렌	요안누	투	밮티존토스
그(어미)가	이에	말하였다	그	머리를	요한의	그	세례주는
관.주.여.단.	접.우.	동.직.2과.능.3단.	관.목.여.단.	명.목.여.단.	명.소.남.단.	관.소.남.단.	동.분.현.능.소.남.단.

25 그가 곧 왕에게 급히 들어가 구하여 이르되 세례 요한의 머리를 소반에 얹어 곧 내게
주기를 원하옵나이다 하니

And she came in straightway with haste unto the king, and asked, saying, I will that thou give me by and by in a charger the head of John the Baptist.

2532	1525	2117	3326	4710	4314	3588	935
καὶ	εἰσελθοῦσα	εὐθὺς	μετὰ	σπουδῆς	πρὸς	τὸν	βασιλέα
καί	εἰσέρχομαι	εὐθύς	μετά	σπουδή	πρός	ὁ	βασιλεύς
카이	에이셀두사	유뒤스	메타	스푸데스	프로스	톤	바실레아
그러자	들어간 후에	곧	으로	서두름	에게로	그	왕
접.등.	동.분.2과.능.주.여.단.	형.대.주.남.단.	전.소.	명.소.여.단.	전.목.	관.목.남.단.	명.목.남.단.

154	3004	2309	2443	1824	1325	1473	1909
ᾐτήσατο	λέγουσα,	θέλω	ἵνα	ἐξαυτῆς	δῶς	μοι	ἐπὶ
αἰτέω	λέγω	θέλω	ἵνα	ἐξαύτης	δίδωμι	ἐγώ	ἐπί
에테사토	레구사	델로	히나	엑사우테스	도스	모이	에피
구하였다	말하기를	내가 원합니다.	것을	곧	당신이 줄	나에게	(위에)담아
동.직.1과.중.3단.	동.분.현.능.주.여.단.	동.직.현.능.1단.	접.등.	부.	동.가.2과.능.2단.	대.인.여격.1단.	전.여격.

4094	3588	2776	2491	3588	910
πίνακι	τὴν	κεφαλὴν	Ἰωάννου	τοῦ	βαπτιστοῦ.
πίναξ	ἡ	κεφαλή	Ἰωάννης	ὁ	Βαπτιστής
피나키	텐	케팔렌	요안누	투	밮티스투
쟁반에	그	머리를	요한의	그	세례
명.여격.남.단.	관.목.여.단.	명.목.여.단.	명.소.남.단.	관.소.남.단.	명.소.남.단.

26 왕이 심히 근심하나 자기가 맹세한 것과 그 앉은 자들로 인하여 그를 거절할 수 없는지라

And the king was exceeding sorry; yet for his oath's sake, and for their sakes which sat with him, he would not reject her.

2532	4036	1096	3588	935	1223	3588	3727
καὶ	περίλυπος	γενόμενος	ὁ	βασιλεὺς	διὰ	τοὺς	ὅρκους
καί	περίλυπος	γίνομαι	ὁ	βασιλεὺς	διά	ὁ	ὅρκος
카이	페릴뤼포스	게노메노스	호	바실류스	디아	투스	호르쿠스
이에	심히 슬퍼하게	되어	그	왕이	인하여	그	맹세한 것들
접.등.	형.주.남.단	동.분.2과.중디.주.남.단.	관.주.남.단.	명.주.남.단.	전.목.	관.목.남.복.	명.목.남.복.

2532	3588	345	3756	2309	114	846
καὶ	τοὺς	ἀνακειμένους	οὐκ	ἠθέλησεν	ἀθετῆσαι	αὐτήν·
καί	ὁ	ἀνακεῖμαι	οὐ	θέλω	ἀθετέω	αὐτός
카이	투스	아나케이메누스	우크	에델레센	아데테사이	아우텐
과	그 사람들을	함께 기대어 앉은	없었다	원하지 아니 할 수	거절하는 것을	그 여자를
접.등.	관.목.남.복.	동.분.현.중수디.목.남.복.	부.	동.직.1과.능.3단.	동.부.1과.능.	대.인.목.여.3단.

27 왕이 곧 시위병 하나를 보내어 요한의 머리를 가져오라 명하니 그 사람이 나가 옥에서
요한을 목 베어

And immediately the king sent an executioner, and commanded his head to be brought: and he went and beheaded him in the prison,

2532	2117	649	3588	935	4688	2004
καὶ	εὐθὺς	ἀποστείλας	ὁ	βασιλεὺς	σπεκουλάτορα	ἐπέταξεν
καί	εὐθύς	ἀποστέλλω	ὁ	βασιλεὺς	σπεκουλάτωρ	ἐπιτάσσω
카이	유뒤스	아포스테일라스	호	바실류스	스페쿨라토라	에페탁센
그래서	곧	보내어	그	왕이	시위병을	명하였다
접.등.	형.대.주.남.단.	동.분.1과.능.주.남.단.	관.주.남.단.	명.주.남.단.	명.목.남.단.	동.직.1과.능.3단.

5342	3588	2776	848	2532	565	607	846
ἐνέγκαι	τὴν	κεφαλὴν	αὐτοῦ.	καὶ	ἀπελθὼν	ἀπεκεφάλισεν	αὐτὸν
φέρω	ἡ	κεφαλή	αὐτός	καί	ἀπέρχομαι	ἀποκεφαλίζω	αὐτός
에넹카이	텐	케팔렌	아우투	카이	아펠돈	아페케팔리센	아우톤
가져오라고	그	머리를	그의	그러자	떠나가서	그가 목을 베었다	그를
동.부.1과.능.	관.목.여.단.	명.목.여.단.	대.인.소.남.3단.	접.등.	동.분.2과.능.주.남.단.	동.직.1과.능.3단.	대.인.목.남.3단.

1722	3588	5438
ἐν	τῇ	φυλακῇ
ἐν	ἡ	φυλακή
엔	테	퓔라케
속에	그	감옥
전.여격.	관.여격.여.단.	명.여격.여.단.

28 그 머리를 소반에 얹어다가 소녀에게 주니 소녀가 이것을 그 어머니에게 주니라
And brought his head in a charger, and gave it to the damsel: and the damsel gave it to her mother.

2532	5342	3588	2776	848	1909	4094	2532	1325
καὶ	ἤνεγκεν	τὴν	κεφαλὴν	αὐτοῦ	ἐπὶ	πίνακι	καὶ	ἔδωκεν
καί	φέρω	ἡ	κεφαλή	αὐτός	ἐπί	πίναξ	καί	δίδωμι
카이	에넹켄	텐	케팔렌	아우투	에피	피나키	카이	에도켄
그리고	가져왔다	그	머리를	그의	위에(담아)	쟁반에	그리고	주었다
접.등.	동.직.1과.능.3단.	관.목.여.단.	명.목.여.단.	대.인.소.남.3단.	전.여격.	명.여격.남.단.	접.등.	동.직.1과.능.3단.

846	3588	2877	2532	3588	2877	1325	846	3588
αὐτὴν	τῷ	κορασίῳ,	καὶ	τὸ	κοράσιον	ἔδωκεν	αὐτὴν	τῇ
αὐτός	τό	κοράσιον	καί	τό	κοράσιον	δίδωμι	αὐτός	ἡ
아우텐	토	코라시오	카이	토	코라시온	에도켄	아우텐	테
그것을	그	소녀에게	그러자	그	소녀가	주었다	그것을	그
대.인.목.여.3단.	관.여격.중.단.	명.여격.중.단.	접.등.	관.주.중.단.	명.주.중.단.	동.직.1과.능.3단.	대.인.목.여.3단.	관.여격.여.단.

3384	846
μητρὶ	αὐτῆς.
μήτηρ	αὐτός
메트리	아우테스
어미에게	자기의
명.여격.여.단.	대.인.소.여.3단.

29 요한의 제자들이 듣고 와서 시체를 가져다가 장사하니라
And when his disciples heard of it, they came and took up his corpse, and laid it in a tomb.

2532	191	3588	3101	848	2064	2532	142	3588
καὶ	ἀκούσαντες	οἱ	μαθηταὶ	αὐτοῦ	ἦλθον	καὶ	ἦραν	τὸ
καί	ἀκούω	ὁ	μαθητής	αὐτός	ἔρχομαι	καί	αἴρω	τό
카이	아쿠산테스	호이	마데타이	아우투	엘돈	카이	에란	토
그런데	듣고	그	제자들이	그의	왔다	그리고	가져갔다	그
접.등.	동.분.1과.능.주.남.복.	관.주.남.복.	명.주.남.복.	대.인.소.남.3단.	동.직.2과.능.3복.	접.등.	동.직.1과.능.3복.	관.목.중.단.

4430	848	2532	5087	846	1722	3419
πτῶμα	αὐτοῦ	καὶ	ἔθηκαν	αὐτὸ	ἐν	μνημείῳ.
πτῶμα	αὐτός	καί	τίθημι	αὐτός	ἐν	μνημεῖον
프토마	아우투	카이	에데칸	아우토	엔	므네메이오
시체를	그의	그리고	두었다	그것을	속에	무덤
명.목.중.단.	대.인.소.남.3단.	접.등.	동.직.1과.능.3복.	대.인.목.중.3단.	전.여격.	명.여격.중.단.

30 사도들이 예수께 모여 자기들이 행한 것과 가르친 것을 낱낱이 고하니
And the apostles gathered themselves together unto Jesus, and told him all things, both what they had done, and what they had taught.

2532	4863	3588	652	4314	3588	2424	2532	518
Καὶ	συνάγονται	οἱ	ἀπόστολοι	πρὸς	τὸν	Ἰησοῦν	καὶ	ἀπήγγειλαν
καί	συνάγω	ὁ	ἀπόστολος	πρός	ὁ	Ἰησοῦς	καί	ἀπαγγέλλω
카이	쉬나곤타이	호이	아포스톨로이	프로스	톤	예순	카이	아펭게일란
그리고	함께 모였다	그	사도들이	에게로	그	예수	그리고	보고하였다
접등	동.직.현.수.3복.	관.주.남.복.	명.주.남.복.	전목.	관.목.남.단.	명.목.남.단.	접등.	동.직.1과.능.3복.

846	3956	3745	4160	2532	3745	1321
αὐτῷ	πάντα	ὅσα	ἐποίησαν	καὶ	ὅσα	ἐδίδαξαν.
αὐτός	πᾶς	ὅσος	ποιέω	καί	ὅσος	διδάσκω
아우토	판타	호사	에포이에산	카이	호사	에디닥산
그에게	모든 일을	만큼 많은 것들	자기들이 행하였던	과	만큼 많은	자기들이 가르친
대.인.여격.남.3단.	형.대.목.중.복.	대.관.목.중.복.	동.직.1과.능.3복.	접등.	대.관.목.중.복.	동.직.1과.능.3복.

31 이르시되 너희는 따로 한적한 곳에 가서 잠깐 쉬어라 하시니 이는 오고 가는 사람이 많아
음식 먹을 겨를도 없음이라
And he said unto them, Come ye yourselves apart into a desert place, and rest a while: for there
were many coming and going, and they had no leisure so much as to eat.

2532	3004	846	1205	4771	846	2596	2398	1519
καὶ	λέγει	αὐτοῖς,	δεῦτε	ὑμεῖς	αὐτοὶ	κατ'	ἰδίαν	εἰς
καί	λέγω	αὐτός	δεῦτε	σύ	αὐτός	κατά	ἴδιος	εἰς
카이	레게이	아우토이스	듀테	휘메이스	아우토이	캇	이디안	에이스
그런데	말씀하신다	그들에게	오라	너희는	자신들이	로	따	으로
접등.	동.직.현.능.3단.	대.인.여격.남.3복.	부.	대.인.주.2복.	대.인.주.남.2복.	전목.	형.대.목.여.단.	전목.

2048	5117	2532	373	3641	1510	1063	3588
ἔρημον	τόπον	καὶ	ἀναπαύσασθε	ὀλίγον.	ἦσαν	γὰρ	οἱ
ἔρημος	τόπος	καί	ἀναπαύω	ὀλίγος	εἰμί	γάρ	ὁ
에레몬	토폰	카이	아나파우사스데	올리곤	에산	가르	호이
한적한	곳	그리고	쉬어라	잠깐	있어서	왜냐하면	그
형.목.남.단.	명.목.남.단.	접등.	동.명.1과.중.2복.	형.대.목.중.단.	동.직.미완.능.3복.	접종.	관.주.남.복.

2064	2532	3588	5217	4183	2532	3761	5315	2119
ἐρχόμενοι	καὶ	οἱ	ὑπάγοντες	πολλοί,	καὶ	οὐδὲ	φαγεῖν	εὐκαίρουν.
ἔρχομαι	καί	ὁ	ὑπάγω	πολύς	καί	οὐδέ	φάγω	εὐκαιρέω
에르코메노이	카이	호이	휘파곤테스	폴로이	카이	우데	파게인	유기이룬
오는	그리고	그	가는 사람들이	많은 사람이	그래서	없었더라	음식 먹기 위한	그들이 기회
동.분.현.중수디.주.남.복.	접등.	관.주.남.복.	동.분.현.능.주.남.복.	형.대.주.남.복.	접등.	부.	동.부.2과.능.	동.직.미완.능.3복.

32 이에 배를 타고 따로 한적한 곳에 갈새
And they departed into a desert place by ship privately.

2532	565	1722	3588	4143	1519	2048	5117	2596	2398
καὶ	ἀπῆλθον	ἐν	τῷ	πλοίῳ	εἰς	ἔρημον	τόπον	κατ'	ἰδίαν.
καί	ἀπέρχομαι	ἐν	τό	πλοῖον	εἰς	ἔρημος	τόπος	κατά	ἴδιος
카이	아펠돈	엔	토	플로이오	에이스	에레몬	토폰	캇	이디안
그래서	그들이 떠나갔다	안에	그	배를	으로	한적한	한 곳을	(으)로	따(각자)
접등.	동.직.2과.능.3복.	전.여격.	관.여격.중.단.	명.여격.중.단.	전목.	형.목.남.단.	명.목.남.단.	전목.	형.대.목.여.단.

33 그들이 가는 것을 보고 많은 사람이 그들인 줄 안지라 모든 고을로부터 도보로 그 곳에
달려와 그들보다 먼저 갔더라
And the people saw them departing, and many knew him, and ran afoot thither out of all cities,
and outwent them, and came together unto him.

2532	3708(1492)	846	5217	2532	1921	4183	2532	3979
καὶ	εἶδον	αὐτοὺς	ὑπάγοντας	καὶ	ἐπέγνωσαν	πολλοί	καί	πεζῇ
καί	ὁράω.εἴδω	αὐτός	ὑπάγω	καί	ἐπιγινώσκω	πολύς	καί	πεζῇ
카이	에이돈	아우투스	휘파곤타스	카이	에페그노산	폴로이	카이	페제
그리고	그들이 보았다	그들을	가는	이에	잘 알았고	많은 사람들이	그래서	도보로
접등.	동.직.2과.능.3복.	대.인.목.남.3복.	동.분.현.능.목.남.복.	접등.	동.직.2과.능.3복.	형.대.주.남.복.	접등.	부.

575	3956	3588	4172	4936	1563	2532	4281	846
ἀπὸ	πασῶν	τῶν	πόλεων	συνέδραμον	ἐκεῖ	καὶ	προῆλθον	αὐτούς.
ἀπό	πᾶς	ἡ	πόλις	συντρέχω	ἐκεῖ	καί	προέρχομαι	αὐτός
아포	파손	톤	폴레온	쉬네드라몬	에케이	카이	프로엘돈	아우투스
로부터	모든	그	고을(성읍들)로	달려왔다	그곳에	그래서	그들이 먼저 갔다	저희들(보다)
전소.	형.소.여.복.	관.소.여.복.	명.소.여.복.	동.직.2과.능.3복.	부.	접.등.	동.직.2과.능.3복.	대.인.목.남.3복.

34 예수께서 나오사 큰 무리를 보시고 그 목자 없는 양 같음으로 인하여 불쌍히 여기사
이에 여러 가지로 가르치시더라

And Jesus, when he came out, saw much people, and was moved with compassion toward them, because they were as sheep not having a shepherd: and he began to teach them many things.

2532	1831	3708(1492)	4183	3793	2532	4697	1909
καὶ	ἐξελθὼν	εἶδεν	πολὺν	ὄχλον	καὶ	ἐσπλαγχνίσθη	ἐπ’
καί	ἐξέρχομαι	ὁράω.εἴδω	πολύς	ὄχλος	καί	σπλαγχνίζομαι	ἐπί
카이	엑셀돈	에이덴	폴륀	오클론	카이	에스플랑크니스데	엪
그리고	나오셔서	예수께서 보셨다	많은	한 무리를	이에	측은히 여기셨다	대하여
접.등.	동.분.2과.능.주.남.단.	동.직.2과.능.3단.	형.목.남.단.	명.목.남.단.	접.등.	동.직.1과.수디.3단.	전.목.

846	3754	1510	5613	4263	3361	2192	4166	2532
αὐτοὺς,	ὅτι	ἦσαν	ὡς	πρόβατα	μὴ	ἔχοντα	ποιμένα,	καὶ
αὐτός	ὅτι	εἰμί	ὡς	πρόβατον	μή	ἔχω	ποιμήν	καί
아우투스	호티	에산	호스	프로바타	메	에콘타	포이메나	카이
그들을	때문에	그들이 있었기	같이	양들과	않은	가지고 있지	목자를	이에
대.인.목.남.3복.	접.종.	동.직.미완.능.3복.	접.종.	명.주.중.복.	부.	동.분.현.능.주.중.복.	명.목.남.단.	접.등.

756	1321	846	4183
ἤρξατο	διδάσκειν	αὐτοὺς	πολλά.
ἄρχομαι	διδάσκω	αὐτός	πολύς
에릅사토	디다스케인	아우투스	폴라
그가 시작하셨다	가르치시기를	그들을	많은 것들을
동.직.1과.중.3단.	동.부.현.능.	대.인.목.남.3복.	형.대.목.중.복.

35 때가 저물어가매 제자들이 예수께 나아와 여짜오되 이 곳은 빈 들이요 날도 저물어가니

And when the day was now far spent, his disciples came unto him, and said, This is a desert place, and now the time is far passed:

2532	2235	5610	4183	1096	4334	846	3588
Καὶ	ἤδη	ὥρας	πολλῆς	γενομένης	προσελθόντες	αὐτῷ	οἱ
καί	ἤδη	ὥρα	πολύς	γίνομαι	προσέρχομαι	αὐτός	ὁ
카이	에데	호라스	폴레스	게노메네스	프로셀돈테스	아우토	호이
그리고	이미	시간이	많이	지난 후에	가까이 와서	그에게	그
접.등.	부.	명.소.여.단.	형.소.여.단.	동.분.2가.중디.소.여.단.	동.분.2과.능.주.남.복.	대.인.여격.남.3단.	관.주.남.복.

3101	848	3004	3754	2048	1510	3588	5117	2532
μαθηταὶ	αὐτοῦ	ἔλεγον	ὅτι	ἔρημός	ἐστιν	ὁ	τόπος	καὶ
μαθητής	αὐτός	λέγω	ὅτι	ἔρημος	εἰμί	ὁ	τόπος	καί
마데타이	아우투	엘레곤	호티	에레모스	에스틴	호	토포스	카이
제자들이	그의	말하고 있었다	왜냐하면	광야	이여	이	곳은	또한
명.주.남.복.	대.인.소.남.3단.	동.직.미완.능.3복.	접.등.	형.주.남.단.	동.직.현.능.3단.	관.주.남.단.	명.주.남.단.	접.등.

2235	5610	4183
ἤδη	ὥρα	πολλή·
ἤδη	ὥρα	πολύς
에데	호라	폴레
이미	시간이	많이(늦어있어)
부.	명.주.여.단.	형.주.여.단.

36 무리를 보내어 두루 촌과 마을로 가서 무엇을 사 먹게 하옵소서

Send them away, that they may go into the country round about, and into the villages, and buy themselves bread: for they have nothing to eat.

630	846	2443	565	1519	3588	2945	68	2532
ἀπόλυσον	αὐτούς,	ἵνα	ἀπελθόντες	εἰς	τοὺς	κύκλῳ	ἀγροὺς	καὶ
ἀπολύω	αὐτός	ἵνα	ἀπέρχομαι	εἰς	ὁ	κύκλῳ	ἀγρός	καί
아폴뤼손	아우투스	히나	아펠돈테스	에이스	투스	퀴클로	아그루스	카이
돌려보내소서	그들을	하옵소서	떠나가서	안으로	그	주위에	촌들	과
동.명.1과.능.2단.	대.인.목.남.3복.	접.종.	동.분.2과.능.주.남.복.	전.목.	관.목.남.복.	부.	명.목.남.복.	접.등.

2968	59	1438	5101	5315
κώμας	ἀγοράσωσιν	ἑαυτοῖς	τί	φάγωσιν.
κώμη	ἀγοράζω	ἑαυτοῦ	τίς	φάγω
코마스	아고라소신	헤아우토이스	티	파고신
마을들을	그들이 사서	그들 자신들을 위하여	무엇을	그들이 먹게
명.목.여.복.	동.가.1과.능.3복.	대.인.여격.남.3복.	대.의.목.중.단.	동.가.2과.능.3복.

37 대답하여 이르시되 너희가 먹을 것을 주라 하시니 여짜오되 우리가 가서 이백 데나리온의
떡을 사다 먹이리이까

He answered and said unto them, Give ye them to eat. And they say unto him, Shall we go and buy two hundred pennyworth of bread, and give them to eat?

3588	1161	611	3004(2036)	846	1325	846	4771
ὁ	δὲ	ἀποκριθεὶς	εἶπεν	αὐτοῖς,	δότε	αὐτοῖς	ὑμεῖς
ὁ	δέ	ἀποκρίνομαι	λέγω.ἔπω	αὐτός	δίδωμι	αὐτός	σύ
호	데	아포크리데이스	에이펜	아우토이스	도테	아우토이스	휘메이스
예수님께서	그러나	대답하여	말씀하셨다	그들에게	주라	그들에게	너희가
관.주.남.단.	접.우.	동.분.1과.수디.주.남.단.	동.직.2과.능.3단.	대.인.여격.남.3복.	동.명.2과.능.2복.	대.인.여격.남.3복.	대.인.주.2복.

5315	2532	3004	846	565	59	1220
φαγεῖν.	καὶ	λέγουσιν	αὐτῷ,	ἀπελθόντες	ἀγοράσωμεν	δηναρίων
φάγω	καί	λέγω	αὐτός	ἀπέρχομαι	ἀγοράζω	δηνάριον
파게인	카이	레구신	아우토	아펠돈테스	아고라소멘	데나리온
먹을 것을	이에	그들이 말씀드린다	그에게	떠나가서	우리가 사다가	대나리온의
동.부.2과.능.	접.등.	동.직.현.능.3복.	대.인.여격.남.3단.	동.분.2과.능.주.남.1복.	동.가.1과.능.1복.	명.소.중.복.

1250	740	2532	1325	846	5315
διακοσίων	ἄρτους	καὶ	δώσομεν	αὐτοῖς	φαγεῖν;
διακόσιοι	ἄρτος	καί	δίδωμι	αὐτός	φάγω
디아코시온	아르투스	카이	도소멘	아우토이스	파게인
이 백	떡들을	그리고	우리가 줄 것인가	그들에게	먹을 것을
형.기.소.중.복.	명.목.남.복.	접.등.	동.직.미.능.1복.	대.인.여격.남.3복.	동.부.2과.능.

38 이르시되 너희에게 떡 몇 개나 있는지 가서 보라 하시니 알아보고 이르되 떡 다섯 개와
물고기 두 마리가 있더이다 하거늘

He saith unto them, How many loaves have ye? go and see. And when they knew, they say, Five, and two fishes.

3588	1161	3004	846	4214	740	2192	5217
ὁ	δὲ	λέγει	αὐτοῖς,	πόσους	ἄρτους	ἔχετε;	ὑπάγετε
ὁ	δέ	λέγω	αὐτός	πόσος	ἄρτος	ἔχω	ὑπάγω
호	데	레게이	아우토이스	포수스	아르투스	에케테	휘파게테
그가	그러자	말씀하신다	그들에게	얼마나 많은	떡들을	너희가 가지느냐	가라
관.주.남.단.	접.우.	동.직.현.능.3단.	대.인.여격.남.3복.	형.의.목.남.복.	명.목.남.복.	동.직.현.능.2복.	동.명.현.능.2복.

3708(1492)	2532	1097	3004	4002	2532	1417	2486
ἴδετε.	καὶ	γνόντες	λέγουσιν,	πέντε,	καὶ	δύο	ἰχθύας.
ὁράω.εἴδω	καί	γινώσκω	λέγω	πέντε	καί	δύο	ἰχθύς
이데테	카이	그논테스	레구신	펜테	카이	뒤오	이크뒤아스
보라	그래서	알아보고	그들이 말한다	다섯 개를	그리고	두 마리를	물고기을
동.명.2과.능.2복.	접.등.	동.분.2과.능.주.남.복.	동.직.현.능.3복.	형.대.기.목.남.복.	접.등.	형.기.목.남.복.	명.목.남.복.

39 제자들에게 명하사 그 모든 사람으로 떼를 지어 푸른 잔디 위에 앉게 하시니

And he commanded them to make all sit down by companies upon the green grass.

2532	2004	846	347	3956	4849	4849
καὶ	ἐπέταξεν	αὐτοῖς	ἀνακλῖναι	πάντας	συμπόσια	συμπόσια
καί	ἐπιτάσσω	αὐτός	ἀνακλίνω	πᾶς	συμπόσιον	συμπόσιον
카이	에페탁센	아우토이스	아나클리나이	판타스	쉼포시아	쉼포시아
이에	그가 명하셨다	그들에게	기대어 앉게(하시니)	모두를	떼(무리들)을	떼(무리들)을
접.등.	동.직.1과.능.3단.	대.인.여격.남.3복.	동.부.1과.능.	형.대.목.남.복.	명.목.중.복.	명.목.중.복.

1909	3588	5515	5528
ἐπὶ	τῷ	χλωρῷ	χόρτῳ.
ἐπί	ὁ	χλωρός	χόρτος
에피	토	클로로	코르토
위에	그	푸른	잔디에
전.여격.	관.여격.남.단.	형.여격.남.단.	명.여격.남.단.

40 떼로 백 명씩 또는 오십 명씩 앉은지라

And they sat down in ranks, by hundreds, and by fifties.

2532	377	4237	4237	2596	1540	2532	2596
καὶ	ἀνέπεσαν	πρασιαὶ	πρασιαὶ	κατὰ	ἑκατὸν	καὶ	κατὰ
καί	ἀναπίπτω	πρασιά	πρασιά	κατά	ἑκατόν	καί	κατά
카이	아네페산	프라시아이	프라시아이	카타	헤카톤	카이	카타
그래서	기대어 앉았다	떼들과	떼들로	쯤(씩)	백 (명)씩	그리고	쯤(씩)
접.등.	동.직.1과.능.3복.	명.주.여.복.	명.주.여.복.	전.목.	형.대.기.목.남.복.	접.등.	전.목.

4004
πεντήκοντα.
πεντήκοντα.
펜테콘타
오십(명)
형.대.기.목.남.복.

41 예수께서 떡 다섯 개와 물고기 두 마리를 가지사 하늘을 우러러 축사하시고 떡을 떼어
제자들에게 주어 사람들에게 나누어 주게 하시고 또 물고기 두 마리도 모든 사람에게
나누시매

And when he had taken the five loaves and the two fishes, he looked up to heaven, and blessed, and brake the loaves, and gave them to his disciples to set before them; and the two fishes divided he among them all.

2532	2983	3588	4002	740	2532	3588	1417	2486
καὶ	λαβὼν	τοὺς	πέντε	ἄρτους	καὶ	τοὺς	δύο	ἰχθύας
καί	λαμβάνω	ὁ	πέντε	ἄρτος	καί	ὁ	δύο	ἰχθύς
카이	라본	투스	펜테	아르투스	카이	투스	뒤오	이크뒤다스
그리고	취하신 후에	그	다섯 개	떡들	과	그	두 마리를	물고기
접.등.	동.분.2과.능.주.남.단.	관.목.남.복.	형.기.목.남.복.	명.목.남.복.	접.등.	관.목.남.복.	형.기.목.남.복.	명.목.남.복.

308	1519	3588	3772	2127	2532	2622	3588
ἀναβλέψας	εἰς	τὸν	οὐρανὸν	εὐλόγησεν	καὶ	κατέκλασεν	τοὺς
ἀναβλέπω	εἰς	ὁ	οὐρανός	εὐλογέω	καί	κατακλάω	ὁ
아나블렙사스	에이스	톤	우라논	율로게센	카이	카테클라센	투스
쳐다 보시고	향하여	그	하늘을	예수께서 축복하셨다	그리고	떼었다	그
동.분.1과.능.주.남.단.	전.목.	관.목.남.단.	명.목.남.단.	동.직.1과.능.3단.	접.등.	동.직.1과.능.3단.	관.목.남.복.

740	2532	1325	3588	3101	848	2443	3908
ἄρτους	καὶ	ἐδίδου	τοῖς	μαθηταῖς	αὐτοῦ	ἵνα	παρατιθῶσιν
ἄρτος	καί	δίδωμι	ὁ	μαθητής	αὐτός	ἵνα	παρατίθημι
아르투스	카이	에디두	토이스	마데타이스	아우투	히나	파라티도신
떡들을	그리고	주시고 있었다	그	제자들에게	그의	위하여	제자들이 앞에 놓기
명.목.남.복.	접.등.	동.직.미완.능.3단.	관.여격.남.복.	명.여격.남.복.	대.인.소.남.3단.	접.종.	동.가.현.능.3복.

846	2532	3588	1417	2486	3307	3956
αὐτοῖς,	καὶ	τοὺς	δύο	ἰχθύας	ἐμέρισεν	πᾶσιν.
αὐτός	καί	ὁ	δύο	ἰχθύς	μερίζω	πᾶς
아우토이스	카이	투스	뒤오	이크뒤아스	에메리센	파신
그들에게	또	그	두 마리	물고기들도	그가 나누어 주셨다	모든 사람에게
대.인.여격.남.3복.	접.등.	관.목.남.복.	형.기.목.남.복.	명.목.남.복.	동.직.1과.능.3단.	형.대.여격.남.복.

42 다 배불리 먹고

And they did all eat, and were filled.

2532	5315	3956	2532	5526
καὶ	ἔφαγον	πάντες	καὶ	ἐχορτάσθησαν,
καί	φάγω	πᾶς	καί	χορτάζω
카이	에파곤	판테스	카이	에코르타스데산
그리하여	그들이 먹었다	모두가	이에	배부르게 되었다
접.등.	동.직.2과.능.3복.	형.대.주.남.복.	접.등.	동.직.1과.수.3복.

43 남은 떡 조각과 물고기를 열두 바구니에 차게 거두었으며

And they took up twelve baskets full of the fragments, and of the fishes.

2532	142	2801	1427	2894	4138	2532	575
καὶ	ἦραν	κλάσματα	δώδεκα	κοφίνων	πληρώματα	καὶ	ἀπὸ
καί	αἴρω	κλάσμα	δώδεκα	κόφινος	πλήρωμα	καί	ἀπό
카이	에란	클라스마타	도데카	코피논	플레로마타	카이	아포
그리하여	그들이 거두었다	(남은 떡)조각들	열 두	바구니에	가득차게	과	부터
접.등.	동.직.1과.능.3복.	명.목.중.복.	형.기.소.남.복.	명.소.남.복.	명.목.중.복.	접.등.	전.소.

3588	2486
τῶν	ἰχθύων.
ὁ	ἰχθύς
톤	이크뒤온
그	물고기들로
관.소.남.복.	명.소.남.복.

44 떡을 먹은 남자는 오천 명이었더라

And they that did eat of the loaves were about five thousand men.

2532	1510	3588	5315	3588	740	4000	435
καὶ	ἦσαν	οἱ	φαγόντες	τοὺς	ἄρτους	πεντακισχίλιοι	ἄνδρες.
καί	εἰμί	ὁ	φάγω	ὁ	ἄρτος	πεντακισχίλιοι	ἀνήρ
카이	에산	호이	파곤테스	투스	아르투스	펜타키스킬리오이	안드레스
그런데	있었다	그(사람들이)	먹은	그	떡들을	오천명이나	남자들이
접.등.	동.직.미완.능.3복.	관.주.남.복.	동.분.2과.능.주.남.복.	관.목.남.복.	명.목.남.복.	형.기.주.남.복.	명.주.남.복.

45 예수께서 즉시 제자들을 재촉하사 자기가 무리를 보내는 동안에 배 타고 앞서 건너편
벳새다로 가게 하시고

And straightway he constrained his disciples to get into the ship, and to go to the other side before unto Bethsaida, while he sent away the people.

2532	2117	315	3588	3101	846	1684	1519	3588
Καὶ	εὐθὺς	ἠνάγκασεν	τοὺς	μαθητὰς	αὐτοῦ	ἐμβῆναι	εἰς	τὸ
καί	εὐθύς	ἀναγκάζω	ὁ	μαθητής	αὐτός	ἐμβαίνω	εἰς	τό
카이	유뒤스	에낭카센	투스	마데타스	아우투	엠베나이	에이스	토
그리고	즉시	예수께서 강요하셨다	그	제자들을	그의	타고서	안으로	그
접.등.	형.대.주.남.단.	동.직.1과.능.3단.	관.목.남.복.	명.목.남.복.	대.인.소.남.3단.	동.부.2과.능.	전.목.	관.목.중.단.

4143	2532	4254	1519	3588	4008	4314	966	2193
πλοῖον	καὶ	προάγειν	εἰς	τὸ	πέραν	πρὸς	Βηθσαϊδάν,	ἕως
πλοῖον	καί	προάγω	εἰς	τό	πέραν	πρός	Βηθσαϊδά	ἕως
플로이온	카이	프로아게인	에이스	토	페란	프로스	베드사이단	헤오스
배를	그리고	앞서가도록	으로	그	건너편	향하여	벳세다를	동안에
명.목.중.단.	접.등.	동.부.현.능.	전.목.	관.목.중.단.	부.	전.목.	명.목.여.단.	접.종.

846	630	3588	3793
αὐτὸς	ἀπολύει	τὸν	ὄχλον.
αὐτός	ἀπολύω	ὁ	ὄχλος
아우토스	아폴뤼에이	톤	오클론
그가	돌려보내는	그	무리를
대.인.주.남.3단.	동.직.현.능.3단.	관.목.남.단.	명.목.남.단.

46 무리를 작별하신 후에 기도하러 산으로 가시니라
And when he had sent them away, he departed into a mountain to pray.

2532	657	846	565	1519	3588	3735	4336
καὶ	ἀποταξάμενος	αὐτοῖς	ἀπῆλθεν	εἰς	τὸ	ὄρος	προσεύξασθαι.
καί	ἀποτάσσομαι	αὐτός	ἀπέρχομαι	εἰς	τό	ὄρος	προσεύχομαι
카이	아포탁사메노스	아우토이스	아펠덴	에이스	토	오로스	프로슈사스다이
그리고	작별하신 후에	그들에게	그는 떠나가셨다	속으로	그	산	기도하기 위하여
접.등.	동.분.1과.중.주.남.단.	대.인.여격.남.3복.	동.직.2과.능.3단.	전.목.	관.목.중.단.	명.목.중.단.	동.부.1과.중디.

47 저물매 배는 바다 가운데 있고 예수께서는 홀로 뭍에 계시다가
And when even was come, the ship was in the midst of the sea, and he alone on the land.

2532	3798	1096	1510	3588	4143	1722	3319	3588
καὶ	ὀψίας	γενομένης	ἦν	τὸ	πλοῖον	ἐν	μέσῳ	τῆς
καί	ὄψιος	γίνομαι	εἰμί	τό	πλοῖον	ἐν	μέσος	ἡ
카이	옵시아스	게노메네스	엔	토	플로이온	엔	메소	테스
그리고	저녁이	된 후에	있었다	그	배는	안에	가운데	그
접.등.	형.소.여.단.	동.분.2과.중디.소.여.단.	동.직.미완.능.3단.	관.주.중.단.	명.주.중.단.	전.여격.	형.대.여격.중.단.	관.소.여.단.

2281	2532	846	3441	1909	3588	1093
θαλάσσης,	καὶ	αὐτὸς	μόνος	ἐπὶ	τῆς	γῆς.
θάλασσα	καί	αὐτός	μόνος	ἐπί	ἡ	γῆ
달라쎄스	카이	아우토스	모노스	에피	테스	게스
바다의	그리고	그는	홀로	위에서	그	땅
명.소.여.단.	접.등.	대.인.주.남.3단.	형.주.남.단.	전.소	관.소.여.단.	명.소.여.단.

48 바람이 거스르므로 제자들이 힘겹게 노 젓는 것을 보시고 밤 사경쯤에 바다 위로 걸어서
그들에게 오사 지나가려고 하시매
And he saw them toiling in rowing; for the wind was contrary unto them: and about the fourth watch of the night he cometh unto them, walking upon the sea, and would have passed by them.

2532	3708(1492)	846	928	1722	3588	1643	1510
καὶ	ἰδὼν	αὐτοὺς	βασανιζομένους	ἐν	τῷ	ἐλαύνειν,	ἦν
καί	ὁράω.εἴδω	αὐτός	βασανίζω	ἐν	τό	ἐλαύνω	εἰμί
카이	이돈	아우투스	바사니조메누스	엔	토	엘라우네인	엔
그런데	보시고	그들이	괴로움을 당하는	때에	그	노 젓는 것	있었다
접.등.	동.분.2과.능.주.남.단.	대.인.목.남.3복.	동.분.현.수.목.남.복.	전.여격.	관.여격.중.단.	동.부.현.능.여격.	동.직.미완.능.3단.

1063	3588	417	1727	846	4012	5067	5438	3588
γὰρ	ὁ	ἄνεμος	ἐναντίος	αὐτοῖς,	περὶ	τετάρτην	φυλακὴν	τῆς
γάρ	ὁ	ἄνεμος	ἐναντίος	αὐτός	περί	τέταρτος	φυλακή	ἡ
가르	호	아네모스	에난티오스	아우토이스	페리	테타르텐	퓔라켄	테스
왜냐하면	그	바람이	거슬러 불고	그들에게	즈음에	사	경	그
접.종.	관.주.남.단.	명.주.남.단.	형.주.남.단.	대.인.여격.남.3복.	전.목.	형.서.목.여.단.	명.목.여.단.	관.소.여.단.

3571	2064	4314	846	4043	1909	3588	2281
νυκτὸς	ἔρχεται	πρὸς	αὐτοὺς	περιπατῶν	ἐπὶ	τῆς	θαλάσσης·
νύξ	ἔρχομαι	πρός	αὐτός	περιπατέω	ἐπί	ἡ	θάλασσα
뉔토스	에르케타이	프로스	아우투스	페리파톤	에피	테스	달라쎄스
밤의	그는 오신다	향하여	그들을	걸어서	위로	그	바다의
명.소.여.단.	동.직.현.중수디.3단.	전.목.	대.인.목.남.3복.	동.분.현.능.주.남.단.	전.소	관.소.여.단.	명.소.여.단.

2532	2309	3928	846
καὶ	ἤθελεν	παρελθεῖν	αὐτούς.
καί	θέλω	παρέρχομαι	αὐτός
카이	에델렌	파렐데인	아우투스
그리고	원하고 있었다	지나가기를	그들을
접.등.	동.직.미완.능.3단.	동.부.2과.능.	대.인.목.남.3복.

49 제자들이 그가 바다 위로 걸어 오심을 보고 유령인가 하여 소리 지르니
But when they saw him walking upon the sea, they supposed it had been a spirit, and cried out:

3588	1161	3708(1492)	846	1909	3588	2281	4043
οἱ	δὲ	ἰδόντες	αὐτὸν	ἐπὶ	τῆς	θαλάσσης	περιπατοῦντα
ὁ	δέ	ὁράω.εἶδω	αὐτός	ἐπί	ἡ	θάλασσα	περιπατέω
호이	데	이돈테스	아우톤	에피	테스	달라쎄스	페리파툰타
제자들이	그러나	보고	그를	위에서	그	바다의	걸어오시는
관.주.남.복.	접.우.	동.분.2과.능.주.남.복.	대.인.목.남.3단.	전소.	관.소.여.단.	명.소.여.단.	동.분.현.능.목.남.단.

1380	3754	5326	1510	2532	349
ἔδοξαν	ὅτι	φάντασμά	ἐστιν,	καὶ	ἀνέκραξαν·
δοκέω	ὅτι	φάντασμα	εἰμί	καί	ἀνακράζω
에독산	호티	판타스마	에스틴	카이	아네크락산
생각하였다	것을	유령	그것이~이다는	그래서	소리를 질렀더라
동.직.1과.능.3복	접.등.	명.주.중.단.	동.직.현.능.3단.	접.등.	동.직.1과.능.3복.

50 그들이 다 예수를 보고 놀람이라 이에 예수께서 곧 그들에게 말씀하여 이르시되 안심하라
내니 두려워하지 말라 하시고
For they all saw him, and were troubled. And immediately he talked with them, and saith unto them, Be of good cheer: it is I; be not afraid.

3956	1063	846	3708(1492)	2532	5015	3588	1161	2117
πάντες	γὰρ	αὐτὸν	εἶδον	καὶ	ἐταράχθησαν.	ὁ	δὲ	εὐθὺς
πᾶς	γάρ	αὐτός	ὁράω.εἶδω	καί	ταράσσω	ὁ	δέ	εὐθύς
판테스	가르	아우톤	에이돈	카이	에타라크데산	호	데	유뒤스
모두가	왜냐하면	그를	그들이 보았고	이에	소란케 되었다	그가	그러나	곧
형.대.주.남.복.	접.종.	대.인.목.남.3단.	동.직.2과.능.3복.	접.등.	동.직.1과.수.3복.	관.주.남.단.	접.우.	형.대.주.남.단.

2980	3326	846	2532	3004	846	2293	1473	1510
ἐλάλησεν	μετ'	αὐτῶν,	καὶ	λέγει	αὐτοῖς,	θαρσεῖτε,	ἐγώ	εἰμι·
λαλέω	μετά	αὐτός	καί	λέγω	αὐτός	θαρσέω	ἐγώ	εἰμί
엘랄레센	멧	아우톤	카이	레게이	아우토이스	다르세이테	에고	에이미
말씀하셨다	더불어	그들과	이에	말씀하신다	그들에게	안심하라	나는	나다
동.직.1과.능.3단.	전소.	대.인.소.남.3복.	접.등.	동.직.현.능.3단.	대.인.여격.남.3복.	동.명.현.능.2복.	대.인.주.1단.	동.직.현.능.1단.

3361	5399
μὴ	φοβεῖσθε.
μή	φοβέω
메	포베이스데
말라	너희는 두려워
부.	동.명.현.중.2복.

51 배에 올라 그들에게 가시니 바람이 그치는지라 제자들이 마음에 심히 놀라니
And he went up unto them into the ship; and the wind ceased: and they were sore amazed in themselves beyond measure, and wondered.

2532	305	4314	846	1519	3588	4143	2532	2869	3588
καὶ	ἀνέβη	πρὸς	αὐτοὺς	εἰς	τὸ	πλοῖον	καὶ	ἐκόπασεν	ὁ
καί	ἀναβαίνω	πρός	αὐτός	εἰς	τό	πλοῖον	καί	κοπάζω	ὁ
카이	아네베	프로스	아우투스	에이스	토	플로이온	카이	에코파센	호
그리고	그가 오르셨다	에게로	그들	안으로	그	배를	그러자	잔잔해졌다	그
접.등.	동.직.2과.능.3단.	전목.	대.인.목.남.3복.	전목.	관.목.중.단.	명.목.중.단.	접.등.	동.직.1과.능.3단.	관.주.남.단.

417	2532	3029	1537	4053	1722	1438	1839
ἄνεμος,	καὶ	λίαν	ἐκ	περισσοῦ	ἐν	ἑαυτοῖς	ἐξίσταντο·
ἄνεμος	καί	λίαν	ἐκ	περισσός	ἐν	ἑαυτοῦ	ἐξίστημι
아네모스	카이	리안	에크	페리쑤	엔	헤아우토이스	엑시스탄토
바람이	이에	심히		대단하게	속에	그들 자신들	그들이 놀라고 있었다
명.주.남.단.	접.등.	부.	전.소.	형.대.소.중.단.	전.여격.	대.인.여격.남.3복.	동.직.미완.중.3복.

52 이는 그들이 그 떡 떼시던 일을 깨닫지 못하고 도리어 그 마음이 둔하여졌음이러라
For they considered not the miracle of the loaves: for their heart was hardened.

3756	1063	4920	1909	3588	740	235	1510
οὐ	γὰρ	συνῆκαν	ἐπὶ	τοῖς	ἄρτοις,	ἀλλ'	ἦν
οὐ	γάρ	συνίημι	ἐπί	ὁ	ἄρτος	ἀλλά	εἰμί
우	가르	쉬네칸	에피	토이스	아르토이스	알	엔
못하다	왜냐하면	그들이 깨닫지	대하여	그	떡들에	도리어	있었음이라
부.	접.종.	동.직.1과.능.3복.	전.여격.	관.여격.남.복.	명.여격.남.복.	접.우.	동.직.미완.능.3단.+

846	3588	2588	4456
αὐτῶν	ἡ	καρδία	πεπωρωμένη.
αὐτός	ἡ	καρδία	πωρόω
아우톤	헤	카르디아	페포로메네
그들의	그	마음이	둔하여져서
대.인.소.남.3복.	관.주.여.단.	명.주.여.단.	+동.분.1완.수.주.여.단.

53 건너가 게네사렛 땅에 이르러 대고
And when they had passed over, they came into the land of Gennesaret, and drew to the shore.

2532	1276	1909	3588	1093	2064	1519	1082
Καὶ	διαπεράσαντες	ἐπὶ	τὴν	γῆν	ἦλθον	εἰς	Γεννησαρὲτ
καί	διαπεράω	ἐπί	ἡ	γῆ	ἔρχομαι	εἰς	Γεννησαρέτ
카이	디아페라산테스	에피	텐	겐	엘돈	에이스	겐네사렡
그리고	건너간 후에	위로	그	땅을	그들이 왔다	으로	게네사렛
접.등.	동.분.1과.능.주.남.복.	전.목.	관.목.여.단.	명.목.여.단.	동.직.2과.능.3복.	전.목.	명.목.여.단.

2532	4358
καὶ	προσωρμίσθησαν.
καί	προσορμίζω
카이	프로소르미스데산
이에	배를 대게 되었다
접.등.	동.직.1과.수.3복.

54 배에서 내리니 사람들이 곧 예수신 줄을 알고
And when they were come out of the ship, straightway they knew him,

2532	1831	846	1537	3588	4143	2117	1921	846
καὶ	ἐξελθόντων	αὐτῶν	ἐκ	τοῦ	πλοίου	εὐθὺς	ἐπιγνόντες	αὐτὸν
καί	ἐξέρχομαι	αὐτός	ἐκ	τό	πλοῖον	εὐθύς	ἐπιγινώσκω	αὐτός
카이	엑셀돈톤	아우톤	에크	투	플로이우	유뒤스	에피그논테스	아우톤
그리고	나오시니	그들이	부터	그	배로	곧	사람들이 잘 알고	그를
접.등.	동.분.2과.능.소.남.복.	대.인.소.남.3복.	전.소.	관.소.중.단.	명.소.중.단.	형.대.주.남.단.	동.분.2과.능.주.남.복.	대.인.목.남.3단

55 그 온 지방으로 달려 돌아 다니며 예수께서 어디 계시다는 말을 듣는 대로 병든 자를
침상째로 메고 나아오니
And ran through that whole region round about, and began to carry about in beds those that were sick, where they heard he was.

4063	3650	3588	5561	1565	2532	756	1909	3588
περιέδραμον	ὅλην	τὴν	χώραν	ἐκείνην	καὶ	ἤρξαντο	ἐπὶ	τοῖς
περιτρέχω	ὅλος	ἡ	χώρα	ἐκεῖνος	καί	ἄρχομαι	ἐπί	ὁ
페리에드라몬	홀렌	텐	코란	에케이넨	카이	에륵산토	에피	토이스
달려 돌아다녔다	온	그	인근 지방을	그	그리고	시작하였다	위에	그
동.직.2과.능.3복.	형.목.여.단.	관.목.여.단.	명.목.여.단.	대.지.목.여.단.	접.등.	동.직.1과.중.3복.	전.여격.	관.여격.남.복.

2895	3588	2560	2192	4064	3699	191
κραβάττοις	τοὺς	κακῶς	ἔχοντας	περιφέρειν	ὅπου	ἤκουον
κράβαττος	ὁ	κακῶς	ἔχω	περιφέρω	ὅπου	ἀκούω
크라밭토이스	투스	카코스	에콘타스	페리페레인	호푸	에쿠온
침상들에	그 사람들을	병을	가진	메고 오기를	곳으로	그들이 듣고 있었던
명.여격.남.복.	관.목.남.복.	부.	동.분.현.능.목.남.복.	동.부.현.능.	접.종.	동.직.미완.능.3복.

3754	1510
ὅτι	ἐστίν.
ὅτι	εἰμί
호티	에스틴
것을	계시다는
접.우.	동.직.현.능.3단.

56 아무 데나 예수께서 들어가시는 지방이나 도시나 마을에서 병자를 시장에 두고 예수께
그의 옷 가에라도 손을 대게 하시기를 간구하니 손을 대는 자는 다 성함을 얻으니라
And whithersoever he entered, into villages, or cities, or country, they laid the sick in the streets, and besought him that they might touch if it were but the border of his garment: and as many as touched him were made whole.

2532	3699	302	1531	1519	2968	2228	1519	4172	2228
καὶ	ὅπου	ἂν	εἰσεπορεύετο	εἰς	κώμας	ἢ	εἰς	πόλεις	ἢ
καί	ὅπου	ἄν	εἰσπορεύομαι	εἰς	κώμη	ἤ	εἰς	πόλις	ἤ
카이	호푸	안	에이세포류에토	에이스	코마스	에	에이스	폴레이스	에
또한	어느 곳이	든지	예수께서 들어가셨다	안으로	마을들	이나	안으로	도시들을	혹은
접.등.	접.종.	불.동.	동.직.미완.중수디.3단.	전.목.	명.목.여.복.	접.등.	전.목.	명.목.여.복.	접.등.

1519	68	1722	3588	58	5087	3588	770
εἰς	ἀγροὺς,	ἐν	ταῖς	ἀγοραῖς	ἐτίθεσαν	τοὺς	ἀσθενοῦντας
εἰς	ἀγρός	ἐν	ἡ	ἀγορά	τίθημι	ὁ	ἀσθενέω
에이스	아그루스	엔	타이스	아고라이스	에티데산	투스	에스데눈타스
안으로	촌들을	안에	그	시장들에	그들이 두고 있었다	그 사람들을	병자들을
전.목.	명.목.남.복.	전.여격.	관.여격.여.복.	명.여격.여.복.	동.직.미완.능.3복.	관.목.남.복.	동.분.현.능.목.남.복.

2532	3870	846	2443	2579	3588	2899	3588	2440
καὶ	παρεκάλουν	αὐτὸν	ἵνα	κἂν	τοῦ	κρασπέδου	τοῦ	ἱματίου
καί	παρακαλέω	αὐτός	ἵνα	κἄν	τό	κράσπεδον	τό	ἱμάτιον
카이	파레칼룬	아우톤	히나	칸	투	크라스페두	투	히마티우
그리고	그들이 간구하고 있었다	그를	위하여	그리고 만일	그	가에만이라도	그	겉옷의
접.등.	동.직.미완.능.3복.	대.인.목.남.3단.	접.등.	부.&불.동.	관.소.중.단.	명.소.중.단.	관.소.중.단.	명.소.중.단.

846	680	2532	3745	302	680	846	4982
αὐτοῦ	ἅψωνται·	καὶ	ὅσοι	ἂν	ἥψαντο	αὐτοῦ	ἐσῴζοντο.
αὐτός	ἅπτομαι	καί	ὅσος	ἄν	ἅπτομαι	αὐτός	σῴζω
아우투	핲손타이	카이	호소이	안	헾산토	아우투	에소존토
그의	손을 대게 하신	그래서	누구나	그들이	손을 대었던	그에게	구원을 받고 있었더라
대.인.소.남.3단.	동.가.1과.중.3복.	접.등.	대.관.주.남.복.	불.동.	동.직.1과.중.3복.	대.인.소.남.3단.	동.직.미완.수.3복.

7 바리새인들과 또 서기관 중 몇이 예루살렘에서 와서 예수께 모여들었다가
Then came together unto him the Pharisees, and certain of the scribes, which came from Jerusalem.

2532	4863	4314	846	3588	5330	2532	5100	3588
Καὶ	συνάγονται	πρὸς	αὐτὸν	οἱ	Φαρισαῖοι	καί	τινες	τῶν
καί	συνάγω	πρός	αὐτός	ὁ	Φαρισαῖος	καί	τις	ὁ
카이	쉬나곤타이	프로스	아우톤	호이	파리사이오이	카이	티네스	톤
그리고	함께 모인다	에게로	그	그	바리새인들	과	어떤 사람들이	그
접.등.	동.직.현.수.3복.	전.목.	대.인.목.남.3단.	관.주.남.복.	명.주.남.복.	접.등.	대.부.주.남.복.	관.소.남.복.

1122	2064	575	2414
γραμματέων	ἐλθόντες	ἀπὸ	Ἱεροσολύμων.
γραμματεύς	ἔρχομαι	ἀπό	Ἱεροσόλυμα
그람마테온	엘돈테스	아포	히에로솔뤼몬
서기관들 중의	와서	부터	예루살렘으로
명.소.남.복.	**동.분.2과.능.주.남.복.**	**전소.**	**명.소.여.단.**

2 그의 제자 중 몇 사람이 부정한 손 곧 씻지 아니한 손으로 떡 먹는 것을 보았더라

And when they saw some of his disciples eat bread with defiled, that is to say, with unwashen, hands, they found fault.

2532	3708(1492)	5100	3588	3101	846	3754	2839
καὶ	ἰδόντες	τινὰς	τῶν	μαθητῶν	αὐτοῦ	ὅτι	κοιναῖς
καί	ὁράω.εἴδω	τις	ὁ	μαθητής	αὐτός	ὅτι	κοινός
카이	이돈테스	티나스	톤	마데톤	아우투	호티	코이나이스
그리고	본 후에	몇 사람들을	그	제자들의	그의	것을	더러운
접.등.	**동.분.2과.능.주.남.복.**	**대.부.목.남.복.**	**관.소.남.복.**	**명.소.남.복.**	**대.인.소.남.3단.**	**접.등.**	**형.여격.여.단.**

5495	3778	1510	449	2068	3588	740
χερσίν,	τοῦτ'	ἔστιν	ἀνίπτοις,	ἐσθίουσιν	τοὺς	ἄρτους
χείρ	οὗτος	εἰμί	ἄνιπτος	ἐσθίω	ὁ	ἄρτος
케르신	툿	에스틴	아닙토이스	에스디우신	투스	아르투스
손으로	이것은	있기	씻지 아니한 것	그들이 먹는	그	떡들을
명.여격.여.복.	**대.지.주.중.단.**	**동.직.현.능.3단.**	**형.여격.여.복.**	**동.직.현.능.3복.**	**관.목.남.복.**	**명.목.남.복.**

3 (바리새인들과 모든 유대인들은 장로들의 전통을 지키어 손을 잘 씻지 않고서는 음식을
먹지 아니하며

For the Pharisees, and all the Jews, except they wash their hands oft, eat not, holding the tradition of the elders.

3588	1063	5330	2532	3956	3588	2453	1437	3361	4435
οἱ	γὰρ	Φαρισαῖοι	καὶ	πάντες	οἱ	Ἰουδαῖοι	ἐὰν	μὴ	πυγμῇ
ὁ	γάρ	Φαρισαῖος	καί	πᾶς	ὁ	Ἰουδαῖος	ἐάν	μή	πυγμή
호이	가르	파리사이오이	카이	판테스	호이	유다이오이	에안	메	퓌그메
그	왜냐하면	바리새인들	과	모든	그	유대사람들이	만일	않으면	주먹으로
관.주.남.복.	**접.종.**	**명.주.남.복.**	**접.등.**	**형.주.남.복.**	**관.주.남.복.**	**형.대.주.남.복.**	**접.종.**	**부.**	**명.여격.여.단.**

3538	3588	5495	3756	2068	2902	3588	3862
νίψωνται	τὰς	χεῖρας	οὐκ	ἐσθίουσιν,	κρατοῦντες	τὴν	παράδοσιν
νίπτω	ἡ	χείρ	οὐ	ἐσθίω	κρατέω	ἡ	παράδοσις
닢손타이	타스	케이라스	우크	에스디우신	크라툰테스	텐	파라도신
그들을 위하여 씻지	그	손을	아니하며	먹지	붙잡으므로	그	유전을
동.가.1과.중.3복.	**관.목.여.복.**	**명.목.여.복.**	**부.**	**동.직.현.능.3복.**	**동.분.현.능.주.남.복.**	**관.목.여.단.**	**명.목.여.단.**

3588	4245
τῶν	πρεσβυτέρων,
ὁ	πρεσβύτερος
톤	프레스뷔테론
그	장로들의
관.소.남.복.	**형.대.소.남.복.**

4 또 시장에서 돌아와서도 물을 뿌리지 않고서는 먹지 아니하며 그 외에도 여러 가지를
지키어 오는 것이 있으니 잔과 주발과 놋그릇을 씻음이러라)

And when they come from the market, except they wash, they eat not. And many other things there be, which they have received to hold, as the washing of cups, and pots, brazen vessels, and of tables.

2532	575	58	1437	3361	907	3756	2068	2532
καὶ	ἀπ'	ἀγορᾶς	ἐὰν	μὴ	βαπτίσωνται	οὐκ	ἐσθίουσιν,	καὶ
καί	ἀπό	ἀγορά	ἐάν	μή	βαπτίζω	οὐ	ἐσθίω	καί
카이	압	아고라스	에안	메	밮티손타이	우크	에스디우신	카이
그래서	부터 (돌아와서)	시장으로	으면	않	그들을 위하여 물로 씻지	않는다	그들이 먹지	그리고
접.등.	**전소.**	**명.소.여.단.**	**접.종.**	**부.**	**동.가.1과.중.3복.**	**부.**	**동.직.현.능.3복.**	**접.등.**

243	4183	1510	3739	3880	2902	909
ἄλλα	πολλά	ἐστιν	ἃ	παρέλαβον	κρατεῖν,	βαπτισμοὺς
ἄλλος	πολύς	εἰμί	ὅς	παραλαμβάνω	κρατέω	βαπτισμός
알라	폴라	에스틴	하	파렐라본	크라테인	밥티스무스
다른 것들이	많이	이다	바 것들을	그들이 받았던	붙잡도록	씻음을 말함이라
형.대.주.중.복.	형.주.중.복.	동.직.현.능.3단.	대.관.목.중.복.	동.직.2과.능.3복.	동.부.현.능.	명.목.남.복.

4221	2532	3582	2532	5473	2532	2825
ποτηρίων	καὶ	ξεστῶν	καὶ	χαλκίων	καὶ	κλινῶν
ποτήριον	καί	ξέστης	καί	χαλκίον	καί	κλίνη
포테리온	카이	크세스톤	카이	칼키온	카이	클리논
잔들	과	주발들	과	놋그릇들	과	침대들을
명.소.중.복.	접.등.	명.소.남.복.	접.등.	명.소.중.복.	접.등.	명.소.여.복.

5 이에 바리새인들과 서기관들이 예수께 묻되 어찌하여 당신의 제자들은 장로들의 전통을
준행하지 아니하고 부정한 손으로 떡을 먹나이까
Then the Pharisees and scribes asked him, Why walk not thy disciples according to the tradition
of the elders, but eat bread with unwashen hands?

2532	1905	846	3588	5330	2532	3588	1122	1302
καὶ	ἐπερωτῶσιν	αὐτὸν	οἱ	Φαρισαῖοι	καὶ	οἱ	γραμματεῖς,	διά
καί	ἐπερωτάω	αὐτός	ὁ	Φαρισαῖος	καί	ὁ	γραμματεύς	διά
카이	에페로토신	아우톤	호이	파리사이오이	카이	호이	그람마테이스	디아
이에	질문한다	그에게	그	바리새인들	과	그	서기관들이	하고
접.등.	동.직.현.능.3복.	대.인.목.남.3단.	관.주.남.복.	명.주.남.복.	접.등.	관.주.남.복.	명.주.남.복.	전.목.

5101	3756	4043	3588	3101	4771	2596	3588	3862
τί	οὐ	περιπατοῦσιν	οἱ	μαθηταί	σου	κατὰ	τὴν	παράδοσιν
τίς	οὐ	περιπατέω	ὁ	μαθητής	σύ	κατά	ἡ	παράδοσις
티	우	페리파투신	호이	마데타이	수	카타	텐	파라도신
어찌하여	아니하며	걸어가지	그	제자들은	당신의	따라서	그	유전을
대.의.목.중.단.	부.	동.직.현.능.3복.	관.주.남.복.	명.주.남.복.	대.인.소.2단.	전.목.	관.목.여.단.	명.목.여.단.

3588	4245	235	2839	5495	2068	3588	740
τῶν	πρεσβυτέρων,	ἀλλὰ	κοιναῖς	χερσὶν	ἐσθίουσιν	τὸν	ἄρτον;
ὁ	πρεσβύτερος	ἀλλά	κοινός	χείρ	ἐσθίω	ὁ	ἄρτος
톤	프레스뷔테론	알라	코이나이스	케르신	에스디우신	톤	아르톤
그	장로들의	도리어	더러운	손들로	먹나이까	그	떡을
관.소.남.복.	형.대.소.남.복.	접.우.	형.여격.여.복.	명.여격.여.복.	동.직.현.능.3복.	관.목.남.단.	명.목.남.단.

6 이르시되 이사야가 너희 외식하는 자에 대하여 잘 예언하였도다 기록하였으되 이 백성이
입술로는 나를 공경하되 마음은 내게서 멀도다
He answered and said unto them, Well hath Esaias prophesied of you hypocrites, as it is written,
This people honoureth me with their lips, but their heart is far from me.

3588	1161	3004(2036)	846	2573	4395	2268	4012
ὁ	δὲ	εἶπεν	αὐτοῖς,	καλῶς	ἐπροφήτευσεν	Ἡσαΐας	περί
ὁ	δέ	λέγω.ἔπω	αὐτός	καλῶς	προφητεύω	Ἡσαΐας	περί
호	데	에이펜	아우토이스	칼로스	에프로페튜센	에사이아스	페리
그	이에	말씀하신다	그들에게	잘	예언하였다	이사야가	대하여
관.주.남.단.	접.우.	동.직.2과.능.3단.	대.인.여격.남.3복.	부.	동.직.1과.능.3단.	명.주.남.단.	전.소.

4771	3588	5273	5613	1125	3754	3778	3588
ὑμῶν	τῶν	ὑποκριτῶν,	ὡς	γέγραπται	ὅτι	οὗτος	ὁ
σύ	ὁ	ὑποκριτής	ὡς	γράφω	ὅτι	οὗτος	ὁ
휘몬	톤	휘포크리톤	호스	게그랖타이	호티	후토스	호
너희들의	그	위선자들에	같이	그것이 기록된 것	왜냐하면	이	그
대.인.소.2복.	관.소.남.복.	명.소.남.복.	접.종.	동.직.1완.수.3단.	접.등.	형.부.주.남.단.	관.주.남.단.

2992	3588	5491	1473	5091	3588	1161	2588	846
λαὸς	τοῖς	χείλεσίν	με	τιμᾷ,	ἡ	δὲ	καρδία	αὐτῶν
λαός	ἡ	χεῖλος	ἐγώ	τιμάω	ἡ	δέ	καρδία	αὐτός
라오스	토이스	케일레신	메	티마	헤	데	카르디아	아우톤
백성이	그	입술로는	나를	존경하나	그	그러나	마음은	그들의
명.주.남.단.	관.여격.중.복.	명.여격.중.복.	대.인.목.1단.	동.직.현.능.3단.	관.주.여.단.	접.우.	명.주.여.단.	대.인.소.남.3복.

4206	568	575	1473
πόρρω	ἀπέχει	ἀπ’	ἐμοῦ·
πόρρω	ἀπέχω	ἀπό	ἐγώ
포르로	아페케이	앞	에무
멀리	떨어졌다	부터	나로
부.	동.직.현.능.3단.	전소.	대.인소.1단.

7 사람의 계명으로 교훈을 삼아 가르치니 나를 헛되이 경배하는도다 하였느니라
Howbeit in vain do they worship me, teaching for doctrines the commandments of men.

3155	1161	4576	1473	1321	1319	1778
μάτην	δὲ	σέβονταί	με	διδάσκοντες	διδασκαλίας	ἐντάλματα
μάτην	δέ	σέβομαι	ἐγώ	διδάσκω	διδασκαλία	ἔνταλμα
마텐	데	세본타이	메	디다스콘테스	디다스칼리아스	엔탈마타
헛되이	그리고	경외한다	나를	가르치며	교훈을 삼아	계명들로
부.	접.우.	동.직.현.중.3복.	대.인.목.1단.	동.분.현.능.주.남.복.	명.목.여.복.	명.목.중.복.

444
ἀνθρώπων.
ἄνθρωπος
안드로폰
사람들의
명.소.남.복.

8 너희가 하나님의 계명은 버리고 사람의 전통을 지키느니라
For laying aside the commandment of God, ye hold the tradition of men, as the washing of pots and cups: and many other such like things ye do.

863	3588	1785	3588	2316	2902	3588	3862
ἀφέντες	τὴν	ἐντολὴν	τοῦ	θεοῦ	κρατεῖτε	τὴν	παράδοσιν
ἀφίημι	ἡ	ἐντολή	ὁ	θεός	κρατέω	ἡ	παράδοσις
아펜테스	텐	엔톨렌	투	데우	크라테이테	텐	파라도신
너희가 버리고	그	계명을	그	하나님의	너희가 지킨다	그	유전을
동.분.2과.능.주.남.2복.	관.목.여.단.	명.목.여.단.	관.소.남.단.	명.소.남.단.	동.직.현.능.2복.	관.목.여.단.	명.목.여.단.

3588	444
τῶν	ἀνθρώπων.
ὁ	ἄνθρωπος
톤	안드로폰
그	사람들의
관.소.남.복.	명.소.남.복.

9 또 이르시되 너희가 너희 전통을 지키려고 하나님의 계명을 잘 저버리는도다
And he said unto them, Full well ye reject the commandment of God, that ye may keep your own tradition.

2532	3004	846	2573	114	3588	1785	3588
Καὶ	ἔλεγεν	αὐτοῖς,	καλῶς	ἀθετεῖτε	τὴν	ἐντολὴν	τοῦ
καί	λέγω	αὐτός	Καλῶς	ἀθετέω	ἡ	ἐντολή	ὁ
카이	엘레겐	아우토이스	칼로스	아데테이테	텐	엔톨렌	투
또	그가 말씀하고 계셨다	그들에게	잘	너희가 무시한다	그	계명을	그
접.등.	동.직.미완.능.3단.	대.인.여격.남.3복.	부.	동.직.현.능.2복.	관.목.여.단.	명.목.여.단.	관.소.남.단.

2316	2443	3588	3862	4771	2476
θεοῦ,	ἵνα	τὴν	παράδοσιν	ὑμῶν	στήσητε.
θεός	ἵνα	ἡ	παράδοσις	σύ	ἵστημι
데우	히나	텐	파라도신	휘몬	스테세테
하나님의	위하여	그	유전을	너희들의	너희가 세우기
명.소.남.단.	접.종.	관.목.여.단.	명.목.여.단.	대.인소.2복.	동.가.1과.능.2복.

10 모세는 네 부모를 공경하라 하고 또 아버지나 어머니를 모욕하는 자는 죽임을 당하리라
하였거늘

For Moses said, Honour thy father and thy mother; and, Whoso curseth father or mother, let him die the death:

3475	1063	3004(2036)	5091	3588	3962	4771	2532	3588	3384
Μωϋσῆς	γὰρ	εἶπεν,	Τίμα	τὸν	πατέρα	σου	καὶ	τὴν	μητέρα
Μωϋσης	γάρ	λέγω.ἔπω	τιμάω	ὁ	πατήρ	σύ	καί	ἡ	μήτηρ
모위세스	가르	에이펜	티마	톤	파테라	수	카이	텐	메테라
모세는	왜냐하면	말하였다	공경하라	그	아버지	네	와	그	어머니를
명.주.남.단.	접.종.	동.직.2과.능.3단.	동.명.현.능.2단.	관.목.남.단.	명.목.남.단.	대.인.소.2단.	접.등.	관.목.여.단.	명.목.여.단.

4771	2532	3588	2551	3962	2228	3384	2288	5053
σου,	καί,	ὁ	κακολογῶν	πατέρα	ἢ	μητέρα	θανάτῳ	τελευτάτω.
σύ	καί	ὁ	κακολογέω	πατήρ	ἤ	μήτηρ	θάνατος	τελευτάω
수	카이	호	카콜로곤	파테라	에	메테라	다나토	텔류타토
네	또	그(사람은)	비방하는	아버지	또는	어머니를	죽음으로	그는 끝마치라
대.인.소.2단.	접.등.	관.주.남.단.	동.분.현.능.주.남.단.	명.목.남.단.	접.등.	명.목.여.단.	명.여격.남.단.	동.명.현.능.3단.

11 너희는 이르되 사람이 아버지에게나 어머니에게나 말하기를 내가 드려 유익하게 할 것이
고르반 곧 하나님께 드림이 되었다고 하기만 하면 그만이라 하고

But ye say, If a man shall say to his father or mother, It is Corban, that is to say, a gift, by whatsoever thou mightest be profited by me; he shall be free.

4771	1161	3004	1437	3004(2036)	444	3588	3962	2228	3588
ὑμεῖς	δὲ	λέγετε,	ἐάν	εἴπῃ	ἄνθρωπος	τῷ	πατρὶ	ἢ	τῇ
σύ	δέ	λέγω	ἐάν	λέγω.ἔπω	ἄνθρωπος	ὁ	πατήρ	ἤ	ἡ
휘메이스	데	레게테	에안	에이페	안드로포스	토	파트리	에	테
너희는	그러나	말한다	만일	말하면	사람이	그	아버지에게	또는	그
대.인.주.2복.	접.우.	동.직.현.능.2복.	접.종.	동.가.2과.능.3단.	명.주.남.단.	관.여격.남.단.	명.여격.남.단.	접.등.	관.여격.여.단.

3384	2878	3739	1510	1435	3739	1437	1537
μητρί,	Κορβᾶν,	ὅ	ἐστιν,	δῶρον,	ὃ	ἐὰν	ἐξ
μήτηρ	κορβᾶν	ὅς	εἰμί	δῶρον	ὅς	ἐάν	ἐκ
메트리	코르반	호	에스틴	도론	호	에안	엑스
어머니에게	고르반	그것은	이라	(하나님께 드리는)제물이	무엇	이든지	의해서
명.여격.여.단.	명.주.남.단.	대.관.주.중.단.	동.직.현.능.3단.	명.주.중.단.	대.관.목.중.단.	불.동.	전.소.

1473	5623
ἐμοῦ	ὠφεληθῇς,
ἐγώ	ὠφελέω
에무	오펠레데스
내게로	당신이 유익하게 될 것이면
대.인.소.1단.	동.가.1과.수.2단.

12 자기 아버지나 어머니에게 다시 아무 것도 하여 드리기를 허락하지 아니하여

And ye suffer him no more to do ought for his father or his mother;

3765	863	846	3762	4160	3588	3962	2228
οὐκέτι	ἀφίετε	αὐτὸν	οὐδὲν	ποιῆσαι	τῷ	πατρὶ	ἢ
οὐκέτι	ἀφίημι	αὐτός	οὐδείς	ποιέω	ὁ	πατήρ	ἤ
우케티	아피에테	아우톤	우덴	포이에사이	토	파트리	에
더 이상 아니한다	너희는 허락하지	그에게	아무 것도	행하기를	그	아버지에게	또는
부.	동.직.현.능.2복.	대.인.목.남.3단.	형.대.기.목.중.단.	동.부.1과.능.	관.여격.남.단.	명.여격.남.단.	접.등.

3588	3384
τῇ	μητρί,
ἡ	μήτηρ
테	메트리
그	어머니에게
관.여격.여.단.	명.여격.여.단.

13 너희가 전한 전통으로 하나님의 말씀을 폐하며 또 이같은 일을 많이 행하느니라 하시고
Making the word of God of none effect through your tradition, which ye have delivered: and many such like things do ye.

208	3588	3056	3588	2316	3588	3862	4771
ἀκυροῦντες	τὸν	λόγον	τοῦ	θεοῦ	τῇ	παραδόσει	ὑμῶν
ἀκυρόω	ὁ	λόγος	ὁ	θεός	ἡ	παράδοσις	σύ
아퀴룬테스	톤	로곤	투	데우	테	파라도세이	휘몬
헛되게 하며	그	말씀을	그	하나님의	그	유전으로	너희의
동.분.현.능.주.남.2복.	관.목.남.단.	명.목.남.단.	관.소.남.단.	명.소.남.단.	관.여격.여.단.	명.여격.여.단.	대.인.소.2복.

3739	3860	2532	3946	5108	4183	4160
ᾗ	παρεδώκατε·	καὶ	παρόμοια	τοιαῦτα	πολλὰ	ποιεῖτε.
ὅς	παραδίδωμι	καί	παρόμοιος	τοιοῦτος	πολύς	ποιέω
헤	파레도카테	카이	파로모이아	토이아우타	폴라	포이에이테
바	너희가 넘겨 받았던	또	거의 같은 것들을	이런	많이	너희가 행한다
대.관.여격.여.단.	동.직.1과.능.2복.	접.등.	형.목.중.복.	대.지.목.중.복.	형.목.중.복.	동.직.현.능.2복.

14 무리를 다시 불러 이르시되 너희는 다 내 말을 듣고 깨달으라
And when he had called all the people unto him, he said unto them, Hearken unto me every one of you, and understand:

2532	4341	3825	3588	3793	3004	846
Καὶ	προσκαλεσάμενος	πάλιν	τὸν	ὄχλον	ἔλεγεν	αὐτοῖς,
καί	προσκαλέομαι	πάλιν	ὁ	ὄχλος	λέγω	αὐτός
카이	포로스칼레사메노스	팔린	톤	오클론	엘레겐	아우토이스
또	가까이 불러서	다시	그	무리를	그가 말씀하고 계셨다	그들에게
접.등.	동.분.1과.중디.주.남.단.	부.	관.목.남.단.	명.목.남.단.	동.직.미완.능.3단.	대.인.여격.남.3복.

191	1473	3956	2532	4920
ἀκούσατέ	μου	πάντες	καὶ	σύνετε.
ἀκούω	ἐγώ	πᾶς	καί	συνίημι
아쿠사테	무	판테스	카이	쉬네테
말을 들어라	나의	모두는	그리고	깨달아라
동.명.1과.능.2복.	대.인.소.1단.	형.대.주.남.복.	접.등.	동.명.2과.능.2복.

15 무엇이든지 밖에서 사람에게로 들어가는 것은 능히 사람을 더럽게 하지 못하되
There is nothing from without a man, that entering into him can defile him: but the things which come out of him, those are they that defile the man.

3762	1510	1855	3588	444	1531	1519
οὐδέν	ἐστιν	ἔξωθεν	τοῦ	ἀνθρώπου	εἰσπορευόμενον	εἰς
οὐδείς	εἰμί	ἔξωθεν	ὁ	ἄνθρωπος	εἰσπορεύομαι	εἰς
우덴	에스틴	엑소덴	투	안드로푸	에이스포류오메논	에이스
아무도 없음	이라	밖으로 부터	그	사람의	들어가는 것은	속으로
형.대.기.주.중.단.	동.직.현.능.3단.	전.소.	관.소.남.단.	명.소.남.단.	동.분.현.중.주.중.단.	전.목.

846	3739	1410	2840	846
αὐτὸν	ὃ	δύναται	κοινῶσαι	αὐτόν,
αὐτός	ὅς	δύναμαι	κοινόω	αὐτός
아우톤	호	뒤나타이	코이노사이	아우톤
그를	바	할 수 있는	더럽히는 것을	그를
대.인.목.남.3단.	대.관.주.중.단.	동.직.현.중.3단.	동.부.1과.능.	대.인.목.남.3단.

16 사람 안에서 나오는 것이 사람을 더럽게 하는 것이니라 하시고
If any man have ears to hear, let him hear.

235	3588	1537	3588	444	1607	1510	3588
ἀλλὰ	τὰ	ἐκ	τοῦ	ἀνθρώπου	ἐκπορευόμενά	ἐστιν	τὰ
ἀλλά	ὁ	ἐκ	ὁ	ἄνθρωπος	ἐκπορεύομαι	εἰμί	τό
알라	타	에크	투	안드로푸	에크포류오메나	에스틴	타
그러나	그(것들이)	으로 부터	그	사람	나오는 것들이	이다	그(것들)
접.우.	관.주.중.복.	전.소.	관.소.남.단.	명.소.남.단.	동.분.현.중수디.주.중.복.	동.직.현.능.3단.	관.주.중.복.

2840	3588	444
κοινοῦντα	τὸν	ἄνθρωπον.
κοινόω	ὁ	ἄνθρωπος
코이눈타	톤	안드로폰
더럽게 하는	그	사람을
동.분.현.능.주.중.복.	관.목.남.단.	명.목.남.단.

17 무리를 떠나 집으로 들어가시니 제자들이 그 비유를 묻자온대
And when he was entered into the house from the people, his disciples asked him concerning the parable.

2532	3753	1525	1519	3624	575	3588	3793	1905
Καὶ	ὅτε	εἰσῆλθεν	εἰς	οἶκον	ἀπὸ	τοῦ	ὄχλου,	ἐπηρώτων
καί	ὅτε	εἰσέρχομαι	εἰς	οἶκος	ἀπό	ὁ	ὄχλος	ἐπερωτάω
카이	호테	에이셀덴	에이스	오이콘	아포	투	오클루	에페로톤
그리고	때에	그가 들어가셨을	안으로	집	부터 떠나	그	무리로	캐묻고 있었다
접.등.	접.종.	동.직.2과.능.3단.	전.목.	명.목.남.단.	전.소.	관.소.남.단.	명.소.남.단.	동.직.미완.능.3복.

846	3588	3101	846	3588	3850
αὐτὸν	οἱ	μαθηταὶ	αὐτοῦ	τὴν	παραβολήν.
αὐτός	ὁ	μαθητής	αὐτός	ἡ	παραβολή
아우톤	호이	마데타이	아우투	텐	파라볼렌
그를	그	제자들이	그의	그	비유를
대.인.목.남.3단.	관.주.남.복.	명.주.남.복.	대.인.소.남.3단.	관.목.여.단.	명.목.여.단.

18 예수께서 이르시되 너희도 이렇게 깨달음이 없느냐 무엇이든지 밖에서 들어가는 것이
능히 사람을 더럽게 하지 못함을 알지 못하느냐
And he saith unto them, Are ye so without understanding also? Do ye not perceive, that whatsoever thing from without entereth into the man, it cannot defile him;

2532	3004	846	3779	2532	4771	801	1510	3756
καὶ	λέγει	αὐτοῖς,	οὕτως	καὶ	ὑμεῖς	ἀσύνετοί	ἐστε;	οὐ
καί	λέγω	αὐτός	οὕτως	καί	σύ	ἀσύνετος	εἰμί	οὐ
카이	레게이	아우토이스	후토스	카이	휘메이스	아쉬네토이	에스테	우
이에	말씀하신다	그들에게	그와 같이	역시	너희도	이해하지 못하고	있느냐	못하느냐
접.등.	동.직.현.능.3단.	대.인.여격.남.3복.	부.	부.	대.인.주.2복.	형.주.남.복.	동.직.현.능.2복.	부./불.의.

3539	3754	3956	3588	1855	1531	1519	3588	444
νοεῖτε	ὅτι	πᾶν	τὸ	ἔξωθεν	εἰσπορευόμενον	εἰς	τὸν	ἄνθρωπον
νοιέω	ὅτι	πᾶς	τό	ἔξωθεν	εἰσπορεύομαι	εἰς	ὁ	ἄνθρωπος
노에이테	호티	판	토	엑소덴	에이스포류오메논	에이스	톤	안드로폰
너희가 깨닫지	것을	모든 것이	그	밖에서	들어가는	속으로	그	사람을
동.직.현.능.2복.	접.등.	형.대.주.중.단.	관.주.중.단.	부.	동.분.현.중.주.중.단.	전.목.	관.목.남.단.	명.목.남.단.

3756	1410	846	2840
οὐ	δύναται	αὐτὸν	κοινῶσαι
οὐ	δύναμαι	αὐτός	κοινόω
우	뒤나타이	아우톤	코이노사이
없다는	할 수	그를	더럽히는 것을
부.	동.직.현.중.3단.	대.인.목.남.3단.	동.부.1과.능.

19 이는 마음으로 들어가지 아니하고 배로 들어가 뒤로 나감이라 이러므로 모든 음식물을
깨끗하다 하시니라
Because it entereth not into his heart, but into the belly, and goeth out into the draught, purging all meats?

3754	3756	1531	846	1519	3588	2588	235	1519
ὅτι	οὐκ	εἰσπορεύεται	αὐτοῦ	εἰς	τὴν	καρδίαν	ἀλλ’	εἰς
ὅτι	οὐ	εἰσπορεύομαι	αὐτός	εἰς	ὁ	καρδία	ἀλλά	εἰς
호티	우크	에이스포류에타이	아우투	에이스	텐	카르디안	알	에이스
때문이라	아니하고	그것이 들어가지	그의	속으로	그	마음을	다만	안으로 들어가
접.종.	부.	동.직.현.중수디.3단	대.인.소.남.3단.	전.목.	관.목.여.단.	명.목.여.단.	접.우.	전.목.

3588	2836	2532	1519	3588	856	1607	2511
τὴν	κοιλίαν,	καὶ	εἰς	τὸν	ἀφεδρῶνα	ἐκπορεύεται,	καθαρίζων
ἡ	κοιλία	καί	εἰς	ὁ	ἀφεδρών	ἐκπορεύομαι	καθαρίζω
텐	코일리안	카이	에이스	톤	아페드로나	에크포류에타이	카다리존
그	배	이에	속으로	그	뒤	나가기	깨끗하다고
관.목.여.단.	명.목.여.단.	접.등.	전.목.	관.목.남.단.	명.목.남.단.	동.직.현.중수디.3단.	동.분.현.능.주.남.단.

3956	3588	1033
πάντα	τὰ	βρώματα;
πᾶς	τό	βρῶμα
판타	타	브로마타
모든	그	음식들을
형.목.중.복.	관.목.중.복.	명.목.중.복.

20 또 이르시되 사람에게서 나오는 그것이 사람을 더럽게 하느니라
And he said, That which cometh out of the man, that defileth the man.

3004	1161	3754	3588	1537	3588	444	1607
ἔλεγεν	δὲ	ὅτι	τὸ	ἐκ	τοῦ	ἀνθρώπου	ἐκπορευόμενον,
λέγω	δέ	ὅτι	τό	ἐκ	ὁ	ἄνθρωπος	ἐκπορεύομαι
엘레겐	데	호티	토	에크	투	안드로푸	에크포류오메논
그가 말씀하고 계셨다	또	왜냐하면	그	에게서	그	사람	나오는
동.직.미완.능.3단.	접.우.	접.우.	관.주.중.단.	전.소.	관.소.남.단.	명.소.남.단.	동.분.현.중수디.주.중.단.

1565	2840	3588	444
ἐκεῖνο	κοινοῖ	τὸν	ἄνθρωπον.
ἐκεῖνος	κοινόω	ὁ	ἄνθρωπος
에케이노	코이노이	톤	안드로폰
그것이	더럽게 한다	그	사람을
대.지.주.중.단.	동.직.현.능.3단.	관.목.남.단.	명.목.남.단.

21 속에서 곧 사람의 마음에서 나오는 것은 악한 생각 곧 음란과 도둑질과 살인과
For from within, out of the heart of men, proceed evil thoughts, adulteries, fornications, murders,

2081	1063	1537	3588	2588	3588	444	3588	1261
ἔσωθεν	γὰρ	ἐκ	τῆς	καρδίας	τῶν	ἀνθρώπων	οἱ	διαλογισμοι
ἔσωθεν	γάρ	ἐκ	ἡ	καρδία	ὁ	ἄνθρωπος	ὁ	διαλογισμός
에소덴	가르	에크	테스	카르디아스	톤	안드로폰	호이	디알로기스모이
속으로부터	왜냐하면	에서	그	마음	그	사람들의	그	생각들이
부.	접.종.	전.소.	관.소.여.단.	명.소.여.단.	관.소.남.복.	명.소.남.복.	관.주.남.복.	명.주.남.복.

3588	2556	1607	4202	2829	5408
οἱ	κακοὶ	ἐκπορεύονται,	πορνεῖαι,	κλοπαί,	φόνοι,
ὁ	κακός	ἐκπορεύομαι	πορνεία	κλοπή	φόνος
호이	카코이	에크포류온타이	포르네이아이	클로파이	포노이
그	악한	나온다	음란들이	도적질들이	살인들이
관.주.남.복.	형.주.남.복.	동.직.현.중.3복	명.주.여.복.	명.주.여.복.	명.주.남.복.

22 간음과 탐욕과 악독과 속임과 음탕과 질투와 비방과 교만과 우매함이니
Thefts, covetousness, wickedness, deceit, lasciviousness, an evil eye, blasphemy, pride, foolishness:

3430	4124	4189	1388	766	3788	4190
μοιχεῖαι,	πλεονεξίαι,	πονηρίαι,	δόλος,	ἀσέλγεια,	ὀφθαλμὸς	πονηρός,
μοιχεία	πλεονεξία	πονηρία	δόλος,	ἀσέλγεια,	ὀφθαλμός	πονηρός
모이케이아이	플레오넥시아이	포네리아이	돌로스	아셀게이아	오프달모스	포네로스
간음들이	탐욕들이	사악함들이	교활이	음탕이	눈이	사악한
명.주.여.복.	명.주.여.복.	명.주.여.복.	명.주.남.단.	명.주.여.단.	명.주.남.단.	형.주.남.단.

988	5243	877
βλασφημία,	ὑπερηφανία,	ἀφροσύνη·
βλασφημία	ὑπερηφανία	ἀφροσύνη
블라스페미아	휘페레파니아	아프로쉬네
비방이	교만이	어리석음이
명.주.여.단.	명.주.여.단.	명.주.여.단.

23 이 모든 악한 것이 다 속에서 나와서 사람을 더럽게 하느니라
All these evil things come from within, and defile the man.

3956	3778	3588	4190	2081	1607	2532	2840	3588
πάντα	ταῦτα	τὰ	πονηρὰ	ἔσωθεν	ἐκπορεύεται	καὶ	κοινοῖ	τὸν
πᾶς	οὗτος	τό	πονηρός	ἔσωθεν	ἐκπορεύομαι	καί	κοινόω	ὁ
판타	타우타	타	포네라	에소텐	에크포류에타이	카이	코이노이	톤
모든	이런	그	사악한 것들이	속으로부터	나온다	그래서	더럽힌다	그
형.주.중.복.	대.지.주.중.복.	관.주.중.복.	형.대.주.중.복.	부.	동.직.현.중수디.3단.	접.등.	동.직.현.능.3단.	관.목.남.단.

444
ἄνθρωπον.
ἄνθρωπος
안드로폰
사람을
명.목.남.단.

24 예수께서 일어나사 거기를 떠나 두로 지방으로 가서 한 집에 들어가 아무도 모르게
하시려 하나 숨길 수 없더라
And from thence he arose, and went into the borders of Tyre and Sidon, and entered into an house, and would have no man know it: but he could not be hid.

1564	1161	450	565	1519	3588	3725	5184	2532
Ἐκεῖθεν	δὲ	ἀναστὰς	ἀπῆλθεν	εἰς	τὰ	ὅρια	Τύρου.	καὶ
ἐκεῖθεν	δέ	ἀνίστημι	ἀπέρχομαι	εἰς	τό	ὅριον	Τύρος	καί
에케이텐	데	아나스타스	에펠텐	에이스	타	호리아	튀루	카이
거기로부터	그리고	일어나셔서	떠나가셨다	안으로	그	지역들의	두로의	그리고
부.	접.등.	동.분.2과.능.주.남.단.	동.직.2과.능.3단.	전.목.	관.목.중.복.	명.목.중.복.	명.소.여.단.	접.등.

1525	1519	3614	3762	2309	1097	2532	3756
εἰσελθὼν	εἰς	οἰκίαν	οὐδένα	ἤθελεν	γνῶναι,	καὶ	οὐκ
εἰσέρχομαι	εἰς	οἰκία	οὐδείς	θέλω	γινώσκω	καί	οὐ
에이셀돈	에이스	오이키안	우데나	에델렌	그노나이	카이	우크
들어가서	안으로	한 집을	아무도 아니하고 있었다	그가 원하지	아는 것을	그러나	없었다
동.분.2과.능.주.남.단.	전.목.	명.목.여.단.	형.대.기.목.남.단.	동.직.미완.능.3단.	동.부.2과.능.	접.등.	부.

1410	2990
ἠδυνήθη	λαθεῖν·
δύναμαι	λανθάνω
에뒤네데	라데인
할 수	숨기는 것을
동.직.1과.수디.3단.	동.부.2과.능.

25 이에 더러운 귀신 들린 어린 딸을 둔 한 여자가 예수의 소문을 듣고 곧 와서 그 발
아래에 엎드리니
For a certain woman, whose young daughter had an unclean spirit, heard of him, and came and fell at his feet:

235	2117	191	1135	4012	846	3739	2192	3588
ἀλλ'	εὐθὺς	ἀκούσασα	γυνὴ	περὶ	αὐτοῦ,	ἧς	εἶχεν	τὸ
ἀλλά	εὐθύς	ἀκούω	γυνή	περί	αὐτός	ὅς	ἔχω	τό
알	유뒤스	아쿠사사	귀네	페리	아우투	헤스	에이켄	토
도리어	곧	듣고	한 여자가	관하여	그에	그 여자의	들려있었다	그
접.우.	형.대.주.남.단.	동.분.1과.능.주.여.단.	명.주.여.단.	전.소.	대.인.소.남.3단.	형.대.소.여.단.	동.직.미완.능.3단.	관.주.중.단.

2365	846	4151	169	2064	4363	4314
θυγάτριον	αὐτῆς	πνεῦμα	ἀκάθαρτον,	ἐλθοῦσα	προσέπεσεν	πρὸς
θυγάτριον	αὐτός	πνεῦμα	ἀκάθαρτος	ἔρχομαι	προσπίπτω	πρός
뒤가트리온	아우테스	프뉴마	아카다르톤	엘두사	프로세페센	프로스
어린 딸이	자기의	영을	더러운	와서	엎드렸더라	향하여
명.주.중.단.	대.인.소.여.3단.	명.목.중.단.	형.목.중.단.	동.분.2과.능.주.여.단.	동.직.2과.능.3단.	전.목.

3588	4228	846
τοὺς	πόδας	αὐτοῦ·
ὁ	πούς	αὐτός
투스	포다스	아우투
그	두 발을	그의
관.목.남.복.	명.목.남.복.	대.인.소.남.3단.

26 그 여자는 헬라인이요 수로보니게 족속이라 자기 딸에게서 귀신 쫓아내 주시기를 간구하거늘
The woman was a Greek, a Syrophenician by nation; and she besought him that he would cast forth the devil out of her daughter.

3588	1161	1135	1510	1674	4949	3588	1085
ἡ	δὲ	γυνὴ	ἦν	Ἑλληνίς,	Συροφοινίκισσα	τῷ	γένει·
ἡ	δέ	γυνή	εἰμί	Ἑλληνίς	Συροφοινίκισσα	τό	γένος
헤	데	귀네	엔	헬레니스	쉬로포이니키싸	토	게네이
그	그런데	여자는	이었다	헬라인	수로보니게	그	족속으로
관.주.여.단.	접.종.	명.주.여.단.	동.직.미완.능.3단.	명.주.여.단.	명.주.여.단.	관.여격.중.단.	명.여격.중.단.

2532	2065	846	2443	3588	1140	1544	1537	3588
καὶ	ἠρώτα	αὐτὸν	ἵνα	τὸ	δαιμόνιον	ἐκβάλῃ	ἐκ	τῆς
καί	ἐρωτάω	αὐτός	ἵνα	τό	δαιμόνιον	ἐκβάλλω	ἐκ	ἡ
카이	에로타	아우톤	히나	토	다이모니온	에크발레	에크	테스
그런데	간구하고 있었다	그를	위하여	그	귀신을	그가 내쫓아주기	에게서	그
접.등.	동.직.미완.능.3단.	대.인.목.남.3단.	접.등.	관.목.중.단.	명.목.중.단.	동.가.2과.능.3단.	전.소.	관.소.여.단.

2364	846
θυγατρὸς	αὐτῆς.
θυγάτηρ	αὐτός
뒤가트로스	아우테스
딸	자기의
명.소.여.단.	대.인.소.여.3단.

27 예수께서 이르시되 자녀로 먼저 배불리 먹게 할지니 자녀의 떡을 취하여 개들에게
던짐이 마땅치 아니하니라
But Jesus said unto her, Let the children first be filled: for it is not meet to take the children's bread, and to cast it unto the dogs.

2532	3004	846	863	4412	5526	3588	5043
καὶ	ἔλεγεν	αὐτῇ,	ἄφες	πρῶτον	χορτασθῆναι	τὰ	τέκνα,
καί	λέγω	αὐτός	ἀφίημι	πρῶτον	χορτάζω	τό	τέκνον
카이	엘레겐	아우테	아페스	프로톤	코르타스데나이	타	테크나
그러자	그가 말씀하셨다	그녀에게	허락하라	먼저	배불려지는 것을	그	자녀들을
접.등.	동.직.미완.능.3단.	대.인.여격.여.3단.	동.명.2과.능.2단.	형.대.서.목.중.단.	동.부.1과.수.	관.목.중.복.	명.목.중.복.

3756	1063	1510	2570	2983	3588	740	3588	5043	2532
οὐ	γάρ	ἐστιν	καλὸν	λαβεῖν	τὸν	ἄρτον	τῶν	τέκνων	καὶ
οὐ	γάρ	εἰμί	καλός	λαμβάνω	ὁ	ἄρτος	τό	τέκνον	καί
우	가르	에스틴	칼론	라베인	톤	아르톤	톤	테크논	카이
아니함	왜냐하면	이라	옳지	취하는 것이	그	떡을	그	자녀들의	그래서
부.	접.종.	동.직.현.능.3단.	형.주.중.단.	동.부.2과.능.	관.목.남.단.	명.목.남.단.	관.소.중.복.	명.소.중.복.	접.등.

3588	2952	906
τοῖς	κυναρίοις	βαλεῖν.
τό	κυνάριον	βάλλω
토이스	퀴나리오이스	발레인
그	작은 개들에게	던지는 것이
관.여격.중.복.	명.여격.중.복.	동.부.2과.능.

28 여자가 대답하여 이르되 주여 옳소이다마는 상 아래 개들도 아이들이 먹던 부스러기를
먹나이다
And she answered and said unto him, Yes, Lord: yet the dogs under the table eat of the children's crumbs.

3588	1161	611	2532	3004	846	2962	2532	3588	2952
ἡ	δὲ	ἀπεκρίθη	καὶ	λέγει	αὐτῷ,	κύριε,	καὶ	τὰ	κυνάρια
ἡ	δέ	ἀποκρίνομαι	καί	λέγω	αὐτός	κύριος	καί	τό	κυνάριον
헤	데	아페크리데	카이	레게이	아우토	퀴리에	카이	타	퀴나리아
그녀가	그러나	대답하였다	이에	말한다	그에게	주여	그러나	그	작은 개들이
관.주.여.단.	접.우.	동.직.1과.수디.3단.	접.등.	동.직.현.능.3단.	대.인.여격.남.3단.	명.호.남.단.	부.	관.주.중.복.	명.주.중.복.

5270	3588	5132	2068	575	3588	5589	3588	3813
ὑποκάτω	τῆς	τραπέζης	ἐσθίουσιν	ἀπὸ	τῶν	ψιχίων	τῶν	παιδίων.
ὑποκάτω	ἡ	τράπεζα	ἐσθίω	ἀπό	τό	ψιχίον	τό	παιδίον
휘포카토	테스	트라페제스	에스디우신	아포	톤	프시키온	톤	파이디온
아래서	그	식탁의	먹나이다	부터	그	부스러기들로	그	아이들의
전.소.	관.소.여.단.	명.소.여.단.	동.직.현.능.3복.	전.소.	관.소.중.복.	명.소.중.복.	관.소.중.복.	명.소.중.복.

29 예수께서 이르시되 이 말을 하였으니 돌아가라 귀신이 네 딸에게서 나갔느니라 하시매
And he said unto her, For this saying go thy way; the devil is gone out of thy daughter.

2532	3004(2036)	846	1223	3778	3588	3056	5217	1831
καὶ	εἶπεν	αὐτῇ,	διὰ	τοῦτον	τὸν	λόγον	ὕπαγε,	ἐξελήλυθεν
καί	λέγω.ἔπω	αὐτός	διά	οὗτος	ὁ	λόγος	ὑπάγω	ἐξέρχομαι
카이	에이펜	아우테	디아	투톤	톤	로곤	휘파게	엑셀렐뤼덴
이에	그가 말씀하셨다	그녀에게	인하여	이	그	말을	가라	나갔다
접.등.	동.직.2과.능.3단.	대.인.여격.여.3단.	전.목.	대.지.목.남.단.	관.목.남.단.	명.목.남.단.	동.명.현.능.2단.	동.직.1완.능.3단.

1537	3588	2364	4771	3588	1140
ἐκ	τῆς	θυγατρός	σου	τὸ	δαιμόνιον.
ἐκ	ἡ	θυγάτηρ	σύ	τό	δαιμόνιον
에크	테스	뒤가트로스	수	토	다이모니온
에게서	그	딸	네	그	귀신이
전.소.	관.소.여.단.	명.소.여.단.	대.인.소.2단.	관.주.중.단.	명.주.중.단.

30 여자가 집에 돌아가 본즉 아이가 침상에 누웠고 귀신이 나갔더라
And when she was come to her house, she found the devil gone out, and her daughter laid upon the bed.

2532	565	1519	3588	3624	846	2147	3588	3813
καὶ	ἀπελθοῦσα	εἰς	τὸν	οἶκον	αὐτῆς	εὗρεν	τὸ	παιδίον
καί	ἀπέρχομαι	εἰς	ὁ	οἶκος	αὐτός	εὑρίσκω	τό	παιδίον
카이	아펠두사	에이스	톤	오이콘	아우테스	휴렌	토	파이디온
이에	(떠나)가신 후에	으로	그	집	자기의	발견하였다	그	아이를
접.등.	동.분.2과.능.주.여.단.	전.목.	관.목.남.단.	명.목.남.단.	대.인.소.여.3단.	동.직.2과.능.3단.	관.목.중.단.	명.목.중.단.

906	1909	3588	2825	2532	3588	1140	1831
βεβλημένον	ἐπὶ	τὴν	κλίνην	καὶ	το	δαιμόνιον	ἐξεληλυθός.
βάλλω	ἐπί	ἡ	κλίνη	καί	τό	δαιμόνιον	ἐξέρχομαι
베블레메논	에피	텐	클리넨	카이	토	다이모니온	엑셀렐뤼도스
눕혀져 있는	위로	그	침대를	곧	그	귀신을	나가있는 것을
동.분.1완.수.목.중.단.	전.목.	관.목.여.단.	명.목.여.단.	접.등.	관.목.중.단.	명.목.중.단.	동.분.1완.능.목.중.단.

31 예수께서 다시 두로 지방에서 나와 시돈을 지나고 데가볼리 지방을 통과하여 갈릴리
호수에 이르시매
And again, departing from the coasts of Tyre and Sidon, he came unto the sea of Galilee, through the midst of the coasts of Decapolis.

2532	3825	1831	1537	3588	3725	5184	2064	1223
Καὶ	πάλιν	ἐξελθὼν	ἐκ	τῶν	ὁρίων	Τύρου	ἦλθεν	διὰ
καί	πάλιν	ἐξέρχομαι	ἐκ	τό	ὅριον	Τύρος	ἔρχομαι	διά
카이	팔린	엑셀돈	에크	톤	호리온	튀루	엘덴	디아
그리고	다시	나간 후에	에서	그	지역	두로의	오셨다	지나
접.등.	부.	동.분.2과.능.주.남.단.	전.소.	관.소.중.복.	명.소.중.복.	명.소.여.단.	동.직.2과.능.3단.	전.소.

4605	1519	3588	2281	3588	1056	303	3319	3588
Σιδῶνος	εἰς	τὴν	θάλασσαν	τῆς	Γαλιλαίας	ἀνὰ	μέσον	τῶν
Σιδών	εἰς	ἡ	θάλασσα	ἡ	Γαλιλαίας	ἀνά	μέσος	τό
시도노스	에이스	텐	달라싼	테스	갈릴라이아스	아나	메손	톤
시돈을	행하여	그	바다를	그	갈릴리의	통하여	가운데를	그
명.소.여.단.	전목.	관.목.여.단.	명.목.여.단.	관.소.여.단.	명.소.여.단.	전목.	형.대.목.중.단.	관.소.중.복.

3725	1179
ὁρίων	Δεκαπόλεως.
ὅριον	Δεκάπολις
호리온	데카폴레오스
지역들의	데가볼리의
명.소.중.복.	명.소.여.단.

32 사람들이 귀 먹고 말 더듬는 자를 데리고 예수께 나아와 안수하여 주시기를 간구하거늘
And they bring unto him one that was deaf, and had an impediment in his speech; and they beseech him to put his hand upon him.

2532	5342	846	2974	2532	3424	2532	3870
καὶ	φέρουσιν	αὐτῷ	κωφὸν	καὶ	μογιλάλον	καὶ	παρακαλοῦσιν
καί	φέρω	αὐτός	κωφός	καί	μογιλάλος	καί	παρακαλέω
카이	페루신	아우토	코폰	카이	모길랄론	카이	파라칼루신
또	그들이 데리고 온다	그에게	귀먹고	그리고	말 더듬는 한 사람을	그리고	간청한다
접.등.	동.직.현.능.3복.	대.인.여격.남.3단.	형.대.목.남.단.	접.등.	형.대.목.남.단.	접.등.	동.직.현.능.3복.

846	2443	2007	846	3588	5495
αὐτὸν	ἵνα	ἐπιθῇ	αὐτῷ	τὴν	χεῖρα.
αὐτός	ἵνα	ἐπιτίθημι	αὐτός	ἡ	χείρ
아우톤	히나	에피데	아우토	텐	케이라
그를	위하여	얹어주시기	그에게	그(그의)	손을
대.인.목.남.3단.	접.등.	동.가.2과.능.3단.	대.인.여격.남.3단.	관.목.여.단.	명.목.여.단.

33 예수께서 그 사람을 따로 데리고 무리를 떠나사 손가락을 그의 양 귀에 넣고 침을 뱉어
그의 혀에 손을 대시며
And he took him aside from the multitude, and put his fingers into his ears, and he spit, and touched his tongue;

2532	618	846	575	3588	3793	2596	2398	906
καὶ	ἀπολαβόμενος	αὐτὸν	ἀπὸ	τοῦ	ὄχλου	κατ᾽	ἰδίαν	ἔβαλεν
καί	ἀπολαμβάνω	αὐτός	ἀπό	ὁ	ὄχλος	κατά	ἴδιος	βάλλω
카이	아폴라보메노스	아우톤	아포	투	오클루	캍	이디안	에발렌
이에	데리고 간 후에	그를	부터	그	무리로		따로	그가 넣었다
접.등.	동.분.2과.중.주.남.단.	대.인.목.남.3단.	전소.	관.소.남.단.	명.소.남.단.	전목.	형.대.목.여.단.	동.직.2과.능.3단.

3588	1147	846	1519	3588	3775	846	2532	4429
τοὺς	δακτύλους	αὐτοῦ	εἰς	τὰ	ὦτα	αὐτοῦ	καὶ	πτύσας
ὁ	δάκτυλος	αὐτός	εἰς	τό	οὖς	αὐτός	καί	πτύω
투스	다크튈루스	아우투	에이스	타	오타	아우투	카이	프튀사스
그	손가락들을	그의	속으로	그	양 귀를	그의	그리고	침을 뱉으시고
관.목.남.복.	명.목.남.복.	대.인.소.남.3단.	전목.	관.목.중.복.	명.목.중.복.	대.인.소.남.3단.	접.등.	동.분.1과.능.주.남.단.

680	3588	1100	846
ἥψατο	τῆς	γλώσσης	αὐτοῦ,
ἅπτομαι	ἡ	γλῶσσα	αὐτός
헾사토	테스	글로쎄스	아우투
그가 손을 대셨다	그	혀의	그의
동.직.1과.중.3단.	관.소.여.단.	명.소.여.단.	대.인.소.남.3단.

34 하늘을 우러러 탄식하시며 그에게 이르시되 에바다 하시니 이는 열리라는 뜻이라
And looking up to heaven, he sighed, and saith unto him, Ephphatha, that is, Be opened.

2532	308	1519	3588	3772	4727	2532	3004
καὶ	ἀναβλέψας	εἰς	τὸν	οὐρανὸν	ἐστέναξεν	καὶ	λέγει
καί	ἀναβλέπω	εἰς	ὁ	οὐρανός	στενάζω	καί	λέγω
카이	아나블렙사스	에이스	톤	우라논	에스테낙센	카이	레게이
그리고	우러러보시고	향하여	그	하늘을	탄식하셨다	그리고	말씀하시기를
접.등.	동.분.1과.능.주.남.단.	전.목.	관.목.남.단.	명.목.남.단.	동.직.1과.능.3단.	접.등.	동.직.현.능.3단.

846	2188	3739	1510	1272
αὐτῷ,	Εφφαθα,	ὅ	ἐστιν,	διανοίχθητι.
αὐτός	Εφφαθα,	ὅς	εἰμί	διανοίγω
아우토	엪파다	호	에스틴	디아노이크데티
그에게	에바다	이는	이다	너는 열리어져라
대.인.여격.남.3단.	동.명.1과.수.2단.	대.관.주.중.단.	동.직.현.능.3단.	동.명.1과.수.2단.

35 그의 귀가 열리고 혀가 맺힌 것이 곧 풀려 말이 분명하여졌더라
And straightway his ears were opened, and the string of his tongue was loosed, and he spake plain.

2532	2112	455	846	3588	189	2532	3089	3588
καὶ	εὐθέως	ἠνοίγησαν	αὐτοῦ	αἱ	ἀκοαί,	καὶ	ἐλύθη	ὁ
καί	εὐθέως	ἀνοίγω	αὐτός	ἡ	ἀκοή	καί	λύω	ὁ
카이	유데오스	에노이게산	아우투	하이	아코아이	카이	엘뤼데	호
그러자	(즉시)	열리어졌다	그의	그	두 귀가	그리고	풀려졌다	그
접.등.	부.	동.직.2과.수.3복.	대.인.소.남.3단.	관.주.여.복.	명.주.여.복.	접.등.	동.직.1과.수.3단.	관.주.남.단.

1199	3588	1100	848	2532	2980	3723
δεσμὸς	τῆς	γλώσσης	αὐτοῦ	καὶ	ἐλάλει	ὀρθῶς.
δεσμός	ἡ	γλῶσσα	αὐτός	καί	λαλέω	ὀρθῶς
데스모스	테스	글로쎄스	아우투	카이	엘랄레이	오르도스
맺힌 것이	그	혀의	그의	그래서	그가 말하고 있었더라	분명하게
명.주.남.단.	관.소.여.단.	명.소.여.단.	대.인.소.남.3단.	접.등.	동.직.미완.능.3단.	부.

36 예수께서 그들에게 경고하사 아무에게도 이르지 말라 하시되 경고하실수록 그들이 더욱
널리 전파하니
And he charged them that they should tell no man: but the more he charged them, so much
the more a great deal they published it;

2532	1291	846	2443	3367	3004	3745	1161
καὶ	διεστείλατο	αὐτοῖς	ἵνα	μηδενὶ	λέγωσιν·	ὅσον	δὲ
καί	διαστέλλομαι	αὐτός	ἵνα	μηδείς	λέγω	ὅσος	δέ
카이	디에스테일라토	아우토이스	히나	메데니	레고신	호손	데
또	예수께서 엄히 명령하셨다	그들에게	위하여	아무에게도 않기	말하지	어떤 일이든지	그러나
접.등.	동.직.1과.중.3단.	대.인.여격.남.3복.	접.등.	형.대.기.여격.남.단.	동.가 현.능.3복.	대.관.목.중.단.	접.우.

846	1291	846	3123	4054	2784
αὐτοῖς	διεστέλλετο,	αὐτοὶ	μᾶλλον	περισσότερον	ἐκήρυσσον.
αὐτός	διαστέλλομαι	αὐτός	μᾶλλον	περισσότερον	κηρύσσω
아우토이스	디에스텔레토	아우토이	말론	페리쏘테론	에케뤼쏜
그들에게	명령하셨다	그들은	더욱	더 널리	선포하고 있었다
대.인.여격.남.3복.	동.직.미완.중.3단.	대.인.주.남.3복.	부.비.	형.대.비.목.중.단.	동.직.미완.능.3복.

37 사람들이 심히 놀라 이르되 그가 모든 것을 잘하였도다 못 듣는 사람도 듣게 하고 말
못하는 사람도 말하게 한다 하니라
And were beyond measure astonished, saying, He hath done all things well: he maketh both the
deaf to hear, and the dumb to speak.

2532	5249	1605	3004	2573	3956	4160
καὶ	ὑπερπερισσῶς	ἐξεπλήσσοντο	λέγοντες,	καλῶς	πάντα	πεποίηκεν,
καί	ὑπερπερισσῶς	ἐκπλήσσω	λέγω	καλῶς	πᾶς	ποιέω
카이	휘페르페리쏘스	엑세플레쏜토	레곤테스	칼로스	판타	페포이에켄
이에	대단히	그들이 놀랐다	말하기를	잘	다(모두)	그가 행하였다
접.등.	부.	동.직.미완.수.3복.	동.분.현.능.주.남.복.	부.	형.대.목.중.복.	동.직.1완.능.3단.

2532	3588	2974	4160	191	2532	3588	216	2980
καὶ	τοὺς	κωφοὺς	ποιεῖ	ἀκούειν	καὶ	τοὺς	ἀλάλους	λαλεῖν.
καί	ὁ	κωφός	ποιέω	ἀκούω	καί	ὁ	ἄλαλος	λαλέω
카이	투스	코푸스	포이에이	아쿠에인	카이	투스	알랄루스	랄레인
도	그	청각장애자들	하고	듣게	도	그	언어장애자들	말하게 하다
접등./부.	관.목.남.복.	형.대.목.남.복.	동.직.현.능.3단.	동.부.현.능.	접등.	관.목.남.복.	형.대.목.남.복.	동.부.현.능.

8 그 무렵에 또 큰 무리가 있어 먹을 것이 없는지라 예수께서 제자들을 불러 이르시되
In those days the multitude being very great, and having nothing to eat, Jesus called his disciples unto him, and saith unto them,

1722	1565	3588	2250	3825	4183	3793	1510	2532
Ἐν	ἐκείναις	ταῖς	ἡμέραις	πάλιν	πολλοῦ	ὄχλου	ὄντος	καὶ
ἐν	ἐκεῖνος	ἡ	ἡμέρα	πάλιν	πολύς	ὄχλος	εἰμί	καί
엔	에케이나이스	타이스	헤메라이스	팔린	폴루	오클루	온토스	카이
중에	그	그	날들	다시	큰	무리(의)가	있어	그런데
전.여격.	대.지.여.복.	관.여격.여.복.	명.여격.여.복.	부.	형.소.남.단.	명.소.남.단.	동.분.현.능.소.남.단.	접등.

3361	2192	5101	5315	4341	3588	3101
μὴ	ἐχόντων	τί	φάγωσιν,	προσκαλεσάμενος	τοὺς	μαθητὰς
μή	ἔχω	τίς	φάγω	προσκαλέομαι	ὁ	μαθητής
메	에콘톤	티	파고신	프로스칼레사메노스	투스	마데타스
없으니	가진 것이	무엇을	그들이 먹으려고	앞으로 부르시고	그	제자들을
부.	동.분.현.능.소.남.복.	대.의.목.중.단.	동.가.2과.능.3복.	동.분.1과.중디.주.남.단.	관.목.남.복.	명.목.남.복.

3004	846
λέγει	αὐτοῖς,
λέγω	αὐτός
레게이	아우토이스
말씀하신다	그들에게
동.직.현.능.3단.	대.인.여격.남.3복.

2 내가 무리를 불쌍히 여기노라 그들이 나와 함께 있은 지 이미 사흘이 지났으나 먹을
것이 없도다
I have compassion on the multitude, because they have now been with me three days, and have nothing to eat:

4697	1909	3588	3793	3754	2235	2250	5140
Σπλαγχνίζομαι	ἐπὶ	τὸν	ὄχλον,	ὅτι	ἤδη	ἡμέραι	τρεῖς
σπλαγχνίζομαι	ἐπί	ὁ	ὄχλος	ὅτι	ἤδη	ἡμέρα	τρεῖς
스플랑크니조마이	에피	톤	오클론	호티	에데	헤메라이	트레이스
내가 측은히 여긴다	대하여	그	무리에	때문에	이미	일들이	삼
동.직.현.중수디.1단.	전.목.	관.목.남.단.	명.목.남.단.	접.종.	부.	명.주.여.복.	형.기.주.여.복.

4357	1473	2532	3756	2192	5101	5315
προσμένουσίν	μοι	καὶ	οὐκ	ἔχουσιν	τί	φάγωσιν·
προσμένω	ἐγώ	καί	οὐ	ἔχω	τίς	φάγω
프로스메누신	모이	카이	우크	에쿠신	티	파고신
그들이 함께 머무나	나와	그런데	못하기	가지지	어떤 것도	그들이 먹을만한
동.직.현.능.3복.	대.인.여격.1단.	접등.	부.	동.직.현.능.3복.	대.의.목.중.단.	동.가.2과.능.3복.

3 만일 내가 그들을 굶겨 집으로 보내면 길에서 기진하리라 그 중에는 멀리서 온 사람들도 있느니라
And if I send them away fasting to their own houses, they will faint by the way: for divers of them came from far.

2532	1437	630	846	3523	1519	3624	846	1590
καὶ	ἐὰν	ἀπολύσω	αὐτοὺς	νήστεις	εἰς	οἶκον	αὐτῶν,	ἐκλυθήσονται
καί	ἐάν	ἀπολύω	αὐτός	νῆστις	εἰς	οἶκος	αὐτός	ἐκλύω
카이	에안	아폴뤼소	아우투스	네스테이스	에이스	오이콘	아우톤	에클뤼데손타이
그래서	만일	내가 돌려보내면	그들을	굶겨서	으로	집	그들의	기진하게 될 것이라
접등.	접종.	동.가.1과.능.1단.	대.인.목.남.3복.	형.목.남.복.	전.목.	명.목.남.단.	대.인.소.남.3복.	동.직.미.수.3복.

1722	3588	3598	2532	5100	846	575	3113	2240
ἐν	τῇ	ὁδῷ·	καί	τινες	αὐτῶν	ἀπὸ	μακρόθεν	ἥκασιν.
ἐν	ἡ	ὁδός	καί	τις	αὐτός	ἀπό	μακρόθεν	ἥκω
엔	테	호도	카이	티네스	아우톤	아포	마크로덴	헤카신
안에서	그	길에	또한	어떤 사람들은	그들 중의	부터	멀리서	왔다
전.여격.	관.여격.여.단.	명.여격.여.단.	접.등.	대.부.주.남.복.	대.인.소.남.3복.	전.소.	부.	동.직.1완.능.3복.

4 제자들이 대답하되 이 광야 어디서 떡을 얻어 이 사람들로 배부르게 할 수 있으리이까
And his disciples answered him, From whence can a man satisfy these men with bread here in the wilderness?

2532	611	846	3588	3101	846	3754	4159	3778
καὶ	ἀπεκρίθησαν	αὐτῷ	οἱ	μαθηταὶ	αὐτοῦ	ὅτι	πόθεν	τούτους
καί	ἀποκρίνομαι	αὐτός	ὁ	μαθητής	αὐτός	ὅτι	πόθεν	οὗτος
카이	아페크리데산	아우토	호이	마데타이	아우투	호티	포덴	투투스
이에	대답하였다	그에게	그	제자들이	그의		어디서	이들을
접.등.	동.직.1과.수디.3복.	대.인.여격.남.3단.	관.주.남.복.	명.주.남.복.	대.인.소.남.3단.	접.등.	부.의.	대.지.목.남.복.

1410	5100	5602	5526	740	1909	2047
δυνήσεταί	τις	ὧδε	χορτάσαι	ἄρτων	ἐπ'	ἐρημίας;
δύναμαι	τις	ὧδε	χορτάζω	ἄρτος	ἐπί	ἐρημία
뒤네세타이	티스	호데	코르타사이	아르톤	엪	에레미아스
할 수 있을 것인가	누가	여기서	배부르도록	떡들로	위에서	광야의
동.직.미.중디.3단.	대.부.주.남.단.	부.	동.부.1과.능.	명.소.남.복.	전.소.	명.소.여.단.

5 예수께서 물으시되 너희에게 떡 몇 개나 있느냐 이르되 일곱이로소이다 하거늘
And he asked them, How many loaves have ye? And they said, Seven.

2532	2065	846	4214	2192	740	3588	1161	3004(2036)
καὶ	ἠρώτα	αὐτούς,	πόσους	ἔχετε	ἄρτους;	οἱ	δὲ,	εἶπαν
καί	ἐρωτάω	αὐτός	πόσος	ἔχω	ἄρτος	ὁ	δέ	λέγω.ἔπω
카이	에로타	아우투스	포수스	에케테	아르투스	호이	데	에이판
그러자	그가 물으셨다	그들에게	얼마나 많은	너희가 가지느냐	떡들을	그들이	이에	말씀을 드렸다
접.등.	동.직.미완.능.3단.	대.인.목.남.3복.	형.의.목.남.복.	동.직.현.능.2복.	명.목.남.복.	관.주.남.복.	접.우.	동.직.2과.능.3복.

2033
ἑπτά.
ἑπτά
헾타
일곱개를
형.대.기.목.남.복.

6 예수께서 무리를 명하여 땅에 앉게 하시고 떡 일곱 개를 가지사 축사하시고 떼어
제자들에게 주어 나누어 주게 하시니 제자들이 무리에게 나누어 주더라
And he commanded the people to sit down on the ground: and he took the seven loaves, and gave thanks, and brake, and gave to his disciples to set before them; and they did set them before the people.

2532	3853	3588	3793	377	1909	3588	1093
καὶ	παραγγέλλει	τῷ	ὄχλῳ	ἀναπεσεῖν	ἐπὶ	τῆς	γῆς·
καί	παραγγέλλω	ὁ	ὄχλος	ἀναπίπτω	ἐπί	ἡ	γῆ
카이	파랑겔레이	토	오클로	아나페세인	에피	테스	게스
그랬더니	예수님께서 명령하신다	그	무리에게	기대어 앉을 것을	위에서	그	땅의
접.등.	동.직.현.능.3단.	관.여격.남.단.	명.여격.남.단.	동.부.2과.능.	전.소.	관.소.여.단.	명.소.여.단.

2532	2983	3588	2033	740	2168	2806	2532
καί	λαβὼν	τοὺς	ἑπτὰ	ἄρτους	εὐχαριστήσας	ἔκλασεν	καὶ
καί	λαμβάνω	ὁ	ἑπτά	ἄρτος	εὐχαριστέω	κλάω	καί
카이	라본	투스	헾타	아르투스	유카리스테사스	에클라센	카이
그리고	취하신 후	그	일곱 개를	떡들	감사하시고	떼셨다	그리고
접.등.	동.분.2과.능.주.남.단.	관.목.남.복.	형.기.목.남.복.	명.목.남.복.	동.분.1과.능.주.남.단.	동.직.1과.능.3단.	접.등.

1325	3588	3101	848	2443	3908	2532	3908
ἐδίδου	τοῖς	μαθηταῖς	αὐτοῦ	ἵνα	παρατιθῶσιν,	καὶ	παρέθηκαν
δίδωμι	ὁ	μαθητής	αὐτός	ἵνα	παρατίθημι	καί	παρατίθημι
에디두	토이스	마데타이스	아우투	히나	파라티도신	카이	파레데칸
주시고 있었다	그	제자들에게	그의	위하여	그들이 앞에 놓기	이에	그들이 앞에 놓았다
동.직.미완.능.3단.	관.여격.남.복.	명.여격.남.복.	대.인.소.남.3단.	접.종.	동.가.현.능.3복.	접.등.	동.직.1과.능.3복.

3588	3793
τῷ	ὄχλῳ.
ὁ	ὄχλος
토	오클로
그	무리에게
관.여격.남.단.	명.여격.남.단.

7 또 작은 생선 두어 마리가 있는지라 이에 축복하시고 명하사 이것도 나누어 주게 하시니
And they had a few small fishes: and he blessed, and commanded to set them also before them.

2532	2192	2485	3641	2532	2127	846	3004(2036)
καὶ	εἶχον	ἰχθύδια	ὀλίγα·	καὶ	εὐλογήσας	αὐτὰ	εἶπεν
καί	ἔχω	ἰχθύδιον	ὀλίγος	καί	εὐλογέω	αὐτός	λέγω.ἔπω
카이	에이콘	이크뒤아	올리가	카이	율로게사스	아우타	에이펜
또	그들이 가지고 있었다	물고기들	두어마리를	그래서	축복하신 후에	그것들을	말씀하셨다
접.등.	동.직.미완.능.3복.	명.목.중.복.	형.목.중.복.	접.등.	동.분.1과.능.주.남.단.	대.인.목.중.3복.	동.직.2과.능.3단.

2532	3778	3908
καὶ	ταῦτα	παρατιθέναι.
καί	οὗτος	παρατίθημι
카이	타우타	파라티데나이
역시	이것들도	앞에 놓도록
부.	동.부.현.능.	대.지.목.중.복.

8 배불리 먹고 남은 조각 일곱 광주리를 거두었으며
So they did eat, and were filled: and they took up of the broken meat that was left seven baskets.

2532	5315	2532	5526	2532	142	4051
καὶ	ἔφαγον	καὶ	ἐχορτάσθησαν,	καὶ	ἦραν	περισσεύματα
καί	φάγω	καί	χορτάζω	καί	αἴρω	περίσσευμα
카이	에파곤	카이	에코르타스데산	카이	에란	페리쓔마타
그리하여	그들이 먹었다	그리고	배부르게 되었다	그리고	거두었다	남은 것들을
접.등.	동.직.2과.능.3복.	접.등.	동.직.1과.수.3복.	접.등.	동.직.1과.능.3복.	명.목.중.복.

2801	2033	4711
κλασμάτων	ἑπτὰ	σπυρίδας.
κλάσμα	ἑπτά	σπυρίς
클라스마톤	헾타	스퓌리다스
조각들의	일곱	광주리들을
명.소.중.복.	형.기.목.여.복.	명.목.여.복.

9 사람은 약 사천 명이었더라 예수께서 그들을 흩어 보내시고
And they that had eaten were about four thousand: and he sent them away.

1510	1161	5613	5070	2532	630	846
ἦσαν	δὲ	ὡς	τετρακισχίλιοι.	καὶ	ἀπέλυσεν	αὐτούς.
εἰμί	δέ	ὡς	τετρακισχίλιοι	καί	ἀπολύω	αὐτός
에산	데	호스	테트라키스킬리오이	카이	아펠뤼센	아우투스
그들은 있었다	때에	약	사 천 명이나	그리고	예수께서 헤쳐 보내셨다	그들을
동.직.미완.능.3복.	접.종.	부.	형.대.기.주.남.복.	접.등.	동.직.1과.능.3단.	대.인.목.남.3복.

10 곧 제자들과 함께 배에 오르사 달마누다 지방으로 가시니라
And straightway he entered into a ship with his disciples, and came into the parts of Dalmanutha.

2532	2117	1684	1519	3588	4143	3326	3588	3101	848
Καὶ	εὐθὺς	ἐμβὰς	εἰς	τὸ	πλοῖον	μετὰ	τῶν	μαθητῶν	αὐτοῦ
καί	εὐθύς	ἐμβαίνω	εἰς	τό	πλοῖον	μετά	ὁ	μαθητής	αὐτός
카이	유뒤스	엠바스	에이스	토	플로이온	메타	톤	마데톤	아우투
그리고	곧	오르신 후	안으로	그	배를	함께	그	제자들과	그의
접.등.	형.대.주.남.단.	동.분.2과.능.주.남.단.	전목.	관.목.중.단.	명.목.중.단.	전소.	관.소.남.복.	명.소.남.복.	대.인.소.남.3단.

2064	1519	3588	3313	1148
ἦλθεν	εἰς	τὰ	μέρη	Δαλμανουθά.
ἔρχομαι	εἰς	ὁ	μέρος	Δαλμανουθά
엘덴	에이스	타	메레	달마누다
그가 오셨더라	안으로	그	지방들을	달마누다의
동.직.2과.능.3단.	전목.	관.목.중.복.	명.목.중.복.	명.소.여.단.

11 바리새인들이 나와서 예수를 힐난하며 그를 시험하여 하늘로부터 오는 표적을 구하거늘
And the Pharisees came forth, and began to question with him, seeking of him a sign from heaven, tempting him.

2532	1831	3588	5330	2532	756	4802	846
Καὶ	ἐξῆλθον	οἱ	Φαρισαῖοι	καὶ	ἤρξαντο	συζητεῖν	αὐτῷ,
καί	ἐξέρχομαι	ὁ	Φαρισαῖος	καί	ἄρχομαι	συζητέω	αὐτός
카이	엑셀돈	호이	파리사이오이	카이	에륵산토	쉬제테인	아우토
그러자	나왔다	그	바리새인들이	그리고	그들이 시작하였다	논쟁하기를	그에게
접.등.	동.직.2과.능.3복.	관.주.남.복.	명.주.남.복.	접.등.	동.직.1과.중.3복.	동.부.현.능.	대.인.여격.남.3단.

2212	3844	846	4592	575	3588	3772	3985
ζητοῦντες	παρ'	αὐτοῦ	σημεῖον	ἀπὸ	τοῦ	οὐρανοῦ,	πειράζοντες
ζητέω	παρά	αὐτός	σημεῖον	ἀπό	ὁ	οὐρανός	πειράζω
제툰테스	파르	아우투	세메이온	아포	투	우라누	페이라존테스
찾으며	부터	그로	표적을	부터(오는)	그	하늘로	유혹하며
동.분.현.능.주.남.복.	전소.	대.인.소.남.3단.	명.목.중.단.	전소.	관.소.남.단.	명.소.남.단.	동.분.현.능.주.남.복.

846
αὐτόν.
αὐτός
아우톤
그를
대.인.목.남.3단.

12 예수께서 마음속으로 깊이 탄식하시며 이르시되 어찌하여 이 세대가 표적을 구하느냐
내가 진실로 너희에게 이르노니 이 세대에 표적을 주지 아니하리라 하시고
And he sighed deeply in his spirit, and saith, Why doth this generation seek after a sign? verily I say unto you, There shall no sign be given unto this generation.

2532	389	3588	4151	848	3004	5101	3588
καὶ	ἀναστενάξας	τῷ	πνεύματι	αὐτοῦ	λέγει,	τί	ἡ
καί	ἀναστενάξας	τό	πνεῦμα	αὐτός	λέγω	τίς	ἡ
카이	아나스테낙사스	토	프뉴마티	아우투	레게이	티	헤
이에	깊이 탄식하시고	그	영으로	그의	말씀하신다	어찌하여	그
접.등.	동.분.1과.능.주.남.단.	관.여격.중.단.	명.여격.중.단.	대.인.소.남.3단.	동.직.현.능.3단.	대.의.목.중.단.	관.주.여.단.

1074	3778	2212	4592	281	3004	5101	1487
γενεὰ	αὕτη	ζητεῖ	σημεῖον;	ἀμὴν	λέγω	ὑμῖν,	εἰ
γενεά	οὗτος	ζητέω	σημεῖον	ἀμήν	λέγω	σύ	εἰ
게네아	하우테	제테이	세메이온	아멘	레고	휘민	에이
세대가	이	찾느냐	표적을	진실로	내가 말하노니	너희에게	비록
명.주.여.단.	대.지.주.여.단.	동.직.현.능.3단.	명.목.중.단.	불문.	동.직.현.능.1단.	대.인.여격.2복.	접.종.

1325	3588	1074	3778	4592
δοθήσεται	τῇ	γενεᾷ	ταύτῃ	σημεῖον.
δίδωμι	ἡ	γενεά	οὗτος	σημεῖον
도데세타이	테	게네아	타우테	세메이온
주어질지라도	그	세대에게	이	한 표적은
동.직.미.수.3단.	관.여격.여.단.	명.여격.여.단.	대.지.여격.여.단.	명.주.중.단.

13 그들을 떠나 다시 배에 올라 건너편으로 가시니라
And he left them, and entering into the ship again departed to the other side.

2532	863	846	3825	1684	565	1519	3588	4008
καὶ	ἀφεὶς	αὐτοὺς	πάλιν	ἐμβὰς	ἀπῆλθεν	εἰς	τὸ	πέραν.
καί	ἀφίημι	αὐτός	πάλιν	ἐμβαίνω	ἀπέρχομαι	εἰς	τό	πέραν
카이	아페이스	아우투스	팔린	엠바스	아펠덴	에이스	토	페란
그리고	떠나서	그들을	다시	배에 올라	떠나셨다	향하여	그	건너편을
접등.	동.분.2과.능.주.남.단.	대.인.목.남.3복.	부.	동.분.2과.능.주.남.단.	동.직.2과.능.3단.	전목.	관.목.중.단.	부.

14 제자들이 떡 가져오기를 잊었으매 배에 떡 한 개밖에 그들에게 없더라
Now the disciples had forgotten to take bread, neither had they in the ship with them more than one loaf.

2532	1950	2983	740	2532	1487	3361	1520	740
Καὶ	ἐπελάθοντο	λαβεῖν	ἄρτους	καὶ	εἰ	μὴ	ἕνα	ἄρτον
καί	ἐπιλανθάνομαι	λαμβάνω	ἄρτος	καί	εἰ	μή	εἷς	ἄρτος
카이	에펠라돈토	라베인	아르투스	카이	에이	메	헤나	아르톤
그리고	제자들이 잊었다	취하는 것을	떡들을	그래서	는	외에	한 개	떡을
접등.	동.직.2과.중디.3복.	동.부.2과.능.	명.목.남.복.	접등.	접종.	부.	형.기.목.남.단.	명.목.남.단.

3756	2192	3326	1438	1722	3588	4143
οὐκ	εἶχον	μεθ’	ἑαυτῶν	ἐν	τῷ	πλοίῳ.
οὐ	ἔχω	μετά	ἑαυτοῦ	ἐν	τό	πλοῖον
우크	에이콘	멧	헤아우톤	엔	토	플로이오
않았다	가지지	함께	그들 자신과	안에	그	배에
부.	동.직.미완.능.3복.	전소.	대.인.소.남.3복.	전.여격.	관.여격.중.단.	명.여격.중.단.

15 예수께서 경고하여 이르시되 삼가 바리새인들의 누룩과 헤롯의 누룩을 주의하라 하시니
And he charged them, saying, Take heed, beware of the leaven of the Pharisees, and of the leaven of Herod.

2532	1291	846	3004	3708	991	575	3588
καὶ	διεστέλλετο	αὐτοῖς	λέγων,	ὁρᾶτε,	βλέπετε	ἀπὸ	τῆς
καί	διαστέλλομαι	αὐτός	λέγω	ὁράω	βλέπω	ἀπό	ἡ
카이	디에스텔레토	아우토이스	레곤	호라테	블레페테	아포	테스
그런데	예수께서 엄히 명령하셨다	그들에게	말씀하시기를	삼가라	주의하라	부터	그
접등.	동.직.미완.중.3단.	대.인.여격.남.3복.	동.분.현.능.주.남.단.	동.명.현.능.2복.	동.명.현.능.2복.	전소.	관.소.여.단.

2219	3588	5330	2532	3588	2219	2264
ζύμης	τῶν	Φαρισαίων	καὶ	τῆς	ζύμης	Ἡρῴδου.
ζύμη	ὁ	Φαρισαῖος	καί	ἡ	ζύμη	Ἡρώδης
쥐메스	톤	파리사이온	카이	테스	쥐메스	헤로두
누룩으로	그	바리새인들의	또	그	누룩으로	헤롯의
명.소.여.단.	관.소.남.복.	명.소.남.복.	접등.	관.소.여.단.	명.소.여.단.	명.소.남.단.

16 제자들이 서로 수군거리기를 이는 우리에게 떡이 없음이로다 하거늘
And they reasoned among themselves, saying, It is because we have no bread.

2532	1260	4314	240	3754	740	3756	2192
καὶ	διελογίζοντο	πρὸς	ἀλλήλους	ὅτι	ἄρτους	οὐκ	ἔχουσιν.
καί	διαλογίζομαι	πρός	ἀλλήλων	ὅτι	ἄρτος	οὐ	ἔχω
카이	디엘로기존토	프로스	알렐루스	호티	아르투스	우크	에쿠신
그러자	그들이 의논하기를	함께	서로	것을	떡들을	못하다는	그들이 가지고 있지
접등.	동.직.미완.중.3복.	전목.	대.인.목.남.3복.	접등.	명.목.남.복.	부.	동.직.현.능.3복.

17 예수께서 아시고 이르시되 너희가 어찌 떡이 없음으로 수군거리느냐 아직도 알지 못하며
깨닫지 못하느냐 너희 마음이 둔하냐
And when Jesus knew it, he saith unto them, Why reason ye, because ye have no bread? perceive ye not yet, neither understand? have ye your heart yet hardened?

2532	1097	3004	846	5101	1260	3754	740
καὶ	γνοὺς	λέγει	αὐτοῖς,	τί	διαλογίζεσθε	ὅτι	ἄρτους
καί	γινώσκω	λέγω	αὐτός	τίς	διαλογίζομαι	ὅτι	ἄρτος
카이	그누스	레게이	아우토이스	티	디알로기제스데	호티	아르투스
그러나	아시고	그가 말씀하신다	그들에게	어찌하여	너희가 의논하느냐	것을	떡들을
접.등.	동.분.2과.능.주.남.단.	동.직.현.능.3단.	대.인.여격.남.3복.	대.의.목.중.단.	동.직.현.중.2복.	접.종.	명.목.남.복.

3756	2192	3768	3539	3761	4920	4456
οὐκ	ἔχετε;	οὔπω	νοεῖτε	οὐδὲ	συνίετε;	πεπωρωμένην
οὐ	ἔχω	οὔπω	νοιέω	οὐδέ	συνίημι	πωρόω
우크	에케테	우포	노에이테	우데	쉬니에테	페포로메넨
못한	가지지 있지	아직도 못하고	너희가 이해하지	도 못하느냐	깨닫지	둔하게 되어있는
부.	동.직.현.능.2복.	부.	동.직.현.능.2복.	동.분.1완.수.목.여.단.	동.직.현.능.2복.	동.분.1완.수.목.여.단.

2192	3588	2588	4771
ἔχετε	τὴν	καρδίαν	ὑμῶν;
ἔχω	ἡ	καρδία	σύ
에케테	텐	카르디안	휘몬
너희가 가지느냐	그	마음을	너희의
동.직.현.능.2복.	관.목.여.단.	명.목.여.단.	대.인.소.2복.

18 너희가 눈이 있어도 보지 못하며 귀가 있어도 듣지 못하느냐 또 기억하지 못하느냐
Having eyes, see ye not? and having ears, hear ye not? and do ye not remember?

3788	2192	3756	991	2532	3775	2192	3756
ὀφθαλμοὺς	ἔχοντες	οὐ	βλέπετε	καὶ	ὦτα	ἔχοντες	οὐκ
ὀφθαλμός	ἔχω	οὐ	βλέπω	καί	οὖς	ἔχω	οὐ
오프달무스	에콘테스	우	블레페테	카이	오타	에콘테스	우크
눈들을	가지면서	못하며	너희는 보지	또	귀들을	가지면서	못하느냐
명.목.남.복.	동.분.현.능.주.남.2복.	부./불.의.	동.직.현.능.2복.	접.등.	명.목.중.복.	동.분.현.능.주.남.2복.	부./불.의.

191	2532	3756	3421
ἀκούετε;	καὶ	οὐ	μνημονεύετε,
ἀκούω	καί	οὐ	μνημονεύω
아쿠에테	카이	우	므네모뉴에테
듣지	또	못하느냐	기억하지
동.분.현.능.2복.	접.등.	부./불.의.	동.직.현.능.2복.

19 내가 떡 다섯 개를 오천 명에게 떼어 줄 때에 조각 몇 바구니를 거두었더냐 이르되
열둘이니이다
When I brake the five loaves among five thousand, how many baskets full of fragments took ye up? They say unto him, Twelve.

3753	3588	4002	740	2806	1519	3588	4000
ὅτε	τοὺς	πέντε	ἄρτους	ἔκλασα	εἰς	τοὺς	πεντακισχιλίους,
ὅτε	ὁ	πέντε	ἄρτος	κλάω	εἰς	ὁ	πεντακισχιλίοι
호테	투스	펜테	아르투스	에클라사	에이스	투스	펜타키스킬리우스
때에	그	다섯 개	떡들을	내가 떼어주었을	에게	그	오천 명
접.종.	관.목.남.복.	형.기.목.남.복.	명.목.남.복.	동.직.1과.능.1단.	전.목.	관.목.남.복.	형.대.기.목.남.복.

4214	2894	2801	4134	142	3004	846
πόσους	κοφίνους	κλασμάτων	πλήρεις	ἤρατε;	λέγουσιν	αὐτῷ,
πόσος	κόφινος	κλάσμα	πλήρης	αἴρω	λέγω	αὐτός
포수스	코피누스	클라스마톤	플레레이스	에라테	레구신	아우토
얼마나 많이	바구니들을	남은 조각들의	가득차게	너희가 거두었느냐	그들이 말하니라	그에게
형.의.목.남.복.	명.목.남.복.	명.소.중.복.	형.목.남.복.	동.직.1과.능.2복.	동.직.현.능.3복.	대.인.여격.남.3단.

1427
δώδεκα.
δώδεκα
도데카
열둘을
형.대.기.목.남.복.

20 또 일곱 개를 사천 명에게 떼어 줄 때에 조각 몇 광주리를 거두었더냐 이르되 일곱이니이다
And when the seven among four thousand, how many baskets full of fragments took ye up? And they said, Seven.

3753	3588	2033	1519	3588	5070	4214	4711
῞Οτε	τοὺς	ἑπτὰ	εἰς	τοὺς	τετρακισχιλίους,	πόσων	σπυρίδων
ὅτε	ὁ	ἑπτά	εἰς	ὁ	τετρακισχίλιοι	πόσος	σπυρίς
호테	투스	헵타	에이스	투스	테트라키스킬리우스	포손	스퓌리돈
때에	그	일곱 개를	에게 줄	그	사천 명	얼마나 많은	광주리들을
접.종.	관.목.남.복.	형.대.기.목.남.복.	전.목.	관.목.남.복.	형.대.기.목.남.복.	형.의.소.여.복.	명.소.여.복.

4138	2801	142	2532	3004	846	2033
πληρώματα	κλασμάτων	ἤρατε;	καὶ	λέγουσιν	αὐτῷ	Ἑπτά.
πλήρωμα	κλάσμα	αἴρω	καί	λέγω	αὐτός	ἑπτά
플레로마타	클라스마톤	에라테	카이	레구신	아우토	헵타
가득차게	남은 조각들의	너희가 거두었느냐	또	그들이 말하니라	그에게	일곱(이니이다)
명.목.중.복.	명.소.중.복.	동.직.1과.능.2복.	접.등.	동.직.현.능.3복.	대.인.여격.남.3단.	형.대.기.목.여.복.

21 이르시되 아직도 깨닫지 못하느냐 하시니라
And he said unto them, How is it that ye do not understand?

2532	3004	846	3768	4920
καὶ	ἔλεγεν	αὐτοῖς,	οὔπω	συνίετε;
καί	λέγω	αὐτός	οὔπω	συνίημι
카이	엘레겐	아우토이스	우포	쉬니에테
그러자	그가 말씀하고 계셨다	그들에게	아직도 못하느냐	깨닫지
접.등.	동.직.미완.능.3단.	대.인.여격.남.3복.	부.	동.직.현.능.2복.

22 벳새다에 이르매 사람들이 맹인 한 사람을 데리고 예수께 나아와 손 대시기를 구하거늘
And he cometh to Bethsaida; and they bring a blind man unto him, and besought him to touch him.

2532	2064	1519	966	2532	5342	846	5185
Καὶ	ἔρχονται	εἰς	Βηθσαϊδάν.	καὶ	φέρουσιν	αὐτῷ	τυφλὸν
καί	ἔρχομαι	εἰς	Βηθσαϊδά	καί	φέρω	αὐτός	τυφλός
카이	에르콘타이	에이스	베드사이단	카이	페루신	아우토	튀플론
그리고	이르매	안으로	벳새다	그러자	그들이 데리고 온다	그에게	한 소경을
접.등.	동.직.현.중.3복.	전.목.	명.목.여.단.	접.등.	동.직.현.능.3복.	대.인.여격.남.3단.	형.대.목.남.단.

2532	3870	846	2443	846	680
καὶ	παρακαλοῦσιν	αὐτὸν	ἵνα	αὐτοῦ	ἅψηται.
καί	παρακαλέω	αὐτός	ἵνα	αὐτός	ἅπτομαι
카이	파라칼루신	아우톤	히나	아우투	합세타이
그리고	간청한다	그를	위하여	그에게	그가 손을 대어주기
접.등.	동.직.현.능.3복.	대.인.목.남.3단.	접.등.	대.인.소.남.3단.	동.가.1과.중.3단.

23 예수께서 맹인의 손을 붙잡으시고 마을 밖으로 데리고 나가사 눈에 침을 뱉으시며
그에게 안수하시고 무엇이 보이느냐 물으시니
And he took the blind man by the hand, and led him out of the town; and when he had spit on his eyes, and put his hands upon him, he asked him if he saw ought.

2532	1949	3588	5495	3588	5185	1806	846	1854
καὶ	ἐπιλαβόμενος	τῆς	χειρὸς	τοῦ	τυφλοῦ	ἐξήνεγκεν	αὐτὸν	ἔξω
καί	ἐπιλαμβάνομαι	ἡ	χείρ	ὁ	τυφλός	ἐκφέρω	αὐτός	ἔξω
카이	에필라보메노스	테스	케이로스	투	튀플루	엑세넹켄	아우톤	엑소
그래서	붙드시고	그	손(의)을	그	소경의	이끌고 가셨다	그를	밖으로
접.등.	동.분.2과.중디.주.남.단.	관.소.여.단.	명.소.여.단.	관.소.남.단.	형.대.소.남.단.	동.직.2과.능.3단.	대.인.목.남.3단.	전.소.

3588	2968	2532	4429	1519	3588	3659	846	2007
τῆς	κώμης	καὶ	πτύσας	εἰς	τὰ	ὄμματα	αὐτοῦ,	ἐπιθεὶς
ἡ	κώμη	καί	πτύω	εἰς	τό	ὄμμα	αὐτός	ἐπιτίθημι
테스	코메스	카이	프튀사스	에이스	타	옴마타	아우투	에피데이스
그	마을의	그리고	침을 뱉으시고	속으로	그	눈들을	그의	얹으신 후
관.소.여.단.	명.소.여.단.	접.등.	동.분.1과.능.주.남.단.	전.목.	관.목.중.복.	명.목.중.복.	대.인.소.남.3단.	동.분.2과.능.주.남.단.

3588	5495	846	1905	846	1487	5100	991
τὰς	χεῖρας	αὐτῷ	ἐπηρώτα	αὐτόν,	εἴ	τι	βλέπεις;
ἡ	χείρ	αὐτός	ἐπερωτάω	αὐτός	εἰ	τις	βλέπω
타스	케이라스	아우토	에페로타	아우톤	에이	티	블레페이스
그	두 손을	그에게	묻고 계셨다	그를	이든	무엇	너는 보이느냐
관.목.여.복.	명.목.여.복.	대.인.여격.남.3단.	동.직.미완.능.3단.	대.인.목.남.3단.	불.의.	대.부.목.중.단.	동.직.현.능.2단.

24 쳐다보며 이르되 사람들이 보이나이다 나무 같은 것들이 걸어가는 것을 보나이다 하거늘
And he looked up, and said, I see men as trees, walking.

2532	308	3004	991	3588	444	3754	5613
καὶ	ἀναβλέψας	ἔλεγεν,	βλέπω	τοὺς	ἀνθρώπους	ὅτι	ὡς
καί	ἀναβλέπω	λέγω	Βλέπω	ὁ	ἄνθρωπος	ὅτι	ὡς
카이	아나블렙사스	엘레겐	블레포	투스	안드로푸스	호티	호스
그러자	쳐다보며	그가 말하고 있었다	내가 봅니다.	그	사람들을	때문이다	같이
접.등.	동.분.1과.능.주.남.단.	동.직.미완.능.3단.	동.직.현.능.1단.	관.목.남.복.	명.목.남.복.	접.종.	접.종.

1186	3708	4043
δένδρα	ὁρῶ	περιπατοῦντας.
δένδρον	ὁράω	περιπατέω
덴드라	호로	페리파툰타스
나무들과	저는 보이기	걸어다니는 것을
명.목.중.복.	동.직.현.능.1단.	동.분.현.능.목.남.복.

25 이에 그 눈에 다시 안수하시매 그가 주목하여 보더니 나아서 모든 것을 밝히 보는지라
After that he put his hands again upon his eyes, and made him look up: and he was restored, and saw every man clearly.

1534	3825	2007	3588	5495	1909	3588	3788	848	2532
εἶτα	πάλιν	ἐπέθηκεν	τὰς	χεῖρας	ἐπὶ	τοὺς	ὀφθαλμοὺς	αὐτοῦ,	καὶ
εἶτα	πάλιν	ἐπιτίθημι	ἡ	χείρ	ἐπί	ὁ	ὀφθαλμός	αὐτός	καί
에이타	팔린	에페데켄	타스	케이라스	에피	투스	오프달무스	아우투	카이
그때에	다시	얹으셨다	그	두 손을	위로	그	눈들을	그의	그러자
부.	부.	동.직.1과.능.3단.	관.목.여.복.	명.목.여.복.	전.목.	관.목.남.복.	명.목.남.복.	대.인.소.남.3단.	접.등.

1227	2532	600	2532	1689	5081	537
διέβλεψεν	καὶ	ἀπεκατέστη	καὶ	ἐνέβλεπεν	τηλαυγῶς	ἅπαντα.
διαβλέπω	καί	ἀποκαθίστημι	καί	ἐμβλέπω	τηλαυγῶς	ἅπας
디에블렙센	카이	아페카테스테	카이	에네블레펜	텔라우고스	하판타
그가 밝히 보았다	이에	회복하였다	그래서	쳐다보고 있었다	분명하게	모든 것을
동.직.1과.능.3단.	접.등.	동.직.2과.능.3단.	접.등.	동.직.미완.능.3단.	부.	형.대.목.중.복.

26 예수께서 그 사람을 집으로 보내시며 이르시되 마을에는 들어가지 말라 하시니라
And he sent him away to his house, saying, Neither go into the town, nor tell it to any in the town.

2532	649	846	1519	3624	846	3004	3366	1519
καὶ	ἀπέστειλεν	αὐτὸν	εἰς	οἶκον	αὐτοῦ	λέγων,	μηδὲ	εἰς
καί	ἀποστέλλω	αὐτός	εἰς	οἶκος	αὐτός	λέγω	μηδέ	εἰς
카이	아페스테일렌	아우톤	에이스	오이콘	아우투	레곤	메데	에이스
그리고	그가 보내셨다	그를	으로	집	그의	말씀하시기를	말라	안으로
접.등.	동.직.1과.능.3단.	대.인.목.남.3단.	전.목.	명.목.남.단.	대.인.소.남.3단.	동.분.현.능.주.남.단.	부.	전.목.

3588	2968	1525
τὴν	κώμην	εἰσέλθῃς.
ἡ	κώμη	εἰσέρχομαι
텐	코멘	에이셀데스
그	마을	너는 들어가지
관.목.여.단.	명.목.여.단.	동.가.2과.능.2단.

27 예수와 제자들이 빌립보 가이사랴 여러 마을로 나가실새 길에서 제자들에게 물어
이르시되 사람들이 나를 누구라고 하느냐

And Jesus went out, and his disciples, into the towns of Caesarea Philippi: and by the way he asked his disciples, saying unto them, Whom do men say that I am?

2532	1831	3588	2424	2532	3588	3101	846	1519	3588
Καὶ	ἐξῆλθεν	ὁ	Ἰησοῦς	καὶ	οἱ	μαθηταὶ	αὐτοῦ	εἰς	τὰς
καί	ἐξέρχομαι	ὁ	Ἰησοῦς	καί	ὁ	μαθητής	αὐτός	εἰς	ἡ
카이	엑셀덴	호	예수스	카이	호이	마데타이	아우투	에이스	타스
그리고	나가셨다	그	예수께서	와	그	제자들이	그의	안으로	그
접등.	동.직.2과.능.3단.	관.주.남.단.	명.주.남.단.	접등.	관.주.남.복.	명.주.남.복.	대.인.소.남.3단.	전목.	관.목.여.복.

2968	2542	3588	5376	2532	1722	3588	3598	1905
κώμας	Καισαρείας	τῆς	Φιλίππου·	καὶ	ἐν	τῇ	ὁδῷ	ἐπηρώτα
κώμη	Καισάρεια	ἡ	Φίλιππος	καί	ἐν	ἡ	ὁδός	ἐπερωτάω
코마스	카이사레이아스	테스	필맆푸	카이	엔	테	호도	에페로타
마을들을	가이사랴의	그	빌립보의	그런데	안에서	그	길에	그가 묻고 있었다
명.목.여.복.	명.소.여.단.	관.소.여.단.	명.소.남.단.	접등.	전.여격.	관.여격.여.단.	명.여격.여.단.	동.직.미완.능.3단.

3588	3101	846	3004	846	5101	1473	3004
τοὺς	μαθητὰς	αὐτοῦ	λέγων	αὐτοῖς,	τίνα	με	λέγουσιν
ὁ	μαθητής	αὐτός	λέγω	αὐτός	τίς	ἐγώ	λέγω
투스	마데타스	아우투	레곤	아우토이스	티나	메	레구신
그	제자들을	그의	말씀하시기를	그들에게	누구를	나를	말하느냐
관.목.남.복.	명.목.남.복.	대.인.소.남.3단.	동.분.현.능.주.남.단.	대.인.여격.남.3복.	대.의.목.남.단.	대.인.목.1단.	동.직.현.능.3복.

3588	444	1510
οἱ	ἄνθρωποι	εἶναι;
ὁ	ἄνθρωπος	εἰμί
호이	안드로포이	에이나이
그	사람들이	이라고
관.주.남.복.	명.주.남.복.	동.부.현.능.

28 제자들이 여짜와 이르되 세례 요한이라 하고 더러는 엘리야, 더러는 선지자 중의 하나라
하나이다

And they answered, John the Baptist: but some say, Elias; and others, One of the prophets.

3588	1161	3004(2036)	846	3004	3754	2491	3588	910
οἱ	δὲ	εἶπαν	αὐτῷ	λέγοντες	ὅτι	Ἰωάννην	τὸν	βαπτιστήν,
ὁ	δέ	λέγω.ἔπω	αὐτός	λέγω	ὅτι	Ἰωάννης	ὁ	Βαπτιστής
호이	데	에이판	아우토	레곤테스	호티	요안넨	톤	밮티스텐
그들이	이에	말씀드렸다	그에게	말하기를	(하)고	요한을	그	세례
관.주.남.복.	접.우.	동.직.2과.능.3복.	대.인.여격.남.3단.	동.분.현.능.주.남.복.	접.우.	명.목.남.단.	관.목.남.단.	명.목.남.단.

2532	243	2243	243	1161	3754	1520	3588	4396
καὶ	ἄλλοι,	Ἠλίαν,	ἄλλοι	δὲ	ὅτι	εἷς	τῶν	προφητῶν.
καί	ἄλλος	Ἡλίας	ἄλλος	δέ	ὅτι	εἷς	ὁ	προφήτης
카이	알로이	엘리안	알로이	데	호티	헤이스	톤	프로페톤
그리고	다른 사람들은	엘리야를	다른 사람들은	그러나		하나라	그	선지자들 중의
접등.	형.대.주.남.복.	명.목.남.단.	형.대.주.남.복.	접등.	접등.	형.대.기.주.남.단.	관.소.남.복.	명.소.남.복.

29 또 물으시되 너희는 나를 누구라 하느냐 베드로가 대답하여 이르되 주는 그리스도시니이다
하매

And he saith unto them, But whom say ye that I am? And Peter answereth and saith unto him, Thou art the Christ.

2532	846	1905	846	4771	1161	5101	1473	3004
καὶ	αὐτὸς	ἐπηρώτα	αὐτούς,	ὑμεῖς	δὲ	τίνα	με	λέγετε
καί	αὐτός	ἐπερωτάω	αὐτός	σύ	δέ	τίς	ἐγώ	λέγω
카이	아우토스	에페로타	아우투스	휘메이스	데	티나	메	레게테
또	그가	묻고 계셨다	그들을	너희는	그러나	누구를	나를	말하느냐
접등.	대.인.주.남.3단.	동.직.미완.능.3단.	대.인.목.남.3복.	대.인.주.2복.	접등.	대.의.목.남.단.	대.인.목.1단.	동.직.현.능.2복.

1510	611	3588	4074	3004	846	4771	1510
εἶναι;	ἀποκριθεὶς	ὁ	Πέτρος	λέγει	αὐτῷ,	σὺ	εἶ
εἰμί	ἀποκρίνομαι	ὁ	Πέτρος	λέγω	αὐτός	σύ	εἰμί
에이나이	아포크리데이스	호	페트로스	레게이	아우토	쉬	에이
이라고	대답하여	그	베드로가	말하신다	그에게	당신은	이시니이다
동.부.현.능.	동.분.1과.수디.주.남.단.	관.주.남.단.	명.주.남.단.	동.직.현.능.3단.	대.인.여격.남.3단.	대.인.주.2단.	동.직.현.능.2단.

3588	5547
ὁ	Χριστός.
ὁ	Χριστός
호	크리스토스
그	그리스도
관.주.남.단.	명.주.남.단.

30 이에 자기의 일을 아무에게도 말하지 말라 경고하시고
And he charged them that they should tell no man of him.

2532	2008	846	2443	3367	3004	4012	846
καὶ	ἐπετίμησεν	αὐτοῖς	ἵνα	μηδενὶ	λέγωσιν	περὶ	αὐτοῦ.
καί	ἐπιτιμάω	αὐτός	ἵνα	μηδείς	λέγω	περί	αὐτός
카이	에페티메센	아우토이스	히나	메데니	레고신	페리	아우투
이에	그가 엄히 명하셨다	그들에게	위하여	아무에게도 않기	말하지	관하여	자기에
접.등.	동.직.1과.능.3단.	대.인.여격.남.3복.	접.등.	형.대.기.여.남.단.	동.가.현.능.3복.	전.소.	대.인.소.남.3단.

31 인자가 많은 고난을 받고 장로들과 대제사장들과 서기관들에게 버린 바 되어 죽임을
당하고 사흘 만에 살아나야 할 것을 비로소 그들에게 가르치시되
And he began to teach them, that the Son of man must suffer many things, and be rejected of the elders, and of the chief priests, and scribes, and be killed, and after three days rise again.

2532	756	1321	846	3754	1163	3588	5207
Καὶ	ἤρξατο	διδάσκειν	αὐτοὺς	ὅτι	δεῖ	τὸν	υἱὸν
καί	ἄρχομαι	διδάσκω	αὐτός	ὅτι	δεῖ	ὁ	υἱός
카이	에륵사토	디다스케인	아우투스	호티	데이	톤	휘온
그리고	시작하셨다	가르치시기	그들을	것을	할	그	아들이
접.등.	동.직.1과.중.3단.	동.부.현.능.	대.인.목.남.3복.	접.등.	동.직.현.능.3단.	관.목.남.단.	명.목.남.단.

3588	444	4183	3958	2532	593	5259	3588
τοῦ	ἀνθρώπου	πολλὰ	παθεῖν	καὶ	ἀποδοκιμασθῆναι	ὑπὸ	τῶν
ὁ	ἄνθρωπος	πολύς	πάσχω	καί	ἀποδοκιμάζω	ὑπό	ὁ
투	안드로푸	폴라	파데인	카이	아포도키마스데나이	휘포	톤
그	사람의	많은 일로	고난을 겪는 것	과	배척당하는 것	의하여	그
관.소.남.단.	명.소.남.단.	형.대.목.중.복.	동.부.2과.능.	접.등.	동.부.1과.수.	전.소.	관.소.남.복.

4245	2532	3588	749	2532	3588	1122	2532
πρεσβυτέρων	καὶ	τῶν	ἀρχιερέων	καὶ	τῶν	γραμματέων	καὶ
πρεσβύτερος	καί	ὁ	ἀρχιερεύς	καί	ὁ	γραμματεύς	καί
프레스뷔테론	카이	톤	아르키에레온	카이	톤	그람마테온	카이
장로들	과	그	대제사장들	과	그	서기관들에	그리고
형.대.소.남.복.	접.등.	관.소.남.복.	명.소.남.복.	접.등.	관.소.남.복.	명.소.남.복.	접.등.

615	2532	3326	5140	2250	450
ἀποκτανθῆναι	καὶ	μετὰ	τρεῖς	ἡμέρας	ἀναστῆναι·
ἀποκτείνω	καί	μετά	τρεῖς	ἡμέρα	ἀνίστημι
아포크탄데나이	카이	메타	트레이스	헤메라스	아나스테나이
죽임을 당하는 것을	그리고	후에	삼	일들을	다시 살아나는 것을
동.부.1과.수.	접.등.	전.목.	형.기.목.여.복.	명.목.여.복.	동.부.2과.능.

32 드러내 놓고 이 말씀을 하시니 베드로가 예수를 붙들고 항변하매
And he spake that saying openly. And Peter took him, and began to rebuke him.

2532	3954	3588	3056	2980	2532	4355	3588
καὶ	παρρησίᾳ	τὸν	λόγον	ἐλάλει.	καὶ	προσλαβόμενος	ὁ
καί	παῤῥησία	ὁ	λόγος	λαλέω	καί	προσλαμβάνω	ὁ
카이	파르레시아	톤	로곤	엘랄레이	카이	프로슬라보메노스	호
그런데	드러나게	그	말씀을	그가 말씀하셨다	그러자	곁에서 붙들고	그
접.등.	명.여격.여.단.	관.목.남.단.	명.목.남.단.	동.직.미완.능.3단.	접.등.	동.분.2과.중.주.남.단.	관.주.남.단.

4074	846	756	2008	846
Πέτρος	αὐτὸν	ἤρξατο	ἐπιτιμᾶν	αὐτῷ.
Πέτρος	αὐτός	ἄρχομαι	ἐπιτιμάω	αὐτός
페트로스	아우톤	에륵사토	에피티만	아우토
베드로가	그를	시작하였다	말리기를	그에게
명.주.남.단.	대.인.목.남.3단.	동.직.1과.중.3단.	동.부.현.능.	대.인.여격.남.3단.

33 예수께서 돌이키사 제자들을 보시며 베드로를 꾸짖어 이르시되 사탄아 내 뒤로 물러가라
네가 하나님의 일을 생각하지 아니하고 도리어 사람의 일을 생각하는도다 하시고
But when he had turned about and looked on his disciples, he rebuked Peter, saying, Get thee behind me, Satan: for thou savourest not the things that be of God, but the things that be of men.

3588	1161	1994	2532	3708(1492)	3588	3101	846
ὁ	δὲ	ἐπιστραφεὶς	καὶ	ἰδὼν	τοὺς	μαθητὰς	αὐτοῦ
ὁ	δέ	ἐπιστρέφω	καί	ὁράω.εἴδω	ὁ	μαθητής	αὐτός
호	데	에피스트라페이스	카이	이돈	투스	마데타스	아우투
예수님께서	그러나	다시 돌이키시고	그리고	보신 후에	그	제자들을	그의
관.주.남.단.	접.우.	동.분.2과.수.주.남.단.	접.등.	동.분.2과.능.주.남.단.	관.목.남.복.	명.목.남.복.	대.인.소.남.3단.

2008	4074	2532	3004	5217	3694	1473	4567
ἐπετίμησεν	Πέτρῳ	καὶ	λέγει,	ὕπαγε	ὀπίσω	μου,	σατανᾶ,
ἐπιτιμάω	Πέτρος	καί	λέγω	ὑπάγω	ὄπίσω	ἐγώ	Σατανᾶς
에페티메센	페트로	카이	레게이	휘파게	오피소	무	사타나
엄히 꾸짖었다	베드로에게	그리고	말씀하신다	떠나가라	뒤로	나의	사탄아
동.직.1과.능.3단.	명.여격.남.단.	접.등.	동.직.현.능.3단.	동.명.현.능.3단.	전.소.	대.인.소.1단.	명.호.남.단.

3754	3756	5426	3588	3588	2316	235	3588	3588	444
ὅτι	οὐ	φρονεῖς	τὰ	τοῦ	θεοῦ	ἀλλὰ	τὰ	τῶν	ἀνθρώπων.
ὅτι	οὐ	φρονέω	τό	ὁ	θεός	ἀλλά	τό	ὁ	ἄνθρωπος
호티	우	프로네이스	타	투	데우	알라	타	톤	안드로폰
때문이다	아니하고	네가 생각하지	그(일들을)	그	하나님의	도리어	그(일들만)	그	사람들의
접.종.	부.	동.직.현.능.2단.	관.목.중.복.	관.소.남.단.	명.소.남.단.	접.우.	관.목.중.복.	관.소.남.복.	명.소.남.복.

34 무리와 제자들을 불러 이르시되 누구든지 나를 따라오려거든 자기를 부인하고 자기
십자가를 지고 나를 따를 것이니라
And when he had called the people unto him with his disciples also, he said unto them, Whosoever will come after me, let him deny himself, and take up his cross, and follow me.

2532	4341	3588	3793	4862	3588	3101	848
Καὶ	προσκαλεσάμενος	τὸν	ὄχλον	σὺν	τοῖς	μαθηταῖς	αὐτοῦ
καί	προσκαλέομαι	ὁ	ὄχλος	σύν	ὁ	μαθητής	αὐτός
카이	프로스칼레사메노스	톤	오클론	쉰	토이스	마데타이스	아우투
또	가까이 부르신 후에	그	무리를	함께	그	제자들과	그의
접.등.	동.분.1과.중디.주.남.단.	관.목.남.단.	명.목.남.단.	전.여격.	관.여격.남.복.	명.여격.남.복.	대.인.소.남.3단.

3004(2036)	846	1487	5100	2309	3694	1473	190
εἶπεν	αὐτοῖς,	εἴ	τις	θέλει	ὀπίσω	μου	ἀκολουθεῖν,
λέγω.ἔπω	αὐτός	εἰ	τις	θέλω	ὄπίσω	ἐγώ	ἀκολουθέω
에이펜	아우토이스	에이	티스	델레이	오피소	무	아콜루데인
말씀하셨다	그들에게	만일	누구든지	원하면	뒤를	나의	따르기를
동.직.2과.능.3단.	대.인.여격.남.3복.	접.종.	대.부.주.남.단.	동.직.현.능.3단.	전.소.	대.인.소.1단.	동.부.현.능.

533	1438	2532	142	3588	4716	848	2532
ἀπαρνησάσθω	ἑαυτὸν	καὶ	ἀράτω	τὸν	σταυρὸν	αὐτοῦ	καὶ
ἀπαρνέομαι	ἑαυτοῦ	καί	αἴρω	ὁ	σταυρός	αὐτός	καί
아파르네사스도	헤아우톤	카이	아라토	톤	스타우론	아우투	카이
철저히 부인하라	자기 자신을	그리고	짊어지라	그	십자가를	그의	그리고
동.명.1과.중디.3단.	대.인.목.남.3단.	접.등.	동.명.1과.능.3단.	관.목.남.단.	명.목.남.단.	대.인.소.남.3단.	접.등.

190	1473
ἀκολουθείτω	μοι.
ἀκολουθέω	ἐγώ
아콜루데이토	모이
따르라	나를
동.명.현.능.3단.	대.인.여격.1단.

35 누구든지 자기 목숨을 구원하고자 하면 잃을 것이요 누구든지 나와 복음을 위하여 자기 목숨을 잃으면 구원하리라

For whosoever will save his life shall lose it; but whosoever shall lose his life for my sake and the gospel's, the same shall save it.

3739	1063	1437	2309	3588	5590	848	4982	622
ὃς	γὰρ	ἐὰν	θέλῃ	τὴν	ψυχὴν	αὐτοῦ	σῶσαι	ἀπολέσει
ὅς	γάρ	ἐάν	θέλω	ἡ	ψυχή	αὐτός	σῴζω	ἀπόλλυμι
호스	가르	에안	델레	텐	프쉬켄	아우투	소사이	아폴레세이
누구	왜냐하면	든지	원하면	그	목숨을	자기의	구원하기를	잃어버릴 것이다
대.관.주.남.단.	접.종.	불.동.	동.가.현.능.3단.	관.목.여.단.	명.목.여.단.	대.인.소.남.3단.	동.부.1과.능.	동.직.미.능.3단.

846	3739	1161	302	622	3588	5590	848	1752
αὐτήν·	ὃς	δ’	ἂν	ἀπολέσει	τὴν	ψυχὴν	αὐτοῦ	ἕνεκεν
αὐτός	ὅς	δέ	ἄν	ἀπόλλυμι	ἡ	ψυχή	αὐτός	ἕνεκα
아우텐	호스	드	안	아폴레세이	텐	프쉬켄	아우투	헤네겐
그것을	누구	그러나	든지	잃으면	그	목숨을	자기의	위하여
대.인.목.여.3단.	대.관.주.남.단.	접.등.	불.동.	동.직.미.능.3단.	관.목.여.단.	명.목.여.단.	대.인.소.남.3단.	전.소

1473	2532	3588	2098	4982	846
ἐμοῦ	καὶ	τοῦ	εὐαγγελίου	σώσει	αὐτήν.
ἐγώ	καί	τό	εὐαγγέλιον	σῴζω	αὐτός
에무	카이	투	유앙겔리우	소세이	아우텐
나	와	그	복음을	구원하리라	그것을
대.소.남.1단.	전.소	관.소.중.단.	명.소.중.단	동.직.미.능.3단.	대.인.목.여.3단.

36 사람이 만일 온 천하를 얻고도 자기 목숨을 잃으면 무엇이 유익하리요

For what shall it profit a man, if he shall gain the whole world, and lose his own soul?

5101	1063	5623	444	2770	3588	2889	3650
τί	γὰρ	ὠφελεῖ	ἄνθρωπον	κερδῆσαι	τὸν	κόσμον	ὅλον
τίς	γάρ	ὠφελέω	ἄνθρωπος	κερδαίνω	ὁ	κόσμος	ὅλος
티	가르	오펠레이	안드로폰	케르데사이	톤	코스몬	홀론
무엇이	왜냐하면	유익하게 하리요	사람을	얻는 것이	그	세상을	온
대.의.주.중.단.	접.종.	동.직.현.능.3단.	명.목.남.단.	동.부.1과.능.	관.목.남.단.	명.목.남.단.	형.목.남.단.

2532	2210	3588	5590	846
καὶ	ζημιωθῆναι	τὴν	ψυχὴν	αὐτοῦ;
καί	ζημιόω	ἡ	ψυχή	αὐτός
카이	제미오데나이	텐	프쉬켄	아우투
그리고	잃게 되는 것이	그	목숨을	자기의
접.등.	동.부.1과.수.	관.목.여.단.	명.목.여.단.	대.인.소.남.3단.

37 사람이 무엇을 주고 자기 목숨과 바꾸겠느냐
Or what shall a man give in exchange for his soul?

5101	1063	1325	444	465	3588	5590	846
τί	γὰρ	δοῖ	ἄνθρωπος	ἀντάλλαγμα	τῆς	ψυχῆς	αὐτοῦ;
τίς	γάρ	δίδωμι	ἄνθρωπος	ἀντάλλαγμα	ἡ	ψυχή	αὐτός
티	가르	도이	안드로포스	안탈라그마	테스	프쉬케스	아우투
무엇과	왜냐하면	줄 것인가	사람이	바꾸어	그	목숨을	그의
대.의.복.중.단.	접.종.	동.가.2과.능.3단.	명.주.남.단.	명.목.중.단.	관.소.여.단.	명.소.여.단.	대.인.소.남.3단.

38 누구든지 이 음란하고 죄 많은 세대에서 나와 내 말을 부끄러워하면 인자도 아버지의
영광으로 거룩한 천사들과 함께 올 때에 그 사람을 부끄러워하리라
Whosoever therefore shall be ashamed of me and of my words in this adulterous and sinful generation; of him also shall the Son of man be ashamed, when he cometh in the glory of his Father with the holy angels.

3739	1063	1437	1870	1473	2532	3588	1699	3056	1722
ὃς	γὰρ	ἐὰν	ἐπαισχυνθῇ	με	καὶ	τοὺς	ἐμοὺς	λόγους	ἐν
ὅς	γάρ	ἐάν	ἐπαισχύνομαι	ἐγώ	καί	ὁ	ἐμός	λόγος	ἐν
호스	가르	에안	에파이스퀸데	메	카이	투스	에무스	로구스	엔
누구	왜냐하면	든지	심히 부끄러워하면	나를	그리고	그	내	말들을	안에서
대.관.주.남.단.+	접.종.	불.동.	동.가.1과.수디.3복.	대.인.목.1단.	접.등.	관.목.남.복.	형.목.남.1복.	명.목.남.복.	전.여격.

3588	1074	3778	3588	3428	2532	268	2532	3588
τῇ	γενεᾷ	ταύτῃ	τῇ	μοιχαλίδι	καὶ	ἁμαρτωλῷ,	καὶ	ὁ
ἡ	γενεά	οὗτος	ἡ	μοιχαλίς	καί	ἁμαρτωλός	καί	ὁ
테	게네아	타우테	테	모이칼리디	카이	하마르톨로	카이	호
그	세대에	이	그	음란하고	그리고	죄 많은	역시	그
관.여격.여.단.	명.여격.여.단.	대.지.여격.여.단.	관.여격.여.단.	형.여격.여.단.	접.등.	형.여격.여.단.	부.	관.주.남.단.

5207	3588	444	1870	846	3752	2064	1722
υἱὸς	τοῦ	ἀνθρώπου	ἐπαισχυνθήσεται	αὐτὸν,	ὅταν	ἔλθῃ	ἐν
υἱός	ὁ	ἄνθρωπος	ἐπαισχύνομαι	αὐτός	ὅταν	ἔρχομαι	ἐν
휘오스	투	안드로푸	에파이스퀸데세타이	아우톤	호탄	엘데	엔
아들도	=인자도	사람의	심히 부끄러워할 것이라	그를	때에	그가 올	중에
명.주.남.단.	관.소.남.단.	명.소.남.단.	동.직.미.수디.3단.	대.인.목.남.3단.	접.종.	동.가.2과.능.3단.	전.여격.

3588	1391	3588	3962	846	3326	3588	32	3588	40
τῇ	δόξῃ	τοῦ	πατρὸς	αὐτοῦ	μετὰ	τῶν	ἀγγέλων	τῶν	ἁγίων.
ἡ	δόξα	ὁ	πατήρ	αὐτός	μετά	ὁ	ἄγγελος	ὁ	ἅγιος
테	독세	투	파트로스	아우투	메타	톤	앙겔론	톤	하기온
그	영광	그	아버지의	그의	함께	그	천사들과	그	거룩한
관.여격.여.단.	명.여격.여.단.	관.소.남.단.	명.소.남.단.	대.인.소.남.3단.	전.소	관.소.남.복.	명.소.남.복.	관.소.남.복.	형.소.남.복.

9 또 그들에게 이르시되 내가 진실로 너희에게 이르노니 여기 서 있는 사람 중에는 죽기
전에 하나님의 나라가 권능으로 임하는 것을 볼 자들도 있느니라 하시니라
And he said unto them, Verily I say unto you, That there be some of them that stand here, which shall not taste of death, till they have seen the kingdom of God come with power.

2532	3004	846	281	3004	4771	3754	1510	5100
Καὶ	ἔλεγεν	αὐτοῖς,	ἀμὴν	λέγω	ὑμῖν	ὅτι	εἰσίν	τινες
καί	λέγω	αὐτός	ἀμήν	λέγω	σύ	ὅτι	εἰμί	τις
카이	엘레겐	아우토이스	아멘	레고	휘민	호티	에이신	티네스
또	말씀하고 계셨다	그들에게	진실로	내가 말한다	너희에게	것을	있다는	몇 사람들은
접.등.	동.직.미완.능.3단.	대.인.여격.남.3복.	불.문.	동.직.현.능.1단.	대.인.여격.2복.	접.등.	동.직.현.능.3복.	대.부.주.남.복.

5602	3588	2476	3748	3756	3361	1089	2288
ὧδε	τῶν	ἑστηκότων	οἵτινες	οὐ	μὴ	γεύσωνται	θανάτου
ὧδε	ὁ	ἵστημι	ὅστις	οὐ	μή	γεύομαι	θάνατος
호데	톤	헤스테코톤	호이티네스	우	메	규손타이	다나투
여기에	그(사람들 중의)	서서 있는	바 사람들이	아니할	결코	맛을 보지	죽음을
부.	관.소.남.복.	동.분.1완.능.소.남.복.	대.관.주.남.복.	부.	부.	동.가.1과.중디.3복.	명.소.남.단.

2193	302	3708(1492)	3588	932	3588	2316	2064	1722
ἕως	ἂν	ἴδωσιν	τὴν	βασιλείαν	τοῦ	θεοῦ	ἐληλυθυῖαν	ἐν
ἕως	ἄν	ὁράω.εἴδω	ἡ	βασιλεία	ὁ	θεός	ἔρχομαι	ἐν
헤오스	안	이도신	텐	바실레이안	투	데우	엘렐뤼뒤이안	엔
때 까지		그들이 볼	그	나라를	그	하나님의	임하고 있는	으로
접.종.	불.동.	동.가.2과.능.3복.	관.목.여.단.	명.목.여.단.	관.소.남.단.	명.소.남.단.	동.분.2완.능.목.여.단.	전.여격.

1411
δυνάμει.
δύναμις
뒤나메이
능력
명.여격.여.단.

2 엿새 후에 예수께서 베드로와 야고보와 요한을 데리시고 따로 높은 산에 올라가셨더니
그들 앞에서 변형되사

And after six days Jesus taketh with him Peter, and James, and John, and leadeth them up into an high mountain apart by themselves: and he was transfigured before them.

2532	3326	2250	1803	3880	3588	2424	3588	4074	2532
Καὶ	μετὰ	ἡμέρας	ἓξ	παραλαμβάνει	ὁ	Ἰησοῦς	τὸν	Πέτρον	καὶ
καί	μετά	ἡμέρα	ἕξ	παραλαμβάνω	ὁ	Ἰησοῦς	ὁ	Πέτρος	καί
카이	메타	헤메라스	헥스	파랄람바네이	호	예수스	톤	페트론	카이
그리고	후에	일들을	육	데리고 가신다	그	예수께서	그	베드로	와
접.등.	전.목.	명.목.여.복.	형.기.목.여.복.	동.직.현.능.3단.	관.주.남.단.	명.주.남.단.	관.목.남.단.	명.목.남.단.	접.등.

3588	2385	2532	3588	2491	2532	399	846	1519	3735
τὸν	Ἰάκωβον	καὶ	τὸν	Ἰωάννην	καὶ	ἀναφέρει	αὐτοὺς	εἰς	ὄρος
ὁ	Ἰάκωβος	καί	ὁ	Ἰωάννης	καί	ἀναφέρω	αὐτός	εἰς	ὄρος
톤	야코본	카이	톤	요안넨	카이	아나페레이	아우투스	에이스	오로스
그	야고보	와	그	요한을	그리고	올라가신다	그들을	속으로	산
관.목.남.단.	명.목.남.단.	접.등.	관.목.남.단.	명.목.남.단.	접.등.	동.직.현.능.3단.	대.인.목.남.3복.	전.목.	명.목.중.단.

5308	2596	2398	3441	2532	3339	1715	846
ὑψηλὸν	κατ'	ἰδίαν	μόνους.	καὶ	μετεμορφώθη	ἔμπροσθεν	αὐτῶν,
ὑψηλός	κατά	ἴδιος	μόνος	καί	μεταμορφόω	ἔμπροσθεν	αὐτός
휩셀론	캇	이디안	모누스	카이	메테모르포데	엠프로스덴	아우톤
높은	로	따(별도)	홀로	그런데	변형되셨다	앞에서	그들
형.목.중.단.	전.목.	형.대.목.여.단.	형.목.남.복.	접.등.	동.직.1과.수.3단.	전.소.	대.인.소.남.3복.

3 그 옷이 광채가 나며 세상에서 빨래하는 자가 그렇게 희게 할 수 없을 만큼 매우 희어졌더라

And his raiment became shining, exceeding white as snow; so as no fuller on earth can white them.

2532	3588	2440	846	1096	4744	3022	3029	3634
καὶ	τὰ	ἱμάτια	αὐτοῦ	ἐγένετο	στίλβοντα	λευκὰ	λίαν	οἷα
καί	τό	ἱμάτιον	αὐτός	γίνομαι	στίλβω	λευκός	λίαν	οἷος
카이	타	히마티아	아우투	에게네토	스틸본타	류카	리안	호이아
이에	그	겉옷이	그의	되었다라	광채나는	희어지게	심히	바 그와 같이
접.등.	관.주.중.복.	명.주.중.복.	대.인.소.남.3단.	동.직.2과.중디.3단.	동.분.현.능.주.중.복.	형.주.중.복.	부.	대.관.목.중.복.

1102	1909	3588	1093	3756	1410	3779	3021
γναφεὺς	ἐπὶ	τῆς	γῆς	οὐ	δύναται	οὕτως	λευκᾶναι.
γναφεύς	ἐπί	ἡ	γῆ	οὐ	δύναμαι	οὕτως	λευκαίνω
그나퓨스	에피	테스	게스	우	뒤나타이	후토스	류카나이
빨래하는 자가	위에서	이	땅의	없다	할 수	그렇게	희게하는 것을
명.주.남.단.	전.소.	관.소.여.단.	명.소.여.단.	부.	동.직.현.능.3단.	부.	동.부.1과.능.

4 이에 엘리야가 모세와 함께 그들에게 나타나 예수와 더불어 말하거늘
And there appeared unto them Elias with Moses: and they were talking with Jesus.

2532	3708	846	2243	4862	3475	2532	1510
καὶ	ὤφθη	αὐτοῖς	Ἠλίας	σὺν	Μωϋσεῖ,	καὶ	ἦσαν
καί	ὁράω	αὐτός	Ἠλίας	σύν	Μωϋσῆς	καί	εἰμί
카이	오프데	아우토이스	엘리아스	쉰	모위세이	카이	에산
이에	나타나셨다	그들에게	엘리야가	함께	모세와	그리고	있었다
접등.	동.직.1과.수.3단.	대.인.여격.남.3복.	명.주.남.단.	전.여격.	명.여격.남.단.	접등.	동.직.미완.능.3복.+

4814	3588	2424
συλλαλοῦντες	τῷ	Ἰησοῦ.
συλλαλέω	ὁ	Ἰησοῦς
쉴랄룬테스	토	예수
함께 말하고	그	예수와
+동.분.현.능.주.남.복.	관.여격.남.단.	명.여격.남.단.

5 베드로가 예수께 고하되 랍비여 우리가 여기 있는 것이 좋사오니 우리가 초막 셋을 짓되
하나는 주를 위하여, 하나는 모세를 위하여, 하나는 엘리야를 위하여 하사이다 하니
And Peter answered and said to Jesus, Master, it is good for us to be here: and let us make three tabernacles; one for thee, and one for Moses, and one for Elias.

2532	611	3588	4074	3004	3588	2424	4461	2570
καὶ	ἀποκριθεὶς	ὁ	Πέτρος	λέγει	τῷ	Ἰησοῦ,	ῥαββί,	καλόν
καί	ἀποκρίνομαι	ὁ	Πέτρος	λέγω	ὁ	Ἰησοῦς	ῥαββί	καλός
카이	아포크리데이스	호	페트로스	레게이	토	예수	흐랍비	칼론
그래서	대답하여	그	베드로가	말씀드린다	그	예수께	랍비여	좋음
접등.	동.분.1과.수디.주.남.단.	관.주.남.단.	명.주.남.단.	동.직.현.능.3단.	관.여격.남.단.	명.여격.남.단.	명.호.남.단.	형.주.중.단.

1510	1473	5602	1510	2532	4160	5140	4633	4771
ἐστιν	ἡμᾶς	ὧδε	εἶναι,	καὶ	ποιήσωμεν	τρεῖς	σκηνάς,	σοὶ
εἰμί	ἐγώ	ὧδε	εἰμί	καί	ποιέω	τρεῖς	σκηνή	σύ
에스틴	헤마스	호데	에이나이	카이	포이에소멘	트레이스	스케나스	소이
그것이이니	우리를	여기	있는 것이	그래서	우리가 만들자	셋을	장막들	당신을 위하여
동.직.현.능.3단.	대.인.목.1복.	부.	동.부.현.능.	접등.	동.가.1과.능.1복.	형.기.목.여.복.	명.목.여.복.	대.인.여격.2단.

3391	2532	3475	3391	2532	2243	3391
μίαν	καὶ	Μωϋσεῖ	μίαν	καὶ	Ἠλίᾳ	μίαν.
μία	καί	Μωϋσῆς	μία	καί	Ἠλίας	μία
미안	카이	모위세이	미안	카이	엘리아	미안
하나를	그리고	모세를 위하여	하나를	그리고	엘리야를 위하여	하나를
형.대.기.목.여.단.	접등.	명.여격.남.단.	형.대.기.목.여.단.	접등.	명.여격.남.단.	형.대.기.목.여.단.

6 이는 그들이 몹시 무서워하므로 그가 무슨 말을 할지 알지 못함이더라
For he wist not what to say; for they were sore afraid.

3756	1063	1492	5101	611	1630	1063	1096
οὐ	γὰρ	ᾔδει	τί	ἀποκριθῇ,	ἔκφοβοι	γὰρ	ἐγένοντο.
οὐ	γάρ	οἶδα.εἴδω	τίς	ἀποκρίνομαι	ἔκφοβος	γάρ	γίνομαι
우	가르	에데이	티	아포크리데	에크포보이	가르	에게논토
못하였다	왜냐하면	그가 알지	무슨	대답을 하였는지	심히 무서울게	왜냐하면	그들이 되었음이라
부.	접종.	동.직.과완.능.3단.	대.의.목.중.단.	동.직.1과.수디.3단.	형.주.남.복.	접종.	동.직.2과.중디.3복.

7 마침 구름이 와서 그들을 덮으며 구름 속에서 소리가 나되 이는 내 사랑하는 아들이니
너희는 그의 말을 들으라 하는지라
And there was a cloud that overshadowed them: and a voice came out of the cloud, saying, This is my beloved Son: hear him.

2532	1096	3507	1982	846	2532	1096	5456
καὶ	ἐγένετο	νεφέλη	ἐπισκιάζουσα	αὐτοῖς,	καὶ	ἐγένετο	φωνὴ
καί	γίνομαι	νεφέλη	ἐπισκιάζω	αὐτός	καί	γίνομαι	φωνή
카이	에게네토	네펠레	에피스키아주사	아우토이스	카이	에게네토	포네
그러자	있었다	흰 구름이	위로 덮으며	그들에게	그리고	났다	한 소리가
접등.	동.직2과.중디.3단.	명.주.여.단.	동.분.현.능.주.여.단.	대.인.여격.남.3복.	접등.	동.직2과.중디.3단.	명.주.여.단.

1537	3588	3507	3778	1510	3588	5207	1473	3588
ἐκ	τῆς	νεφέλης,	οὗτός	ἐστιν	ὁ	υἱός	μου	ὁ
ἐκ	ἡ	νεφέλη	οὗτος	εἰμί	ὁ	υἱός	ἐγώ	ὁ
에크	테스	네펠레스	후토스	에스틴	호	휘오스	무	호
속에서	그	구름	이 사람은	이니라	그	아들	나의	그
전소.	관.소.여.단.	명.소.여.단.	대.지.주.남.단.	동.직.현.능.3단.	관.주.남.단.	명.주.남.단.	대.인.소.1단.	관.주.남.단.

27	191	846
ἀγαπητός	ἀκούετε	αὐτοῦ.
ἀγαπητός	ἀκούω	αὐτός
아가페토스	아쿠에테	아우투
사랑하는	너희는 말을 들어라	그의
형.주.남.단.	동.명.현.능.2복.	대.인.소.남.3단.

8 문득 둘러보니 아무도 보이지 아니하고 오직 예수와 자기들뿐이었더라
And suddenly, when they had looked round about, they saw no man any more, save Jesus only with themselves.

2532	1819	4017	3765	3762	3708(1492)	235	3588
καὶ	ἐξάπινα	περιβλεψάμενοι	οὐκέτι	οὐδένα	εἶδον	ἀλλὰ	τὸν
καί	ἐξάπινα	περιβλέπω	οὐκέτι	οὐδείς	ὁράω.εἴδω	ἀλλά	ὁ
카이	엑사피나	페리블렙사메노이	우케티	우데나	에이돈	알라	톤
그런데	문득	둘러보니	더 이상 못하였다	아무도	그들은 보지	그러나	그
접등.	부.	동.분.1과.중.주.남.복.	부.	형.대.기.목.남.단.	동.직2과.능.3복.	접우.	관.목.남.단.

2424	3441	3326	1438
Ἰησοῦν	μόνον	μεθ'	ἑαυτῶν.
Ἰησοῦς	μόνος	μετά	ἑαυτοῦ
예순	모논	멘	헤아우톤
예수만을	오직	함께	그들 자신과
명.목.남.단.	형.목.남.단.	전소.	대.인.소.남.3복.

9 그들이 산에서 내려올 때에 예수께서 경고하시되 인자가 죽은 자 가운데서 살아날
때까지는 본 것을 아무에게도 이르지 말라 하시니
And as they came down from the mountain, he charged them that they should tell no man what things they had seen, till the Son of man were risen from the dead.

2532	2597	846	1537	3588	3735	1291	846
Καὶ	καταβαινόντων	αὐτῶν	ἐκ	τοῦ	ὄρους	διεστείλατο	αὐτοῖς
καί	καταβαίνω	αὐτός	ἐκ	τό	ὄρος	διαστέλλομαι	αὐτός
카이	카타바이논톤	아우톤	에크	투	오루스	디에스테일라토	아우토이스
그리고	내려올 때에	그들(의)이	에서	그	산	예수께서 엄히 명하셨다	그들에게
접등.	동.분.현.능.소.남.복.	대.인.소.남.3복.	전소.	관.소.중.단.	명.소.중.단.	동.직.1과.중.3단.	대.인.여격.남.3복.

2443	3367	3739	3708(1492)	1334	1487	3361	3752
ἵνα	μηδενὶ	ἃ	εἶδον	διηγήσωνται,	εἰ	μὴ	ὅταν
ἵνα	μηδείς	ὅς	ὁράω.εἴδω	διηγέομαι	εἰ	μή	ὅταν
히나	메데니	하	에이돈	디에게손타이	에이	메	호탄
위하여	아무에게도 않기	바 것들을	그들이 보았던	자세히 이야기하지	느	까지(외에)	때에
접등.	형.대.기.여격.남.단.	대.관.목.중.복.	동.직.2과.능.3복.	동.가.1과.중디.3복.	접종.	부.	접종.

3588	5207	3588	444	1537	3498	450
ὁ	υἱὸς	τοῦ	ἀνθρώπου	ἐκ	νεκρῶν	ἀναστῇ.
ὁ	υἱός	ὁ	ἄνθρωπος	ἐκ	νεκρός	ἀνίστημι
호	휘오스	투	안드로푸	에크	네크론	아나스테
그	아들이(인자가)	그	사람의	가운데서	죽은 사람들	살아날
관.주.남.단.	명.주.남.단.	관.소.남.단.	명.소.남.단.	전소.	형.대.소.남.복.	동.가.2과.능.3단.

10 그들이 이 말씀을 마음에 두며 서로 문의하되 죽은 자 가운데서 살아나는 것이 무엇일까
하고
And they kept that saying with themselves, questioning one with another what the rising from the dead should mean.

2532	3588	3056	2902	4314	1438	4802	5101
καὶ	τὸν	λόγον	ἐκράτησαν	πρὸς	ἑαυτοὺς	συζητοῦντες	τί
καί	ὁ	λόγος	κρατέω	πρός	ἑαυτοῦ	συζητέω	τίς
카이	톤	로곤	에크라테산	프로스	헤아우투스	쉬제툰테스	티
그리고	그	말씀을	그들이 굳게 간직하였다	끼리	자신들	질문하며	무엇
접.등.	관.목.남.단.	명.목.남.단.	동.직.1과.능.3복.	전.목.	대.인.목.남.3복.	동.분.현.능.주.남.복.	대.의.주.중.단.

1510	3588	1537	3498	450
ἐστιν	τὸ	ἐκ	νεκρῶν	ἀναστῆναι.
εἰμί	τό	ἐκ	νεκρός	ἀνίστημι
에스틴	토	에크	네크론	아나스테나이
인가	그	가운데서	죽은 자들	일어나는 것이
동.직.현.능.3단.	관.주.중.단.	전.소.	형.대.소.남.복.	동.부.2과.능.주.

11 이에 예수께 묻자와 이르되 어찌하여 서기관들이 엘리야가 먼저 와야 하리라 하나이까
And they asked him, saying, Why say the scribes that Elias must first come?

2532	1905	846	3004	3754	3004	3588	1122
καὶ	ἐπηρώτων	αὐτὸν	λέγοντες,	ὅτι	λέγουσιν	οἱ	γραμματεῖς
καί	ἐπερωτάω	αὐτός	λέγω	ὅτι	λέγω	ὁ	γραμματεύς
카이	에페로톤	아우톤	레곤테스	호티	레구신	호이	그람마테이스
그래서	그들이 묻고 있었다	그에게	말하기를	어찌하여	말하나이까	그	서기관들이
접.등.	동.직.미완.능.3복.	대.인.목.남.3단.	동.분.현.능.주.남.복.	부.의.	동.직.현.능.3복.	관.주.남.복.	명.주.남.복.

3754	2243	1163	2064	4412
ὅτι	Ἠλίαν	δεῖ	ἐλθεῖν	πρῶτον;
ὅτι	Ἠλίας	δεῖ	ἔρχομαι	πρῶτον
호티	엘리안	데이	엘데인	프로톤
것을	엘리야를	반드시 해야 한다는	오는 것을	먼저
접.등.	명.목.남.복.	동.직.현.능.3단.	동.부.2과.능.	형.대.서.목.중.단.

12 이르시되 엘리야가 과연 먼저 와서 모든 것을 회복하거니와 어찌 인자에 대하여
기록하기를 많은 고난을 받고 멸시를 당하리라 하였느냐
And he answered and told them, Elias verily cometh first, and restoreth all things; and how it is written of the Son of man, that he must suffer many things, and be set at nought.

3588	1161	5346	846	2243	3303	2064
ὁ	δὲ	ἔφη	αὐτοῖς,	Ἠλίας	μὲν	ἐλθὼν
ὁ	δέ	φημί	αὐτός	Ἠλίας	μέν	ἔρχομαι
호	데	에페	아우토이스	엘리아스	멘	엘돈
예수님께서	이에	말씀하셨다	그들에게	엘리야가	과연	와서
관.주.남.단.	접.우.	동.직.2과.능.3단./동.직.미완.능.3단.	대.인.여격.남.3복.	명.주.남.단.	불.문.	동.분.2과.능.주.남.단.

4412	600	3956	2532	4459	1125	1909	3588
πρῶτον	ἀποκαθιστάνει	πάντα·	καὶ	πῶς	γέγραπται	ἐπὶ	τὸν
πρῶτον	ἀποκαθίστανω	πᾶς	καί	πῶς	γράφω	ἐπί	ὁ
프로톤	아포카디스타네이	판타	카이	포스	게그랍타이	에피	톤
먼저	회복한다	모든 것을	그런데	어찌	기록되어있느냐	대하여	그
형.대.서.목.중.단.	동.직.현.능.3단.	형.대.목.중.복.	접.등.	부.의.	동.직.1완.수.3단.	전.목.	관.목.남.단.

5207	3588	444	2443	4183	3958	2532	1847
υἱὸν	τοῦ	ἀνθρώπου	ἵνα	πολλὰ	πάθῃ	καὶ	ἐξουδενηθῇ;
υἱός	ὁ	ἄνθρωπος	ἵνα	πολύς	πάσχω	καί	ἐξουδενόω
휘온	투	안드로푸	히나	폴라	파데	카이	엑수데네데
아들에	그	사람의	것을	많은 일로	고난을 겪고	그리고	멸시를 당할
명.목.남.단.	관.소.남.단.	명.소.남.단.	접.등.	형.대.목.중.복.	동.가.2과.능.3단.	접.등.	동.가.1과.수.3단.

13 그러나 내가 너희에게 이르노니 엘리야가 왔으되 기록된 바와 같이 사람들이 함부로 대우하였느니라 하시니라

But I say unto you, That Elias is indeed come, and they have done unto him whatsoever they listed, as it is written of him.

235	3004	4771	3754	2532	2243	2064	2532	4160
ἀλλὰ	λέγω	ὑμῖν	ὅτι	καὶ	Ἠλίας	ἐλήλυθεν,	καὶ	ἐποίησαν
ἀλλά	λέγω	σύ	ὅτι	καί	Ἠλίας	ἔρχομαι	καί	ποιέω
알라	레고	휘민	호티	카이	엘리아스	엘렐뤼덴	카이	에포이에산
그러나	내가 말한다	너희에게	것을	실로	엘리야가	와서 있으나	그런데	그가 행하였다
접등.	동.직.현.능.1단.	대.인.여격.2복.	접.우.	부.	명.주.남.단.	동.직.2완.능.3단.	접등.	동.직.1과.능.3복.

846	3745	2309	2531	1125	1909	846
αὐτῷ	ὅσα	ἤθελον,	καθὼς	γέγραπται	ἐπ'	αὐτόν.
αὐτός	ὅσος	θέλω	καθώς	γράφω	ἐπί	αὐτός
아우토	호사	에델론	카도스	게그랍타이	엪	아우톤
그에게	무슨 일이든지	원하고 있던대로	같이	기록된 바와	대하여	그에
대.인.여격.남.3단.	대.관.목.중.복.	동.직.미완.능.3복.	접.종.	동.직.1완.수.3단.	전.목.	대.인.목.남.3단.

14 이에 그들이 제자들에게 와서 보니 큰 무리가 그들을 둘러싸고 서기관들이 그들과 더불어 변론하고 있더라

And when he came to his disciples, he saw a great multitude about them, and the scribes questioning with them.

2532	2064	4314	3588	3101	3708(1492)	3793	4183	4012
Καὶ	ἐλθόντες	πρὸς	τοὺς	μαθητὰς	εἶδεν	ὄχλον	πολὺν	περὶ
καί	ἔρχομαι	πρός	ὁ	μαθητής	ὁράω.εἶδω	ὄχλος	πολύς	περί
카이	엘돈테스	프로스	투스	마데타스	에이덴	오클론	폴륀	페리
그리고	와서	에게로	그	제자들	그들이 보았다	한 무리	많은	둘러있는
접등.	동.분.2과.능.주.남.복.	전.목.	관.목.남.복.	명.목.남.복.	동.직.2과.능.3복.	명.목.남.단.	형.목.남.단.	전.목.

846	2532	1122	4802	4314	846
αὐτοὺς	καὶ	γραμματεῖς	συζητοῦντας	πρὸς	αὐτούς.
αὐτός	καί	γραμματεύς	συζητέω	πρός	αὐτός
아우투스	카이	그람마테이스	쉬제툰타스	프로스	아우투스
제자들을	와	서기관들을	논쟁하는	더불어	그들과
대.인.목.남.3복.	접등.	명.목.남.복.	동.분.현.능.목.남.복.	전.목.	대.인.목.남.3복.

15 온 무리가 곧 예수를 보고 매우 놀라며 달려와 문안하거늘

And straightway all the people, when they beheld him, were greatly amazed, and running to him saluted him.

2532	2117	3956	3588	3793	3708(1492)	846	1568
καὶ	εὐθὺς	πᾶς	ὁ	ὄχλος	ἰδόντες	αὐτὸν	ἐξεθαμβήθησαν
καί	εὐθύς	πᾶς	ὁ	ὄχλος	ὁράω.εἶδω	αὐτός	ἐκθαμβέω
카이	유뒤스	파스	호	오클로스	이돈테스	아우톤	엑세담베데산
그런데	곧	모든	그	무리가	보고	그를	심히 놀라게 되었다
접등.	형.대.주.남.단.	형.주.남.단.	관.주.남.단.	명.주.남.단.	동.분.2과.능.주.남.복.	대.인.목.남.3단.	동.직.1과.수.3복.

2532	4370	782	846
καὶ	προστρέχοντες	ἠσπάζοντο	αὐτόν.
καί	προστρέχω	ἀσπάζομαι	αὐτός
카이	프로스트레콘테스	에스파존토	아우톤
그리고	가까이 달려와서	인사하고 있었더라	그를
접등.	동.분.현.능.주.남.복.	동.직.미완.중.3복.	대.인.목.남.3단.

16 예수께서 물으시되 너희가 무엇을 그들과 변론하느냐

And he asked the scribes, What question ye with them?

2532	1905	846	5101	4802	4314	846
καὶ	ἐπηρώτησεν	αὐτούς,	τί	συζητεῖτε	πρὸς	αὐτούς;
καί	ἐπερωτάω	αὐτός	τίς	συζητέω	πρός	αὐτός
카이	에페로테센	아우투스	티	쉬제테이테	프로스	아우투스
이에	예수께서 물으셨다	그들을	무엇을	너희가 논쟁을 하느냐	함께	그들과
접등.	동.직.1과.능.3단.	대.인.목.남.3복.	대.의.목.중.단.	동.직.현.능.2복.	전.목.	대.인.목.남.3복.

17 무리 중의 하나가 대답하되 선생님 말 못하게 귀신 들린 내 아들을 선생님께
데려왔나이다

And one of the multitude answered and said, Master, I have brought unto thee my son, which hath a dumb spirit;

2532	611	846	1520	1537	3588	3793	1320
καὶ	ἀπεκρίθη	αὐτῷ	εἷς	ἐκ	τοῦ	ὄχλου,	διδάσκαλε,
καί	ἀποκρίνομαι	αὐτός	εἷς	ἐκ	ὁ	ὄχλος	διδάσκαλος
카이	아페크리데	아우토	헤이스	에크	투	오클루	디다스칼레
그래서	대답하셨다	그에게	하나가	중에서	그	무리	선생님이여
접등.	**동.직.1과.수디.3단.**	**대.인.여격.남.3단.**	**형.대.기.주.남.단.**	**전소.**	**관.소.남.단.**	**명.소.남.단.**	**명.호.남.단.**

5342	3588	5207	1473	4314	4771	2192	4151	216
ἤνεγκα	τὸν	υἱόν	μου	πρὸς	σέ,	ἔχοντα	πνεῦμα	ἄλαλον·
φέρω	ὁ	υἱός	ἐγώ	πρός	σύ	ἔχω	πνεῦμα	ἄλαλος
에넹카	톤	휘온	무	프로스	세	에콘타	프뉴마	알랄론
데려왔다	그	아들을	제	에게로	당신	들린	영을	벙어리
동.직.1과.능.1단.	**관.목.남.단.**	**명.목.남.단.**	**대.인.소.남.1단.**	**전목.**	**대.인.목.2단.**	**동.분.현.능.목.남.단.**	**명.목.중.단.**	**형.목.중.단.**

18 귀신이 어디서든지 그를 잡으면 거꾸러져 거품을 흘리며 이를 갈며 그리고 파리해지는지라
내가 선생님의 제자들에게 내쫓아 달라 하였으나 그들이 능히 하지 못하더이다

And wheresoever he taketh him, he teareth him: and he foameth, and gnasheth with his teeth, and pineth away: and I spake to thy disciples that they should cast him out; and they could not.

2532	3699	1437	846	2638	4486	846	2532	875
καὶ	ὅπου	ἐὰν	αὐτὸν	καταλάβῃ	ῥήσσει	αὐτόν,	καὶ	ἀφρίζει
καί	ὅπου	ἐάν	αὐτός	καταλαμβάνω	ῥήγνυμι	αὐτός	καί	ἀφρίζω
카이	호푸	에안	아우톤	카탈라베	흐레쎄이	아우톤	카이	아프리제이
그리고	어디서	든지	그를	그것이 붙잡기만 하면	거꾸러뜨립니다.	그를	그러면	거품을 흘립니다
접등.	**접종.**	**불.등.**	**대.인.목.남.3단.**	**동.가.2과.능.3단.**	**동.직.현.능.3단.**	**대.인.목.남.3단.**	**접등.**	**동.직.현.능.3단.**

5149	3588	3599	2532	3583	2532	3004(2036)	3588
τρίζει	τοὺς	ὀδόντας	καὶ	ξηραίνεται·	καὶ	εἶπα	τοῖς
τρίζω	ὁ	ὀδούς	καί	ξηραίνω	καί	λέγω.ἔπω	ὁ
트리제이	투스	오돈타스	카이	크세라이네타이	카이	에이파	토이스
갊이다	그	이들을	그리고	쇠약해지나이다	그래서	내가 말하였다	그
동.직.현.능.3단.	**관.목.남.복.**	**명.목.남.복.**	**접등.**	**동.직.현.수.3단.**	**접등.**	**동.직.2과.능.1단.**	**관.여격.남.복.**

3101	4771	2443	846	1544	2532	3756	2480
μαθηταῖς	σου	ἵνα	αὐτὸ	ἐκβάλωσιν,	καὶ	οὐκ	ἴσχυσαν.
μαθητής	σύ	ἵνα	αὐτός	ἐκβάλλω	καί	οὐ	ἰσχύω
마데타이스	수	히나	아우토	에크발로신	카이	우크	이스퀴산
제자들에게	당신의	위하여	그것을	그들이 쫓아내주기	그러나	없었습니다	그들이 할 수
명.여격.남.복.	**대.인.소.2단.**	**접등.**	**대.인.목.중.3단.**	**동.가.2과.능.3복.**	**접등.**	**부.**	**동.직.1과.능.3복.**

19 대답하여 이르시되 믿음이 없는 세대여 내가 얼마나 너희와 함께 있으며 얼마나
너희에게 참으리요 그를 내게로 데려오라 하시매

He answereth him, and saith, O faithless generation, how long shall I be with you? how long shall I suffer you? bring him unto me.

3588	1161	611	846	3004	5599	1074	571
ὁ	δὲ	ἀποκριθεὶς	αὐτοῖς	λέγει,	ὦ	γενεὰ	ἄπιστος,
ὁ	δέ	ἀποκρίνομαι	αὐτός	λέγω	ὦ	γενεά	ἄπιστος
호	데	아포크리데이스	아우토이스	레게이	오	게네아	아피스토스
예수님께서	이에	대답하여	그들에게	말씀하신다	오	세대여	믿음이 없는
관.주.남.단.	**접우.**	**동.분.1과.수디.주.남.단.**	**대.인.여격.남.3복.**	**동.직.현.능.3단.**	**불.문.**	**명.호.여.단.**	**형.호.여.단.**

2193	4219	4314	4771	1510	2193	4219	430	4771
ἕως	πότε	πρὸς	ὑμᾶς	ἔσομαι;	ἕως	πότε	ἀνέξομαι	ὑμῶν;
ἕως	πότε	πρός	σύ	εἰμί	ἕως	πότε	ἀνέχομαι	σύ
헤오스	포테	프로스	휘마스	에소마이	헤오스	포테	아넥소마이	휘몬
까지	언제	함께	너희와	내가 있을 것인가	까지나	언제	내가 참을 것인가	너희(의)를
전소.	**부.의.**	**전목.**	**대.인.목.2복.**	**동.직.미.중디.1단.**	**전소.**	**부.의.**	**동.직.미.중.1단.**	**대.인.소.2복.**

5342	846	4314	1473
φέρετε	αὐτὸν	πρός	με.
φέρω	αὐτός	πρός	ἐγώ
페레테	아우톤	프로스	메
데려오라	그를	게로	나에
동.명.현.능.2복.	대.인.목.남.3단.	전.목.	대.인.목.1단.

20 이에 데리고 오니 귀신이 예수를 보고 곧 그 아이로 심히 경련을 일으키게 하는지라
그가 땅에 엎드러져 구르며 거품을 흘리더라

And they brought him unto him: and when he saw him, straightway the spirit tare him; and he fell on the ground, and wallowed foaming.

2532	5342	846	4314	846	2532	3708(1492)	846	3588
καὶ	ἤνεγκαν	αὐτὸν	πρὸς	αὐτόν.	καὶ	ἰδὼν	αὐτὸν	τὸ
καί	φέρω	αὐτός	πρός	αὐτός	καί	ὁράω.εἴδω	αὐτός	ὁ
카이	에넹칸	아우톤	프로스	아우톤	카이	이돈	아우톤	토
그래서	데려왔다	그를	에게로	그(를)	그러자	본 후에	그를	그(더러운)
접.등.	동.직.1과.능.3복.	대.인.목.남.3단.	전.목.	대.인.목.남.3단.	접.등.	동.분.2과.능.주.남.단.	대.인.목.남.3단.	관.주.남.단.

4151	2117	4952	846	2532	4098	1909	3588
πνεῦμα	εὐθὺς	συνεσπάραξεν	αὐτόν,	καὶ	πεσὼν	ἐπὶ	τῆς
πνεῦμα	εὐθύς	σπαράσσω	αὐτός	καί	πίπτω	ἐπί	ἡ
프뉴마	유뒤스	쉬네스파락센	아우톤	카이	페손	에피	테스
영이	곧	경련을 일으키게 하였다	그를	그래서	넘어지고	위에서	그
명.주.중.단.	형.대.주.남.단.	동.직.1과.능.3단.	대.인.목.남.3단.	접.등.	동.분.2과.능.주.남.단.	전.소.	관.소.여.단.

1093	2947	875
γῆς	ἐκυλίετο	ἀφρίζων.
γῆ	κυλιόω	ἀφρίζω
게스	에퀼리에토	아프리존
땅의	그가 뒹굴고 있었다	거품을 흘리며
명.소.여.단.	동.직.미완.중.수.3단.	동.분.현.능.주.남.단.

21 예수께서 그 아버지에게 물으시되 언제부터 이렇게 되었느냐 하시니 이르되 어릴
때부터니이다

And he asked his father, How long is it ago since this came unto him? And he said, Of a child.

2532	1905	3588	3962	846	4214	5550	1510	5613
καὶ	ἐπηρώτησεν	τὸν	πατέρα	αὐτοῦ,	πόσος	χρόνος	ἐστὶν	ὡς
καί	ἐπερωτάω	ὁ	πατήρ	αὐτός	πόσος	χρόνος	εἰμί	ὡς
카이	에페로테센	톤	파테라	아우투	포소스	크로노스	에스틴	호스
그래서	그가 물으셨다	그	아비를	그의	얼마나 오랜	시간이	되었느냐	동안
접.등.	동.직.1과.능.3단.	관.목.남.단.	명.목.남.단.	대.인.소.남.3단.	형.의.주.남.단.	명.주.남.단.	동.직.현.능.3단.	부.관.

3778	1096	846	3588	1161	3004(2036)	1537	3812
τοῦτο	γέγονεν	αὐτῷ;	ὁ	δὲ	εἶπεν,	ἐκ	παιδιόθεν·
οὗτος	γίνομαι	αὐτός	ὁ	δέ	λέγω.ἔπω	ἐκ	παιδιόθεν
투토	게고넨	아우토	호	데	에이펜	에크	파이디오덴
이 일이	되어있던	그에게	그가	이에	말하였다	부터	어릴 때
대.지.주.중.단.	동.직.2완.능.3단.	대.인.여격.남.3단.	관.주.남.단.	접.우.	동.직.2과.능.3단.	전.소.	부.

22 귀신이 그를 죽이려고 불과 물에 자주 던졌나이다 그러나 무엇을 하실 수 있거든 우리를
불쌍히 여기사 도와 주옵소서

And ofttimes it hath cast him into the fire, and into the waters, to destroy him: but if thou canst do any thing, have compassion on us, and help us.

2532	4178	2532	1519	4442	846	906	2532	1519	5204
καὶ	πολλάκις	καὶ	εἰς	πῦρ	αὐτὸν	ἔβαλεν	καὶ	εἰς	ὕδατα
καί	πολλάκις	καί	εἰς	πῦρ	αὐτός	βάλλω	καί	εἰς	ὕδωρ
카이	폴라키스	카이	에이스	퓌르	아우톤	에발렌	카이	에이스	휘다타
그리고	자주	까지도	속으로	불	그를	귀신이 던졌나이다	또	속으로	물들을
접.등.	부.	부./접.등.	전.목.	명.목.중.단.	대.인.목.남.3단.	동.직.2과.능.3단.	접.등.	전.목.	명.목.중.복.

2443	622	846	235	1487	5100	1410	997
ἵνα	ἀπολέσῃ	αὐτόν·	ἀλλ'	εἴ	τι	δύνῃ,	βοήθησον
ἵνα	ἀπόλλυμι	αὐτός	ἀλλά	εἰ	τις	δύναμαι	βοηθέω
히나	아폴레세	아우톤	알	에이	티	뒤네	보에데손
위하여	죽이기	그를	그러나	만일	무엇이던	당신이 하실 수 있거든	도와 주옵소서
접.종.	동.가.1과.능.3단.	대.인.목.남.3단.	접.우.	접.종.	대.부.목.중.단.	동.직.현.중수디.2단.	동.명.1과.능.2단.

1473	4697	1909	1473
ἡμῖν	σπλαγχνισθεὶς	ἐφ'	ἡμᾶς.
ἐγώ	σπλαγχνίζομαι	ἐπί	ἐγώ
헤민	스플랑크니스데이스	엪	헤마스
우리에게	측은히 여기시어	위하여	우리를
대.인.여격.1복.	동.명령.1과.수디.주.남.2단.	전목.	대.인.목.1복.

23 예수께서 이르시되 할 수 있거든이 무슨 말이냐 믿는 자에게는 능히 하지 못할 일이
없느니라 하시니
Jesus said unto him, If thou canst believe, all things are possible to him that believeth.

3588	1161	2424	3004(2036)	846	3588	1487	1410	3956
ὁ	δὲ	Ἰησοῦς	εἶπεν	αὐτῷ,	τὸ	εἰ	δύνῃ,	πάντα
ὁ	δέ	Ἰησοῦς	λέγω.ἔπω	αὐτός	τό	εἰ	δύναμαι	πᾶς
호	데	예수스	에이펜	아우토	토	에이	뒤네	판타
그	그러자	예수께서	말씀하셨다	그에게	그것을	만일(이라니)	할 수 있다면	모든 것은
관.주.남.단.	접.우.	명.주.남.단.	동.직.2과.능.3단.	대.인.여격.남.3단.	관.목.중.단.	접.종.	동.직.현.중수디.2단.	형.대.주.중.복.

1415	3588	4100
δυνατὰ	τῷ	πιστεύοντι.
δυνατός	ὁ	πιστεύω
뒤나타	토	피스튜온티
할 수 있느니라	그(사람에게)	믿는
형.주.중.복.	관.여격.남.단.	동.분.현.능.여격.남.단.

24 곧 그 아이의 아버지가 소리를 질러 이르되 내가 믿나이다 나의 믿음 없는 것을 도와
주소서 하더라
And straightway the father of the child cried out, and said with tears, Lord, I believe; help thou mine unbelief.

2117	2896	3588	3962	3588	3813	3004	4100
εὐθὺς	κράξας	ὁ	πατὴρ	τοῦ	παιδίου	ἔλεγεν,	πιστεύω·
εὐθύς	κράζω	ὁ	πατήρ	τό	παιδίον	λέγω	πιστεύω
유뒤스	크락사스	호	파테르	투	파이디우	엘레겐	피스튜오
곧	소리지른 후	그	아버지가	그	아이의	말하고 있었다	내가 믿습니다
형.대.주.남.단.	동.분.1과.능.주.남.단.	관.주.남.단.	명.주.남.단.	관.소.중.단.	명.소.중.단.	동.직.미완.능.3단.	동.직.현.능.1단.

997	1473	3588	570
βοήθει	μου	τῇ	ἀπιστίᾳ.
βοηθέω	ἐγώ	ἡ	ἀπιστία
보에데이	무	테	아피스티아
당신은 도와주소서	저의	그	믿음 없는 것을
동.명령.현.능.2단.	대.인.소.1단.	관.여격.여.단.	명.여격.여.단.

25 예수께서 무리가 달려와 모이는 것을 보시고 그 더러운 귀신을 꾸짖어 이르시되 말 못하고
못 듣는 귀신아 내가 네게 명하노니 그 아이에게서 나오고 다시 들어가지 말라 하시매
When Jesus saw that the people came running together, he rebuked the foul spirit, saying unto him, Thou dumb and deaf spirit, I charge thee, come out of him, and enter no more into him.

3708(1492)	1161	3588	2424	3754	1998	3793	2008
ἰδὼν	δὲ	ὁ	Ἰησοῦς	ὅτι	ἐπισυντρέχει	ὄχλος,	ἐπετίμησεν
ὁράω.εἴδω	δέ	ὁ	Ἰησοῦς	ὅτι	ἐπισυντρέχω	ὄχλος	ἐπιτιμάω
이돈	데	호	예수스	호티	에피쉰트레케이	오클로스	에페티메센
보시고	그리고	그	예수께서	것을	달려 모이는	한 무리가	엄히 꾸짖었다
동.분.2과.능.주.남.단.	접.등.	관.주.남.단.	명.주.남.단.	접.등.	동.직.현.능.3단.	명.주.남.단.	동.직.1과.능.3단.

3588	4151	3588	169	3004	846	3588	216
τῷ	πνεύματι	τῷ	ἀκαθάρτῳ	λέγων	αὐτῷ,	τὸ	ἄλαλον
τό	πνεῦμα	τό	ἀκάθαρτος	λέγω	αὐτός	τό	ἄλαλος
토	프뉴마티	토	아카다르토	레곤	아우토	토	알랄론
그	영에게	그	더러운	말씀하시기를	그것에게	그	벙어리
관.여격.중.단.	명.여격.중.단.	관.여격.중.단.	형.여격.중.단.	동.분.현.능.주.남.단.	대.여격.중.3단.	관.호.중.단.	형.호.중.단.

2532	2974	4151	1473	2004	4771	1831	1537	846
καὶ	κωφὸν	πνεῦμα,	ἐγὼ	ἐπιτάσσω	σοι,	ἔξελθε	ἐξ	αὐτοῦ
καί	κωφός	πνεῦμα	ἐγώ	ἐπιτάσσω	σύ	ἐξέρχομαι	ἐκ	αὐτός
카이	코폰	프뉴마	에고	에피타쏘	소이	엑셀데	엑스	아우투
와	귀머거리	(더러운)영아	내가	명한다	네게	나오라	부터	그로
접.등.	형.호.중.단.	명.호.중.단.	대.인.주.1단.	동.직.현.능.1단.	대.인.여격.2단.	동.명.2과.능.2단.	전.소.	대.인.소.남.3단.

2532	3371	1525	1519	846
καὶ	μηκέτι	εἰσέλθῃς	εἰς	αὐτόν.
καί	μηκέτι	εἰσέρχομαι	εἰς	αὐτός
카이	메케티	에이셀데스	에이스	아우톤
그리고	더 이상 말라	들어가지	속으로	그를
접.등.	부.	동.가.2과.능.2단.	전.목.	대.인.목.남.3단.

26 귀신이 소리 지르며 아이로 심히 경련을 일으키게 하고 나가니 그 아이가 죽은 것 같이
되어 많은 사람이 말하기를 죽었다 하나
And the spirit cried, and rent him sore, and came out of him: and he was as one dead; insomuch
that many said, He is dead.

2532	2896	2532	4183	4682	1831	2532	1096
καὶ	κράξας	καὶ	πολλὰ	σπαράξας	ἐξῆλθεν·	καὶ	ἐγένετο
καί	κράζω	καί	πολύς	σπαράσσω	ἐξέρχομαι	καί	γίνομαι
카이	크락사스	카이	폴라	스파락사스	엑셀덴	카이	에게네토
이에	소리지르고	그리고	많은	경련을 일으키게 하고	귀신이 나갔다	그러자	아이가 되었다
접.등.	동.분.1과.능.주.남.단.	접.등.	형.대.목.중.복.	동.분.1과.능.주.남.단.	동.직.2과.능.3단.	접.등.	동.직.2과.중디.3단.

5616	3498	5620	3588	4183	3004	3754	599
ὡσεὶ	νεκρός,	ὥστε	τοὺς	πολλοὺς	λέγειν	ὅτι	ἀπέθανεν.
ὡσεί	νεκρός	ὥστε	ὁ	πολύς	λέγω	ὅτι	ἀποθνήσκω
호세이	네크로스	호스테	투스	폴루스	레게인	호티	아페다넨
같이	죽은 사람과	그러므로	그	많은 사람(을)이	말하기를	것을	그가 죽었다는
접.종.	형.주.남.단.	접.우.	관.목.남.복.	형.대.목.남.복.	동.부.현.능.	접.등.	동.직.2과.능.3단.

27 예수께서 그 손을 잡아 일으키시니 이에 일어서니라
But Jesus took him by the hand, and lifted him up; and he arose.

3588	1161	2424	2902	3588	5495	846	1453	846
ὁ	δὲ	Ἰησοῦς	κρατήσας	τῆς	χειρὸς	αὐτοῦ	ἤγειρεν	αὐτόν,
ὁ	δέ	Ἰησοῦς	κρατέω	ἡ	χείρ	αὐτός	ἐγείρω	αὐτός
호	데	예수스	크라테사스	테스	케이로스	아우투	에게이렌	아우톤
그	그러나	예수님께서	붙잡고	그	손(의)을	그의	일으켰다	그를
관.주.남.단.	접.우.	명.주.남.단.	동.분.1과.능.주.남.단.	관.소.여.단.	명.소.여.단.	대.인.소.남.3단.	동.직.1과.능.3단.	대.인.목.남.3단.

2532	450
καὶ	ἀνέστη.
καί	ἀνίστημι
카이	아네스테
그러자	그가 일어섰다
접.등.	동.직.2과.능.3단.

28 집에 들어가시매 제자들이 조용히 묻자오되 우리는 어찌하여 능히 그 귀신을 쫓아내지
못하였나이까
And when he was come into the house, his disciples asked him privately, Why could not we cast him out?

2532	1525	846	1519	3624	3588	3101	848	2596
καὶ	εἰσελθόντος	αὐτοῦ	εἰς	οἶκον	οἱ	μαθηταὶ	αὐτοῦ	κατ'
καί	εἰσέρχομαι	αὐτός	εἰς	οἶκος	ὁ	μαθητής	αὐτός	κατά
카이	에이셀돈토스	아우투	에이스	오이콘	호이	마데타이	아우투	캇
그리고	들어간 후에	그(의)가	안으로	집	그	제자들이	그의	히
접.등.	동.분.2과.능.소.남.단.	대.인.소.남.3단.	전.목.	명.목.남.단.	관.주.남.복.	명.주.남.복.	대.인.소.남.3단.	전.목.

2398	1905	846	3754	1473	3756	1410	1544
ἰδίαν	ἐπηρώτων	αὐτόν,	ὅτι	ἡμεῖς	οὐκ	ἠδυνήθημεν	ἐκβαλεῖν
ἴδιος	ἐπερωτάω	αὐτός	ὅτι	ἐγώ	οὐ	δύναμαι	ἐκβάλλω
이디안	에페로톤	아우톤	호티	헤메이스	우크	에뒤네데멘	에크발레인
조용(은밀)	질문하고 있었다	그에게	어찌하여	우리는	없었습니까?	할 수	쫓아내는 것을
형.대.목.여.단.	동.직.미완.능.3복.	대.인.목.남.3단.	부.의.	대.인.주.1복.	부.	동.직.1과.수디.1복.	동.부.2과.능.

846
αὐτό;
αὐτός
아우토
그것을
대.인.목.중.3단.

29 이르시되 기도 외에 다른 것으로는 이런 종류가 나갈 수 없느니라 하시니라
And he said unto them, This kind can come forth by nothing, but by prayer and fasting.

2532	3004(2036)	846	3778	3588	1085	1722	3762	1410
καὶ	εἶπεν	αὐτοῖς,	τοῦτο	τὸ	γένος	ἐν	οὐδενὶ	δύναται
καί	λέγω.ἔπω	αὐτός	οὗτος	τό	γένος	ἐν	οὐδείς	δύναμαι
카이	에이펜	아우토이스	투토	토	게노스	엔	우데니	뒤나타이
이에	그가 말씀하셨다	그들에게	이런	그	종류가	의하여도	아무 것에 없느니라	할 수
접.등.	동.직.2과.능.3단.	대.인.여격.남.3복.	형.부.주.중.단.	관.주.중.단.	명.주.중.단.	전.여격.	형.대.기.여격.중.단.	동.직.현.중수디.3단

1831	1487	3361	1722	4335
ἐξελθεῖν	εἰ	μὴ	ἐν	προσευχῇ.
ἐξέρχομαι	εἰ	μή	ἐν	προσευχή
엑셀데인	에이	메	엔	프로슈케
나가는 것을	에	않고	통하지	기도를
동.부.2과.능.	접.종.	부.	전.여격.	명.여격.여.단.

30 그 곳을 떠나 갈릴리 가운데로 지날새 예수께서 아무에게도 알리고자 아니하시니
And they departed thence, and passed through Galilee; and he would not that any man should know it.

2547	1831	3899	1223	3588	1056	2532
Κἀκεῖθεν	ἐξελθόντες	παρεπορεύοντο	διὰ	τῆς	Γαλιλαίας,	καὶ
κἀκεῖθεν	ἐξέρχομαι	παραπορεύομαι	διά	ἡ	Γαλιλαία	καί
카케이덴	엑셀돈테스	파레포류온토	디아	테스	갈릴라이아스	카이
그리고 거기에서	나가서	그들이 지나가고 있었다	거쳐서	그	갈릴리를	그러나
접.등&부.	동.분.2과.능.주.남.복.	동.직.미완.중.3복.	전.소.	관.소.여.단.	명.소.여.단.	접.등.

3756	2309	2443	5100	1097
οὐκ	ἤθελεν	ἵνα	τις	γνοῖ·
οὐ	θέλω	ἵνα	τις	γινώσκω
우크	에델렌	히나	티스	그노이
않으셨다	원하지	것을	아무에게도	알리는
부.	동.직.미완.능.3단.	접.등.	대.부.주.남.단.	동.가.2과.능.3단.

31 이는 제자들을 가르치시며 또 인자가 사람들의 손에 넘겨져 죽임을 당하고 죽은 지 삼
일만에 살아나리라는 것을 말씀하셨기 때문이더라

For he taught his disciples, and said unto them, The Son of man is delivered into the hands of men, and they shall kill him; and after that he is killed, he shall rise the third day.

1321	1063	3588	3101	846	2532	3004	846	3754
ἐδίδασκεν	γὰρ	τοὺς	μαθητὰς	αὐτοῦ	καὶ	ἔλεγεν	αὐτοῖς	ὅτι
διδάσκω	γάρ	ὁ	μαθητής	αὐτός	καί	λέγω	αὐτός	ὅτι
에디다스켄	가르	투스	마데타스	아우투	카이	엘레겐	아우토이스	호티
가르치고 계셨다	왜냐하면	그	제자들을	그의	또	말씀하시고 계셨다	그들에게	것을
동.직.미완.능.3단.	접.종.	관.목.남.복.	명.목.남.복.	대.인.소.남.3단.	접.등.	동.직.미완.능.3단.	대.인.여격.남.3복.	접.우.

3588	5207	3588	444	3860	1519	5495	444
ὁ	υἱὸς	τοῦ	ἀνθρώπου	παραδίδοται	εἰς	χεῖρας	ἀνθρώπων,
ὁ	υἱός	ὁ	ἄνθρωπος	παραδίδωμι	εἰς	χείρ	ἄνθρωπος
호	휘오스	투	안드로푸	파라디도타이	에이스	케이라스	안드로폰
그	아들이	그	사람의	넘겨지고	안으로	손들을	사람들의
관.주.남.단.	명.주.남.단.	관.소.남.단.	명.소.남.단.	동.직.현.수.3단.	전.목.	명.목.여.복.	명.소.남.복.

2532	615	846	2532	615	3326	5140	2250
καὶ	ἀποκτενοῦσιν	αὐτόν,	καὶ	ἀποκτανθεὶς	μετὰ	τρεῖς	ἡμέρας
καί	ἀποκτείνω	αὐτός	καί	ἀποκτείνω	μετά	τρίτος	ἡμέρα
카이	아포크테누신	아우톤	카이	아포크탄데이스	메타	트레이스	헤메라스
그리고	그들이 죽일 것이나	그를	그러나	죽임을 당하시고	후에	제 삼	일들을
접.등.	동.직.미.능.3복.	대.인.목.남.3단.	접.등.	동.분.1과.수.주.남.단.	전.목.	형.기.목.여.복.	명.목.여.복.

450
ἀναστήσεται.
ἀνίστημι
아나스테세타이
그가 살아날 것이라
동.직.미.중.3단.

32 그러나 제자들은 이 말씀을 깨닫지 못하고 묻기도 두려워하더라

But they understood not that saying, and were afraid to ask him.

3588	1161	50	3588	4487	2532	5399	846
οἱ	δὲ	ἠγνόουν	τὸ	ῥῆμα,	καὶ	ἐφοβοῦντο	αὐτὸν
ὁ	δέ	ἀγνοέω	τό	ῥῆμα	καί	φοβέω	αὐτός
호이	데	에그노운	토	흐레마	카이	에포분토	아우톤
제자들이	그러나	알지 못하고 있었다	그	말씀을	또한	무서워하고 있었다	그를
관.주.남.복.	접.우.	동.직.미완.능.3복.	관.목.중.단.	명.목.중.단.	접.등.	동.직.미완.중수디.3복.	대.인.목.남.3단.

1905
ἐπερωτῆσαι.
ἐπερωτάω
에페로테사이
캐묻는 것을
동.부.1과.능.

33 가버나움에 이르러 집에 계실새 제자들에게 물으시되 너희가 길에서 서로 토론한 것이
무엇이냐 하시되

And he came to Capernaum: and being in the house he asked them, What was it that ye disputed among yourselves by the way?

2532	2064	1519	2584	2532	1722	3588	3614	1096
Καὶ	ἦλθεν	εἰς	Καφαρναούμ.	καὶ	ἐν	τῇ	οἰκίᾳ	γενόμενος
καί	ἔρχομαι	εἰς	Καπερναούμ	καί	ἐν	ἡ	οἰκία	γίνομαι
카이	엘덴	에이스	카파르나움	카이	엔	테	오이키아	게노메노스
그리고	그들이 왔다	으로	가버나움	그래서	안에	그	집에	계신 후에
접.등.	동.직.2과.능.3복.	전.목.	명.목.여.단.	접.등.	전.여격.	관.여격.여.단.	명.여격.여.단.	동.분.2과.중디.주.남.단.

1905	846	5101	1722	3588	3598	1260
ἐπηρώτα	αὐτούς,	τί	ἐν	τῇ	ὁδῷ	διελογίζεσθε;
ἐπερωτάω	αὐτός	τίς	ἐν	ἡ	ὁδός	διαλογίζομαι
에페로타	아우투스	티	엔	테	호도	디엘로기제스데
묻고 계셨다	그들에게	무슨 일로	안에서	그	길에	너희가 논쟁하고 있었느냐
동.직.미완.능.3단.	대.인.목.남.3복.	대.의.목.중.단.	전.여격.	관.여격.여.단	명.여격.여.단.	동.직.미완.중수디.2복.

34 그들이 잠잠하니 이는 길에서 서로 누가 크냐 하고 쟁론하였음이라

But they held their peace: for by the way they had disputed among themselves, who should be the greatest.

3588	1161	4623	4314	240	1063	1256	1722
οἱ	δὲ	ἐσιώπων·	πρὸς	ἀλλήλους	γὰρ	διελέχθησαν	ἐν
ὁ	δέ	σιωπάω	πρός	ἀλλήλων	γάρ	διαλέγομαι	ἐν
호이	데	에시오폰	프로스	알렐루스	가르	디엘레크데산	엔
그들이	그러나	잠잠하고 있었다	함께	서로	왜냐하면	논쟁하였음이라	안에서
관.주.남.복.	접.우.	동.직.미완.능.3복.	전.목.	대.인.목.남.3복.	접.종.	동.직.1과.수디.3복.	전.여격.

3588	3598	5101	3173
τῇ	ὁδῳ	τίς	μείζων.
ἡ	ὁδός	τίς	μέγας
테	호도	티스	메이존
그	길에	누가	더 큰지
관.여격.여.단.	명.여격.여.단.	대.의.주.남.단.	형.비.주.남.단.

35 예수께서 앉으사 열두 제자를 불러서 이르시되 누구든지 첫째가 되고자 하면 뭇 사람의
끝이 되며 뭇 사람을 섬기는 자가 되어야 하리라 하시고

And he sat down, and called the twelve, and saith unto them, If any man desire to be first, the same shall be last of all, and servant of all.

2532	2523	5455	3588	1427	2532	3004	846	1487
καὶ	καθίσας	ἐφώνησεν	τοὺς	δώδεκα	καὶ	λέγει	αὐτοῖς,	εἴ
καί	καθίζω	φωνέω	ὁ	δώδεκα	καί	λέγω	αὐτός	εἰ
카이	카디사스	에포네센	투스	도데카	카이	레게이	아우토이스	에이
이에	앉으신 후에	그가 부르셨다	그	열두(제자를)	그리고	말씀하신다	그들에게	만일
접.등.	동.분.1과.능.주.남.단.	동.직.1과.능.3단.	관.목.남.복.	형.대.기.목.남.복.	접.등.	동.직.현.능.3단.	대.인.여격.남.3복.	접.종.

5100	2309	4413	1510	1510	3956	2078	2532
τις	θέλει	πρῶτος	εἶναι,	ἔσται	πάντων	ἔσχατος	καὶ
τις	θέλω	πρῶτος	εἰμί	εἰμί	πᾶς	ἔσχατος	καί
티스	델레이	프로토스	에이나이	에스타이	판톤	에스카토스	카이
누구든지	원하면	첫째로	있는 것을	될 것이라	모든 이들의	끝이	그리고
대.부.주.남.단.	동.직.현.능.3단.	형.서.주.남.단.	동.부.현.능.	동.직.미.중디.3단.	형.대.소.남.복.	형.주.남.단.	접.등.

3956	1249
πάντων	διάκονος.
πᾶς	διάκονος
판톤	디아코노스
모든 이들의	섬기는 자가
형.대.소.남.복.	명.주.남.단.

36 어린 아이 하나를 데려다가 그들 가운데 세우시고 안으시며 제자들에게 이르시되

And he took a child, and set him in the midst of them: and when he had taken him in his arms, he said unto them,

2532	2983	3813	2476	846	1722	3319	846	2532
καὶ	λαβὼν	παιδίον	ἔστησεν	αὐτὸ	ἐν	μέσῳ	αὐτῶν	καὶ
καί	λαμβάνω	παιδίον	ἵστημι	αὐτός	ἐν	μέσος	αὐτός	καί
카이	라본	파이디온	에스테센	아우토	엔	메소	아우톤	카이
그리고	데려다가	한 어린아이를	세우셨다	그를	안에	한 가운데	그들의	그리고
접.등.	동.분.2과.능.주.남.단.	명.목.중.단.	동.직.1과.능.3단.	대.인.목.중.3단.	전.여격.	형.대.여격.중.단.	대.인.소.남.3복.	접.등.

1723	846	3004(2036)	846
ἐναγκαλισάμενος	αὐτὸ	εἶπεν	αὐτοῖς,
ἐναγκαλίζομαι	αὐτός	λέγω.ἔπω	αὐτός
에낭칼리사메노스	아우토	에이펜	아우토이스
팔로 안으시고	그를	말씀하셨다	그들에게
동.분.1과.중디.주.남.단.	대.인.목.중.3단.	동.직.2과.능.3단.	대.인.여격.남.3복.

37 누구든지 내 이름으로 이런 어린 아이 하나를 영접하면 곧 나를 영접함이요 누구든지
나를 영접하면 나를 영접함이 아니요 나를 보내신 이를 영접함이니라

Whosoever shall receive one of such children in my name, receiveth me: and whosoever shall receive me, receiveth not me, but him that sent me.

3739	302	1520	3588	5108	3813	1209	1909	3588
Ὃς	ἂν	ἓν	τῶν	τοιούτων	παιδίων	δέξηται	ἐπὶ	τῷ
ὅς	ἄν	εἷς	τό	τοιοῦτος	παιδίον	δέχομαι	ἐπί	τό
호스	안	헨	톤	토이우톤	파이디온	덱세타이	에피	토
누구	든지	하나를	그	이런	아이	영접하는 사람은	으로	그
대.관.주.남.단.	불.동.	형.대.기.목.중.단.	관.소.중.복.	지.소.중.복.	명.소.중.복.	동.가.1과.중디.3단.	전.여격.	관.여격.중.단.

3686	1473	1473	1209	2532	3739	302	1473	1209
ὀνόματί	μου,	ἐμὲ	δέχεται·	καὶ	ὃς	ἂν	ἐμὲ	δέχηται,
ὄνομα	ἐγώ	ἐγώ	δέχομαι	καί	ὅς	ἄν	ἐγώ	δέχομαι
오노마티	무	에메	데케타이	카이	호스	안	에메	데케타이
이름	내	나를	그는 영접하고 있다	그리고	누구	든지	나를	영접하는 사람은
명.여격.중.단.	대.인.소.1단.	대.인.목.1단.	동.직.현.중수디.3단.	접.등.	대.관.주.남.단.	불.동.	대.인.목.1단.	동.가.현.중수디.3단.

3756	1473	1209	235	3588	649	1473
οὐκ	ἐμὲ	δέχεται	ἀλλὰ	τὸν	ἀποστείλαντά	με.
οὐ	ἐγώ	δέχομαι	ἀλλά	ὁ	ἀποστέλλω	ἐγώ
우크	에메	데케타이	알라	톤	아포스테일란타	메
아니요	나를	그는 영접함이	다만	그(분을)	보내신	나를
부.	대.인.목.1단.	동.직.현.중수디.3단.	접.우.	관.목.남.단.	동.분.1과.능.목.남.단.	대.인.목.1단.

38 요한이 예수께 여짜오되 선생님 우리를 따르지 않는 어떤 자가 주의 이름으로 귀신을
내쫓는 것을 우리가 보고 우리를 따르지 아니하므로 금하였나이다

And John answered him, saying, Master, we saw one casting out devils in thy name, and he followeth not us: and we forbad him, because he followeth not us.

611	846	3588	2491	1320	3708(1492)
Ἔφη	αὐτῷ	ὁ	Ἰωάννης,	διδάσκαλε,	εἴδομέν
φημί	αὐτός	ὁ	Ἰωάννης	διδάσκαλος	ὁράω.εἴδω
에페	아우토	호	요안네스	디다스칼레	에이도멘
말했다	그에게	그	요한이	선생님이여	우리가 보았나이다
동.직.2과.능.3단./동.직.미완.능.3단.	대.인.여격.남.3단.	관.주.남.단.	명.주.남.단.	명.호.남.단.	동.직.2과.능.1복.

5100	1722	3588	3686	4771	1544	1140	2532
τινα	ἐν	τῷ	ὀνόματί	σου	ἐκβάλλοντα	δαιμόνια,	καὶ
τις	ἐν	τό	ὄνομα	σύ	ἐκβάλλω	δαιμόνιον	καί
티나	엔	토	오노마티	수	에크발론타	다이모니아	카이
어떤 자가	으로	그	이름	주님의	내어쫓는	귀신들을	이에
대.부.목.남.단.	전.여격.	관.여격.중.단.	명.여격.중.단.	대.인.소.2단.	동.분.현.능.목.남.단.	명.목.중.복.	접.등.

2967	846	3754	3756	190	1473
ἐκωλύομεν	αὐτόν,	ὅτι	οὐκ	ἠκολούθει	ἡμῖν.
κωλύω	αὐτός	ὅτι	οὐ	ἀκολουθέω	ἐγώ
에콜뤼오멘	아우톤	호티	우크	에콜루데이	헤민
우리가 금하고 있었다	그를	때문이니이다	않고 있었기	그가 따르지	우리들에게
동.직.미완.능.1복.	대.인.목.남.3단.	접.종.	부.	동.직.미완.능.3단.	대.인.여격.1복.

39 예수께서 이르시되 금하지 말라 내 이름을 의탁하여 능한 일을 행하고 즉시로 나를
비방할 자가 없느니라

But Jesus said, Forbid him not: for there is no man which shall do a miracle in my name, that can lightly speak evil of me.

3588	1161	2424	3004(2036)	3361	2967	846	3762	1063
ὁ	δὲ	Ἰησοῦς	εἶπεν,	μὴ	κωλύετε	αὐτόν.	οὐδεὶς	γάρ
ὁ	δέ	Ἰησοῦς	λέγω.ἔπω	μή	κωλύω	αὐτός	οὐδείς	γάρ
호	데	예수스	에이펜	메	콜뤼에테	아우톤	우데이스	가르
그	그러나	예수께서	말씀하셨다	말라	금하지	그를	아무도 아니함이라	왜냐하면
관.주.남.단.	접.우.	명.주.남.단.	동.직.2과.능.3단.	부.	동.명.현.능.2복.	대.인.목.남.3단.	형.대.기.주.남.단.	접.종.

1510	3739	4160	1411	1909	3588	3686	1473	2532
ἐστιν	ὃς	ποιήσει	δύναμιν	ἐπὶ	τῷ	ὀνόματί	μου	καὶ
εἰμί	ὅς	ποιέω	δύναμις	ἐπί	τό	ὄνομα	ἐγώ	καί
에스틴	호스	포이에세이	뒤나민	에피	토	오노마티	무	카이
있지	바 사람은	행할 수 있고	능력을	으로	그	이름	내	또한
동.직.현.능.3단.	대.관.주.남.단.	동.직.미.능.3단.	명.목.여.단.	전.여격.	관.여격.중.단.	명.여격.중.단.	대.인.소.1단.	접.등.

1410	5036	2551	1473
δυνήσεται	ταχὺ	κακολογῆσαί	με·
δύναμαι	ταχύ	κακολογέω	ἐγώ
뒤네세타이	타퀴	카콜로게사이	메
할 수 있을	속히	비방하는 것을	나를
동.직.미.중디.3단.	형.대.목.중.단.	동.부.1과.능.	대.인.목.1단.

40 우리를 반대하지 않는 자는 우리를 위하는 자니라

For he that is not against us is on our part.

3739	1063	3756	1510	2596	1473	5228	1473	1510
ὃς	γὰρ	οὐκ	ἔστιν	καθ’	ἡμῶν,	ὑπὲρ	ἡμῶν	ἐστιν.
ὅς	γάρ	οὐ	εἰμί	κατά	ἐγώ	ὑπέρ	ἐγώ	εἰμί
호스	가르	우크	에스틴	칸	헤몬	휘페르	헤몬	에스틴
그가	왜냐하면	않은	있지	반대하고	우리를	위함	우리를	이니라
대.관.주.남.단.	접.종.	부.	동.직.현.능.3단.	전.소.	대.인.소.1복.	전.소.	대.인.소.1복.	동.직.현.능.3단.

41 누구든지 너희가 그리스도에게 속한 자라 하여 물 한 그릇이라도 주면 내가 진실로
너희에게 이르노니 그가 결코 상을 잃지 않으리라

For whosoever shall give you a cup of water to drink in my name, because ye belong to Christ, verily I say unto you, he shall not lose his reward.

3739	1063	302	4222	4771	4221	5204	1722
Ὃς	γὰρ	ἂν	ποτίσῃ	ὑμᾶς	ποτήριον	ὕδατος	ἐν
ὅς	γάρ	ἄν	ποτίζω	σύ	ποτήριον	ὕδωρ	ἐν
호스	가르	안	포티세	휘마스	포테리온	휘다토스	엔
누구	왜냐하면	든지	마시게 주는 사람은	너희를	한 잔을	물의	으로
대.관.주.남.단.	접.종.	불.동.	동.가.1과.능.3단.	대.인.목.2복.	명.목.중.단.	명.소.중.단.	전.여격.

3686	3754	5547	1510	281	3004	4771	3754	3756
ὀνόματι	ὅτι	Χριστοῦ	ἐστε,	ἀμὴν	λέγω	ὑμῖν	ὅτι	οὐ
ὄνομα	ὅτι	Χριστός	εἰμί	ἀμήν	λέγω	σύ	ὅτι	οὐ
오노마티	호티	크리스투	에스테	아멘	레고	휘민	호티	우
이름	것을	그리스도에 속하여	너희가 있다는	진실로	내가 말한다	너희에게	것을	않다는
명.여격.중.단.	접.종.	명.소.남.단.	동.직.현.능.2복.	불.문.	동.직.현.능1단.	대.인.여격.2복.	접.종.	부.

3361	622	3588	3408	848
μὴ	ἀπολέσῃ	τὸν	μισθὸν	αὐτοῦ.
μή	ἀπόλλυμι	ὁ	μισθός	αὐτός
메	아폴레세	톤	미스돈	아우투
결코	잃지	그	상을	그의
부.	동.가.1과.능.3단.	관.목.남.단.	명.목.남.단.	대.인.소.남.3단.

42 또 누구든지 나를 믿는 이 작은 자들 중 하나라도 실족하게 하면 차라리 연자맷돌이 그 목에 매여 바다에 던져지는 것이 나으리라

And whosoever shall offend one of these little ones that believe in me, it is better for him that a millstone were hanged about his neck, and he were cast into the sea.

2532	3739	302	4624	1520	3588	3398	3778
Καὶ	ὃς	ἂν	σκανδαλίσῃ	ἕνα	τῶν	μικρῶν	τούτων
καί	ὅς	ἄν	σκανδαλίζω	εἷς	ὁ	μικρός	οὗτος
카이	호스	안	스칸달리세	헤나	톤	미크론	투톤
그리고	누구	든지	실족케하는 자는	하나를	그	작은 사람들 중의	이
접.등.	대.관.주.남.단.+	불.동.	동.가.1과.능.3단.	형.대.기.목.남.단.	관.소.남.복.	형.대.소.남.복.	대.지.소.남.복.

3588	4100	1519	1473	2570	1510	846	3123
τῶν	πιστευόντων	εἰς	ἐμέ,	καλόν	ἐστιν	αὐτῷ	μᾶλλον
ὁ	πιστεύω	εἰς	ἐγώ	καλός	εἰμί	αὐτός	μᾶλλον
톤	피스튜온톤	에이스	에메	칼론	에스틴	아우토	말론
그(사람들 중의)	믿는	를	나	좋음	그것이이라	그에게	차라리
관.소.남.복	동.분.현.능.소.남.복.	전.목.	대.인.목.1단.	형.주.중.단.	동.직.현.능.3단.	대.인.여격.남.3단.	부.비.

1487	4029	3458	3684	4012	3588	5137	848	2532
εἰ	περίκειται	μύλος	ὀνικὸς	περὶ	τὸν	τράχηλον	αὐτοῦ	καὶ
εἰ	περίκειται	μύλος	ὀνικός	περί	ὁ	τράχηλος	αὐτός	καί
에이	페리케이타이	뮐로스	오니코스	페리	톤	트라켈론	아우투	카이
면	매달려서	맷돌이	연자	둘레에	그	목을	자기의	그리고
접.등.	동.직.현.중수디.3단.	명.주.남.단.	형.주.남.단.	전.목.	관.목.남.단.	명.목.남.단.	대.인.소.남.3단.	접.등.

906	1519	3588	2281
βέβληται	εἰς	τὴν	θάλασσαν.
βάλλω	εἰς	ἡ	θάλασσα
베블레타이	에이스	텐	달라싼
그가 던지워져 있다	속으로	그	바다
동.직.1완.수.3단.	전.목.	관.목.여.단.	명.목.여.단.

43 만일 네 손이 너를 범죄하게 하거든 찍어버리라 장애인으로 영생에 들어가는 것이 두 손을 가지고 지옥 곧 꺼지지 않는 불에 들어가는 것보다 나으니라

And if thy hand offend thee, cut it off: it is better for thee to enter into life maimed, than having two hands to go into hell, into the fire that never shall be quenched:

2532	1437	4624	4771	3588	5495	4771	609	846
Καὶ	ἐὰν	σκανδαλίζῃ	σε	ἡ	χείρ	σου,	ἀπόκοψον	αὐτήν·
καί	ἐάν	σκανδαλίζω	σύ	ἡ	χείρ	σύ	ἀποκόπτω	αὐτός
카이	에안	스칸달리제	세	헤	케이르	수	아포콮손	아우텐
또	만일	실족하게 하면	너를	그	손이	너의	찍어버려라	그것을
접.등.	접.종.	동.가.현.능.3단.	대.인.목.2단.	관.주.여.단.	명.주.여.단.	대.인.소.2단.	동.명.1과.능.2단.	대.인.목.여.3단.

2570	1510	4771	2948	1525	1519	3588	2222	2228	3588
καλόν	ἐστίν	σε	κυλλὸν	εἰσελθεῖν	εἰς	τὴν	ζωὴν	ἢ	τὰς
καλός	εἰμί	σύ	κυλλός	εἰσέρχομαι	εἰς	ἡ	ζωή	ἤ	ἡ
칼론	에스틴	세	퀼론	에이셀데인	에이스	텐	조엔	에	타스
좋은 것	그것이이니라	너를	불구자로	들어가는 것이	속으로	그	생명을	보다	그
형.주.중.단.	동.직.현.능.3단.	대.인.목.2단.	형.목.남.단.	동.부.2과.능.	전.목.	관.목.여.단.	명.목.여.단.	접.종.	관.목.여.복.

1417	5495	2192	565	1519	3588	1067	1519	3588
δύο	χεῖρας	ἔχοντα	ἀπελθεῖν	εἰς	τὴν	γέενναν,	εἰς	τὸ
δύο	χείρ	ἔχω	ἀπέρχομαι	εἰς	ἡ	γέεννα	εἰς	τό
뒤오	케이라스	에콘타	아펠데인	에이스	텐	게엔난	에이스	토
두	손들을	가지고	가버리는 것	속으로	그	지옥을	속으로	그
형.기.목.여.복.	명.목.여.복.	동.분.현.능.목.남.2단.	동.부.2과.능.	전.목.	관.목.여.단.	명.목.여.단.	전.목.	관.목.중.단.

4442	3588	762
πῦρ	τὸ	ἄσβεστον.
πῦρ	τό	ἄσβεστος
퓌르	토	아스베스톤
불을	그	꺼지지 않는
명.목.중.단.	관.목.중.단.	형.목.중.단.

44 (없음)
Where their worm dieth not, and the fire is not quenched.

45 만일 네 발이 너를 범죄하게 하거든 찍어버리라 다리 저는 자로 영생에 들어가는 것이 두 발을 가지고 지옥에 던져지는 것보다 나으니라
And if thy foot offend thee, cut it off: it is better for thee to enter halt into life, than having two feet to be cast into hell, into the fire that never shall be quenched:

2532	1437	3588	4228	4771	4624	4771	609	846
καὶ	ἐὰν	ὁ	πούς	σου	σκανδαλίζῃ	σε,	ἀπόκοψον	αὐτόν·
καί	ἐάν	ὁ	πούς	σύ	σκανδαλίζω	σύ	ἀποκόπτω	αὐτός
카이	에안	호	푸스	수	스칸달리제	세	아포큪손	아우톤
또	만일	그	발이	너의	실족하게 하면	너를	찍어버려라	그것을
접등.	접종.	관.주.남.단.	명.주.남.단.	대.인.소.2단.	동.가.현.능.3단.	대.인.목.2단.	동.명.1과.능.2단.	대.인.목.남.3단.

2570	1510	4771	1525	1519	3588	2222	5560	2228	3588
καλόν	ἐστίν	σε	εἰσελθεῖν	εἰς	τὴν	ζωὴν	χωλὸν	ἢ	τοὺς
καλός	εἰμί	σύ	εἰσέρχομαι	εἰς	ἡ	ζωή	χωλός	ἤ	ὁ
칼론	에스틴	세	에이셀데인	에이스	텐	조엔	콜론	에	투스
좋은 것	그것이이라	너를	들어가는 것이	속으로	그	생명을	절뚝발이로	보다	그
형.주.중.단.	동.직.현.능.3단.	대.인.목.2단.	동.부.2과.능.	전.목.	관.목.여.단.	명.목.여.단.	형.목.남.단.	접.종.	관.목.남.복.

1417	4228	2192	906	1519	3588	1067
δύο	πόδας	ἔχοντα	βληθῆναι	εἰς	τὴν	γέενναν.
δύο	πούς	ἔχω	βάλλω	εἰς	ἡ	γέεννα
뒤오	포다스	에콘타	블레데나이	에이스	텐	게엔난
두	발들을	가지고서	던져지는 것	속으로	그	지옥을
형.기.목.남.복.	명.목.남.복.	동.분.현.능.목.남.2단.	동.부.1과.수.	전.목.	관.목.여.단.	명.목.여.단.

46 (없음)
Where their worm dieth not, and the fire is not quenched.

47 만일 네 눈이 너를 범죄하게 하거든 빼버리라 한 눈으로 하나님의 나라에 들어가는 것이 두 눈을 가지고 지옥에 던져지는 것보다 나으니라
And if thine eye offend thee, pluck it out: it is better for thee to enter into the kingdom of God with one eye, than having two eyes to be cast into hell fire:

2532	1437	3588	3788	4771	4624	4771	1544	846
καὶ	ἐὰν	ὁ	ὀφθαλμός	σου	σκανδαλίζῃ	σε,	ἔκβαλε	αὐτόν·
καί	ἐάν	ὁ	ὀφθαλμός	σύ	σκανδαλίζω	σύ	ἐκβάλλω	αὐτός
카이	에안	호	오프달모스	수	스칸달리제	세	에크발레	아우톤
또	만일	그	눈이	네	실족하게 하면	너를	빼어버려라	그것을
접등.	접종.	관.주.남.단.	명.주.남.단.	대.인.소.2단.	동.가.현.능.3단.	대.인.목.2단.	동.명.2과.능.2단.	대.인.목.남.3단.

2570	4771	1510	3442	1525	1519	3588	932
καλόν	σέ	ἐστιν	μονόφθαλμον	εἰσελθεῖν	εἰς	τὴν	βασιλείαν
καλός	σύ	εἰμί	μονόφθαλμος	εἰσέρχομαι	εἰς	ἡ	βασιλεία
칼론	세	에스틴	모노프달몬	에이셀데인	에이스	텐	바실레이안
좋음	너를	그것이이라	한 눈으로	들어가는 것이	안으로	그	나라를
형.주.중.단.	대.인.목.2단.	동.직.현.능.3단.	형.목.남.단.	동.부.2과.능.	전.목.	관.목.여.단.	명.목.여.단.

3588	2316	2228	1417	3788	2192	906	1519	3588
τοῦ	θεοῦ	ἢ	δύο	ὀφθαλμοὺς	ἔχοντα	βληθῆναι	εἰς	τὴν
ὁ	θεός	ἤ	δύο	ὀφθαλμός	ἔχω	βάλλω	εἰς	ἡ
투	데우	에	뒤오	오프달무스	에콘타	블레데나이	에이스	텐
그	하나님의	보다	두	눈들을	가지고	던지우는 것	속으로	그
관.소.남.단.	명.소.남.단.	접.종.	형.기.목.남.복.	명.목.남.복.	동.분.현.능.목.남.2단.	동.부.1과.수.	전.목.	관.목.여.단.

1067
γέενναν,
γέεννα
게엔난
지옥을
명.목.여.단.

48 거기에서는 구더기도 죽지 않고 불도 꺼지지 아니하느니라
Where their worm dieth not, and the fire is not quenched.

3699	3588	4663	846	3756	5053	2532	3588	4442	3756
ὅπου	ὁ	σκώληξ	αὐτῶν	οὐ	τελευτᾷ	καὶ	τὸ	πῦρ	οὐ
ὅπου	ὁ	σκώληξ	αὐτός	οὐ	τελευτάω	καί	τό	πῦρ	οὐ
호푸	호	스콜렉스	아우톤	우	텔류타	카이	토	퓌르	우
그 곳에는	그	구더기가	그것들의	않는다	죽지	그리고	그	불도	않는다
부.관.	관.주.남.단.	명.주.남.단.	대.인.소.남.3복.	부.	동.직.현.능.3단.	접.등.	관.주.중.단.	명.주.중.단.	부.

4570
σβέννυται.
σβέννυμι
스벤뉘타이
꺼지지
동.직.현.수.3단.

49 사람마다 불로써 소금 치듯 함을 받으리라
For every one shall be salted with fire, and every sacrifice shall be salted with salt.

3956	1063	4442	233
πᾶς	γὰρ	πυρὶ	ἁλισθήσεται.
πᾶς	γάρ	πῦρ	ἁλίζω
파스	가르	퓌리	할리스데세타이
사람마다	왜냐하면	불로서	소금에 절이듯이 될 것임이라
형.대.주.남.단.	접.종.	명.여격.중.단.	동.직.미.수.3단.

50 소금은 좋은 것이로되 만일 소금이 그 맛을 잃으면 무엇으로 이를 짜게 하리요 너희
속에 소금을 두고 서로 화목하라 하시니라
Salt is good: but if the salt have lost his saltness, wherewith will ye season it? Have salt in yourselves, and have peace one with another.

2570	3588	217	1437	1161	3588	217	358	1096
Καλὸν	τὸ	ἅλας·	ἐὰν	δὲ	τὸ	ἅλας	ἄναλον	γένηται,
καλός	τό	ἅλας	ἐάν	δέ	τό	ἅλας	ἄναλος	γίνομαι
칼론	토	할라스	에안	데	토	할라스	아날론	게네타이
좋은 것이나	그	소금은	만일	그러나	그	소금이	소금의 맛을 잃게	되면
형.주.중.단.	관.주.중.단.	명.주.중.단.	접.종.	접.우.	관.주.중.단.	명.주.중.단.	형.주.중.단.	동.가.2과.중디.3단.

1722	5101	846	741	2192	1722	1438	217
ἐν	τίνι	αὐτὸ	ἀρτύσετε;	ἔχετε	ἐν	ἑαυτοῖς	ἅλα
ἐν	τίς	αὐτός	ἀρτύω	ἔχω	ἐν	ἑαυτοῦ	ἅλας
엔	티니	아우토	아르튀세테	에케테	엔	헤아우토이스	할라
으로	무엇	그것을	너희가 맛을 내리요	가지라	속에	너희 자신들	소금을
전.여격.	대.의.여격.중.단	대.인.목.중.3단.	동.직.미.능.2복.	동.명.현.능.2복.	전.여격.	대.인.여격.남.2복.	명.목.중.단.

2532	1514	1722	240
καὶ	εἰρηνεύετε	ἐν	ἀλλήλοις.
καί	εἰρηνεύω	ἐν	ἀλλήλων
카이	에이레뉴에테	엔	알렐로이스
그리고	화목하라		서로
접.등.	동.명.현.능.2복.	전.여격.	대.인.여격.남.2복.

10 예수께서 거기서 떠나 유대 지경과 요단 강 건너편으로 가시니 무리가 다시 모여들거늘
예수께서 다시 전례대로 가르치시더니
And he arose from thence, and cometh into the coasts of Judaea by the farther side of Jordan: and the people resort unto him again; and, as he was wont, he taught them again.

2532	1564	450	2064	1519	3588	3725	3588	2449
Καὶ	ἐκεῖθεν	ἀναστὰς	ἔρχεται	εἰς	τὰ	ὅρια	τῆς	Ἰουδαίας
καί	ἐκεῖθεν	ἀνίστημι	ἔρχομαι	εἰς	τό	ὅριον	ἡ	Ἰουδαία
카이	에케이덴	아나스타스	에르케타이	에이스	타	호리아	테스	유다이아스
그리고	거기서부터	일어나시고	가신다	안으로	그	여러 지역을	그	유대의
접.등.	부.	동.분.2과.능.주.남.단.	동.직.현.중수디.3단.	전.목.	관.목.중.복.	명.목.중.복.	관.소.여.단.	명.소.여.단.

2532	4008	3588	2446	2532	4848	3825	3793
καὶ	πέραν	τοῦ	Ἰορδάνου,	καὶ	συμπορεύονται	πάλιν	ὄχλοι
καί	πέραν	ὁ	Ἰορδάνης	καί	συμπορεύομαι	πάλιν	ὄχλος
카이	페란	투	요르다누	카이	쉼포류온타이	팔린	오클로이
그리고	건너편	그	요단의	그러자	모인다	다시	무리들이
접.등.	전.소.	관.소.남.단.	명.소.남.단.	접.등.	동.직.현.중수디.3복.	부.	명.주.남.복.

4314	846	2532	5613	1486	3825	1321	846
πρὸς	αὐτόν,	καὶ	ὡς	εἰώθει	πάλιν	ἐδίδασκεν	αὐτούς.
πρός	αὐτός	καί	ὡς	εἴωθα	πάλιν	διδάσκω	αὐτός
프로스	아우톤	카이	호스	에이오데이	팔린	에디다스켄	아우투스
에게로	그(를)	그리하여	대로	전례였던대로	다시	그가 가르치고 계셨다	그들을
전.목.	대.인.목.남.3단.	접.등.	접.종.	동.직.과완.능.3단.	부.	동.직.미완.능.3단.	대.인.목.남.3복.

2 바리새인들이 예수께 나아와 그를 시험하여 묻되 사람이 아내를 버리는 것이 옳으니이까
And the Pharisees came to him, and asked him, Is it lawful for a man to put away his wife? tempting him.

2532	4334	5330	1905	846	1487	1832
καὶ	προσελθόντες	Φαρισαῖοι	ἐπηρώτων	αὐτὸν	εἰ	ἔξεστιν
καί	προσέρχομαι	Φαρισαῖος	ἐπερωτάω	αὐτός	εἰ	ἔξεστι
카이	프로셀돈테스	파리사이오이	에페로톤	아우톤	에이	엑세스틴
그런데	가까이 온 후에	바리새인들이	묻고 있었다	그를	인지 아닌지	합당한 것
접.등.	동.분.2과.능.주.남.복.	명.주.남.복.	동.직.미완.능.3복.	대.인.목.남.3단.	불.의.	동.직.현.능.3단.

435	1135	630	3985	846
ἀνδρὶ	γυναῖκα	ἀπολῦσαι,	πειράζοντες	αὐτόν.
ἀνήρ	γυνή	ἀπολύω	πειράζω	αὐτός
안드리	귀나이카	아폴뤼사이	페이라존테스	아우톤
남편에게	아내를	내버리는 것이	유혹하며	그를
명.여격.남.단.	명.목.여.단.	동.부.1과.능.	동.분.현.능.주.남.복.	대.인.목.남.3단.

3 대답하여 이르시되 모세가 어떻게 너희에게 명하였느냐
And he answered and said unto them, What did Moses command you?

3588	1161	611	3004(2036)	846	5101	4771	1781
ὁ	δὲ	ἀποκριθεὶς	εἶπεν	αὐτοῖς,	τί	ὑμῖν	ἐνετείλατο
ὁ	δέ	ἀποκρίνομαι	λέγω.ἔπω	αὐτός	τίς	σύ	ἐντέλλομαι
호	데	아포크리데이스	에이펜	아우토이스	티	휘민	에네테일라토
그가	그러자	대답하여	그가 말씀하셨다	그들에게	무엇을	너희에게	명령하였느냐
관.주.남.단.	접.우.	동.분.1과.수디.주.남.단.	동.직.2과.능.3단.	대.인.여격.남.3복.	대.의.목.중.단.	대.인.여격.2복.	동.직.1과.중디.3단.

3475
Μωϋσῆς;
Μωϋσης
모위세스
모세가
명.주.남.단.

4 이르되 모세는 이혼 증서를 써주어 버리기를 허락하였나이다
And they said, Moses suffered to write a bill of divorcement, and to put her away.

3588	1161	3004(2036)	2010	3475	975	647	1125
οἱ	δὲ	εἶπαν,	Ἐπέτρεψεν	Μωϋσῆς	βιβλίον	ἀποστασίου	γράψαι
ὁ	δέ	λέγω.ἔπω	ἐπιτρέπω	Μωϋσης	βιβλίον	ἀποστάσιον	γράφω
호이	데	에이판	에페트렢센	모위세스	비블리온	아포스타시우	그랖사이
그들이	이에	말하였다	허락하였습니다	모세는	증서를	이혼의	써주어
관.주.남.복.	접.우.	동.직.2과.능.3복.	동.직.1과.능.3단.	명.주.남.단.	명.목.중.단.	명.소.중.단.	동.부.1과.능.

2532	630
καὶ	ἀπολῦσαι.
καί	ἀπολύω
카이	아폴뤼사이
그리고	내어 버리기를
접.등.	동.부.1과.능.

5 예수께서 그들에게 이르시되 너희 마음이 완악함으로 말미암아 이 명령을 기록하였거니와
And Jesus answered and said unto them, For the hardness of your heart he wrote you this precept.

3588	1161	2424	3004(2036)	846	4314	3588	4641
ὁ	δὲ	Ἰησοῦς	εἶπεν	αὐτοῖς,	Πρὸς	τὴν	σκληροκαρδίαν
ὁ	δέ	Ἰησοῦς	λέγω.ἔπω	αὐτός	πρός	ἡ	σκληροκαρδία
호	데	예수스	에이펜	아우토이스	프로스	텐	스클레로카르디안
그	그런데	예수께서	말씀하셨다	그들에게	인하여	그	마음이 완고함을
관.주.남.단.	접.우.	명.주.남.단.	동.직.2과.능.3단.	대.인.여격.남.3복.	전.목.	관.목.여.단.	명.목.여.단.

4771	1125	4771	3588	1785	3778
ὑμῶν	ἔγραψεν	ὑμῖν	τὴν	ἐντολὴν	ταύτην.
σύ	γράφω	σύ	ἡ	ἐντολή	οὗτος
휘몬	에그랖센	휘민	텐	엔톨렌	타우텐
너희의	기록하였다	너희에게	그	명령을	그런
대.인.소.2복.	동.직.1과.능.3단.	대.인.여격.2복.	관.목.여.단.	명.목.여.단.	대.지.목.여.단.

6 창조 때로부터 사람을 남자와 여자로 지으셨으니
But from the beginning of the creation God made them male and female.

575	1161	746	2937	730	2532	2338	4160	846
ἀπὸ	δὲ	ἀρχῆς	κτίσεως	ἄρσεν	καὶ	θῆλυ	ἐποίησεν	αὐτούς·
ἀπό	δέ	ἀρχή	κτίσις	ἄρσην	καί	θῆλυς	ποιέω	αὐτός
아포	데	아르케스	크리세오스	아르센	카이	델뤼	에포이에센	아우투스
부터	그러나	시작으로	창조의	남자	와	여자로	하나님께서 만드셨다	그들을
전소	접.우.	명.소.여.단.	명.소.여.단.	형.대.목.중.단.	접.등.	형.대.목.중.단.	동.직.1과.능.3단.	대.인.목.남.3복.

7 이러므로 사람이 그 부모를 떠나서
For this cause shall a man leave his father and mother, and cleave to his wife;

1752	3778	2641	444	3588	3962	846	2532
ἕνεκεν	τούτου	καταλείψει	ἄνθρωπος	τὸν	πατέρα	αὐτοῦ	καὶ
ἕνεκα	οὗτος	καταλείπω	ἄνθρωπος	ὁ	πατήρ	αὐτός	καί
헤네켄	투투	카탈레잎세이	안드로포스	톤	파테라	아우투	카이
때문에	이것	떠날 것이다	한 사람이	그	아버지	그의	와
전소	대.지.소.중.단.	동.직.미.능.3단.	명.주.남.단.	관.목.남.단.	명.목.남.단.	대.인.소.남.3단.	접.등.

3588	3384	2532	4347	4314	3588	1135	846
τὴν	μητέρα	καὶ	προσκολληθήσεται	πρὸς	τὴν	γυναῖκα	αὐτοῦ
ἡ	μήτηρ	καί	προσκολλάω	πρός	ἡ	γυνή	αὐτός
텐	메테라	카이	프로스콜레데세타이	프로스	텐	귀나이카	아우투
그	어머니를	그리고	결합될 것이다	에게로	그	아내	그의
관.목.여.단.	명.목.여.단.	접.등.	동.직.미.수.3단.	전.목.	관.목.여.단.	명.목.여.단.	대.인.소.남.3단.

8 그 둘이 한 몸이 될지니라 이러한즉 이제 둘이 아니요 한 몸이니
And they twain shall be one flesh: so then they are no more twain, but one flesh.

2532	1510	3588	1417	1519	4561	3391	5620	3765
καὶ	ἔσονται	οἱ	δύο	εἰς	σάρκα	μίαν·	ὥστε	οὐκέτι
καί	εἰμί	ὁ	δύο	εἰς	σάρξ	μία	ὥστε	οὐκέτι
카이	에손타이	호이	뒤오	에이스	사르카	미안	호스테	우케티
그런즉	될 것이다	그	둘이	위하여	육체(를)	한	그런즉	더 이상 아니
접등.	동.직.미.중디.3복.	관.주.남.복.	형.대.기.주.남.복.	전목.	명.목.여.단.	형.기.목.여.단.	접우.	부.

1510	1417	235	3391	4561
εἰσὶν	δύο	ἀλλὰ	μία	σάρξ.
εἰμί	δύο	ἀλλά	μία	σάρξ
에이신	뒤오	알라	미아	사륵스
그들은 이니라	둘이	다만	한	육체이니
동.직.현.능.3복.	형.대.기.주.남.복.	접.우.	형.기.주.여.단.	명.주.여.단.

9 그러므로 하나님이 짝지어 주신 것을 사람이 나누지 못할지니라 하시더라
What therefore God hath joined together, let not man put asunder.

3739	3767	3588	2316	4801	444	3361	5563
ὃ	οὖν	ὁ	θεὸς	συνέζευξεν	ἄνθρωπος	μὴ	χωριζέτω.
ὅς	οὖν	ὁ	θεός	συζεύγνυμι	ἄνθρωπος	μή	χωρίζω
호	운	호	데오스	쉬네죡센	안드로포스	메	코리제토
그것을	그러므로	그	하나님께서	짝지어 주셨다	사람은	말라	갈라놓지
대.관.목.중.단.	접.우.	관.주.남.단.	명.주.남.단.	동.직.1과.능.3단.	명.주.남.단.	부.	동.명.현.능.3단.

10 집에서 제자들이 다시 이 일을 물으니
And in the house his disciples asked him again of the same matter.

2532	1519	3588	3614	3825	3588	3101	4012	3778	1905
Καὶ	εἰς	τὴν	οἰκίαν	πάλιν	οἱ	μαθηταὶ	περὶ	τούτου	ἐπηρώτων
καί	εἰς	ἡ	οἰκία	πάλιν	ὁ	μαθητής	περί	οὗτος	ἐπερωτάω
카이	에이스	텐	오이키안	팔린	호이	마데타이	페리	투투	에페로톤
또	에서	그	집	다시	그	제자들이	대하여	이 일에	묻고 있었다
접.등.	전목.	관.목.여.단.	명.목.여.단.	부.	관.주.남.복.	명.주.남.복.	전소.	대.지.소.중.단.	동.직.미완.능.3복.

846
αὐτόν.
αὐτός
아우톤
그에게
대.인.목.남.3단.

11 이르시되 누구든지 그 아내를 버리고 다른 데에 장가 드는 자는 본처에게 간음을 행함이요
And he saith unto them, Whosoever shall put away his wife, and marry another, committeth adultery against her.

2532	3004	846	3739	302	630	3588	1135	846
καὶ	λέγει	αὐτοῖς,	ὃς	ἂν	ἀπολύσῃ	τὴν	γυναῖκα	αὐτοῦ
καί	λέγω	αὐτός	ὅς	ἄν	ἀπολύω	ἡ	γυνή	αὐτός
카이	레게이	아우토이스	호스	안	아폴뤼세	텐	귀나이카	아우투
그러자	말씀하신다	그들에게	누구	든지	내어 버리는 자	그	아내를	그의
접.등.	동.직.현.능.3단.	대.인.여격.남.3복.	대.관.주.남.단.	불동.	동.가.1과.능.3단.	관.목.여.단.	명.목.여.단.	대.인.소.남.3단.

2532	1060	243	3429	1909	846
καὶ	γαμήσῃ	ἄλλην	μοιχᾶται	ἐπ’	αὐτήν·
καί	γαμέω	ἄλλος	μοιχάω	ἐπί	αὐτός
카이	가메세	알렌	모이카타이	엪	아우텐
와	결혼하는 자는	다른(여자와)	간음하고 있다	거스려	본처(그녀)
접.등.	동.가.1과.능.3단.	형.대.목.여.단.	동.직.현.중수디.3단.	전목.	대.인.목.여.3단.

12 또 아내가 남편을 버리고 다른 데로 시집 가면 간음을 행함이니라
And if a woman shall put away her husband, and be married to another, she committeth adultery.

2532	1437	846	630	3588	435	846	1060
καὶ	ἐὰν	αὐτὴ	ἀπολύσασα	τὸν	ἄνδρα	αὐτῆς	γαμήσῃ
καί	ἐάν	αὐτός	ἀπολύω	ὁ	ἀνήρ	αὐτός	γαμέω
카이	에안	아우테	아폴뤼사사	톤	안드라	아우테스	가메세
또	만일	그녀가	내버리고	그	남편을	그녀의	결혼하면
접.등.	동.직.미완.능.3복.	대.인.여격.남.3단.	명.목.중.복.	관.목.남.단.	대.인.소.중.3복.	동.가.1과.중.3단.	관.주.남.복.

243	3429
ἄλλον	μοιχᾶται.
ἄλλος	μοιχάω
알론	모이카타이
다른(남자와)	간음하고 있다
접.우.	명.주.남.복.

13 사람들이 예수께서 만져 주심을 바라고 어린 아이들을 데리고 오매 제자들이 꾸짖거늘
And they brought young children to him, that he should touch them: and his disciples rebuked those that brought them.

2532	4374	846	3813	2443	846	680	3588	1161
Καὶ	προσέφερον	αὐτῷ	παιδία	ἵνα	αὐτῶν	ἅψηται·	οἱ	δὲ
και	προσφέρω	αὐτός	παιδίον	ἵνα	αὐτός	ἅπτομαι	ὁ	δέ
카이	프로세페론	아우토	파이디아	히나	아우톤	핲세타이	호이	데
또	그들이 데려오고 있었다	그에게	어린 아이들을	위하여	그들을	만져주기	그	그러자
접.등.	동.직.미완.능.3복.	대.인.여격.남.3단.	명.목.중.복.	접.종.	대.인.소.중.3복.	동.가.1과.중.3단.	관.주.남.복.	접.우.

3101	2008	846
μαθηται	ἐπετίμησαν	αὐτοῖς.
μαθητής	ἐπιτιμάω	αὐτός
마데타이	에페티메산	아우토이스
제자들이	엄히 꾸짖었다	그들을
명.주.남.복.	동.직.1과.능.3복.	대.인.여격.남.3복.

14 예수께서 보시고 노하시어 이르시되 어린 아이들이 내게 오는 것을 용납하고 금하지
말라 하나님의 나라가 이런 자의 것이니라
But when Jesus saw it, he was much displeased, and said unto them, Suffer the little children to come unto me, and forbid them not: for of such is the kingdom of God.

3708(1492)	1161	3588	2424	23	2532	3004(2036)	846
ἰδὼν	δὲ	ὁ	Ἰησοῦς	ἠγανάκτησεν	καὶ	εἶπεν	αὐτοῖς,
ὁράω.εἴδω	δέ	ὁ	Ἰησοῦς	ἀγανακτέω	καί	λέγω.ἔπω	αὐτός
아돈	데	호	예수스	에가나크테센	카이	에이펜	아우토이스
보신 후에	그러나	그	예수께서	노하셨다	그리고	말씀하셨다	그들에게
동.분.2과.능.주.남.단.	접.우.	관.주.남.단.	명.주.남.단.	동.직.1과.능.3단.	접.등.	동.직.2과.능.3단.	대.인.여격.남.3복.

863	3588	3813	2064	4314	1473	3361	2967	846
ἄφετε	τὰ	παιδία	ἔρχεσθαι	πρός	με,	μὴ	κωλύετε	αὐτά,
ἀφίημι	τό	παιδίον	ἔρχομαι	πρός	ἐγώ	μή	κωλύω	αὐτός
아페테	타	파이디아	에르케스다이	프로스	메	메	콜뤼에테	아우타
용납하라	그	아이들을	오는 것을	에게로	나	말라	금하지	그들을
동.명.2과.능.2복.	관.목.중.복.	명.목.중.복.	동.부.현.중.	전.목.	대.인.목.1단.	부.	동.명.현.능.2복.	대.인.목.중.3복.

3588	1063	5108	1510	3588	932	3588	2316
τῶν	γὰρ	τοιούτων	ἐστὶν	ἡ	βασιλεία	τοῦ	θεοῦ.
τό	γάρ	τοιοῦτος	εἰμί	ἡ	βασιλεία	ὁ	θεός
톤	가르	토이우톤	에스틴	헤	바실레이아	투	데우
그	왜냐하면	이런 아이들의 것	임이라	그	나라는	그	하나님의
관.소.중.복.	접.종.	대.지.소.중.복.	동.직.현.능.3단.	관.주.여.단.	명.주.여.단.	관.소.남.단.	명.소.남.단.

15 내가 진실로 너희에게 이르노니 누구든지 하나님의 나라를 어린 아이와 같이 받들지
않는 자는 결단코 그 곳에 들어가지 못하리라 하시고
Verily I say unto you, Whosoever shall not receive the kingdom of God as a little child, he shall not enter therein.

281	3004	4771	3739	302	3361	1209	3588	932
ἀμὴν	λέγω	ὑμῖν,	ὃς	ἂν	μὴ	δέξηται	τὴν	βασιλείαν
ἀμήν	λέγω	σύ	ὅς	ἄν	μή	δέχομαι	ἡ	βασιλεία
아멘	레고	휘민	호스	안	메	덱세타이	텐	바실레이안
진실로	내가 말한다	너희에게	누구	든지	않으면	영접하지	그	나라를
불.문.	동.직.현.능.1단.	대.인.여.격.2복.	대.관.주.남.단.	불.동.	부.	동.가.1과.중디.3단.	관.목.여.단.	명.목.여.단.

3588	2316	5613	3813	3756	3361	1525	1519	846
τοῦ	θεου	ὡς	παιδίον,	οὐ	μὴ	εἰσέλθῃ	εἰς	αὐτήν.
ὁ	θεός	ὡς	παιδίον,	οὐ	μή	εἰσέρχομαι	εἰς	αὐτός
투	데우	호스	파이디온	우	메	에이셀데	에이스	아우텐
그	하나님의	같이	한 어린아이와	못하리라	결단코	들어가지	안으로	그
관.소.남.단.	명.소.남.단.	접.종.	명.주.중.단.	부.	부.	동.가.2과.능.3단.	전.목.	대.인.목.여.3단.

16 그 어린 아이들을 안고 그들 위에 안수하시고 축복하시니라
And he took them up in his arms, put his hands upon them, and blessed them.

2532	1723	846	2127	5087	3588
καὶ	ἐναγκαλισάμενος	αὐτὰ	κατευλόγει	τιθεὶς	τὰς
καί	ἐναγκαλίζομαι	αὐτός	κατευλογέω	τίθημι	ἡ
카이	에낭칼리사메노스	아우타	카튤로게이	티데이스	타스
그리고	(그의)팔로 안으시고	그들을	그가 축복하고 계셨다	얹으시며	그(그의)
접.등.	동.분.1과.중디.주.남.단.	대.인.목.중.3복.	동.직.미완.능.3단/동.직.현.능.3단.	동.분.현.능.주.남.단.	관.목.여.복.

5495	1909	846
χεῖρας	ἐπ'	αὐτά.
χείρ	ἐπί	αὐτός
케이라스	엪	아우타
두 손을	위로	그들을
명.목.여.복	전.목.	대.인.목.중.3복.

17 예수께서 길에 나가실새 한 사람이 달려와서 꿇어 앉아 묻자오되 선한 선생님이여 내가
무엇을 하여야 영생을 얻으리이까
And when he was gone forth into the way, there came one running, and kneeled to him, and asked him, Good Master, what shall I do that I may inherit eternal life?

2532	1607	846	1519	3598	4370	1520	2532
Καὶ	ἐκπορευομένου	αὐτοῦ	εἰς	ὁδὸν	προσδραμὼν	εἷς	καὶ
καί	ἐκπορεύομαι	αὐτός	εἰς	ὁδός	προστρέχω	εἷς	καί
카이	엨포류오메누	아우투	에이스	호돈	프로스드라몬	헤이스	카이
그리고	나아가실 때에	그(의)가	안으로	길을	달려와서	한 사람이	그리고
접.등.	동.분.현.중수디.소.남.단.	대.인.소.남.3단.	전.목.	명.목.여.단.	동.분.2과.능.주.남.단.	형.대.기.주.남.단.	접.등.

1120	846	1905	846	1320	18	5101
γονυπετήσας	αὐτὸν	ἐπηρώτα	αὐτόν,	διδάσκαλε	ἀγαθέ,	τί
γονυπετέω	αὐτός	ἐπερωτάω	αὐτός	διδάσκαλος	ἀγαθός	τίς
고뉘페테사스	아우톤	에페로타	아우톤	디다스칼레	아가데	티
무릎을 꿇고	그에게	묻고 있었다	그를	선생님이시여	선한	무엇을
동.분.1과.능.주.남.단.	대.인.목.남.3단.	동.직.미완.능.3단.	대.인.목.남.3단.	명.호.남.단.	형.호.남.단.	대.의.목.중.단.

4160	2443	2222	166	2816
ποιήσω	ἵνα	ζωὴν	αἰώνιον	κληρονομήσω;
ποιέω	ἵνα	ζωή	αἰώνιος	κληρονομέω
포이에소	히나	조엔	아이오니온	클레로노메소
제가 하리이까	위하여	생명을	영원한	제가 상속으로 받기
동.가.1과.능.1단.	접.종.	명.목.여.단.	형.목.여.단.	동.가.1과.능.1단.

18 예수께서 이르시되 네가 어찌하여 나를 선하다 일컫느냐 하나님 한 분 외에는 선한 이가
없느니라

And Jesus said unto him, Why callest thou me good? there is none good but one, that is, God.

3588	1161	2424	3004(2036)	846	5101	1473	3004	18
ὁ	δὲ	Ἰησοῦς	εἶπεν	αὐτῷ,	τί	με	λέγεις	ἀγαθόν;
ὁ	δέ	Ἰησοῦς	λέγω.ἔπω	αὐτός	τίς	ἐγώ	λέγω	ἀγαθός
호	데	예수스	에이펜	아우토	티	메	레게이스	아가돈
그	이에	예수께서	말씀하셨다	그에게	어찌하여	나를	네가 말하느냐	선하다
관.주.남.단.	접.우.	명.주.남.단.	동.직.2과.능.3단.	대.인.여격.남.3단.	대.의.목.중.단.	대.인.목.1단.	동.직.현.능.2단.	형.대.목.남.단.

3762	18	1487	3361	1520	3588	2316
οὐδεὶς	ἀγαθὸς	εἰ	μὴ	εἷς	ὁ	θεός.
οὐδείς	ἀγαθός	εἰ	μή	εἷς	ὁ	θεός
우데이스	아가도스	에이	메	헤이스	호	데오스
아무도 없느니라	선하신 분이	는	외에	한 분	그	하나님
형.대.기.주.남.단.	형.주.남.단.	접.종.	부.	형.대.기.주.남.단.	관.주.남.단.	명.주.남.단.

19 네가 계명을 아나니 살인하지 말라, 간음하지 말라, 도둑질하지 말라, 거짓 증언 하지
말라, 속여 빼앗지 말라, 네 부모를 공경하라 하였느니라

Thou knowest the commandments, Do not commit adultery, Do not kill, Do not steal, Do not bear false witness, Defraud not, Honour thy father and mother.

3588	1785	1492	3361	5407	3361	3431	3361	2813
τὰς	ἐντολὰς	οἶδας·	μὴ	φονεύσῃς,	μὴ	μοιχεύσῃς,	μὴ	κλέψῃς,
ἡ	ἐντολή	οἶδα.εἴδω	μή	φονεύω	μή	μοιχεύω	μή	κλέπτω
타스	엔톨라스	오이다스	메	포뉴세스	메	모이큐세스	메	클렙세스
그	계명들을	네가 알고 있다	말라	살인하지	말라	간음하지	말라	도적질하지
관.목.여.복.	명.목.여.복.	동.직.1완.능.2단.	부.	동.가.1과.능.2단.	부.	동.가.1과.능.2단.	부.	동.가.1과.능.2단.

3361	5576	3361	650	5091	3588	3962	4771
μὴ	ψευδομαρτυρήσῃς,	μὴ	ἀποστερήσῃς,	τίμα	τὸν	πατέρα	σου
μή	ψευδομαρτυρέω	μή	ἀποστερέω	τιμάω	ὁ	πατήρ	σύ
메	프슈도마르튀레세스	메	아포스테레세스	티마	톤	파테라	수
말라	거짓증거하지	말라	속여 빼앗지	공경하라	그	아비	네
부.	동.가.1과.능.2단.	부.	동.가.1과.능.2단.	동.명.현.능.2단.	관.목.남.단.	명.목.남.단.	대.인.소.2단.

2532	3588	3384
καὶ	τὴν	μητέρα.
καί	ὁ	μήτηρ
카이	텐	메테라
와	그	어미를
접.등.	관.목.여.단.	명.목.여.단.

20 그가 여짜오되 선생님이여 이것은 내가 어려서부터 다 지켰나이다

And he answered and said unto him, Master, all these have I observed from my youth.

3588	1161	5346	846	1320	3778	3956
ὁ	δὲ	ἔφη	αὐτῷ,	διδάσκαλε,	ταῦτα	πάντα
ὁ	δέ	φημί	αὐτός	διδάσκαλος	οὗτος	πᾶς
호	데	에페	아우토	디다스칼레	타우타	판타
그가	그러자	말하였다	그에게	선생님이여	이것들을	모두
관.주.남.단.	접.우.	동.직.2과.능.3단./동.직.미완.능3단.	대.인.여격.남.3단.	명.호.남.단.	대.지.목.중.복.	형.목.중.복.

5442	1537	3503	1473
ἐφυλαξάμην	ἐκ	νεότητός	μου.
φυλάσσω	ἐκ	νεότης	ἐγώ
에퓔락사멘	에크	네오테토스	무
제가 지켰습니다.	부터	젊어서	나의
동.직.1과.중.1단.	전.소.	명.소.여.단.	대.인.소.1단.

21 예수께서 그를 보시고 사랑하사 이르시되 네게 아직도 한 가지 부족한 것이 있으니 가서
네게 있는 것을 다 팔아 가난한 자들에게 주라 그리하면 하늘에서 보화가 네게 있으리라
그리고 와서 나를 따르라 하시니

Then Jesus beholding him loved him, and said unto him, One thing thou lackest: go thy way, sell whatsoever thou hast, and give to the poor, and thou shalt have treasure in heaven: and come, take up the cross, and follow me.

3588	1161	2424	1689	846	25	846	2532
ὁ	δὲ	Ἰησοῦς	ἐμβλέψας	αὐτῷ	ἠγάπησεν	αὐτὸν	καὶ
ὁ	δέ	Ἰησοῦς	ἐμβλέπω	αὐτός	ἀγαπάω	αὐτός	καί
호	데	예수스	엠블렙사스	아우토	에가페센	아우톤	카이
그	그러나	예수님께서	쳐다보시고	그에게	사랑하셨다	그를	이제
관.주.남.단.	접.우.	명.주.남.단.	동.분.1과.능.주.남.단.	대.인.여격.남.3단.	동.직.1과.능.3단.	대.인.목.남.3단.	접.등.

3004(2036)	846	1520	4771	5302	5217	3745	2192
εἶπεν	αὐτῷ,	ἕν	σε	ὑστερεῖ·	ὕπαγε,	ὅσα	ἔχεις
λέγω.ἔπω	αὐτός	εἷς	σύ	ὑστερέω	ὑπάγω	ὅσος	ἔχω
에이펜	아우토	헨	세	휘스테레이	휘파게	호사	에케이스
말씀하셨다	그에게	한 가지가	네게	부족하다	가라	만큼 많은 것을	네가 가진
동.직.2과.능.3단.	대.인.여격.남.3단.	형.대.기.주.중.단.	대.인.목.2단.	동.직.현.능.3단.	동.명.현.능.2단.	대.관.목.중.복.	동.직.현.능.2단.

4453	2532	1325	3588	4434	2532	2192	2344
πώλησον	καὶ	δὸς	τοῖς	πτωχοῖς,	καὶ	ἕξεις	θησαυρὸν
πωλέω	καί	δίδωμι	ὁ	πτωχός	καί	ἔχω	θησαυρός
폴레손	카이	도스	토이스	프토코이스	카이	헥세이스	데사우론
팔아라	그래서	주어라	(그)	가난한 자들에게	그리하면	네가 가지게 될 것이다	보화를
동.명.1과.능.2단.	접.등.	동.명.2과.능.2단.	관.여격.남.복.	대.지.남.복.	접.등.	동.직.미.능.2단.	명.목.남.단.

1722	3772	2532	1204	190	1473
ἐν	οὐρανῷ,	καὶ	δεῦρο	ἀκολούθει	μοι.
ἐν	οὐρανός	καί	δεῦρο	ἀκολουθέω	ἐγώ
엔	우라노	카이	듀로	아콜루데이	모이
안에	하늘에	그리고	오라	따르라	나에게
전.여격.	명.여격.남.단.	접.등.	부.	동.명.현.능.2단.	대.인.여격.1단.

22 그 사람은 재물이 많은 고로 이 말씀으로 인하여 슬픈 기색을 띠고 근심하며 가니라

And he was sad at that saying, and went away grieved: for he had great possessions.

3588	1161	4768	1909	3588	3056	565	3076
ὁ	δὲ	στυγνάσας	ἐπὶ	τῷ	λόγῳ	ἀπῆλθεν	λυπούμενος·
ὁ	δέ	στυγνάζω	ἐπί	ὁ	λόγος	ἀπέρχομαι	λυπέω
호	데	스튀그나사스	에피	토	로고	아펠덴	뤼푸메노스
그(사람이)	그러나	슬픈 기색을 띠고	인하여	그	말씀을	떠나갔다	슬퍼져서
관.주.남.단.	접.우.	동.분.1과.능.주.남.단.	전.여격.	관.여격.남.단.	명.여격.남.단.	동.직.2과.능.3단.	동.분.현.수.주.남.단.

1510	1063	2192	2933	4183
ἦν	γὰρ	ἔχων	κτήματα	πολλά.
εἰμί	γάρ	ἔχω	κτῆμα	πολύς
엔	가르	에콘	크테마타	폴라
그는 있었다	왜냐하면	가지고서	재물들을	많은
동.직.미완.능.3단.+	접.종.	+동.분.현.능.주.남.단.	명.목.중.복.	형.목.중.복.

23 예수께서 둘러 보시고 제자들에게 이르시되 재물이 있는 자는 하나님의 나라에 들어가기가
심히 어렵도다 하시니

And Jesus looked round about, and saith unto his disciples, How hardly shall they that have riches enter into the kingdom of God!

2532	4017	3588	2424	3004	3588	3101	846
Καὶ	περιβλεψάμενος	ὁ	Ἰησοῦς	λέγει	τοῖς	μαθηταῖς	αὐτοῦ,
καί	περιβλέπω	ὁ	Ἰησοῦς	λέγω	ὁ	μαθητής	αὐτός
카이	페리블렙사메노스	호	예수스	레게이	토이스	마데타이스	아우투
그리고	둘러보시고	그	예수께서	말씀하신다	그	제자들에게	그의
접.등.	동.분.1과.중.주.남.단.	관.주.남.단.	명.주.남.단.	동.직.현.능.3단.	관.여격.남.복.	명.여격.남.복.	대.인.소.남.3단.

4459	1423	3588	3588	5536	2192	1519	3588	932
πῶς	δυσκόλως	οἱ	τὰ	χρήματα	ἔχοντες	εἰς	τὴν	βασιλείαν
πῶς	δυσκόλως	τό	ὁ	χρῆμα	ἔχω	εἰς	ἡ	βασιλεία
포스	뒤스콜로스	호이	타	크레마타	에콘테스	에이스	텐	바실레이안
얼마나	어렵게	그(사람들은)	그	재물을	가지는	안으로	그	나라를
부.	부.	관.주.남.복.	관.목.중.복.	명.목.중.복.	동.분.현.능.주.남.복.	전.목.	관.목.여.단.	명.목.여.단.

3588	2316	1525
τοῦ	θεοῦ	εἰσελεύσονται.
ὁ	θεός	εἰσέρχομαι
투	데우	에이셀류손타이
그	하나님의	들어갈 것이라
관.소.남.단.	명.소.남.단.	동.직.미.중디.3복.

24 제자들이 그 말씀에 놀라는지라 예수께서 다시 대답하여 이르시되 얘들아 하나님의
나라에 들어가기가 얼마나 어려운지

And the disciples were astonished at his words. But Jesus answereth again, and saith unto them, Children, how hard is it for them that trust in riches to enter into the kingdom of God!

3588	3588	3101	2284	1909	3588	3056	846	3588
οἱ	δὲ	μαθηταὶ	ἐθαμβοῦντο	ἐπὶ	τοῖς	λόγοις	αὐτοῦ.	ὁ
ὁ	δέ	μαθητής	θαμβέω	ἐπί	ὁ	λόγος	αὐτός	ὁ
호이	데	마데타이	에담분토	에피	토이스	로고이스	아우투	호
그	이에	제자들이	깜짝 놀랐었다	대하여	그	말씀들에	그의	그
관.주.남.복.	접.우.	명.주.남.복.	동.직.미완.수.3복.	전.여격.	관.여격.남.복.	명.여격.남.복.	대.인.소.남.3단.	관.주.남.단.

1161	2424	3825	611	3004	846	5043	4459
δὲ	Ἰησοῦς	πάλιν	ἀποκριθεὶς	λέγει	αὐτοῖς,	τέκνα,	πῶς
δέ	Ἰησοῦς	πάλιν	ἀποκρίνομαι	λέγω	αὐτός	τέκνον	πῶς
데	예수스	팔린	아포크리데이스	레게이	아우토이스	테크나	포스
그래서	예수님께서	다시	대답하여	말씀하신다	그들에게	얘들아	어떻게
접.우.	명.주.남.단.	부.	동.분.1과.수디.주.남.단.	동.직.현.능.3단.	대.인.여격.남.3복.	명.호.중.복.	부.

1422	1510	1519	3588	932	3588	2316	1525
δύσκολόν	ἐστιν	εἰς	τὴν	βασιλείαν	τοῦ	θεοῦ	εἰσελθεῖν·
δύσκολος	εἰμί	εἰς	ἡ	βασιλεία	ὁ	θεός	εἰσέρχομαι
뒤스콜론	에스틴	에이스	텐	바실레이안	투	데우	에이셀데인
어려운 일	그것이~인지	안으로	그	나라를	그	하나님의	들어가기가
형.주.중.단.	동.직.현.능.3단.	전.목.	관.목.여.단.	명.목.여.단.	관.소.남.단.	명.소.남.단.	동.부.2과.능.

25 낙타가 바늘귀로 나가는 것이 부자가 하나님의 나라에 들어가는 것보다 쉬우니라 하시니

It is easier for a camel to go through the eye of a needle, than for a rich man to enter into the kingdom of God.

2123	1510	2574	1223	3588	5168	3588	4476
εὐκοπώτερόν	ἐστιν	κάμηλον	διὰ	τῆς	τρυμαλιᾶς	τῆς	ῥαφίδος
εὐκοπώτερος	εἰμί	κάμηλος	διά	ἡ	τρυμαλιά	ἡ	ῥαφίς
유코포테론	에스틴	카멜론	디아	테스	트뤼말리아스	테스	흐라피도스
더 쉬운 것	그것이~이니라	약대를	통하여	그	귀를	그	바늘의
형.비.주.중.단.	동.직.현.능.3단.	명.목.여.단.	전.소.	관.소.여.단.	명.소.여.단.	관.소.여.단.	명.소.여.단.

1330	2228	4145	1519	3588	932	3588	2316	1525
διελθεῖν	ἤ	πλούσιον	εἰς	τὴν	βασιλείαν	τοῦ	θεοῦ	εἰσελθεῖν.
διέρχομαι	ἤ	πλούσιος	εἰς	ἡ	βασιλεία	ὁ	θεός	εἰσέρχομαι
디엘데인	에	플루시온	에이스	텐	바실레이안	투	데우	에이셀데인
나가는 것이	보다	부자를	안으로	그	나라를	그	하나님의	들어가는 것
동.부.2과.능.	접.종.	형.대.목.남.단.	전.목.	관.목.여.단.	명.목.여.단.	관.소.남.단.	명.소.남.단.	동.부.2과.능.

26 제자들이 매우 놀라 서로 말하되 그런즉 누가 구원을 얻을 수 있는가 하니
And they were astonished out of measure, saying among themselves, Who then can be saved?

3588	1161	4057	1605	3004	4314	1438	2532
οἱ	δὲ	περισσῶς	ἐξεπλήσσοντο	λέγοντες	πρὸς	ἑαυτούς,	καὶ
ὁ	δέ	περισσῶς	ἐκπλήσσω	λέγω	πρός	ἑαυτοῦ	καί
호이	데	페리쏘스	엑세플레쏜토	레곤테스	프로스	헤아우투스	카이
제자들이	그러나	더욱 더	몹시 놀라게 되어 있었다	말하기를	끼리	그들 자신들	그런즉
관.주.남.복.	접.우.	부.	동.직.미완.수.3복.	동.분.현.능.주.남.복.	전.목.	대.인.목.남.3복.	접.등.

5101	1410	4982
τίς	δύναται	σωθῆναι;
τίς	δύναμαι	σώζω
티스	뒤나타이	소데나이
누가	할 수 있느냐	구원을 받는 것을
대.의.주.남.단.	동.직.현.중수디.3단.	동.부.1과.수.

27 예수께서 그들을 보시며 이르시되 사람으로는 할 수 없으되 하나님으로는 그렇지
아니하니 하나님으로서는 다 하실 수 있느니라
And Jesus looking upon them saith, With men it is impossible, but not with God: for with God all things are possible.

1689	846	3588	2424	3004	3844	444	102
ἐμβλέψας	αὐτοῖς	ὁ	Ἰησοῦς	λέγει,	παρὰ	ἀνθρώποις	ἀδύνατον,
ἐμβλέπω	αὐτός	ὁ	Ἰησοῦς	λέγω	παρά	ἄνθρωπος	ἀδύνατος
엠블렙사스	아우토이스	호	예수스	레게이	파라	안드로포이스	아뒤나톤
쳐다보시고	그들에게	그	예수께서	말씀하신다	에게서	사람들	할 수 없으나
동.분.1과.능.주.남.단.	대.인.여격.남.3복.	관.주.남.단.	명.주.남.단.	동.직.현.능.3단.	전.여격.	명.여격.남.복.	형.주.중.단.

235	3756	3844	2316	3956	1063	1415	3844	3588	2316
ἀλλ’	οὐ	παρὰ	θεῷ·	πάντα	γὰρ	δυνατὰ	παρὰ	τῷ	θεῷ.
ἀλλά	οὐ	παρά	θεός	πᾶς	γάρ	δυνατός	παρά	ὁ	θεός
알	우	파라	데오	판타	가르	뒤나타	파라	토	데오
그러나	아니하니	께서는	하나님	모든 것은	왜냐하면	하실 수 있느니라	께서는	그	하나님
접.우.	부.	전.여격.	명.여격.남.단.	형.대.주.중.복.	접.종.	형.주.중.복.	전.여격.	관.여격.남.단.	명.여격.남.단.

28 베드로가 여짜와 이르되 보소서 우리가 모든 것을 버리고 주를 따랐나이다
Then Peter began to say unto him, Lo, we have left all, and have followed thee.

756	3004	3588	4074	846	2400	1473	863	3956
Ἤρξατο	λέγειν	ὁ	Πέτρος	αὐτῷ,	Ἰδοὺ	ἡμεῖς	ἀφήκαμεν	πάντα
ἄρχομαι	λέγω	ὁ	Πέτρος	αὐτός	Ἰδού	ἐγώ	ἀφίημι	πᾶς
에륵사토	레게인	호	페트로스	아우토	이두	헤메이스	아페카멘	판타
시작하였다	말씀드리기를	그	베드로가	그에게	보소서	우리가	버렸다	모든 것을
동.직.1과.중.3단.	동.부.현.능.	관.주.남.단.	명.주.남.단.	대.인.여격.남.3단.	불.문.	대.인.주.1복.	동.직.1과.능.1복.	형.대.목.중.복.

2532	190	4771
καὶ	ἠκολουθήκαμέν	σοι.
καί	ἀκολουθέω	σύ
카이	에콜루데카멘	소이
그리고	따랐습니다	당신을
접.등.	동.직.1완.능.1복.	대.인.여격.2단.

29 예수께서 이르시되 내가 진실로 너희에게 이르노니 나와 복음을 위하여 집이나 형제나
자매나 어머니나 아버지나 자식이나 전토를 버린 자는
And Jesus answered and said, Verily I say unto you, There is no man that hath left house, or brethren, or sisters, or father, or mother, or wife, or children, or lands, for my sake, and the gospel's,

5346	3588	2424	281	3004	4771	3762
ἔφη	ὁ	Ἰησοῦς,	ἀμὴν	λέγω	ὑμῖν,	οὐδείς
φημί	ὁ	Ἰησοῦς	ἀμήν	λέγω	σύ	οὐδείς
에페	호	예수스	아멘	레고	휘민	우데이스
말씀하시고 계셨다	그	예수께서	진실로	내가 말한다	너희에게	아무도 아니하나
동.직.2과.능.3단./동.직.미완.능.3단.	관.주.남.단.	명.주.남.단.	불.문.	동.직.현.능.1단.	대.인.여격.2복.	형.대.기.주.남.단.

1510	3739	863	3614	2228	80	2228	79	2228
ἐστιν	ὃς	ἀφῆκεν	οἰκίαν	ἢ	ἀδελφοὺς	ἢ	ἀδελφὰς	ἢ
εἰμί	ὅς	ἀφίημι	οἰκία	ἤ	ἀδελφός	ἤ	ἀδελφή	ἤ
에스틴	호스	아페켄	오이키안	에	아델푸스	에	아델파스	에
있지	바 사람은	버렸던	집을	또는	형제들을	또는	자매들을	또는
동.직.현.능.3단.	대.관.주.남.단.	동.직.1과.능.3단.	명.목.여.단.	접.등.	명.목.남.복.	접.등.	명.목.여.복.	접.등.

3384	2228	3962	2228	5043	2228	68	1752	1473	2532	1752
μητέρα	ἢ	πατέρα	ἢ	τέκνα	ἢ	ἀγροὺς	ἕνεκεν	ἐμοῦ	καὶ	ἕνεκεν
μήτηρ	ἤ	πατήρ	ἤ	τέκνον	ἤ	ἀγρός	ἕνεκα	ἐγώ	καί	ἕνεκα
메테라	에	파테라	에	테크나	에	아그루스	헤네켄	에무	카이	헤네켄
어머니를	또는	아버지를	또는	자녀들을	또는	전토들을	위하여	나를	그리고	위하여
명.목.여.단.	접.등.	명.목.남.단.	접.등.	명.목.중.복.	접.등.	명.목.남.복.	전소.	대.인소.1단.	접.등.	전소.

3588	2098
τοῦ	εὐαγγελίου,
τό	εὐαγγέλιον
투	유앙겔리우
그	복음을
관.소.중.단.	명.소.중.단.

30 현세에 있어 집과 형제와 자매와 어머니와 자식과 전토를 백 배나 받되 박해를 겸하여
받고 내세에 영생을 받지 못할 자가 없느니라

But he shall receive an hundredfold now in this time, houses, and brethren, and sisters, and mothers, and children, and lands, with persecutions; and in the world to come eternal life.

1437	3361	2983	1542	3568	1722	3588	2540
ἐὰν	μὴ	λάβῃ	ἑκατονταπλασίονα	νῦν	ἐν	τῷ	καιρῷ
ἐάν	μή	λαμβάνω	ἑκατονταπλασίων	νῦν	ἐν	ὁ	καιρός
에안	메	라베	헤카톤타플라시오나	뉜	엔	토	카이로
만일	못한다 할지라도	받지	백 배를	지금	중에	그	시대
접.종.	부.	동.가.2과.능.3단.	형.대.목.중.복.	부.	전.여격.	관.여격.남.단.	명.여격.남.단.

3778	3614	2532	80	2532	79	2532	3384	2532
τούτῳ	οἰκίας	καὶ	ἀδελφοὺς	καὶ	ἀδελφὰς	καὶ	μητέρας	καὶ
οὗτος	οἰκία	καί	ἀδελφός	καί	ἀδελφή	καί	μήτηρ	καί
투토	오이키아스	카이	아델푸스	카이	아델파스	카이	메테라스	카이
이	집들	과	형제들	과	자매들	과	모친	과
대.지.남.단.	명.목.여.복.	접.등.	명.목.남.복.	접.등.	명.목.여.복.	접.등.	명.목.여.복.	접.등.

5043	2532	68	3326	1375	2532	1722	3588	165	3588
τέκνα	καὶ	ἀγροὺς	μετὰ	διωγμῶν,	καὶ	ἐν	τῷ	αἰῶνι	τῷ
τέκνον	καί	ἀγρός	μετά	διωγμός	καί	ἐν	ὁ	αἰών	ὁ
테크나	카이	아그루스	메타	디오그몬	카이	엔	토	아오니	토
자식들	과	전토들을	함께	핍박들도	그리하면	중에서	그	세대	그
명.목.중.복.	접.등.	명.목.남.복.	전소.	명.소.남.복.	접.등.	전.여격.	관.여격.남.단.	명.여격.남.단.	관.여격.남.단.

2064	2222	166
ἐρχομένῳ	ζωὴν	αἰώνιον.
ἔρχομαι	ζωή	αἰώνιος
에르코메노	조엔	아이오니온
오는	생명을	영원한
동.분.현.중수디.여격.남.단.	명.목.여.단.	형.목.여.단.

31 그러나 먼저 된 자로서 나중 되고 나중 된 자로서 먼저 될 자가 많으니라

But many that are first shall be last; and the last first.

4183	1161	1510	4413	2078	2532	3588	2078
πολλοὶ	δὲ	ἔσονται	πρῶτοι	ἔσχατοι	καὶ	οἱ	ἔσχατοι
πολύς	δέ	εἰμί	πρῶτος	ἔσχατος	καί	ὁ	ἔσχατος
폴로이	데	에손타이	프로토이	에스카토이	카이	호이	에스카토이
많이	그러나	될 것이라	먼저 된 사람들이	마지막들이	그리고	그	나중 된 사람들이
형.주.남.복.	접.등.	동.직.미.중디.3복.	형.대.서.주.남.복.	형.주.남.복.	접.등.	관.주.남.복.	형.대.주.남.복.

4413
πρῶτοι.
πρῶτος
프로토이
먼저 가
형.서.주.남.복.

32 예루살렘으로 올라가는 길에 예수께서 그들 앞에 서서 가시는데 그들이 놀라고 따르는
자들은 두려워하더라 이에 다시 열두 제자를 데리시고 자기가 당할 일을 말씀하여
이르시되

And they were in the way going up to Jerusalem; and Jesus went before them: and they were amazed; and as they followed, they were afraid. And he took again the twelve, and began to tell them what things should happen unto him,

1510	1161	1722	3588	3598	305	1519	2414	2532
Ἦσαν	δὲ	ἐν	τῇ	ὁδῷ	ἀναβαίνοντες	εἰς	Ἱεροσόλυμα,	καὶ
εἰμί	δέ	ἐν	ἡ	ὁδός	ἀναβαίνω	εἰς	Ἱεροσόλυμα	καί
에산	데	엔	테	호도	아나바이논테스	에이스	히에로솔뤼마	카이
그들이 있었다	때에	안에	그	길에	올라가는	으로	예루살렘	그리고
동.직.미완.능.3복.+	접.등.	전.여격.	관.여격.여.단.	명.여격.여.단.	+동.분.현.능.주.남.복.	전.목.	명.목.여.단.	접.등.

1510	4254	846	3588	2424	2532	2284	3588	1161
ἦν	προάγων	αὐτοὺς	ὁ	Ἰησοῦς,	καὶ	ἐθαμβοῦντο,	οἱ	δὲ
εἰμί	προάγω	αὐτός	ὁ	Ἰησοῦς	καί	θαμβέω	ὁ	δέ
엔	프로아곤	아우투스	호	예수스	카이	에담분토	호이	데
계시었다	앞에 가시고	제자들을	그	예수께서	이에	심히 놀라게 되었고	그(사람들은)	그리고
동.직.미완.능.3단.+	+동.분.현.능.주.남.단.	대.인.목.남.3복.	관.주.남.단.	명.주.남.단.	접.등.	동.직.미완.수.3복.	관.주.남.복.	접.등.

190	5399	2532	3880	3825	3588	1427
ἀκολουθοῦντες	ἐφοβοῦντο.	καὶ	παραλαβὼν	πάλιν	τοὺς	δώδεκα
ἀκολουθέω	φοβέω	καί	παραλαμβάνω	πάλιν	ὁ	δώδεκα
아콜루둔테스	에포분토	카이	파랄라본	팔린	투스	도데카
따르는	두려워하였다	이에	데리시고	다시	그	열 두(제자를)
동.분.현.능.주.남.복.	동.직.미완.중수디.3복.	접.등.	동.분.2과.능.주.남.단.	부.	관.목.남.복.	형.대.기.목.남.복.

756	846	3004	3588	3195	846	4819
ἤρξατο	αὐτοῖς	λέγειν	τὰ	μέλλοντα	αὐτῷ	συμβαίνειν
ἄρχομαι	αὐτός	λέγω	τό	μέλλω	αὐτός	συμβαίνω
에륵사토	아우토이스	레게인	타	멜론타	아우토	쉼바이네인
시작하셨다	그들에게	말씀하시기를	그(일들을)	하려고 하는	그에게	일어나는 것을
동.직.1과.중.3단.	대.인.여격.남.3복.	동.부.현.능.	관.목.중.복.	동.분.현.능.목.중.복.+	대.인.여격.남.3단.	+동.부.현.능.

33 보라 우리가 예루살렘에 올라가노니 인자가 대제사장들과 서기관들에게 넘겨지매 그들이
죽이기로 결의하고 이방인들에게 넘겨 주겠고

Saying, Behold, we go up to Jerusalem; and the Son of man shall be delivered unto the chief priests, and unto the scribes; and they shall condemn him to death, and shall deliver him to the Gentiles:

3754	2400	305	1519	2414	2532	3588	5207	3588
ὅτι	Ἰδοὺ	ἀναβαίνομεν	εἰς	Ἱεροσόλυμα,	καὶ	ὁ	υἱὸς	τοῦ
ὅτι	ἰδού	ἀναβαίνω	εἰς	Ἱεροσόλυμα	καί	ὁ	υἱός	ὁ
호티	이두	아나바이노멘	에이스	히에로솔뤼마	카이	호	휘오스	투
	보라	우리가 올라간다	안으로	예루살렘	그러면	그	아들이(인자가)	그
부.관.	불.문.	동.직.현.능.1복.	전.목.	명.목.여.단.	접.등.	관.주.남.단.	명.주.남.단.	관.소.남.단.

444	3860	3588	749	2532	3588	1122
ἀνθρώπου	παραδοθήσεται	τοῖς	ἀρχιερεῦσιν	καὶ	τοῖς	γραμματεῦσιν,
ἄνθρωπος	παραδίδωμι	ὁ	ἀρχιερεύς	καί	ὁ	γραμματεύς
안드로푸	파라도데세타이	토이스	아르키에류신	카이	토이스	그람마튜신
사람의	넘겨질 것이다	그	대제사장들	과	그	서기관들에게
명.소.남.단.	동.직.미.수.3단.	관.여격.남.복.	명.여격.남.복.	접.등.	관.여격.남.복.	명.여격.남.복.

2532	2632	846	2288	2532	3860	846	3588
καὶ	κατακρινοῦσιν	αὐτὸν	θανάτῳ	καὶ	παραδώσουσιν	αὐτὸν	τοῖς
καί	κατακρίνω	αὐτός	θάνατος	καί	παραδίδωμι	αὐτός	τό
카이	카타크리누신	아우톤	다나토	카이	파라도수신	아우톤	토이스
그러면	그들이 정죄할 것이다	그를	죽음에	그리하여	넘길 것이다	그를	그
접.등.	동.직.미.능.3복.	대.인.목.남.3단.	명.여격.남.단.	접.등.	동.직.미.능.3복.	대.인.목.남.3단.	관.여격.중.복.

1484
ἔθνεσιν
ἔθνος
에드네신
이방인들에게
명.여격.중.복.

34 그들은 능욕하며 침 뱉으며 채찍질하고 죽일 것이나 그는 삼 일 만에 살아나리라 하시니라
And they shall mock him, and shall scourge him, and shall spit upon him, and shall kill him: and the third day he shall rise again.

2532	1702	846	2532	1716	846	2532
καὶ	ἐμπαίξουσιν	αὐτῷ	καὶ	ἐμπτύσουσιν	αὐτῷ	καὶ
καί	ἐμπαίζω	αὐτός	καί	ἐμπτύω	αὐτός	καί
카이	엠파잌수신	아우토	카이	엠프튀수신	아우토	카이
또	그들이 조롱할 것이다	그에게	그리고	침을 뱉을 것이다	그에게	또
접.등.	동.직.미.능.3복.	대.인.여격.남.3단.	접.등.	동.직.미.능.3복.	대.인.여격.남.3단.	접.등.

3146	846	2532	615	2532	3326	5140
μαστιγώσουσιν	αὐτὸν	καὶ	ἀποκτενοῦσιν,	καὶ	μετὰ	τρεῖς
μαστιγόω	αὐτός	καί	ἀποκτείνω	καί	μετά	τρεῖς
마스티고수신	아우톤	카이	아포크레누신	카이	메타	트레이스
채찍질할 것이다	그를	그리고	죽일 것이다	그러나	후에	제 삼
동.직.미.능.3복.	대.인.목.남.3단.	접.등.	동.직.미.능.3복.	접.등.	전.목.	형.기.목.여.복.

2250	450
ἡμέρας	ἀναστήσεται.
ἡμέρα	ἀνίστημι
헤메라스	아나스테세타이
일들을	그가 일어날 것이다
명.목.여.복.	동.직.미.중.3단.

35 세베대의 아들 야고보와 요한이 주께 나아와 여짜오되 선생님이여 무엇이든지 우리가
구하는 바를 우리에게 하여 주시기를 원하옵나이다
And James and John, the sons of Zebedee, come unto him, saying, Master, we would that thou shouldest do for us whatsoever we shall desire.

2532	4365	846	2385	2532	2491	3588	5207
Καὶ	προσπορεύονται	αὐτῷ	Ἰάκωβος	καὶ	Ἰωάννης	οἱ	υἱοὶ
καί	προσπορεύομαι	αὐτός	Ἰάκωβος	καί	Ἰωάννης	ὁ	υἱός
카이	프로스포류온타이	아우토	야코보스	카이	요안네스	호이	휘오이
그리고	가까이 온다	그에게	야고보	와	요한이	그	아들들이
접.등.	동.직.현.중수디.3복.	대.인.여격.남.3단.	명.주.남.단.	접.등.	명.주.남.단.	관.주.남.복.	명.주.남.복.

2199	3004	846	1320	2309	2443	3739
Ζεβεδαίου	λέγοντες	αὐτῷ,	διδάσκαλε,	θέλομεν	ἵνα	ὃ
Ζεβεδαῖος	λέγω	αὐτός	διδάσκαλος	θέλω	ἵνα	ὅς
제베다이우	레곤테스	아우토	디다스칼레	델로멘	히나	호
세베대의	말씀드리기를	그에게	선생님이여	원하옵나이다	주소서	무엇이
명.소.남.단.	동.분.현.능.주.남.복.	대.인.여격.남.3단.	명.호.남.단.	동.직.현.능.1복.	접.등.	대.관.목.중.단.

1437	154	4771	4160	1473
ἐὰν	αἰτήσωμέν	σε	ποιήσῃς	ἡμῖν.
ἐάν	αἰτέω	σύ	ποιέω	ἐγώ
에안	아이테소멘	세	포이에세스	헤민
든지	우리가 구하면	당신께	행하여	우리에게
불.동.	동.가.1과.능.1복.	대.인.목.2단.	동.가.1과.능.2단.	대.인.여격.1복.

36 이르시되 너희에게 무엇을 하여 주기를 원하느냐
And he said unto them, What would ye that I should do for you?

3588	1161	3004(2036)	846	5101	2309	1473	4160	4771
ὁ	δὲ	εἶπεν	αὐτοῖς,	τί	θέλετέ	με	ποιήσω	ὑμῖν;
ὁ	δέ	λέγω.ἔπω	αὐτός	τίς	θέλω	ἐγώ	ποιέω	σύ
호	데	에이펜	아우토이스	티	델레테	메	포이에소	휘민
예수께서	그러자	말씀하셨다	그들에게	무엇을	원하느냐	나에게	행하여 주기를	너희에게
관.주.남.단.	접.우.	동.직.2과.능.3단.	대.인.여격.남.3복.	대.의.목.중.단.	동.직.현.능.2복.	대.인.목.1단.	동.가.1과.능.1단.	대.인.여격.2복.

37 여짜오되 주의 영광중에서 우리를 하나는 주의 우편에, 하나는 좌편에 앉게 하여 주옵소서
They said unto him, Grant unto us that we may sit, one on thy right hand, and the other on thy left hand, in thy glory.

3588	1161	3004(2036)	846	1325	1473	2443	1520	4771
οἱ	δὲ	εἶπαν	αὐτῷ,	δὸς	ἡμῖν	ἵνα	εἷς	σου
ὁ	δέ	λέγω.ἔπω	αὐτός	δίδωμι	ἐγώ	ἵνα	εἷς	σύ
호이	데	에이판	아우토	도스	헤민	히나	헤이스	수
그들이	이에	말하였다	그에게	주옵소서	우리에게	위하여	하나는	당신의
관.주.남.복.	접.우.	동.직.2과.능.3복.	대.인.여격.남.3단.	동.명.2과.능.2단.	대.인.여격.1복.	접.등.	형.대.기.주.남.단.	대.인.소.2단.

1537	1188	2532	1520	1537	710	2523	1722	3588
ἐκ	δεξιῶν	καὶ	εἷς	ἐξ	ἀριστερῶν	καθίσωμεν	ἐν	τῇ
ἐκ	δεξιός	καί	εἷς	ἐκ	ἀριστερός	καθίζω	ἐν	ἡ
에크	덱시온	카이	헤이스	엑스	아리스테론	카디소멘	엔	테
에서	오른편	또	하나는	에서	왼편	우리가 앉기	중에	그
전.소.	형.대.소.중.복.	접.등.	형.대.기.주.남.단.	전.소.	형.대.소.중.복.	동.가.1과.능.1복.	전.여격.	관.여격.여.단.

1391	4771
δόξῃ	σου.
δόξα	σύ
독세	수
영광	당신의
명.여격.여.단.	대.인.소.2단.

38 예수께서 이르시되 너희는 너희가 구하는 것을 알지 못하는도다 내가 마시는 잔을
너희가 마실 수 있으며 내가 받는 세례를 너희가 받을 수 있느냐
But Jesus said unto them, Ye know not what ye ask: can ye drink of the cup that I drink of? and be baptized with the baptism that I am baptized with?

3588	1161	2424	3004(2036)	846	3756	1492	5101	154
ὁ	δὲ	Ἰησοῦς	εἶπεν	αὐτοῖς,	οὐκ	οἴδατε	τί	αἰτεῖσθε.
ὁ	δέ	Ἰησοῦς	λέγω.ἔπω	αὐτός	οὐ	οἶδα	τίς	αἰτέω
호	데	예수스	에이펜	아우토이스	우크	오이다테	티	아이테이스데
그	그러자	예수께서	말씀하셨다	그들에게	못하고 있도다	알지	무엇을	너희가 구하는지
관.주.남.단.	접.우.	명.주.남.단.	동.직.2과.능.3단.	대.인.여격.남.3복.	부.	동.직.1완.능.2복.	대.의.목.중.단.	동.직.현.중.2복.

1410	4095	3588	4221	3739	1473	4095	2228	3588
δύνασθε	πιεῖν	τὸ	ποτήριον	ὃ	ἐγὼ	πίνω	ἢ	τὸ
δύναμαι	πίνω	τό	ποτήριον	ὅς	ἐγώ	πίνω	ἤ	τό
뒤나스데	피에인	토	포테리온	호	에고	피노	에	토
너희가 할 수 있느냐	마시는 것을	그	잔을	(바)	내가	마시는	또는	그
동.직.현.중.2복.	동.부.2과.능.	관.목.중.단.	명.목.중.단.	대.관.목.중.단.	대.인.주.1단.	동.직.현.능.1단.	접.등.	관.목.중.단.

908	3739	1473	907	907
βάπτισμα	ὃ	ἐγὼ	βαπτίζομαι	βαπτισθῆναι;
βάπτισμα	ὅς	ἐγώ	βαπτίζω	βαπτίζω
밮티스마	호	에고	밮티조마이	밮티스데나이
세례를	바	내가	세례 받는	세례 받는 것을
명.목.중.단.	대.관.목.중.단.	대.인.주.1단.	동.직.현.수.1단.	동.부.1과.수.

39 그들이 말하되 할 수 있나이다 예수께서 이르시되 너희는 내가 마시는 잔을 마시며 내가 받는 세례를 받으려니와

And they said unto him, We can. And Jesus said unto them, Ye shall indeed drink of the cup that I drink of; and with the baptism that I am baptized withal shall ye be baptized:

3588	1161	3004(2036)	846	1410	3588	1161	2424	3004(2036)
οἱ	δὲ	εἶπαν	αὐτῷ,	δυνάμεθα.	ὁ	δὲ	Ἰησοῦς	εἶπεν
ὁ	δέ	λέγω.ἔπω	αὐτός	δύναμαι	ὁ	δέ	Ἰησοῦς	λέγω.ἔπω
호이	데	에이판	아우토	뒤나메다	호	데	예수스	에이펜
그들이	그러자	말하였다	그에게	할 수 있습니다	그	그러나	예수께서	말씀하셨다
관.주.남.복.	접.우.	동.직.2과.능.3복.	대.인.여격.남.3단.	동.직.현.중수디.1복.	관.주.남.단.	접.우.	명.주.남.단.	동.직.2과.능.3단.

846	3588	4221	3739	1473	4095	4095	2532	3588
αὐτοῖς,	τὸ	ποτήριον	ὃ	ἐγὼ	πίνω	πίεσθε	καὶ	τὸ
αὐτός	τό	ποτήριον	ὅς	ἐγώ	πίνω	πίνω	καί	τό
아우토이스	토	포테리온	호	에고	피노	피에스데	카이	토
그들에게	그	잔을	바	내가	마시는	너희가 마실 것이다	그리고	그
대.인.여격.남.3복.	관.목.중.단.	명.목.중.단.	대.관.목.중.단.	대.인.주.1단.	동.직.현.능.1단.	동.직.미.중디.2복.	접.등.	관.목.중.단.

908	3739	1473	907	907
βάπτισμα	ὃ	ἐγὼ	βαπτίζομαι	βαπτισθήσεσθε,
βάπτισμα	ὅς	ἐγώ	βαπτίζω	βαπτίζω
밮티스마	호	에고	밮티조마이	밮티스데세스데
세례를	바	내가	세례를 받는	너희가 세례를 받을 것이다
명.목.중.단.	대.관.목.중.단.	대.인.주.1단.	동.직.현.수.1단.	동.직.미.수.2복.

40 내 좌우편에 앉는 것은 내가 줄 것이 아니라 누구를 위하여 준비되었든지 그들이 얻을 것이니라

But to sit on my right hand and on my left hand is not mine to give; but it shall be given to them for whom it is prepared.

3588	1161	2523	1537	1188	1473	2228	1537	2176	3756
τὸ	δὲ	καθίσαι	ἐκ	δεξιῶν	μου	ἢ	ἐξ	εὐωνύμων	οὐκ
τό	δέ	καθίζω	ἐκ	δεξιός	ἐγώ	ἤ	ἐκ	εὐώνυμος	οὐ
토	데	카디사이	에크	뎈시온	무	에	엨스	유오뉘몬	우크
그	그러나	앉은 것을	에서	오른편	나의	또는	에서	(나의)왼편	아니
관.목.중.단.	접.우.	동.부.1과.능.목.	전소	형.대.소.중.복.	대.인.소.1단.	접.등.	전소	형.대.소.중.복.	부.

1510	1699	1325	235	3739	2090
ἔστιν	ἐμὸν	δοῦναι,	ἀλλ’	οἷς	ἡτοίμασται.
εἰμί	ἐμός	δίδωμι	ἀλλά	ὅς	ἑτοιμάζω
에스틴	에몬	두나이	알	호이스	헤토이마스타이
이요	나의	주는 것이	그러나	누구를 위하여	그것이 준비되어 있던지
동.직.현.능.3단.	형.주.중.1단.	동.부.2과.능.	접.우.	대.관.여격.남.복.	동.직.1완.수.3단.

41 열 제자가 듣고 야고보와 요한에 대하여 화를 내거늘

And when the ten heard it, they began to be much displeased with James and John.

2532	191	3588	1176	756	23	4012	2385
Καὶ	ἀκούσαντες	οἱ	δέκα	ἤρξαντο	ἀγανακτεῖν	περὶ	Ἰακώβου
καί	ἀκούω	ὁ	δέκα	ἄρχομαι	ἀγανακτέω	περί	Ἰάκωβος
카이	아쿠산테스	호이	데카	에릌산토	아가나크테인	페리	야코부
이에	들은 후에	그	열(제자가)	시작하였다	몹시 분노하기를	대하여	야고보
접.등.	동.분.1과.능.주.남.복.	관.주.남.복.	형.대.기.주.남.복.	동.직.1과.중.3복.	동.부.현.능.	전소	명.소.남.단.

2532	2491
καὶ	Ἰωάννου.
και	Ἰωάννης
카이	요안누
와	요한에
접.등.	명.소.남.단.

42 예수께서 불러다가 이르시되 이방인의 집권자들이 그들을 임의로 주관하고 그 고관들이
그들에게 권세를 부리는 줄을 너희가 알거니와

But Jesus called them to him, and saith unto them, Ye know that they which are accounted to rule over the Gentiles exercise lordship over them; and their great ones exercise authority upon them.

2532	4341	846	3588	2424	3004	846
καὶ	προσκαλεσάμενος	αὐτοὺς	ὁ	Ἰησοῦς	λέγει	αὐτοῖς,
καί	προσκαλέομαι	αὐτός	ὁ	Ἰησοῦς	λέγω	αὐτός
카이	프로스칼레사메노스	아우투스	호	예수스	레게이	아우토이스
그래서	가까이 불러서	그들을	그	예수께서	말씀하셨다	그들에게
접.등.	동.분.1과.중디.주.남.단.	대.인.목.남.3복.	관.주.남.단.	명.주.남.단.	동.직.현.능.3단.	대.인.여격.남.3복.

1492	3754	3588	1380	757	3588	1484
Οἴδατε	ὅτι	οἱ	δοκοῦντες	ἄρχειν	τῶν	ἐθνῶν
οἶδα.εἴδω	ὅτι	ὁ	δοκέω	ἄρχω	τό	ἔθνος
오이다테	호티	호이	도쿤테스	아르케인	톤	에드논
너희가 알아 왔다	줄로	그(사람들이)	생각하는	다스리는 것을	그	이방인들의
동.직.1완.능.2복.	접.우.	관.주.남.복.	동.분.현.능.주.남.복.	동.부.현.능.	관.소.중.복.	명.소.중.복.

2634	846	2532	3588	3173	846	2715
κατακυριεύουσιν	αὐτῶν	καὶ	οἱ	μεγάλοι	αὐτῶν	κατεξουσιάζουσιν
κατακυριεύω	αὐτός	καί	ὁ	μέγας	αὐτός	κατεξουσιάζω
카타퀴리유우신	아우톤	카이	호이	메갈로이	아우톤	카텍수시아주신
주인으로 행동하며	그들(의)이	그리고	그	대인들이	그들의	권리를 행사하는
동.직.현.능.3복.	대.인.소.중.3복.	접.등.	관.주.남.복.	형.대.주.남.복.	대.인.소.중.3복.	동.직.현.능.3복.

846
αὐτῶν.
αὐτός
아우톤
그들에게
대.인.소.중.3복.

43 너희 중에는 그렇지 않을지니 너희 중에 누구든지 크고자 하는 자는 너희를 섬기는 자가
되고

But so shall it not be among you: but whosoever will be great among you, shall be your minister:

3756	3779	1161	1510	1722	4771	235	3739	302	2309
οὐχ	οὕτως	δέ	ἐστιν	ἐν	ὑμῖν,	ἀλλ’	ὃς	ἂν	θέλῃ
οὐ	οὕτως	δέ	εἰμί	ἐν	σύ	ἀλλά	ὅς	ἄν	θέλω
우크	후토스	데	에스틴	엔	휘민	알	호스	안	델레
아니	그렇게는	그러나	되느니라	중에	너희	다만	누구	든지	원하는 자는
부.	부.	접.우.	동.직.현.능.3단.	전.여격.	대.인.여격.2복.	접.우.	대.관.주.남.단.	불.동.	동.가.현.능.3단.

3173	1096	1722	4771	1510	4771	1249
μέγας	γενέσθαι	ἐν	ὑμῖν,	ἔσται	ὑμῶν	διάκονος,
μέγας	γίνομαι	ἐν	σύ	εἰμί	σύ	διάκονος
메가스	게네스다이	엔	휘민	에스타이	휘몬	디아코노스
크게	되기를	중에	너희	될 것이다	너희의	섬기는 자가
형.주.남.단.	동.부.2과.중디.	전.여격.	대.인.여격.2복.	동.직.미.중디.3단.	대.인.소.2복.	명.주.남.단.

44 너희 중에 누구든지 으뜸이 되고자 하는 자는 모든 사람의 종이 되어야 하리라

And whosoever of you will be the chiefest, shall be servant of all.

2532	3739	302	2309	1722	4771	1510	4413	1510	3956
καὶ	ὃς	ἂν	θέλῃ	ἐν	ὑμῖν	εἶναι	πρῶτος	ἔσται	πάντων
καί	ὅς	ἄν	θέλω	ἐν	σύ	εἰμί	πρῶτος	εἰμί	πᾶς
카이	호스	안	델레	엔	휘민	에이나이	프로토스	에스타이	판톤
또	누구	든지	원하는 자는	중에	너희	있는 것을	으뜸으로	그는 될 것이라	모든 사람의
접.등.	대.관.주.남.단.	불.동.	동.가.현.능.3단.	전.여격.	대.인.여격.2복.	동.부.현.능.	형.서.주.남.단.	동.직.미.중디.3단.	형.대.소.남.복.

1401
δοῦλος·
δοῦλος
둘로스
종이
명.주.남.단.

45 인자가 온 것은 섬김을 받으려 함이 아니라 도리어 섬기려 하고 자기 목숨을 많은 사람의
대속물로 주려 함이니라

For even the Son of man came not to be ministered unto, but to minister, and to give his life a ransom for many.

2532	1063	3588	5207	3588	444	3756	2064	1247	235
καὶ	γὰρ	ὁ	υἱὸς	τοῦ	ἀνθρώπου	οὐκ	ἦλθεν	διακονηθῆναι	ἀλλὰ
καί	γάρ	ὁ	υἱός	ὁ	ἄνθρωπος	οὐ	ἔρχομαι	διακονέω	ἀλλά
카이	가르	호	휘오스	투	안드로푸	우크	엘덴	디아코네데나이	알라
또한	왜냐하면	그	아들	그	사람의	아니다	온 것이	섬김을 받으려고	도리어
부.	접종.	관.주.남.단.	명.주.남.단.	관.소.남.단.	명.소.남.단.	부.	동.직.2과.능.3단.	동.부.1과.수.	접.우.

1247	2532	1325	3588	5590	846	3083	473	4183
διακονῆσαι	καὶ	δοῦναι	τὴν	ψυχὴν	αὐτοῦ	λύτρον	ἀντὶ	πολλῶν.
διακονέω	καί	δίδωμι	ἡ	ψυχή	αὐτός	λύτρον	ἀντί	πολύς
디아코네사이	카이	두나이	텐	프쉬켄	아우투	뤼트론	안티	폴론
섬기려 하고	또한	주려고 왔노라	그	목숨을	그의	한 대속물로	대신하여	많은 사람의
동.부.1과.능.	접.등.	동.부.2과.능.	관.목.여.단.	명.목.여.단.	대.인.소.남.3단.	명.목.중.단.	전.소.	형.대.소.남.복.

46 그들이 여리고에 이르렀더니 예수께서 제자들과 허다한 무리와 함께 여리고에서 나가실
때에 디매오의 아들인 맹인 거지 바디매오가 길 가에 앉았다가

And they came to Jericho: and as he went out of Jericho with his disciples and a great number of people, blind Bartimaeus, the son of Timaeus, sat by the highway side begging.

2532	2064	1519	2410	2532	1607	846	575
Καὶ	ἔρχονται	εἰς	Ἰεριχώ.	καὶ	ἐκπορευομένου	αὐτοῦ	ἀπὸ
καί	ἔρχομαι	εἰς	Ἰεριχώ	καί	ἐκπορεύομαι	αὐτός	ἀπό
카이	에르콘타이	에이스	예리코	카이	에크포류오메누	아우투	아포
그리고	그들이 온다	안으로	여리고를	또	나가실 때에	그(이)가	부터
접.등.	동.직.현.능.3복.	전.목.	명.목.여.단.	접.등.	동.분.현.중수디.소.남.단.	대.인.소.남.3단.	전.소.

2410	2532	3588	3101	848	2532	3793	2425	3588	5207
Ἰεριχὼ	καὶ	τῶν	μαθητῶν	αὐτοῦ	καὶ	ὄχλου	ἱκανοῦ	ὁ	υἱὸς
Ἰεριχώ	καί	ὁ	μαθητής	αὐτός	καί	ὄχλος	ἱκανός	ὁ	υἱός
예리코	카이	톤	마데톤	아우투	카이	오클루	히카누	호	휘오스
여리고로	그런데	그	제자들	그의	과	한 무리가	허다한	그	아들
명.소.여.단.	접.등.	관.소.남.복.	명.소.남.복.	대.인.소.남.3단.	접.등.	명.소.남.단.	형.소.남.단.	관.주.남.단.	명.주.남.단.

5090	924	5185	4319	2521	3844	3588	3598
Τιμαίου	Βαρτιμαῖος,	τυφλὸς	προσαίτης,	ἐκάθητο	παρὰ	τὴν	ὁδόν.
Τίμαιος	Βαρτιμαῖος	τυφλός	προσαιτέω	κάθημαι	παρά	ἡ	ὁδός
티마이우	바르티마이오스	튀플로스	프로사이테스	에카데토	파라	텐	호돈
디매오의	바디매오가	소경	거지	앉아 있었다	가로	그	길
명.소.남.단.	명.주.남.단.	형.주.남.단.	명.주.남.단.	동.직.미완.중수디.3단.	전.목.	관.목.여.단.	명.목.여.단.

47 나사렛 예수시란 말을 듣고 소리 질러 이르되 다윗의 자손 예수여 나를 불쌍히 여기소서 하거늘

And when he heard that it was Jesus of Nazareth, he began to cry out, and say, Jesus, thou son of David, have mercy on me.

2532	191	3754	2424	3588	3479	1510	756	2896
καὶ	ἀκούσας	ὅτι	Ἰησοῦς	ὁ	Ναζαρηνός	ἐστιν	ἤρξατο	κράζειν
καί	ἀκούω	ὅτι	Ἰησοῦς	ὁ	Ναζαρηνός	εἰμί	ἄρχομαι	κράζω
카이	아쿠사스	호티	예수스	호	나자레노스	에스틴	에륵사토	크라제인
이에	들은 후에	것을	예수	그	나사렛	이시다	시작하였다	소리지르기를
접.등.	동.분.1과.능.주.남.단.	접.우.	명.주.남.단.	관.주.남.단.	형.주.남.단.	동.직.현.능.3단.	동.직.1과.중.3단.	동.부.현.능.

2532	3004	5207	1138	2424	1653	1473
καὶ	λέγειν,	υἱὲ	Δαυὶδ	Ἰησοῦ,	ἐλέησόν	με.
καί	λέγω	υἱός	Δαβ(υ)ίδ	Ἰησοῦς	ἐλεέω	ἐγώ
카이	레게인	휘에	다위드	예수	엘레에손	메
그리고	말하기를	자손	다윗의	예수여	불쌍히 여기소서	나를
접.등.	동.부.현.능.	명.호.남.단.	명.소.남.단.	명.호.남.단.	동.명.1과.능.2단.	대.인.목.1단.

48 많은 사람이 꾸짖어 잠잠하라 하되 그가 더욱 크게 소리 질러 이르되 다윗의 자손이여
나를 불쌍히 여기소서 하는지라

And many charged him that he should hold his peace: but he cried the more a great deal, Thou son of David, have mercy on me.

2532	2008	846	4183	2443	4623	3588	1161	4183
καὶ	ἐπετίμων	αὐτῷ	πολλοὶ	ἵνα	σιωπήσῃ·	ὁ	δὲ	πολλῷ
καί	ἐπιτιμάω	αὐτός	πολύς	ἵνα	σιωπάω	ὁ	δέ	πολύς
카이	에페티몬	아우토	폴로이	히나	시오페세	호	데	폴로
그러나	엄히 꾸짖었다	그에게	많은 사람이	위하여	그가 잠잠하기	그는	그러나	많은 일로
접.등.	동.직.미완.능.3복.	대.인.여격.남.3단.	형.대.주.남.복.	접.등.	동.가.1과.능.3단.	관.주.남.단	접.우.	형.대.여격.단.

3123	2896	5207	1138	1653	1473
μᾶλλον	ἔκραζεν,	υἱὲ	Δαυίδ,	ἐλέησόν	με.
μᾶλλον	κράζω	υἱός	Δαβ(υ)ίδ	ἐλεέω	ἐγώ
말론	에크라젠	휘에	다윋	엘레에손	메
더욱	부르짖고 있었다	자손이여	다윗의	불쌍히 여기소서	나를
부.비.	동.직.미완.능.3단.	명.호.남.단.	명.소.남.단.	동.명.1과.능.2단.	대.인.목.1단.

49 예수께서 머물러 서서 그를 부르라 하시니 그들이 그 맹인을 부르며 이르되 안심하고
일어나라 그가 너를 부르신다 하매

And Jesus stood still, and commanded him to be called. And they call the blind man, saying unto him, Be of good comfort, rise; he calleth thee.

2532	2476	3588	2424	3004(2036)	5455	846	2532	5455
καὶ	στὰς	ὁ	Ἰησοῦς	εἶπεν,	φωνήσατε	αὐτόν.	καὶ	φωνοῦσιν
καί	ἵστημι	ὁ	Ἰησοῦς	λέγω.ἔπω	φωνέω	αὐτός	καί	φωνέω
카이	스타스	호	예수스	에이펜	포네사테	아우톤	카이	포누신
그래서	서시고	그	예수께서	말씀하셨다	부르라	그를	이에	그들이 부른다
접.등.	동.분.2과.능.주.남.단.	관.주.남.단.	명.주.남.단.	동.직.2과.능.3단.	동.명.1과.능.2복.	대.인.목.남.3단.	접.등.	동.직.현.능.3복.

3588	5185	3004	846	2293	1453	5455	4771
τὸν	τυφλὸν	λέγοντες	αὐτῷ,	Θάρσει,	ἔγειρε,	φωνεῖ	σε.
ὁ	τυφλός	λέγω	αὐτός	θαρσέω	ἐγείρω	φωνέω	σύ
톤	튀플론	레곤테스	아우토	다르세이	에게이레	포네이	세
그	소경을	말씀하시기를	그에게	안심하라	일어나라	주님께서 부르신다	너를
관.목.남.단.	형.대.목.남.단.	동.분.현.능.주.남.복.	대.인.여격.남.3단.	동.명.현.능.2단.	동.명.현.능.2단.	동.직.현.능.3단.	대.인.목.2단.

50 맹인이 겉옷을 내버리고 뛰어 일어나 예수께 나아오거늘

And he, casting away his garment, rose, and came to Jesus.

3588	1161	577	3588	2440	846	450	2064
ὁ	δὲ	ἀποβαλὼν	τὸ	ἱμάτιον	αὐτοῦ	ἀναπηδήσας	ἦλθεν
ὁ	δέ	ἀποβάλλω	τό	ἱμάτιον	αὐτός	ἀναπηδάω	ἔρχομαι
호	데	아포발론	토	히마티온	아우투	아나페데사스	엘덴
소경이	그러자	던져버린 후에	그	겉옷을	그의	뛰어 일어나서	왔다
관.주.남.단.	접.우.	동.분.2과.능.주.남.단.	관.목.중.단.	명.목.중.단	대.인.소.남.3단.	동.분.1과.능.주.남.단.	동.직.2과.능.3단.

4314	3588	2424
πρὸς	τὸν	Ἰησοῦν.
πρός	ὁ	Ἰησοῦς
프로스	톤	예순
게로	그	예수
전.목.	관.목.남.단.	명.목.남.단.

51 예수께서 말씀하여 이르시되 네게 무엇을 하여 주기를 원하느냐 맹인이 이르되
선생님이여 보기를 원하나이다

And Jesus answered and said unto him, What wilt thou that I should do unto thee? The blind man said unto him, Lord, that I might receive my sight.

2532	611	846	3588	2424	3004(2036)	5101	4771
καὶ	ἀποκριθεὶς	αὐτῷ	ὁ	Ἰησοῦς	εἶπεν,	τί	σοι
καί	ἀποκρίνομαι	αὐτός	ὁ	Ἰησοῦς	λέγω.ἔπω	τίς	σύ
카이	아포크리데이스	아우토	호	예수스	에이펜	티	소이
이에	대답하여	그에게	그	예수께서	말씀하셨다	무엇을	너에게
접.등.	동.분.1과.수디.주.남.단.	대.인.여격.남.3단.	관.주.남.단.	명.주.남.단.	동.직.2과.능.3단.	대.의.목.중.단.	대.인.여격.2단.

2309	4160	3588	1161	5185	3004(2036)	846	4462
θέλεις	ποιήσω;	ὁ	δὲ	τυφλὸς	εἶπεν	αὐτῷ,	Ῥαββουνι,
θέλω	ποιέω	ὁ	δέ	τυφλός	λέγω.ἔπω	αὐτός	ῥαββονί
델레이스	포이에소	호	데	튀플로스	에이펜	아우토	흐랍부니
너는 원하느냐	내가 하여 주기를	그	그러자	소경이	말하였다	그에게	랍비여
동.직.현.능.2단.	동.가.1과.능.1단.	관.주.남.단.	접.우.	대.주.남.단.	동.직.2과.능.3단.	대.인.여격.남.3단.	명.호.남.단.

2443	308
ἵνα	ἀναβλέψω.
ἵνα	ἀναβλέπω
히나	아나블렙소
~를	내가 보기
접.우.	동.가.1과.능.1단.

52 예수께서 이르시되 가라 네 믿음이 너를 구원하였느니라 하시니 그가 곧 보게 되어 예수를
길에서 따르니라

And Jesus said unto him, Go thy way; thy faith hath made thee whole. And immediately he received his sight, and followed Jesus in the way.

2532	3588	2424	3004(2036)	846	5217	3588	4102	4771
καὶ	ὁ	Ἰησοῦς	εἶπεν	αὐτῷ,	ὕπαγε,	ἡ	πίστις	σου
καί	ὁ	Ἰησοῦς	λέγω.ἔπω	αὐτός	ὑπάγω	ἡ	πίστις	σύ
카이	호	예수스	에이펜	아우토	휘파게	헤	피스티스	수
이에	그	예수께서	말씀하셨다	그에게	너는 가라	그	믿음이	너의
접.등.	관.주.남.단.	명.주.남.단.	동.직.2과.능.3단.	대.인.여격.남.3단.	동.명.현.능.2단.	관.주.여.단.	명.주.여.단.	대.인.소.2단.

4982	4771	2532	2117	308	2532	190	846	1722
σέσωκέν	σε.	καὶ	εὐθὺς	ἀνέβλεψεν	καὶ	ἠκολούθει	αὐτῷ	ἐν
σώζω	σύ	καί	εὐθύς	ἀναβλέπω	καί	ἀκολουθέω	αὐτός	ἐν
세소켄	세	카이	유뒤스	아네블렙센	카이	에콜루데이	아우토	엔
구원하였다	너를	그러자	즉시	그가 다시 보았다	그리고	따르고 있었다	그에게	안에서
동.직.1완.능.3단.	대.인.목.2단.	접.등.	형.대.주.남.단.	동.직.1과.능.3단.	접.등.	동.직.미완.능.3단.	대.인.여격.남.3단.	전.여격.

3588	3598
τῇ	ὁδῷ.
ἡ	ὁδός
테	호도
그	길에
관.여격.여.단.	명.여격.여.단.

11 그들이 예루살렘에 가까이 와서 감람 산 벳바게와 베다니에 이르렀을 때에 예수께서
제자 중 둘을 보내시며

And when they came nigh to Jerusalem, unto Bethphage and Bethany, at the mount of Olives, he sendeth forth two of his disciples,

2532	3753	1448	1519	2419	1519	967	2532	963
Καὶ	ὅτε	ἐγγίζουσιν	εἰς	Ἱεροσόλυμα	εἰς	Βηθφαγὴ	καὶ	Βηθανίαν
καί	ὅτε	ἐγγίζω	εἰς	Ἱεροσόλυμα	εἰς	Βηθφαγή	καί	Βηθανία
카이	호테	엥기주신	에이스	히에로솔뤼마	에이스	벧파게	카이	베다니안
그리고	때에	그들이 가까이 와 있을	으로	예루살렘	안으로	벳바게	와	베다니를
접.등.	접.종.	동.직.현.능.3복.	전.목.	명.목.여.단.	전.목.	명.목.여.단.	접.등.	명.목.여.단.

4314	3588	3735	3588	1636	649	1417	3588	3101
πρὸς	τὸ	ὄρος	τῶν	Ἐλαιῶν,	ἀποστέλλει	δύο	τῶν	μαθητῶν
πρός	τό	ὄρος	ἡ	ἐλαία	ἀποστέλλω	δύο	ὁ	μαθητής
프로스	토	오로스	톤	엘라이온	아포스텔레이	뒤오	톤	마데톤
가까이	그	산	그	감람	예수께서 보내신다	두 사람을	그	제자들 중
전목.	관.목.중.단.	명.목.중.단.	관.소.여.복.	명.소.여.복.	동.직.현.능.3단.	형.대.기.목.남.복.	관.소.남.복.	명.소.남.복.

846
αὐτοῦ
αὐτός
아우투
그의
대.인.소.남.3단.

2 이르시되 너희는 맞은편 마을로 가라 그리로 들어가면 곧 아직 아무도 타 보지 않은
나귀 새끼가 매여 있는 것을 보리니 풀어 끌고 오라

And saith unto them, Go your way into the village over against you: and as soon as ye be entered into it, ye shall find a colt tied, whereon never man sat; loose him, and bring him.

2532	3004	846	5217	1519	3588	2968	3588	2713
καὶ	λέγει	αὐτοῖς,	ὑπάγετε	εἰς	τὴν	κώμην	τὴν	κατέναντι
καί	λέγω	αὐτός	ὑπάγω	εἰς	ἡ	κώμη	ἡ	κατέναντι
카이	레게이	아우토이스	휘파게테	에이스	텐	코멘	텐	카테난티
그리고	말씀하신다	그들에게	너희는 가라	안으로	그	마을을	그	맞은 편
접.등.	동.직.현.능.3단.	대.인.여격.남.3복.	동.명.현.능.2복.	전목.	관.목.여.단.	명.목.여.단.	관.목.여.단.	전소

4771	2532	2117	1531	1519	846	2147	4454
ὑμῶν,	καὶ	εὐθὺς	εἰσπορευόμενοι	εἰς	αὐτὴν	εὑρήσετε	πῶλον
σύ	καί	εὐθύς	εἰσπορεύομαι	εἰς	αὐτός	εὑρίσκω	πῶλος
휘몬	카이	유뒤스	에이스포류오메노이	에이스	아우텐	휴레세테	폴론
너희의	그러면	곧	들어가면	안으로	그 곳을	너희가 발견할 것이다	한 나귀 새끼를
대.인.소.2복.	접.등.	형.대.주.남.단.	동.분.현.중수디.주.남.2복.	전목.	대.인.목.여.3단.	동.직.미.능.2복.	명.목.남.단.

1210	1909	3739	3762	3768	444	2523
δεδεμένον	ἐφ'	ὃν	οὐδεὶς	οὔπω	ἀνθρώπων	ἐκάθισεν·
δέω	ἐπί	ὅς	οὐδείς	οὔπω	ἄνθρωπος	καθίζω
데데메논	엪	혼	우데이스	우포	안드로폰	에카디센
매여져 있는	위로	바 그것을	아무도	아직 아니하였던	사람들의	타보지
동.분.1완.수.목.남.단.	전목.	대.관.목.남.단.	형.대.기.주.남.단.	부.	명.소.남.복.	동.직.1과.능.3단.

3089	846	2532	5342
λύσατε	αὐτὸν	καὶ	φέρετε.
λύω	αὐτός	καί	φέρω
뤼사테	아우톤	카이	페레테
풀어라	그 나귀를	그리고	끌고 오너라
동.명.1과.능.2복.	대.인.목.남.3단.	접.등.	동.명.현.능.2복.

3 만일 누가 너희에게 왜 이렇게 하느냐 묻거든 주가 쓰시겠다 하라 그리하면 즉시 이리로
보내리라 하시니

And if any man say unto you, Why do ye this? say ye that the Lord hath need of him; and straightway he will send him hither.

2532	1437	5100	4771	3004(2036)	5101	4160	3778
καὶ	ἐάν	τις	ὑμῖν	εἴπῃ,	τί	ποιεῖτε	τοῦτο;
καί	ἐάν	τις	σύ	λέγω.ἔπω	τίς	ποιέω	οὗτος
카이	에안	티스	휘민	에이페	티	포이에이테	투토
그런데	만일	누가	너희에게	말하거든	왜	너희가 하느냐	이 일을
접.등.	접.종.	대.부.주.남.단.	대.인.여격.2복.	동.가.2과.능.3단.	대.의.목.중.단.	동.직.현.능.2복.	대.지.목.중.단.

3004(2036)	3588	2962	846	5532	2192	2532	2117
εἴπατε,	ὁ	κύριος	αὐτοῦ	χρείαν	ἔχει,	καὶ	εὐθὺς
λέγω.ἔπω	ὁ	κύριος	αὐτός	χρεία	ἔχω	καί	εὐθύς
에이파테	호	퀴리오스	아우투	크레이안	에케이	카이	유뒤스
말하라	그	주가	이것의	필요로	가지고 계신다	그리하면	즉시
동.명.2과.능.2복.	관.주.남.단.	명.주.남.단.	대.인.소.남.3단.	명.목.여.단.	동.직.현.능.3단.	접.등.	형.대.주.남.단.

846	649	3825	5602
αὐτὸν	ἀποστέλλει	πάλιν	ὧδε.
αὐτός	ἀποστέλλω	πάλιν	ὧδε
아우톤	아포스텔레이	팔린	호데
그 나귀를	그가 보내신다	다시	여기로
대.인.목.남.3단.	동.직.현.능.3단.	부.	부.

4 제자들이 가서 본즉 나귀 새끼가 문 앞 거리에 매여 있는지라 그것을 푸니
And they went their way, and found the colt tied by the door without in a place where two ways met; and they loose him.

2532	565	2532	2147	4454	1210	4314	2374	1854
καὶ	ἀπῆλθον	καὶ	εὗρον	πῶλον	δεδεμένον	πρὸς	θύραν	ἔξω
καί	ἀπέρχομαι	καί	εὑρίσκω	πῶλος	δέω	πρός	θύρα	ἔξω
카이	아펠돈	카이	휴론	폴론	데데메논	프로스	뒤란	엑소
이에	떠나갔다	그리고	발견하였다	나귀새끼를	매여있는	앞으로	문	밖으로
접.등.	동.직.2과.능.3복.	접.등.	동.직.2과.능.3복.	명.목.남.단.	동.분.1완.수.목.남.단.	전.목.	명.목.여.단.	부.

1909	3588	296	2532	3089	846
ἐπὶ	τοῦ	ἀμφόδου	καὶ	λύουσιν	αὐτόν.
ἐπί	τό	ἄμφοδον	καί	λύω	αὐτός
에피	투	암포두	카이	뤼우신	아우톤
위편에서	그	길거리의	이에	푼다	그것을
전.소.	관.소.중.단.	명.소.중.단.	접.등.	동.직.현.능.3복.	대.인.목.남.3단.

5 거기 서 있는 사람 중 어떤 이들이 이르되 나귀 새끼를 풀어 무엇 하려느냐 하매
And certain of them that stood there said unto them, What do ye, loosing the colt?

2532	5100	3588	1563	2476	3004	846	5101
καί	τινες	τῶν	ἐκεῖ	ἑστηκότων	ἔλεγον	αὐτοῖς,	τί
καί	τις	ὁ	ἐκεῖ	ἵστημι	λέγω	αὐτός	τίς
카이	티네스	톤	에케이	헤스테코톤	엘레곤	아우토이스	티
그러자	몇 사람들이	그(들 중의)	거기에	서서 있는	말하고 있었다	그들에게	무엇을
접.등.	대.부.주.남.복.	관.소.남.복.	부.	동.분.1완.능.소.남.복.	동.직.미완.능.3복.	대.인.여격.남.3복.	대.의.목.중.단.

4160	3089	3588	4454
ποιεῖτε	λύοντες	τὸν	πῶλον;
ποιέω	λύω	ὁ	πῶλος
포이에이테	뤼온테스	톤	폴론
하려느냐	풀어서	그	나귀 새끼를
동.직.현.능.2복.	동.분.현.능.주.남.2복.	관.목.남.단.	명.목.남.단.

6 제자들이 예수께서 이르신 대로 말한대 이에 허락하는지라
And they said unto them even as Jesus had commanded: and they let them go.

3588	1161	3004(2036)	846	2531	3004(2036)	3588	2424	2532
οἱ	δὲ	εἶπαν	αὐτοῖς	καθὼς	εἶπεν	ὁ	Ἰησοῦς,	καὶ
ὁ	δέ	λέγω.ἔπω	αὐτός	καθώς	λέγω.ἔπω	ὁ	Ἰησοῦς	καί
호이	데	에이판	아우토이스	카도스	에이펜	호	예수스	카이
제자들이	그러자	말하였다	그들에게	대로	말씀하셨던	그	예수님께서	이에
관.주.남.복.	접.우.	동.직.2과.능.3복.	대.인.여격.남.3복.	접.종.	동.직.2과.능.3단.	관.주.남.단.	명.주.남.단.	접.등.

863	846
ἀφῆκαν	αὐτούς.
ἀφίημι	αὐτός
아페칸	아우투스
그들이 허락하였다	그들을
동.직.1과.능.3복.	대.인.목.남.3복.

7 나귀 새끼를 예수께로 끌고 와서 자기들의 겉옷을 그 위에 얹어 놓으매 예수께서 타시니
And they brought the colt to Jesus, and cast their garments on him; and he sat upon him.

2532	5342	3588	4454	4314	3588	2424	2532	1911
καὶ	φέρουσιν	τὸν	πῶλον	πρὸς	τὸν	Ἰησοῦν	καὶ	ἐπιβάλλουσιν
καί	φέρω	ὁ	πῶλος	πρός	ὁ	Ἰησοῦς	καί	ἐπιβάλλω
카이	페루신	톤	폴론	프로스	톤	예순	카이	에피발루신
그래서	그들이 끌고 온다	그	나귀 새끼를	에게로	그	예수님	그리고	위에 걸쳐 놓는다
접.등.	동.직.현.능.3복.	관.목.남.단.	명.목.남.단.	전.목.	관.목.남.단.	명.목.남.단.	접.등.	동.직.현.능.3복.

846	3588	2440	846	2532	2523	1909	846
αὐτῷ	τὰ	ἱμάτια	αὐτῶν,	καὶ	ἐκάθισεν	ἐπ'	αὐτόν.
αὐτός	τό	ἱμάτιον	αὐτός	καί	καθίζω	ἐπί	αὐτός
아우토	타	히마티아	아우톤	카이	에카디센	엪	아우톤
그것에	그	겉옷들을	자기들의	그리고	앉으셨다	위에	그것
대.인.여격.남.3단.	관.목.중.복.	명.목.중.복.	대.인.소.남.3복.	접.등.	동.직.1과.능.3단.	전.목.	대.인.목.남.3단.

8 많은 사람들은 자기들의 겉옷을, 또 다른 이들은 들에서 벤 나뭇가지를 길에 펴며
And many spread their garments in the way: and others cut down branches off the trees, and strawed them in the way.

2532	4183	3588	2440	846	4766	1519	3588	3598	243
καὶ	πολλοὶ	τὰ	ἱμάτια	αὐτῶν	ἔστρωσαν	εἰς	τὴν	ὁδόν,	ἄλλοι
καί	πολύς	τό	ἱμάτιον	αὐτός	στρώννυμι	εἰς	ἡ	ὁδός	ἄλλος
카이	폴로이	타	히마티아	아우톤	에스트로산	에이스	텐	호돈	알로이
또한	많은 사람이	그	겉옷들과	그들의	폈다	안으로	그	길을	다른 이들은
접.등.	형.대.주.남.복.	관.목.중.복.	명.목.중.복.	대.인.소.남.3복.	동.직.1과.능.3복.	전.목.	관.목.여.단.	명.목.여.단.	형.대.주.남.복.

1161	4746	2875	1537	3588	68
δὲ	στιβάδας	κόψαντες	ἐκ	τῶν	ἀγρῶν.
δέ	στιβάς	κόπτω	ἐκ	ὁ	ἀγρός
데	스티바다스	콮산테스	에크	톤	아그론
그리고	나뭇가지들을	꺾은	에서	그	여러명(들)
접.등.	명.목.여.복.	동.분.1과.능.주.남.복.	전.소.	관.소.남.복.	명.소.남.복.

9 앞에서 가고 뒤에서 따르는 자들이 소리 지르되 호산나 찬송하리로다 주의 이름으로
오시는 이여
And they that went before, and they that followed, cried, saying, Hosanna; Blessed is he that cometh in the name of the Lord:

2532	3588	4254	2532	3588	190	2896
καὶ	οἱ	προάγοντες	καὶ	οἱ	ἀκολουθοῦντες	ἔκραζον,
καί	ὁ	προάγω	καί	ὁ	ἀκολουθέω	κράζω
카이	호이	프로아곤테스	카이	호이	아콜루둔테스	에크라존
그리고	그(사람들이)	앞에서 가고	그리고	그(사람들이)	따르는	소리지르고 있었다
접.등.	관.주.남.복.	동.분.현.능.주.남.복.	접.등.	관.주.남.복.	동.분.현.능.주.남.복.	동.직.미완.능.3복.

5614	2127	3588	2064	1722	3686	2962
ὡσαννά·	εὐλογημένος	ὁ	ἐρχόμενος	ἐν	ὀνόματι	κυρίου·
ὡσαννά	εὐλογέω	ὁ	ἔρχομαι	ἐν	ὄνομα	κύριος
호산나	율로게메노스	호	에르코메노스	엔	오노마티	퀴리우
호산나	찬송을 받으시리로다	이(분은)	오시는	으로	이름	주님의
불.문.	동.분.1완.수.주.남.단.	관.주.남.단.	동.분.현.중수디.주.남.단.	전.여격.	명.여격.중.단.	명.소.남.단.

10 찬송하리로다 오는 우리 조상 다윗의 나라여 가장 높은 곳에서 호산나 하더라
Blessed be the kingdom of our father David, that cometh in the name of the Lord: Hosanna in the highest.

2127	3588	2064	932	3588	3962	1473	1138
Εὐλογημένη	ἡ	ἐρχομένη	βασιλεία	τοῦ	πατρὸς	ἡμῶν	Δαυίδ·
εὐλογέω	ἡ	ἔρχομαι	βασιλεία	ὁ	πατήρ	ἐγώ	Δαβ(υ)ίδ
율로게메네	헤	에르코메네	바실레이아	투	파트로스	헤몬	다위드
찬송을 받을지로다	그	오는	나라여	그	조상	우리의	다윗의
동.분.1완.수.주.여.단.	관.주.여.단.	동.분.현.중수디.주.여.단.	명.주.여.단.	관.소.남.단.	명.소.남.단.	대.인.소.1복.	명.소.남.단.

5614	1722	3588	5310
ὡσαννὰ	ἐν	τοῖς	ὑψίστοις.
ὡσαννά	ἐν	τό	ὕψιστος
호산나	엔	토이스	휩시스토이스
호산나	안에서	그	가장 높은 곳
불.문.	전.여격.	관.여격.중.복.	형.대.최.여격.중.복.

11 예수께서 예루살렘에 이르러 성전에 들어가사 모든 것을 둘러 보시고 때가 이미 저물매
열두 제자를 데리시고 베다니에 나가시니라
And Jesus entered into Jerusalem, and into the temple: and when he had looked round about upon all things, and now the eventide was come, he went out unto Bethany with the twelve.

2532	1525	1519	2414	1519	3588	2411	2532	4017
Καὶ	εἰσῆλθεν	εἰς	Ἱεροσόλυμα	εἰς	τὸ	ἱερόν	καὶ	περιβλεψάμενος
καί	εἰσέρχομαι	εἰς	Ἱεροσόλυμα	εἰς	τό	ἱερόν	καί	περιβλέπω
카이	에이셀덴	에이스	히에로솔뤼마	에이스	토	히에론	카이	페리블렙사메노스
그리고	그가 들어가셨다	으로	예루살렘	안으로	그	성전을	그리고	둘러보시고
접.등.	동.직.2과.능.3단.	전.목.	명.목.여.단.	전.목.	관.목.중.단.	형.대.목.중.단.	접.등.	동.분.1과.중.주.남.단.

3956	3798	2235	1510	3588	5610	1831	1519	963
πάντα,	ὀψίας	ἤδη	οὔσης	τῆς	ὥρας,	ἐξῆλθεν	εἰς	Βηθανίαν
πᾶς	ὄψιος	ἤδη	εἰμί	ἡ	ὥρα	ἐξέρχομαι	εἰς	Βηθανία
판타	옵시아스	에데	우세스	테스	호라스	엑셀덴	에이스	베다니안
모든 것들을	늦게	이미	되어서	그	시간의	그가 나가셨다	안으로	베다니를
형.대.목.중.복.	형.소.여.단.	부.	동.분.현.능.소.여.단.	관.소.여.단.	명.소.여.단.	동.직.2과.능.3단.	전.목.	명.목.여.단.

3326	3588	1427
μετὰ	τῶν	δώδεκα.
μετά	ὁ	δώδεκα
메타	톤	도데카
함께	그	열 두(제자들과)
전.소.	관.소.남.복.	형.대.기.소.남.복.

12 이튿날 그들이 베다니에서 나왔을 때에 예수께서 시장하신지라
And on the morrow, when they were come from Bethany, he was hungry:

2532	3588	1887	1831	846	575	963	3983
Καὶ	τῇ	ἐπαύριον	ἐξελθόντων	αὐτῶν	ἀπὸ	Βηθανίας	ἐπείνασεν.
καί	ὁ	ἐπαύριον	ἐξέρχομαι	αὐτός	ἀπό	Βηθανία	πεινάω
카이	테	에파우리온	엑셀돈톤	아우톤	아포	베다니아스	에페이나센
그리고	그	이튿날	나간 후에	그들의	부터	베다니로	그가 시장하셨다
접.등.	관.여격.여.단.	부.	동.분.2과.능.소.남.복.	대.인.소.남.3복.	전.소.	명.소.여.단.	동.직.1과.능.3단.

13 멀리서 잎사귀 있는 한 무화과나무를 보시고 혹 그 나무에 무엇이 있을까 하여 가셨더니
가서 보신즉 잎사귀 외에 아무 것도 없더라 이는 무화과의 때가 아님이라

And seeing a fig tree afar off having leaves, he came, if haply he might find any thing thereon: and when he came to it, he found nothing but leaves; for the time of figs was not yet.

2532	3708(1492)	4808	575	3113	2192	5444	2064
καὶ	ἰδὼν	συκῆν	ἀπὸ	μακρόθεν	ἔχουσαν	φύλλα	ἦλθεν,
καί	ὁράω.εἴδω	συκῆ	ἀπό	μακρόθεν	ἔχω	φύλλον	ἔρχομαι
카이	이돈	쉬켄	아포	마크로텐	에쿠산	퓔라	엘텐
그래서	보신 후에	한 무화과나무를	부터	멀리서	가진	잎들을	그가 가셨다
접등.	동.분.2과.능.주.남.단.	명.목.여.단.	전소.	부.	동.분.현.능.목.여.단.	명.목.중.복.	동.직.2과.능.3단.

1487	686	5100	2147	1722	846	2532	2064	1909	846
εἰ	ἄρα	τι	εὑρήσει	ἐν	αὐτῇ,	καὶ	ἐλθὼν	ἐπ’	αὐτὴν
εἰ	ἄρα	τις	εὑρίσκω	ἐν	αὐτός	καί	ἔρχομαι	ἐπί	αὐτός
에이	아라	티	휴레세이	엔	아우테	카이	엘돈	엪	아우텐
인가하여	혹시	무엇을	찾아낼 것	안에서	그 나무에	이에	와서	앞으로	그 나무를
불.동.	불.동.	대.부.목.중.단.	동.직.미.능.3단.	전.여격.	대.인.여격.여.3단.	접.등.	동.분.2과.능.주.남.단.	전.목.	대.인.목.여.3단.

3762	2147	1487	3361	5444	3588	1063	2540	3756
οὐδὲν	εὗρεν	εἰ	μὴ	φύλλα·	ὁ	γὰρ	καιρὸς	οὐκ
οὐδείς	εὑρίσκω	εἰ	μή	φύλλον	ὁ	γάρ	καιρός	οὐ
우덴	휴렌	에이	메	퓔라	호	가르	카이로스	우크
아무것도 못하였다	그가 발견하시지	는	외에	잎사귀들	그	왜냐하면	때가	아니
형.대.기.목.중.단.	동.직.2과.능.3단.	접.종.	부.	명.목.중.복.	관.주.남.단.	접.종.	명.주.남.단.	부.

1510	4810
ἦν	σύκων.
εἰμί	σῦκον
엔	쉬콘
었다	무화과들의
동.직.미완.능.3단.	명.소.중.복

14 예수께서 나무에게 말씀하여 이르시되 이제부터 영원토록 사람이 네게서 열매를 따 먹지
못하리라 하시니 제자들이 이를 듣더라

And Jesus answered and said unto it, No man eat fruit of thee hereafter for ever. And his disciples heard it.

2532	611	3004(2036)	846	3371	1519	3588	165	1537
καὶ	ἀποκριθεὶς	εἶπεν	αὐτῇ,	μηκέτι	εἰς	τὸν	αἰῶνα	ἐκ
καί	ἀποκρίνομαι	λέγω.ἔπω	αὐτός	μηκέτι	εἰς	ὁ	αἰών	ἐκ
카이	아포크리데이스	에이펜	아우테	메케티	에이스	톤	아이오나	에크
그래서	일러(공언하여)	그가 말씀하셨다	무화과나무에게	이제부터	토록	그	영원	부터
접.등.	동.분.1과.수디.주.남.단.	동.직.2과.능.3단.	대.인.여격.여.3단.	부.	전목.	관.목.남.단.	명.목.남.단.	전소

4771	3367	2590	5315	2532	191	3588	3101
σοῦ	μηδεὶς	καρπὸν	φάγοι.	καὶ	ἤκουον	οἱ	μαθηταὶ
σύ	μηδείς	καρπός	φάγω	καί	ἀκούω	ὁ	μαθητής
수	메데이스	카르폰	파고이	카이	에쿠온	호이	마데타이
네게로	아무도 못하기를 원하였노라	열매를	먹지	그러자	듣고 있었다	그	제자들이
대.인.소.2단.	형.대.기.주.남.단.	명.목.남.단.	동.희.2과.능.3단.	접등.	동.직.미완.능.3복.	관.주.남.복.	명.주.남.복.

846
αὐτοῦ.
αὐτός
아우투
그의
대.인.소.남.3단.

15 그들이 예루살렘에 들어가니라 예수께서 성전에 들어가사 성전 안에서 매매하는 자들을
내쫓으시며 돈 바꾸는 자들의 상과 비둘기 파는 자들의 의자를 둘러 엎으시며

And they come to Jerusalem: and Jesus went into the temple, and began to cast out them that sold and bought in the temple, and overthrew the tables of the moneychangers, and the seats of them that sold doves;

2532	2064	1519	2414	2532	1525	1519	3588	2411
Καὶ	ἔρχονται	εἰς	Ἱεροσόλυμα.	καὶ	εἰσελθὼν	εἰς	τὸ	ἱερὸν
καί	ἔρχομαι	εἰς	Ἱεροσόλυμα	καί	εἰσέρχομαι	εἰς	τό	ἱερόν
카이	에르콘타이	에이스	히에로솔뤼마	카이	에이셀돈	에이스	토	히에론
그리고	그들이 간다	안으로	예루살렘	그리고	들어가신 후에	안으로	그	성전을
접.등.	동.직.현.중수디.3복.	전.목.	명.목.여.단.	접.등.	동.분.2과.능.주.남.단.	전.목.	관.목.중.단.	형.대.목.중.단.

756	1544	3588	4453	2532	3588	59	1722
ἤρξατο	ἐκβάλλειν	τοὺς	πωλοῦντας	καὶ	τοὺς	ἀγοράζοντας	ἐν
ἄρχομαι	ἐκβάλλω	ὁ	πωλέω	καί	ὁ	ἀγοράζω	ἐν
에릌사토	에크발레인	투스	폴룬타스	카이	투스	아고라존타스	엔
그가 시작하셨다	쫓아내기	그(사람들)	파는	과	그(사람들을)	사는	안에서
동.직.1과.중.3단.	동.부.현.능.	관.목.남.복.	동.분.현.능.목.남.복.	접.등.	관.목.남.복.	동.분.현.능.목.남.복.	전.여격.

3588	2411	2532	3588	5132	3588	2855	2532	3588
τῷ	ἱερῷ,	καὶ	τὰς	τραπέζας	τῶν	κολλυβιστῶν	καὶ	τὰς
τό	ἱερόν	καί	ἡ	τράπεζα	ὁ	κολλυβιστής	καί	ἡ
토	히에로	카이	타스	트라페자스	톤	콜뤼비스톤	카이	타스
그	성전	그리고	그	상을	그	돈 바꾸는 사람들의	과	그
관.여격.중.단.	형.대.여격.중.단.	접.등.	관.목.여.복.	명.목.여.복.	관.소.남.복.	명.소.남.복.	접.등.	관.목.여.복.

2515	3588	4453	3588	4058	2690
καθέδρας	τῶν	πωλούντων	τὰς	περιστερὰς	κατέστρεψεν,
καθέδρα	ὁ	πωλέω	ἡ	περιστερά	καταστρέφω
카데드라스	톤	폴룬톤	타스	페리스테라스	카테스트렢센
의자들을	그(사람들의)	파는	그	비둘기들을	그는 뒤집어 엎으셨다
명.목.여.복.	관.소.남.복.	동.분.현.능.소.남.복.	관.목.여.복.	명.목.여.복.	동.직.1과.능.3단.

16 아무나 물건을 가지고 성전 안으로 지나다님을 허락하지 아니하시고
And would not suffer that any man should carry any vessel through the temple.

2532	3756	863	2443	5100	1308	4632	1223	3588	2411
καὶ	οὐκ	ἤφιεν	ἵνα	τις	διενέγκῃ	σκεῦος	διὰ	τοῦ	ἱεροῦ.
καί	οὐ	ἀφίημι	ἵνα	τις	διαφέρω	σκεῦος	διά	τό	ἱερόν
카이	우크	에피엔	히나	티스	디에넹케	스큐오스	디아	투	히에루
그리고	않으셨다	허락하지	것을	아무도	나르는	기구를	통하여	그	성전을
접.등.	부.	동.직.미완.능.3단.	접.등.	대.부.주.남.단.	동.가.2과.능.3단.	명.목.중.단.	전.소.	관.소.중.단.	형.대.소.중.단.

17 이에 가르쳐 이르시되 기록된 바 내 집은 만민이 기도하는 집이라 칭함을 받으리라고
하지 아니하였느냐 너희는 강도의 소굴을 만들었도다 하시매
And he taught, saying unto them, Is it not written, My house shall be called of all nations the house of prayer? but ye have made it a den of thieves.

2532	1321	2532	3004	846	3756	1125	3754	3588
καὶ	ἐδίδασκεν	καὶ	ἔλεγεν	αὐτοῖς,	οὐ	γέγραπται	ὅτι	ὁ
καί	διδάσκω	καί	λέγω	αὐτός	οὐ	γράφω	ὅτι	ὁ
카이	에디다스켄	카이	엘레겐	아우토이스	우	게그랖타이	호티	호
그리고	가르치고 있었다	또한	말씀하고 계셨다	그들에게	아니하였느냐	기록되지	것을	그
접.등.	동.직.미완.능.3단.	접.등.	동.직.미완.능.3단.	대.인.여격.남.3복.	불.의.	동.직.1완.수.3단.	접.등.	관.주.남.단.

3624	1473	3624	4335	2564	3956	3588	1484
οἶκος	μου	οἶκος	προσευχῆς	κληθήσεται	πᾶσιν	τοῖς	ἔθνεσιν;
οἶκος	ἐγώ	οἶκος	προσευχή	καλέω	πᾶς	τό	ἔθνος
오이코스	무	오이코스	프로슈케스	클레데세타이	파신	토이스	에드네신
집은	내	집이라	기도의	불려질 것이라는	모든	그	민족들에게
명.주.남.단.	대.인.소.1단.	명.주.남.단.	명.소.여.단.	동.직.미.수.3단.	형.여격.중.복.	관.여격.중.복.	명.여격.중.복.

4771	1161	4160	846	4693	3027
ὑμεῖς	δὲ	πεποιήκατε	αὐτὸν	σπήλαιον	λῃστῶν.
σύ	δέ	ποιέω	αὐτός	σπήλαιον	λῃστης
휘메이스	데	페포이에카테	아우톤	스펠라이온	레스톤
너희는	그러나	만들었다	그 것을	소굴로	강도들의
대.인.주.2복.	접.우.	동.직.1완.능.2복.	대.인.목.남.3단.	명.목.중.단.	명.소.남.복.

18 대제사장들과 서기관들이 듣고 예수를 어떻게 죽일까 하고 꾀하니 이는 무리가 다 그의
교훈을 놀랍게 여기므로 그를 두려워함일러라

And the scribes and chief priests heard it, and sought how they might destroy him: for they feared him, because all the people was astonished at his doctrine.

2532	191	3588	749	2532	3588	1122	2532	2212
καὶ	ἤκουσαν	οἱ	ἀρχιερεῖς	καὶ	οἱ	γραμματεῖς	καὶ	ἐζήτουν
καί	ἀκούω	ὁ	ἀρχιερεύς	καί	ὁ	γραμματεύς	καί	ζητέω
카이	에쿠산	호이	아르키에레이스	카이	호이	그람마테이스	카이	에제툰
이에	들었다	그	대제사장들	과	그	서기관들이	그래서	그들이 찾고 있었다
접등.	동.직.1과.능.3복.	관.주.남.복.	명.주.남.복.	접등.	관.주.남.복.	명.주.남.복.	접등.	동.직.미완.능.3복.

4459	846	622	5399	1063	846	3956	1063
πῶς	αὐτὸν	ἀπολέσωσιν·	ἐφοβοῦντο	γὰρ	αὐτόν,	πᾶς	γὰρ
πῶς	αὐτός	ἀπόλλυμι	φοβέω	γάρ	αὐτός	πᾶς	γάρ
포스	아우톤	아폴레소신	에포분토	가르	아우톤	파스	가르
어떻게	그를	죽일 것인지	그들은 두려워하고 있었다	왜냐하면	그를	다	왜냐하면
부.의.	대.인.목.남.3단.	동.가.1과.능.3복.	동.직.미완.중수디.3복.	접종.	대.인.목.남.3단.	형.주.남.단.	접종.

3588	3793	1605	1909	3588	1322	846
ὁ	ὄχλος	ἐξεπλήσσετο	ἐπὶ	τῇ	διδαχῇ	αὐτοῦ.
ὁ	ὄχλος	ἐκπλήσσω	ἐπί	ἡ	διδαχή	αὐτός
호	오클로스	엑세플레쎄토	에피	테	디다케	아우투
그	무리가	놀라고 있었기	대하여	그	가르침에	그의
관.주.남.단.	명.주.남.단.	동.직.미완.수.3단.	전.여격.	관.여격.여.단.	명.여격.여.단.	대.인.소.남.3단.

19 그리고 날이 저물매 그들이 성 밖으로 나가더라

And when even was come, he went out of the city.

2532	3752	3796	1096	1607	1854	3588	4172
Καὶ	ὅταν	ὀψὲ	ἐγένετο,	ἐξεπορεύοντο	ἔξω	τῆς	πόλεως.
καί	ὅταν	ὀψέ	γίνομαι	ἐκπορεύομαι	ἔξω	ἡ	πόλις
카이	호탄	옵세	에게네토	엑세포류온토	엑소	테스	폴레오스
그리고	때에	저녁이	되었을	그들이 나가고 있었다	밖으로	그	도시의
접등.	접종.	부.	동.직.2과.중디.3단.	동.직.미완.중.3복.	전소.	관.소.여.단.	명.소.여.단.

20 그들이 아침에 지나갈 때에 무화과나무가 뿌리째 마른 것을 보고

And in the morning, as they passed by, they saw the fig tree dried up from the roots.

2532	3899	4404	3708(1492)	3588	4808	3583
Καὶ	παραπορευόμενοι	πρωῒ	εἶδον	τὴν	συκῆν	ἐξηραμμένην
καί	παραπορεύομαι	πρωΐ	ὁράω.εἴδω	ἡ	συκῆ	ξηραίνω
카이	파라포류오메노이	프로이	에이돈	텐	쉬켄	엑세람메넨
그리고	지나가면서	아침에	보았다	그	무화과나무를	말라 버려져 있는
접등.	동.분.현.중.주.남.복.	부.	동.직.2과.능.3복.	관.목.여.단.	명.목.여.단.	동.분.1완.수.목.여.단.

1537	4491
ἐκ	ῥιζῶν.
ἐκ	ῥίζα
에크	흐리존
부터	뿌리들로
전소.	명.소.여.복.

21 베드로가 생각이 나서 여짜오되 랍비여 보소서 저주하신 무화과나무가 말랐나이다

And Peter calling to remembrance saith unto him, Master, behold, the fig tree which thou cursedst is withered away.

2532	363	3588	4074	3004	846	4461	2396	3588
καὶ	ἀναμνησθεὶς	ὁ	Πέτρος	λέγει	αὐτῷ,	ῥαββί,	ἴδε	ἡ
καί	ἀναμιμνήσκω	ὁ	Πέτρος	λέγω	αὐτός	ῥαββί	ἴδε	ἡ
카이	아남네스테이스	호	페트로스	레게이	아우토	흐랍비	이데	헤
그래서	다시 생각이 나서	그	베드로가	말씀드린다	그에게	랍비여	보소서	그
접등.	동.분.1과.수디.주.남.단.	관.주.남.단.	명.주.남.단.	동.직.현.능.3단.	대.인.여격.남.3단.	명.호.남.단.	불문.	관.주.여.단.

4808	3739	2672	3583
συκῆ	ἣν	κατηράσω	ἐξήρανται.
συκῆ	ὅς	καταράομαι	ξηραίνω
쉬케	헨	카테라소	엑세란타이
무화과나무가	(~하는)바	주님께서 저주하셨던	말랐습니다.
명.주.여.단.	대.관.목.여.단.	동.직.1과.중디.2단.	동.직.1완.수.3단.

22 예수께서 그들에게 대답하여 이르시되 하나님을 믿으라
And Jesus answering saith unto them, Have faith in God.

2532	611	3588	2424	3004	846	2192	4102	2316
καὶ	ἀποκριθεὶς	ὁ	Ἰησοῦς	λέγει	αὐτοῖς,	ἔχετε	πίστιν	θεοῦ.
καί	ἀποκρίνομαι	ὁ	Ἰησοῦς	λέγω	αὐτός	ἔχω	πίστις	θεός
카이	아포크리데이스	호	예수스	레게이	아우토이스	에케테	피스틴	데우
이에	대답하여	그	예수님께서	말씀하시기를	그들에게	가지라	믿음을	하나님의
접.등.	동.분.1과.수디.주.남.단.	관.주.남.단.	명.주.남.단.	동.직.현.능.3단.	대.인.여격.남.3복.	동.명.현.능.2복.	명.목.여.단.	명.소.남.단.

23 내가 진실로 너희에게 이르노니 누구든지 이 산더러 들리어 바다에 던져지라 하며 그
말하는 것이 이루어질 줄 믿고 마음에 의심하지 아니하면 그대로 되리라
For verily I say unto you, That whosoever shall say unto this mountain, Be thou removed, and be thou cast into the sea; and shall not doubt in his heart, but shall believe that those things which he saith shall come to pass; he shall have whatsoever he saith.

281	3004	4771	3754	3739	302	3004	3588	3735
ἀμὴν	λέγω	ὑμῖν	ὅτι	ὃς	ἂν	εἴπῃ	τῷ	ὄρει
ἀμήν	λέγω	σύ	ὅτι	ὅς	ἄν	εἶπον	τό	ὄρος
아멘	레고	휘민	호티	호스	안	에이페	토	오레이
진실로	내가 말한다	너희에게	것을	누구	든지	말하면	그	산더러
불.문.	동.직.현.능.1단.	대.인.여격.2복.	접.등.	대.관.주.남.단.+	불.동.	동.가.2과.능.3단.	관.여격.중.단.	명.여격.중.단.

3778	142	2532	906	1519	3588	2281	2532	3361
τούτῳ,	Ἄρθητι	καὶ	βλήθητι	εἰς	τὴν	θάλασσαν,	καὶ	μὴ
οὗτος	αἴρω	καί	βάλλω	εἰς	ἡ	θάλασσα	καί	μή
투토	아르데티	카이	블레데티	에이스	텐	달라싼	카이	메
이	들리어져라	그래서	던지어져라	속으로	그	바다를	그리고	아니하고
대.지.여격.중.단.	동.명.1과.수.2단.	접.등.	동.명.1과.수.2단.	전.목.	관.목.여.단.	명.목.여.단.	접.등.	부.

1252	1722	3588	2588	846	235	4100	3754	3739
διακριθῇ	ἐν	τῇ	καρδίᾳ	αὐτοῦ	ἀλλὰ	πιστεύῃ	ὅτι	ὃ
διακρίνω	ἐν	ἡ	καρδία	αὐτός	ἀλλά	πιστεύω	ὅτι	ὅς
디아크리데	엔	테	카르디아	아우투	알라	피스튜에	호티	호
의심하지	속에	그	마음에	자신의	오직	믿으면	줄로	바 것을
동.가.1과.수.3단.	전.여격.	관.여격.여.단.	명.여격.여.단.	대.인.소.남.3단.	접.우.	동.가.현.능.3단.	접.등.	대.관.목.중.단.

2980	1096	1510	846
λαλεῖ	γίνεται,	ἔσται	αὐτῷ.
λαλέω	γίνομαι	εἰμί	αὐτός
랄레이	기네타이	에스타이	아우토
그가 말하는	되는	될 것이라는	그에게
동.직.현.능.3단.	동.직.현.중수디.3단.	동.직.미.중디.3단.	대.인.여격.남.3단.

24 그러므로 내가 너희에게 말하노니 무엇이든지 기도하고 구하는 것은 받은 줄로 믿으라
그리하면 너희에게 그대로 되리라
Therefore I say unto you, What things soever ye desire, when ye pray, believe that ye receive them, and ye shall have them.

1223	3778	3004	4771	3956	3745	4336	2532
διὰ	τοῦτο	λέγω	ὑμῖν,	πάντα	ὅσα	προσεύχεσθε	καὶ
διά	οὗτος	λέγω	σύ	πᾶς	ὅσος	προσεύχομαι	καί
디아	투토	레고	휘민	판타	호사	프로슈케스데	카이
므로	그러	내가 말한다	너희에게	모든 것을	만큼 많은	너희가 기도하고	그리고
전.목.	대.지.목.중.단.	동.직.현.능.1단.	대.인.여격.2복.	형.대.목.중.복.	대.관.목.중.복.	동.직.현.중수디.2복.	접.등.

154	4100	3754	2983	2532	1510	4771
αἰτεῖσθε,	πιστεύετε	ὅτι	ἐλάβετε,	καὶ	ἔσται	ὑμῖν.
αἰτέω	πιστεύω	ὅτι	λαμβάνω	καί	εἰμί	σύ
아이테이스데	피스튜에테	호티	엘라베테	카이	에스타이	휘민
구하는	믿어라	것을	너희가 받았다는	그리하면	(그대로)되리라	너희에게
동.직.현.중.2복.	동.명.현.능.2복.	접.등.	동.직.2과.능.2복.	접.등.	동.직.미.중디.3단.	대.인.여격.2복.

25 서서 기도할 때에 아무에게나 혐의가 있거든 용서하라 그리하여야 하늘에 계신 너희
아버지께서도 너희 허물을 사하여 주시리라 하시니라

And when ye stand praying, forgive, if ye have ought against any: that your Father also which is in heaven may forgive you your trespasses.

2532	3752	4739	4336	863	1487	5100	2192
καὶ	ὅταν	στήκετε	προσευχόμενοι,	ἀφίετε	εἴ	τι	ἔχετε
καί	ὅταν	στήκω	προσεύχομαι	ἀφίημι	εἰ	τις	ἔχω
카이	호탄	스테케테	프로슈코메노이	아피에테	에이	티	에케테
그리고	때에	너희가 서있는	기도하면서	용서하라	거든	무언가	너희는 가지
접.등.	접.종.	동.직.현.능.2복.	동.분.현.중수디.주.남.2복.	동.명.현.능.2복.	접.종.	대.부.목.중.단.	동.직.현.능.2복.

2596	5100	2443	2532	3588	3962	4771	3588	1722	3588
κατά	τινος,	ἵνα	καὶ	ὁ	πατὴρ	ὑμῶν	ὁ	ἐν	τοῖς
κατά	τις	ἵνα	καί	ὁ	πατήρ	σύ	ὁ	ἐν	ὁ
카타	티노스	히나	카이	호	파테르	휘몬	호	엔	토이스
등진	어떤 사람과	주시리라	역시	그	아버지께서	너희의	그	안에(계신)	그
전.소	대.부.소.남.단.	접.종.	부.	관.주.남.단.	명.주.남.단.	대.인.소.2복.	관.주.남.단.	전.여격.	관.여격.남.복.

3772	863	4771	3588	3900	4771
οὐρανοῖς	ἀφῇ	ὑμῖν	τὰ	παραπτώματα	ὑμῶν.
οὐρανός	ἀφίημι	σύ	τό	παράπτωμα	σύ
우라노이스	아페	휘민	타	파랍토마타	휘몬
하늘들에	용서하여	너희에게	그	잘못들을	너희의
명.여격.남.복.	동.가.2과.능.3단.	대.인.여격.2복.	관.목.중.복.	명.목.중.복.	대.인.소.2복.

26 (없음)

But if ye do not forgive, neither will your Father which is in heaven forgive your trespasses.

27 그들이 다시 예루살렘에 들어가니라 예수께서 성전에서 거니실 때에 대제사장들과
서기관들과 장로들이 나아와

And they come again to Jerusalem: and as he was walking in the temple, there come to him the chief priests, and the scribes, and the elders,

2532	2064	3825	1519	2414	2532	1722	3588	2411
Καὶ	ἔρχονται	πάλιν	εἰς	Ἱεροσόλυμα.	καὶ	ἐν	τῷ	ἱερῷ
καί	ἔρχομαι	πάλιν	εἰς	Ἱεροσόλυμα	καί	ἐν	ὁ	ἱερόν
카이	에르콘타이	팔린	에이스	히에로솔뤼마	카이	엔	토	히에로
그리고	그들이 간다	다시	으로	예루살렘	그리고	안에	그	성전에
접.등.	동.직.현.중수디.3복.	부.	전.목.	명.목.여.단.	접.등.	전.여격.	관.여격.중.단.	형.대.여격.중.단.

4043	846	2064	4314	846	3588	749	2532
περιπατοῦντος	αὐτοῦ	ἔρχονται	πρὸς	αὐτὸν	οἱ	ἀρχιερεῖς	καὶ
περιπατέω	αὐτός	ἔρχομαι	πρός	αὐτός	τό	ἀρχιερεύς	καί
페리파툰토스	아우투	에르콘타이	프로스	아우톤	호이	아르키에레이스	카이
거닐고 계실 때에	그(의)가	온다	향하여	그를	그	제사장들	과
동.분.현.능.소.남.단.	대.인.소.남.3단.	동.직.현.중수디.3복.	전.목.	대.인.목.남.3단.	관.주.남.복.	명.주.남.복.	접.등.

3588	1122	2532	3588	4245
οἱ	γραμματεῖς	καὶ	οἱ	πρεσβύτεροι
ὁ	γραμματεύς	καί	ὁ	πρεσβύτερος
호이	그람마테이스	카이	호이	프레스뷔테로이
그	서기관들	그리고	그	장로들이
관.주.남.복.	명.주.남.복.	접.등.	관.주.남.복.	형.대.주.남.복.

28 이르되 무슨 권위로 이런 일을 하느냐 누가 이런 일 할 권위를 주었느냐
And say unto him, By what authority doest thou these things? and who gave thee this authority to do these things?

2532	3004	846	1722	4169	1849	3778	4160	2228
καὶ	ἔλεγον	αὐτῷ,	ἐν	ποίᾳ	ἐξουσίᾳ	ταῦτα	ποιεῖς;	ἤ
καί	λέγω	αὐτός	ἐν	ποῖος	ἐξουσία	οὗτος	ποιέω	ἤ
카이	엘레곤	아우토	엔	포이아	엑수시아	타우타	포이에이스	에
그리고	말하고 있었다	그에게	의하여	무슨	권세에	이 일들을	당신은 하느냐	또는
접등.	동.직.미완.능.3복.	대.인.여격.남.3단.	전.여격.	형.의.여격.여.단.	명.여격.여.단.	대.지.목.중.복.	동.직.현.능.2단.	접등.

5101	4771	1325	3588	1849	3778	2443	3778
τίς	σοι	ἔδωκεν	τὴν	ἐξουσίαν	ταύτην	ἵνα	ταῦτα
τίς	σύ	δίδωμι	ὁ	ἐξουσία	οὗτος	ἵνα	οὗτος
티스	소이	에도켄	텐	엑수시안	타우텐	히나	타우타
누가	당신에게	주었느뇨	그	권세를	이런	위하여	이 일들을
대.의.주.남.단.	대.인.여격.2단.	동.직.1과.능.3단.	관.목.여.단.	명.목.여.단.	대.지.목.여.단.	접.종.	대.지.목.중.복.

4160
ποιῇς;
ποιέω
포이에스
당신이 행하기
동.가.현.능.2단.

29 예수께서 이르시되 나도 한 말을 너희에게 물으리니 대답하라 그리하면 나도 무슨
권위로 이런 일을 하는지 이르리라
And Jesus answered and said unto them, I will also ask of you one question, and answer me, and I will tell you by what authority I do these things.

3588	1161	2424	3004(2036)	846	1905	4771	1520
ὁ	δὲ	Ἰησοῦς	εἶπεν	αὐτοῖς,	ἐπερωτήσω	ὑμᾶς	ἕνα
ὁ	δέ	Ἰησοῦς	λέγω.ἔπω	αὐτός	ἐπερωτάω	σύ	εἷς
호	데	예수스	에이펜	아우토이스	에페로테소	휘마스	헤나
그	그러자	예수께서	말씀하셨다	그들에게	내가 묻겠다	너희를	한가지
관.주.남.단.	접.우.	명.주.남.단.	동.직.2과.능.3단.	대.인.여격.남.3복.	동.직.미.능.1단.	대.인.목.2복.	형.기.목.남.단.

3056	2532	611	1473	2532	3004	4771	1722	4169
λόγον,	καὶ	ἀποκρίθητέ	μοι	καὶ	ἐρῶ	ὑμῖν	ἐν	ποίᾳ
λόγος	καί	ἀποκρίνομαι	ἐγώ	καί	λέγω	σύ	ἐν	ποῖος
로곤	카이	아포크리데테	모이	카이	에로	휘민	엔	포이아
말을	그리고	너희는 대답하라	나에게	그리하면	나도 말할 것이라	너희에게	의하여	무슨
명.목.남.단.	접등.	동.명.1과.수디.2복.	대.인.여격.1단.	접등.	동.직.미.능.1단.	대.인.여격.2복.	전.여격.	형.의.여격.여.단.

1849	3778	4160
ἐξουσίᾳ	ταῦτα	ποιῶ·
ἐξουσία	ουτος	ποιέω
엑수시아	타우타	포이오
권세에	이런 일들을	행하는지
명.여격.여.단.	대.지.목.중.복.	동.직.현.능.1단.

30 요한의 세례가 하늘로부터냐 사람으로부터냐 내게 대답하라
The baptism of John, was it from heaven, or of men? answer me.

3588	908	3588	2491	1537	3772	1510	2228
τὸ	βάπτισμα	τὸ	Ἰωάννου	ἐξ	οὐρανοῦ	ἦν	ἤ
τό	βάπτισμα	τό	Ἰωάννης	ἐκ	οὐρανός	εἰμί	ἤ
토	밮티스마	토	요안누	엑스	우라누	엔	에
그	세례가	그	요한의	부터	하늘로	있었느냐	그렇지 않으면
관.주.중.단.	명.주.중.단.	관.주.중.단.	명.소.남.단.	전소	명.소.남.단.	동.직.미완.능.3단.	접등.

1537	444	611	1473
ἐξ	ἀνθρώπων;	ἀποκρίθητέ	μοι.
ἐκ	ἄνθρωπος	ἀποκρίνομαι	ἐγώ
엑스	안드로폰	아포크리데테	모이
부터냐	사람들로	대답하라	나에게
전소.	명.소.남.복.	동.명.1과.수디.2복.	대.인.여격.1단.

31 그들이 서로 의논하여 이르되 만일 하늘로부터라 하면 어찌하여 그를 믿지 아니하였느냐 할 것이니
And they reasoned with themselves, saying, If we shall say, From heaven; he will say, Why then did ye not believe him?

2532	1260	4314	1438	3004	1437	3004(2036)	1537
καὶ	διελογίζοντο	πρὸς	ἑαυτοὺς	λέγοντες,	ἐὰν	εἴπωμεν,	ἐξ
καί	διαλογίζομαι	πρός	ἑαυτοῦ	λέγω	ἐάν	λέγω.ἔπω	ἐκ
카이	디엘로기존토	프로스	헤아우투스	레곤테스	에안	에이포멘	엑스
그러자	그들이 의논하고 있었다	끼리	그들 자신들	말하기를	만일	말하면	부터라
접.등.	동.직.미완.중수디.3복.	전.목.	대.인.목.남.3복.	동.분.현.능.주.남.복.	접.종.	동.가.2과.능.1복.	전.소.

3772	3004	1223	5101	3767	3756	4100	846
οὐρανοῦ,	ἐρεῖ,	διὰ	τί	οὖν	οὐκ	ἐπιστεύσατε	αὐτῷ;
οὐρανός	λέγω	διά	τίς	οὖν	οὐ	πιστεύω	αὐτός
우라누	에레이	디아	티	운	우크	에피스튜사테	아우토
하늘로	그가 말할 것이다	하여	어찌	그러면	않았느냐	너희가 믿지	그에게
명.소.남.단.	동.직.미.능.3단.	전.목.	대.의.목.중.단.	접.우.	부.	동.직.1과.능.2복.	대.인.여격.남.3단.

32 그러면 사람으로부터라 할까 하였으나 모든 사람이 요한을 참 선지자로 여기므로 그들이
백성을 두려워하는지라
But if we shall say, Of men; they feared the people: for all men counted John, that he was a prophet indeed.

235	3004(2036)	1537	444	5399	3588	3793	537
ἀλλ'	εἴπωμεν,	ἐξ	ἀνθρώπων;	ἐφοβοῦντο	τὸν	ὄχλον·	ἅπαντες
ἀλλά	λέγω.ἔπω	ἐκ	ἄνθρωπος	φοβέω	ὁ	ὄχλος	ἅπας
알	에이포멘	엑스	안드로폰	에포분토	톤	오클론	하판테스
그러나	말하면	부터라고	사람으로	그들이 무서워하고 있었다	그	무리를	모든 사람이
접.등.	동.가.2과.능.1복.	전.소.	명.소.남.복.	동.직.미완.중수디.3복.	관.목.남.단.	명.목.남.단.	형.대.주.남.복.

1063	2192	3588	2491	3689	3754	4396	1510
γὰρ	εἶχον	τὸν	Ἰωάννην	ὄντως	ὅτι	προφήτης	ἦν.
γάρ	ἔχω	ὁ	Ἰωάννης	ὄντως	ὅτι	προφήτης	εἰμί
가르	에이콘	톤	요안넨	온토스	호티	프로페테스	엔
왜냐하면	여기고 있었음이라	그	요한을	참으로	것을	한 선지자로	그가 있었다는
접.종.	동.직.미완.능.3복.	관.목.남.단.	명.목.남.단.	부.	접.등.	명.주.남.단.	동.직.미완.능.3단.

33 이에 예수께 대답하여 이르되 우리가 알지 못하노라 하니 예수께서 이르시되 나도 무슨
권위로 이런 일을 하는지 너희에게 이르지 아니하리라 하시니라
And they answered and said unto Jesus, We cannot tell. And Jesus answering saith unto them, Neither do I tell you by what authority I do these things.

2532	611	3588	2424	3004	3756	1492	2532	3588
καὶ	ἀποκριθέντες	τῷ	Ἰησοῦ	λέγουσιν,	οὐκ	οἴδαμεν.	καὶ	ὁ
καί	ἀποκρίνομαι	ὁ	Ἰησοῦς	λέγω	οὐ	οἶδα.εἴδω	καί	ὁ
카이	아포크리덴테스	토	예수	레구신	우크	오이다멘	카이	호
이에	대답하여	그	예수께	그들이 말한다	못했다	우리가 알지	그러자	그
접.등.	동.분.1과.수디.주.남.복.	관.여격.남.단.	명.여격.남.단.	동.직.현.능.3복.	부.	동.직.1완.능.1복.	접.등.	관.주.남.단.

2424	3004	846	3761	1473	3004	4771	1722	4169
Ἰησοῦς	λέγει	αὐτοῖς,	οὐδὲ	ἐγὼ	λέγω	ὑμῖν	ἐν	ποίᾳ
Ἰησοῦς	λέγω	αὐτός	οὐδέ	ἐγώ	λέγω	σύ	ἐν	ποῖος
예수스	레게이	아우토이스	우데	에고	레고	휘민	엔	포이아
예수님께서	말씀하신다	그들에게	않는다	나도	말하지	너희에게	의하여	무슨
명.주.남.단.	동.직.현.능.3단.	대.인.여격.남.3복.	부.	대.인.주.1단.	동.직.현.능.1단.	대.인.여격.2복.	전.여격.	형.의.여격.여.단.

1849	3778	4160
ἐξουσίᾳ	ταῦτα	ποιῶ.
ἐξουσία	οὗτος	ποιέω
엑수시아	타우타	포이오
권세에	이 일들을	내가 행하는지
명.여격.여.단.	대.지.목.중.복.	동.직.현.능.1단.

12 예수께서 비유로 그들에게 말씀하시되 한 사람이 포도원을 만들어 산울타리로 두르고 즙
짜는 틀을 만들고 망대를 지어서 농부들에게 세로 주고 타국에 갔더니

And he began to speak unto them by parables. A certain man planted a vineyard, and set an hedge about it, and digged a place for the winefat, and built a tower, and let it out to husbandmen, and went into a far country.

2532	756	846	1722	3850	2980	290	444
Καὶ	ἤρξατο	αὐτοῖς	ἐν	παραβολαῖς	λαλεῖν,	ἀμπελῶνα	ἄνθρωπος
καί	ἄρχομαι	αὐτός	ἐν	παραβολή	λαλέω	ἀμπελών	ἄνθρωπος
카이	에륵사토	아우토이스	엔	파라볼라이스	랄레인	암펠로나	안드로포스
그리고	그가 시작하셨다	그들에게	안에서	비유들	말씀하시기	한 포도원을	한 사람이
접등.	동.직.1과.중.3단.	대.인.여격.남.3복.	전.여격.	명.여격.여.복.	동.부.현.능.	명.목.남.단.	명.주.남.단.

5452	2532	4060	5418	2532	3736	5276	2532
ἐφύτευσεν	καὶ	περιέθηκεν	φραγμὸν	καὶ	ὤρυξεν	ὑπολήνιον	καὶ
φυτεύω	καί	περιτίθημι	φραγμός	καί	ὀρύσσω	ὑπολήνιον	καί
에퓌튜센	카이	페리에데켄	프라그몬	카이	오뤽센	휘폴레니온	카이
재배하였다	그래서	둘러쳤다	울타리를	또	팠다	포도즙 짜는 틀을	그리고
동.직.1과.능.3단.	접등.	동.직.1과.능.3단.	명.목.남.단.	접등.	동.직.1과.능.3단.	명.목.중.단.	접등.

3618	4444	2532	1554	846	1092	2532	589
ᾠκοδόμησεν	πύργον	καὶ	ἐξέδετο	αὐτὸν	γεωργοῖς	καὶ	ἀπεδήμησεν.
οἰκοδομέω	πύργος	καί	ἐκδίδωμι	αὐτός	γεωργός	καί	ἀποδημέω
오코도메센	퓌르곤	카이	엑세데토	아우톤	게오르고이스	카이	아페데메센
지었다	망대를	그리고	세를 놓았다	그것을	농부들에게	그리고	타국으로 떠나갔다
동.직.1과.능.3단.	명.목.남.단.	접등.	동.직.2과.중.3단.	대.인.목.남.3단.	명.여격.남.복.	접등.	동.직.1과.능.3단.

2 때기 이르매 농부들에게 포도원 소출 얼마를 받으려고 한 종을 보내니

And at the season he sent to the husbandmen a servant, that he might receive from the husbandmen of the fruit of the vineyard.

2532	649	4314	3588	1092	3588	2540	1401	2443
καὶ	ἀπέστειλεν	πρὸς	τοὺς	γεωργοὺς	τῷ	καιρῷ	δοῦλον	ἵνα
καί	ἀποστέλλω	πρός	ὁ	γεωργός	ὁ	καιρός	δοῦλος	ἵνα
카이	아페스테일렌	프로스	투스	게오르구스	토	카이로	둘론	히나
그리고	그가 보냈다	에게로	그	농부들	그	때에 이르매	한 종을	위하여
접등.	동.직.1과.능.3단.	전목.	관.목.남.복.	명.목.남.복.	관.여격.남.단.	명.여격.남.단.	명.목.남.단.	접종.

3844	3588	1092	2983	575	3588	2590	3588	290
παρὰ	τῶν	γεωργῶν	λάβῃ	ἀπὸ	τῶν	καρπῶν	τοῦ	ἀμπελῶνος·
παρά	ὁ	γεωργός	λαμβάνω	ἀπό	ὁ	καρπός	ὁ	ἀμπελών
파라	톤	게오르곤	라베	아포	톤	카르폰	투	암펠로노스
에게서	그	농부들	그가 받기	부터 얼마를	그	열매들	그	포도원의
전소.	관.소.남.복.	명.소.남.복.	동.가.2과.능.3단.	전소.	관.소.남.복.	명.소.남.복.	관.소.남.단.	명.소.남.단.

3 그들이 종을 잡아 심히 때리고 거저 보내었거늘

And they caught him, and beat him, and sent him away empty.

2532	2983	846	1194	2532	649	2756
καὶ	λαβόντες	αὐτὸν	ἔδειραν	καὶ	ἀπέστειλαν	κενόν.
καί	λαμβάνω	αὐτός	δέρω	καί	ἀποστέλλω	κενός
카이	라본테스	아우톤	에데이란	카이	아페스테일란	케논
그러자	잡은 다음에	그를	그들이 때렸다	그리고	내쫓았다	빈 손으로
접등.	동.분.2과.능.주.남.복.	대.인.목.남.3단.	동.직.1과.능.3복.	접등.	동.직.1과.능.3복.	형.목.남.단.

4 다시 다른 종을 보내니 그의 머리에 상처를 내고 능욕하였거늘
And again he sent unto them another servant; and at him they cast stones, and wounded him in the head, and sent him away shamefully handled.

2532	3825	649	4314	846	243	1401	2548
καὶ	πάλιν	ἀπέστειλεν	πρὸς	αὐτοὺς	ἄλλον	δοῦλον·	κἀκεῖνον
καί	πάλιν	ἀποστέλλω	πρός	αὐτός	ἄλλος	δοῦλος	κακεῖνος
카이	팔린	아페스테일렌	프로스	아우투스	알론	둘론	카케이논
그러자	다시	그는 보냈다	에게로	그들	다른	종을	또 그를
접등.	부.	동.직.1과.능.3단.	전목.	대.인.목.남.3복.	형.목.남.단.	명.목.남.단.	접등.&대.지.목.남.단.

2775	2532	821
ἐκεφαλίωσαν	καὶ	ἠτίμασαν.
κεφαλαιόω	καί	ἀτιμάζω
에케팔리오산	카이	에티마산
머리에 상처를 내었다	그리고	모욕하였다
동.직.1과.능.3복.	접등.	동.직.1과.능.3복.

5 또 다른 종을 보내니 그들이 그를 죽이고 또 그 외 많은 종들도 더러는 때리고 더러는 죽인지라
And again he sent another; and him they killed, and many others; beating some, and killing some.

2532	243	649	2548	615	2532	4183	243
καὶ	ἄλλον	ἀπέστειλεν·	κἀκεῖνον	ἀπέκτειναν,	καὶ	πολλοὺς	ἄλλους,
καί	ἄλλος	ἀποστέλλω	κακεῖνος	ἀποκτείνω	καί	πολύς	ἄλλος
카이	알론	아페스테일렌	카케이논	아페크테이난	카이	폴루스	알루스
그래도	다른 (종을)	보냈다	또 그를	그들이 죽였다	또한	많은	다른 종들도
접등.	형.대.목.남.단.	동.직.1과.능.3단.	접등.&대.지.목.남.단.	동.직.1과.능.3복.	접등.	형.목.남.복.	형.대.목.남.복.

3739	3303	1194	3739	1161	615
οὓς	μὲν	δέροντες,	οὓς	δὲ	ἀποκτέννοντες.
ὅς	μέν	δέρω	ὅς	δέ	ἀποκτείνω
후스	멘	데론테스	후스	데	아포크텐논테스
이들은(더러는)		때리고	저들은(더러는)	그리고	죽이는지라
대.관.목.남.복.	접등.	동.분.현.능.주.남.복.	대.관.목.남.복	접등.	동.분.현.능.주.남.복.

6 이제 한 사람이 남았으니 곧 그가 사랑하는 아들이라 최후로 이를 보내며 이르되 내
아들은 존대하리라 하였더니
Having yet therefore one son, his wellbeloved, he sent him also last unto them, saying, They will reverence my son.

2089	1520	2192	5207	27	649	846	2078
ἔτι	ἕνα	εἶχεν	υἱὸν	ἀγαπητόν·	ἀπέστειλεν	αὐτὸν	ἔσχατον
ἔτι	εἷς	ἔχω	υἱός	ἀγαπητός	ἀποστέλλω	αὐτός	ἔσχατος
에티	헤나	에이켄	휘온	아가페톤	아페스테일렌	아우톤	에스카톤
아직	한	데리고 있었다	아들을	사랑하는	그가 보냈다	그를	마지막으로
부.	형.대.기.목.남.단.	동.직.미완.능.3단.	명.목.남.단.	형.목.남.단.	동.직.1과.능.3단.	대.인.목.남.3단.	형.목.남.단.

4314	846	3004	3754	1788	3588	5207	1473
πρὸς	αὐτοὺς	λέγων	ὅτι	ἐντραπήσονται	τὸν	υἱόν	μου.
πρός	αὐτός	λέγω	ὅτι	ἐντρέπω	ὁ	υἱός	ἐγώ
프로스	아우투스	레곤	호티	엔트라페손타이	톤	휘온	무
에게로	그들	말하기를	것이라	공경하게 될	그	아들은	나의
전목.	대.인.목.남.3복.	동.분.현.능.주.남.단.	접.우.	동.직.미.수.3복.	관.목.남.단.	명.목.남.단.	대.인소.1단.

7 그 농부들이 서로 말하되 이는 상속자니 자 죽이자 그러면 그 유산이 우리 것이 되리라 하고
But those husbandmen said among themselves, This is the heir; come, let us kill him, and the inheritance shall be ours.

1565	1161	3588	1092	4314	1438	3004(2036)	3754	3778
ἐκεῖνοι	δὲ	οἱ	γεωργοὶ	πρὸς	ἑαυτοὺς	εἶπαν	ὅτι	οὗτός
ἐκεῖνος	δέ	ὁ	γεωργός	πρός	ἑαυτοῦ	λέγω.ἔπω	ὅτι	οὗτος
에케이노이	데	호이	게오르고이	프로스	헤아우투스	에이판	호티	후토스
저	그러나	그	농부들이	끼리	그들 자신들	말하였다		이는
대.지.주.남.복.	접우.	관.주.남.복.	명.주.남.복.	전목.	대.인.목.남.3복.	동.직.2과.능.3복.	접등.	대.지.주.남.단.

1510	3588	2818	1205	615	846	2532	1473
ἐστιν	ὁ	κληρονόμος·	δεῦτε	ἀποκτείνωμεν	αὐτόν,	καὶ	ἡμῶν
εἰμί	ὁ	κληρονόμος	δεῦτε	ἀποκτείνω	αὐτός	καί	ἐγώ
에스틴	호	클레로노모스	듀테	아포크테이노멘	아우톤	카이	헤몬
이니	그	상속자	너희들은 와서	우리가 죽여버리자	그를	그러면	우리의 것이
동.직.현.능.3단.	관.주.남.단.	명.주.남.단.	부.	동.가.1과.능.1복.	대.인.목.남.3단.	접.등.	대.인.소.1복.

1510	3588	2817
ἔσται	ἡ	κληρονομία.
εἰμί	ἡ	κληρονομία
에스타이	헤	클레로노미아
될 것이다	그	상속이
동.직.미.중디.3단.	관.주.여.단.	명.주.여.단.

8 이에 잡아 죽여 포도원 밖에 내던졌느니라

And they took him, and killed him, and cast him out of the vineyard.

2532	2983	615	615	2532	1544	846	1854
καὶ	λαβόντες	ἀπέκτειναν	αὐτόν	καὶ	ἐξέβαλον	αὐτὸν	ἔξω
καί	λαμβάνω	ἀποκτείνω	αὐτός	καί	ἐκβάλλω	αὐτός	ἔξω
카이	라본테스	아페크테이난	아우톤	카이	엑세발론	아우톤	엑소
그래서	잡아서	그들이 죽였다	그를	그래서	내어 던졌다	그를	밖으로
접.등.	동.분.2과.능.주.남.복.	동.직.1과.능.3복.	대.인.목.남.3단.	접.등.	동.직.2과.능.3복.	대.인.목.남.3단.	전.소

3588	290
τοῦ	ἀμπελῶνος.
ὁ	ἀμπελών
투	암펠로노스
그	포도원의
관.소.남.단.	명.소.남.단.

9 포도원 주인이 어떻게 하겠느냐 와서 그 농부들을 진멸하고 포도원을 다른 사람들에게 주리라

What shall therefore the lord of the vineyard do? he will come and destroy the husbandmen, and will give the vineyard unto others.

5101	3767	4160	3588	2962	3588	290	2064	2532
τί	οὖν	ποιήσει	ὁ	κύριος	τοῦ	ἀμπελῶνος;	ἐλεύσεται	καὶ
τίς	οὖν	ποιέω	ὁ	κύριος	ὁ	ἀμπελών	ἔρχομαι	καί
티	운	포이에세이	호	퀴리오스	투	암펠로노스	엘류세타이	카이
무엇을	그러므로	하겠느냐?	그	주인이	그	포도원의	그가 올 것이다	그리고
대.의.목.중.단.	접.우.	동.직.미.능.3단.	관.주.남.단.	명.주.남.단.	관.소.남.단.	명.소.남.단.	동.직.미.중디.3단.	접.등.

622	3588	1092	2532	1325	3588	290	243
ἀπολέσει	τοὺς	γεωργούς	καὶ	δώσει	τὸν	ἀμπελῶνα	ἄλλοις.
ἀπόλλυμι	ὁ	γεωργός	καί	δίδωμι	ὁ	ἀμπελών	ἄλλος
아폴레세이	투스	게오르구스	카이	도세이	톤	암펠로나	알로이스
멸망시킬 것이다	그	농부들을	그리고	줄 것이다	그	포도원을	다른(사람들에게)
동.직.미.능.3단.	관.목.남.복.	명.목.남.복.	접.등.	동.직.미.능.3단.	관.목.남.단.	명.목.남.단.	형.대.여격.남.복.

10 너희가 성경에 건축자들이 버린 돌이 모퉁이의 머릿돌이 되었나니

And have ye not read this scripture; The stone which the builders rejected is become the head of the corner:

3761	3588	1124	3778	314	3037	3739	593
οὐδὲ	τὴν	γραφὴν	ταύτην	ἀνέγνωτε,	λίθον	ὃν	ἀπεδοκίμασαν
οὐδέ	ἡ	γραφή	οὗτος	ἀναγινώσκω	λίθος	ὅς	ἀποδοκιμάζω
우데	텐	그라펜	타우텐	아네그노테	리돈	혼	아페도키마산
도 못하였느냐	그	성경을	이	너희가 읽지	돌을	바	버렸던
부./불.의.	관.목.여.단.	명.목.여.단.	대.지.목.여.단.	동.직.2과.능.2복.	명.목.남.단.	대.관.목.남.단.	동.직.1과.능.3복.

3588	3618	3778	1096	1519	2776	1137
οἱ	οἰκοδομοῦντες,	οὗτος	ἐγενήθη	εἰς	κεφαλὴν	γωνίας·
ὁ	οἰκοδομέω	οὗτος	γίνομαι	εἰς	κεφαλή	γωνία
호이	오이코도문테스	후토스	에게네데	에이스	케팔렌	고니아스
그(사람들이)	건축자들이	이것이	되었다	(으)로	머리돌	모퉁이의
관.주.남.복.	동.분.현.능.주.남.복.	대.지.주.남.단.	동.직.1과.수디.3단.	전목.	명.목.여.단.	명.소.여.단.

11 이것은 주로 말미암아 된 것이요 우리 눈에 놀랍도다 함을 읽어 보지도 못하였느냐 하시니라
This was the Lord's doing, and it is marvellous in our eyes?

3844	2962	1096	3778	2532	1510	2298	1722
παρὰ	κυρίου	ἐγένετο	αὕτη	καὶ	ἔστιν	θαυμαστὴ	ἐν
παρά	κύριος	γίνομαι	οὗτος	καί	εἰμί	θαυμαστός	ἐν
파라	퀴리우	에게네토	하우테	카이	에스틴	다우마스테	엔
께서	주님	이루셨도다	이것은	그러나	이다	놀라운 일	안에는
전소.	명.소.남.단.	동.직.2과.중디.3단.	대.지.주.여.단.	접.등.	동.직.현.능.3단.	형.주.여.단.	전.여격.

3788	1473
ὀφθαλμοῖς	ἡμῶν;
ὀφθαλμός	ἐγώ
오프달모이스	헤몬
눈들에	우리의
명.여격.남.복.	대.인.소.1복.

12 그들이 예수의 이 비유가 자기들을 가리켜 말씀하심인 줄 알고 잡고자 하되 무리를
두려워하여 예수를 두고 가니라
And they sought to lay hold on him, but feared the people: for they knew that he had spoken the parable against them: and they left him, and went their way.

2532	2212	846	2902	2532	5399	3588	3793
Καὶ	ἐζήτουν	αὐτὸν	κρατῆσαι,	καὶ	ἐφοβήθησαν	τὸν	ὄχλον,
καί	ζητέω	αὐτός	κρατέω	καί	φοβέω	ὁ	ὄχλος
카이	에제툰	아우톤	크라테사이	카이	에포베데산	톤	오클론
이에	그들이 찾고 있었다	그를	잡으려고	그러나	두려워하였다	그	무리를
접.등.	동.직.미완.능.3복.	대.인.목.남.3단.	동.부.1과.능.	접.등.	동.직.1과.수디.3복.	관.목.남.단.	명.목.남.단.

1097	1063	3754	4314	846	3588	3850	3004(2036)	2532
ἔγνωσαν	γὰρ	ὅτι	πρὸς	αὐτοὺς	τὴν	παραβολὴν	εἶπεν.	καὶ
γινώσκω	γάρ	ὅτι	πρός	αὐτός	ἡ	παραβολή	λέγω.ἔπω	καί
에그노산	가르	호티	프로스	아우투스	텐	파라볼렌	에이펜	카이
그들이 알았다	왜냐하면	것을	향하여	자기들을	그	비유를	말씀하심인	그래서
동.직.2과.능.3복.	접.종.	접.우.	전.목.	대.인.목.남.3복.	관.목.여.단.	명.목.여.단.	동.직.2과.능.3단.	접.등.

863	846	565
ἀφέντες	αὐτὸν	ἀπῆλθον.
ἀφίημι	αὐτός	ἀπέρχομαι
아펜테스	아우톤	아펠돈
버려두고	그를	떠나가버렸다
동.분.2과.능.주.남.복.	대.인.목.남.3단.	동.직.2과.능.3복.

13 그들이 예수의 말씀을 책잡으려 하여 바리새인과 헤롯당 중에서 사람을 보내매
And they send unto him certain of the Pharisees and of the Herodians, to catch him in his words.

2532	649	4314	846	5100	3588	5330	2532
Καὶ	ἀποστέλλουσιν	πρὸς	αὐτόν	τινας	τῶν	Φαρισαίων	καὶ
καί	ἀποστέλλω	πρός	αὐτός	τις	ὁ	Φαρισαῖος	καί
카이	아포스텔루신	프로스	아우톤	티나스	톤	파리사이온	카이
그리고	보냈다	에게로	그(를)	몇 사람을	그	바리새인들	과
접.등.	동.직.현.능.3복.	전.목.	대.인.목.남.3단.	대.부.목.남.복.	관.소.남.복.	명.소.남.복.	접.등.

3588	2265	2443	846	64	3056
τῶν	Ἡρῳδιανῶν	ἵνα	αὐτὸν	ἀγρεύσωσιν	λόγῳ.
ὁ	Ηρωδιανοί	ἵνα	αὐτός	ἀγρεύω	λόγος
톤	헤로디아논	히나	아우톤	아그류소신	로고
그	헤롯당들 중의	위하여	그를	그들이 책 잡기	말씀에
관.소.남.복.	명.소.남.복.	접.종.	대.인.목.남.3단.	동.가.1과.능.3복.	명.여격.남.단.

14 와서 이르되 선생님이여 우리가 아노니 당신은 참되시고 아무도 꺼리는 일이 없으시니
이는 사람을 외모로 보지 않고 오직 진리로써 하나님의 도를 가르치심이니이다
가이사에게 세금을 바치는 것이 옳으니이까 옳지 아니하니이까

And when they were come, they say unto him, Master, we know that thou art true, and carest for no man: for thou regardest not the person of men, but teachest the way of God in truth: Is it lawful to give tribute to Caesar, or not?

2532	2064	3004	846	1320	1492	3754	227
καὶ	ἐλθόντες	λέγουσιν	αὐτῷ,	διδάσκαλε,	οἴδαμεν	ὅτι	ἀληθὴς
καί	ἔρχομαι	λέγω	αὐτός	διδάσκαλος	οἶδα.εἴδω	ὅτι	ἀληθής
카이	엘돈테스	레구신	아우토	디다스칼레	오이다멘	호티	알레데스
이에	와서	그들이 말한다	그에게	선생님이여	우리가 알았나이다	줄로	참되신 분
접.등.	동.분.2과.능.주.남.복.	동.직.현.능.3복.	대.인.여격.남.3단.	명.호.남.단.	동.직.1완.능.1복.	접.우.	형.주.남.단.

1510	2532	3756	3199	4771	4012	3762	3756	1063	991
εἶ	καὶ	οὐ	μέλει	σοι	περὶ	οὐδενός·	οὐ	γὰρ	βλέπεις
εἰμί	καί	οὐ	μέλω	σύ	περί	οὐδείς	οὐ	γάρ	βλέπω
에이	카이	우	멜레이	소이	페리	우데노스	우	가르	블레페이스
당신은 이시며	또	않으신	문제가 되지	당신에게는	대하여도	아무에	않고	왜냐하면	당신은 보지
동.직.현.능.2단.	접.등.	부.	동.직.현.능.3단.	대.인.여격.2단.	전.소.	형.대.기.소.남.단.	부.	접.종.	동.직.현.능.2단.

1519	4383	444	235	1909	225	3588	3598	3588
εἰς	πρόσωπον	ἀνθρώπων,	ἀλλ'	ἐπ'	ἀληθείας	τὴν	ὁδὸν	τοῦ
εἰς	πρόσωπον	ἄνθρωπος	ἀλλά	ἐπί	ἀλήθεια	ἡ	ὁδός	ὁ
에이스	프로소폰	안드로폰	알	엪	알레데이아스	텐	호돈	투
을	외모(얼굴)	사람들을	그러나	위에서	참	그	길을	그
전.목.	명.목.중.단.	명.소.남.복.	접.우.	전.소.	명.소.여.단.	관.목.여.단.	명.목.여.단.	관.소.남.단.

2316	1321	1832	1325	2778	2541	2228	3756
θεοῦ	διδάσκεις·	ἔξεστιν	δοῦναι	κῆνσον	Καίσαρι	ἢ	οὔ;
θεός	διδάσκω	ἔξεστι	δίδωμι	κῆνσος	Καῖσαρ	ἤ	οὐ
데우	디다스케이스	엑세스틴	두나이	켄손	카이사리	에	우
하나님의	가르칩니다	합당합니까?	내는 것이	세금을	가이사에게	혹은	아니니까
명.소.남.단.	동.직.현.능.2단.	동.직.현.능.3단.	동.부.2과.능.	명.목.남.단.	명.여격.남.단.	접.등.	부.

1325	2228	3361	1325
δῶμεν	ἢ	μὴ	δῶμεν;
δίδωμι	ἤ	μή	δίδωμι
도멘	에	메	도멘
우리가 내리이까	혹은	말아야 하니이까	바치지
동.가.2과.능.1복.	접.등.	부.	동.가.1과.능.1복.

15 우리가 바치리이까 말리이까 한대 예수께서 그 외식함을 아시고 이르시되 어찌하여 나를
시험하느냐 데나리온 하나를 가져다가 내게 보이라 하시니

Shall we give, or shall we not give? But he, knowing their hypocrisy, said unto them, Why tempt ye me? bring me a penny, that I may see it.

3588	1161	1492	846	3588	5272	3004(2036)	846
ὁ	δὲ	εἰδὼς	αὐτῶν	τὴν	ὑπόκρισιν	εἶπεν	αὐτοῖς,
ὁ	δέ	οἶδα.εἴδω	αὐτός	ἡ	ὑπόκρισις	λέγω.ἔπω	αὐτός
호	데	에이도스	아우톤	텐	휘포크리신	에이펜	아우토이스
예수님께서	그러나	알고 계시면서	그들의	그	위선을	말씀하신다	그들에게
관.주.남.단.	접.우.	동.분.1완.능.주.남.단.	대.인.소.남.3복.	관.목.여.단.	명.목.여.단.	동.직.2과.능.3단.	대.인.여격.남.3복.

5101	1473	3985	5342	1473	1220	2443	3708(1492)
Τί	με	πειράζετε;	φέρετέ	μοι	δηνάριον	ἵνα	ἴδω.
τίς	ἐγώ	πειράζω	φέρω	ἐγώ	δηνάριον	ἵνα	ὁράω.εἴδω
티	메	페이라제테	페레테	모이	데나리온	히나	이도
어찌하여	나를	너희가 유혹하느냐	가져오라	나에게	한 데나리온을	위하여	내가 보기
대.의.목.중.단	대.인.목.1단.	동.직.현.능.2복.	동.명.현.능.2복.	대.인.여격.1단.	명.목.중.단.	접.종.	동.가.2과.능.1단.

16 가져왔거늘 예수께서 이르시되 이 형상과 이 글이 누구의 것이냐 이르되 가이사의
것이니이다
And they brought it. And he saith unto them, Whose is this image and superscription? And they said unto him, Caesar's.

3588	1161	5342	2532	3004	846	5101	3588
οἱ	δὲ	ἤνεγκαν.	καὶ	λέγει	αὐτοῖς,	τίνος	ἡ
ὁ	δέ	φέρω	καί	λέγω	αὐτός	τίς	ἡ
호이	데	에넹칸	카이	레게이	아우토이스	티노스	헤
그들이	그래서	가져왔다	이에	그가 말씀하신다	그들에게	누구의 것이냐?	그
관.주.남.복.	접.우.	동.직.1과.능.3복.	접.등.	동.직.현.능.3단.	대.인.여격.남.3복.	대.의.소.남.단.	관.주.여.단.

1504	3778	2532	3588	1923	3588	1161	3004(2036)
εἰκὼν	αὕτη	καὶ	ἡ	ἐπιγραφή;	οἱ	δὲ	εἶπαν
εἰκών	οὗτος	καί	ἡ	ἐπιγραφή	ὁ	δέ	λέγω.ἔπω
에이콘	하우테	카이	헤	에피그라페	호이	데	에이판
화상(초상)	이것은	과	그	새겨진 글이냐	그들이	이에	말했다
명.주.여.단.	대.지.주.여.단.	접.등.	관.주.여.단.	명.주.여.단.	관.주.남.복.	접.우.	동.직.2과.능.3복.

846	2541
αὐτῷ,	Καίσαρος.
αὐτός	Καῖσαρ
아우토	카이사로스
그에게	가이사의 것이니이다
대.인.여격.남.3단.	명.소.남.단.

17 이에 예수께서 이르시되 가이사의 것은 가이사에게, 하나님의 것은 하나님께 바치라
하시니 그들이 예수께 대하여 매우 놀랍게 여기더라
And Jesus answering said unto them, Render to Caesar the things that are Caesar's, and to God the things that are God's. And they marvelled at him.

3588	1161	2424	3004(2036)	846	3588	2541	591
ὁ	δὲ	Ἰησοῦς	εἶπεν	αὐτοῖς,	τὰ	Καίσαρος	ἀπόδοτε
ὁ	δέ	Ἰησοῦς	λέγω.ἔπω	αὐτός	τό	Καῖσαρ	ἀποδίδωμι
호	데	예수스	에이펜	아우토이스	타	카이사로스	아포도테
그	그러자	예수께서	말씀하셨다	그들에게	그(것들을)	가이사의	바치라
관.주.남.단.	접.우.	명.주.남.단.	동.직.2과.능.3단.	대.인.여격.남.3복.	관.목.중.복.	명.소.남.단.	동.명.2과.능.2복.

2541	2532	3588	3588	2316	3588	2316	2532	2296
Καίσαρι	καὶ	τὰ	τοῦ	θεοῦ	τῷ	θεῷ.	καὶ	ἐξεθαύμαζον
Καῖσαρ	καί	τό	ὁ	θεός	ὁ	θεός	καί	ἐκθαυμάζω
카이사리	카이	타	투	데우	토	데오	카이	엑세다우마존
가이사에게	그리고	그(것들을)	그	하나님의	그	하나님께	그래서	그들이 심히 놀랐다
명.여격.남.단.	접.등.	관.목.중.복.	관.소.남.단.	명.소.남.단.	관.여격.남.단.	명.여격.남.단.	접.등.	동.직.미완.능.3복.

1909	846
ἐπ'	αὐτῷ.
ἐπί	αὐτός
엪	아우토
대하여	그에
전.여격.	대.인.여격.남.3단.

18 부활이 없다 하는 사두개인들이 예수께 와서 물어 이르되
Then come unto him the Sadducees, which say there is no resurrection; and they asked him, saying,

2532	2064	4523	4314	846	3748	3004	386
Καὶ	ἔρχονται	Σαδδουκαῖοι	πρὸς	αὐτόν,	οἵτινες	λέγουσιν	ἀνάστασιν
καί	ἔρχομαι	Σαδδουκαῖος	πρός	αὐτός	ὅστις	λέγω	ἀνάστασις
카이	에르콘타이	삳두카이오이	프로스	아우톤	호이티네스	레구신	아나스타신
또	온다	사두개인들이	에게로	그(를)	그들은	말한다	부활을
접.등.	동.직.현.중수디.3복.	명.주.남.복.	전.목.	대.인.목.남.3단.	대.관.주.남.복.	동.직.현.능.3복.	명.목.여.단.

3361	1510	2532	1905	846	3004
μὴ	εἶναι,	καὶ	ἐπηρώτων	αὐτὸν	λέγοντες,
μή	εἰμί	καί	ἐπερωτάω	αὐτός	λέγω
메	에이나이	카이	에페로톤	아우톤	레곤테스
아니라고	있는 것이	그리고	묻고 있었다	그에게	말하기를
부.	동.부.현.능.	접.등.	동.직.미완.능.3복.	대.인.목.남.3단.	동.분.현.능.주.남.복.

19 선생님이여 모세가 우리에게 써 주기를 어떤 사람의 형이 자식이 없이 아내를 두고
죽으면 그 동생이 그 아내를 취하여 형을 위하여 상속자를 세울지니라 하였나이다

Master, Moses wrote unto us, If a man's brother die, and leave his wife behind him, and leave no children, that his brother should take his wife, and raise up seed unto his brother.

1320	3475	1125	1473	3754	1437	5100	80
διδάσκαλε,	Μωϋσῆς	ἔγραψεν	ἡμῖν	ὅτι	ἐάν	τινος	ἀδελφὸς
διδάσκαλος	Μωϋσῆς	γράφω	ἐγώ	ὅτι	ἐάν	τις	ἀδελφός
디다스칼레	모위세스	에그랖센	헤민	호티	에안	티노스	아델포스
선생님이여	모세가	기록하였습니다	우리에게	때문에	만일	어떤 사람의	형이
명.호.남.단.	명.주.남.단.	동.직.1과.능.3단.	대.인.여격.1복.	접.등.	접.종.	대.부.소.남.단.	명.주.남.단.

599	2532	2641	1135	2532	3361	863	5043	2443
ἀποθάνῃ	καὶ	καταλίπῃ	γυναῖκα	καὶ	μὴ	ἀφῇ	τέκνον,	ἵνα
ἀποθνήσκω	καί	καταλείπω	γυνή	καί	μή	ἀφίημι	τέκνον	ἵνα
아포다네	카이	카탈리페	귀나이카	카이	메	아페	테크논	히나
죽으며	그런데	남겨두고	아내를	그러나	않았으면	남겨두지	자식을	위함이니이다
동.가.2과.능.3단.	접.등.	동.가.2과.능.3단.	명.목.여.단.	접.등.	부.	동.가.2과.능.3단.	명.목.중.단.	접.등.

2983	3588	80	846	3588	1135	2532	1817
λάβῃ	ὁ	ἀδελφὸς	αὐτοῦ	τὴν	γυναῖκα	καὶ	ἐξαναστήσῃ
λαμβάνω	ὁ	ἀδελφός	αὐτός	ἡ	γυνή	καί	ἐξανίστημι
라베	호	아델포스	아우투	텐	귀나이카	카이	엑사나스테세
취하다	그	동생이	그의	그	아내를	그래서	(꼭)일으키기
동.가.2과.능.3단.	관.주.남.단.	명.주.남.단.	대.인.소.남.3단.	관.목.여.단.	명.목.여.단.	접.등.	동.가.1과.능.3단.

4690	3588	80	848
σπέρμα	τῷ	ἀδελφῷ	αὐτοῦ.
σπέρμα	ἡ	ἀδελφός	αὐτοῦ
스페르마	토	아델포	아우투
씨를	그	형에게	그의
명.목.중.단.	관.여격.남.단.	명.여격.남.단.	대.인.소.남.3단.

20 칠 형제가 있었는데 맏이가 아내를 취하였다가 상속자가 없이 죽고

Now there were seven brethren: and the first took a wife, and dying left no seed.

2033	80	1510	2532	3588	4413	2983	1135	2532
ἑπτὰ	ἀδελφοὶ	ἦσαν·	καὶ	ὁ	πρῶτος	ἔλαβεν	γυναῖκα	καὶ
ἑπτά	ἀδελφός	εἰμί	καί	ὁ	πρῶτος	λαμβάνω	γυνή	καί
헾타	아델포이	에산	카이	호	프로토스	엘라벤	귀나이카	카이
칠	형제들이	있었습니다	그런데	그	맏이	취하였다	아내를	그러나
형.기.주.남.복.	명.주.남.복.	동.직.미완.능.3복.	접.등.	관.주.남.단.	형.대.서.주.남.단.	동.직.2과.능.3단.	명.목.여.단.	접.등.

599	3756	863	4690
ἀποθνῄσκων	οὐκ	ἀφῆκεν	σπέρμα·
ἀποθνήσκω	οὐ	ἀφίημι	σπέρμα
아포드네스콘	우크	아페켄	스페르마
죽을 때	못하였다	남기지	씨를
동.분.현.능.주.남.단.	부.	동.직.1과.능.3단.	명.목.중.단.

21 둘째도 그 여자를 취하였다가 상속자가 없이 죽고 셋째도 그렇게 하여
And the second took her, and died, neither left he any seed: and the third likewise.

2532	3588	1208	2983	846	2532	599	3361	2641
καὶ	ὁ	δεύτερος	ἔλαβεν	αὐτήν	καὶ	ἀπέθανεν	μὴ	καταλιπὼν
καί	ὁ	δεύτερος	λαμβάνω	αὐτός	καί	ἀποθνήσκω	μή	καταλείπω
카이	호	듀테로스	엘라벤	아우텐	카이	아페다넨	메	카탈리폰
또	그	둘째도	취하였다	그 여자를	그러나	죽었다	못하고	남겨두지
접등.	관.주.남.단.	형.대.서.주.남.단.	동.직.2과.능.3단.	대.인.목.여.3단.	접등.	동.직.2과.능.3단.	부.	동.분.2과.능.주.남.단.

4690	2532	3588	5154	5615
σπέρμα·	καὶ	ὁ	τρίτος	ὡσαύτως·
σπέρμα	καί	ὁ	τρίτος	ὡσαύτως
스페르마	카이	호	트리토스	호사우토스
씨를	또	그	셋째도	그렇게 하여
명.목.중.단.	접등.	관.주.남.단.	형.대.서.주.남.단.	부.

22 일곱이 다 상속자가 없었고 최후에 여자도 죽었나이다
And the seven had her, and left no seed: last of all the woman died also.

2532	3588	2033	3756	863	4690	2078	3956	2532
καὶ	οἱ	ἑπτὰ	οὐκ	ἀφῆκαν	σπέρμα.	ἔσχατον	πάντων	καὶ
καί	ὁ	ἑπτά	οὐ	ἀφίημι	σπέρμα	ἔσχατος	πᾶς	καί
카이	호이	헾타	우크	아페칸	스페르마	에스카톤	판톤	카이
그래서	그	일곱이	않았습니다	남기지	씨를	마지막을(최후에)	모든 것의	역시
접등.	관.주.남.복.	형.대.기.주.남.복.	부.	동.직.1과.능.3복.	명.목.중.단.	형.대.목.중.단.	형.대.소.중.복.	부.

3588	1135	599
ἡ	γυνὴ	ἀπέθανεν.
ἡ	γυνή	ἀποθνήσκω
헤	귀네	아페다넨
그	여자도	죽었습니다
관.주.여.단.	명.주.여.단.	동.직.2과.능.3단.

23 일곱 사람이 다 그를 아내로 취하였으니 부활 때 곧 그들이 살아날 때에 그 중의 누구의
아내가 되리이까
In the resurrection therefore, when they shall rise, whose wife shall she be of them? for the seven had her to wife.

1722	3588	386	3752	450	5101	846	1510
ἐν	τῇ	ἀναστάσει	ὅταν	ἀναστῶσιν,	τίνος	αὐτῶν	ἔσται
ἐν	ὁ	ἀνάστασις	ὅταν	ἀνίστημι	τίς	αὐτός	εἰμί
엔	테	아나스타세이	호탄	아나스토신	티노스	아우톤	에스타이
중에	그	부활	때에	그들이 다시 살아날	누구의	그들 중의	될 것입니까?
전.여격.	관.여격.여.단.	명.여격.여.단.	부.관.	동.가.2과.능.3복.	대.의.소.남.단.	대.인.소.남.3복.	동.직.미.중디.3단.

1135	3588	1063	2033	2192	846	1135
γυνή;	οἱ	γὰρ	ἑπτὰ	ἔσχον	αὐτὴν	γυναῖκα.
γυνή	ὁ	γάρ	ἑπτά	ἔχω	αὐτός	γυνή
귀네	호이	가르	헾타	에스콘	아우텐	귀나이카
아내가	그	왜냐하면	일곱이	삼았음이니라	그녀를	아내로
명.주.여.단.	관.주.남.복.	접.종.	형.대.기.주.남.복.	동.직.2과.능.3복.	대.인.목.여.3단.	명.목.여.단.

24 예수께서 이르시되 너희가 성경도 하나님의 능력도 알지 못하므로 오해함이 아니냐
And Jesus answering said unto them, Do ye not therefore err, because ye know not the scriptures, neither the power of God?

5346	846	3588	2424	3756	1223	3778	4105
ἔφη	αὐτοῖς	ὁ	Ἰησοῦς,	οὐ	διὰ	τοῦτο	πλανᾶσθε
φημί	αὐτός	ὁ	Ἰησοῦς	οὐ	διά	οὗτος	πλανάω
에페	아우토이스	호	예수스	우	디아	투토	플라나스데
말씀하셨다	그들에게	그	예수께서	아니하냐	때문에	이	잘못된 것이
동.직.2과.능.3단./동.직.미완.능.3단.	대.인.여격.남.3복.	관.주.남.단.	명.주.남.단.	불.의.	전.목.	대.지.목.중.단.	동.직.현.수.2복.

3361	1492	3588	1124	3366	3588	1411	3588	2316
μὴ	εἰδότες	τὰς	γραφὰς	μηδὲ	τὴν	δύναμιν	τοῦ	θεοῦ;
μή	οἶδα.εἴδω	ὁ	γραφή	μηδέ	ἡ	δύναμις	ὁ	θεός
메	에이도테스	타스	그라파스	메데	텐	뒤나민	투	데우
못하여서	알고 있지	그	성경을	도 모르고	그	능력	그	하나님의
부.	동.분.1완.능.주.남.2복.	관.목.여.복.	명.목.여.복.	접.등.	관.목.여.단.	명.목.여.단.	관.소.남.단.	명.소.남.단.

25 사람이 죽은 자 가운데서 살아날 때에는 장가도 아니 가고 시집도 아니 가고 하늘에
있는 천사들과 같으니라

For when they shall rise from the dead, they neither marry, nor are given in marriage; but are as the angels which are in heaven.

3752	1063	1537	3498	450	3777	1060	3777
ὅταν	γὰρ	ἐκ	νεκρῶν	ἀναστῶσιν	οὔτε	γαμοῦσιν	οὔτε
ὅταν	γάρ	ἐκ	νεκρός	ἀνίστημι	οὔτε	γαμέω	οὔτε
호탄	가르	에크	네크론	아나스토신	우테	가무신	우테
때에	왜냐하면	가운데서	죽은 자들	그들이 살아날	도 안간다	장가도	안간다
접.종.	접.종.	전.소.	형.대.소.남.복.	동.가.2과.능.3복.	접.등.	동.직.현.능.3복.	접.등.

1061	235	1510	5613	32	1722	3588	3772
γαμίζονται,	ἀλλ'	εἰσὶν	ὡς	ἄγγελοι	ἐν	τοῖς	οὐρανοῖς.
γαμίκω	ἀλλά	εἰμί	ὡς	ἄγγελος	ἐν	ὁ	οὐρανός
가미존타이	알	에이신	호스	앙겔로이	엔	토이스	우라노이스
시집도	다만	있음이라	같이	천사들과	안에 있는	그	하늘들에
동.직.현.수.3복.	접.우.	동.직.현.능.3복.	접.종.	명.주.남.복.	전.여격.	관.여격.남.복.	명.여격.남.복.

26 죽은 자가 살아난다는 것을 말할진대 너희가 모세의 책 중 가시나무 떨기에 관한 글에
하나님께서 모세에게 이르시되 나는 아브라함의 하나님이요 이삭의 하나님이요 야곱의
하나님이로라 하신 말씀을 읽어보지 못하였느냐

And as touching the dead, that they rise: have ye not read in the book of Moses, how in the bush God spake unto him, saying, I am the God of Abraham, and the God of Isaac, and the God of Jacob?

4012	1161	3588	3498	3754	1453	3756	314	1722
περὶ	δὲ	τῶν	νεκρῶν	ὅτι	ἐγείρονται	οὐκ	ἀνέγνωτε	ἐν
περί	δέ	ὁ	νεκρός	ὅτι	ἐγείρω	οὐ	ἀναγινώσκω	ἐν
페리	데	톤	네크론	호티	에게이론타이	우크	아네그노테	엔
관해서는	그러나	그	죽은 자들에	것을	그들이 살아난다는	못하였느냐	너희가 읽어보지	안에서
전.소.	접.등.	관.소.남.복.	형.대.소.남.복.	접.등.	동.직.현.수.3복.	부./불.의.	동.직.2과.능.2복.	전.여격.

3588	976	3475	1909	3588	942	4459	3004(2036)	846
τῇ	βίβλῳ	Μωϋσέως	ἐπὶ	τοῦ	βάτου	πῶς	εἶπεν	αὐτῷ
ἡ	βίβλος	Μωϋσῆς	ἐπί	ὁ	βάτος	πῶς	λέγω.ἔπω	αὐτός
테	비블로	모위세오스	에피	투	바투	포스	에이펜	아우토
그	책에	모세의	위에서	그	가시나무떨기	어떻게	말씀하셨는지를	그에게
관.여격.여.단.	명.여격.여.단.	명.소.남.단.	전.소.	관.소.남.단.	명.소.남.단.	접.등.	동.직.2과.능.3단.	대.인.여격.남.3단.

3588	2316	3004	1473	3588	2316	11	2532	3588	2316
ὁ	θεὸς	λέγων,	ἐγω	ὁ	θεὸς	Ἀβραὰμ	καὶ	[ὁ]	θεὸς
ὁ	θεός	λέγω	ἐγώ	ὁ	θεός	Ἀβραάμ	καί	ὁ	θεός
호	데오스	레곤	에고	호	데오스	아브라암	카이	호	데오스
그	하나님께서	말씀하시되	나는	그	하나님	아브라함의	과	(그)	하나님
관.주.남.단.	명.주.남.단.	동.분.현.능.주.남.단.	대.인.주.1단.	관.주.남.단.	명.주.남.단.	명.소.남.단.	접.등.	관.주.남.단.	명.주.남.단.

2464	2532	3588	2316	2384
Ἰσαὰκ	καὶ	[ὁ]	θεὸς	Ἰακώβ;
Ἰσαάκ	καί	ὁ	θεός	Ἰακώβ
이사악	카이	호	데오스	야콥
이삭의	과	(그)	하나님이니라	야곱의
명.소.남.단.	접.등.	관.주.남.단.	명.주.남.단.	명.소.남.단.

27 하나님은 죽은 자의 하나님이 아니요 산 자의 하나님이시라 너희가 크게 오해하였도다
하시니라
He is not the God of the dead, but the God of the living: ye therefore do greatly err.

3756	1510	2316	3498	235	2198	4183	4105
οὐκ	ἔστιν	θεὸς	νεκρῶν	ἀλλὰ	ζώντων·	πολὺ	πλανᾶσθε.
οὐ	εἰμί	θεός	νεκρός	ἀλλά	ζάω	πολύς	πλανάω
우크	에스틴	데오스	네크론	알라	존톤	폴뤼	플라나스데
아니	요	하나님이	죽은 자들의	다만	산 자들의	크게	너희가 오해하였다
부.	동.직.현.능.3단.	명.주.남.단.	형.대.소.남.복.	접.우.	동.분.현.능.소.남.복.	형.대.목.중.단.	동.직.현.수.2복.

28 서기관 중 한 사람이 그들이 변론하는 것을 듣고 예수께서 잘 대답하신 줄을 알고
나아와 묻되 모든 계명 중에 첫째가 무엇이니이까
And one of the scribes came, and having heard them reasoning together, and perceiving that he had answered them well, asked him, Which is the first commandment of all?

2532	4334	1520	3588	1122	191	846
Καὶ	προσελθὼν	εἷς	τῶν	γραμματέων	ἀκούσας	αὐτῶν
καί	προσέρχομαι	εἷς	ὁ	γραμματεύς	ἀκούω	αὐτός
카이	프로셀돈	헤이스	톤	그람마테온	아쿠사스	아우톤
그리고	가까이 와서	한 사람이	그	서기관들 중의	들은 후에	그들의
접.등.	동.분.2과.능.주.남.단.	형.대.기.주.남.단.	관.소.남.복.	명.소.남.복.	동.분.1과.능.주.남.단.	대.인.소.남.3복.

4802	3708(1492)	3754	2573	611	846	1905
συζητούντων,	ἰδὼν	ὅτι	καλῶς	ἀπεκρίθη	αὐτοῖς	ἐπηρώτησεν
συζητέω	ὁράω.εἴδω	ὅτι	καλῶς	ἀποκρίνομαι	αὐτός	ἐπερωτάω
쉬제툰톤	이돈	호티	칼로스	아페크리데	아우토이스	에페로테센
논쟁하는	알고	것을	잘	그가 대답하셨다	그들에게	물었다
동.분.현.능.소.남.복.	동.분.2과.능.주.남.단.	접.우.	부.	동.직.1과.수디.3단.	대.인.여격.남.3복.	동.직.1과.능.3단.

846	4169	1510	1785	4413	3956
αὐτόν,	Ποία	ἐστὶν	ἐντολὴ	πρώτη	πάντων;
αὐτός	ποῖος	εἰμί	ἐντολή	πρῶτος	πᾶς
아우톤	포이아	에스틴	엔톨레	프로테	판톤
그를	무슨	이니까	계명	첫째가	모든 것들 중의
대.인.목.남.3단.	형.의.주.여.단.	동.직.현.능.3단.	명.주.여.단.	형.서.주.여.단.	형.대.소.중.복.

29 예수께서 대답하시되 첫째는 이것이니 이스라엘아 들으라 주 곧 우리 하나님은 유일한
주시라
And Jesus answered him, The first of all the commandments is, Hear, O Israel; The Lord our God is one Lord:

611	3588	2424	3754	4413	1510	191	2474
ἀπεκρίθη	ὁ	Ἰησοῦς	ὅτι	πρώτη	ἐστίν,	ἄκουε,	Ἰσραήλ,
ἀποκρίνομαι	ὁ	Ἰησοῦς	ὅτι	πρῶτος	εἰμί	ἀκούω	Ἰσραήλ
아페크리데	호	예수스	호티	프로테	에스틴	아쿠에	이스라엘
대답하셨다	그	예수께서	것	첫째인	이것이~이니라	들어라	이스라엘아
동.직.1과.수디.3단.	관.주.남.단.	명.주.남.단.	접.등.	형.대.서.주.여.단.	동.직.현.능.3단.	동.명.현.능.2단.	명.호.남.단.

2962	3588	2316	1473	2962	1520	1510
κύριος	ὁ	θεὸς	ἡμῶν	κύριος	εἷς	ἐστιν,
κύριος	ὁ	θεός	ἐγώ	κύριος	εἷς	εἰμί
퀴리오스	호	데오스	헤몬	퀴리오스	헤이스	에스틴
주	그	하나님께서는	우리의	주님	유일한	이시다
명.주.남.단.	관.주.남.단.	명.주.남.단.	대.인.소.1복.	명.주.남.단.	형.기.주.남.단.	동.직.현.능.3단.

30 네 마음을 다하고 목숨을 다하고 뜻을 다하고 힘을 다하여 주 너의 하나님을 사랑하라
하신 것이요
And thou shalt love the Lord thy God with all thy heart, and with all thy soul, and with all thy mind, and with all thy strength: this is the first commandment.

2532	25	2962	3588	2316	4771	1537	3650	3588
καὶ	ἀγαπήσεις	κύριον	τὸν	θεόν	σου	ἐξ	ὅλης	τῆς
καί	ἀγαπάω	κύριος	ὁ	θεός	σύ	ἐκ	ὅλος	ἡ
카이	아가페세이스	퀴리온	톤	데온	수	엑스	홀레스	테스
그리고	너는 사랑하라	주	그	하나님을	네	하여서	다	그
접등.	동.직.미.능.2단.	명.목.남.단.	관.목.남.단.	명.목.남.단.	대.인.소.2단.	전소	형.소.여.단.	관.소.여.단.

2588	4771	2532	1537	3650	3588	5590	4771	2532	1537
καρδίας	σου	καὶ	ἐξ	ὅλης	τῆς	ψυχῆς	σου	καὶ	ἐξ
καρδία	σύ	καί	ἐκ	ὅλος	ἡ	ψυχή	σύ	καί	ἐκ
카르디아스	수	카이	엑스	홀레스	테스	프쉬케스	수	카이	엑스
마음을	네	그리고	하여서	다	그	목숨을	네	그리고	하여서
명.소.여.단.	대.인.소.2단.	접등.	전소	형.소.여.단.	관.소.여.단.	명.소.여.단.	대.인.소.2단.	접등.	전소

3650	3588	1271	4771	2532	1537	3650	3588	2479	4771
ὅλης	τῆς	διανοίας	σου	καὶ	ἐξ	ὅλης	τῆς	ἰσχύος	σου.
ὅλος	ἡ	διάνοια	σύ	καί	ἐκ	ὅλος	ἡ	ἰσχύς	σύ
홀레스	테스	디아노이아스	수	카이	엑스	홀레스	테스	이스퀴오스	수
다	그	뜻을	네	또	하여서	다	그	힘을	네
형.소.여.단.	관.소.여.단.	명.소.여.단.	대.인.소.2단.	접등.	전소	형.소.여.단.	관.소.여.단.	명.소.여.단.	대.인.소.2단.

31 둘째는 이것이니 네 이웃을 네 자신과 같이 사랑하라 하신 것이라 이보다 더 큰 계명이 없느니라
And the second is like, namely this, Thou shalt love thy neighbour as thyself. There is none other commandment greater than these.

1208	3778	25	3588	4139	4771	5613	4572
δευτέρα	αὕτη,	Ἀγαπήσεις	τὸν	πλησίον	σου	ὡς	σεαυτόν.
δεύτερος	οὗτος	ἀγαπάω	ὁ	πλησίον	σύ	ὡς	σεαυτοῦ
듀테라	하우테	아가페세이스	톤	플레시온	수	호스	세아우톤
둘째는	이것이니	너는 사랑하라	그	이웃을	네	같이	너 자신과
형.대.서.주.여.단.	대.지.주.여.단.	동.직.미.능.2단.	관.목.남.단.	부.	대.인.소.2단.	접종.	대.인.목.남.2단.

3187	3778	243	1785	3756	1510
μείζων	τούτων	ἄλλη	ἐντολὴ	οὐκ	ἔστιν.
μείζων	οὗτος	ἄλλος	ἐντολή	οὐ	εἰμί
메이존	투톤	알레	엔톨레	우크	에스틴
(보다)더 큰	이것들	다른	계명은	아니하다	있지
형.비.주.여.단.	대.지.소.여.복.	형.주.여.단.	명.주.여.단.	부.	동.직.현.능.3단.

32 서기관이 이르되 선생님이여 옳소이다 하나님은 한 분이시요 그 외에 다른 이가 없다
하신 말씀이 참이니이다
And the scribe said unto him, Well, Master, thou hast said the truth: for there is one God; and there is none other but he:

2532	3004(2036)	846	3588	1122	2573	1320	1909
καὶ	εἶπεν	αὐτῷ	ὁ	γραμματεύς,	Καλῶς,	διδάσκαλε,	ἐπ’
καί	λέγω.ἔπω	αὐτός	ὁ	γραμματεύς	καλῶς	διδάσκαλος	ἐπί
카이	에이펜	아우토	호	그람마튜스	칼로스	디다스칼레	엪
그러자	말했다	그에게	그	서기관이	옳소이다	선생님이여	대하여
접등.	동.직.2과.능.3단.	대.인.여격.남.3단.	관.주.남.단.	명.주.남.단.	부.	명.호.남.단.	전소

225	3004(2036)	3754	1520	1510	2532	3756	1510	243
ἀληθείας	εἶπες	ὅτι	εἷς	ἐστιν	καὶ	οὐκ	ἔστιν	ἄλλος
ἀλήθεια	λέγω.ἔπω	ὅτι	εἷς	εἰμί	καί	οὐ	εἰμί	ἄλλος
알레데이아스	에이페스	호티	헤이스	에스틴	카이	우크	에스틴	알로스
참에	당신이 말씀하셨나이다	것을	한 분	이시요	그리고	아니하는	있지	다른 이가
명.소.여.단.	동.직.2과.능.2단.	접등.	형.대.기.주.남.단.	동.직.현.능.3단.	접등.	부.	동.직.현.능.3단.	형.대.주.남.단.

4133	846
πλὴν	αὐτοῦ
πλήν	αὐτός
플렌	아우토
외에(밖에)	그 분
전소	대.인.소.남.3단.

33 또 마음을 다하고 지혜를 다하고 힘을 다하여 하나님을 사랑하는 것과 또 이웃을 자기
자신과 같이 사랑하는 것이 전체로 드리는 모든 번제물과 기타 제물보다 나으니이다
And to love him with all the heart, and with all the understanding, and with all the soul, and with all the strength, and to love his neighbour as himself, is more than all whole burnt offerings and sacrifices.

2532	3588	25	846	1537	3650	3588	2588	2532	1537
καὶ	τὸ	ἀγαπᾶν	αὐτὸν	ἐξ	ὅλης	τῆς	καρδίας	καὶ	ἐξ
καί	ὁ	ἀγαπάω	αὐτός	ἐκ	ὅλος	ἡ	καρδία	καί	ἐκ
카이	토	아가판	아우톤	엑스	홀레스	테스	카르디아스	카이	엑스
또(그리고)	그	사랑하는 것	그를(하나님을)	하여서	다	그	마음을	그리고	하여서
접.등.	관.주.중.단.	동.부.현.능.주.	대.인.목.남.3단.	전소.	형.소.여.단.	관.소.여.단.	명.소.여.단.	접.등.	전소.

3650	3588	4907	2532	1537	3650	3588	2479	2532	3588
ὅλης	τῆς	συνέσεως	καὶ	ἐξ	ὅλης	τῆς	ἰσχύος	καὶ	τὸ
ὅλος	ἡ	σύνεσις	καί	ἐκ	ὅλος	ἡ	ἰσχύς	καί	τό
홀레스	테스	쉬네세오스	카이	엑스	홀레스	테스	이스퀴오스	카이	토
다	그	지혜를	그리고	하여서	다	그	힘을	그리고	
형.소.여.단.	관.소.여.단.	명.소.여.단.	접.등.	전소.	형.소.여.단.	관.소.여.단.	명.소.여.단.	접.등.	관.주.중.단.

25	3588	4139	5613	1438	4054	1510	3956
ἀγαπᾶν	τὸν	πλησίον	ὡς	ἑαυτὸν	περισσότερόν	ἐστιν	πάντων
ἀγαπάω	ὁ	πλησίον	ὡς	ἑαυτοῦ	περισσότερον	εἰμί	πᾶς
아가판	톤	플레시온	호스	헤아우톤	페리쏘테론	에스틴	판톤
사랑하는 것이	그	이웃을	같이	그 자신과	(보다)더 나음	이라는	모든
동.부.현.능.주.	관.목.남.단.	부.	접.종.	대.인.목.남.3단.	형.비.주.중.단.	동.직.현.능.3단.	형.소.중.복.

3588	3646	2532	2378
τῶν	ὁλοκαυτωμάτων	καὶ	θυσιῶν.
τό	ὁλοκαύτωμα	καί	θυσία
톤	홀로카우토마톤	카이	뒤시온
그	전체 번제들	과	제물들
관.소.중.복.	명.소.중.복.	접.등.	명.소.여.복.

34 예수께서 그가 지혜 있게 대답함을 보시고 이르시되 네가 하나님의 나라에서 멀지 않도다
하시니 그 후에 감히 묻는 자가 없더라
And when Jesus saw that he answered discreetly, he said unto him, Thou art not far from the kingdom of God. And no man after that durst ask him any question.

2532	3588	2424	3708(1492)	846	3754	3562	611
καὶ	ὁ	Ἰησοῦς	ἰδὼν	αὐτὸν	ὅτι	νουνεχῶς	ἀπεκρίθη
καί	ὁ	Ἰησοῦς	ὁράω.εἴδω	αὐτός	ὅτι	νουνεχῶς	ἀποκρίνομαι
카이	호	예수스	이돈	아우톤	호티	누네코스	아페크리데
그러자	그	예수께서	보시고	(그를)	것을	지각있게	대답하는
접.등.	관.주.남.단.	명.주.남.단.	동.분.2과.능.주.남.단.	대.인.목.남.3단.	접.등.	부.	동.직.1과.수디.3단.

3004(2036)	846	3756	3112	1510	575	3588	932	3588
εἶπεν	αὐτῷ,	οὐ	μακρὰν	εἶ	ἀπὸ	τῆς	βασιλείας	τοῦ
λέγω.ἔπω	αὐτός	οὐ	μακράν	εἰμί	ἀπό	ἡ	βασιλεία	ὁ
에이펜	아우토	우	마크란	에이	아포	테스	바실레이아스	투
말씀하셨다	그에게	않도다	멀리	너는 있지	부터	그	나라로	그
동.직.2과.능.3단.	대.인.여격.남.3단.	부.	형.대.목.여.단.	동.직.현.능.2단.	전소	관.소.여.단.	명.소.여.단.	관.소.남.단.

2316	2532	3762	3765	5111	846	1905
θεοῦ.	καὶ	οὐδεὶς	οὐκέτι	ἐτόλμα	αὐτὸν	ἐπερωτῆσαι.
θεός	καί	οὐδείς	οὐκέτι	τολμάω	αὐτός	ἐπερωτάω
데우	카이	우데이스	우케티	에톨마	아우톤	에페로테사이
하나님의	그리고	아무도	더 이상 못하고 있었다	감히 하지	그를	묻는 것을
명.소.남.단.	접.등.	형.대.기.주.남.단.	부.	동.직.미완.능.3단.	대.인.목.남.3단.	동.부.1과.능.

35 예수께서 성전에서 가르치실새 대답하여 이르시되 어찌하여 서기관들이 그리스도를
다윗의 자손이라 하느냐
And Jesus answered and said, while he taught in the temple, How say the scribes that Christ is the son of David?

2532	611	3588	2424	3004	1321	1722	3588
Καὶ	ἀποκριθεὶς	ὁ	Ἰησοῦς	ἔλεγεν	διδάσκων	ἐν	τῷ
καί	ἀποκρίνομαι	ὁ	Ἰησοῦς	λέγω	διδάσκω	ἐν	τό
카이	아포크리데이스	호	예수스	엘레겐	디다스콘	엔	토
그리고	대답하여	그	예수께서	말씀하셨다	가르치시며	안에서	그
접.등.	동.분.1과.수디.주.남.단.	관.주.남.단.	명.주.남.단.	동.직.미완.능.3단.	동.분.현.능.주.남.단.	전.여격.	관.여격.중.단.

2411	4459	3004	3588	1122	3754	3588	5547
ἱερῷ,	πῶς	λέγουσιν	οἱ	γραμματεῖς	ὅτι	ὁ	Χριστὸς
ἱερόν	πῶς	λέγω	ὁ	γραμματεύς	ὅτι	ὁ	Χριστός
히에로	포스	레구신	호이	그람마테이스	호티	호	크리스토스
성전에	어떻게	말하느뇨	그	서기관들이	것을	그	그리스도께서
형.대.여격.중.단.	부.의.	동.직.현.능.3복.	관.주.남.복.	명.주.남.복.	접.등.	관.주.남.단.	명.주.남.단.

5207	1138	1510
υἱὸς	Δαυίδ	ἐστιν;
υἱός	Δαβ(υ)ίδ	εἰμί
휘오스	다윋	에스틴
자손	다윗의	이라는
명.주.남.단.	명.소.남.단.	동.직.현.능.3단.

36 다윗이 성령에 감동되어 친히 말하되 주께서 내 주께 이르시되 내가 네 원수를 네 발
아래에 둘 때까지 내 우편에 앉았으라 하셨도다 하였느니라

For David himself said by the Holy Ghost, The LORD said to my Lord, Sit thou on my right hand, till I make thine enemies thy footstool.

846	1138	3004(2036)	1722	3588	4151	3588	40	3004(2036)
αὐτὸς	Δαυὶδ	εἶπεν	ἐν	τῷ	πνεύματι	τῷ	ἁγίῳ,	εἶπεν
αὐτός	Δαβ(υ)ίδ	λέγω.ἔπω	ἐν	τό	πνεῦμα	τό	ἅγιος	λέγω.ἔπω
아우토스	다윋	에이펜	엔	토	프뉴마티	토	하기오	에이펜
친히	다윗이	말하였다	안에서	그	령에	그	성(거룩한)	말씀하셨다
대.인.주.남.3단.	명.주.남.단.	동.직.2과.능.3단.	전.여격.	관.여격.중.단.	명.여격.중.단.	관.여격.중.단.	형.여격.중.단.	동.직.2과.능.3단.

2962	3588	2962	1473	2521	1537	1188	1473	2193
κύριος	τῷ	κυρίῳ	μου·	κάθου	ἐκ	δεξιῶν	μου,	ἕως
κύριος	ὁ	κύριος	ἐγώ	κάθημαι	ἐκ	δεξιός	ἐγώ	ἕως
퀴리오스	토	퀴리오	무	카누	에크	덱시온	무	헤오스
주께서	그	주께	나의	앉으라	에서	오른편	나의	때까지
명.주.남.단.	관.여격.남.단.	명.여격.남.단.	대.인.소.1단.	동.명.현.중수디.2단.	전.소.	형.대.소.중.복.	대.인.소.1단.	접.종.

302	5087	3588	2190	4771	5286	3588	4228	4771
ἂν	θῶ	τοὺς	ἐχθρούς	σου	ὑποκάτω	τῶν	ποδῶν	σου.
ἄν	τίθημι	ὁ	ἐχθρός	σύ	ὑποκάτω	ὁ	πούς	σύ
안	도	투스	에크드루스	수	휘포카토	톤	포돈	수
	내가 두려고 할	그	원수들을	너의	아래에	그	두 발의	너의
불.동.	동.가.2과.능.1단.	관.목.남.복.	형.대.목.남.복.	대.인.소.2단.	전.소.	관.소.남.복.	명.소.남.복.	대.인.소.남.2단.

37 다윗이 그리스도를 주라 하였은즉 어찌 그의 자손이 되겠느냐 하시니 많은 사람들이
즐겁게 듣더라

David therefore himself calleth him Lord; and whence is he then his son? And the common people heard him gladly.

846	1138	3004	846	2962	2532	4159	846	1510
αὐτὸς	Δαυὶδ	λέγει	αὐτὸν	κύριον,	καὶ	πόθεν	αὐτοῦ	ἐστιν
αὐτός	Δαβ(υ)ίδ	λέγω	αὐτός	κύριος	καί	πόθεν	αὐτός	εἰμί
아우토스	다윋	레게이	아우톤	퀴리온	카이	포덴	아우투	에스틴
친히	다윗이	말한다	그를	주 이라고	그런즉	어떻게	그의	그가 되느냐
대.인.주.남.3단.	명.주.남.단.	동.직.현.능.3단.	대.인.목.남.3단.	명.목.남.단.	접.등.	부.의.	대.인.소.남.3단.	동.직.현.능.3단.

5207	2532	3588	4183	3793	191	846	2234
υἱός;	καὶ	[ὁ]	πολὺς	ὄχλος	ἤκουεν	αὐτοῦ	ἡδέως.
υἱός	καί	ὁ	πολύς	ὄχλος	ἀκούω	αὐτός	ἡδέως
휘오스	카이	호	폴뤼스	오클로스	에쿠엔	아우투	헤데오스
자손이	그런데	(그)	많은	무리가	듣고 있었다	그의	즐겁게
명.주.남.단.	접.등.	관.주.남.단.	형.주.남.단.	명.주.남.단.	동.직.미완.능.3단.	대.인.소.남.3단.	부.

38 예수께서 가르치실 때에 이르시되 긴 옷을 입고 다니는 것과 시장에서 문안 받는 것과
And he said unto them in his doctrine, Beware of the scribes, which love to go in long clothing, and love salutations in the marketplaces,

2532	1722	3588	1322	846	3004	991	575	3588
Καὶ	ἐν	τῇ	διδαχῇ	αὐτοῦ	ἔλεγεν,	βλέπετε	ἀπὸ	τῶν
καί	ἐν	ἡ	διδαχή	αὐτός	λέγω	βλέπω	ἀπό	ὁ
카이	엔	테	디다케	아우투	엘레겐	블레페테	아포	톤
또	가운데	그	가르침	그의	말씀하고 계셨다	삼가라	부터	그
접.등.	전.여격.	관.여격.여.단.	명.여격.여.단.	대.인.소.남.3단.	동.직.미완.능.3단.	동.명.현.능.2복.	전.소.	관.소.남.복.

1122	3588	2309	1722	4749	4043	2532
γραμματέων	τῶν	θελόντων	ἐν	στολαῖς	περιπατεῖν	καὶ
γραμματεύς	ὁ	θέλω	ἐν	στολή	περιπατέω	καί
그람마테온	톤	델론톤	엔	스톨라이스	페리파테인	카이
서기관들로	그	원하는	(으)로 입고	긴 옷들	다니는 것	과
명.소.남.복.	관.소.남.복.	동.분.현.능.소.남.복.	전.여격.	명.여격.여.복.	동.부.현.능.	접.등.

783	1722	3588	58
ἀσπασμοὺς	ἐν	ταῖς	ἀγοραῖς
ἀσπασμός	ἐν	ἡ	ἀγορά
아스파스무스	엔	타이스	아고라이스
인사들	안에서	그	시장들에
명.목.남.복.	전.여격.	관.여격.여.복.	명.여격.여.복.

39 회당의 높은 자리와 잔치의 윗자리를 원하는 서기관들을 삼가라
And the chief seats in the synagogues, and the uppermost rooms at feasts:

2532	4410	1722	3588	4864	2532	4411	1722
καὶ	πρωτοκαθεδρίας	ἐν	ταῖς	συναγωγαῖς	καὶ	πρωτοκλισίας	ἐν
καί	πρωτοκαθεδρία	ἐν	ἡ	συναγωγή	καί	πρωτοκλισία	ἐν
카이	프로토카데드리아스	엔	타이스	쉬나고가이스	카이	프로토클리시아스	엔
과	높은 자리들을	안에	그	회당들에	또	윗자리들을	중에
접.등.	명.목.여.복.	전.여격.	관.여격.여.복.	명.여격.여.복.	접.등.	명.목.여.복.	전.여격.

3588	1173
τοῖς	δείπνοις,
τό	δεῖπνον
토이스	데이프노이스
그	잔치들
관.여격.중.복.	명.여격.중.복.

40 그들은 과부의 가산을 삼키며 외식으로 길게 기도하는 자니 그 받는 판결이 더욱 중하리라
하시니라
Which devour widows' houses, and for a pretence make long prayers: these shall receive greater damnation.

3588	2719	3588	3614	3588	5503	2532	4392
οἱ	κατεσθίοντες	τὰς	οἰκίας	τῶν	χηρῶν	καὶ	προφάσει
ὁ	κατεσθίω	ἡ	οἰκία	ἡ	χήρα	καί	πρόφασις
호이	카테스디온테스	타스	오이키아스	톤	케론	카이	프로파세이
그(사람들은)	삼키며	그	집들을	그	과부들의	그리고	가식으로
관.주.남.복.	동.분.현.능.주.남.복.	관.목.여.복.	명.목.여.복.	관.소.여.복.	형.대.소.여.복.	접.등.	명.여격.여.단.

3117	4336	3778	2983	4054	2917
μακρὰ	προσευχόμενοι·	οὗτοι	λήμψονται	περισσότερον	κρίμα.
μακρός	προσεύχομαι	οὗτος	λαμβάνω	περισσότερον	κρίμα
마크라	프로슈코메노이	후토이	렘프손타이	페리쏘테론	크리마
길게	기도하는	이들은	받을 것이다	더 중한	심판을
형.대.목.중.복.	동.분.현.중수디.주.남.복.	대.지.주.남.복.	동.직.미.중디.3복.	형.비.목.중.단.	명.목.중.단.

41 예수께서 헌금함을 대하여 앉으사 무리가 어떻게 헌금함에 돈 넣는가를 보실새 여러
부자는 많이 넣는데

And Jesus sat over against the treasury, and beheld how the people cast money into the treasury: and many that were rich cast in much.

2532	2523	2713	3588	1049	2334	4459	3588
Καὶ	καθίσας	κατέναντι	τοῦ	γαζοφυλακίου	ἐθεώρει	πῶς	ὁ
καί	καθίζω	κατέναντι	τό	γαζοφυλάκιον	θεωρέω	πῶς	ὁ
카이	카디사스	카테난티	투	가조퓔라키우	에데오레이	포스	호
그리고	앉은 후에	맞은 편에서	그	연보궤의	바라보고 계셨다	어떻게	그
접.등.	동.분.1과.능.주.남.단.	전소	관.소.중.단.	명.소.중.단.	동.직.미완.능.3단.	부.의.	관.주.남.단.

3793	906	5475	1519	3588	1049	2532	4183
ὄχλος	βάλλει	χαλκὸν	εἰς	τὸ	γαζοφυλάκιον.	καὶ	πολλοὶ
ὄχλος	βάλλω	χαλκός	εἰς	τό	γαζοφυλάκιον	καί	πολύς
오클로스	발레이	칼콘	에이스	토	가조퓔라키온	카이	폴로이
무리가	넣는 것을	동전을	속으로	그	연보궤	그런데	많은
명.주.남.단.	동.직.현.능.3단.	명.목.남.단.	전목.	관.목.중.단.	명.목.중.단.	접.등.	형.주.남.복.

4145	906	4183
πλούσιοι	ἔβαλλον	πολλά·
πλούσιος	βάλλω	πολύς
플루시오이	에발론	폴라
부자들은	넣고 있었다	많은 것을
형.대.주.남.복.	동.직.미완.능.3복.	형.대.목.중.복.

42 한 가난한 과부는 와서 두 렙돈 곧 한 고드란트를 넣는지라

And there came a certain poor widow, and she threw in two mites, which make a farthing.

2532	2064	3391	5503	4434	906	3016	1417
καὶ	ἐλθοῦσα	μία	χήρα	πτωχὴ	ἔβαλεν	λεπτὰ	δύο,
καί	ἔρχομαι	μία	χήρα	πτωχός	βάλλω	λεπτόν	δύο
카이	엘두사	미아	케라	프토케	에발렌	렙타	뒤오
그러나	와서	한	과부는	가난한	넣었다	렙돈을	두
접.등.	동.분.2과.능.주.여.단.	형.기.주.여.단.	형.대.주.여.단.	형.주.여.단.	동.직.2과.능.3단.	형.대.목.중.복.	형.기.목.중.복.

3739	1510	2835
ὅ	ἐστιν	κοδράντης.
ὅς	εἰμί	κοδράντης
호	에스틴	코드란테스
이것은	이다	한 고드란트
대.관.주.중.단.	동.직.현.능.3단.	명.주.남.단.

43 예수께서 제자들을 불러다가 이르시되 내가 진실로 너희에게 이르노니 이 가난한 과부는
헌금함에 넣는 모든 사람보다 많이 넣었도다

And he called unto him his disciples, and saith unto them, Verily I say unto you, That this poor widow hath cast more in, than all they which have cast into the treasury:

2532	4341	3588	3101	846	3004(2036)	846
καὶ	προσκαλεσάμενος	τοὺς	μαθητὰς	αὐτοῦ	εἶπεν	αὐτοῖς,
καί	προσκαλέομαι	ὁ	μαθητής	αὐτός	λέγω.ἔπω	αὐτός
카이	프로스칼레사메노스	투스	마데타스	아우투	에이펜	아우토이스
이에	가까이 불러다가	그	제자들을	그의	그가 말씀하셨다	그들에게
접.등.	동.분.1과.중디.주.남.단.	관.목.남.복.	명.목.남.복.	대.인.소.남.3단.	동.직.2과.능.3단.	대.인.여격.남.3복.

281	3004	4771	3754	3588	5503	3778	3588	4434
ἀμὴν	λέγω	ὑμῖν	ὅτι	ἡ	χήρα	αὕτη	ἡ	πτωχὴ
ἀμήν	λέγω	σύ	ὅτι	ἡ	χήρα	οὗτος	ἡ	πτωχός
아멘	레고	휘민	호티	헤	케라	하우테	헤	프토케
진실로	내가 말한다	너희에게	것을	그	과부는	이	그	가난한
불문.	동.직.현.능.1단.	대.인.여격.2복.	접.등.	관.주.여.단.	형.대.주.여.단.	대.지.주.여.단.	관.주.여.단.	형.주.여.단.

4119	3956	906	3588	906	1519	3588	1049
πλεῖον	πάντων	ἔβαλεν	τῶν	βαλλόντων	εἰς	τὸ	γαζοφυλάκιον·
πλείων	πᾶς	βάλλω	ὁ	βάλλω	εἰς	τό	γαζοφυλάκιον
플레이온	판톤	에발렌	톤	발론톤	에이스	토	가조퓔라키온
(보다)더 많이	모든(사람들) 중의	넣었다는	그(사람들)	넣고 있는	속으로	그	연보궤를
형.대.비.목.중.단.	형.대.소.남.복.	동.직.2과.능.3단.	관.소.남.복.	동.분.현.능.소.남.복.	전.목.	관.목.중.단.	명.목.중.단.

44 그들은 다 그 풍족한 중에서 넣었거니와 이 과부는 그 가난한 중에서 자기의 모든 소유
곧 생활비 전부를 넣었느니라 하시니라

For all they did cast in of their abundance; but she of her want did cast in all that she had, even all her living.

3956	1063	1537	3588	4052	846	906	3778
πάντες	γὰρ	ἐκ	τοῦ	περισσεύοντος	αὐτοῖς	ἔβαλον,	αὕτη
πᾶς	γάρ	ἐκ	τό	περισσεύω	αὐτός	βάλλω	οὗτος
판테스	가르	에크	투	페리쓔온토스	아우토이스	에발론	하우테
모두가	왜냐하면	중에서	그(것)	풍족한	그들에게	그들은 넣었다	이 과부는
형.대.주.남.복.	접.종.	전.소.	관.소.중.단.	동.분.현.능.소.중.단.	대.인.여격.남.3복.	동.직.2과.능.3복.	대.지.주.여.단.

1161	1537	3588	5304	846	3956	3745	2192
δὲ	ἐκ	τῆς	ὑστερήσεως	αὐτῆς	πάντα	ὅσα	εἶχεν
δέ	ἐκ	ἡ	ὑστέρησις	αὐτός	πᾶς	ὅσος	ἔχω
데	에크	테스	휘스테레세오스	아우테스	판타	호사	에이켄
그러나	중에서	그	궁핍한	자신의	모든 것을	만큼 많은	그녀가 가진
접.우.	전.소.	관.소.여.단.	명.소.여.단.	대.인.소.여.3단.	형.대.목.중.복.	대.관.목.중.복.	동.직.미완.능.3단.

906	3650	3588	979	846
ἔβαλεν	ὅλον	τὸν	βίον	αὐτῆς.
βάλλω	ὅλος	ὁ	βίος	αὐτός
에발렌	홀론	톤	비온	아우테스
넣었다	전부를	그	생활비	그의
동.직.2과.능.3단.	형.목.남.단.	관.목.남.단.	명.목.남.단.	대.인.소.여.3단.

13 예수께서 성전에서 나가실 때에 제자 중 하나가 이르되 선생님이여 보소서 이 돌들이
어떠하며 이 건물들이 어떠하니이까

And as he went out of the temple, one of his disciples saith unto him, Master, see what manner of stones and what buildings are here!

2532	1607	846	1537	3588	2411	3004	846
Καὶ	ἐκπορευομένου	αὐτοῦ	ἐκ	τοῦ	ἱεροῦ	λέγει	αὐτῷ
καί	ἐκπορεύομαι	αὐτός	ἐκ	τό	ἱερόν	λέγω	αὐτός
카이	에크포류오메누	아우투	에크	투	히에루	레게이	아우토
그리고	나가실 때에	그(의)가	에서	그	성전	말한다	그에게
접.등.	동.분.현.중.소.남.단.	대.인.소.남.3단.	전.소.	관.소.중.단.	형.대.소.중.단.	동.직.현.능.3단.	대.인.여격.남.3단.

1520	3588	3101	846	1320	2396	4217	3037	2532
εἷς	τῶν	μαθητῶν	αὐτοῦ,	διδάσκαλε,	ἴδε	ποταποὶ	λίθοι	καὶ
εἷς	ὁ	μαθητής	αὐτός	διδάσκαλος	ἴδε	ποταπός	λίθος	καί
헤이스	톤	마데톤	아우투	디다스칼레	이데	포타포이	리도이	카이
하나가	그	제자들의	그의	선생님이여	보소서	얼마나 큰	돌들	과
형.대.기.주.남.단.	관.소.남.복.	명.소.남.복.	대.인.소.남.3단.	명.호.남.단.	불문.	형.의.주.남.복.	명.주.남.복.	접.등.

4217	3619
ποταπαὶ	οἰκοδομαί.
ποταπός	οἰκοδομή
포타파이	오이코도마이
얼마나 큰	건물들인지
형.의.주.여.복.	명.주.여.복.

2 예수께서 이르시되 네가 이 큰 건물들을 보느냐 돌 하나도 돌 위에 남지 않고 다
무너뜨려지리라 하시니라

And Jesus answering said unto him, Seest thou these great buildings? there shall not be left one stone upon another, that shall not be thrown down.

2532	3588	2424	3004(2036)	846	991	3778	3588	3173
καὶ	ὁ	Ἰησοῦς	εἶπεν	αὐτῷ,	βλέπεις	ταύτας	τὰς	μεγάλας
καί	ὁ	Ἰησοῦς	λέγω.ἔπω	αὐτός	βλέπω	οὗτος	ἡ	μέγας
카이	호	예수스	에이펜	아우토	블레페이스	타우타스	타스	메갈라스
이에	그	예수께서	말씀하셨다	그에게	네가 보느냐	이런	그	거대한
접.등.	관.주.남.단.	명.주.남.단.	동.직.2과.능.3단.	대.인.여격.남.3단.	동.직.현.능.2단.	대.지.목.여.복.	관.목.여.복.	형.목.여.복.

3619	3756	3361	863	5602	3037	1909	3037	3739
οἰκοδομάς;	οὐ	μὴ	ἀφεθῇ	ὧδε	λίθος	ἐπὶ	λίθον	ὃς
οἰκοδομή	οὐ	μή	ἀφίημι	ὧδε	λίθος	ἐπί	λίθος	ὅς
오이코도마스	우	메	아페데	호데	리도스	에피	리돈	호스
건물들을	않고는	결코	남게 되지	여기	돌 하나도	위로	돌을	바
명.목.여.복.	부.	부.	동.가.1과.수.3단.	부.	명.주.남.단.	전.목.	명.목.남.단.	대.관.주.남.단.

3756	3361	2647
οὐ	μὴ	καταλυθῇ.
οὐ	μή	καταλύω
우	메	카탈뤼데
않는다	결코	무너뜨려지지
부.	부.	동.가.1과.수.3단.

3 예수께서 감람 산에서 성전을 마주 대하여 앉으셨을 때에 베드로와 야고보와 요한과
안드레가 조용히 묻되

And as he sat upon the mount of Olives over against the temple, Peter and James and John and Andrew asked him privately,

2532	2521	846	1519	3588	3735	3588	1636	2713
Καὶ	καθημένου	αὐτοῦ	εἰς	τὸ	ὄρος	τῶν	Ἐλαιῶν	κατέναντι
καί	κάθημαι	αὐτός	εἰς	τό	ὄρος	ἡ	ἐλαία	κατέναντι
카이	카데메누	아우투	에이스	토	오로스	톤	엘라이온	카테난티
그리고	앉으셨을 때에	그(의)가	위로	그	산을	그=감람산을	감람나무들의	마주 대하여
접.등.	동.분.현.능.소.남.단.	대.인.소.남.3단.	전.목.	관.목.중.단.	명.목.중.단.	관.소.여.복.	명.소.여.복.	전.소.

3588	2411	1905	846	2596	2398	4074	2532	2385
τοῦ	ἱεροῦ	ἐπηρώτα	αὐτὸν	κατ'	ἰδίαν	Πέτρος	καὶ	Ἰάκωβος
τό	ἱερόν	ἐπερωτάω	αὐτός	κατά	ἴδιος	Πέτρος	καί	Ἰάκωβος
투	히에루	에페로타	아우톤	캍	이디안	페트로스	카이	야코보스
그	성전의	묻고 있었다	그를	히	조용	베드로	와	야고보
관.소.중.단.	형.대.소.중.단.	동.직.미완.능.3단.	대.인.목.남.3단.	전.목.	형.대.목.여.단.	명.주.남.단.	접.등.	명.주.남.단.

2532	2491	2532	406
καὶ	Ἰωάννης	καὶ	Ἀνδρέας,
καί	Ἰωάννης	καί	Ἀνδρέας
카이	요안네스	카이	안드레아스
와	요한	그리고	안드레가
접.등.	명.주.남.단.	접.등.	명.주.남.단.

4 우리에게 이르소서 어느 때에 이런 일이 있겠사오며 이 모든 일이 이루어지려 할 때에 무슨 징조가 있사오리이까

Tell us, when shall these things be? and what shall be the sign when all these things shall be fulfilled?

3004(2036)	1473	4219	3778	1510	2532	5101	3588	4592
Εἰπὸν	ἡμῖν	πότε	ταῦτα	ἔσται	καὶ	τί	τὸ	σημεῖον
λέγω.ἔπω	ἐγώ	πότε	οὗτος	εἰμί	καί	τίς	τό	σημεῖον
에이폰	헤민	포테	타우타	에스타이	카이	티	토	세메이온
말씀하소서	우리에게	어느 때에	이런 일이	있겠사오며	또	무슨	그	징조가 있사오리까
동.명.2과.능.2단.	대.인.여격.1복.	부.의.	대.지.주.중.복.	동.직.미.중디.3단.	접.등.	대.의.목.중.단.	관.주.중.단.	명.주.중.단.

3752	3195	3778	4931	3956
ὅταν	μέλλῃ	ταῦτα	συντελεῖσθαι	πάντα;
ὅταν	μέλλω	οὗτος	συντελέω	πᾶς
호탄	멜레	타우타	쉰텔레이스다이	판타
때에	하려고 할	이 일들이	이루게 되려고	모두
접.종.	동.가.현.능.3단.+	대.지.주.중.복.	+동.부.현.수.	형.주.중.복.

5 예수께서 이르시되 너희가 사람의 미혹을 받지 않도록 주의하라

And Jesus answering them began to say, Take heed lest any man deceive you:

3588	1161	2424	756	3004	846	991	3361	5100
ὁ	δὲ	Ἰησοῦς	ἤρξατο	λέγειν	αὐτοῖς,	βλέπετε	μή	τις
ὁ	δέ	Ἰησοῦς	ἄρχομαι	λέγω	αὐτός	βλέπω	μή	τις
호	데	예수스	에륵사토	레게인	아우토이스	블레페테	메	티스
그	이에	예수께서	시작하셨다	말씀하시기를	그들에게	주의하라	않도록	누구든지
관.주.남.단.	접.우.	명.주.남.단.	동.직.1과.중.3단.	동.부.현.능.	대.인.여격.남.3복.	동.명.현.능.2복.	접.종.	대.부.주.남.단.

4771	4105
ὑμᾶς	πλανήσῃ·
σύ	πλανάω
휘마스	플라네세
너희를	미혹하지
대.인.목.2복.	동.가.1과.능.3단.

6 많은 사람이 내 이름으로 와서 이르되 내가 그라 하여 많은 사람을 미혹하리라

For many shall come in my name, saying, I am Christ; and shall deceive many.

4183	2064	1909	3588	3686	1473	3004	3754
πολλοὶ	ἐλεύσονται	ἐπὶ	τῷ	ὀνόματί	μου	λέγοντες	ὅτι
πολύς	ἔρχομαι	ἐπί	τό	ὄνομα	ἐγώ	λέγω	ὅτι
폴로이	엘류손타이	에피	토	오노마티	무	레곤테스	호티
많은 사람이	올 것이다	으로	그	이름	나의	말하기를	
형.대.주.남.복.	동.직.미.중디.3복.	전.여격.	관.여격.중.단.	명.여격.중.단.	대.인.소.1단.	동.분.현.능.주.남.복.	접.우.

1473	1510	2532	4183	4105
ἐγώ	εἰμι,	καὶ	πολλοὺς	πλανήσουσιν.
ἐγώ	εἰμί	καί	πολύς	πλανάω
에고	에이미	카이	폴루스	플라네수신
내	그 이라고	그리하여	많은(사람들을)	그들은 미혹할 것이다
대.인.주.1단.	동.직.현.능.1단.	접.등.	형.대.목.남.복.	동.직.미.능.3복.

7 난리와 난리의 소문을 들을 때에 두려워하지 말라 이런 일이 있어야 하되 아직 끝은 아니니라

And when ye shall hear of wars and rumours of wars, be ye not troubled: for such things must needs be; but the end shall not be yet.

3752	1161	191	4171	2532	189	4171	3361	2360
ὅταν	δὲ	ἀκούσητε	πολέμους	καὶ	ἀκοὰς	πολέμων,	μὴ	θροεῖσθε·
ὅταν	δέ	ἀκούω	πόλεμος	καί	ἀκοή	πόλεμος	μή	θροέω
호탄	데	아쿠세테	폴레무스	카이	아코아스	폴레몬	메	드로에이스데
때에	그러나	너희가 들을	전쟁들	과	소문들을	전쟁들의	말라	불안해하지
접.종.	접.등.	동.가.1과.능.2복.	명.목.남.복.	접.등.	명.목.여.복.	명.소.남.복.	부.	동.명.현.수.2복.

1163	1096	235	3768	3588	5056
δεῖ	γενέσθαι,	ἀλλ’	οὔπω	τὸ	τέλος.
δεῖ	γίνομαι	ἀλλά	οὔπω	τό	τέλος
데이	게네스타이	알	우포	토	텔로스
반드시 있어야 한다	일어나는 것이	그러나	아직 아니다	그	끝은
동.직.현.능.3단.	동.부.2과.중디.	접.등.	부.	관.주.중.단.	명.주.중.단.

8 민족이 민족을, 나라가 나라를 대적하여 일어나겠고 곳곳에 지진이 있으며 기근이 있으리니
이는 재난의 시작이니라

For nation shall rise against nation, and kingdom against kingdom: and there shall be earthquakes in divers places, and there shall be famines and troubles: these are the beginnings of sorrows.

1453	1063	1484	1909	1484	2532	932	1909
ἐγερθήσεται	γὰρ	ἔθνος	ἐπ’	ἔθνος	καὶ	βασιλεία	ἐπὶ
ἐγείρω	γάρ	ἔθνος	ἐπί	ἔθνος	καί	βασιλεία	ἐπί
에게르데세타이	가르	에드노스	엪	에드노스	카이	바실레이아	에피
일어날 것이며	왜냐하면	민족이	대적하여	민족을	또	나라가	대적하여
동.직.미.수.3단.	접.종.	명.주.중.단.	전.목.	명.목.중.단.	접.등.	명.주.여.단.	전.목.

932	1510	4578	2596	5117	1510	3042	746
βασιλείαν,	ἔσονται	σεισμοὶ	κατὰ	τόπους,	ἔσονται	λιμοί·	ἀρχὴ
βασιλεία	εἰμί	σεισμός	κατά	τόπος	εἰμί	λιμός	ἀρχή
바실레이안	에손타이	세이스모이	카타	토푸스	에손타이	리모이	아르케
나라를	있을 것이다	지진들이	에	곳곳	있을 것이다	기근들이	시작이다
명.목.여.단.	동.직.미.중디.3복.	명.주.남.복.	전.목.	명.목.남.복.	동.직.미.중디.3복.	명.주.남.복.	명.주.여.단.

5604	3778
ὠδίνων	ταῦτα.
ὠδίν	οὗτος
오디논	타우타
고통들의	이런 일들은
명.소.여.복.	대.지.주.중.복.

9 너희는 스스로 조심하라 사람들이 너희를 공회에 넘겨 주겠고 너희를 회당에서
매질하겠으며 나로 밀미암아 너희가 권력자들과 임금들 앞에 서리니 이는 그들에게
증거가 되려 함이라

But take heed to yourselves: for they shall deliver you up to councils; and in the synagogues ye shall be beaten: and ye shall be brought before rulers and kings for my sake, for a testimony against them.

991	1161	4771	1438	3860	4771	1519	4892
βλέπετε	δὲ	ὑμεῖς	ἑαυτούς·	παραδώσουσιν	ὑμᾶς	εἰς	συνέδρια
βλέπω	δέ	σύ	ἑαυτοῦ	παραδίδωμι	σύ	εἰς	συνέδριον
블레페테	데	휘메이스	헤아우투스	파라도수신	휘마스	에이스	쉬네드리아
주의하라	그러나	너희는	스스로를	그들이 넘길 것이다	너희를	안으로	공회들을
동.명.현.능.2복.	접.등.	대.인.주.2복.	대.인.목.남.2복.	동.직.미.능.3복.	대.인.목.2복.	전.목.	명.목.중.복.

2532	1519	4864	1194	2532	1909	2232	2532	935
καὶ	εἰς	συναγωγὰς	δαρήσεσθε	καὶ	ἐπὶ	ἡγεμόνων	καὶ	βασιλέων
καί	εἰς	συναγωγή	δέρω	καί	ἐπί	ἡγεμών	καί	βασιλεύς
카이	에이스	쉬나고가스	다레세스데	카이	에피	헤게모논	카이	바실레온
그리고	안으로	회당들을	너희가 매를 맞을 것이다	또	앞에서	총독들	과	왕들의
접.등.	전.목.	명.목.여.복.	동.직.미.수.2복.	접.등.	전.소.	명.소.남.복.	접.등.	명.소.남.복.

2476	1752	1473	1519	3142	846
σταθήσεσθε	ἕνεκεν	ἐμοῦ	εἰς	μαρτύριον	αὐτοῖς.
ἵστημι	ἕνεκα	ἐγώ	εἰς	μαρτύριον	αὐτός
스타데세스데	헤네켄	에무	에이스	마르튀리온	아우토이스
너희가 서게 될 것이다	인하여	나를	위하여	증거가	그들에게
동.직.미.수.2복.	전.소.	대.인.소.1단.	전.목.	명.목.중.단.	대.인.여격.남.3복.

10 또 복음이 먼저 만국에 전파되어야 할 것이니라
And the gospel must first be published among all nations.

2532	1519	3956	3588	1484	4412	1163	2784
καὶ	εἰς	πάντα	τὰ	ἔθνη	πρῶτον	δεῖ	κηρυχθῆναι
καί	εἰς	πᾶς	τό	ἔθνος	πρῶτον	δεῖ	κηρύσσω
카이	에이스	판타	타	에드네	프로톤	데이	케뤼크데나이
또	에게로	모든	그	민족(국가)들	먼저	반드시 하여야하니라	선포되는 것이
접등.	전목.	형.목.중.복.	관.목.중.복.	명.목.중.복.	형.대.서.목.중.단.	동.직.현.능.3단.	동.부.1과.수.

3588	2098
τὸ	εὐαγγέλιον.
τό	εὐαγγέλιον
토	유앙겔리온
그	복음을
관.목.중.단.	명.목.중.단.

11 사람들이 너희를 끌어다가 넘겨 줄 때에 무슨 말을 할까 미리 염려하지 말고 무엇이든지
그 때에 너희에게 주시는 그 말을 하라 말하는 이는 너희가 아니요 성령이시니라
But when they shall lead you, and deliver you up, take no thought beforehand what ye shall speak, neither do ye premeditate: but whatsoever shall be given you in that hour, that speak ye: for it is not ye that speak, but the Holy Ghost.

2532	3752	71	4771	3860	3361	4305	5101
καὶ	ὅταν	ἄγωσιν	ὑμᾶς	παραδιδόντες,	μὴ	προμεριμνᾶτε	τί
καί	ὅταν	ἄγω	σύ	παραδίδωμι	μή	προμεριμνάω	τίς
카이	호탄	아고신	휘마스	파라디돈테스	메	프로메림나테	티
그리고	때에	그들이 끌어다가	너희를	넘겨줄 때	말라	미리 염려하지	무슨
접등.	접종.	동.가.현.능.3복.	대.인.목.2복.	동.분.현.능.주.남.복.	부.	동.명.현.능.2복.	대.의.목.중.단.

2980	235	3739	1437	1325	4771	1722	1565	3588
λαλήσητε,	ἀλλ'	ὃ	ἐὰν	δοθῇ	ὑμῖν	ἐν	ἐκείνῃ	τῇ
λαλέω	ἀλλά	ὅς	ἐάν	δίδωμι	σύ	ἐν	ἐκεῖνος	ἡ
랄레세테	알	호	에안	도데	휘민	엔	에케이네	테
말을 할까	다만	무엇이	든지	주어지는	너희에게	중에	그	그
동.가.1과.능.2복.	접.우.	대.관.주.중.단.+	불.동.	동.가.1과.수.3단.	대.인.여격.2복.	전.여격.	대.지.여격.단.	관.여격.여.단.

5610	3778	2980	3756	1063	1510	4771	3588
ὥρᾳ	τοῦτο	λαλεῖτε·	οὐ	γάρ	ἐστε	ὑμεῖς	οἱ
ὥρα	οὗτος	λαλέω	οὐ	γάρ	εἰμί	σύ	ὁ
호라	투토	랄레이테	우	가르	에스테	휘메이스	호이
시간	그것을	너희는 말하라	아님	왜냐하면	이라	너희가	그(분들은)
명.여격.여.단.	대.지.목.중.단.	동.명.현.능.2복.	부.	접.종.	동.직.현.능.2복.	대.인.주.2복.	관.주.남.복.

2980	235	3588	4151	3588	40
λαλοῦντες	ἀλλὰ	τὸ	πνεῦμα	τὸ	ἅγιον.
λαλέω	ἀλλά	τό	πνεῦμα	τό	ἅγιος
랄룬테스	알라	토	프뉴마	토	하기온
말하는	다만	그	령께서 하시니라	그	성(거룩한)
동.분.현.능.주.남.2복.	접.우.	관.주.중.단.	명.주.중.단.	관.주.중.단.	형.주.중.단.

12 형제가 형제를, 아버지가 자식을 죽는 데에 내주며 자식들이 부모를 대적하여 죽게
하리라
Now the brother shall betray the brother to death, and the father the son; and children shall rise up against their parents, and shall cause them to be put to death.

2532	3860	80	80	1519	2288	2532	3962	5043
καὶ	παραδώσει	ἀδελφὸς	ἀδελφὸν	εἰς	θάνατον	καὶ	πατὴρ	τέκνον,
καί	παραδίδωμι	ἀδελφός	ἀδελφός	εἰς	θάνατος	καί	πατήρ	τέκνον
카이	파라도세이	아델포스	아델폰	에이스	다나톤	카이	파테르	테크논
그런데	넘길 것이다	형제가	형제를	으로	죽음	또	아비가	자식을
접등.	동.직.미.능.3단.	명.주.남.단.	명.목.남.단.	전목.	명.목.남.단.	접등.	명.주.남.단.	명.목.중.단.

2532	1881	5043	1909	1118	2532	2289	846
καὶ	ἐπαναστήσονται	τέκνα	ἐπὶ	γονεῖς	καὶ	θανατώσουσιν	αὐτούς·
καί	ἐπανίσταμαι	τέκνον	ἐπί	γονεύς	καί	θανατόω	αὐτός
카이	에파나스테손타이	테크나	에피	고네이스	카이	다나토수신	아우투스
그리고	대적하여 일어날 것이다	자식들이	대적하여	부모들을	그리하여	죽게 할 것이다	그들을
접등.	동.직.미.중.3복.	명.주.중.복.	전목.	명.목.남.복.	접등.	동.직.미.능.3복.	대.인.목.남.3복.

13 또 너희가 내 이름으로 말미암아 모든 사람에게 미움을 받을 것이나 끝까지 견디는 자는
구원을 받으리라
And ye shall be hated of all men for my name's sake: but he that shall endure unto the end,
the same shall be saved.

2532	1510	3404	5259	3956	1223	3588	3686	1473
καὶ	ἔσεσθε	μισούμενοι	ὑπὸ	πάντων	διὰ	τὸ	ὄνομά	μου.
καί	εἰμί	μισέω	ὑπό	πᾶς	διά	τό	ὄνομα	ἐγώ
카이	에세스데	미수메노이	휘포	판톤	디아	토	오노마	무
또	너희가 될 것이다	미움을 받는 (사람들이)	의하여	모든 사람들에	인하여	그	이름을	나의
접등.	동.직.미.중디.2복.+	+동.분.현.수.주.남.2복.	전소.	형.대.소.남.복.	전목.	관.목.중.단.	명.목.중.단.	대.인.소.1단.

3588	1161	5278	1519	5056	3778	4982
ὁ	δε	ὑπομείνας	εἰς	τέλος	οὗτος	σωθήσεται.
ὁ	δέ	ὑπομένω	εἰς	τέλος	οὗτος	σῴζω
호	데	휘포메이나스	에이스	텔로스	후토스	소데세타이
그(사람이)	그러나	견디는	까지	끝	그 사람은	구원을 얻을 것이다
관.주.남.단.	접.우.	동.분.1과.능.주.남.단.	전목.	명.목.중.단.	대.지.주.남.단.	동.직.미.수.3단.

14 멸망의 가증한 것이 서지 못할 곳에 선 것을 보거든 (읽는 자는 깨달을진저) 그 때에
유대에 있는 자들은 산으로 도망할지어다
But when ye shall see the abomination of desolation, spoken of by Daniel the prophet, standing
where it ought not, (let him that readeth understand,) then let them that be in Judaea flee to
the mountains:

3752	1161	3708(1492)	3588	946	3588	2050	2476	3699
Ὅταν	δὲ	ἴδητε	τὸ	βδέλυγμα	τῆς	ἐρημώσεως	ἑστηκότα	ὅπου
ὅταν	δέ	ὁράω.εἴδω	ὁ	βδέλυγμα	ἡ	ἐρήμωσις	ἵστημι	ὅπου
호탄	데	이데테	토	브델뤼그마	테스	에레모세오스	헤스테코타	호푸
때에	그러나	너희가 볼	그	가증한 것을	그	황폐시킴의	서서 있는 것을	곳에
접.종.	접.등.	동.가.2과.능.2복.	관.목.중.단.	명.목.중.단.	관.소.여.단.	명.소.여.단.	동.분.1완.능.목.남.단.	접.종.

3756	1163	3588	314	3539	5119	3588	1722
οὐ	δεῖ,	ὁ	ἀναγινώσκων	νοείτω,	τότε	οἱ	ἐν
οὐ	δεῖ	ὁ	ἀναγινώσκω	νοιέω	τότε	ὁ	ἐν
우	데이	호	아나기노스콘	노에이토	토테	호이	엔
그것이	반드시 알아야 하는	그(사람은)	읽는	그는 깨달으라	그때에	그(자들은)	안에(있는)
부.	동.직.현.능.3단.	관.주.남.단.	동.분.현.능.주.남.단.	동.명.현.능.3단.	부.	관.주.남.복.	전여격.

3588	2449	5343	1519	3588	3735
τῇ	Ἰουδαίᾳ	φευγέτωσαν	εἰς	τὰ	ὄρη,
ἡ	Ἰουδαία	φεύγω	εἰς	τό	ὄρος
테	유다이아	퓨게토산	에이스	타	오레
그	유대에	그들은 도망하라	속으로	그	산들을
관.여격.여.단.	명.여격.여.단.	동.명.현.능.3복.	전목.	관.목.중.복.	명.목.중.복.

15 지붕 위에 있는 자는 내려가지도 말고 집에 있는 무엇을 가지러 들어가지도 말며
And let him that is on the housetop not go down into the house, neither enter therein, to take
any thing out of his house:

3588	1161	1909	3588	1430	3361	2597	3366	1525
ὁ	δὲ	ἐπὶ	τοῦ	δώματος	μὴ	καταβάτω	μηδὲ	εἰσελθάτω
ὁ	δέ	ἐπί	τό	δῶμα	μή	καταβαίνω	μηδέ	εἰσέρχομαι
호	데	에피	투	도마토스	메	카타바토	메데	에이셀다토
자는	그리고	위에 있는	그	지붕의	말라	내려가지	또한 말라	들어가지
관.주.남.단.	접등.	전소.	관.소.중.단.	명.소.중.단.	부.	동.명.2과.능.3단.	접등.	동.명.1과.능.3단.

142	5100	1537	3588	3614	846
ἆραί	τι	ἐκ	τῆς	οἰκίας	αὐτοῦ,
αἴρω	τις	ἐκ	ἡ	οἰκία	αὐτός
아라이	티	에크	테스	오이키아스	아우투
가지러	무엇을	에	그	집	그의
동.부.1과.능.	대.부.목.중.단.	전.소.	관.소.여.단.	명.소.여.단.	대.인.소.남.3단.

16 밭에 있는 자는 겉옷을 가지러 뒤로 돌이키지 말지어다
And let him that is in the field not turn back again for to take up his garment.

2532	3588	1519	3588	68	3361	1994	1519	3588	3694
καὶ	ὁ	εἰς	τὸν	ἀγρὸν	μὴ	ἐπιστρεψάτω	εἰς	τὰ	ὀπίσω
καί	ὁ	εἰς	ὁ	ἀγρός	μή	ἐπιστρέφω	εἰς	τό	ὀπίσω
카이	호	에이스	톤	아그론	메	에피스트렙사토	에이스	타	오피소
그리고	자는	에(있는)	그	밭(들)	말라	돌이키지	로	그	뒤
접.등.	관.주.남.단.	전.목.	관.목.남.단.	명.목.남.단.	부.	동.명.1과.능.3단.	전.목.	관.목.중.복.	부.

142	3588	2440	848
ἆραί	το	ἱμάτιον	αὐτοῦ.
αἴρω	τό	ἱμάτιον	αὐτοῦ
아라이	토	히마티온	아우투
가지러	그	겉옷을	그의
동.부.1과.능.	관.목.중.단.	명.목.중.단.	대.인.소.남.3단.

17 그 날에는 아이 밴 자들과 젖먹이는 자들에게 화가 있으리로다
But woe to them that are with child, and to them that give suck in those days!

3759	1161	3588	1722	1064	2192	2532	3588	2337
οὐαὶ	δὲ	ταῖς	ἐν	γαστρὶ	ἐχούσαις	καὶ	ταῖς	θηλαζούσαις
οὐαί	δέ	ἡ	ἐν	γαστήρ	ἔχω	καί	ἡ	θηλάζω
우아이	데	타이스	엔	가스트리	에쿠사이스	카이	타이스	델라주사이스
화로다	그러나	그(여자들에게)	중에	임신	가지고 있는	과	그(여자들에게)	젖먹이는
불.문.	접.등.	관.여격.여.복.	전.여격.	명.여격.여.단.	동.분.현.능.여격.여.복.	접.등.	관.여격.여.복.	동.분.현.능.여격.여.복.

1722	1565	3588	2250
ἐν	ἐκείναις	ταῖς	ἡμέραις.
ἐν	ἐκεῖνος	ἡ	ἡμέρα
엔	에케이나이스	타이스	헤메라이스
중에	그	그	날들
전.여격.	대.지.여격.여.복.	관.여격.여.복.	명.여격.여.복.

18 이 일이 겨울에 일어나지 않도록 기도하라
And pray ye that your flight be not in the winter.

4336	1161	2443	3361	1096	5494
προσεύχεσθε	δὲ	ἵνα	μὴ	γένηται	χειμῶνος·
προσεύχομαι	δέ	ἵνα	μή	γίνομαι	χειμών
프로슈케스데	데	히나	메	게네타이	케이모노스
너희는 기도하라	그러나	위하여	않기	그러나 있지	겨울의
동.명.현.중.2복.	접.등.	접.등.	부.	동.가.2과.중디.3단.	명.소.남.단.

19 이는 그 날들이 환난의 날이 되겠음이라 하나님께서 창조하신 시초부터 지금까지 이런
환난이 없었고 후에도 없으리라
For in those days shall be affliction, such as was not from the beginning of the creation which God created unto this time, neither shall be.

1510	1063	3588	2250	1565	2347	3634	3756	1096
ἔσονται	γὰρ	αἱ	ἡμέραι	ἐκεῖναι	θλῖψις	οἵα	οὐ	γέγονεν
εἰμί	γάρ	ἡ	ἡμέρα	ἐκεῖνος	θλῖψις	οἷος	οὐ	γίνομαι
에손타이	가르	하이	헤메라이	에케이나이	들릡시스	호이아	우	게고넨
있을 것임이라	왜냐하면	그	날들은	그	환난이	이런	아니한	일어나지
동.직.미.중디.3복.	접.종.	관.주.여.복.	명.주.여.복.	대.지.주.여.복.	명.주.여.단.	형.관.주.여.단.	부.	동.직.2완.능.3단.

5108	575	746	2937	3739	2936	3588	2316	2193
τοιαύτη	ἀπ'	ἀρχῆς	κτίσεως	ἣν	ἔκτισεν	ὁ	θεὸς	ἕως
τοιοῦτος	ἀπό	ἀρχή	κτίσις	ὅς	κτίζω	ὁ	θεός	ἕως
토이아우테	앞	아르케스	크티세오스	헨	엑크티센	호	데오스	헤오스
이와 같은 것이	부터	시작으로	창조의	바	창조하셨던	그	하나님께서	까지
대.지.주.여.단.	전소.	명.소.여.단.	명.소.여.단.	대.관.목.여.단.	동.직.1과.능.3단.	관.주.남.단.	명.주.남.단.	전소.

3588	3568	2532	3756	3361	1096
τοῦ	νῦν	καὶ	οὐ	μὴ	γένηται.
ὁ	νῦν	καί	οὐ	μή	γίνομαι
투	뉜	카이	우	메	게네타이
그	지금	그리고	아니하리라	결코	(후에도)있지
관.소.남.단.	부.	접.등.	부.	부.	동.가.2과.중디.3단.

20 만일 주께서 그 날들을 감하지 아니하셨더라면 모든 육체가 구원을 얻지 못할 것이거늘
자기가 택하신 자들을 위하여 그 날들을 감하셨느니라

And except that the Lord had shortened those days, no flesh should be saved: but for the elect's sake, whom he hath chosen, he hath shortened the days.

2532	1487	3361	2856	2962	3588	2250	3756	302
καὶ	εἰ	μὴ	ἐκολόβωσεν	κύριος	τὰς	ἡμέρας,	οὐκ	ἂν
καί	εἰ	μή	κολοβόω	κύριος	ἡ	ἡμέρα	οὐ	ἄν
카이	에이	메	에콜로보센	퀴리오스	타스	헤메라스	우크	안
그리고	아니하셨다면	만일	단축하지	주님께서	그	날들을	못했을 것이다	
접.등.	접.종.	부.	동.직.1과.능.3단.	명.주.남.단.	관.목.여.복.	명.목.여.복.	부.	불.동.

4982	3956	4561	235	1223	3588	1588	3739
ἐσώθη	πᾶσα	σάρξ·	ἀλλὰ	διὰ	τοὺς	ἐκλεκτοὺς	οὓς
σῴζω	πᾶς	σάρξ	ἀλλά	διά	ὁ	ἐκλεκτός	ὅς
에소데	파사	사륵스	알라	디아	투스	에클렉투스	후스
구원을 받지	모든	육체가	그러나	인하여	그	택하신 사람들을	바
동.직.1과.수.3단.	형.주.여.단.	명.주.여.단.	접.우.	전목.	관.목.남.복.	형.대.목.남.복.	대.관.목.남.복.

1586	2856	3588	2250
ἐξελέξατο	ἐκολόβωσεν	τὰς	ἡμέρας.
ἐκλέγομαι	κολοβόω	ἡ	ἡμέρα
엑셀렉사토	에콜로보센	타스	헤메라스
주님께서 택하셨던	그가 단축하셨다	그	날들을
동.직.1과.중.3단.	동.직.1과.능.3단.	관.목.여.복.	명.목.여.복.

21 그 때에 어떤 사람이 너희에게 말하되 보라 그리스도가 여기 있다 보라 저기 있다 하여도
믿지 말라

And then if any man shall say to you, Lo, here is Christ; or, lo, he is there; believe him not:

2532	5119	1437	5100	4771	3004(2036)	2396	5602	3588	5547
καὶ	τότε	ἐάν	τις	ὑμῖν	εἴπῃ,	ἴδε	ὧδε	ὁ	Χριστός,
καί	τότε	ἐάν	τις	σύ	λέγω.ἔπω	ἴδε	ὧδε	ὁ	Χριστός
카이	토테	에안	티스	휘민	에이페	이데	호데	호	크리스토스
그리고	그때에	만일	누가	너희에게	말하기를	보라	여기에	그	그리스도가
접.등.	부.	접.종.	대.부.주.남.단.	대.인.여격.2복.	동.가.2과.능.3단.	불.문.	부.	관.주.남.단.	명.주.남.단.

2396	1563	3361	4100
ἴδε	ἐκεῖ,	μὴ	πιστεύετε·
ἴδε	ἐκεῖ	μή	πιστεύω
이데	에케이	메	피스튜에테
보라	거기에	말라	너희는 믿지
불.문.	부.	부.	동.명.현.능.2복.

22 거짓 그리스도들과 거짓 선지자들이 일어나서 이적과 기사를 행하여 할 수만 있으면
택하신 자들을 미혹하려 하리라
For false Christs and false prophets shall rise, and shall show signs and wonders, to seduce, if it were possible, even the elect.

1453	1063	5580	2532	5578	2532	1325
ἐγερθήσονται	γὰρ	ψευδόχριστοι	καὶ	ψευδοπροφῆται	καὶ	δώσουσιν
ἐγείρω	γάρ	ψευδόχριστος	καί	ψευδοπροφήτης	καί	δίδωμι
에게르데손타이	가르	프슈도크리스토이	카이	프슈도프로페타이	카이	도수신
일어나게 될 것이라	왜냐하면	거짓 그리스도들	과	거짓 선지자들이	그래서	(보여)줄 것이다
동.직.미.수.3복.	접.종.	명.주.남.복.	접.등.	명.주.남.복.	접.등.	동.직.미.능.3복.

4592	2532	5059	4314	3588	635	1487	1415	3588
σημεῖα	καὶ	τέρατα	πρὸς	τὸ	ἀποπλανᾶν,	εἰ	δυνατόν,	τοὺς
σημεῖον	καί	τέρας	πρός	τό	ἀποπλανάω	εἰ	δυνατός	ὁ
세메이아	카이	테라타	프로스	토	아포플라난	에이	뒤나톤	투스
표적들	과	기사들을	위하여	그	속이는 것을	만일	할 수 있으면	그
명.목.중.복.	접.등.	명.목.중.복.	전.목.	관.목.중.단.	동.부.현.능.목.	접.종.	형.주.중.단.	관.목.남.복.

1588
ἐκλεκτούς.
ἐκλεκτός
에클렉투스
택하신 사람을
형.대.목.남.복.

23 너희는 삼가라 내가 모든 일을 너희에게 미리 말하였노라
But take ye heed: behold, I have foretold you all things.

4771	1161	991	4302(4280)	4771	3956
ὑμεῖς	δὲ	βλέπετε·	προείρηκα	ὑμῖν	πάντα.
σύ	δέ	βλέπω	προλέγω	σύ	πᾶς
휘메이스	데	블레페테	프로에이레카	휘민	판타
너희는	그러나	주의하라	내가 미리 말하고 있었다	너희에게	모든 일을
대.인.주.2복.	접.우.	동.명.현.능.2복.	동.직.1완.능.1단.	대.인.여격.2복.	형.대.목.중.복.

24 그 때에 그 환난 후 해가 어두워지며 달이 빛을 내지 아니하며
But in those days, after that tribulation, the sun shall be darkened, and the moon shall not give her light,

235	1722	1565	3588	2250	3326	3588	2347	1565
Ἀλλ'	ἐν	ἐκείναις	ταῖς	ἡμέραις	μετὰ	τὴν	θλῖψιν	ἐκείνην
ἀλλά	ἐν	ἐκεῖνος	ἡ	ἡμέρα	μετά	ἡ	θλίψις	ἐκεῖνος
알	엔	에케이나이스	타이스	헤메라이스	메타	텐	들맆신	에케이넨
그러나	중에	그런	그	날들	후에	그	환난을	그
접.등.	전.여격.	대.지.여격.여.복.	관.여격.여.복.	명.여격.여.복.	전.목.	관.목.여.단.	명.목.여.단.	형.부.목.여.단.

3588	2246	4654	2532	3588	4582	3756	1325	3588
ὁ	ἥλιος	σκοτισθήσεται,	καὶ	ἡ	σελήνη	οὐ	δώσει	τὸ
ὁ	ἥλιος	σκοτίζω	καί	ἡ	σελήνη	οὐ	δίδωμι	τό
호	헬리오스	스코티스데세타이	카이	헤	셀레네	우	도세이	토
그	해가(태양)	어두워지게 될 것이다	그리고	그	달이	않을 것이다	내지	그
관.주.남.단.	명.주.남.단.	동.직.미.수.3단.	접.등.	관.주.여.단.	명.주.여.단.	부.	동.직.미.능.3단.	관.목.중.단.

5338	846
φέγγος	αὐτῆς,
φέγγος	αὐτός
펭고스	아우테스
빛을	그것의
명.목.중.단.	대.인.소.여3단.

25 별들이 하늘에서 떨어지며 하늘에 있는 권능들이 흔들리리라
And the stars of heaven shall fall, and the powers that are in heaven shall be shaken.

2532	3588	792	1510	1537	3588	3772	4098	2532
καὶ	οἱ	ἀστέρες	ἔσονται	ἐκ	τοῦ	οὐρανοῦ	πίπτοντες,	καὶ
καί	ὁ	ἀστήρ	εἰμί	ἐκ	ὁ	οὐρανός	πίπτω	καί
카이	호이	아스테레스	에손타이	에크	투	우라누	핍톤테스	카이
또	그	별들이	있을 것이다	부터	그	하늘로	떨어지고	그리고
접등.	관.주.남.복.	명.주.남.복.	동.직.미완.중디.3복.+	전소.	관.소.남.단.	명.소.남.단.	+동.분.현.능.주.남.복.	접등.

3588	1411	3588	1722	3588	3772	4531
αἱ	δυνάμεις	αἱ	ἐν	τοῖς	οὐρανοῖς	σαλευθήσονται.
ἡ	δύναμις	ἡ	ἐν	ὁ	οὐρανός	σαλεύω
하이	뒤나메이스	하이	엔	토이스	우라노이스	살류데손타이
그	권능들이	것들	에(있는)	그	하늘들에	흔들려지게 될 것이다
관.주.여.복.	명.주.여.복.	관.주.여.복.	전.여격.	관.여격.남.복.	명.여격.남.복.	동.직.미.수.3복.

26 그 때에 인자가 구름을 타고 큰 권능과 영광으로 오는 것을 사람들이 보리라
And then shall they see the Son of man coming in the clouds with great power and glory.

2532	5119	3708	3588	5207	3588	444	2064	1722
καὶ	τότε	ὄψονται	τὸν	υἱὸν	τοῦ	ἀνθρώπου	ἐρχόμενον	ἐν
καί	τότε	ὁράω	ὁ	υἱός	ὁ	ἄνθρωπος	ἔρχομαι	ἐν
카이	토테	옵손타이	톤	휘온	투	안드로푸	에르코메논	엔
그리고	그 때에	볼 것이다	그	아들을	그	사람의	오는	가운데
접등.	부.	동.직.미.중디.3복.	관.목.남.단.	명.목.남.단.	관.소.남.단.	명.소.남.단.	동.분.현.중수디.남.단.	전.여격.

3507	3326	1411	4183	2532	1391
νεφέλαις	μετὰ	δυνάμεως	πολλῆς	καὶ	δόξης.
νεφέλη	μετά	δύναμις	πολύς	καί	δόξα
네펠라이스	메타	뒤나메오스	폴레스	카이	독세스
구름	으로	권능	큰(많은)	과	영광
명.여격.여.복.	전소.	명.소.여.단.	형.소.여.단.	접등.	명.소.여.단.

27 또 그 때에 그가 천사들을 보내어 자기가 택하신 자들을 땅 끝으로부터 하늘 끝까지 사방에서 모으리라
And then shall he send his angels, and shall gather together his elect from the four winds, from the uttermost part of the earth to the uttermost part of heaven.

2532	5119	649	3588	32	2532	1996	3588
καὶ	τότε	ἀποστελεῖ	τοὺς	ἀγγέλους	καὶ	ἐπισυνάξει	τοὺς
καί	τότε	ἀποστέλλω	ὁ	ἄγγελος	καί	ἐπισυνάγω	ὁ
카이	토테	아포스텔레이	투스	앙겔루스	카이	에피쉬낙세이	투스
또	그 때에	그가 보낼 것이다	그	천사들을	그러면	그들이 다 모을 것이다	그
접등.	부.	동.직.미.능.3단.	관.목.남.복.	명.목.남.복.	접등.	동.직.미.능.3단.	관.목.남.복.

1588	846	1537	3588	5064	417	575	206	1093
ἐκλεκτοὺς	αὐτοῦ	ἐκ	τῶν	τεσσάρων	ἀνέμων	ἀπ'	ἄκρου	γῆς
ἐκλεκτός	αὐτός	ἐκ	ὁ	τέσσαρες	ἄνεμος	ἀπό	ἄκρον	γῆ
에클렉투스	아우투	에크	톤	테싸론	아네몬	압	아크루	게스
택하신 자들을	그의	부터	그	네(사방으로)	바람들로	부터	끝으로	땅의
형.대.목.남.복.	대.인.소.남.3단.	전소.	관.소.남.복.	형.기.소.남.복.	명.소.남.복.	전소.	명.소.중.단.	명.소.여.단.

2193	206	3772
ἕως	ἄκρου	οὐρανοῦ.
ἕως	ἄκρον	οὐρανός
헤오스	아크루	우라누
까지	끝	하늘의
전소.	명.소.중.단.	명.소.남.단.

28 무화과나무의 비유를 배우라 그 가지가 연하여지고 잎사귀를 내면 여름이 가까운 줄 아나니
Now learn a parable of the fig tree; When her branch is yet tender, and putteth forth leaves, ye know that summer is near:

575	1161	3588	4808	3129	3588	3850	3752	2235
'Απὸ	δὲ	τῆς	συκῆς	μάθετε	τὴν	παραβολήν·	ὅταν	ἤδη
ἀπό	δέ	ἡ	συκῆ	μανθάνω	ἡ	παραβολή	ὅταν	ἤδη
아포	데	테스	쉬케스	마데테	텐	파라볼렌	호탄	에데
부터	이제	그	무화과 나무로	배우라	그	비유를	때에	이미
전소.	접등.	관소여단.	명소여단.	동명2과능2복.	관목여단.	명목여단.	접종.	부.

3588	2798	846	527	1096	2532	1631	3588	5444
ὁ	κλάδος	αὐτῆς	ἁπαλὸς	γένηται	καὶ	ἐκφύῃ	τὰ	φύλλα,
ὁ	κλάδος	αὐτός	ἁπαλός	γίνομαι	καί	ἐκφύω	τό	φύλλον
호	클라도스	아우테스	하팔로스	게네타이	카이	엑퓌에	타	퓔라
그	가지가	그것의	연하게	되고	그리고	그것이 돋을	그	잎사귀들을
관주남단.	명주남단.	대인소여3단.	형주남단.	동가2과중디3단.	접등.	동가현능3단.	관목중복.	명목중복.

1097	3754	1451	3588	2330	1510
γινώσκετε	ὅτι	ἐγγὺς	τὸ	θέρος	ἐστίν·
γινώσκω	ὅτι	ἐγγύς	τό	θέρος	εἰμί
기노스케테	호티	엥귀스	토	데로스	에스틴
너희는 안다	줄을	가까이	그	여름이	있는
동직현능2복.	접우.	부.	관주중단.	명주중단.	동직현능3단.

29 이와 같이 너희가 이런 일이 일어나는 것을 보거든 인자가 가까이 곧 문 앞에 이른 줄 알라
So ye in like manner, when ye shall see these things come to pass, know that it is nigh, even at the doors.

3779	2532	4771	3752	3708(1492)	3778	1096
οὕτως	καὶ	ὑμεῖς,	ὅταν	ἴδητε	ταῦτα	γινόμενα,
οὕτως	καί	σύ	ὅταν	ὁράω.εἴδω	οὗτος	γίνομαι
후토스	카이	휘메이스	호탄	이데테	타우타	기노메나
이와 같이	역시	너희가	때에	너희가 볼	이런 일들을	일어나는
부.	부.	대인주2복.	접종.	동가2과능2복.	대지목중복.	동분현중수디목중복.

1097	3754	1451	1510	1909	2374
γινώσκετε	ὅτι	ἐγγύς	ἐστιν	ἐπὶ	θύραις.
γινώσκω	ὅτι	ἐγγύς	εἰμί	ἐπί	θύρα
기노스케테	호티	엥귀스	에스틴	에피	뒤라이스
알라	것을	가까이	인자가 있다는	앞에	문들
동직현능2복./동명현능2복.	접등.	부.	동직현능3단.	전여격.	명여격여복.

30 내가 진실로 너희에게 말하노니 이 세대가 지나가기 전에 이 일이 다 일어나리라
Verily I say unto you, that this generation shall not pass, till all these things be done.

281	3004	4771	3754	3756	3361	3928	3588	1074	3778
ἀμὴν	λέγω	ὑμῖν	ὅτι	οὐ	μὴ	παρέλθῃ	ἡ	γενεὰ	αὕτη
ἀμήν	λέγω	σύ	ὅτι	οὐ	μή	παρέρχομαι	ἡ	γενεά	οὗτος
아멘	레고	휘민	호티	우	메	파렐데	헤	게네아	하우테
진실로	내가 말한다	너희에게	것을	아니하고	결코	지나가지	그	세대가	이
불문.	동직현능1단.	대인여격2복.	접등.	부.	부.	동가2과능3단.	관주여단.	명주여단.	대지주여단.

3360	3739	3778	3956	1096
μέχρις	οὗ	ταῦτα	πάντα	γένηται.
μέχρι	ὅς	οὗτος	πᾶς	γίνομαι
메크리스	후	타우타	판타	게네타이
까지		이 일들이	다	일어나기
전소.	대관소남단.	대지주중복.	형주중복.	동가2과중디3단.

31 천지는 없어지겠으나 내 말은 없어지지 아니하리라
Heaven and earth shall pass away: but my words shall not pass away.

3588	3772	2532	3588	1093	3928	3588	1161	3056
ὁ	οὐρανὸς	καὶ	ἡ	γῆ	παρελεύσονται,	οἱ	δὲ	λόγοι
ὁ	οὐρανός	καί	ἡ	γῆ	παρέρχομαι	ὁ	δέ	λόγος
호	우라노스	카이	헤	게	파렐류손타이	호이	데	로고이
그	하늘	과	그	땅은	없어질 것이다	그	그러나	말들은
관.주.남.단.	명.주.남.단.	접.등.	관.주.여.단.	명.주.여.단.	동.직.미.중디.3복.	관.주.남.복.	접.우.	명.주.남.복.

1473	3756	3361	3928
μου	οὐ	μὴ	παρελεύσονται.
ἐγώ	οὐ	μή	παρέρχομαι
무	우	메	파렐류손타이
내	않을 것이다	결코	없어지지
대.인.소.1단.	부.	부.	동.직.미.중디.3복.

32 그러나 그 날과 그 때는 아무도 모르나니 하늘에 있는 천사들도, 아들도 모르고
아버지만 아시느니라

But of that day and that hour knoweth no man, no, not the angels which are in heaven, neither the Son, but the Father.

4012	1161	3588	2250	1565	2228	3588	5610	3762
Περὶ	δὲ	τῆς	ἡμέρας	ἐκείνης	ἢ	τῆς	ὥρας	οὐδεὶς
περί	δέ	ἡ	ἡμέρα	ἐκεῖνος	ἤ	ἡ	ὥρα	οὐδείς
페리	데	테스	헤메라스	에케이네스	에	테스	호라스	우데이스
관하여	그러나	그	날	그	또는	그	시간에	아무도 못한다
전.소.	접.등.	관.소.여.단.	명.소.여.단.	대.지.소.여.단.	접.등.	관.소.여.단.	명.소.여.단.	형.대.기.주.남.단.

1492	3761	3588	32	1722	3772	3761	3588	5207
οἶδεν,	οὐδὲ	οἱ	ἄγγελοι	ἐν	οὐρανῷ	οὐδὲ	ὁ	υἱός,
οἶδα.εἴδω	οὐδέ	ὁ	ἄγγελος	ἐν	οὐρανός	οὐδέ	ὁ	υἱός
오이덴	우데	호이	앙겔로이	엔	우라노	우데	호	휘오스
알고 있지	도 모르고	그	천사들	안에 있는	하늘에	도 모르니라	그	아들
동.직.1완.능.3단.	부.	관.주.남.복.	명.주.남.복.	전.여격.	명.여격.남.단.	접.등.&부.	관.주.남.단.	명.주.남.단.

1487	3361	3588	3962
εἰ	μὴ	ὁ	πατήρ.
εἰ	μή	ὁ	πατήρ
에이	메	호	파테르
는	외에	그	아버지
접.종.	부.	관.주.남.단.	명.주.남.단.

33 주의하라 깨어 있으라 그 때가 언제인지 알지 못함이라

Take ye heed, watch and pray: for ye know not when the time is.

991	69	3756	1492	1063	4219	3588	2540	1510
βλέπετε,	ἀγρυπνεῖτε·	οὐκ	οἴδατε	γὰρ	πότε	ὁ	καιρός	ἐστιν.
βλέπω	ἀγρυπνέω	οὐ	οἶδα.εἴδω	γάρ	πότε	ὁ	καιρός	εἰμί
블레페테	아그뤼프네이테	우크	오이다테	가르	포테	호	카이로스	에스틴
주의하라	깨어라	못함이라	알고 있지	왜냐하면	언제	그	때가	인지
동.명.현.능.2복.	동.명.현.능.2복.	부.	동.직.1완.능.2복.	접.종.	부.의.	관.주.남.단.	명.주.남.단.	동.직.현.능.3단.

34 가령 사람이 집을 떠나 타국으로 갈 때에 그 종들에게 권한을 주어 각각 사무를 맡기며
문지기에게 깨어 있으라 명함과 같으니

For the Son of man is as a man taking a far journey, who left his house, and gave authority to his servants, and to every man his work, and commanded the porter to watch.

5613	444	590	863	3588	3614	846	2532
ὡς	ἄνθρωπος	ἀπόδημος	ἀφεὶς	τὴν	οἰκίαν	αὐτοῦ	καὶ
ὡς	ἄνθρωπος	ἀπόδημος	ἀφίημι	ἡ	οἰκία	αὐτός	καί
호스	안드로포스	아포데모스	아페이스	텐	오이키안	아우투	카이
같다	사람과	여행하는	떠나서	그	집을	그의	이에
접.종.	명.주.남.단.	형.주.남.단.	동.분.2과.능.주.남.단.	관.목.여.단.	명.목.여.단.	대.인.소.남.3단.	접.등.

1325	3588	1401	846	3588	1849	1538	3588
δοὺς	τοῖς	δούλοις	αὐτοῦ	τὴν	ἐξουσίαν	ἑκάστῳ	τὸ
δίδωμι	ὁ	δοῦλος	αὐτός	ἡ	ἐξουσία	ἕκαστος	τό
두스	토이스	둘로이스	아우투	텐	엑수시안	헤카스토	토
주고	그	종들에게	그의	그	권세를	각자에게	그
동.분.2과.능.주.남.단.	관.여격.남.복.	명.여격.남.복.	대.인소.남.3단.	관.목.여.단.	명.목.여.단.	형.대.여격.남.단.	관.목.중.단.

2041	846	2532	3588	2377	1781	2443	1127
ἔργον	αὐτοῦ	καὶ	τῷ	θυρωρῷ	ἐνετείλατο	ἵνα	γρηγορῇ.
ἔργον	αὐτός	καί	ὁ	θυρωρός	ἐντέλλομαι	ἵνα	γρηγορέω
에르곤	아우투	카이	토	뒤로로	에네테일라토	히나	그레고레
일을 맡기고	그의	그리고	그	문지기에게	명령하였던 것	위하여	그가 깨어 있기
명.목.중.단.	대.인소.남.3단.	접.등.	관.여격.남.단.	명.여격.남.단.	동.직.1과.중디.3단.	접.등.	동.가.현.능.3단.

35 그러므로 깨어 있으라 집 주인이 언제 올는지 혹 저물 때일는지, 밤중일는지, 닭 울
때일는지, 새벽일는지 너희가 알지 못함이라

Watch ye therefore: for ye know not when the master of the house cometh, at even, or at midnight, or at the cockcrowing, or in the morning:

1127	3767	3756	1492	1063	4219	3588	2962	3588
γρηγορεῖτε	οὖν·	οὐκ	οἴδατε	γὰρ	πότε	ὁ	κύριος	τῆς
γρηγορέω	οὖν	οὐ	οἶδα.εἴδω	γάρ	πότε	ὁ	κύριος	ἡ
그레고레이테	운	우크	오이다테	가르	포테	호	퀴리오스	테스
너희는 깨어라	그러므로	못하고 있음이라	너희가 알지	왜냐하면	언제	그	주인이	그
동.명.현.능.2복.	접.우.	부.	동.직.1완.능.2복.	접.종.	부.의.	관.주.남.단.	명.주.남.단.	관.소.여.단.

3614	2064	2228	3796	2228	3317	2228	219
οἰκίας	ἔρχεται,	ἢ	ὀψὲ	ἢ	μεσονύκτιον	ἢ	ἀλεκτοροφωνίας
οἰκία	ἔρχομαι	ἤ	ὀψέ	ἤ	μεσονύκτιον	ἤ	ἀλεκτοροφωνία
오이키아스	에르케타이	에	옵세	에	메소뉙티온	에	알렉토로포니아스
집의	오는지	혹은	저물 때에	혹은	한밤 중에	혹은	닭 울 때에
명.소.여.단.	동.직.현.중.3단.	접.등.	부.	접.등.	명.목.중.단.	접.등.	명.소.여.단.

2228	4404
ἢ	πρωΐ,
ἤ	πρωΐ
에	프로이
혹은	새벽에
접.등.	부.

36 그가 홀연히 와서 너희가 자는 것을 보지 않도록 하라

Lest coming suddenly he find you sleeping.

3361	2064	1810	2147	4771	2518
μὴ	ἐλθὼν	ἐξαίφνης	εὕρῃ	ὑμᾶς	καθεύδοντας.
μή	ἔρχομαι	ἐξαίφνης	εὑρίσκω	σύ	καθεύδω
메	엘돈	엑사이프네스	휴레	휘마스	카듀돈타스
않을까	와서	갑자기	주인이 발견하지	너희를	잠자는
접.종.	동.분.2과.능.주.남.단.	부.	동.가.2과.능.3단.	대.인.목.2복.	동.분.현.능.목.남.2복.

37 깨어 있으라 내가 너희에게 하는 이 말은 모든 사람에게 하는 말이니라 하시니라

And what I say unto you I say unto all, Watch.

3739	1161	4771	3004	3956	3004	1127
ὃ	δὲ	ὑμῖν	λέγω	πᾶσιν	λέγω,	γρηγορεῖτε.
ὅς	δέ	σύ	λέγω	πᾶς	λέγω	γρηγορεύω
호	데	휘민	레고	파신	레고	그레고레이테
이것을	그리고	너희에게	내가 말한다	모든 사람에게	말하는 것이다	너희는 깨어 있으라
대.관.목.중.단.	접.등.	대.인.여격.2복.	동.직.현.능.1단.	형.대.여격.남.복.	동.직.현.능.1단.	동.명.현.능.2복.

14 이틀이 지나면 유월절과 무교절이라 대제사장들과 서기관들이 예수를 흉계로 잡아 죽일
방도를 구하며

After two days was the feast of the passover, and of unleavened bread: and the chief priests and the scribes sought how they might take him by craft, and put him to death.

1510	1161	3588	3957	2532	3588	106	3326	1417	2250
Ἦν	δὲ	τὸ	πάσχα	καὶ	τὰ	ἄζυμα	μετὰ	δύο	ἡμέρας.
εἰμί	δέ	τό	πάσχα	καί	τό	ἄζυμος	μετά	δύο	ἡμέρα
엔	데	토	파스카	카이	타	아쥐마	메타	뒤오	헤메라스
있었다	이제	그	유월절	과	그	무교절이	지나면	둘	날들
동.직.미완.능.3단.	접.등.	관.주.중.단.	명.주.중.단.	접.등.	관.주.중.복.	형.대.주.중.복.	전.목.	형.기.목.여.복.	명.목.여.복.

2532	2212	3588	749	2532	3588	1122	4459	846
καὶ	ἐζήτουν	οἱ	ἀρχιερεῖς	καὶ	οἱ	γραμματεῖς	πῶς	αὐτὸν
καί	ζητέω	ὁ	ἀρχιερεύς	καί	ὁ	γραμματεύς	πῶς	αὐτός
카이	에제툰	호이	아르키에레이스	카이	호이	그람마테이스	포스	아우톤
그런데	찾고 있었다	그	대제사장들	과	그	서기관들이	어떻게	그를
접.등.	동.직.미완.능.3복.	관.주.남.복.	명.주.남.복.	접.등.	관.주.남.복.	명.주.남.복.	부.의.	대.인.목.남.3단.

1722	1388	2902	615
ἐν	δόλῳ	κρατήσαντες	ἀποκτείνωσιν·
ἐν	δόλος	κρατέω	ἀποκτείνω
엔	돌로	크라테산테스	아포크테이노신
중에	교활함	붙잡은 후에	그들이 죽일려고
전.여격.	명.여격.남.단.	동.분.1과.능.주.남.복.	동.가.현.능.3복.

2 이르되 민란이 날까 하노니 명절에는 하지 말자 하더라

But they said, Not on the feast day, lest there be an uproar of the people.

3004	1063	3361	1722	3588	1859	3379	1510	2351
ἔλεγον	γάρ,	μὴ	ἐν	τῇ	ἑορτῇ,	μήποτε	ἔσται	θόρυβος
λέγω	γάρ	μή	ἐν	ἡ	ἑορτή	μήποτε	εἰμί	θόρυβος
엘레곤	가르	메	엔	테	헤오르테	메포테	에스타이	도뤼보스
그들이 말했다	왜냐하면	말자	중에	그	명절	혹시 않을까 하노니	있지나	소동이
동.직.미완.능.3복.	접.종.	부.	전.여격.	관.여격.여.단.	명.여격.여.단.	접.종.	동.직.미.중디.3단.	명.주.남.단.

3588	2992
τοῦ	λαοῦ.
ὁ	λαός
투	라우
그	백성의
관.소.남.단.	명.소.남.단.

3 예수께서 베다니 나병환자 시몬의 집에서 식사하실 때에 한 여자가 매우 값진 향유 곧
순전한 나드 한 옥합을 가지고 와서 그 옥합을 깨뜨려 예수의 머리에 부으니

And being in Bethany in the house of Simon the leper, as he sat at meat, there came a woman having an alabaster box of ointment of spikenard very precious; and she brake the box, and poured it on his head.

2532	1510	846	1722	963	1722	3588	3614	4613
Καὶ	ὄντος	αὐτοῦ	ἐν	Βηθανίᾳ	ἐν	τῇ	οἰκίᾳ	Σίμωνος
καί	εἰμί	αὐτός	ἐν	Βηθανία	ἐν	ἡ	οἰκία	Σίμων
카이	온토스	아우투	엔	베다니아	엔	테	오이키아	시모노스
그리고	계실 때에	그(의)가	안에 있는	베다니에	안에서	그	집에	시몬의
접.등.	동.분.현.능.소.남.단.	대.인.소.남.3단.	전.여격.	명.여격.여.단.	전.여격.	관.여격.여.단.	명.여격.여.단.	명.소.남.단.

3588	3015	2621	846	2064	1135	2192
τοῦ	λεπροῦ,	κατακειμένου	αὐτοῦ	ἦλθεν	γυνὴ	ἔχουσα
ὁ	λεπρός	κατάκειμαι	αὐτός	ἔρχομαι	γυνή	ἔχω
투	레프루	카타케이메누	아우투	엘덴	귀네	에쿠사
그	문둥이	기대어 앉을 때에	그(의)가	왔다	한 여자가	가지고서
관.소.남.단.	형.대.소.남.단.	동.분.현.중수디.소.남.단.	대.인.소.남.3단.	동.직.2과.능.3단.	명.주.여.단.	동.분.현.능.주.여.단.

211	3464	3487	4101	4185	4937	3588
ἀλάβαστρον	μύρου	νάρδου	πιστικῆς	πολυτελοῦς,	συντρίψασα	τὴν
ἀλάβαστρον	μύρον	νάρδος	πιστικός	πολυτελής	συντρίβω	ἡ
알라바스트론	뮈루	나르두	피스티케스	폴뤼텔루스	쉰트맆사사	텐
옥합을	향유의	나드	순전한	매우 값진	깨뜨리고	그
명.목.여.단.	명.소.중.단.	명.소.여.단.	형.소.여.단.	형.소.여.단.	동.분.1과.능.주.여.단.	관.목.여.단.

211	2708	846	3588	2776
ἀλάβαστρον	κατέχεεν	αὐτοῦ	τῆς	κεφαλῆς.
ἀλάβαστρον	καταχέω	αὐτός	ἡ	κεφαλή
알라바스트론	카테케엔	아우투	테스	케팔레스
옥합을	부었다	그의	그	머리의
명.목.여.단.	동.직.1과.능.3단.	대.인.소.남.3단.	관.소.여.단.	명.소.여.단.

4 어떤 사람들이 화를 내어 서로 말하되 어찌하여 이 향유를 허비하는가
And there were some that had indignation within themselves, and said, Why was this waste of the ointment made?

1510	1161	5100	23	4314	1438	1519	5101
ἦσαν	δέ	τινες	ἀγανακτοῦντες	πρὸς	ἑαυτούς,	εἰς	τί
εἰμί	δέ	τις	ἀγανακτέω	πρός	ἑαυτοῦ	εἰς	τίς
에산	데	티네스	아가낰툰테스	프로스	헤아우투스	에이스	티
있었다	때에	어떤 사람들이	분내면서	끼리	그들 자신들	위하여	무엇을
동.직.미완.능.3복.+	접.우.	대.부.주.남.복.	+동.분.현.능.주.남.복.	전목.	대.인.목.남.3복.	전목.	대.의.목.중.단.

3588	684	3778	3588	3464	1096
ἡ	ἀπώλεια	αὕτη	τοῦ	μύρου	γέγονεν·
ἡ	ἀπώλεια	οὗτος	τό	μύρον	γίνομαι
헤	아폴레이아	하우테	투	뮈루	게고넨
그	허비가	이런	그	향유의	일어나고 있는가
관.주.여.단.	명.주.여.단.	대.지.주.여.단.	관.소.중.단.	명.소.중.단.	동.직.2완.능.3단.

5 이 향유를 삼백 데나리온 이상에 팔아 가난한 자들에게 줄 수 있었겠도다 하며 그
여자를 책망하는지라
For it might have been sold for more than three hundred pence, and have been given to the poor. And they murmured against her.

1410	1063	3778	3588	3464	4097	1883	1220
ἠδύνατο	γὰρ	τοῦτο	τὸ	μύρον	πραθῆναι	ἐπάνω	δηναρίων
δύναμαι	γάρ	οὗτος	τό	μύρον	πιπράσκω	ἐπάνω	δηνάριον
에뒤나토	가르	투토	토	뮈론	프라테나이	에파노	데나리온
할 수 있었을 것이다	왜냐하면	이	그	향유가	팔려지는 것을	이상에	데나리온들의
동.직.미완.중수디.3단.	접.종.	대.지.주.중.단.	관.주.중.단.	명.주.중.단.	동.부.1과.수.	전소.	명.소.중.복.

5145	2532	1325	3588	4434	2532	1690
τριακοσίων	καὶ	δοθῆναι	τοῖς	πτωχοῖς·	καὶ	ἐνεβριμῶντο
τριακόσιοι	καί	δίδωμι	ὁ	πτωχός	καί	ἐμβριμάομαι
트리아코시온	카이	도데나이	토이스	프토코이스	카이	에네브리몬토
삼 백	그러면	주어지는 것을	그	가난한 사람들에게	그리고	그들이 격분하고 있었다
형.기.소.중.복.	접.등.	동.부.1과.수.	관.여격.남.복.	형.대.여격.남.복.	접.등.	동.직.미완.중수디.3복.

846
αὐτῇ.
αὐτός
아우테
그녀에게
대.인.여격.여.3단.

6 예수께서 이르시되 가만 두라 너희가 어찌하여 그를 괴롭게 하느냐 그가 내게 좋은 일을
하였느니라
And Jesus said, Let her alone; why trouble ye her? she hath wrought a good work on me.

3588	1161	2424	3004(2036)	863	846	5101	846
ὁ	δὲ	Ἰησοῦς	εἶπεν,	ἄφετε	αὐτήν·	τί	αὐτῇ
ὁ	δέ	Ἰησοῦς	λέγω.ἔπω	ἀφίημι	αὐτός	τίς	αὐτός
호	데	예수스	에이펜	아페테	아우텐	티	아우테
그	그러나	예수께서	말씀하셨다	가만 두어라	그녀를	어찌하여	그 여자에게
관.주.남.단.	접.우.	명.주.남.단.	동.직.2과.능.3단.	동.명.2과.능.2복.	대.인.목.여.3단.	대.의.목.중.단.	대.인.여격.여.3단.

2873	3930	2570	2041	2038	1722	1473
κόπους	παρέχετε;	καλὸν	ἔργον	ἠργάσατο	ἐν	ἐμοί.
κόπος	παρέχω	καλός	ἔργον	ἐργάζομαι	ἐν	ἐγώ
코푸스	파레케테	칼론	에르곤	에르가사토	엔	에모이
괴로움을	너희가 끼치느냐	좋은	일을	그녀가 행하였다	안에	나에게
명.목.남.복.	동.직.현.능.2복.	형.목.중.단.	명.목.중.단.	동.직.1과.중디.3단.	전.여격.	대.인.여격.1단.

7 가난한 자들은 항상 너희와 함께 있으니 아무 때라도 원하는 대로 도울 수 있거니와
나는 너희와 항상 함께 있지 아니하리라

For ye have the poor with you always, and whensoever ye will ye may do them good: but me ye have not always.

3842	1063	3588	4434	2192	3326	1438	2532	3752
πάντοτε	γὰρ	τοὺς	πτωχοὺς	ἔχετε	μεθ'	ἑαυτῶν	καὶ	ὅταν
πάντοτε	γάρ	ὁ	πτωχός	ἔχω	μετά	ἑαυτοῦ	καί	ὅταν
판토테	가르	투스	프토쿠스	에케테	멧	헤아우톤	카이	호탄
항상	왜냐하면	그	가난한 사람들을	너희는 데리고 있다	함께	너희 자신들과	그래서	때마다
부.	접.종.	관.목.남.복.	형.대.목.남.복.	동.직.현.능.2복.	전.소.	대.인.소.남.2복.	접.등.	접.종.

2309	1410	846	2095	4160	1473	1161	3756	3842
θέλητε	δύνασθε	αὐτοῖς	εὖ	ποιῆσαι,	ἐμὲ	δὲ	οὐ	πάντοτε
θέλω	δύναμαι	αὐτός	εὖ	ποιέω	ἐγώ	δέ	οὐ	πάντοτε
델레테	뒤나스데	아우토이스	유	포이에사이	에메	데	우	판토테
너희들이 원할	할 수 있다	그들에게	잘	하는 것을	나와	그러나	않다	항상
동.가.현.능.2복.	동.직.현.중수디.2복.	대.인.여격.남.3복.	부.	동.부.1과.능.	대.인.목.1단.	접.우.	부.	부.

2192
ἔχετε.
ἔχω
에케테
너희가 데리고 있지
동.직.현.능.2복.

8 그는 힘을 다하여 내 몸에 향유를 부어 내 장례를 미리 준비하였느니라

She hath done what she could: she is come aforehand to anoint my body to the burying.

3739	2192	4160	4301	3462	3588	4983	1473
ὃ	ἔσχεν	ἐποίησεν·	προέλαβεν	μυρίσαι	τὸ	σῶμά	μου
ὅς	ἔχω	ποιέω	προλαμβάνω	μυρίζω	τό	σῶμα	ἐγώ
호	에스켄	에포이에센	프로엘라벤	뮈리사이	토	소마	무
그것을	그가 가진	행하였다	그가 미리 취하였다	기름 바르는 것을	이	몸을	내
대.관.목.중.단.	동.직.2과.능.3단.	동.직.1과.능.3단.	동.직.2과.능.3단.	동.부.1과.능.	관.목.중.단.	명.목.중.단.	대.인.소.1단.

1519	3588	1780
εἰς	τὸν	ἐνταφιασμόν.
εἰς	ὁ	ἐνταφιασμός
에이스	톤	엔타피아스몬
위하여	그	장례를
전.목.	관.목.남.단.	명.목.남.단.

9 내가 진실로 너희에게 이르노니 온 천하에 어디서든지 복음이 전파되는 곳에는 이
여자가 행한 일도 말하여 그를 기억하리라 하시니라

Verily I say unto you, Wheresoever this gospel shall be preached throughout the whole world, this also that she hath done shall be spoken of for a memorial of her.

281	1161	3004	4771	3699	1437	2784	3588	2098	1519
ἀμὴν	δὲ	λέγω	ὑμῖν,	ὅπου	ἐὰν	κηρυχθῇ	τὸ	εὐαγγέλιον	εἰς
ἀμήν	δέ	λέγω	σύ	ὅπου	ἐάν	κηρύσσω	τό	εὐαγγέλιον	εἰς
아멘	데	레고	휘민	호푸	에안	케뤼크데	토	유앙겔리온	에이스
진실로	그리고	내가 말한다	너희에게	어디서	든지	선포되면	그	복음이	으로
불.문.	접.우.	동.직.현.능.1단.	대.인.여격.2복.	접.종.	불.동.	동.가.1과.수.3단.	관.주.중.단.	명.주.중.단.	전.목.

3650	3588	2889	2532	3739	4160	3778	2980
ὅλον	τὸν	κόσμον,	καὶ	ὃ	ἐποίησεν	αὕτη	λαληθήσεται
ὅλος	ὁ	κόσμος	καί	ὅς	ποιέω	οὗτος	λαλέω
홀론	톤	코스몬	카이	호	에포이에센	하우테	랄레데세타이
온	그	세상	역시	바 그 일도	행하였던	이 여자가	말하게 될 것이라
형.목.남.단.	관.목.남.단.	명.목.남.단.	부.	대.관.목.중.단.	동.직.1과.능.3단.	대.지.주.여.단.	동.직.미.수.3단.

1519	3422	846
εἰς	μνημόσυνον	αὐτῆς.
εἰς	μνημόσυνον	αὐτός
에이스	므네모쉬논	아우테스
위하여	기념을	그 여자의
전.목.	명.목.중.단.	대.인.소.여.3단.

10 열둘 중의 하나인 가룟 유다가 예수를 넘겨 주려고 대제사장들에게 가매

And Judas Iscariot, one of the twelve, went unto the chief priests, to betray him unto them.

2532	2455	2469	3588	1520	3588	1427	565	4314
Καὶ	Ἰούδας	Ἰσκαριὼθ	ὁ	εἷς	τῶν	δώδεκα	ἀπῆλθεν	πρὸς
καί	Ἰουδάς	Ἰσκαριώτης	ὁ	εἷς	ὁ	δώδεκα	ἀπέρχομαι	πρός
카이	유다스	이스카리	호	헤이스	톤	도데카	아펠덴	프로스
그리고	유다가	가룟사람	그	하나인	그	열 둘 중의	떠나갔다	에게로
접.등.	명.주.남.단.	명.주.남.단.	관.주.남.단.	형.대.기.주.남.단.	관.소.남.복.	형.대.기.소.남.복.	동.직.2과.능.3단.	전.목.

3588	749	2443	846	3860	846
τοὺς	ἀρχιερεῖς	ἵνα	αὐτὸν	παραδοῖ	αὐτοῖς.
ὁ	ἀρχιερεύς	ἵνα	αὐτός	παραδίδωμι	αὐτός
투스	아르키에레이스	히나	아우톤	파라도이	아우토이스
그	대제사장들	위하여	그를	넘겨주기	그들에게
관.목.남.복.	명.목.남.복.	접.종.	대.인.목.남.3단.	동.가.2과.능.3단.	대.인.여격.남.3복.

11 그들이 듣고 기뻐하여 돈을 주기로 약속하니 유다가 예수를 어떻게 넘겨 줄까 하고 그
기회를 찾더라

And when they heard it, they were glad, and promised to give him money. And he sought how he might conveniently betray him.

3588	1161	191	5463	2532	1861	846	694
οἱ	δὲ	ἀκούσαντες	ἐχάρησαν	καὶ	ἐπηγγείλαντο	αὐτῷ	ἀργύριον
ὁ	δέ	ἀκούω	χαίρω	καί	ἐπαγγέλλω	αὐτός	ἀργύριον
호이	데	아쿠산테스	에카레산	카이	에펭게일란토	아우토	아르귀리온
그들이	그리고	들은 후에	기뻐하였다	이에	약속하였다	그에게	은을
관.주.남.복.	접.우.	동.분.1과.능.주.남.복.	동.직.2과.수디.3복.	접.등.	동.직.1과.중디.2복.	대.인.여격.남.3단.	명.목.중.단.

1325	2532	2212	4459	846	2122	3860
δοῦναι.	καὶ	ἐζήτει	πῶς	αὐτὸν	εὐκαίρως	παραδοῖ.
δίδωμι	καί	ζητέω	πῶς	αὐτός	εὐκαίρως	παραδίδωμι
두나이	카이	에제테이	포스	아우톤	유카이로스	파라도이
주는 것을	그래서	그가 찾고 있었다	어떻게	그를	좋은 시기에	그가 넘겨줄지
동.부.2과.능.	접.등.	동.직.미완.능.3단.	부.의.	대.인.목.남.3단.	부.	동.가.2과.능.3단.

12 무교절의 첫날 곧 유월절 양 잡는 날에 제자들이 예수께 여짜오되 우리가 어디로 가서
선생님께서 유월절 음식을 잡수시게 준비하기를 원하시나이까 하매

And the first day of unleavened bread, when they killed the passover, his disciples said unto him, Where wilt thou that we go and prepare that thou mayest eat the passover?

2532	3588	4413	2250	3588	106	3753	3588	3957
Καὶ	τῇ	πρώτῃ	ἡμέρᾳ	τῶν	ἀζύμων,	ὅτε	τὸ	πάσχα
καί	ἡ	πρῶτος	ἡμέρα	τό	ἄζυμος	ὅτε	τό	πάσχα
카이	테	프로테	헤메라	톤	아쥐몬	호테	토	파스카
그리고	그	첫	날에	그	무교절이	때에	그	유월절
접.등.	관.여격.여.단.	형.서.여격.여.단.	명.여격.여.단.	관.소.중.복.	형.대.소.중.복.	부.관.	관.목.중.단.	명.목.중.단.

2380	3004	846	3588	3101	846	4226	2309
ἔθυον,	λέγουσιν	αὐτῷ	οἱ	μαθηταὶ	αὐτοῦ,	Ποῦ	θέλεις
θύω	λέγω	αὐτός	ὁ	μαθητής	αὐτός	ποῦ	θέλω
에뒤온	레구신	아우토	호이	마데타이	아우투	푸	델레이스
그들이 (양)잡고 있었던	말한다	그에게	그	제자들이	그의	어디로	원하시나이까
동.직.미완.능.3복.	동.직.현.능.3복.	대.인.여격.남.3단.	관.주.남.복.	명.주.남.복.	대.인.소.남.3단.	부.의.	동.직.현.능.2단.

565	2090	2443	5315	3588	3957
ἀπελθόντες	ἑτοιμάσωμεν	ἵνα	φάγῃς	τὸ	πάσχα;
ἀπέρχομαι	ἑτοιμάζω	ἵνα	φάγω	τό	πάσχα
아펠돈테스	헤토이마소멘	히나	파게스	토	파스카
떠나가서	우리가 준비할 것을	위하여	당신이 잡수시기	그	유월절을
동.분.2과.능.주.남.복.	동.가.1과.능.1복.	접.종.	동.가.2과.능.2단.	관.목.중.단.	명.목.중.단.

13 예수께서 제자 중의 둘을 보내시며 이르시되 성내로 들어가라 그리하면 물 한 동이를
가지고 가는 사람을 만나리니 그를 따라가서

And he sendeth forth two of his disciples, and saith unto them, Go ye into the city, and there shall meet you a man bearing a pitcher of water: follow him.

2532	649	1417	3588	3101	846	2532	3004
καὶ	ἀποστέλλει	δύο	τῶν	μαθητῶν	αὐτοῦ	καὶ	λέγει
καί	ἀποστέλλω	δύο	ὁ	μαθητής	αὐτός	καί	λέγω
카이	아포스텔레이	뒤오	톤	마데톤	아우투	카이	레게이
이에	보내신다	두 사람을	그	제자들 중에	그의	그리고	말씀하신다
접.등.	동.직.현.능.3단.	형.대.기.목.남.복.	관.소.남.복.	명.소.남.복.	대.인.소.남.3단.	접.등.	동.직.현.능.3단.

846	5217	1519	3588	4172	2532	528	4771
αὐτοῖς,	ὑπάγετε	εἰς	τὴν	πόλιν,	καὶ	ἀπαντήσει	ὑμῖν
αὐτός	ὑπάγω	εἰς	ἡ	πόλις	καί	ἀπαντάω	σύ
아우토이스	휘파게테	에이스	텐	폴린	카이	아판테세이	휘민
그들에게	너희는 가라	안으로	그	도시를	그러면	만날 것이다	너희에게
대.인.여격.남.3복.	동.명.현.능.2복.	전.목.	관.목.여.단.	명.목.여.단.	접.등.	동.직.미.능.3단.	대.인.여격.2복.

444	2765	5204	941	190	846
ἄνθρωπος	κεράμιον	ὕδατος	βαστάζων·	ἀκολουθήσατε	αὐτῷ
ἄνθρωπος	κεράμιον	ὕδωρ	βαστάζω	ἀκολουθέω	αὐτός
안드로포스	케라미온	휘다토스	바스타존	아콜루데사테	아우토
사람이	한 동이를	물의	짊어진	따르라	그에게
명.주.남.단.	명.목.중.단.	명.소.중.단.	동.분.현.능.주.남.단.	동.명.1과.능.2복.	대.인.여격.남.3단.

14 어디든지 그가 들어가는 그 집 주인에게 이르되 선생님의 말씀이 내가 내 제자들과 함께
유월절 음식을 먹을 나의 객실이 어디 있느냐 하시더라 하라

And wheresoever he shall go in, say ye to the goodman of the house, The Master saith, Where is the guestchamber, where I shall eat the passover with my disciples?

2532	3699	1437	1525	2036	3588	3617	3754	3588
καὶ	ὅπου	ἐὰν	εἰσέλθῃ	εἴπατε	τῷ	οἰκοδεσπότῃ	ὅτι	ὁ
καί	ὅπου	ἐάν	εἰσέρχομαι	ἔπω	ὁ	οἰκοδεσπότης	ὅτι	ὁ
카이	호푸	에안	에이셀데	에이파테	토	오이코데스포테	호티	호
그리고	어디	든지	그가 들어가면	말하라	그	집주인에게	왜냐하면	그
접.등.	접.종.	불.동.	동.가.2과.능.3단.	동.명.2과.능.2복.	관.여격.남.단.	명.여격.남.단.	접.등.	관.주.남.단.

1320	3004	4226	1510	3588	2646	1473	3699
διδάσκαλος	λέγει,	ποῦ	ἐστιν	τὸ	κατάλυμά	μου	ὅπου
διδάσκαλος	λέγω	ποῦ	εἰμί	τό	κατάλυμα	ἐγώ	ὅπου
디다스칼로스	레게이	푸	에스틴	토	카탈뤼마	무	호푸
선생님께서	말씀하시기를	어디	있느냐?	그	객실이	나의	바 그 곳
명.주.남.단.	동.직.현.능.3단.	부.의.	동.직.현.능.3단.	관.주.중.단.	명.주.중.단.	대.인.소.1단.	부.관.

3588	3957	3326	3588	3101	1473	5315
τὸ	πάσχα	μετὰ	τῶν	μαθητῶν	μου	φάγω;
τό	πάσχα	μετά	ὁ	μαθητής	ἐγώ	φάγω
토	파스카	메타	톤	마데톤	무	파고
그	유월절을	함께	그	제자들과	나의	내가 먹을
관.목.중.단.	명.목.중.단.	전.소	관.소.남.복.	명.소.남.복.	대.인.소.1단.	동.가.2과.능.1단.

15 그리하면 자리를 펴고 준비한 큰 다락방을 보이리니 거기서 우리를 위하여 준비하라
하시니
And he will show you a large upper room furnished and prepared: there make ready for us.

2532	846	4771	1166	508	3173	4766	2092
καὶ	αὐτὸς	ὑμῖν	δείξει	ἀνάγαιον	μέγα	ἐστρωμένον	ἕτοιμον·
καί	αὐτός	σύ	δεικνύω	ἀνάγαιον	μέγας	στρώννυμι	ἕτοιμος
카이	아우토스	휘민	데익세이	아나가이온	메가	에스트로메논	헤토이몬
그리하면	그가	너희에게	보일 것이다	다락방을	큰	갖추어져 있는	준비한
접.등.	대.인.주.남.3단.	대.인.여격.2복.	동.직.미.능.3단.	명.목.중.단.	형.목.중.단.	동.분.1완.수.목.남.단.	형.목.중.단.

2532	1563	2090	1473
καὶ	ἐκεῖ	ἑτοιμάσατε	ἡμῖν.
καί	ἐκεῖ	ἑτοιμάζω	ἐγώ
카이	에케이	헤토이마사테	헤민
그러면	거기서	너희는 준비하라	우리를 위하여
접.등.	부.	동.명.1과.능.2복.	대.인.여격.1복.

16 제자들이 나가 성내로 들어가서 예수께서 하시던 말씀대로 만나 유월절 음식을 준비하니라
And his disciples went forth, and came into the city, and found as he had said unto them: and
they made ready the passover.

2532	1831	3588	3101	2532	2064	1519	3588	4172	2532
καὶ	ἐξῆλθον	οἱ	μαθηταὶ	καὶ	ἦλθον	εἰς	τὴν	πόλιν	καὶ
καί	ἐξέρχομαι	ὁ	μαθητής	καί	ἔρχομαι	εἰς	ἡ	πόλις	καί
카이	엑셀돈	호이	마데타이	카이	엘돈	에이스	텐	폴린	카이
이에	나아갔다	그	제자들이	그리고	갔다	안으로	그	도시를	그리고
접.등.	동.직.2과.능.3복.	관.주.남.복.	명.주.남.복.	접.등.	동.직.2과.능.3복.	전.목.	관.목.여.단.	명.목.여.단.	접.등.

2147	2531	3004(2036)	846	2532	2090	3588	3957
εὗρον	καθὼς	εἶπεν	αὐτοῖς	καὶ	ἡτοίμασαν	τὸ	πάσχα.
εὑρίσκω	καθώς	λέγω.ἔπω	αὐτός	καί	ἑτοιμάζω	τό	πάσχα
휴론	카도스	에이펜	아우토이스	카이	헤토이마산	토	파스카
발견하였다	대로	그가 말씀하신	그들에게	그래서	그들이 준비하였다	그	유월절을
동.직.2과.능.3복.	접.종.	동.직.2과.능.3단.	대.인.여격.남.3복.	접.등.	동.직.1과.능.3복.	관.목.중.단.	명.목.중.단.

17 저물매 그 열둘을 데리시고 가서
And in the evening he cometh with the twelve.

2532	3798	1096	2064	3326	3588	1427
Καὶ	ὀψίας	γενομένης	ἔρχεται	μετὰ	τῶν	δώδεκα.
καί	ὄψιος	γίνομαι	ἔρχομαι	μετά	ὁ	δώδεκα
카이	옵시아스	게노메네스	에르케타이	메타	톤	도데카
그리고	저녁의	된 후에	그가 오신다	함께	그	열 둘과
접.등.	형.소.여.단.	동.분.2과.중디.소.여.단.	동.직.현.중수디.3단.	전.소	관.소.남.복.	형.대.기.소.남.복.

18 다 앉아 먹을 때에 예수께서 이르시되 내가 진실로 너희에게 이르노니 너희 중의 한
사람 곧 나와 함께 먹는 자가 나를 팔리라 하신대

And as they sat and did eat, Jesus said, Verily I say unto you, One of you which eateth with me shall betray me.

2532	345	846	2532	2068	3588	2424	3004(2036)
καὶ	ἀνακειμένων	αὐτῶν	καὶ	ἐσθιόντων	ὁ	Ἰησοῦς	εἶπεν,
καί	ἀνακεῖμαι	αὐτός	καί	ἐσθίω	ὁ	Ἰησοῦς	λέγω.ἔπω
카이	아나케이메논	아우톤	카이	에스디온톤	호	예수스	에이펜
그리고	식탁에 기대어 앉아서	그들(의)이	그리고	먹을 때에	그	예수께서	말씀하셨다
접.등.	동.분.현.중수디.소.남.복.	대.인.소.남.3복.	접.등.	동.분.현.능.소.남.복.	관.주.남.단.	명.주.남.단.	동.직.2과.능.3단.

281	3004	4771	3754	1520	1537	4771	3860	1473
ἀμὴν	λέγω	ὑμῖν	ὅτι	εἷς	ἐξ	ὑμῶν	παραδώσει	με
ἀμήν	λέγω	σύ	ὅτι	εἷς	ἐκ	σύ	παραδίδωμι	ἐγώ
아멘	레고	휘민	호티	헤이스	엑스	휘몬	파라도세이	메
진실로	내가 말한다	너희에게	것을	하나가	중에서	너희	넘길 것이라는	나를
불.문.	동.직.현.능.1단.	대.인.여격.2복.	접.등.	형.대.기.주.남.단.	전.소.	대.인.소.2복.	동.직.미.능.3단.	대.인.목.1단.

3588	2068	3326	1473
ὁ	ἐσθίων	μετ᾽	ἐμοῦ.
ὁ	ἐσθίω	μετά	ἐγώ
호	에스디온	멧	에무
그(사람이)	먹는	함께	나와
관.주.남.단.	동.분.현.능.주.남.단.	전.소.	대.인.소.1단.

19 그들이 근심하며 하나씩 하나씩 나는 아니지요 하고 말하기 시작하니

And they began to be sorrowful, and to say unto him one by one, Is it I? and another said, Is it I?

756	3076	2532	3004	846	1520	2596	1520
ἤρξαντο	λυπεῖσθαι	καὶ	λέγειν	αὐτῷ	εἷς	κατὰ	εἷς,
ἄρχομαι	λυπέω	καί	λέγω	αὐτός	εἷς	κατά	εἷς
에릌산토	뤼페이스타이	카이	레게인	아우토	헤이스	카타	헤이스
그들이 시작하였다	슬퍼지기를	그리고	말하기를	그에게	하나	씩	하나
동.직.1과.중.3복.	동.부.현.수.	접.등.	동.부.현.능.	대.인.여격.남.3단.	형.대.기.주.남.단.	전.목.	형.대.기.주.남.단.

3385	1473
μήτι	ἐγώ;
μήτι	ἐγώ
메티	에고
아닙니까	나는
불.의.	대.인.주.1단.

20 그들에게 이르시되 열둘 중의 하나 곧 나와 함께 그릇에 손을 넣는 자니라

And he answered and said unto them, It is one of the twelve, that dippeth with me in the dish.

3588	1161	3004(2036)	846	1520	3588	1427	3588
ὁ	δὲ	εἶπεν	αὐτοῖς,	εἷς	τῶν	δώδεκα,	ὁ
ὁ	δέ	λέγω.ἔπω	αὐτός	εἷς	ὁ	δώδεκα	ὁ
호	데	에이펜	아우토이스	헤이스	톤	도데카	호
그가	이에	말씀하셨다	그들에게	하나로	그	열 둘 중의	그(사람이)
관.주.남.단.	접.우.	동.직.2과.능.3단.	대.인.여격.남.3복.	형.대.기.주.남.단.	관.소.남.복.	형.대.기.소.남.복.	관.주.남.단.

1686	3326	1473	1519	3588	5165
ἐμβαπτόμενος	μετ᾽	ἐμοῦ	εἰς	τὸ	τρύβλιον.
ἐμβάπτω	μετά	ἐγώ	εἰς	τό	τρύβλιον
엠밮토메노스	멧	에무	에이스	토	트뤼블리온
(손을)집어넣는	함께	나와	속으로	이	대접을
동.분.현중.주.남.단.	전.소.	대.인.소.1단.	전.목.	관.목.중.단.	명.목.중.단.

21 인자는 자기에 대하여 기록된 대로 가거니와 인자를 파는 그 사람에게는 화가 있으리로다
그 사람은 차라리 나지 아니하였더라면 자기에게 좋을 뻔하였느니라 하시니라

The Son of man indeed goeth, as it is written of him: but woe to that man by whom the Son of man is betrayed! good were it for that man if he had never been born.

3754	3588	3303	5207	3588	444	5217	2531	1125
ὅτι	ὁ	μὲν	υἱὸς	τοῦ	ἀνθρώπου	ὑπάγει	καθὼς	γέγραπται
ὅτι	ὁ	μέν	υἱός	ὁ	ἄνθρωπος	ὑπάγω	καθώς	γράφω
호티	호	멘	휘오스	투	안드로푸	휘파게이	카도스	게그랖타이
때문이라	그	참으로	아들은	그	사람의	가기	대로	기록되어 있던
접종.	관.주.남.단.	접종.	명.주.남.단.	관.소.남.단.	명.소.남.단.	동.직.현.능.3단.	접종.	동.직.1완.수.3단.

4012	846	3759	1161	3588	444	1565	1223	3739
περὶ	αὐτοῦ,	οὐαὶ	δὲ	τῷ	ἀνθρώπῳ	ἐκείνῳ	δι'	οὗ
περί	αὐτός	οὐαί	δέ	ὁ	ἄνθρωπος	ἐκεῖνος	διά	ὅς
페리	아우투	우아이	데	토	안드로포	에케이노	디	후
관하여	그의	화로다	그러나	그	사람에게	그	말미암아	바 그로
전.소.	대.인.소.남.3단.	불.문.	접.우.	관.여격.남.단.	명.여격.남.단.	대.지.여격.남.단.	전.소.	대.관.소.남.단.

3588	5207	3588	444	3860	2570	846	1487	3756
ὁ	υἱὸς	τοῦ	ἀνθρώπου	παραδίδοται·	καλὸν	αὐτῷ	εἰ	οὐκ
ὁ	υἱός	ὁ	ἄνθρωπος	παραδίδωμι	καλός	αὐτός	εἰ	οὐ
호	휘오스	투	안드로푸	파라디도타이	칼론	아우토	에이	우크
그	아들은	그	사람의	넘겨진다	좋을 뻔	그를 위하여	더면	아니하였
관.주.남.단.	명.주.남.단.	관.소.남.단.	명.소.남.단.	동.직.현.수.3단.	형.주.중.단.	대.인.여격.남.3단.	접.등.	부.

1080	3588	444	1565
ἐγεννήθη	ὁ	ἄνθρωπος	ἐκεῖνος.
γεννάω	ὁ	ἄνθρωπος	ἐκεῖνος
에겐네데	호	안드로포스	에케이노스
태어나지	그	사람은	그
동.직.1과.수.3단.	관.주.남.단.	명.주.남.단.	대.지.주.남.단.

22 그들이 먹을 때에 예수께서 떡을 가지사 축복하시고 떼어 제자들에게 주시며 이르시되
받으라 이것은 내 몸이니라 하시고

And as they did eat, Jesus took bread, and blessed, and brake it, and gave to them, and said, Take, eat: this is my body.

2532	2068	846	2983	740	2127	2806	2532
Καὶ	ἐσθιόντων	αὐτῶν	λαβὼν	ἄρτον	εὐλογήσας	ἔκλασεν	καὶ
καί	ἐσθίω	αὐτός	λαμβάνω	ἄρτος	εὐλογέω	κλάω	καί
카이	에스디온톤	아우톤	라본	아르톤	율로게사스	에클라센	카이
그리고	먹을 때에	그들의	취하사	떡을	축복하시고	떼셨다	그리고
접.등.	동.분.현.능.소.남.복.	대.인.소.남.3복.	동.분.2과.능.주.남.단.	명.목.남.단.	동.분.1과.능.주.남.단.	동.직.1과.능.3단.	접.등.

1325	846	2532	3004(2036)	2983	3778	1510	3588
ἔδωκεν	αὐτοῖς	καὶ	εἶπεν,	λάβετε,	τοῦτό	ἐστιν	τὸ
δίδωμι	αὐτός	καί	λέγω.ἔπω	λαμβάνω	οὗτος	εἰμί	τό
에도켄	아우토이스	카이	에이펜	라베테	투토	에스틴	토
주셨다	그들에게	그리고	말씀하셨다	너희는 받아라	이것이	이다	그
동.직.1과.능.3단.	대.인.여격.남.3복.	접.등.	동.직.2과.능.3단.	동.명.2과.능.2복.	대.지.주.중.단.	동.직.현.능.3단.	관.주.중.단.

4983	1473
σῶμά	μου.
σῶμα	ἐγώ
소마	무
몸	나의
명.주.중.단.	대.인.소.1단.

23 또 잔을 가지사 감사 기도 하시고 그들에게 주시니 다 이를 마시매
And he took the cup, and when he had given thanks, he gave it to them: and they all drank of it.

2532	2983	4221	2168	1325	846	2532	4095
καὶ	λαβὼν	ποτήριον	εὐχαριστήσας	ἔδωκεν	αὐτοῖς,	καὶ	ἔπιον
καί	λαμβάνω	ποτήριον	εὐχαριστέω	δίδωμι	αὐτός	καί	πίνω
카이	라본	포테리온	유카리스테사스	에도켄	아우토이스	카이	에피온
또	취하사	잔을	감사하신 후에	주셨다	그들에게	이에	마셨다
접등.	동.분.2과.능.주.남.단.	명.목.중.단.	동.분.1과.능.주.남.단.	동.직.1과.능.3단.	대.인.여격.남.3복.	접등.	동.직.2과.능.3복.

1537	846	3956
ἐξ	αὐτοῦ	πάντες.
ἐκ	αὐτός	πᾶς
엑스	아우투	판테스
에서	그것	모두가
전소	대.인.소.중.3단.	형.대.주.남.복.

24 이르시되 이것은 많은 사람을 위하여 흘리는 나의 피 곧 언약의 피니라
And he said unto them, This is my blood of the new testament, which is shed for many.

2532	3004(2036)	846	3778	1510	3588	129	1473	3588
καὶ	εἶπεν	αὐτοῖς,	τοῦτό	ἐστιν	τὸ	αἷμά	μου	τῆς
καί	λέγω.ἔπω	αὐτός	οὗτος	εἰμί	τό	αἷμα	ἐγώ	ἡ
카이	에이펜	아우토이스	투토	에스틴	토	하이마	무	테스
또	그가 말씀하셨다	그들에게	이것은	이다	그	피	나의	그
접등.	동.직.2과.능.3단.	대.인.여격.남.3복.	대.지.주.중.단.	동.직.현.능.3단.	관.주.중.단.	명.주.중.단.	대.인.소.1단.	관.소.여.단.

1242	3588	1632	5228	4183
διαθήκης	τὸ	ἐκχυννόμενον	ὑπὲρ	πολλῶν.
διαθήκη	τό	ἐκχέω	ὑπέρ	πολύς
디아데케스	토	에크퀸노메논	휘페르	폴론
언약의	그	흘리는	위하여	많은 사람을
명.소.여.단.	관.주.중.단.	동.분.현.수.주.중.단.	전소.	형.대.소.남.복.

25 진실로 너희에게 이르노니 내가 포도나무에서 난 것을 하나님 나라에서 새 것으로
마시는 날까지 다시 마시지 아니하리라 하시니라
Verily I say unto you, I will drink no more of the fruit of the vine, until that day that I drink it new in the kingdom of God.

281	3004	4771	3754	3765	3756	3361	4095	1537	3588
ἀμὴν	λέγω	ὑμῖν	ὅτι	οὐκέτι	οὐ	μὴ	πίω	ἐκ	τοῦ
ἀμήν	λέγω	σύ	ὅτι	οὐκέτι	οὐ	μή	πίνω	ἐκ	τό
아멘	레고	휘민	호티	우케티	우	메	피오	에크	투
진실로	내가 말한다	너희에게	왜냐하면	더 이상	아니하리라	결코	내가 마시지	에서 난 것을	그
불문.	동.직.현.능.1단.	대.인.여격.2복.	접등.	부.	부.	부.	동.가.2과.능.1단.	전소	관.소.중.단.

1081	3588	288	2193	3588	2250	1565	3752
γενήματος	τῆς	ἀμπέλου	ἕως	τῆς	ἡμέρας	ἐκείνης	ὅταν
γέννημα	ἡ	ἄμπελος	ἕως	ἡ	ἡμέρα	ἐκεῖνος	ὅταν
게네마토스	테스	암펠루	헤오스	테스	헤메라스	에케이네스	호탄
열매	그	포도나무의	까지	그	날	그	때에
명.소.중.단.	관.소.여.단.	명.소.여.단.	전소.	관.소.여.단.	명.소.여.단.	대.지.소.여.단.	부.관.

846	4095	2537	1722	3588	932	3588	2316
αὐτὸ	πίνω	καινὸν	ἐν	τῇ	βασιλείᾳ	τοῦ	θεοῦ.
αὐτός	πίνω	καινός	ἐν	ἡ	βασιλεία	ὁ	θεός
아우토	피노	카이논	엔	테	바실레이아	투	데우
그것을	나는 마실	새 것으로	안에	그	나라에	그	하나님의
대.인.목.중.3단.	동.가.현.능.1단.	형.대.목.중.단.	전.여격.	관.여격.여.단.	명.여격.여.단.	관.소.남.단.	명.소.남.단.

26 이에 그들이 찬미하고 감람 산으로 가니라
And when they had sung an hymn, they went out into the mount of Olives.

2532	5214	1831	1519	3588	3735	3588	1636
Καὶ	ὑμνήσαντες	ἐξῆλθον	εἰς	τὸ	ὄρος	τῶν	Ἐλαιῶν.
καί	ὑμνέω	ἐξέρχομαι	εἰς	τό	ὄρος	ἡ	ἐλαία
카이	휨네산테스	엑셀돈	에이스	토	오로스	톤	엘라이온
그리고	찬송을 부른 후에	그들이 나갔다	향하여	그	산을	그	감람나무들의
접등.	동.분.1과.능.3복.	동.직.2과.능.3복.	전목.	관.목.중.단.	명.목.중.단.	관.소.여.복.	명.소.여.복.

27 예수께서 제자들에게 이르시되 너희가 다 나를 버리리라 이는 기록된 바 내가 목자를
치리니 양들이 흩어지리라 하였음이니라
And Jesus saith unto them, All ye shall be offended because of me this night: for it is written,
I will smite the shepherd, and the sheep shall be scattered.

2532	3004	846	3588	2424	3754	3956	4624
Καὶ	λέγει	αὐτοῖς	ὁ	Ἰησοῦς	ὅτι	πάντες	σκανδαλισθήσεσθε,
καί	λέγω	αὐτός	ὁ	Ἰησοῦς	ὅτι	πᾶς	σκανδαλίζω
카이	레게이	아우토이스	호	예수스	호티	판테스	스칸달리스데세스데
그리고	말씀하신다	그들에게	그	예수께서	것을	모두가	너희가 실족하게 될 것이다
접등.	동.직.현.능.3단.	대.인.여격.남.3복.	관.주.남.단.	명.주.남.단.	접등.	형.대.주.남.복.	동.직.미.수.2복.

3754	1125	3960	3588	4166	2532	3588	4263
ὅτι	γέγραπται,	πατάξω	τὸν	ποιμένα,	καὶ	τὰ	πρόβατα
ὅτι	γράφω	πατάσσω	ὁ	ποιμήν	καί	τό	πρόβατον
호티	게그랍타이	파탁소	톤	포이메나	카이	타	프로바타
때문이라	기록된 바	내가 칠 것이다	그	목자를	그리하면	그	양들이
접종.	동.직.1완.수.3단.	동.직.미.능.1단.	관.목.남.단.	명.목.남.단.	접등.	관.주.중.복.	명.주.중.복.

1287
διασκορπισθήσονται.
διασκορπίζω
디아스코르피스데손타이
널리 흩어질 것이다
동.직.미.수.3복.

28 그러나 내가 살아난 후에 너희보다 먼저 갈릴리로 가리라
But after that I am risen, I will go before you into Galilee.

235	3326	3588	1453	1473	4254	4771	1519	3588
ἀλλὰ	μετὰ	τὸ	ἐγερθῆναί	με	προάξω	ὑμᾶς	εἰς	τὴν
ἀλλά	μετά	τό	ἐγείρω	ἐγώ	προάγω	σύ	εἰς	ἡ
알라	메타	토	에게르데나이	메	프로악소	휘마스	에이스	텐
그러나	후에	그	살아나게 된	나를	먼저 갈 것이다	너희(보다)	안으로	그
접등.	전목.	관.목.중.단.	동.부.1과.수.목.	대.인.목.1단.	동.직.미.능.1단.	대.인.목.2복.	전목.	관.목.여.단.

1056
Γαλιλαίαν.
Γαλιλαία
갈릴라이안
갈릴리를
명.목.여.단.

29 베드로가 여짜오되 다 버릴지라도 나는 그리하지 않겠나이다
But Peter said unto him, Although all shall be offended, yet will not I.

3588	1161	4074	5346	846	1487	2532	3956
ὁ	δὲ	Πέτρος	ἔφη	αὐτῷ,	εἰ	καὶ	πάντες
ὁ	δέ	Πέτρος	φημί	αὐτός	εἰ	καί	πᾶς
호	데	페트로스	에페	아우토	에이	카이	판테스
그	그러나	베드로가	단언하였다	그에게	만일	그리고	모든 사람
관.주.남.단.	접.우.	명.주.남.단.	동.직.2과.능.3단./동.직.미완.능.3단.	대.인.여격.남.3단.	접종.	부.	형.대.주.남.복.

4624	235	3756	1473
σκανδαλισθήσονται,	ἀλλ'	οὐκ	ἐγώ.
σκανδαλίζω	ἀλλά	οὐ	ἐγώ
스칸달리스데손타이	알	우크	에고
실족하게 될 지라도	그러나	아니이다	나는
동.직.미.수.3복.	접.우.	부.	대.인.주.1단.

30 예수께서 이르시되 내가 진실로 네게 이르노니 오늘 이 밤 닭이 두 번 울기 전에 네가
세 번 나를 부인하리라

And Jesus saith unto him, Verily I say unto thee, That this day, *even* in this night, before the cock crow twice, thou shalt deny me thrice.

2532	3004	846	3588	2424	281	3004	4771	3754
καὶ	λέγει	αὐτῷ	ὁ	Ἰησοῦς,	ἀμὴν	λέγω	σοι	ὅτι
καί	λέγω	αὐτός	ὁ	Ἰησοῦς	ἀμήν	λέγω	σύ	ὅτι
카이	레게이	아우토	호	예수스	아멘	레고	소이	호티
그러나	말씀하신다	그에게	그	예수께서	진실로	내가 말한다	너에게	것을
접.등.	동.직.현.능.3단.	대.인.여격.남.3단.	관.주.남.단.	명.주.남.단.	불.문.	동.직.현.능.1단.	대.인.여격.2단.	접.등.

4771	4594	3778	3588	3571	4250	2228	1364	220
σὺ	σήμερον	ταύτῃ	τῇ	νυκτὶ	πρὶν	ἢ	δὶς	ἀλέκτορα
σύ	σήμερον	οὗτος	ἡ	νύξ	πρίν	ἤ	δίς	ἀλέκτωρ
쉬	세메론	타우테	테	뉙크티	프린	에	디스	알렉토라
네가	오늘	이	그	밤에	전에		두 번	닭을
대.인.주.2단.	부.	대.지.여격.여.단.	관.여격.여.단.	명.여격.여.단.	부.	접.종.	부.	명.목.남.단.

5455	5151	1473	533
φωνῆσαι	τρίς	με	ἀπαρνήσῃ.
φωνέω	τρίς	ἐγώ	ἀπαρνέομαι
포네사이	트리스	메	아파르네세
울기	세 번	나를	네가 정녕 부인할 것이라는
동.부.1과.능.	부.	대.인.목.1단.	동.직.미.중디.2단.

31 베드로가 힘있게 말하되 내가 주와 함께 죽을지언정 주를 부인하지 않겠나이다 하고
모든 제자도 이와 같이 말하니라

But he spake the more vehemently, If I should die with thee, I will not deny thee in any wise. Likewise also said they all.

3588	1161	4057	2980	1437	1163	1473	4880
ὁ	δὲ	ἐκπερισσῶς	ἐλάλει,	ἐὰν	δέῃ	με	συναποθανεῖν
ὁ	δέ	ἐκπερισσῶς	λαλέω	ἐάν	δεῖ	ἐγώ	συναποθνήσκω
호	데	에크페리쏘스	엘랄레이	에안	데에	메	쉬나포다네인
베드로가	그러나	더욱 힘있게	말하고 있었다	만일	반드시 할 지라도	저(를)는	함께 죽는 것을
관.주.남.단.	접.우.	부.	동.직.미완.능.3단.	접.종.	동.가.현.능.3단.	대.인.목.1단.	동.부.2과.능.

4771	3756	3361	4771	533	5615	1161	2532	3956
σοι,	οὐ	μή	σε	ἀπαρνήσομαι.	ὡσαύτως	δὲ	καὶ	πάντες
σύ	οὐ	μή	σύ	ἀπαρνέομαι	ὡσαύτως	δέ	καί	πᾶς
소이	우	메	세	아파르네소마이	호사우토스	데	카이	판테스
당신과	아니할 것이다	결코	당신을	나는 부인하지	이와 같이	또	역시	모두가
대.인.여격.2단.	부.	부.	대.인.목.2단.	동.직.미.중디.1단.	부.	접.등./접.우.	부.	형.대.주.남.복.

3004
ἔλεγον.
λέγω
엘레곤
말하고 있었다
동.직.미완.능.3복.

32 그들이 겟세마네라 하는 곳에 이르매 예수께서 제자들에게 이르시되 내가 기도할 동안에
너희는 여기 앉아 있으라 하시고

And they came to a place which was named Gethsemane: and he saith to his disciples, Sit ye here, while I shall pray.

2532	2064	1519	5564	3739	3588	3686	1068
Καὶ	ἔρχονται	εἰς	χωρίον	οὗ	τὸ	ὄνομα	Γεθσημανί
καί	ἔρχομαι	εἰς	χωρίον	ὅς	τό	ὄνομα	Γεθσημανί
카이	에르콘타이	에이스	코리온	후	토	오노마	겟세마이
그리고	그들이 온다	으로	한 곳	바	그	이름이	겟세마네라 하는
접.등.	동.직.현.중수디.3복.	전목.	명.목.중.단.	대.관.소.중.단.	관.주.중.단.	명.주.중.단.	명.주.중.단.

2532	3004	3588	3101	846	2523	5602	2193
καὶ	λέγει	τοῖς	μαθηταῖς	αὐτοῦ,	καθίσατε	ὧδε	ἕως
καί	λέγω	ὁ	μαθητής	αὐτός	καθίζω	ὧδε	ἕως
카이	레게이	토이스	마데타이스	아우투	카디사테	호데	헤오스
이에	그가 말씀하신다	그	제자들에게	그의	너희는 앉아 있으라	여기에	동안에
접.등.	동.직.현.능.3단.	관.여격.남.복.	명.여격.남.복.	대.인소.남.3단.	동.명.1과.능.2복.	부.	접.종.

4336
προσεύξωμαι.
προσεύχομαι
프로슈소마이
내가 기도할
동.가.1과.중디.1단.

33 베드로와 야고보와 요한을 데리고 가실새 심히 놀라시며 슬퍼하사

And he taketh with him Peter and James and John, and began to be sore amazed, and to be very heavy;

2532	3880	3588	4074	2532	3588	2385	2532	3588
καὶ	παραλαμβάνει	τὸν	Πέτρον	καὶ	τὸν	Ἰάκωβον	καὶ	τὸν
καί	παραλαμβάνω	ὁ	Πέτρος	καί	ὁ	Ἰάκωβος	καί	ὁ
카이	파랄람바네이	톤	페트론	카이	톤	야코본	카이	톤
그리고	그가 데리고 가신다	그	베드로	와	그	야고보	그리고	그
접.등.	동.직.현.능.3단.	관.목.남.단.	명.목.남.단.	접.등.	관.목.남.단.	명.목.남.단.	접.등.	관.목.남.단.

2491	3326	846	2532	756	1568	2532	85
Ἰωάννην	μετ'	αὐτοῦ	καὶ	ἤρξατο	ἐκθαμβεῖσθαι	καὶ	ἀδημονεῖν
Ἰωάννης	μετά	αὐτός	καί	ἄρχομαι	ἐκθαμβέω	καί	ἀδημονέω
요안넨	멧	아우투	카이	에릅사토	에크담베이스다이	카이	아데모네인
요한을	함께	그와	그리고	시작하셨다	몹시 슬퍼하시기를	그리고	심히 고민하시기를
명.목.남.단.	전소.	대.인소.남.3단.	접.등.	동.직.1과.중.3단.	동.부.현.수.	접.등.	동.부.현.능.

34 말씀하시되 내 마음이 심히 고민하여 죽게 되었으니 너희는 여기 머물러 깨어 있으라
하시고

And saith unto them, My soul is exceeding sorrowful unto death: tarry ye here, and watch.

2532	3004	846	4036	1510	3588	5590	1473	2193
καὶ	λέγει	αὐτοῖς,	περίλυπός	ἐστιν	ἡ	ψυχή	μου	ἕως
καί	λέγω	αὐτός	περίλυπος	εἰμί	ἡ	ψυχή	ἐγώ	ἕως
카이	레게이	아우토이스	페릴뤼포스	에스틴	헤	프쉬케	무	헤오스
그리고	그가 말씀하신다	그들에게	심히 슬퍼하며	이니	그	(영)혼이	나의	까지
접.등.	동.직.현.능.3단.	대.인.여격.남.3복.	형.주.여.단.	동.직.현.능.3단.	관.주.여.단.	명.주.여.단.	대.인소.1단.	전소.

2288	3306	5602	2532	1127
θανάτου·	μείνατε	ὧδε	καὶ	γρηγορεῖτε.
θάνατος	μένω	ὧδε	καί	γρηγορέω
다나투	메이나테	호데	카이	그레고레이테
죽지	너희는 머물러라	여기에	그리고	깨어 있으라
명.소.남.단.	동.명.1과.능.2복.	부.	접.등.	동.명.현.능.2복.

35 조금 나아가사 땅에 엎드리어 될 수 있는 대로 이 때가 자기에게서 지나가기를 구하여
And he went forward a little, and fell on the ground, and prayed that, if it were possible, the hour might pass from him.

2532	4281	3397	4098	1909	3588	1093	2532	4336
καὶ	προελθὼν	μικρὸν	ἔπιπτεν	ἐπὶ	τῆς	γῆς	καὶ	προσηύχετο
καί	προέρχομαι	μικρόν	πίπτω	ἐπί	ἡ	γῆ	καί	προσεύχομαι
카이	프로엘돈	미크론	에피프텐	에피	테스	게스	카이	프로세위케토
그리고	나아가신 후에	조금	엎드려 계셨다	위에서	그	땅	그리고	기도하고 계셨다
접등.	동.분.2과.능.주.남.단.	형.대.목.중.단.	동.직.미완.능.3단.	전소.	관.소.여.단.	명.소.여.단.	접등.	동.직.미완.중.3단.

2443	1487	1415	1510	3928	575	846	3588	5610
ἵνα	εἰ	δυνατόν	ἐστιν	παρέλθῃ	ἀπ'	αὐτοῦ	ἡ	ὥρα,
ἵνα	εἰ	δυνατός	εἰμί	παρέρχομαι	ἀπό	αὐτός	ἡ	ὥρα
히나	에이	뒤나톤	에스틴	파렐데	압	아우투	헤	호라
위하여	면	할 수	그것이 있다	지나가기	부터	자기로	그	시간이
접등.	접종.	형.주.중.단.	동.직.현.능.3단.	동.가.2과.능.3단.	전소.	대.인.소.남.3단.	관.주.여.단.	명.주.여.단.

36 이르시되 아빠 아버지여 아버지께는 모든 것이 가능하오니 이 잔을 내게서 옮기시옵소서
그러나 나의 원대로 마시옵고 아버지의 원대로 하옵소서 하시고
And he said, Abba, Father, all things are possible unto thee; take away this cup from me: nevertheless not what I will, but what thou wilt.

2532	3004	5	3588	3962	3956	1415	4771
καὶ	ἔλεγεν,	αββα	ὁ	πατήρ,	πάντα	δυνατά	σοι·
καί	λέγω	᾿Αββᾶ	ὁ	πατήρ	πᾶς	δυνατός	σύ
카이	엘레겐	압바	호	파테르	판타	뒤나타	소이
또	그가 말씀하고 계셨다	아바	그	아버지여	모든 것이	할 수 있사오니	아버지께
접등.	동.직.미완.능.3단.	명.호.남.단.	관.호.남.단.	명.주.남.단.	형.대.주.중.복.	형.주.중.복.	대.인.여격.2단.

3911	3588	4221	3778	575	1473	235	3756	5101
παρένεγκε	τὸ	ποτήριον	τοῦτο	ἀπ'	ἐμοῦ·	ἀλλ'	οὐ	τί
παραφέρω	τό	ποτήριον	οὗτος	ἀπό	ἐγώ	ἀλλά	οὐ	τίς
파레넹케	토	포테리온	투토	압	에무	알	우	티
가져 가시옵소서	그	잔을	이	부터	나로	그러나	마옵시고	무엇을
동.명.2과.능.2단.	관.목.중.단.	명.목.중.단.	대.지.목.중.단.	전소.	대.인.소.1단.	접등.	부.	대.의.목.중.단.

1473	2309	235	5101	4771
ἐγὼ	θέλω	ἀλλὰ	τί	σύ.
ἐγώ	θέλω	ἀλλά	τίς	σύ
에고	델로	알라	티	쉬
내가	원하는 대로	다만	무엇을	아버지께서
대.인.주.1단.	동.직.현.능.1단.	접.우.	대.의.목.중.단.	대.인.주.2단.

37 돌아오사 제자들이 자는 것을 보시고 베드로에게 말씀하시되 시몬아 자느냐 네가 한
시간도 깨어 있을 수 없더냐
And he cometh, and findeth them sleeping, and saith unto Peter, Simon, sleepest thou? couldest not thou watch one hour?

2532	2064	2532	2147	846	2518	2532	3004
καὶ	ἔρχεται	καὶ	εὑρίσκει	αὐτοὺς	καθεύδοντας,	καὶ	λέγει
καί	ἔρχομαι	καί	εὑρίσκω	αὐτός	καθεύδω	καί	λέγω
카이	에르케타이	카이	휴리스케이	아우투스	카듀돈타스	카이	레게이
그리고	그가 오신다	그리고	발견하신다	그들을	자고 있는 것을	그리고	말씀하신다
접등.	동.직.현.중수디.3단.	접등.	동.직.현.능.3단.	대.인.목.남.3복.	동.분.현.능.목.남.복.	접등.	동.직.현.능.3단.

3588	4074	4613	2518	3756	2480	3391	5610
τῷ	Πέτρῳ,	Σίμων,	καθεύδεις;	οὐκ	ἴσχυσας	μίαν	ὥραν
ὁ	Πέτρος	Σίμων	καθεύδω	οὐ	ἰσχύω	μία	ὥρα
토	페트로	시몬	카듀데이스	우크	이스퀴사스	미안	호란
그	베드로에게	시몬아	너는 자느냐	없었더냐	네가 할 수	한	시간도
관.여격.남.단.	명.여격.남.단.	명.호.남.단.	동.직.현.능.2단.	부.	동.직.1과.능.2단.	형.기.목.여.단.	명.목.여.단.

1127
γρηγορῆσαι;
γρηγορέω
그레고레사이
깨어있기를
동.부.1과.능.

38 시험에 들지 않게 깨어 있어 기도하라 마음에는 원이로되 육신이 약하도다 하시고
Watch ye and pray, lest ye enter into temptation. The spirit truly is ready, but the flesh is weak.

1127	2532	4336	2443	3361	2064	1519	3986
γρηγορεῖτε	καὶ	προσεύχεσθε,	ἵνα	μὴ	ἔλθητε	εἰς	πειρασμόν·
γρηγορέω	καί	προσεύχομαι	ἵνα	μή	ἔρχομαι	εἰς	πειρασμός
그레고레이테	카이	프로슈케스데	히나	메	엘데테	에이스	페이라스몬
너는 깨어라	그리고	기도하라	위함이라	않기	들어가지	속으로	유혹
동.명.현.능.2복.	접.등.	동.명.현.중수디.2복.	접.등./접.종.	부.	동.가.2과.능.2복.	전.목.	명.목.남.단.

3588	3303	4151	4289	3588	1161	4561	772
τὸ	μὲν	πνεῦμα	πρόθυμον	ἡ	δὲ	σὰρξ	ἀσθενής.
τό	μέν	πνεῦμα	πρόθυμος	ἡ	δέ	σάρξ	ἀσθενής
토	멘	프뉴마	프로뒤몬	헤	데	사륵스	아스데네스
그	참으로	영은	준비하나	그	그러나	육신이	약하도다
관.주.중.단.	접.종.	명.주.중.단	형.주.중.단.	관.주.여.단.	접.우.	명.주.여.단.	형.주.여.단.

39 다시 나아가 동일한 말씀으로 기도하시고
And again he went away, and prayed, and spake the same words.

2532	3825	565	4336	3588	846	3056	3004(2036)
καὶ	πάλιν	ἀπελθὼν	προσηύξατο	τὸν	αὐτὸν	λόγον	εἰπών.
καί	πάλιν	ἀπέρχομαι	προσεύχομαι	ὁ	αὐτός	λόγος	λέγω.ἔπω
카이	팔린	아펠돈	프로세웈사토	톤	아우톤	로곤	에이폰
또	다시	떠나가신 후에	기도하셨다	그	동일한	말씀을	말씀하시면서
접.등.	부.	동.분.2과.능.주.남.단.	동.직.1과.중디.3단.	관.목.남.단.	형.목.남.단.	명.목.남.단.	동.분.2과.능.주.남.단.

40 다시 오사 보신즉 그들이 자니 이는 그들의 눈이 심히 피곤함이라 그들이 예수께
무엇으로 대답할 줄을 알지 못하더라
And when he returned, he found them asleep again, (for their eyes were heavy,) neither wist they what to answer him.

2532	3825	2064	2147	846	2518	1510	1063
καὶ	πάλιν	ἐλθὼν	εὗρεν	αὐτοὺς	καθεύδοντας,	ἦσαν	γὰρ
καί	πάλιν	ἔρχομαι	εὑρίσκω	αὐτός	καθεύδω	εἰμί	γάρ
카이	팔린	엘돈	휴렌	아우투스	카듀돈타스	에산	가르
이에	다시	오신 후에	발견하셨다	그들을	잠자는	있었다	왜냐하면
접.등.	부.	동.분.2과.능.주.남.단.	동.직.2과.능.3단.	대.인.목.남.3복.	동.분.현.능.목.남.복.	동.직.미완.능.3복.+	접.종.

846	3588	3788	2599	2532	3756	1492
αὐτῶν	οἱ	ὀφθαλμοὶ	καταβαρυνόμενοι,	καὶ	οὐκ	ᾔδεισαν
αὐτός	ὁ	ὀφθαλμός	καταβαρύνω	καί	οὐ	οἶδα.εἴδω
아우톤	호이	오프달모이	카타바뤼노메노이	카이	우크	에데이산
그들의	그	눈들이	심히 피곤하게 되어	그리고	못하였다	알지
대.인.소.남.3복.	관.주.남.복.	명.주.남.복.	+동.분.현.수.주.남.복.	접.등.	부.	동.직.과완.능.3복.

5101	611	846
τί	ἀποκριθῶσιν	αὐτῷ.
τίς	ἀποκρίνομαι	αὐτός
티	아포크리도신	아우토
무엇을	그들이 대답할지를	그에게
대.의.목.중.단.	동.가.1과.수디.3복.	대.인.여격.남.3단.

41 세 번째 오사 그들에게 이르시되 이제는 자고 쉬라 그만 되었다 때가 왔도다 보라
인자가 죄인의 손에 팔리느니라

And he cometh the third time, and saith unto them, Sleep on now, and take your rest: it is enough, the hour is come; behold, the Son of man is betrayed into the hands of sinners.

2532	2064	3588	5154	2532	3004	846	2518
καὶ	ἔρχεται	τὸ	τρίτον	καὶ	λέγει	αὐτοῖς,	καθεύδετε
καί	ἔρχομαι	τό	τρίτος	καί	λέγω	αὐτός	καθεύδω
카이	에르케타이	토	트리톤	카이	레게이	아우토이스	카듀데테
또	오신다	그	세 번째	그리고	말씀하신다	그들에게	너희는 자라
접.등.	동.직.현.중수디.3단.	관.목.중.단.	형.대.서.목.중.단.	접.등.	동.직.현.능.3단.	대.인.여격.남.3복.	동.직.현.능.2복.

3588	3063	2532	373	568	2064	3588	5610
τὸ	λοιπὸν	καὶ	ἀναπαύεσθε·	ἀπέχει·	ἦλθεν	ἡ	ὥρα,
τό	λοιπόν	καί	ἀναπαύω	ἀπέχω	ἔρχομαι	ἡ	ὥρα
토	로이폰	카이	아나파우에스데	아페케이	엘덴	헤	호라
그	지금도	그리고	쉬어라	넉넉하다	왔도다	그	시간이
관.목.중.단.	형.대.목.중.단.	접.등.	동.직.현.중.2복/동.명.현.중.2복.	동.직.현.능.3단.	동.직.2과.능.3단.	관.주.여.단.	명.주.여.단.

2400	3860	3588	5207	3588	444	1519	3588	5495
ἰδοὺ	παραδίδοται	ὁ	υἱὸς	τοῦ	ἀνθρώπου	εἰς	τὰς	χεῖρας
ἰδού	παραδίδωμι	ὁ	υἱός	ὁ	ἄνθρωπος	εἰς	ἡ	χείρ
이두	파라디도타이	호	휘오스	투	안드로푸	에이스	타스	케이라스
보라	넘겨지게 된다	그	아들은	그	사람의	안으로	그	손들을
불.문.	동.직.현.수.3단.	관.주.남.단.	명.주.남.단.	관.소.남.단.	명.소.남.단.	전.목.	관.목.여.복.	명.목.여.복.

3588	268
τῶν	ἁμαρτωλῶν.
ὁ	ἁμαρτωλός
톤	하마르톨론
그	죄인들의
관.소.남.복.	형.대.소.남.복.

42 일어나라 함께 가자 보라 나를 파는 자가 가까이 왔느니라

Rise up, let us go; lo, he that betrayeth me is at hand.

1453	71	2400	3588	3860	1473	1448
ἐγείρεσθε	ἄγωμεν·	ἰδοὺ	ὁ	παραδιδούς	με	ἤγγικεν.
ἐγείρω	ἄγω	ἰδού	ὁ	παραδίδωμι	ἐγώ	ἐγγίζω
에게이레스데	아고멘	이두	호	파라디두스	메	엥기켄
너희들은 일어나라	우리는 가자	보라	그(자가)	넘기는	나를	가까이 왔다
동.명.현.수.2복.	동.가.현.능.1복.	불.문.	관.주.남.단.	동.분.현.능.주.남.단.	대.인.목.1단.	동.직.1완.능.2단

43 예수께서 말씀하실 때에 곧 열둘 중의 하나인 유다가 왔는데 대제사장들과 서기관들과
장로들에게서 파송된 무리가 검과 몽치를 가지고 그와 함께 하였더라

And immediately, while he yet spake, cometh Judas, one of the twelve, and with him a great multitude with swords and staves, from the chief priests and the scribes and the elders.

2532	2117	2089	846	2980	3854	2455	1520
Καὶ	εὐθὺς	ἔτι	αὐτοῦ	λαλοῦντος	παραγίνεται	Ἰούδας	εἷς
καί	εὐθύς	ἔτι	αὐτός	λαλέω	παραγίνομαι	Ἰουδάς	εἷς
카이	유뒤스	에티	아우투	랄룬토스	파라기네타이	유다스	헤이스
그리고	곧	아직	그(의)가	말씀하실 때에	도착한다	유다가	하나
접.등.	형.대.주.남.단.	부.	대.인.소.남.3단.	동.분.현.능.소.남.단.	동.직.현.중수디.3단.	명.주.남.단.	형.대.기.주.남.단.

3588	1427	2532	3326	846	3793	3326	3162	2532
τῶν	δώδεκα	καὶ	μετ'	αὐτοῦ	ὄχλος	μετὰ	μαχαιρῶν	καὶ
ὁ	δώδεκα	καί	μετά	αὐτός	ὄχλος	μετά	μάχαιρα	καί
톤	도데카	카이	멧	아우투	오클로스	메타	마카이론	카이
그	열 둘 중의	그리고	함께	그와	한 무리가	함께	칼들	과
관.소.남.복	형.대.기.소.남.복.	접.등.	전.소	대.인.소.남.3단.	명.주.남.단.	전.소	명.소.여.복.	접.등.

3586	3844	3588	749	2532	3588	1122	2532	3588
ξύλων	παρὰ	τῶν	ἀρχιερέων	καὶ	τῶν	γραμματέων	καὶ	τῶν
ξύλον	παρά	ὁ	ἀρχιερεύς	καί	ὁ	γραμματεύς	καί	ὁ
크쉴론	파라	톤	아르키에레온	카이	톤	그람마테온	카이	톤
몽둥이들과	부터	그	대제사장들	과	그	서기관들	과	그
명.소.중.복.	**전소.**	**관.소.남.복.**	**명.소.남.복.**	**접.등.**	**관.소.남.복.**	**명.소.남.복.**	**접.등.**	**관.소.남.복.**

4245
πρεσβυτέρων.
πρεσβύτερος
프레스뷔테론
장로들로
형.대.소.남.복.

44 예수를 파는 자가 이미 그들과 군호를 짜 이르되 내가 입맞추는 자가 그이니 그를 잡아
단단히 끌어 가라 하였는지라
And he that betrayed him had given them a token, saying, Whomsoever I shall kiss, that same is he; take him, and lead him away safely.

1325	1161	3588	3860	846	4953	846	3004
δεδώκει	δὲ	ὁ	παραδιδοὺς	αὐτὸν	σύσσημον	αὐτοῖς	λέγων,
δίδωμι	δέ	ὁ	παραδίδωμι	αὐτός	σύσσημον	αὐτός	λέγω
데도케이	데	호	파라디두스	아우톤	쉬쎄몬	아우토이스	레곤
주었었다	때에	그(자가)	넘기는	그를	한 암호를	그들에게	말하기를
동.직.과완.능.3단.	**접.등.**	**관.주.남.단.**	**동.분.현.능.주.남.단.**	**대.인.목.남.3단.**	**명.목.중.단.**	**대.인.여격.남.3복.**	**동.분.현.능.주.남.단.**

3739	302	5368	846	1510	2902	846	2532
ὃν	ἂν	φιλήσω	αὐτός	ἐστιν,	κρατήσατε	αὐτὸν	καὶ
ὅς	ἄν	φιλέω	αὐτός	εἰμί	κρατέω	αὐτός	καί
혼	안	필레소	아우토스	에스틴	크라테사테	아우톤	카이
누구	든지	입맞추는	그가	(그)이다	너희는 붙잡아라	그를	그래서
대.관.목.남.단.+	**불.동.**	**동.가.1과.능.1단.**	**대.인.주.남.3단.**	**동.직.현.능.3단.**	**동.명.1과.능.2복.**	**대.인.목.남.3단.**	**접.등.**

520	806
ἀπάγετε	ἀσφαλῶς.
ἀπάγω	ἀπάγω
아파게테	아스팔로스
끌어가라	단단히
동.명.현.능.2복.	**부.**

45 이에 와서 곧 예수께 나아와 랍비여 하고 입을 맞추니
And as soon as he was come, he goeth straightway to him, and saith, Master, master; and kissed him.

2532	2064	2117	4334	846	3004	4461	2532
καὶ	ἐλθὼν	εὐθὺς	προσελθὼν	αὐτῷ	λέγει,	ῥαββί,	καὶ
καί	ἔρχομαι	εὐθύς	προσέρχομαι	αὐτός	λέγω	ῥαββί	καί
카이	엘돈	유뒤스	프로셀돈	아우토	레게이	흐랍비	카이
이에	그가 온 후에	즉시	가까이 와서	그에게	말한다	랍비여	그리고
접.등.	**동.분.2과.능.주.남.단.**	**형.대.주.남.단.**	**동.분.2과.능.주.남.단.**	**대.인.여격.남.3단.**	**동.직.현.능.3단.**	**명.호.남.단.**	**접.등.**

2705	846
κατεφίλησεν	αὐτόν·
καταφιλέω	αὐτός
카테필레센	아우톤
입을 맞추었다	그에게
동.직.1과.능.3단.	**대.인.목.남.3단.**

46 그들이 예수께 손을 대어 잡거늘
And they laid their hands on him, and took him.

3588	1161	1911	3588	5495	846	2532	2902	846
οἱ	δὲ	ἐπέβαλον	τὰς	χεῖρας	αὐτῷ	καὶ	ἐκράτησαν	αὐτόν.
ὁ	δέ	ἐπιβάλλω	ὁ	χείρ	αὐτός	καί	κρατέω	αὐτός
호이	데	에페발론	타스	케이라스	아우토	카이	에크라테산	아우톤
그들이	그러자	대었다	그(그들의)	손들을	그에게	그리고	붙잡았다	그를
관.주.남.복.	접.우.	동.직.2과.능.3복.	관.목.여.복.	명.목.여.복.	대.인.여격.남.3단.	접.등.	동.직.1과.능.3복.	대.인.목.남.3단.

47 곁에 서 있는 자 중의 한 사람이 칼을 빼어 대제사장의 종을 쳐 그 귀를 떨어뜨리니라
And one of them that stood by drew a sword, and smote a servant of the high priest, and cut off his ear.

1520	1161	5100	3588	3936	4685	3588
εἷς	δέ	τις	τῶν	παρεστηκότων	σπασάμενος	τὴν
εἷς	δέ	τις	ὁ	παρίστημι	σπάω	ἡ
헤이스	데	티스	톤	파레스테코톤	스파사메노스	텐
한 사람이	그러나	(어떤)	그(사람들의)	곁에 서 있는	빼어서	그(그의)
형.대.기.주.남.단.	접.우.	대.부.주.남.단.	관.소.남.복.	동.분.1완.능.소.남.복.	동.분.2과.중.주.남.단.	관.목.여.단.

3162	3817	3588	1401	3588	749	2532	851
μάχαιραν	ἔπαισεν	τὸν	δοῦλον	τοῦ	ἀρχιερέως	καὶ	ἀφεῖλεν
μάχαιρα	παίω	ὁ	δοῦλος	ὁ	ἀρχιερεύς	καί	ἀφαιρέω
마카이란	에파이센	톤	둘론	투	아르키에레오스	카이	아페일렌
칼을	쳤으며	그	종을	그	대제사장의	그래서	잘라버렸더라
명.목.여.단.	동.직.1과.능.3단.	관.목.남.단.	명.목.남.단.	관.소.남.단.	명.소.남.단.	접.등.	동.직.2과.능.3단.

846	3588	5621
αὐτοῦ	τὸ	ὠτάριον.
αὐτός	τό	ὠτάριον
아우투	토	오타리온
그의	그	귀를
대.인.소.남.3단.	관.목.중.단.	명.목.중.단.

48 예수께서 무리에게 말씀하여 이르시되 너희가 강도를 잡는 것 같이 검과 몽치를 가지고
나를 잡으러 나왔느냐
And Jesus answered and said unto them, Are ye come out, as against a thief, with swords and with staves to take me?

2532	611	3588	2424	3004(2036)	846	5613	1909	3027
καὶ	ἀποκριθεὶς	ὁ	Ἰησοῦς	εἶπεν	αὐτοῖς,	ὡς	ἐπὶ	λῃστὴν
καί	ἀποκρίνομαι	ὁ	Ἰησοῦς	λέγω.ἔπω	αὐτός	ὡς	ἐπί	λῃστης
카이	아포크리데이스	호	예수스	에이펜	아우토이스	호스	에피	레스텐
그리고	대답하여	그	예수께서	말씀하셨다	그들에게	같이	대적하는 것	강도를
접.등.	동.분.1과.수디.주.남.단.	관.주.남.단.	명.주.남.단.	동.직.2과.능.3단.	대.인.여격.남.3복.	접.종.	전목.	명.목.남.단.

1831	3326	3162	2532	3586	4815	1473
ἐξήλθατε	μετὰ	μαχαιρῶν	καὶ	ξύλων	συλλαβεῖν	με;
ἐξέρχομαι	μετά	μάχαιρα	καί	ξύλον	συλλαμβάνω	ἐγώ
엑셀다테	메타	마카이론	카이	크쉴론	쉴라베인	메
너희가 나왔느냐	함께	칼들	과	몽둥이들과	붙잡으려고	나를
동.직.2과.능.2복.	전소	명.소.여.복.	접.등.	명.소.중.복.	동.부.2과.능.	대.인.목.1단.

49 내가 날마다 너희와 함께 성전에 있으면서 가르쳤으되 너희가 나를 잡지 아니하였도다
그러나 이는 성경을 이루려 함이니라 하시더라
I was daily with you in the temple teaching, and ye took me not: but the scriptures must be fulfilled.

2596	2250	1510	4314	4771	1722	3588	2411	1321
καθ᾽	ἡμέραν	ἤμην	πρὸς	ὑμᾶς	ἐν	τῷ	ἱερῷ	διδάσκων
κατά	ἡμέρα	εἰμί	πρός	σύ	ἐν	τό	ἱερόν	διδάσκω
칻	헤메란	에멘	프로스	휘마스	엔	토	히에로	디다스콘
마다	날	내가 있었다	함께	너희와	안에	그	성전에	가르치며
전목.	명.목.여.단.	동.직.미완.중.1단.+	전목.	대.인.목.2복.	전.여격.	여격.중.단.	형.대.여격.중.단.	+동.분.현.능.주.남.1단.

2532	3756	2902	1473	235	2443	4137	3588	1124
καὶ	οὐκ	ἐκρατήσατέ	με·	ἀλλ’	ἵνα	πληρωθῶσιν	αἱ	γραφαί.
καί	οὐ	κρατέω	ἐγώ	ἀλλά	ἵνα	πληρόω	ἡ	γραφή
카이	우크	에크라테사테	메	알	히나	플레로도신	하이	그라파이
그러나	않았다	너희가 붙잡지	나를	그러나	위함이라	이루어지기	그	성경들이
접등.	부.	동.직.1과.능.2복.	대.인.목.1단.	접등.	접우.	동.가.1과.수.3복.	관.주.여.복.	명.주.여.복.

50 제자들이 다 예수를 버리고 도망하니라
And they all forsook him, and fled.

2532	863	846	5343	3956
καὶ	ἀφέντες	αὐτὸν	ἔφυγον	πάντες.
καί	ἀφίημι	αὐτός	φεύγω	πᾶς
카이	아펜테스	아우톤	에퓌곤	판테스
그런데	버린 후에	그를	도망쳤다	모두가
접등.	동.분.2과.능.주.남.복.	대.인.목.남.3단.	동.직.2과.능.3복.	형.대.주.남.복.

51 한 청년이 벗은 몸에 베 홑이불을 두르고 예수를 따라가다가 무리에게 잡히매
And there followed him a certain young man, having a linen cloth cast about his naked body; and the young men laid hold on him:

2532	3495	5100	34870	846	4016	4616
Καὶ	νεανίσκος	τις	συνηκολούθει	αὐτῷ	περιβεβλημένος	σινδόνα
καί	νεανίσκος	τις	συνακολουθέω	αὐτός	περιβάλλω	σινδών
카이	네아니스코스	티스	쉬네콜루데이	아우토	페리베블레메노스	신도나
그리고	한 청년이	어떤	함께 따라오고 있었다	그에게	두르고 있었다	베 홑이불을
접등.	명.주.남.단.	대.부.주.남.단.	동.직.미완.능.3단.	대.인.여격.남.3단.	동.분.1완.중.주.남.단.	명.목.여.단.

1909	1131	2532	2902	846
ἐπὶ	γυμνοῦ,	καὶ	κρατοῦσιν	αὐτόν·
ἐπί	γυμνός	καί	κρατέω	αὐτός
에피	귐누	카이	크라투신	아우톤
위로 덮은	벗은 몸의	그러나	그들이 붙잡는다	그를
전소.	형.대.소.중.단.	접등.	동.직.현.능.3복.	대.인.목.남.3단.

52 베 홑이불을 버리고 벗은 몸으로 도망하니라
And he left the linen cloth, and fled from them naked.

3588	1161	2641	3588	4616	1131	5343
ὁ	δὲ	καταλιπὼν	τὴν	σινδόνα	γυμνὸς	ἔφυγεν.
ὁ	δέ	καταλείπω	ἡ	σινδών	γυμνός	φεύγω
호	데	카탈리폰	텐	신도나	귐노스	에퓌겐
그가	이에	뒤에 버리고	그	베 홑이불을	벗은 몸으로	도망하였다
관.주.남.단.	접우.	동.분.2과.능.주.남.단.	관.목.여.단.	명.목.여.단.	형.주.남.단.	동.직.2과.능.3단.

53 그들이 예수를 끌고 대제사장에게로 가니 대제사장들과 장로들과 서기관들이 다 모이더라
And they led Jesus away to the high priest: and with him were assembled all the chief priests and the elders and the scribes.

2532	520	3588	2424	4314	3588	749	2532	4905
Καὶ	ἀπήγαγον	τὸν	Ἰησοῦν	πρὸς	τὸν	ἀρχιερέα,	καὶ	συνέρχονται
καί	ἀπάγω	ὁ	Ἰησοῦς	πρός	ὁ	ἀρχιερεύς	καί	συνέρχομαι
카이	아페가곤	톤	예순	프로스	톤	아르키에레아	카이	쉬네르콘타이
그리고	그들이 끌고 갔다	그	예수를	에게로	그	대제사장	이에	함께 모인다
접등.	동.직.2과.능.3복.	관.목.남.단.	명.목.남.단.	전목.	관.목.남.단.	명.목.남.단.	접등.	동.직.현.중수디.3복.

3956	3588	749	2532	3588	4245	2532	3588	1122
πάντες	οἱ	ἀρχιερεῖς	καὶ	οἱ	πρεσβύτεροι	καὶ	οἱ	γραμματεῖς.
πᾶς	ὁ	ἀρχιερεύς	καί	ὁ	πρεσβύτερος	καί	ὁ	γραμματεύς
판테스	호이	아르키에레이스	카이	호이	프레스뷔테로이	카이	호이	그람마테이스
다	그	대제사장들	과	그	장로들	그리고	그	서기관들이
형.주.남.복.	관.주.남.복.	명.주.남.복.	접등.	관.주.남.복.	형.대.주.남.복.	접등.	관.주.남.복.	명.주.남.복.

54 베드로가 예수를 멀찍이 따라 대제사장의 집 뜰 안까지 들어가서 아랫사람들과 함께 앉아 불을 쬐더라

And Peter followed him afar off, even into the palace of the high priest: and he sat with the servants, and warmed himself at the fire.

2532	3588	4074	575	3113	190	846	2193	2080
καὶ	ὁ	Πέτρος	ἀπὸ	μακρόθεν	ἠκολούθησεν	αὐτῷ	ἕως	ἔσω
καί	ὁ	Πέτρος	ἀπό	μακρόθεν	ἀκολουθέω	αὐτός	ἕως	ἔσω
카이	호	페트로스	아포	마크로덴	에콜루데센	아우토	헤오스	에소
그리고	그	베드로가	부터	멀리서	따랐다	그에게	까지	안에
접등.	관.주.남.단.	명.주.남.단.	전소.	부.	동.직.1과.능.3단.	대.인.여격.남.3단.	전소.	부.

1519	3588	833	3588	749	2532	1510	4775
εἰς	τὴν	αὐλὴν	τοῦ	ἀρχιερέως	καὶ	ἦν	συγκαθήμενος
εἰς	ἡ	αὐλή	ὁ	ἀρχιερεύς	καί	εἰμί	συγκάθημαι
에이스	텐	아울렌	투	아르키에레오스	카이	엔	싱카데메노스
안으로	그	집 뜰	그	대제사장의	그리고	있었다	함께 앉아
전목.	관.목.여.단.	명.목.여.단.	관.소.남.단.	명.소.남.단.	접등.	동.직.미완.능.3단.+	+동.분.현.중수디.주.남.단.

3326	3588	5257	2532	2328	4314	3588	5457
μετὰ	τῶν	ὑπηρετῶν	καὶ	θερμαινόμενος	πρὸς	τὸ	φῶς.
μετά	ὁ	ὑπηρέτης	καί	θερμαίνω	πρός	τό	φῶς
메타	톤	휘페레톤	카이	데르마이노메노스	프로스	토	포스
더불어	그	하인들과	그래서	쬐면서	향하여	그	불을
전소.	관.소.남.복.	명.소.남.복.	접등.	+동.분.현.중수디.주.남.단.	전목.	관.목.중.단.	명.목.중.단.

55 대제사장들과 온 공회가 예수를 죽이려고 그를 칠 증거를 찾되 얻지 못하니

And the chief priests and all the council sought for witness against Jesus to put him to death; and found none.

3588	1161	749	2532	3650	3588	4892	2212	2596	3588
οἱ	δὲ	ἀρχιερεῖς	καὶ	ὅλον	τὸ	συνέδριον	ἐζήτουν	κατὰ	τοῦ
ὁ	δέ	ἀρχιερεύς	καί	ὅλος	τό	συνέδριον	ζητέω	κατά	ὁ
호이	데	아르키에레이스	카이	홀론	토	쉬네드리온	에제툰	카타	투
그	때에	대제사장들	과	온	그	공회가	찾고 있었다	대적할	그
관.주.남.복.	접등.	명.주.남.복.	접등.	형.주.중.단.	관.주.중.단.	명.주.중.단.	동.직.미완.능.3복.	전소.	관.소.남.단.

2424	3141	1519	3588	2200	846	2532	3756	2147
Ἰησοῦ	μαρτυρίαν	εἰς	τὸ	θανατῶσαι	αὐτόν,	καὶ	οὐχ	ηὕρισκον·
Ἰησοῦς	μαρτυρία	εἰς	τό	θανατόω	αὐτός	καί	οὐ	εὑρίσκω
예수	마르튀리안	에이스	토	다나토사이	아우톤	카이	우크	휴리스콘
예수를	증거를	위하여	그	죽이기	그를	그러나	못하고 있었다	그들이 발견하지
명.소.남.단.	명.목.여.단.	전목.	관.목.중.단.	동.부.1과.능.목.	대.인.목.남.3단.	접등.	부.	동.직.미완.능.3복.

56 이는 예수를 쳐서 거짓 증언 하는 자가 많으나 그 증언이 서로 일치하지 못함이라

For many bare false witness against him, but their witness agreed not together.

4183	1063	5576	2596	846	2532	2470	3588
πολλοὶ	γὰρ	ἐψευδομαρτύρουν	κατ᾽	αὐτοῦ,	καὶ	ἴσαι	αἱ
πολύς	γάρ	ψευδομαρτυρέω	κατά	αὐτός	καί	ἴσος	ἡ
폴로이	가르	엪슈도마르튀룬	칼	아우투	카이	이사이	하이
많은 사람이	왜냐하면	거짓증거를 하고 있었다	대적하여	그를	그러나	일치하지	그
형.대.주.남.복.	접종.	동.직.미완.능.3복.	전소.	대.인.소.남.3단.	접등.	형.주.여.복.	관.주.여.복.

3141	3756	1510
μαρτυρίαι	οὐκ	ἦσαν.
μαρτυρία	οὐ	εἰμί
마르튀리아이	우크	에산
증거들이	아니하고	있었다
명.주.여.복.	부.	동.직.미완.능.3복.

57 어떤 사람들이 일어나 예수를 쳐서 거짓 증언 하여 이르되
And there arose certain, and bare false witness against him, saying,

2532	5100	450	5576	2596	846	3004
καί	τινες	ἀναστάντες	ἐψευδομαρτύρουν	κατ'	αὐτοῦ	λέγοντες
καί	τις	ἀνίστημι	ψευδομαρτυρέω	κατά	αὐτός	λέγω
카이	티네스	아나스탄테스	엪슈도마르튀룬	캍	아우투	레곤테스
그런데	어떤 사람들이	일어나서	거짓증거를 하고 있었다	대적하여	그를	말하기를
접.등.	대.부.주.남.복.	동.분.2과.능.주.남.복.	동.직.미완.능.3복.	전소.	대.인.소.남.3단.	동.분.현.능.주.남.복.

58 우리가 그의 말을 들으니 손으로 지은 이 성전을 내가 헐고 손으로 짓지 아니한 다른
성전을 사흘 동안에 지으리라 하더라 하되
We heard him say, I will destroy this temple that is made with hands, and within three days I will build another made without hands.

3754	1473	191	846	3004	3754	1473	2647
ὅτι	ἡμεῖς	ἠκούσαμεν	αὐτοῦ	λέγοντος	ὅτι	ἐγὼ	καταλύσω
ὅτι	ἐγώ	ἀκούω	αὐτός	λέγω	ὅτι	ἐγώ	καταλύω
호티	헤메이스	에쿠사멘	아우투	레곤토스	호티	에고	카탈뤼소
그	우리가	들었도다	그의	말하기를		내가	헐 것이며
접.우.	대.인.주.1복.	동.직.1과.능.1복.	대.인.소.남.3단.	동.분.현.능.소.남.단.	접.우.	대.인.주.1단.	동.직.미.능.1단.

3588	3485	3778	3588	5499	2532	1223	5140	2250
τὸν	ναὸν	τοῦτον	τὸν	χειροποίητον	καὶ	διὰ	τριῶν	ἡμερῶν
ὁ	ναός	οὗτος	ὁ	χειροποίητος	καί	διά	τρεῖς	ἡμέρα
톤	나온	투톤	톤	케이로포이에톤	카이	디아	트리온	헤메론
	성전을	이	그	손으로 지은	그리고	동안	삼	일
관.목.남.단.	명.목.남.단.	대.지.목.남.단.	관.목.남.단.	형.목.남.단.	접.등.	전소.	형.기.소.여.복.	명.소.여.복.

243	886	3618
ἄλλον	ἀχειροποίητον	οἰκοδομήσω.
ἄλλος	ἀχειροποίητος	οἰκοδομέω
알론	아케이로포이에톤	오이코도메소
다른 성전을	손으로 짓지 아니한	내가 지을 것이라
형.대.목.남.단.	형.목.남.단.	동.직.미.능.1단.

59 그 증언도 서로 일치하지 않더라
But neither so did their witness agree together.

2532	3761	3779	2470	1510	3588	3141	846
καὶ	οὐδὲ	οὕτως	ἴση	ἦν	ἡ	μαρτυρία	αὐτῶν.
καί	οὐδέ	οὕτως	ἴσος	εἰμί	ἡ	μαρτυρία	αὐτός
카이	우데	후토스	이세	엔	헤	마르튀리아	아우톤
그러나	도 아니하고	이와 같이	일치하지	있었다	그	증거도	그것들의
접.등.	부.	부.	형.주.여.단.	동.직.미완.능.3단.	관.주.여.단.	명.주.여.단.	대.인.소.남.3복.

60 대제사장이 가운데 일어서서 예수에게 물어 이르되 너는 아무 대답도 없느냐 이 사람들이
너를 치는 증거가 어떠하냐 하되
And the high priest stood up in the midst, and asked Jesus, saying, Answerest thou nothing? what is it which these witness against thee?

2532	450	3588	749	1519	3319	1905	3588
καὶ	ἀναστὰς	ὁ	ἀρχιερεὺς	εἰς	μέσον	ἐπηρώτησεν	τὸν
καί	ἀνίστημι	ὁ	ἀρχιερεύς	εἰς	μέσος	ἐπερωτάω	ὁ
카이	아나스타스	호	아르키에류스	에이스	메손	에페로테센	톤
그러자	일어서서	그	대제사장이	향하여	가운데를	캐물었더라	그
접.등.	동.분.2과.능.주.남.단.	관.주.남.단.	명.주.남.단.	전목.	형.대.목.중.단.	동.직.1과.능.3단.	관.목.남.단.

2424	3004	3756	611	3762	5101	3778	4771
Ἰησοῦν	λέγων,	οὐκ	ἀποκρίνῃ	οὐδέν	τί	οὗτοί	σου
Ἰησοῦς	λέγω	οὐ	ἀποκρίνομαι	οὐδείς	τίς	οὗτος	σύ
예순	레곤	우크	아포크리네	우덴	티	후토이	수
예수께	말하기를	없느냐	너는 대답도	아무 것도	무엇을	이 사람들이	너의
명.목.남.단.	동.분.현.능.주.남.단.	부.	동.분.현.중수.디.2단.	대.기.목.중.단.	대.의.목.중.단.	대.지.주.남.복.	대.인.소.2단.

2649
καταμαρτυροῦσιν;
καταμαρτυρέω
카타마르튀루신
대적하는 증거를 찾느냐
동.직.현.능.3복.

61 침묵하고 아무 대답도 아니하시거늘 대제사장이 다시 물어 이르되 네가 찬송 받을 이의
아들 그리스도냐

But he held his peace, and answered nothing. Again the high priest asked him, and said unto him, Art thou the Christ, the Son of the Blessed?

3588	1161	4623	2532	3756	611	3762	3825	3588
ὁ	δε	ἐσιώπα	καὶ	οὐκ	ἀπεκρίνατο	οὐδέν.	πάλιν	ὁ
ὁ	δέ	σιωπάω	καί	οὐ	ἀποκρίνομαι	οὐδείς	πάλιν	ὁ
호	데	에시오파	카이	우크	아페크리나토	우덴	팔린	호
예수님께서	그러나	잠잠하고 있었다	그리고	않았다	대답하지	아무 것도	다시	그
관.주.남.단.	접.우.	동.직.미완.능.3단.	접.등.	부.	동.직.1과.중디.3단.	형.대.기.목.중.단.	부.	관.주.남.단.

749	1905	846	2532	3004	846	4771	1510
ἀρχιερεὺς	ἐπηρώτα	αὐτὸν	καὶ	λέγει	αὐτῷ,	σὺ	εἶ
ἀρχιερεύς	ἐπερωτάω	αὐτός	καί	λέγω	αὐτός	σύ	εἰμί
아르키에류스	에페로타	아우톤	카이	레게이	아우토	쉬	에이
대제사장이	캐묻고 있었다	그를	이에	말한다	그에게	네가	이시냐
명.주.남.단.	동.직.미완.능.3단.	대.인.목.남.3단.	접.등.	동.직.현.능.3단.	대.인.여격.남.3단.	대.인.주.2단.	동.직.현.능.2단.

3588	5547	3588	5207	3588	2128
ὁ	Χριστὸς	ὁ	υἱὸς	τοῦ	εὐλογητοῦ;
ὁ	Χριστός	ὁ	υἱός	ὁ	εὐλογητός
호	크리스토스	호	휘오스	투	율로게투
그	그리스도	그	아들	그	찬송을 받으실 분의
관.주.남.단.	명.주.남.단.	관.주.남.단.	명.주.남.단.	관.소.남.단.	형.대.소.남.단.

62 예수께서 이르시되 내가 그니라 인자가 권능자의 우편에 앉은 것과 하늘 구름을 타고
오는 것을 너희가 보리라 하시니

And Jesus said, I am: and ye shall see the Son of man sitting on the right hand of power, and coming in the clouds of heaven.

3588	1161	2424	3004(2036)	1473	1510	2532	3708	3588
ὁ	δὲ	Ἰησοῦς	εἶπεν,	ἐγώ	εἰμι,	καὶ	ὄψεσθε	τὸν
ὁ	δέ	Ἰησοῦς	λέγω.ἔπω	ἐγώ	εἰμί	καί	ὁράω	ὁ
호	데	예수스	에이펜	에고	에이미	카이	옾세스데	톤
그	이에	예수께서	말씀하셨다	나	이니라	그리하여	너희가 볼 것이다	그
관.주.남.단.	접.우.	명.주.남.단.	동.직.2과.능.3단.	대.인.주.1단.	동.직.현.능.1단.	접.등.	동.직.미.중디.2복.	관.목.남.단.

5207	3588	444	1537	1188	2521	3588	1411	2532
υἱὸν	τοῦ	ἀνθρώπου	ἐκ	δεξιῶν	καθήμενον	τῆς	δυνάμεως	καὶ
υἱός	ὁ	ἄνθρωπος	ἐκ	δεξιός	κάθημαι	ἡ	δύναμις	καί
휘온	투	안드로푸	에크	덱시온	카데메논	테스	뒤나메오스	카이
아들을	그	사람의	에서	오른편	앉아 있는 것	그	권능있는 분의	과
명.목.남.단.	관.소.남.단.	명.소.남.단.	전.소.	형.대.소.중.복.	동.분.현.중수디.목.남.단.	관.소.여.단.	명.소.여.단.	접.등.

2064	3326	3588	3507	3588	3772
ἐρχόμενον	μετὰ	τῶν	νεφελῶν	τοῦ	οὐρανοῦ.
ἔρχομαι	μετά	ἡ	νεφέλη	ὁ	οὐρανός
에르코메논	메타	톤	네펠론	투	우라누
오는 것을	함께	그	구름들과	그	하늘의
동.분.현.중수디.목.남.단.	전.소.	관.소.여.복.	명.소.여.복.	관.소.남.단.	명.소.남.단.

63 대제사장이 자기 옷을 찢으며 이르되 우리가 어찌 더 증인을 요구하리요
Then the high priest rent his clothes, and saith, What need we any further witnesses?

3588	1161	749	1284	3588	5509	846	3004
ὁ	δὲ	ἀρχιερεὺς	διαρρήξας	τοὺς	χιτῶνας	αὐτοῦ	λέγει,
ὁ	δέ	ἀρχιερεύς	διαῤῥήσσω	ὁ	χιτών	αὐτός	λέγω
호	데	아르키에류스	디아르렉사스	투스	키토나스	아우투	레게이
그	이에	대제사장이	갈기갈기 찢으면서	그	속옷을	자기의	말한다
관.주.남.단.	접.우.	명.주.남.단.	동.분.1과.능.주.남.단.	관.목.남.단.	명.목.남.단.	대.인.소.남.3단.	동.직.현.능.3단.

5101	2089	5532	2192	3144
τί	ἔτι	χρείαν	ἔχομεν	μαρτύρων;
τίς	ἔτι	χρεία	ἔχω	μάρτυς
티	에티	크레이안	에코멘	마르튀론
무슨	더 이상	필요를	우리가 가지는가	증거들의
대.의.목.중.단.	부.	명.목.여.단.	동.직.현.능.1복.	명.소.남.복.

64 그 신성 모독 하는 말을 너희가 들었도다 너희는 어떻게 생각하느냐 하니 그들이 다
예수를 사형에 해당한 자로 정죄하고
Ye have heard the blasphemy: what think ye? And they all condemned him to be guilty of death.

191	3588	988	5101	4771	5316	3588	1161
ἠκούσατε	τῆς	βλασφημίας·	τί	ὑμῖν	φαίνεται;	οἱ	δὲ
ἀκούω	ἡ	βλασφημία	τίς	σύ	φαίνω	ὁ	δέ
에쿠사테	테스	블라스페미아스	티	휘민	파이네타이	호이	데
너희가 들었도다	그	하나님을 모독의	무엇이	너희에게	나타나게 되느뇨	그들이	이에
동.직.1과.능.2복.	관.소.여.단.	명.소.여.단.	대.의.주.중.단.	대.인.여격.2복.	동.직.현.수.3단.	관.주.남.복.	접.우.

3956	2632	846	1777	1510	2288
πάντες	κατέκριναν	αὐτὸν	ἔνοχον	εἶναι	θανάτου.
πᾶς	κατακρίνω	αὐτός	ἔνοχος	εἰμί	θάνατος
판테스	카테크리난	아우톤	에노콘	에이나이	다나투
모두가	정죄하였다	그를	당연함	이라고	사형의
대.주.남.복.	동.직.1과.능.3복.	대.인.목.남.3단.	형.목.남.단.	동.부.현.능.	명.소.남.단.

65 어떤 사람은 그에게 침을 뱉으며 그의 얼굴을 가리고 주먹으로 치며 이르되 선지자
노릇을 하라 하고 하인들은 손바닥으로 치더라
And some began to spit on him, and to cover his face, and to buffet him, and to say unto him,
Prophesy: and the servants did strike him with the palms of their hands.

2532	756	5100	1716	846	2532	4028	846
Καὶ	ἤρξαντό	τινες	ἐμπτύειν	αὐτῷ	καὶ	περικαλύπτειν	αὐτοῦ
καί	ἄρχομαι	τις	ἐμπτύω	αὐτός	καί	περικαλύπτω	αὐτός
카이	에륵산토	티네스	엠프튀에인	아우토	카이	페리칼륍테인	아우투
그리고	시작하였다	어떤 이들은	침을 뱉는 것	그에게	과	가리우고	그의
접.등.	동.직.2과.중.3복.	대.부.주.남.복.	동.부.현.능.	대.인.여격.남.3단.	접.등.	동.부.현.능.	대.인.소.남.3단.

3588	4383	2532	2852	846	2532	3004	846
τὸ	πρόσωπον	καὶ	κολαφίζειν	αὐτὸν	καὶ	λέγειν	αὐτῷ,
τό	πρόσωπον	καί	κολαφίζω	αὐτός	καί	λέγω	αὐτός
토	프로소폰	카이	콜라피제인	아우톤	카이	레게인	아우토
그	얼굴을	또	주먹으로 치며	그를	그리고	말하기를	그에게
관.목.중.단.	명.목.중.단.	접.등.	동.부.현.능.	대.인.목.남.3단.	접.등.	동.부.현.능.	대.인.여격.남.3단.

4395	2532	3588	5257	4475	846	2983
προφήτευσον,	καὶ	οἱ	ὑπηρέται	ῥαπίσμασιν	αὐτὸν	ἔλαβον.
προφητεύω	καί	ὁ	ὑπηρέτης	ῥάπισμα	αὐτός	λαμβάνω
프로페튜손	카이	호이	휘페레타이	흐라피스마신	아우톤	엘라본
예언하라	그리고	그	하인들이	손바닥으로	그를	쳤다
동.명.1과.능.2단.	접.등.	관.주.남.복.	명.주.남.복.	명.여격.중.복.	대.인.목.남.3단.	동.직.2과.능.3복.

66 베드로는 아랫뜰에 있더니 대제사장의 여종 하나가 와서
And as Peter was beneath in the palace, there cometh one of the maids of the high priest:

2532	1510	3588	4074	2736	1722	3588	833	2064
Καὶ	ὄντος	τοῦ	Πέτρου	κάτω	ἐν	τῇ	αὐλῇ	ἔρχεται
καί	εἰμί	ὁ	Πέτρος	κάτω	ἐν	ἡ	αὐλή	ἔρχομαι
카이	온토스	투	페트루	카토	엔	테	아울레	에르케타이
그러고	있을 때에	그	베드로가	아래 편에	안에	그	뜰에	온다
접.등.	동.분.현.능.소.남.단.	관.소.남.단.	명.소.남.단.	부.	전.여격.	관.여격.여.단.	명.여격.여.단.	동.직.현.중수디.3단.

3391	3588	3814	3588	749
μία	τῶν	παιδισκῶν	τοῦ	ἀρχιερέως
μία	ἡ	παιδίσκη	ὁ	ἀρχιερεύς
미아	톤	파이디스콘	투	아르키에레오스
하나가	그	어린 여종들 중의	그	대제사장의
형.대.기.주.여.단.	관.소.여.복.	명.소.여.복.	관.소.남.단.	명.소.남.단.

67 베드로가 불 쬐고 있는 것을 보고 주목하여 이르되 너도 나사렛 예수와 함께 있었도다 하거늘

And when she saw Peter warming himself, she looked upon him, and said, And thou also wast with Jesus of Nazareth.

2532	3708(1492)	3588	4074	2328	1689	846
καὶ	ἰδοῦσα	τὸν	Πέτρον	θερμαινόμενον	ἐμβλέψασα	αὐτῷ
καί	ὁράω.εἴδω	ὁ	Πέτρος	θερμαίνω	ἐμβλέπω	αὐτός
카이	이두사	톤	페트론	데르마이노메논	엠블렙사사	아우토
이에	보고	그	베드로를	불을 쬐고 있는 것을 본 후에	주목하고	그에게
접.등.	동.분.2과.능.주.여.단.	관.목.남.단.	명.목.남.단.	동.분.현.중수디.목.남.단.	동.분.1과.능.주.여.단.	대.인.여격.남.3단.

3004	2532	4771	3326	3588	3479	1510	3588	2424
λέγει,	καὶ	σὺ	μετὰ	τοῦ	Ναζαρηνοῦ	ἦσθα	τοῦ	Ἰησοῦ.
λέγω	καί	σύ	μετά	ὁ	Ναζαρηνός	εἰμί	ὁ	Ἰησοῦς
레게이	카이	쉬	메타	투	나자레누	에스다	투	예수
말한다	역시	너도	함께	그	나사렛 사람	있었다	그	예수와
동.직.현.능.3단.	부.	대.인.주.2단.	전.소.	관.소.남.단.	형.대.소.남.단.	동.직.미완.중.2단.	관.소.남.단.	명.소.남.단.

68 베드로가 부인하여 이르되 나는 네가 말하는 것이 무엇인지 알지도 못하고 깨닫지도 못하겠노라 하며 앞뜰로 나갈새

But he denied, saying, I know not, neither understand I what thou sayest. And he went out into the porch; and the cock crew.

3588	1161	720	3004	3777	1492	3777	1987
ὁ	δὲ	ἠρνήσατο	λέγων,	οὔτε	οἶδα	οὔτε	ἐπίσταμαι
ὁ	δέ	ἀρνέομαι	λέγω	οὔτε	οἶδα.εἴδω	οὔτε	ἐπίσταμαι
호	데	에르네사토	레곤	우테	오이다	우테	에피스타마이
베드로가	그러나	부인하였다	말하기를	못했다	나는 알지	도 못한다	깨닫지
관.주.남.단.	접.우.	동.직.1과.중디.3단.	동.분.현.능.주.남.단.	접.등.	동.직.1완.능.1단.	접.등.	동.직.현.중수디.1단.

4771	5101	3004	2532	1831	1854	1519	3588	4259
σὺ	τί	λέγεις.	καὶ	ἐξῆλθεν	ἔξω	εἰς	τὸ	προαύλιον
σύ	τίς	λέγω	καί	ἐξέρχομαι	ἔξω	εἰς	τό	προαύλιον
쉬	티	레게이스	카이	엑셀덴	엑소	에이스	토	프로아울리온
당신이	무슨	말을 하는지	그리고	나갔다	밖으로	안에서	그	앞 뜰을
대.인.주.2단.	대.의.목.중.단.	동.직.현.능.2단.	접.등.	동.직.2과.능.3단.	부.	전.목.	관.목.중.단.	명.목.중.단.

2532	220	5455
καὶ	ἀλέκτωρ	ἐφώνησεν
καί	ἀλέκτωρ	φωνέω
카이	알렉토르	에포네센
그러자	닭이	울었다
접.등.	명.주.남.단.	동.직.1과.능.3단.

69 여종이 그를 보고 곁에 서 있는 자들에게 다시 이르되 이 사람은 그 도당이라 하되
And a maid saw him again, and began to say to them that stood by, This is one of them.

2532	3588	3814	3708(1492)	846	756	3825	3004	3588
καὶ	ἡ	παιδίσκη	ἰδοῦσα	αὐτὸν	ἤρξατο	πάλιν	λέγειν	τοῖς
καί	ἡ	παιδίσκη	ὁράω.εἴδω	αὐτός	ἄρχομαι	πάλιν	λέγω	ὁ
카이	헤	파이디스케	이두사	아우톤	에륵사토	팔린	레게인	토이스
또	그	어린 여종이	보고	그를	시작하셨다	다시	말하기를	그(사람들에게)
접등.	관.주.여.단.	명.주.여.단.	동.분.2과.능.주.여.단.	대.인.목.남.3단.	동.직.1과.중.3단.	부.	동.부.현.능.	관.여격.남.복.

3936	3754	3778	1537	846	1510
παρεστῶσιν	ὅτι	οὗτος	ἐξ	αὐτῶν	ἐστιν.
παρίστημι	ὅτι	οὗτος	ἐκ	αὐτός	εἰμί
파레스토신	호티	후토스	엑스	아우톤	에스틴
곁에 서있는		이 사람은	중에서	그들	있었다
동.분.1완.능.여격.남.복.	접등.	대.지.주.남.단.	전소.	대.인.소.남.3복.	동.직.현.능.3단.

70 또 부인하더라 조금 후에 곁에 서 있는 사람들이 다시 베드로에게 말하되 너도 갈릴리
사람이니 참으로 그 도당이니라
And he denied it again. And a little after, they that stood by said again to Peter, Surely thou art one of them: for thou art a Galilaean, and thy speech agreeth thereto.

3588	1161	3825	720	2532	3326	3397	3825	3588
ὁ	δὲ	πάλιν	ἠρνεῖτο.	καὶ	μετὰ	μικρὸν	πάλιν	οἱ
ὁ	δέ	πάλιν	ἀρνέομαι	καί	μετά	μικρόν	πάλιν	ὁ
호	데	팔린	에르네이토	카이	메타	미크론	팔린	호이
그가	그러나	다시	부인하고 있었다	그리고	후에	조금	다시	그(사람들이)
관.주.남.단.	접우.	부.	동.직.미완.중수디.3단.	접등.	전목.	형.대.목.중.단.	부.	관.주.남.단.

3936	3004	3588	4074	230	1537	846	1510
παρεστῶτες	ἔλεγον	τῷ	Πέτρῳ,	ἀληθῶς	ἐξ	αὐτῶν	εἶ,
παρίστημι	λέγω	ὁ	Πέτρος	ἀληθῶς	ἐκ	αὐτός	εἰμί
파레스토테스	엘레곤	토	페트로	알레도스	엑스	아우톤	에이
곁에 서 있는	말하고 있었다	그	베드로에게	참으로	중에서	그들	네가 있었다
동.분.1완.능.주.남.복.	동.직.미완.능.3복.	관.여격.남.단.	명.여격.남.단.	부.	전소.	대.인.소.남.3복.	동.직.현.능.2단.

2532	1063	1057	1510
καὶ	γὰρ	Γαλιλαῖος	εἶ.
καί	γάρ	Γαλιλαῖος	εἰμί
카이	가르	갈릴라이오스	에이
참으로	왜냐하면	갈릴리 사람	너는~이로다
부.	접종.	형.주.남.단.	동.직.현.능.2단.

71 그러나 베드로가 저주하며 맹세하되 나는 너희가 말하는 이 사람을 알지 못하노라 하니
But he began to curse and to swear, saying, I know not this man of whom ye speak.

3588	1161	756	332	2532	3660	3754	3756
ὁ	δὲ	ἤρξατο	ἀναθεματίζειν	καὶ	ὀμνύναι	ὅτι	οὐκ
ὁ	δέ	ἄρχομαι	ἀναθεματίζω	καί	ὀμνύω	ὅτι	οὐ
호	데	에륵사토	아나데마티제인	카이	옴뉘나이	호티	우크
베드로가	이에	시작하였다	저주하는 것	과	맹세하는 것을		못하고 있노라
관.주.남.단.	접우.	동.직.1과.중.3단.	동.부.현.능.	접등.	동.부.현.능.	접등.	부.

1492	3588	444	3778	3739	3004
οἶδα	τὸν	ἄνθρωπον	τοῦτον	ὃν	λέγετε.
οἶδα.εἴδω	ὁ	ἄνθρωπος	οὗτος	ὅς	λέγω
오이다	톤	안드로폰	투톤	혼	레게테
나는 알지	그	사람을	이	바	너희가 말하는
동.직.1완.능.1단.	관.목.남.단.	명.목.남.단.	대.지.목.남.단.	대.관.목.남.단.	동.직.현.능.2복.

72 닭이 곧 두 번째 울더라 이에 베드로가 예수께서 자기에게 하신 말씀 곧 닭이 두 번
울기 전에 네가 세 번 나를 부인하리라 하심이 기억되어 그 일을 생각하고 울었더라
And the second time the cock crew. And Peter called to mind the word that Jesus said unto him,
Before the cock crow twice, thou shalt deny me thrice. And when he thought thereon, he wept.

2532	2117	1537	1208	220	5455	2532	363	3588
καὶ	εὐθὺς	ἐκ	δευτέρου	ἀλέκτωρ	ἐφώνησεν.	καὶ	ἀνεμνήσθη	ὁ
καί	εὐθύς	ἐκ	δεύτερος	ἀλέκτωρ	φωνέω	καί	ἀναμιμνήσκω	ὁ
카이	유뒤스	에크	듀테루	알렉토르	에포네센	카이	아넴네스데	호
그러자	곧	로	두 번째	닭이	울었다	이에	기억되었다	그
접등.	형.대.주.남.단.	전소.	형.대.서.소.중.단.	명.주.남.단.	동.직.1과.능.3단.	접등.	동.직.1과.수.3단.	관.주.남.단.

4074	3588	4487	5613	3004(2036)	846	3588	2424	3754
Πέτρος	τὸ	ῥῆμα	ὡς	εἶπεν	αὐτῷ	ὁ	Ἰησοῦς	ὅτι
Πέτρος	τό	ῥῆμα	ὡς	λέγω.ἔπω	αὐτός	ὁ	Ἰησοῦς	ὅτι
페트로스	토	흐레마	호스	에이펜	아우토	호	예수스	호티
베드로가	그	말씀을	같이	말씀하심	그에게	그	예수님께서	
명.주.남.단.	관.목.중.단.	명.목.중.단.	부.관./접.종.	동.직.2과.능.3단.	대.인.여격.남.3단.	관.주.남.단.	명.주.남.단.	부.관./접.등.

4250	220	5455	1364	5151	1473	533	2532
πρὶν	ἀλέκτορα	φωνῆσαι	δὶς	τρίς	με	ἀπαρνήσῃ·	καὶ
πρίν	ἀλέκτωρ	φωνέω	δίς	τρίς	ἐγώ	ἀπαρνέομαι	καί
프린	알렉토라	포네사이	디스	트리스	메	아파르네세	카이
전에	닭을	울기	두 번	세 번	나를	네가 정녕 부인할 것이라	그래서
부.	명.목.남.단.	동.부.1과.능.	부.	부.	대.인.목.1단.	동.직.미.중디.2단.	접등.

1911	2799
ἐπιβαλὼν	ἔκλαιεν.
ἐπιβάλλω	κλαίω
에피발론	에클라이엔
그 후 즉시 생각이 나서	울고 있었다
동.분.2과.능.주.남.단.	동.직.미완.능.3단.

15 새벽에 대제사장들이 즉시 장로들과 서기관들 곧 온 공회와 더불어 의논하고 예수를
결박하여 끌고 가서 빌라도에게 넘겨 주니
And straightway in the morning the chief priests held a consultation with the elders and scribes
and the whole council, and bound Jesus, and carried him away, and delivered him to Pilate.

2532	2117	4404	4824	4160	3588	749	3326
Καὶ	εὐθὺς	πρωῒ	συμβούλιον	ποιήσαντες	οἱ	ἀρχιερεῖς	μετὰ
καί	εὐθύς	πρωΐ	συμβούλιον	ποιέω	ὁ	ἀρχιερεύς	μετά
카이	유뒤스	프로이	쉼불리온	포이에산테스	호이	아르키에레이스	메타
그리고	즉시	새벽에	함께 의논을	한 후에	그	대제사장들이	더불어
접등.	형.대.주.남.단.	부.	명.목.중.단.	동.분.1과.능.주.남.단.	관.주.남.복.	명.주.남.복.	전소.

3588	4245	2532	1122	2532	3650	3588	4892
τῶν	πρεσβυτέρων	καὶ	γραμματέων	καὶ	ὅλον	τὸ	συνέδριον,
ὁ	πρεσβύτερος	καί	γραμματεύς	καί	ὅλος	τό	συνέδριον
톤	프레스뷔테론	카이	그람마테온	카이	홀론	토	쉬네드리온
그	장로들	과	서기관들	그리고	온	그	공회와
관.소.남.복.	형.대.소.남.복.	접등.	명.소.남.복.	접등.	형.주.중.단.	관.주.중.단.	명.주.중.단.

1210	3588	2424	667	2532	3860	4091
δήσαντες	τὸν	Ἰησοῦν	ἀπήνεγκαν	καὶ	παρέδωκαν	Πιλάτῳ.
δέω	ὁ	Ἰησοῦς	ἀποφέρω	καί	παραδίδωμι	Πιλάτος
데산테스	톤	예순	아페넹칸	카이	파레도칸	필라토
결박하고	그	예수를	끌고 나갔다	그리고	넘겨 주었다	빌라도에게
동.분.1과.능.	관.목.남.단.	명.목.남.단.	동.직.1과.능.3복.	접등.	동.직.1과.능.3복.	명.여격.남.단.

2 빌라도가 묻되 네가 유대인의 왕이냐 예수께서 대답하여 이르시되 네 말이 옳도다 하시매
And Pilate asked him, Art thou the King of the Jews? And he answering said unto him, Thou
sayest it.

2532	1905	846	3588	4091	4771	1510	3588	935
καὶ	ἐπηρώτησεν	αὐτὸν	ὁ	Πιλᾶτος,	σὺ	εἶ	ὁ	βασιλεὺς
καί	ἐπερωτάω	αὐτός	ὁ	Πιλάτος	σύ	εἰμί	ὁ	βασιλεύς
카이	에페로테센	아우톤	호	필라토스	쉬	에이	호	바실류스
그러자	캐물었다	그를	그	빌라도가	네가	이냐	그	왕
접.등.	동.직.1과.능.3단.	대.인.목.남.3단.	관.주.남.단.	명.주.남.단.	대.인.주.2단.	동.직.현.능.2단.	관.주.남.단.	명.주.남.단.

3588	2453	3588	1161	611	846	3004	4771
τῶν	Ἰουδαίων;	ὁ	δὲ	ἀποκριθεὶς	αὐτῷ	λέγει,	σὺ
ὁ	Ἰουδαῖος	ὁ	δέ	ἀποκρίνομαι	αὐτός	λέγω	σύ
톤	유다이온	호	데	아포크리데이스	아우토	레게이	쉬
그	유대인들의	그가	이에	대답하여	그에게	말씀하신다	네가
관.소.남.복.	형.대.소.남.복.	관.주.남.단.	접.우.	동.분.1과.수디.주.남.단.	대.인.여격.남.3단.	동.직.현.능.3단.	대.인.주.2단.

3004
λέγεις.
λέγω
레게이스
말하고 있다
동.직.현.능.2단.

3 대제사장들이 여러 가지로 고발하는지라
And the chief priests accused him of many things: but he answered nothing.

2532	2723	846	3588	749	4183
καὶ	κατηγόρουν	αὐτοῦ	οἱ	ἀρχιερεῖς	πολλά.
καί	κατηγορέω	αὐτός	ὁ	ἀρχιερεύς	πολύς
카이	카테고룬	아우투	호이	아르키에레이스	폴라
이에	고발하고 있었다	그(의)를	그	대제사장들이	많은 일로
접.등.	동.직.미완.능.3복.	대.인.소.남.3단.	관.주.남.복.	명.주.남.복.	형.대.목.중.복.

4 빌라도가 또 물어 이르되 아무 대답도 없느냐 그들이 얼마나 많은 것으로 너를
고발하는가 보라 하되
And Pilate asked him again, saying, Answerest thou nothing? behold how many things they witness
against thee.

3588	1161	4091	3825	1905	846	3004	3756	611
ὁ	δὲ	Πιλᾶτος	πάλιν	ἐπηρώτα	αὐτὸν	λέγων,	οὐκ	ἀποκρίνῃ
ὁ	δέ	Πιλάτος	πάλιν	ἐπερωτάω	αὐτός	λέγω	οὐ	ἀποκρίνομαι
호	데	필라토스	팔린	에페로타	아우톤	레곤	우크	아포크리네
그	그러나	빌라도가	다시	캐묻고 있었다	그를	말하기를	없느냐	너는 대답이
관.주.남.단.	접.우.	명.주.남.단.	부.	동.직.미완.능.3단.	대.인.목.남.3단.	동.분.현.능.주.남.단.	부.	동.직.현.중수디.2단.

3762	2396	4214	4771	2723
οὐδέν;	ἴδε	πόσα	σου	κατηγοροῦσιν.
οὐδείς	ἴδε	πόσος	σύ	κατηγορέω
우덴	이데	포사	수	카테고루신
아무 것도	보라	얼마나 많은 것으로	너(의)를	그들이 고발하는가
형.대.기.목.중.단.	불문.	대.의.목.중.복.	대.인.소.2단.	동.직.현.능.3복.

5 예수께서 다시 아무 말씀으로도 대답하지 아니하시니 빌라도가 놀랍게 여기더라
But Jesus yet answered nothing; so that Pilate marvelled.

3588	1161	2424	3765	3762	611	5620	2296
ὁ	δὲ	Ἰησοῦς	οὐκέτι	οὐδὲν	ἀπεκρίθη,	ὥστε	θαυμάζειν
ὁ	δέ	Ἰησοῦς	οὐκέτι	οὐδείς	ἀποκρίνομαι	ὥστε	θαυμάζω
호	데	예수스	우케티	우덴	아페크리데	호스테	다우마제인
그	그러나	예수께서	더 이상	아무것도 않으셨다	대답하지	그래서	이상히 여기었다
관.주.남.단.	접.우.	명.주.남.단.	부.	형.대.기.목.중.단.	동.직.1과.수디.3단.	접.우.	동.부.현.능.

3588	4091
τὸν	Πιλᾶτον.
ὁ	Πιλάτος
톤	필라톤
그	빌라도(를)가
관.목.남.단.	명.목.남.단.

6 명절이 되면 백성들이 요구하는 대로 죄수 한 사람을 놓아 주는 전례가 있더니
Now at that feast he released unto them one prisoner, whomsoever they desired.

2596	1161	1859	630	846	1520	1198	3739
Κατὰ	δὲ	ἑορτὴν	ἀπέλυεν	αὐτοῖς	ἕνα	δέσμιον	ὃν
κατά	δέ	ἑορτή	ἀπολύω	αὐτός	εἷς	δέσμιος	ὅς
카타	데	헤오르텐	아펠뤼엔	아우토이스	헤나	데스미온	혼
당하면	때에	명절을	그가 놓아주고 있었다	그들에게	하나를	죄수	바
전목.	접.종.	명.목.여.단.	동.직.미완.능.3단.	대.인.여격.남.3복.	형.기.목.남.단.	명.목.남.단.	대.관.목.남.단.

3868
παρῃτοῦντο.
παραιτέομαι
파레툰토
백성들이 요구하고 있었던
동.직.미완.중.3복.

7 민란을 꾸미고 그 민란중에 살인하고 체포된 자 중에 바라바라 하는 자가 있는지라
And there was one named Barabbas, which lay bound with them that had made insurrection with him, who had committed murder in the insurrection.

1510	1161	3588	3004	912	3326	3588	4955
ἦν	δὲ	ὁ	λεγόμενος	Βαραββᾶς	μετὰ	τῶν	στασιαστῶν
εἰμί	δέ	ὁ	λέγω	Βαραββᾶς	μετά	ὁ	στασιαστής
엔	데	호	레고메노스	바랍바스	메타	톤	스타시아스톤
있었다	그런데	그(사람이)	불리는 자가	바라바라고	함께	그	폭동을 일으킨 자들과
동.직.미완.능.3단.+	접.등.	관.주.남.단.	+동.분.현.수.주.남.단.	명.주.남.단.	전.소	관.소.남.복.	명.소.남.복.

1210	3748	1722	3588	4714	5408	4160
δεδεμένος	οἵτινες	ἐν	τῇ	στάσει	φόνον	πεποιήκεισαν.
δέω	ὅστις	ἐν	ἡ	στάσις	φόνος	ποιέω
데데메노스	호이티네스	엔	테	스타세이	포논	페포이에케이산
결박되어 있는	바 사람들이	중에	그	폭동	살인을	하였었던
동.분.1완.수.주.남.단.	대.관.주.남.복.	전.여격.	관.여격.여.단.	명.여격.여.단.	명.목.남.단.	동.직.과완.능.3복.

8 무리가 나아가서 전례대로 하여 주기를 요구한대
And the multitude crying aloud began to desire him to do as he had ever done unto them.

2532	305	3588	3793	756	154	2531	4160
καὶ	ἀναβὰς	ὁ	ὄχλος	ἤρξατο	αἰτεῖσθαι	καθὼς	ἐποίει
καί	ἀναβαίνω	ὁ	ὄχλος	ἄρχομαι	αἰτέω	καθώς	ποιέω
카이	아나바스	호	오클로스	에릌사토	아이테이스다이	카도스	에포이에이
그런데	올라간 후에	그	무리가	시작하였다	요구하기를	대로	그가 행하였던
접.등.	동.분.2과.능.주.남.단.	관.주.남.단.	명.주.남.단.	동.직.2과.중.3단.	동.부.현.중.	접.종.	동.직.미완.능.3단.

846
αὐτοῖς.
αὐτός
아우토이스
그들에게
대.인.여격.남.3복.

9 빌라도가 대답하여 이르되 너희는 내가 유대인의 왕을 너희에게 놓아 주기를 원하느냐 하니
But Pilate answered them, saying, Will ye that I release unto you the King of the Jews?

3588	1161	4091	611	846	3004	2309	630
ὁ	δὲ	Πιλᾶτος	ἀπεκρίθη	αὐτοῖς	λέγων,	θέλετε	ἀπολύσω
ὁ	δέ	Πιλάτος	ἀποκρίνομαι	αὐτός	λέγω	θέλω	ἀπολύω
호	데	필라토스	아페크리데	아우토이스	레곤	델레테	아폴뤼소
그	그러나	빌라도가	대답하였다	그들에게	말하기를	너희는 원하느냐	내가 놓아주기를
관.주.남.단.	접.우.	명.주.남.단.	동.직.1과.수디.3단.	대.인.여격.남.3복.	동.분.현.능.주.남.단.	동.직.현.능.2복.	동.가.1과.능.1단.

4771	3588	935	3588	2453
ὑμῖν	τὸν	βασιλέα	τῶν	Ἰουδαίων;
σύ	ὁ	βασιλεύς	ὁ	Ἰουδαῖος
휘민	톤	바실레아	톤	유다이온
너희에게	그	왕을	그	유대사람들의
대.인.여격.2복.	관.목.남.단.	명.목.남.단.	관.소.남.복.	형.대.소.남.복.

10 이는 그가 대제사장들이 시기로 예수를 넘겨 준 줄 앎이러라
For he knew that the chief priests had delivered him for envy.

1097	1063	3754	1223	5355	3860	846	3588
ἐγίνωσκεν	γὰρ	ὅτι	διὰ	φθόνον	παραδεδώκεισαν	αὐτὸν	οἱ
γινώσκω	γάρ	ὅτι	διά	φθόνος	παραδίδωμι	αὐτός	ὁ
에기노스켄	가르	호티	디아	프도논	파라데도케이산	아우톤	호이
그는 알고 있었다	왜냐하면	것을	인하여	시기로	넘겼었다는	그를	그
동.직.미완.능.3단.	접.종.	접.우.	전.목.	명.목.남.단.	동.직.과완.능.3복.	대.인.목.남.3단.	관.주.남.복.

749
ἀρχιερεῖς.
ἀρχιερεύς
아르키에레이스
대제사장들이
명.주.남.복.

11 그러나 대제사장들이 무리를 충동하여 도리어 바라바를 놓아 달라 하게 하니
But the chief priests moved the people, that he should rather release Barabbas unto them.

3588	1161	749	383	3588	3793	2443	3123	3588
οἱ	δὲ	ἀρχιερεῖς	ἀνέσεισαν	τὸν	ὄχλον	ἵνα	μᾶλλον	τὸν
ὁ	δέ	ἀρχιερεύς	ἀνασείω	ὁ	ὄχλος	ἵνα	μᾶλλον	ὁ
호이	데	아르키에레이스	아네세이산	톤	오클론	히나	말론	톤
그	그러나	대제사장들이	선동하였다	그	무리를	위하여	오히려	그
관.주.남.복.	접.우.	명.주.남.복.	동.직.1과.능.3복.	관.목.남.단.	명.목.남.단.	접.종.	부.비.	관.목.남.단.

912	630	846
Βαραββᾶν	ἀπολύσῃ	αὐτοῖς.
Βαραββᾶς	ἀπολύω	αὐτός
바랍반	아폴뤼세	아우토이스
바라바를	그가 놓아주기	그들에게
명.목.남.단.	동.가.1과.능.3단.	대.인.여격.남.3복.

12 빌라도가 또 대답하여 이르되 그러면 너희가 유대인의 왕이라 하는 이를 내가 어떻게 하랴
And Pilate answered and said again unto them, What will ye then that I shall do unto him whom ye call the King of the Jews?

3588	1161	4091	3825	611	3004(2036)	846	5101	3767
ὁ	δὲ	Πιλᾶτος	πάλιν	ἀποκριθεὶς	ἔλεγεν	αὐτοῖς,	τί	οὖν
ὁ	δέ	Πιλάτος	πάλιν	ἀποκρίνομαι	λέγω.ἔπω	αὐτός	τίς	οὖν
호	데	필라토스	팔린	아포크리데이스	엘레겐	아우토이스	티	운
그	그래서	빌라도가	다시	대답하여	말하고 있었다	그들에게	무엇을	그러면
관.주.남.단.	접.우.	명.주.남.단.	부.	동.분.1과.수디.주.남.단.	동.직.미완.능.3단.	대.인.여격.남.3복.	대.의.목.중.단.	접.우.

2309	4160	3739	3004	3588	935	3588	2453
θέλετε	ποιήσω	ὃν	λέγετε	τὸν	βασιλέα	τῶν	Ἰουδαίων;
θέλω	ποιέω	ὅς	λέγω	ὁ	βασιλεύς	ὁ	Ἰουδαῖος
델레테	포이에소	혼	레게테	톤	바실레아	톤	유다이온
너희가 원하는가	내가 행하기를	바 사람을	너희가 부르는	그	왕이라고	그	유대인들의
동.직.현.능.2복.	동.가.1과.능.1단.	대.관.목.남.단.	동.직.현.능.2복.	관.목.남.단.	명.목.남.단.	관.소.남.복.	형.대.소.남.복.

13 그들이 다시 소리 지르되 그를 십자가에 못 박게 하소서
And they cried out again, Crucify him.

3588	1161	3825	2896	4717	846
οἱ	δὲ	πάλιν	ἔκραξαν,	σταύρωσον	αὐτόν.
ὁ	δέ	πάλιν	κράζω	σταυρόω	αὐτός
호이	데	팔린	에크랍산	스타우로손	아우톤
그들이	그러자	다시	소리쳤다	십자가에 못 박으시오	그를
관.주.남.복.	접.우.	부.	동.직.1과.능.3복.	동.명.1과.능.2단.	대.인.목.남.3단.

14 빌라도가 이르되 어찜이냐 무슨 악한 일을 하였느냐 하니 더욱 소리 지르되 십자가에 못
박게 하소서 하는지라
Then Pilate said unto them, Why, what evil hath he done? And they cried out the more exceedingly, Crucify him.

3588	1161	4091	3004	846	5101	1063	4160	2556
ὁ	δὲ	Πιλᾶτος	ἔλεγεν	αὐτοῖς,	τί	γὰρ	ἐποίησεν	κακόν;
ὁ	δέ	Πιλᾶτος	λέγω	αὐτός	τίς	γάρ	ποιέω	κακός
호	데	필라토스	엘레겐	아우토이스	티	가르	에포이에센	카콘
그	그러나	빌라도가	말하고 있었다	그들에게	무슨	참으로	그가 행하였느냐	악한 일을
관.주.남.단.	접.우.	명.주.남.단.	동.직.미완.능.3단.	대.인.여격.남.3복.	형.의.목.중.단.	접.종.	동.직.1과.능.3단.	형.대.목.중.단.

3588	1161	4057	2896	4717	846
οἱ	δὲ	περισσῶς	ἔκραξαν,	σταύρωσον	αὐτόν.
ὁ	δέ	περισσῶς	κράζω	σταυρόω	αὐτός
호이	데	페리쏘스	에크랍산	스타우로손	아우톤
그들이	이에	더욱	소리를 질렀다	십자가에 못 박으시오	그를
관.주.남.복.	접.우.	부.	동.직.1과.능.3복.	동.명.1과.능.2단.	대.인.목.남.3단.

15 빌라도가 무리에게 만족을 주고자 하여 바라바는 놓아 주고 예수는 채찍질하고 십자가에
못 박히게 넘겨 주니라
And so Pilate, willing to content the people, released Barabbas unto them, and delivered Jesus, when he had scourged him, to be crucified.

3588	1161	4091	1014	3588	3793	3588	2425	4160
ὁ	δὲ	Πιλᾶτος	βουλόμενος	τῷ	ὄχλῳ	τὸ	ἱκανὸν	ποιῆσαι
ὁ	δέ	Πιλᾶτος	βούλομαι	ὁ	ὄχλος	τό	ἱκανός	ποιέω
호	데	필라토스	불로메노스	토	오클로	토	히카논	포이에사이
그	그런데	빌라도는	결정하고	그	무리에게	그	만족을	행하려
관.주.남.단.	접.우.	명.주.남.단.	동.분.현.능.주.남.단.	관.여격.남.단.	명.여격.남.단.	관.목.중.단.	형.대.목.중.단.	동.부.1과.능.

630	846	3588	912	2532	3860	3588	2424
ἀπέλυσεν	αὐτοῖς	τὸν	Βαραββᾶν,	καὶ	παρέδωκεν	τὸν	Ἰησοῦν
ἀπολύω	αὐτός	ὁ	Βαραββᾶς	καί	παραδίδωμι	ὁ	Ἰησοῦς
아펠뤼센	아우토이스	톤	바랍반	카이	파레도켄	톤	예순
놓아 주었다	그들에게	그	바라바를	그리고	넘겨 주었다	그	예수를
동.직.1과.능.3단.	대.인.여격.남.3복.	관.목.남.단.	명.목.남.단.	접.등.	동.직.1과.능.3단.	관.목.남.단.	명.목.남.단.

5417	2443	4717
φραγελλώσας	ἵνα	σταυρωθῇ.
φραγελλόω	ἵνα	σταυρόω
프라겔로사스	히나	스타우로데
채찍질한 후	위하여	십자가에 못 박혀지기
동.분.1과.능.주.남.단.	접.종.	동.가.1과.수.3단.

16 군인들이 예수를 끌고 브라이도리온이라는 뜰 안으로 들어가서 온 군대를 모으고
And the soldiers led him away into the hall, called Praetorium; and they call together the whole band.

3588	1161	4757	520	846	2080	3588	833	3739
Οἱ	δὲ	στρατιῶται	ἀπήγαγον	αὐτὸν	ἔσω	τῆς	αὐλῆς,	ὅ
ὁ	δέ	στρατιώτης	ἀπάγω	αὐτός	ἔσω	ἡ	αὐλή	ὅς
호이	데	스트라티오타이	아페가곤	아우톤	에소	테스	아울레스	호
그	그리고	군병들이	끌고 갔다	그를	안으로	그	뜰의	이 곳은
관.주.남.복.	접.우.	명.주.남.복.	동.직.2과.능.3복.	대.인.목.남.3단.	전소.	관.소.여.단.	명.소.여.단.	대.관.주.중.단.

1510	4232	2532	4779	3650	3588	4686
ἐστιν	πραιτώριον,	καὶ	συγκαλοῦσιν	ὅλην	τὴν	σπεῖραν.
εἰμί	πραιτώριον	καί	συγκαλέω	ὅλος	ἡ	σπεῖρα
에스틴	프라이토리온	카이	쉉칼루신	홀렌	텐	스페이란
이라	브라이도리온	그래서	그들이 함께 모은다	온	그	군대를
동.직.현.능.3단.	명.주.중.단.	접.등.	동.직.현.능.3복.	형.목.여.단.	관.목.여.단.	명.목.여.단.

17 예수에게 자색 옷을 입히고 가시관을 엮어 씌우고
And they clothed him with purple, and platted a crown of thorns, and put it about his head,

2532	1737	846	4209	2532	4060	846
καὶ	ἐνδιδύσκουσιν	αὐτὸν	πορφύραν	καὶ	περιτιθέασιν	αὐτῷ
καί	ἐνδιδύσκω	αὐτός	πορφύρα	καί	περιτίθημι	αὐτός
카이	엔디뒤스쿠신	아우톤	포르퓌란	카이	페리티데아신	아우토
그리고	그들이 입힌다	그를	자색 옷을	또	둘러 씌운다	그에게
접.등.	동.직.현.능.3복.	대.인.목.남.3단.	명.목.여.단.	접.등.	동.직.현.능.3복.	대.인.여격.남.3단.

4120	174	4735
πλέξαντες	ἀκάνθινον	στέφανον·
πλέκω	ἀκάνθινος	στέφανος
플렉산테스	아칸디논	스테파논
엮어서	가시로	왕관을
동.분.1과.능.주.남.복.	형.목.남.단.	명.목.남.단.

18 경례하여 이르되 유대인의 왕이여 평안할지어다 하고
And began to salute him, Hail, King of the Jews!

2532	756	782	846	5463	935	3588	2453
καὶ	ἤρξαντο	ἀσπάζεσθαι	αὐτόν,	χαῖρε,	βασιλεῦ	τῶν	Ἰουδαίων·
καί	ἄρχομαι	ἀσπάζομαι	αὐτός	χαίρω	βασιλεύς	ὁ	Ἰουδαῖος
카이	에륵산토	아스파제스다이	아우톤	카이레	바실류	톤	유다이온
그리고	시작하였다	인사하기를	그를	만세	왕이여	그	유대인들의
접.등.	동.직.1과.중.3복.	동.부.현.중.	대.인.목.남.3단.	동.명.현.능.2단.	명.호.남.단.	관.소.남.복.	형.대.소.남.복.

19 갈대로 그의 머리를 치며 침을 뱉으며 꿇어 절하더라
And they smote him on the head with a reed, and did spit upon him, and bowing their knees worshipped him.

2532	5180	846	3588	2776	2563	2532	1716
καὶ	ἔτυπτον	αὐτοῦ	τὴν	κεφαλὴν	καλάμῳ	καὶ	ἐνέπτυον
καί	τύπτω	αὐτός	ὁ	κεφαλή	κάλαμος	καί	ἐμπτύω
카이	에튑톤	아우투	텐	케팔렌	칼라모	카이	에네프튀온
그리고	그들이 치고 있었다	그의	그	머리를	갈대로	그리고	침을 뱉고 있었다
접.등.	동.직.미완.능.3복.	대.인.소.남.3단.	관.목.여.단.	명.목.여.단.	명.여격.남.단.	접.등.	동.직.미완.능.3복.

846	2532	5087	3588	1119	4352	846
αὐτῷ	καὶ	τιθέντες	τὰ	γόνατα	προσεκύνουν	αὐτῷ.
αὐτός	καί	τίθημι	τό	γονύ	προσκυνέω	αὐτός
아우토	카이	티덴테스	타	고나타	프로세퀴눈	아우토
그리고	또	꿇으면서	그(그들의)	무릎을	절하고 있었다	그에게
대.인.여격.남.3단.	접.등.	동.분.현.능.주.남.복.	관.목.중.복.	명.목.중.복.	동.직.미완.능.3복.	대.인.여격.남.3단.

20 희롱을 다 한 후 자색 옷을 벗기고 도로 그의 옷을 입히고 십자가에 못 박으려고 끌고
나가니라
And when they had mocked him, they took off the purple from him, and put his own clothes on him, and led him out to crucify him.

2532	3753	1702	846	1562	846	3588	4209	2532
καὶ	ὅτε	ἐνέπαιξαν	αὐτῷ,	ἐξέδυσαν	αὐτὸν	τὴν	πορφύραν	καὶ
καί	ὅτε	ἐμπαίζω	αὐτός	ἐκδύω	αὐτός	ἡ	πορφύρα	καί
카이	호테	에네파익산	아우토	엑세뒤산	아우톤	텐	포르퓌란	카이
그리고	때에	조롱했을	그에게	벗겼다	그를	그	자색 옷을	그리고
접.등.	접.종.	동.직.1과.능.3복.	대.인.여격.남.3단.	동.직.1과.능.3복.	대.인.목.남.3단.	관.목.여.단.	명.목.여.단.	접.등.

1746	846	3588	2440	846	2532	1806	846
ἐνέδυσαν	αὐτὸν	τὰ	ἱμάτια	αὐτοῦ.	καὶ	ἐξάγουσιν	αὐτὸν
ἐνδύω	αὐτός	τό	ἱμάτιον	αὐτός	καί	ἐξάγω	αὐτός
에네뒤산	아우톤	타	히마티아	아우투	카이	엑사구신	아우톤
옷을 입혔다	그를	그	겉옷들을	그의	그리고	끌고 나간다	그를
동.직.1과.능.3복.	대.인.목.남.3단.	관.목.중.복.	명.목.중.복.	대.인.소.남.3단.	접.등.	동.직.현.능.3복.	대.인.목.남.3단.

2443	4717	846
ἵνα	σταυρώσωσιν	αὐτόν.
ἵνα	σταυρόω	αὐτός
히나	스타우로소신	아우톤
위하여	십자가에 못 박기	그를
접.종.	동.가.1과.능.3복.	대.인.목.남.3단.

21 마침 알렉산더와 루포의 아버지인 구레네 사람 시몬이 시골로부터 와서 지나가는데
그들이 그를 억지로 같이 가게 하여 예수의 십자가를 지우고
And they compel one Simon a Cyrenian, who passed by, coming out of the country, the father of Alexander and Rufus, to bear his cross.

2532	29	3855	5100	4613	2956	2064
Καὶ	ἀγγαρεύουσιν	παράγοντά	τινα	Σίμωνα	Κυρηναῖον	ἐρχόμενον
καί	ἀγγαρεύω	παράγω	τις	Σίμων	Κυρηναῖος	ἔρχομαι
카이	앙가류우신	파라곤타	티나	시모나	퀴레나이온	에르코메논
그리고	그들이 억지로 가게 한다	곁을 지나는	어떤	시몬을	구레네 사람	와서
접.등.	동.직.현.능.3복.	동.분.현.능.목.남.단.	형.부.목.남.단.	명.목.남.단.	명.목.남.단.	동.분.현.중수디.목.남.단.

575	68	3588	3962	223	2532	4504	2443	142
ἀπ'	ἀγροῦ,	τὸν	πατέρα	Ἀλεξάνδρου	καὶ	Ῥούφου,	ἵνα	ἄρῃ
ἀπό	ἀγρός	ὁ	πατήρ	Ἀλέξανδρος	καί	Ῥοῦφος	ἵνα	αἴρω
압	아그루	톤	파테라	알렉산드루	카이	흐루푸	히나	아레
부터	시골로	그	아비를	알렉산더	와	루포의	하려함이라	그가 지우게
전.소.	명.소.남.단.	관.목.남.단.	명.목.남.단.	명.소.남.단.	접.등.	명.소.남.단.	접.종.	동.가.1과.능.3단.

3588	4716	846
τὸν	σταυρὸν	αὐτοῦ.
ὁ	σταυροός	αὐτός
톤	스타우론	아우투
그	십자가를	그의
관.목.남.단.	명.목.남.단.	대.인.소.남.3단.

22 예수를 끌고 골고다라 하는 곳(번역하면 해골의 곳)에 이르러
And they bring him unto the place Golgotha, which is, being interpreted, The place of a skull.

2532	5342	846	1909	3588	1115	5117	3739	1510
καὶ	φέρουσιν	αὐτὸν	ἐπὶ	τὸν	Γολγοθᾶν	τόπον,	ὅ	ἐστιν
καί	φέρω	αὐτός	ἐπί	ὁ	Γολγοθᾶ	τόπος	ὅς	εἰμί
카이	페루신	아우톤	에피	톤	골고단	토폰	호	에스틴
그리고	그들이 끌고 간다	그를	위로	그	골고다라는	한 곳을	그 곳은	이라
접.등.	동.직.현.능.3복.	대.인.목.남.3단.	전.목.	관.목.남.단.	명.목.남.단.	명.목.남.단.	대.관.주.중.단.	동.직.현.능.3단.+

3177	2898	5117
μεθερμηνευόμενον	Κρανίου	Τόπος.
μεθερμηνεύω	κρανίον	τόπος
메데르메뉴오메논	크라니우	토포스
번역하게 될 때	해골의	곳
동.분.현.수.주.중.단.	명.소.중.단.	명.주.남.단.

23 몰약을 탄 포도주를 주었으나 예수께서 받지 아니하시니라
And they gave him to drink wine mingled with myrrh: but he received it not.

2532	1325	846	4669	3631	3739	1161	3756	2983
καὶ	ἐδίδουν	αὐτῷ	ἐσμυρνισμένον	οἶνον·	ὃς	δὲ	οὐκ	ἔλαβεν.
καί	δίδωμι	αὐτός	σμυρνίζω	οἶνος	ὅς	δέ	οὐ	λαμβάνω
카이	에디둔	아우토	에스뮈르니스메논	오이논	호스	데	우크	엘라벤
그리고	그들이 주고 있었다	그에게	몰약이 섞여있는	포도주를	예수께서	그러나	않으셨다	취하지
접.등.	동.직.미완.능.3복.	대.인.여격.남.3단.	동.분.1완.수.목.남.단.	명.목.남.단.	대.관.주.남.단.	접.우.	부.	동.직.2과.능.3단.

24 십자가에 못 박고 그 옷을 나눌새 누가 어느 것을 가질까 하여 제비를 뽑더라
And when they had crucified him, they parted his garments, casting lots upon them, what every man should take.

2532	4717	846	2532	1266	3588	2440	846
καὶ	σταυροῦσιν	αὐτὸν	καὶ	διαμερίζονται	τὰ	ἱμάτια	αὐτοῦ,
καί	σταυρόω	αὐτός	καί	διαμερίζω	τό	ἱμάτιον	αὐτός
카이	스타우루신	아우톤	카이	디아메리존타이	타	히마티아	아우투
그리고	그들이 십자가에 못 박는다	그를	그리고	그대로 나눈다	그	겉옷들을	그의
접.등.	동.직.현.능.3복.	대.인.목.남.3단.	접.등.	동.직.현.중.3복.	관.목.중.복.	명.목.중.복.	대.인.소.남.3단.

906	2819	1909	846	5101	5101	142
βάλλοντες	κλῆρον	ἐπ'	αὐτὰ	τίς	τί	ἄρῃ.
βάλλω	κλῆρος	ἐπί	αὐτός	τίς	τίς	αἴρω
발론테스	클레론	엪	아우타	티스	티	아레
뽑아서	제비를	위하여	그것들을	누가	무엇을	가질지
동.분.현.능.주.남.복.	명.목.남.단.	전.목.	대.인.목.중.3복.	대.의.주.남.단.	대.의.목.중.단.	동.가.1과.능.3단.

25 때가 제삼시가 되어 십자가에 못 박으니라
And it was the third hour, and they crucified him.

1510	1161	5610	5154	2532	4717	846
ἦν	δὲ	ὥρα	τρίτη	καὶ	ἐσταύρωσαν	αὐτόν.
εἰμί	δέ	ὥρα	τρίτος	καί	σταυρόω	αὐτός
엔	데	호라	트리테	카이	에스타우로산	아우톤
때가 되었다	이제	시가	제 삼	이에	그들이 십자가에 못 박았다	그를
동.직.미완.능.3단.	접.등.	명.주.여.단.	형.서.주.여.단.	접.등.	동.직.1과.능.3복.	대.인.목.남.3단.

26 그 위에 있는 죄패에 유대인의 왕이라 썼고
And the superscription of his accusation was written over, THE KING OF THE JEWS.

2532	1510	3588	1923	3588	156	848	1924
καὶ	ἦν	ἡ	ἐπιγραφὴ	τῆς	αἰτίας	αὐτοῦ	ἐπιγεγραμμένη,
καί	εἰμί	ἡ	ἐπιγραφή	ἡ	αἰτία	αὐτοῦ	ἐπιγράφω
카이	엔	헤	에피그라페	테스	아이티아스	아우투	에피게그람메네
그리고	있었다	그	패가	그	죄명의	그의	(위에)기록되어 있는
접.등.	동.직.미완.능.3단.+	관.주.여.단.	명.주.여.단.	관.소.여.단.	명.소.여.단.	대.인.소.남.3단.	동.분.1완.수.주.여.단.

3588	935	3588	2453
ὁ	βασιλεὺς	τῶν	Ἰουδαίων.
ὁ	βασιλεύς	ὁ	Ἰουδαῖος
호	바실류스	톤	유다이온
그	왕	그	유대인들의
관.주.남.단.	명.주.남.단.	관.소.남.복.	형.대.소.남.복.

27 강도 둘을 예수와 함께 십자가에 못 박으니 하나는 그의 우편에, 하나는 좌편에 있더라
And with him they crucify two thieves; the one on his right hand, and the other on his left.

2532	4862	846	4717	1417	3027	1520	1537	1188
Καὶ	σὺν	αὐτῷ	σταυροῦσιν	δύο	λῃστάς,	ἕνα	ἐκ	δεξιῶν
καί	σύν	αὐτός	σταυρόω	δύο	λῃστης	εἷς	ἐκ	δεξιός
카이	쉰	아우토	스타우루신	뒤오	레스타스	헤나	에크	덱시온
그리고	함께	그와	십자가에 못 박는다	둘을	강도들	하나는	에	오른편
접.등.	전.여격.	대.인.여격.남.3단.	동.직.현.능.3복.	형.기.목.남.복.	명.목.남.복.	형.대.기.목.남.단.	전.소.	형.대.소.중.복.

2532	1520	1537	2176	846
καὶ	ἕνα	ἐξ	εὐωνύμων	αὐτοῦ.
καί	εἷς	ἐκ	εὐώνυμος	αὐτός
카이	헤나	엑스	유오뉘몬	아우투
그리고	하나는	에서	왼편	그의
접.등.	형.대.기.목.남.단.	전.소.	형.대.소.중.복.	대.인.소.남.3단.

28 (없음)
And the scripture was fulfilled, which saith, And he was numbered with the transgressors.

29 지나가는 자들은 자기 머리를 흔들며 예수를 모욕하여 이르되 아하 성전을 헐고 사흘에 짓는다는 자여
And they that passed by railed on him, wagging their heads, and saying, Ah, thou that destroyest the temple, and buildest it in three days,

2532	3588	3899	987	846	2795	3588
Καὶ	οἱ	παραπορευόμενοι	ἐβλασφήμουν	αὐτὸν	κινοῦντες	τὰς
καί	ὁ	παραπορεύομαι	βλασφημέω	αὐτός	κινέω	ἡ
카이	호이	파라포류오메노이	에블라스페문	아우톤	키눈테스	타스
그리고	그(사람들이)	곁을 지나가는	모독하고 있었다	그를	흔들며	그
접.등.	관.주.남.복.	동.분.현.중수디.주.남.복.	동.직.미완.능.3복.	대.인.목.남.3단.	동.분.현.능.주.남.복.	관.목.여.복.

2776	846	2532	3004	3758	3588	2647	3588	3485
κεφαλὰς	αὐτῶν	καὶ	λέγοντες,	οὐὰ	ὁ	καταλύων	τὸν	ναὸν
κεφαλή	αὐτός	καί	λέγω	οὐά	ὁ	καταλύω	ὁ	ναός
케팔라스	아우톤	카이	레곤테스	우아	호	카탈뤼온	톤	나온
머리들을	자기들의	그리고	말하기를	아하	그(사람이여)	허물어뜨리며	그	성전을
명.목.여.복.	대.인.소.남.3복.	접.등.	동.분.현.능.주.남.복.	불.문.	관.호.남.단.	동.분.현.능.주.중.단.	관.목.남.단.	명.목.남.단.

2532	3618	1722	5140	2250
καὶ	οἰκοδομῶν	ἐν	τρισὶν	ἡμέραις,
και	οἰκοδομέω	ἐν	τρεῖς	ἡμέρα
카이	오이코도몬	엔	트리신	헤메라이스
그래서	짓는	안에	삼	일들에
접.등.	동.분.현.능.호.남.2단.	전.여격.	형.기.여격.여.복.	명.여격.여.복.

30 네가 너를 구원하여 십자가에서 내려오라 하고
Save thyself, and come down from the cross.

4982	4572	2597	575	3588	4716
σῶσον	σεαυτὸν	καταβὰς	ἀπὸ	τοῦ	σταυροῦ.
σώζω	σεαυτοῦ	καταβαίνω	ἀπό	ὁ	σταυρός
소손	세아우톤	카타바스	아포	투	스타우루
네가 구원하라	너 자신을	내려오라	부터	그	십자가로
동.명.1과.능.2단.	대.인.목.남.2단.	동.분명.2과.능.주.남.2단.	전.소.	관.소.남.단.	명.소.남.단.

31 그와 같이 대제사장들도 서기관들과 함께 희롱하며 서로 말하되 그가 남은 구원하였으되
자기는 구원할 수 없도다

Likewise also the chief priests mocking said among themselves with the scribes, He saved others; himself he cannot save.

3668	2532	3588	749	1702	4314	240	3326	3588
ὁμοίως	καὶ	οἱ	ἀρχιερεῖς	ἐμπαίζοντες	πρὸς	ἀλλήλους	μετὰ	τῶν
ὁμοίως	καί	ὁ	ἀρχιερεύς	ἐμπαίζω	πρός	ἀλλήλων	μετά	ὁ
호모이오스	카이	호이	아르키에레이스	엠파이존테스	프로스	알렐루스	메타	톤
그와 같이	역시	그	대제사장들이	조롱하며	향하여	서로를	함께	그
부.	부.	관.주.남.복.	명.주.남.복.	동.분.현.능.주.남.복.	전.목.	대.인.목.남.3복.	전.소.	관.소.남.복.

1122	3004	243	4982	1438	3756	1410	4982
γραμματέων	ἔλεγον,	ἄλλους	ἔσωσεν,	ἑαυτὸν	οὐ	δύναται	σῶσαι·
γραμματεύς	λέγω	ἄλλος	σῴζω	ἑαυτοῦ	οὐ	δύναμαι	σῴζω
그람마테온	엘레곤	알루스	에소센	헤아우톤	우	뒤나타이	소사이
서기관들과	말하고 있었다	다른 이들은	그가 구원하였다	자신을	없었다	수	구원할
명.소.남.복.	동.직.미완.능.3복.	형.대.목.남.복.	동.직.1과.능.3단.	대.인.목.남.3단.	부.	동.직.현.중.3단.	동.부.1과.능.

32 이스라엘의 왕 그리스도가 지금 십자가에서 내려와 우리가 보고 믿게 할지어다 하며
함께 십자가에 못 박힌 자들도 예수를 욕하더라

Let Christ the King of Israel descend now from the cross, that we may see and believe. And they that were crucified with him reviled him.

3588	5547	3588	935	2474	2597	3568	575	3588
ὁ	Χριστὸς	ὁ	βασιλεὺς	Ἰσραὴλ	καταβάτω	νῦν	ἀπὸ	τοῦ
ὁ	Χριστός	ὁ	βασιλεύς	Ἰσραήλ	καταβαίνω	νῦν	ἀπό	ὁ
호	크리스토스	호	바실류스	이스라엘	카타바토	뉜	아포	투
그	그리스도가	그	왕	이스라엘의	내려오라	지금	부터	그
관.주.남.단.	명.주.남.단.	관.주.남.단.	명.주.남.단.	명.소.남.단.	동.명.2과.능.3단.	부.	전.소.	관.소.남.단.

4716	2443	3708(1492)	2532	4100	2532	3588	4957
σταυροῦ,	ἵνα	ἴδωμεν	καὶ	πιστεύσωμεν.	καὶ	οἱ	συνεσταυρωμένοι
σταυρός	ἵνα	ὁράω.εἴδω	καί	πιστεύω	καί	ὁ	συσταυρόω
스타우루	히나	이도멘	카이	피스튜소멘	카이	호이	쉬네스타우로메노이
십자가로	하라	우리가 보고	그래서	믿게	그리고	그(사람들도)	십자가에 못 박혀 있는
명.소.남.단.	접.종.	동.가.2과.능.1복.	접.등.	동.가.2과.능.1복.	접.등.	관.주.남.복.	동.분.1완.수.주.남.복.

4862	846	3679	846
σὺν	αὐτῷ	ὠνείδιζον	αὐτόν.
σύν	αὐτός	ὀνειδίζω	αὐτός
쉰	아우토	오네이디존	아우톤
함께	그와	욕하고 있었다	그를
전.여격.	대.인.여격.남.3단.	동.직.미완.능.3복.	대.인.목.남.3단.

33 제육시가 되매 온 땅에 어둠이 임하여 제구시까지 계속하더니

And when the sixth hour was come, there was darkness over the whole land until the ninth hour.

2532	1096	5610	1623	4655	1096	1909	3650	3588
Καὶ	γενομένης	ὥρας	ἕκτης	σκότος	ἐγένετο	ἐφ'	ὅλην	τὴν
καί	γίνομαι	ὥρα	ἕκτος	σκότος	γίνομαι	ἐπί	ὅλος	ἡ
카이	게노메네스	호라스	헥테스	스코토스	에게네토	엪	홀렌	텐
그리고	후에	시의	제 육	어두움이	임하였다	위로	온	그
접.등.	동.분.2과.수디.소.여.단.	명.소.여.단.	형.서.소.여.단.	명.주.중.단.	동.직.2과.중디.3단.	전.목.	형.목.여.단.	관.목.여.단.

1093	2193	5610	1766
γῆν	ἕως	ὥρας	ἐνάτης.
γῆ	ἕως	ὥρα	ἔνατος
겐	헤오스	호라스	에나테스
땅을	까지	시	제 구
명.목.여.단.	전.소.	명.소.여.단.	형.서.소.여.단.

34 제구시에 예수께서 크게 소리 지르시되 엘리 엘리 라마 사박다니 하시니 이를 번역하면
나의 하나님, 나의 하나님 어찌하여 나를 버리셨나이까 하는 뜻이라
And at the ninth hour Jesus cried with a loud voice, saying, Eloi, Eloi, lama sabachthani? which is, being interpreted, My God, my God, why hast thou forsaken me?

2532	3588	1766	5610	994	3588	2424	5456	3173
καὶ	τῇ	ἐνάτῃ	ὥρᾳ	ἐβόησεν	ὁ	Ἰησοῦς	φωνῇ	μεγάλῃ,
καί	ἡ	ἔννατος	ὥρα	βοάω	ὁ	Ἰησοῦς	φωνή	μέγας
카이	테	에나테	호라	에보에센	호	예수스	포네	메갈레
그리고	그	제 구	시에	부르짖으셨다	그	예수님께서	음성으로	큰
접.등.	관.여격.여.단.	형.서.여격.여.단.	명.여격.여.단.	동.직.1과.능.3단.	관.주.남.단.	명.주.남.단.	명.여격.여.단.	형.여격.여.단.

1682	1682	2982	4518	3739	1510	3177	3588
ελωι	ελωι	λεμα	σαβαχθανι;	ὅ	ἐστιν	μεθερμηνευόμενον	ὁ
ελωι	ελωι	λαμά	σαβαχθανί	ὅς	εἰμί	μεθερμηνεύω	ὁ
엘로이	엘로이	레마	사바크다니	호	에스틴	메데르메뉴오메논	호
엘로이	엘로이	레마	사박다니	이것은	이니라	번역된다	그
명.호.남.단.	명.호.남.단.	부.의.	동.직.1과.능.2단.	대.관.주.중.단.	동.직.현.능.3단.+	+동.분.현.수.중.단.	관.호.남.단.

2316	1473	3588	2316	1473	1519	5101	1459	1473
θεός	μου	ὁ	θεός	μου,	εἰς	τί	ἐγκατέλιπές	με;
θεός	ἐγώ	ὁ	θεός	ἐγώ	εἰς	τίς	ἐγκαταλείπω	ἐγώ
데오스	무	호	데오스	무	에이스	티	엥카텔리페스	메
하나님이여	나의	그	하나님이여	나의	하여	어찌	버리셨나이까	나를
명.주.남.단.	대.인.소.1단.	관.호.남.단.	명.주.남.단.	대.인.소.1단.	전.목.	대.의.목.중.단.	동.직.2과.능.2단.	대.인.목.1단.

35 곁에 섰던 자 중 어떤 이들이 듣고 이르되 보라 엘리야를 부른다 하고
And some of them that stood by, when they heard it, said, Behold, he calleth Elias.

2532	5100	3588	3936	191	3004	2396
καί	τινες	τῶν	παρεστηκότων	ἀκούσαντες	ἔλεγον,	ἴδε
καί	τις	ὁ	παρίστημι	ἀκούω	λέγω	ἴδε
카이	티네스	톤	파레스테코톤	아쿠산테스	엘레곤	이데
이에	어떤 사람들이	그(사람들 중의)	곁에서 있는	들은 후에	말하고 있었다	보라
접.등.	대.부.주.남.복.	관.소.남.복.	동.분.1완.능.소.남.복.	동.분.1과.능.주.남.복.	동.직.미완.능.3복.	불.문.

2240	5455
Ἠλίαν	φωνεῖ.
Ἠλίας	φωνέω
엘리안	포네이
엘리야를	부른다
명.목.남.단.	동.직.현.능.3단.

36 한 사람이 달려가서 해면에 신 포도주를 적시어 갈대에 꿰어 마시게 하고 이르되 가만
두라 엘리야가 와서 그를 내려 주나 보자 하더라
And one ran and filled a sponge full of vinegar, and put it on a reed, and gave him to drink, saying, Let alone; let us see whether Elias will come to take him down.

5143	1161	5100	2532	1072	4699	3690	4060
δραμὼν	δέ	τις	καὶ	γεμίσας	σπόγγον	ὄξους	περιθεὶς
τρέχω	δέ	τις	καί	γεμίζω	σπόγγος	ὄξος	περιτίθημι
드라몬	데	티스	카이	게미사스	스퐁곤	옥수스	페리데이스
달려가서	그리고	어떤 사람이	그래서	적신 후	한 해면을	신 포도주로	꿰어서
동.분.2과.능.주.남.단.	접.등.	대.부.주.남.단.	접.등.	동.분.1과.능.주.남.단.	명.목.남.단.	명.소.중.단.	동.분.2과.능.주.남.단.

2563	4222	846	3004	863	3708(1492)	1487
καλάμῳ	ἐπότιζεν	αὐτόν	λέγων,	ἄφετε	ἴδωμεν	εἰ
κάλαμος	ποτίζω	αὐτός	λέγω	ἀφίημι	ὁράω.εἴδω	εἰ
칼라모	에포티젠	아우톤	레곤	아페테	이도멘	에이
갈대에	마시게 주고 있었다	그를	말하기를	가만두어라	우리가 보자	만일
명.여격.남.단.	동.직.미완.능.3단.	대.인.목.남.3단.	동.분.현.능.주.남.단.	동.명.2과.능.2복.	동.가.2과.능.1복.	불.의.

2064	2243	2507	846
ἔρχεται	Ἠλίας	καθελεῖν	αὐτόν.
ἔρχομαι	Ἠλίας	καθαιρέω	αὐτός
에르케타이	엘리아스	카델레인	아우톤
온다면	엘리야가	내려주려고	그를
동.직.현.중수디.3단.	명.주.남.단.	동.부.2과.능.	대.인.목.남.3단.

37 예수께서 큰 소리를 지르시고 숨지시니라
And Jesus cried with a loud voice, and gave up the ghost.

3588	1161	2424	863	5456	3173	1606
ὁ	δὲ	Ἰησοῦς	ἀφεὶς	φωνὴν	μεγάλην	ἐξέπνευσεν.
ὁ	δέ	Ἰησοῦς	ἀφίημι	φωνή	μέγας	ἐκπνέω
호	데	예수스	아페이스	포넨	메갈렌	엑세프뉴센
그	때에	예수님께서	소리 지르신 후	음성으로	큰	숨을 거두셨더라
관.주.남.단.	접.우.	명.주.남.단.	동.분.2과.능.주.남.단.	명.목.여.단.	형.목.여.단.	동.직.1과.능.3단.

38 이에 성소 휘장이 위로부터 아래까지 찢어져 둘이 되니라
And the veil of the temple was rent in twain from the top to the bottom.

2532	3588	2665	3588	3485	4977	1519	1417	575
Καὶ	τὸ	καταπέτασμα	τοῦ	ναοῦ	ἐσχίσθη	εἰς	δύο	ἀπ’
καί	τό	καταπέτασμα	ὁ	ναός	σχίζω	εἰς	δύο	ἀπό
카이	토	카타페타스마	투	나우	에스키스데	에이스	뒤오	앞
그리고	그	휘장이	그	성전의	찢어졌다	(으)로	둘	부터
접.등.	관.주.중.단.	명.주.중.단.	관.소.남.단.	명.소.남.단.	동.직.1과.수.3단.	전.목.	형.대.기.목.중.복.	전.소.

509	2193	2736
ἄνωθεν	ἕως	κάτω.
ἄνωθεν	ἕως	κάτω
아노덴	헤오스	카토
위로	까지	아래
부.	전.소.	부.

39 예수를 향하여 섰던 백부장이 그렇게 숨지심을 보고 이르되 이 사람은 진실로 하나님의
아들이었도다 하더라
And when the centurion, which stood over against him, saw that he so cried out, and gave up the ghost, he said, Truly this man was the Son of God.

3708(1492)	1161	3588	2760	3588	3936	1537	1727
Ἰδὼν	δὲ	ὁ	κεντυρίων	ὁ	παρεστηκὼς	ἐξ	ἐναντίας
ὁράω.εἴδω	δέ	ὁ	κεντυρίων	ὁ	παρίστημι	ἐκ	ἐναντίος
이돈	데	호	켄튀리온	호	파레스테코스	엑스	에난티아스
보고	그러자	그	백부장이	그	곁에 서 있는	에서	맞은 편
동.분.2과.능.주.남.단.	접.우.	관.주.남.단.	명.주.남.단.	관.주.남.단.	동.분.1완.능.주.남.단.	전.소.	형.대.소.여.단.

846	3754	3779	1606	3004(2036)	230	3778	3588
αὐτοῦ	ὅτι	οὕτως	ἐξέπνευσεν	εἶπεν,	ἀληθῶς	οὗτος	ὁ
αὐτός	ὅτι	οὕτως	ἐκπνέω	λέγω.ἔπω	ἀληθῶς	οὗτος	ὁ
아우투	호티	후토스	엑세프뉴센	에이펜	알레도스	후토스	호
그의	것을	그렇게	숨을 거두셨던	말하였다	진실로	이	그
대.인.소.남.3단.	접.등.	부.	동.직.1과.능.3단.	동.직.2과.능.3단.	부.	대.지.주.남.단.	관.주.남.단.

444	5207	2316	1510
ἄνθρωπος	υἱὸς	θεοῦ	ἦν.
ἄνθρωπος	υἱός	θεός	εἰμί
안드로포스	휘오스	데우	엔
사람은	아들이	하나님의	이었다
명.주.남.단.	명.주.남.단.	명.소.남.단.	동.직.미완.능.3단.

40 멀리서 바라보는 여자들도 있었는데 그 중에 막달라 마리아와 또 작은 야고보와 요세의
어머니 마리아와 또 살로메가 있었으니

There were also women looking on afar off: among whom was Mary Magdalene, and Mary the mother of James the less and of Joses, and Salome;

1510	1161	2532	1135	575	3113	2334	1722
Ἦσαν	δὲ	καὶ	γυναῖκες	ἀπὸ	μακρόθεν	θεωροῦσαι,	ἐν
εἰμί	δέ	καί	γυνή	ἀπό	μακρόθεν	θεωρέω	ἐν
에산	데	카이	귀나이케스	아포	마크로텐	데오루사이	엔
있었다	때에	역시	여자들이	부터	멀리서	바라보면서	중에
동.직.미완.능.3복.+	접등.	부.	명.주.여.복.	전소.	부.	+동.분.현.능.주.여.복.	전.여격.

3739	2532	3137	3588	3094	2532	3137	3588	2385
αἷς	καὶ	Μαρία	ἡ	Μαγδαληνὴ	καὶ	Μαρία	ἡ	Ἰακώβου
ὅς	καί	Μαρία	ἡ	Μαγδαληνή	καί	Μαρία	ἡ	Ἰάκωβος
하이스	카이	마리아	헤	막달레네	카이	마리아	헤	야코부
그들을	모두	마리아	그	막달라	와	마리아	그	야고보
대.관.여격.여.복.	접등.	명.주.여.단.	관.주.여.단.	명.주.여.단.	접등.	명.주.여.단.	관.주.여.단.	명.주.여.단.

3588	3398	2532	2500	3384	2532	4539
τοῦ	μικροῦ	καὶ	Ἰωσῆτος	μήτηρ	καὶ	Σαλώμη,
ὁ	μικρός	καί	Ἰωσῆς	μήτηρ	καί	Σαλώμη
투	미크루	카이	요세토스	메테르	카이	살로메
그	작은	와	요세의	어머니	와	살로메가
관.소.남.단.	형.소.남.단.	접등.	명.소.남.단.	명.주.여.단.	접등.	명.주.여.단.

41 이들은 예수께서 갈릴리에 계실 때에 따르며 섬기던 자들이요 또 이 외에 예수와 함께
예루살렘에 올라온 여자들도 많이 있었더라

(Who also, when he was in Galilee, followed him, and ministered unto him;) and many other women which came up with him unto Jerusalem.

3739	3753	1510	1722	3588	1056	190	846	2532
αἳ	ὅτε	ἦν	ἐν	τῇ	Γαλιλαίᾳ	ἠκολούθουν	αὐτῷ	καὶ
ὅς	ὅτε	εἰμί	ἐν	ἡ	Γαλιλαία	ἀκολουθέω	αὐτός	καί
하이	호테	엔	엔	테	갈릴라이아	에콜루둔	아우토	카이
이들은	때에	그가 계실	에	그	갈릴리에	따르고 있었다	그에게	그리고
대.관.주.여.복.	접종.	동.직.미완.능.3단.	전.여격.	관.여격.여.단.	명.여격.여.단.	동.직.미완.능.3복.	대.인.여격.남.3단.	접등.

1247	846	2532	243	4183	3588	4872	846
διηκόνουν	αὐτῷ,	καὶ	ἄλλαι	πολλαὶ	αἱ	συναναβᾶσαι	αὐτῷ
διακονέω	αὐτός	καί	ἄλλος	πολύς	ἡ	συναναβαίνω	αὐτός
디에코눈	아우토	카이	알라이	폴라이	하이	쉬나나바사이	아우토
섬기고 있었다	그에게	또	다른 여자들이	많은	그(여자들)	함께 올라온	그와
동.직.미완.능.3복.	대.인.여격.남.3단.	접등.	형.대.주.여.복.	형.주.여.복.	관.주.여.복.	동.분.2과.능.주.여.복.	대.인.여격.남.3단.

1519	2414
εἰς	Ἱεροσόλυμα.
εἰς	Ἱεροσόλυμα
에이스	히에로솔뤼마
으로	예루살렘
전목.	명.목.여.단.

42 이 날은 준비일 곧 안식일 전날이므로 저물었을 때에

And now when the even was come, because it was the preparation, that is, the day before the sabbath,

2532	2235	3798	1096	1893	1510	3904	3739
Καὶ	ἤδη	ὀψίας	γενομένης,	ἐπεὶ	ἦν	παρασκευή	ὅ
καί	ἤδη	ὄψιος	γίνομαι	ἐπεί	εἰμί	παρασκευή	ὅς
카이	에데	옵시아스	게노메네스	에페이	엔	파라스큐에	호
그리고	이미	저녁의	된 후에	므로	이 날은 있었으	예비일로	그 날은
접등.	부.	형.소.여.단.	동.분.2과.중디.소.여.단.	접종.	동.직.미완.능.3단.	명.주.여.단.	대.관.주.중.단.

1510	4315
ἐστιν	προσάββατον,
εἰμί	προσάββατον
에스틴	프로삽바톤
이니	안식일 전날
동.직현.능.3단.	명.주.중.단.

43 아리마대 사람 요셉이 와서 당돌히 빌라도에게 들어가 예수의 시체를 달라 하니 이 사람은
존경 받는 공회원이요 하나님의 나라를 기다리는 자라
Joseph of Arimathaea, an honourable counsellor, which also waited for the kingdom of God,
came, and went in boldly unto Pilate, and craved the body of Jesus.

2064	2501	3588	575	707	2158	1010
ἐλθὼν	Ἰωσὴφ	ὁ	ἀπὸ	Ἁριμαθαίας	εὐσχήμων	βουλευτής,
ἔρχομαι	Ἰωσήφ	ὁ	ἀπό	Ἀριμαθαία	εὐσχήμων	βουλευτής
엘돈	요셒	호	아포	하리마다이아스	유스케몬	불류테스
와서	요셉이	(그 사람)	출신의	아리마대	존경받는	공회원으로
동.분.2과.능.주.남.단.	명.주.남.단.	관.주.남.단.	전.소.	명.소.여.단.	형.주.남.단.	명.주.남.단.

3739	2532	846	1510	4327	3588	932	3588
ὃς	καὶ	αὐτὸς	ἦν	προσδεχόμενος	τὴν	βασιλείαν	τοῦ
ὅς	καί	αὐτός	εἰμί	προσδέχομαι	ἡ	βασιλεία	ὁ
호스	카이	아우토스	엔	프로스데코메노스	텐	바실레이안	투
이 사람은	역시	그 자신도	있었고	기다리며	그	나라를	그
대.관.주.남.단.	부.	대.인.주.남.3단.	동.직.미완.능.3단.+	+동.분.현.중.주.남.단.	관.목.여.단.	명.목.여.단.	관.소.남.단.

2316	5111	1525	4314	3588	4091	2532	154
θεοῦ,	τολμήσας	εἰσῆλθεν	πρὸς	τὸν	Πιλᾶτον	καὶ	ᾐτήσατο
θεός	τολμάω	εἰσέρχομαι	πρός	ὁ	Πιλάτος	καί	αἰτέω
데우	톨메사스	에이셀덴	프로스	톤	필라톤	카이	에테사토
하나님의	담대하게	들어갔다	에게로	그	빌라도	이에	요구하였다
명.소.남.단.	동.분.1과.능.주.남.단.	동.직.2과.능.3단.	전.목.	관.목.남.단.	명.목.남.단.	접.등.	동.직.1과.중.3단.

3588	4983	3588	2424
τὸ	σῶμα	τοῦ	Ἰησοῦ.
τό	σῶμα	ὁ	Ἰησοῦς
토	소마	투	예수
그	몸을	그	예수의
관.목.중.단.	명.목.중.단.	관.소.남.단.	명.소.남.단.

44 빌라도는 예수께서 벌써 죽었을까 하고 이상히 여겨 백부장을 불러 죽은 지가 오래냐 묻고
And Pilate marvelled if he were already dead: and calling unto him the centurion, he asked
him whether he had been any while dead.

3588	1161	4091	2296	1487	2235	2348	2532
ὁ	δὲ	Πιλᾶτος	ἐθαύμασεν	εἰ	ἤδη	τέθνηκεν	καὶ
ὁ	δέ	Πιλάτος	θαυμάζω	εἰ	ἤδη	θνήσκω	καί
호	데	필라토스	에다우마센	에이	에데	테드네켄	카이
그	그러자	빌라도는	이상히 여겼다	는가	벌써	그가 죽었	그래서
관.주.남.단.	접.우.	명.주.남.단.	동.직.1과.능.3단.	불.의.	부.	동.직.1완.능.3단.	접.등.

4341	3588	2760	1905	846	1487	3819
προσκαλεσάμενος	τὸν	κεντυρίωνα	ἐπηρώτησεν	αὐτὸν	εἰ	πάλαι
προσκαλέομαι	ὁ	κεντυρίων	ἐπερωτάω	αὐτός	εἰ	πάλαι
프로스칼레사메노스	톤	켄튀리오나	에페로테센	아우톤	에이	팔라이
가까이 불러서	그	백부장을	캐물었다	그를	는지 아닌지	오래 전에
동.분.1과.중디.주.남.단.	관.목.남.단.	명.목.남.단.	동.직.1과.능.3단.	대.인.목.남.3단.	불.의.	부.

599
ἀπέθανεν·
ἀποθνήσκω
아페다넨
그가 죽었
동.직.2과.능.3단.

45 백부장에게 알아 본 후에 요셉에게 시체를 내주는지라
And when he knew it of the centurion, he gave the body to Joseph.

2532	1097	575	3588	2760	1433	3588	4430
καὶ	γνοὺς	ἀπὸ	τοῦ	κεντυρίωνος	ἐδωρήσατο	τὸ	πτῶμα
καί	γινώσκω	ἀπό	ὁ	κεντυρίων	δωρέομαι	τό	πτῶμα
카이	그누스	아포	투	켄튀리오노스	에도레사토	토	프토마
그리고	알아 본 후에	부터	그	백부장으로	내어 주었다	그	시체를
접.등.	동.분.2과.능.주.남.단.	전.소.	관.소.남.단.	명.소.남.단.	동.직.1과.중디.3단.	관.목.중.단.	명.목.중.단.

3588	2501
τῷ	Ἰωσήφ.
ὁ	Ἰωσήφ
토	요셒
그	요셉에게
관.여격.남.단.	명.여격.남.단.

46 요셉이 세마포를 사서 예수를 내려다가 그것으로 싸서 바위 속에 판 무덤에 넣어 두고
돌을 굴려 무덤 문에 놓으매
And he bought fine linen, and took him down, and wrapped him in the linen, and laid him in
a sepulchre which was hewn out of a rock, and rolled a stone unto the door of the sepulchre.

2532	59	4616	2507	846	1750	3588	4616
καὶ	ἀγοράσας	σινδόνα	καθελὼν	αὐτὸν	ἐνείλησεν	τῇ	σινδόνι
καί	ἀγοράζω	σινδών	καθαιρέω	αὐτός	ἐνειλέω	ἡ	σινδών
카이	아고라사스	신도나	카델론	아우톤	에네일레센	테	신도니
이에	산 후에	한 세마포를	내려다가	그를	쌌다	그	세마포에
접.등.	동.분.1과.능.주.남.단.	명.목.여.단.	동.분.2과.능.주.남.단.	대.인.목.남.3단.	동.직.1과.능.3단.	관.여격.여.단.	명.여격.여.단.

2532	5087	846	1722	3419	3739	1510	2998
καὶ	ἔθηκεν	αὐτὸν	ἐν	μνημείῳ	ὃ	ἦν	λελατομημένον
καί	τίθημι	αὐτός	ἐν	μνημεῖον	ὅς	εἰμί	λατομέω
카이	에데켄	아우톤	엔	므네메이오	호	엔	렐라토메메논
그리고	넣어주었다	그를	안에	무덤	바	있었던	쪼아 만들어져서
접.등.	동.직.1과.능.3단.	대.인.목.남.3단.	전.여격.	명.여격.중.단.	대.관.주.중.단.	동.직.미완.능.3단.+	+동.분.1완.수.주.중.단.

1537	4073	2532	4351	3037	1909	3588	2374	3588	3419
ἐκ	πέτρας	καὶ	προσεκύλισεν	λίθον	ἐπὶ	τὴν	θύραν	τοῦ	μνημείου.
ἐκ	πέτρα	καί	προσκυλίω	λίθος	ἐπί	ἡ	θύρα	τό	μνημεῖον
에크	페트라스	카이	프로세퀼리센	리돈	에피	텐	뒤란	투	므네메이우
부터	한 바위로	그리고	굴려 놓았다	한 돌을	앞으로	그	문을	그	무덤의
전.소.	명.소.여.단.	접.등.	동.직.1과.능.3단.	명.목.남.단.	전.목.	관.목.여.단.	명.목.여.단.	관.소.중.단.	명.소.중.단.

47 막달라 마리아와 요세의 어머니 마리아가 예수 둔 곳을 보더라
And Mary Magdalene and Mary the mother of Joses beheld where he was laid.

3588	1161	3137	3588	3094	2532	3137	3588	2500
ἡ	δὲ	Μαρία	ἡ	Μαγδαληνὴ	καὶ	Μαρία	ἡ	Ἰωσῆτος
ἡ	δέ	Μαρία	ἡ	Μαγδαληνή	καί	Μαρία	ἡ	Ἰωσῆς
헤	데	마리아	헤	막달레네	카이	마리아	헤	요세토스
그	때에	마리아	그	막달라	와	마리아	그(어머니)	요세의
관.주.여.단.	접.등.	명.주.여.단.	관.주.여.단.	명.주.여.단.	접.등.	명.주.여.단.	관.주.여.단.	명.소.남.단.

2334	4226	5087
ἐθεώρουν	ποῦ	τέθειται.
θεωρέω	ποῦ	τίθημι
에데오룬	푸	테데이타이
바라보고 있었다	곳을	그가 놓인
동.직.미완.능.3복.	부.의.	동.직.1완.수.3단.

16 안식일이 지나매 막달라 마리아와 야고보의 어머니 마리아와 또 살로메가 가서 예수께
바르기 위하여 향품을 사다 두었다가
And when the sabbath was past, Mary Magdalene, and Mary the mother of James, and Salome, had bought sweet spices, that they might come and anoint him.

2532	1230	3588	4521	3137	3588	3094	2532
Καὶ	διαγενομένου	τοῦ	σαββάτου	Μαρία	ἡ	Μαγδαληνὴ	καὶ
καί	διαγίνομαι	τό	σάββατον	Μαρία	ἡ	Μαγδαληνή	καί
카이	디아게노메누	투	삽바투	마리아	헤	막달레네	카이
그리고	지난 후에	그	안식일(의)이	마리아	그	막달라	와
접등.	동.분.2과.중디.소.중.단.	관.소.중.단.	명.소.중.단.	명.주.여.단.	관.주.여.단.	명.주.여.단.	접등.

3137	3588	3588	2385	2532	4539	59	759	2443
Μαρία	ἡ	τοῦ	Ἰακώβου	καὶ	Σαλώμη	ἠγόρασαν	ἀρώματα	ἵνα
Μαρία	ἡ	ὁ	Ἰάκωβος	καί	Σαλώμη	ἀγοράζω	ἄρωμα	ἵνα
마리아	헤	투	야코부	카이	살로메	에고라산	아로마타	히나
마리아	그(어머니)	그	야고보의	그리고	살로메가	샀다	향료들을	위하여
명.주.여.단.	관.주.여.단.	관.소.남.단.	명.소.남.단.	접등.	명.주.여.단.	동.직.1과.능.3복.	명.목.중.복.	접종.

2064	218	846
ἐλθοῦσαι	ἀλείψωσιν	αὐτόν.
ἔρχομαι	ἀλείφω	αὐτός
엘두사이	알레잎소신	아우톤
와서	기름을 바르기	그를
동.분.2과.능.주.여.복.	동.가.1과.능.3복.	대.인.목.남.3단.

2 안식 후 첫날 매우 일찍이 해 돋을 때에 그 무덤으로 가며
And very early in the morning the first day of the week, they came unto the sepulchre at the rising of the sun.

2532	3029	4404	3588	3391	3588	4521	2064	1909
καὶ	λίαν	πρωῒ	τῇ	μιᾷ	τῶν	σαββάτων	ἔρχονται	ἐπὶ
καί	λίαν	πρωΐ	ἡ	μία	τό	σάββατον	ἔρχομαι	ἐπί
카이	리안	프로이	테	미아	톤	삽바톤	에르콘타이	에피
그리고	매우	일찍이	그	첫(날)	그	안식 후의	그들이 간다	앞으로
접등.	부.	부.	관.여격.여.단.	형.대기.여격.여.단.	관.소.중.복.	명.소.중.복.	동.직.현.중수디.3복.	전목.

3588	3419	393	3588	2246
τὸ	μνημεῖον	ἀνατείλαντος	τοῦ	ἡλίου.
τό	μνημεῖον	ἀνατέλλω	ὁ	ἥλιος
토	므네메이온	아나테일란토스	투	헬리우
그	무덤을	돋은 후에	그	해(의)가
관.목.중.단.	명.목.중.단.	동.분.1과.능.소.남.단.	관.소.남.단.	명.소.남.단.

3 서로 말하되 누가 우리를 위하여 무덤 문에서 돌을 굴려 주리요 하더니
And they said among themselves, Who shall roll us away the stone from the door of the sepulchre?

2532	3004	4314	1438	5101	617	1473	3588	3037
καὶ	ἔλεγον	πρὸς	ἑαυτάς,	τίς	ἀποκυλίσει	ἡμῖν	τὸν	λίθον
καί	λέγω	πρός	ἑαυτοῦ	τίς	ἀποκυλίω	ἐγώ	ὁ	λίθος
카이	엘레곤	프로스	헤아우타스	티스	아포퀼리세이	헤민	톤	리돈
그리고	말하고 있었다	끼리	그들 자신	누가	굴려 줄 것인가	우리를 위하여	그	돌을
접등.	동.직.미완.능.3복.	전목.	대.인.목.여.3복.	대.의.주.남.단.	동.직.미.능.3단.	대.인.여격.1복.	관.목.남.단.	명.목.남.단.

1537	3588	2374	3588	3419
ἐκ	τῆς	θύρας	τοῦ	μνημείου;
ἐκ	ἡ	θύρα	τό	μνημεῖον
에크	테스	뒤라스	투	므네메이우
에서	그	문	그	무덤의
전소.	관.소.여.단.	명.소.여.단.	관.소.중.단.	명.소.중.단.

4 눈을 들어본즉 벌써 돌이 굴려져 있는데 그 돌이 심히 크더라
And when they looked, they saw that the stone was rolled away: for it was very great.

2532	308	2334	3754	617	3588	3037	1510
καὶ	ἀναβλέψασαι	θεωροῦσιν	ὅτι	ἀποκεκύλισται	ὁ	λίθος·	ἦν
καί	ἀναβλέπω	θεωρέω	ὅτι	ἀποκυλίω	ὁ	λίθος	εἰμί
카이	아나블렙사사이	데오루신	호티	아포케퀼리스타이	호	리도스	엔
그런데	쳐다본 후에	그들이 본다	것을	이미 굴려져 있던	그	돌이	그것은 있었다
접.등.	**동.분.1과.능.주.여.복.**	**동.직.현.능.3복.**	**접.등.**	**동.직.1완.수.3단.**	**관.주.남.단.**	**명.주.남.단.**	**동.직.미완.능.3단.**

1063	3173	4970
γὰρ	μέγας	σφόδρα.
γάρ	μέγας	σφόδρα
가르	메가스	스포드라
왜냐하면	큰 것으로	심히
접.종.	**형.주.남.단.**	**부.**

5 무덤에 들어가서 흰 옷을 입은 한 청년이 우편에 앉은 것을 보고 놀라매
And entering into the sepulchre, they saw a young man sitting on the right side, clothed in a long white garment; and they were affrighted.

2532	1525	1519	3588	3419	3708(1492)	3495	2521
καὶ	εἰσελθοῦσαι	εἰς	τὸ	μνημεῖον	εἶδον	νεανίσκον	καθήμενον
καί	εἰσέρχομαι	εἰς	τό	μνημεῖον	ὁράω.εἴδω	νεανίσκος	κάθημαι
카이	에이셀두사이	에이스	토	므네메이온	에이돈	네아니스콘	카데메논
이에	들어가서	속으로	그	무덤	그들이 보았다	한 청년을	앉은
접.등.	**동.분.2과.능.주.여.복.**	**전.목.**	**관.목.중.단.**	**명.목.중.단.**	**동.직.2과.능.3복.**	**명.목.남.단.**	**동.분.현.중수디.목.남.단.**

1722	3588	1188	4016	4749	3022	2532
ἐν	τοῖς	δεξιοῖς	περιβεβλημένον	στολὴν	λευκήν,	καὶ
ἐν	τό	δεξιός	περιβάλλω	στολή	λευκός	καί
엔	토이스	덱시오이스	페리베블레메논	스톨렌	류켄	카이
에 있어	그	오른편	입혀져 있는	긴 옷을	흰	이에
전.여격.	**관.여격.중.복.**	**형.대.여격.중.복.**	**동.분.1완.중.목.남.단.**	**명.목.여.단.**	**형.목.여.단.**	**접.등.**

1568
ἐξεθαμβήθησαν.
ἐκθαμβέω
엑세담베데산
그들은 심히 놀랐다
동.직.1과.수.3복.

6 청년이 이르되 놀라지 말라 너희가 십자가에 못 박히신 나사렛 예수를 찾는구나 그가
살아나셨고 여기 계시지 아니하니라 보라 그를 두었던 곳이니라
And he saith unto them, Be not affrighted: Ye seek Jesus of Nazareth, which was crucified: he is risen; he is not here: behold the place where they laid him.

3588	1161	3004	846	3361	1568	2424	2212
ὁ	δὲ	λέγει	αὐταῖς,	μὴ	ἐκθαμβεῖσθε·	Ἰησοῦν	ζητεῖτε
ὁ	δέ	λέγω	αὐτός	μή	ἐκθαμβέω	Ἰησοῦς	ζητέω
호	데	레게이	아우타이스	메	엑담베이스데	예순	제테이테
청년이	그러나	말한다	그들에게	말라	너희는 심히 놀라지	예수를	너희가 찾는다
관.주.남.단.	**접.우.**	**동.직.현.능.3단.**	**대.여격.여.3복.**	**부.**	**동.명.현.수.2복.**	**명.목.남.단.**	**동.직.현.능.2복.**

3588	3479	3588	4717	1453	3756	1510	5602
τὸν	Ναζαρηνὸν	τὸν	ἐσταυρωμένον·	ἠγέρθη,	οὐκ	ἔστιν	ὧδε·
ὁ	Ναζαρηνός	ὁ	σταυρόω	ἐγείρω	οὐ	εἰμί	ὧδε
톤	나자레논	톤	에스타우로메논	에게르데	우크	에스틴	호데
그	나사렛 사람	그	십자가에 못 박히신	일으킴을 받았다	않는다	계시지	여기
관.목.남.단.	**형.목.남.단.**	**관.목.남.단.**	**동.분.1완.수.목.남.단.**	**동.직.1과.수.3단.**	**부.**	**동.직.현.능.3단.**	**부.**

2396	3588	5117	3699	5087	846
ἴδε	ὁ	τόπος	ὅπου	ἔθηκαν	αὐτόν.
ἴδε	ὁ	τόπος	ὅπου	τίθημι	αὐτός
이데	호	토포스	호푸	에데칸	아우톤
보라	그	장소가	바 곳	그들이 두었던	그를
불.문.	관.주.남.단.	명.주.남.단.	부.관.	동.직.1과.능.3복.	대.인.목.남.3단.

7 가서 그의 제자들과 베드로에게 이르기를 예수께서 너희보다 먼저 갈릴리로 가시나니
전에 너희에게 말씀하신 대로 너희가 거기서 뵈오리라 하라 하는지라

But go your way, tell his disciples and Peter that he goeth before you into Galilee: there shall ye see him, as he said unto you.

235	5217	3004(2036)	3588	3101	846	2532	3588
ἀλλ'	ὑπάγετε	εἴπατε	τοῖς	μαθηταῖς	αὐτοῦ	καὶ	τῷ
ἀλλά	ὑπάγω	λέγω.ἔπω	ὁ	μαθητής	αὐτός	καί	ὁ
알	휘파게테	에이파테	토이스	마데타이스	아우투	카이	토
그러나	너희는 가라	말하라	그	제자들	그의	와	그
접.종.	동.명.현.능.2복.	동.명.2과.능.2복.	관.여격.남.복.	명.여격.남.복.	대.인.소.남.3단.	접.등.	관.여격.남.단.

4074	3754	4254	4771	1519	3588	1056	1563	846
Πέτρῳ	ὅτι	προάγει	ὑμᾶς	εἰς	τὴν	Γαλιλαίαν·	ἐκεῖ	αὐτὸν
Πέτρος	ὅτι	προάγω	σύ	εἰς	ἡ	Γαλιλαία	ἐκεῖ	αὐτός
페트로	호티	프로아게이	휘마스	에이스	텐	갈릴라이안	에케이	아우톤
베드로에게	것을	그가 먼저 가신다는	너희(보다)	안으로	그	갈릴리를	거기서	그를
명.여격.남.단.	접.등.	동.직.현.능.3단.	대.인.목.2복.	전.목.	관.목.여.단.	명.목.여.단.	부.	대.인.목.남.3단.

3708	2531	3004(2036)	4771
ὄψεσθε,	καθὼς	εἶπεν	ὑμῖν.
ὁράω	καθώς	λέγω.ἔπω	σύ
읍세스데	카도스	에이펜	휘민
너희가 뵙게 될 것이다	대로	그가 말씀하신	너희에게
동.직.미.중디.2복.	접.종.	동.직.2과.능.3단.	대.인.여격.2복.

8 여자들이 몹시 놀라 떨며 나와 무덤에서 도망하고 무서워하여 아무에게 아무 말도 하지
못하더라

And they went out quickly, and fled from the sepulchre; for they trembled and were amazed: neither said they any thing to any man; for they were afraid.

2532	1831	5343	575	3588	3419	2192	1063
καὶ	ἐξελθοῦσαι	ἔφυγον	ἀπὸ	τοῦ	μνημείου,	εἶχεν	γὰρ
καί	ἐξέρχομαι	φεύγω	ἀπό	τό	μνημεῖον	ἔχω	γάρ
카이	엑셀두사이	에퓌곤	아포	투	므네메이우	에이켄	가르
그리하여	나간 후에	그녀들이 도망하였다	부터	그	무덤으로	있었다	왜냐하면
접.등.	동.분.2과.능.주.여.복.	동.직.2과.능.3복.	전.소	관.소.중.단.	명.소.중.단.	동.직.미완.능.3단.	접.종.

846	5156	2532	1611	2532	3762	3762	3004(2036)
αὐτὰς	τρόμος	καὶ	ἔκστασις·	καὶ	οὐδενὶ	οὐδὲν	εἶπαν·
αὐτός	τρόμος	καί	ἔκστασις	καί	οὐδείς	οὐδείς	λέγω.ἔπω
아우타스	트로모스	카이	에크스타시스	카이	우데니	우덴	에이판
그녀들을	떨림	과	심히 놀람이	그래서	아무에게	아무도 못하였다	말도 하지
대.인.목.여.3복.	명.주.남.단.	접.등.	명.주.여.단.	접.등.	형.대.기.여.남.단.	형.대.기.목.중.단.	동.직.2과.능.3복.

5399	1063
ἐφοβοῦντο	γάρ.
φοβέω	γάρ
에포분토	가르
그녀들이 무서워하였다	왜냐하면
동.직.미완.중.3복.	접.종.

9 예수께서 안식 후 첫날 이른 아침에 살아나신 후 전에 일곱 귀신을 쫓아내어 주신
막달라 마리아에게 먼저 보이시니
Now when Jesus was risen early the first day of the week, he appeared first to Mary Magdalene,
out of whom he had cast seven devils.

450	1161	4404	4413	4521	5316	4412	3137
ˮΑναστὰς	δὲ	πρωῒ	πρώτῃ	σαββάτου	ἐφάνη	πρῶτον	Μαρίᾳ
Ἀναστὰς	δέ	πρωΐ	πρῶτος	σάββατον	φαίνω	πρῶτον	Μαρία
아나스타스	데	프로이	프로테	삽바투	에파네	프로톤	마리아
일어나신 후에	그리고	이른 아침	첫(날)	안식 후	그가 나타나셨다	먼저	마리아에게
동.분.2과.능.주.남.단.	접.등.	부.	형.대.서.여격.여.단.	명.소.중.단.	동.직.2과.수.3단.	형.대.서.목.중.단.	명.여격.여.단.

3588	3094	3844	3739	1544	2033	1140
τῇ	Μαγδαληνῇ,	παρ'	ἧς	ἐκβεβλήκει	ἑπτὰ	δαιμόνια.
ἡ	Μαγδαληνή	παρά	ὅς	ἐκβάλλω	ἑπτά	δαιμόνιον
테	막달레네	파르	헤스	에크베블레케이	헾타	다이모니아
그	막달라	부터	마리아로	쫓아내셨던	일곱	귀신들을
관.여격.여.단.	명.여격.여.단.	전.소.	대.관.소.여.단.	동.직.과완.능.3단.	형.기.목.중.복.	명.목.중.복.

10 마리아가 가서 예수와 함께 하던 사람들이 슬퍼하며 울고 있는 중에 이 일을 알리매
And she went and told them that had been with him, as they mourned and wept.

1565	4198	518	3588	3326	846	1096
ἐκείνη	πορευθεῖσα	ἀπήγγειλεν	τοῖς	μετ'	αὐτοῦ	γενομένοις
ἐκεῖνος	πορεύομαι	ἀπαγγέλλω	ὁ	μετά	αὐτός	γίνομαι
에케이네	포류데이사	아펭게일렌	토이스	멭	아우투	게노메노이스
그 마리아가	간 후에	보고 하였다	그(사람들에게)	함께	그와	있은
대.지.주.여.단.	동.분.1과.수디.주.여.단.	동.직.1과.능.3단.	관.여격.남.복.	전.소.	대.인.소.남.3단.	동.분.2과.중디.여격.남.복.

3996	2532	2799
πενθοῦσιν	καὶ	κλαίουσιν·
πενθέω	καί	κλαίω
펜두신	카이	클라이우신
슬퍼하며	그리고	울면서
동.분.현.능.여격.남.복.	접.등.	동.분.현.능.여격.남.복.

11 그들은 예수께서 살아나셨다는 것과 마리아에게 보이셨다는 것을 듣고도 믿지 아니하니라
And they, when they had heard that he was alive, and had been seen of her, believed not.

2548	191	3754	2198	2532	2300	5259	846
κἀκεῖνοι	ἀκούσαντες	ὅτι	ζῇ	καὶ	ἐθεάθη	ὑπ'	αὐτῆς
κακεῖνος	ἀκούω	ὅτι	ζάω	καί	θεάομαι	ὑπό	αὐτός
카케이노이	아쿠산테스	호티	제	카이	에데아데	휲	아우테스
그러나 그들은	듣고도	것을	예수님께서 살아나시고	또한	보이셨다는	인하여	마리아로
접.등.&대.지.주.남.복.	동.분.1과.능.주.남.복.	접.우.	동.직.현.능.3단.	접.등.	동.직.1과.수.3단.	전.소.	대.인.소.여.3단.

569
ἠπίστησαν.
ἀπιστέω
에피스테산
믿지 아니하였다
동.직.1과.능.3복.

12 그 후에 그들 중 두 사람이 걸어서 시골로 갈 때에 예수께서 다른 모양으로 그들에게 나타나시니
After that he appeared in another form unto two of them, as they walked, and went into the country.

3326	1161	3778	1417	1537	846	4043	5319
Μετὰ	δὲ	ταῦτα	δυσὶν	ἐξ	αὐτῶν	περιπατοῦσιν	ἐφανερώθη
μετά	δέ	οὗτος	δύο	ἐκ	αὐτός	περιπατέω	φανερόω
메타	데	타우타	뒤신	엨스	아우톤	페리파투신	에파네로데
후에	그리고	이런 일들을	두 사람에게	중에서	그들	걸어가는	그가 나타나셨다
전.목.	접.등.	대.지.목.중.복.	형.대.기.여격.남.복.	전.소.	대.인.소.남.3복.	동.분.현.능.여격.남.복.	동.직.1과.수.3단.

1722	2087	3444	4198	1519	68
ἐν	ἑτέρᾳ	μορφῇ	πορευομένοις	εἰς	ἀγρόν·
ἐν	ἕτερος	μορφή	πορεύομαι	εἰς	ἀγρός
엔	헤테라	모르페	포류오메노이스	에이스	아그론
으로	다른	모양	갈 때에	향하여	시골을
전.여격.	부.여.단.	명.여격.여.단.	동.분.현.중수디.여격.남.복.	전.목.	명.목.남.단.

13 두 사람이 가서 남은 제자들에게 알리었으되 역시 믿지 아니하니라
And they went and told it unto the residue: neither believed they them.

2548	565	518	3588	3062	3761	1565
κἀκεῖνοι	ἀπελθόντες	ἀπήγγειλαν	τοῖς	λοιποῖς·	οὐδὲ	ἐκείνοις
κακεῖνος	ἀπέρχομαι	ἀπαγγέλλω	ὁ	λοιπός	οὐδέ	ἐκεῖνος
카케이노이	아펠돈테스	아펭게일란	토이스	로이포이스	우데	에케이노이스
그들이	떠나가서	보고하였다	그	남은	도 아니하였다	사람들에게
접.등.&대.지.주.남.복.	동.분.2과.능.주.남.복.	동.직.1과.능.3복.	관.여격.남.복.	형.대.여격.남.복.	접.등.&부.	대.지.여격.남.복.

4100
ἐπίστευσαν.
πιστεύω
에피스튜산
그들이 믿지
동.직.1과.능.3복.

14 그 후에 열한 제자가 음식 먹을 때에 예수께서 그들에게 나타나사 그들의 믿음 없는
것과 마음이 완악한 것을 꾸짖으시니 이는 자기가 살아난 것을 본 자들의 말을 믿지
아니함일러라
Afterward he appeared unto the eleven as they sat at meat, and upbraided them with their unbelief and hardness of heart, because they believed not them which had seen him after he was risen.

5305	1161	345	846	3588	1733	5319
Ὕστερον	δὲ	ἀνακειμένοις	αὐτοῖς	τοῖς	ἕνδεκα	ἐφανερώθη
ὕστερον	δέ	ἀνακεῖμαι	αὐτός	ὁ	ἕνδεκα	φανερόω
휘스테론	데	아나케이메노이스	아우토이스	토이스	헨데카	에파네로데
그 후에	(그리고)	식탁에 기대어 앉은	그들에게	그	열 한 (제자에게)	그가 나타나셨따
형.대.비.목.중.단.	접.등.	동.분.현.중.여격.남.복.	대.인.여격.남.3복.	관.여격.남.복.	형.대.기.여격.남.복.	동.직.1과.수.3단.

2532	3679	3588	570	846	2532	4641
καὶ	ὠνείδισεν	τὴν	ἀπιστίαν	αὐτῶν	καὶ	σκληροκαρδίαν
καί	ὀνειδίζω	ἡ	ἀπιστία	αὐτός	καί	σκληροκαρδία
카이	오네이디센	텐	아피스티안	아우톤	카이	스클레로카르디안
그리고	꾸짖으셨다	그	믿음 없는 것	그들의	과	마음이 완고한 것을
접.등.	동.직.1과.능.3단.	관.목.여.단.	명.목.여.단.	대.인.소.남.3복.	접.등.	명.목.여.단.

3754	3588	2300	846	1453	3756	4100
ὅτι	τοῖς	θεασαμένοις	αὐτὸν	ἐγηγερμένον	οὐκ	ἐπίστευσαν.
ὅτι	ὁ	θεάομαι	αὐτός	ἐγείρω	οὐ	πιστεύω
호티	토이스	데아사메노이스	아우톤	에게게르메논	우크	에피스튜산
때문에	그(자들)	바라본	그를(예수님을)	일어나게 되신	아니하였기	믿지
접.종.	관.여격.남.복.	동.분.1과.중디.여격.남.복.	대.인.목.남.3단.	동.분.1완.수.목.남.단.	부.	동.직.1과.능.3복.

15 또 이르시되 너희는 온 천하에 다니며 만민에게 복음을 전파하라
And he said unto them, Go ye into all the world, and preach the gospel to every creature.

2532	3004(2036)	846	4198	1519	3588	2889	537
καὶ	εἶπεν	αὐτοῖς,	πορευθέντες	εἰς	τὸν	κόσμον	ἅπαντα
καί	λέγω.ἔπω	αὐτός	πορεύομαι	εἰς	ὁ	κόσμος	ἅπας
카이	에이펜	아우토이스	포류덴테스	에이스	톤	코스몬	하판타
또	말씀하셨다	그들에게	너희는 가라	속으로	그	세상을	온
접.등.	동.직.2과.능.3단.	대.인.여격.남.3복.	동.분.명령.1과.수디.주.남.2복.	전.목.	관.목.남.단.	명.목.남.단.	형.목.남.단.

2784	3588	2098	3956	3588	2937
κηρύξατε	τὸ	εὐαγγέλιον	πάσῃ	τῇ	κτίσει.
κηρύσσω	τό	εὐαγγέλιον	πᾶς	ἡ	κτίσις
케뤽사테	토	유앙겔리온	파세	테	크티세이
선포하라	그	복음을	모든	그	피조물에게
동.명.1과.능.2복.	관.목.중.단.	명.목.중.단.	형.부.여.단.	관.여격.여.단.	명.여격.여.단.

16 믿고 세례를 받는 사람은 구원을 얻을 것이요 믿지 않는 사람은 정죄를 받으리라
He that believeth and is baptized shall be saved; but he that believeth not shall be damned.

3588	4100	2532	907	4982	3588	1161	569
ὁ	πιστεύσας	καὶ	βαπτισθεὶς	σωθήσεται,	ὁ	δὲ	ἀπιστήσας
ὁ	πιστεύω	καί	βαπτίζω	σῴζω	ὁ	δέ	ἀπιστέω
호	피스튜사스	카이	밮티스데이스	소데세타이	호	데	아피스테사스
그(사람은)	믿고	그리고	세례를 받은	구원을 얻을 것이다	그(사람은)	그러나	믿지 않은
관.주.남.단.	동.분.1과.능.주.남.단.	접.등.	동.분.1과.수.주.남.단.	동.직.미.수.3단.	관.주.남.단.	접.등.	동.분.1과.능.주.남.단.

2632
κατακριθήσεται.
κατακρίνω
카타크리데세타이
정죄함을 받을 것이다
동.직.미.수.3단.

17 믿는 자들에게는 이런 표적이 따르리니 곧 그들이 내 이름으로 귀신을 쫓아내며 새
방언을 말하며
And these signs shall follow them that believe; In my name shall they cast out devils; they shall speak with new tongues;

4592	1161	3588	4100	3778	3877	1722	3588
σημεῖα	δὲ	τοῖς	πιστεύσασιν	ταῦτα	παρακολουθήσει·	ἐν	τῷ
σημεῖον	δέ	ὁ	πιστεύω	οὗτος	παρακολουθέω	ἐν	τό
세메이아	데	토이스	피스튜사신	타우타	파라콜루데세이	엔	토
표적들이	그리고	그(사람에게)	믿은	이런	(곁에) 따를 것이다	으로	그
명.주.중.복.	접.등.	관.여격.남.복.	동.분.1과.능.여격.남.복.	대.지.주.중.복.	동.직.미.능.3단.	전.여격.	관.여격.중.단.

3686	1473	1140	1544	1100	2980	2537
ὀνόματί	μου	δαιμόνια	ἐκβαλοῦσιν,	γλώσσαις	λαλήσουσιν	καιναῖς,
ὄνομα	ἐγώ	δαιμόνιον	ἐκβάλλω	γλῶσσα	λαλέω	καινός
오노마티	무	다이모니아	에크발루신	글로싸이스	랄레수신	카이나이스
이름	내	귀신을	쫓아낼 것이다	방언들로	말할 것이다	새
명.여격.중.단.	대.인.소.1단.	명.목.중.복.	동.직.미.능.3복.	명.여격.여.복.	동.직.미.능.3복.	형.여격.여.복.

18 뱀을 집어올리며 무슨 독을 마실지라도 해를 받지 아니하며 병든 사람에게 손을 얹은즉
나으리라 하시더라
They shall take up serpents; and if they drink any deadly thing, it shall not hurt them; they shall lay hands on the sick, and they shall recover.

2532	1722	3588	5495	3789	142	2579	2286	5100
καὶ	ἐν	ταῖς	χερσὶν	ὄφεις	ἀροῦσιν	κἂν	θανάσιμόν	τι
καί	ἐν	ἡ	χείρ	ὄφις	αἴρω	κἄν	θανάσιμος	τις
카이	엔	타이스	케르신	오페이스	아루신	칸	다나시몬	티
또	안에	그	손들에	뱀들을	집을 것이다	그리고 만일	치명적인 것을	무슨
접.등.	전.여격.	관.여격.여.복.	명.여격.여.복.	명.목.남.복.	동.직.미.능.3복.	접.등.&접.종.	형.대.목.중.단.	형.부.목.중.단.

4095	3756	3361	846	984	1909	732	5495
πίωσιν	οὐ	μὴ	αὐτοὺς	βλάψῃ,	ἐπὶ	ἀρρώστους	χεῖρας
πίνω	οὐ	μή	αὐτός	βλάπτω	ἐπί	ἄρρωστος	χείρ
피오신	우	메	아우투스	블랖세	에피	아르로스투스	케이라스
마실지라도	않을 것이다	결코	그들을	그것이 해하지	위로	병든 사람을	손들을
동.가.2과.능.3복.	부.	부.	대.인.목.남.3복.	동.가.1과.능.3단.	전.목.	형.대.목.남.복.	명.목.여.복.

2007	2532	2573	2192
ἐπιθήσουσιν	καὶ	καλῶς	ἕξουσιν.
ἐπιτίθημι	καί	καλῶς	ἔχω
에피데수신	카이	칼로스	헥수신
얹을 것이다	그러면	잘	나을 것이다
동.직.미.능.3복.	접.등.	부.	동.직.미.능.3복.

19 주 예수께서 말씀을 마치신 후에 하늘로 올려지사 하나님 우편에 앉으시니라
So then after the Lord had spoken unto them, he was received up into heaven, and sat on the right hand of God.

3588	3303	3767	2962	2424	3326	3588	2980	846
Ὁ	μὲν	οὖν	κύριος	Ἰησοῦς	μετὰ	τὸ	λαλῆσαι	αὐτοῖς
ὁ	μέν	οὖν	κύριος	Ἰησοῦς	μετά	τό	λαλέω	αὐτός
호	멘	운	퀴리오스	예수스	메타	토	랄레사이	아우토이스
그	참으로	그러므로	주	예수께서	후에	그	말씀을 하신	그들에게
관.주.남.단.	접.등.	접.등.	명.주.남.단.	명.주.남.단.	전.목.	관.목.중.단.	동.부.1과.능.목.	대.인.여격.남.3복.

353	1519	3588	3772	2532	2523	1537	1188	3588
ἀνελήμφθη	εἰς	τὸν	οὐρανὸν	καὶ	ἐκάθισεν	ἐκ	δεξιῶν	τοῦ
ἀναλαμβάνω	εἰς	ὁ	οὐρανός	καί	καθίζω	ἐκ	δεξιός	ὁ
아넬렘프데	에이스	톤	우라논	카이	에카디센	에크	덱시온	투
올리우셨다	으로	그	하늘	그리고	앉으셨다	에서	오른편들	그
동.직.1과.수.3단.	전.목.	관.목.남.단.	명.목.남.단.	접.등.	동.직.1과.능.3단.	전.소.	형.대.소.중.복.	관.소.남.단.

2316
θεοῦ.
θεός
데우
하나님의
명.소.남.단.

20 제자들이 나가 두루 전파할새 주께서 함께 역사하사 그 따르는 표적으로 말씀을 확실히
증언하시니라
And they went forth, and preached every where, the Lord working with them, and confirming the word with signs following. Amen.

1565	1161	1831	2784	3837	3588	2962
ἐκεῖνοι	δὲ	ἐξελθόντες	ἐκήρυξαν	πανταχοῦ,	τοῦ	κυρίου
ἐκεῖνος	δέ	ἐξέρχομαι	κηρύσσω	πανταχοῦ	ὁ	κύριος
에케이노이	데	엑셀돈테스	에케뤽산	판타쿠	투	퀴리우
그(제자)들이	그리고	나간 후에	선포하였다	어디든지	그	주님(의)께서
대.지.주.남.복.	접.등.	동.분.2과.능.주.남.복.	동.직.1과.능.3복.	부.	관.소.남.단.	명.소.남.단.

4903	2532	3588	3056	950	1223	3588
συνεργοῦντος	καὶ	τὸν	λόγον	βεβαιοῦντος	διὰ	τῶν
συνεργέω	καί	ὁ	λόγος	βεβαιόω	διά	τό
쉬네르군토스	카이	톤	로곤	베바이운토스	디아	톤
함께 일하셔서	그리고	그	말씀을	확증하여 주면서	통하여	그
동.분.현.능.소.남.단.	접.등.	관.목.남.단.	명.목.남.단.	동.분.현.능.소.남.단.	전.소.	관.소.중.복.

1872	4592
ἐπακολουθούντων	σημείων.˚
ἐπακολουθέω	σημεῖον
에파콜루둔톤	세메이온
뒤따르는	표적들
동.분.현.능.소.중.복.	명.소.중.복.

헬라어 원문 직역
분해대조 로고스성경 5
(마가복음)

편찬 유복곤 교수, 송창섭 목사
발행인 김용환

초판 1쇄 인쇄 2016년 8월 30일
초판 1쇄 발행 2016년 9월 10일

발행처 도서출판 로고스
주 소 서울시 동대문구 신설동 98-9
전 화 02-922-6872, 070-4103-6890
FAX 02-926-5406
등 록 1987. 12. 1. 제5-156호

편집디자인 성광커뮤니케이션

ISBN
마가복음 979-11-87405-12-2